공인노무사 원포인트 민법

김중연

새흐름

제3판 머리말

시험제도의 개편으로 인하여 객관식 40문항의 시대가 도래하였습니다. 40문항의 출제는 수험생들에게 상당한 부담감으로 작용할 것입니다. 그러나 수험의 본질은 변하지 않을 것이라 생각합니다. 중요한 쟁점에서 더 많은 문항을 출제할 것으로 예상이 됩니다. 다만, 개편 전과의 난이도뿐만 아니라 불의타 문제도 충분히 출제될 수 있습니다. 이에 맞추어 「ONE POINT 민법」역시 개정을 할 필요성이 있었고, 본서의 특징은 다음과 같습니다.

[본서의 특징 및 활용법]

1. 조문과 판례 등 전반적으로 내용을 보완하였습니다.

제2판에서 부족하였던 부분의 내용을 보완하였습니다. 의미가 명확하게 와닿지 않은 부분의 문장을 수정하였으며, 조문 역시 추가하였습니다. 최신판례의 경우 2023년 10월까지의 판례 중에 공인노무사에서도 출제가능한 판례를 요약 정리하여 수록하였습니다.

3. 2023년 기출문제 중 선별하여 해설을 수록하였습니다.

공인노무사의 기출문제는 2023년까지의 문제를 선별하여 수록하였습니다. 최근에 사례형 객관식 문제가 다수 출제되고 있으며, 이러한 문제로 인하여 난이도가 상승하고 있습니다. 이런 출제경향에 맞추어 변호사시험과 사법시험 및 법원행시 기출문제 중 공인노무사에도 출제될 수 있는 문제를 선별하여 추가 수록하였습니다.

2023년 12월

김중연

제2판 머리말

공인노무사만을 위한 「ONE POINT 민법」을 출간한 지 1년 만에 개정판을 출간하게 되었습니다. 많은 수험생분들의 의견을 반영한 제2판의 특징은 다음과 같습니다.

[구 성]
편집 스타일을 가독성을 높이기 위하여 전면 수정하였습니다. 스스로 학습한 내용을 추가적으로 쓸 수 있도록 여백을 많이 두는 편집 방법을 채택하였습니다.

[이 론]
출제가 가장 많이 되고 있는 민법총칙 부분을 보완하였습니다. 특히 학설이나 견해 등은 수험과 관련된 내용만을 선별하여 수록하였습니다.

[조 문]
조문을 별도로 배치하였습니다. 초판과 크게 달라진 부분입니다. 최근 판례의 출제비중이 늘었다고는 하나 역시 민법공부의 시작과 끝은 조문입니다. 다만, 민법의 방대한 조문을 모두 배치하기 보다는 가장 필요한 조문만을 선별하여 별도 배치하였고, 그 외의 조문은 초판과 마찬가지로 본문에 녹여서 서술하였습니다.

[판 례]
2022년까지의 판례를 반영을 하였습니다. 민법총칙, 채권총론, 채권각론 영역에서 시험에 가장 많이 출제되고 있는 판례만을 선별하였고, 시험에서 출제될 수 있는 부분만을 요약하여 서술하였습니다.

[문 제]
시험은 결국 객관식 문제를 풀 수 있어야 합니다. 이론과 조문, 판례를 학습하였다 하여도 문제를 풀 수 없다면 의미가 없습니다. 따라서 초판과 크게 달라진 부분 중에 하나가 조문과 함께 연습문제를 배치하였다는 것입니다. 객관식 문제집이 별도로 출간되기 때문에 많은 문제와 모든 해설은 지양하였으며, 기본적이면서 어려워 보이는 문제 위주로 2문항에 3문항을 각 쟁점별로 배치하였습니다.

본서가 모든 수험생들이 민법을 보다 잘 이해하여 원하는 목표를 모두 이루는데 많은 도움이 되기를 바랍니다. 마지막으로 「ONE POINT 민법」이 출간되기까지 함께 해준 도서출판 새흐름의 이종은 부장님, 그리고 직원분들께 감사의 인사를 드립니다.

2022년 12월

김중연

머리말

　민법 강의를 수년 간 진행하면서 짧은 기간에 가장 효율적인 결과를 내기 위해 공인노무사 시험만을 위한 민법 교재가 필요하다고 느꼈습니다. 이러한 이유로 오직 공인노무사 시험만을 위한 「ONE POINT 민법」을 출간하게 되었습니다. 본서의 특징은 다음과 같습니다.

　[본서의 특징 및 활용법]

　1. 민법의 이론 - 민법 자체가 상당히 방대합니다. 그 이유는 조문이 많기도 하지만 그러한 조문에 관한 다양한 이론 때문이기도 합니다. 예를 들면 학설이나 견해 등이 그 대표적이라고 할 수 있습니다. 그러나 2차 시험이 아닌 1차 시험에서는 학설 등 이론적인 부분은 시험에 출제되지 않고 있습니다. 따라서 민법을 이해하기 위하여 꼭 필요한 내용만을 요약 정리하여 서술하였습니다.

　2. 민법의 조문 - 조문의 경우 민법공부의 시작이자 끝이며, 출제 역시 많이 되고 있습니다. 다만 조문을 본서에 어떻게 표기할 것인지에 대한 고민이 많았습니다. 그 이유는 바로 분량에 대한 걱정 때문입니다. 공인노무사 시험에 충실한 교재가 되기 위해 분량 역시 가장 효율적인 학습이 진행될 수 있도록 해야 하기에 조문을 본문에 녹여서 서술하였습니다.

　3. 민법의 판례 - 판례 학습은 민법공부의 꽃이라 할 수 있습니다. 최근 조문과 함께 출제비중이 높아지고 있는 이유이기도 합니다. 이에 따라 기존에 출제되었던 중요한 판례들은 수록을 하였으며, 최신판례의 경우 2021년까지 반영을 하였습니다. 다만, 판례 원문을 수록하는 것은 수험에 효율적이지 않다는 판단 하에 시험에서 출제될 수 있는 부분만을 요약하여 서술하였습니다.

　민법은 그 누구보다 우리 가까이 있다고 생각합니다. 부디 본서가 모든 수험생들이 민법을 보다 잘 이해하여 원하는 목표를 모두 이루는데 많은 도움이 되기를 바랍니다. 이후의 대법원 판례나 변경된 법률 등을 끊임없이 확인하고, 부족한 부분은 계속해서 보완해 나갈 것을 약속드립니다. 마지막으로 「ONE POINT 민법」이 출간되기까지 함께해 준 도서출판 새흐름의 이종은 부장님 그리고 직원분들께 감사의 인사를 드립니다.

2021년 12월

김중연

Contents
차 례

PART 01 민법총칙

CHAPTER 01 민법과 민법학 ··· 2
제1절 민법의 개념 ··· 2
제2절 민법의 법원 ··· 2
제3절 민법의 원리 ··· 5

CHAPTER 02 법률관계와 권리 ··· 6
제1절 법률관계와 호의관계 ··· 6
제2절 권 리 ··· 7

CHAPTER 03 신의성실의 원칙 ··· 10

CHAPTER 04 권리의 주체 ··· 18
제1절 권리능력 일반 ··· 18
제2절 자연인 ··· 19
제3절 법 인 ··· 38

CHAPTER 05 권리의 객체 ··· 60
제1절 권리의 객체 일반 ··· 60
제2절 민법상 물건 ··· 61

CHAPTER 06 권리의 변동 ··· 67
제1절 권리변동과 법률행위 ··· 67
제2절 법률행위의 해석 ··· 70
제3절 법률행위의 목적(내용) ··· 73

제4절 의사표시 · 85
제5절 법률행위의 대리 · 106
제6절 법률행위의 무효와 취소 · 127
제7절 조건과 기한(법률행위의 부관) · 142
제8절 기 간 · 150

CHAPTER 07 소멸시효 · · · 153

PART 02 채권총론

CHAPTER 01 채권법 서론 · · · 180

CHAPTER 02 채권의 목적 · · · 182

제1절 서 론 · 182
제2절 채권의 종류 · 182

CHAPTER 03 채권의 효력 · · · 192

제1절 채권의 효력 일반 · 192
제2절 강제력 없는 채권 · 192
제3절 채무불이행 · 193
제4절 채무불이행의 효과 – 강제이행 · 204
제5절 채무불이행의 효과 – 손해배상 · 205
제6절 채권자지체 · 217
제7절 책임재산의 보전 · 219

CHAPTER 04 다수당사자의 채권관계 … 246

제1절 분할채권관계와 불가분채권관계 · 246
제2절 연대채무와 부진정연대채무 · 249
제3절 보증채무 · 258

CHAPTER 05 채권양도와 채무인수 … 273

제1절 채권양도 · 273
제2절 채무인수 · 285

CHAPTER 06 채권의 소멸 … 294

제1절 변 제 · 294
제2절 대물변제 · 308
제3절 (변제)공탁 · 310
제4절 상 계 · 313
제5절 기타 채권의 소멸원인 · 322

PART 03 채권각론

CHAPTER 01 채권의 발생원인 … 328

CHAPTER 02 계약총론 … 329

제1절 계약 일반론 · 329
제2절 계약의 성립 · 330

제3절 계약의 효력 · 336
제4절 계약의 실효(해제와 해지) · 350

CHAPTER 03 계약각론 · · · 365

제1절 증 여 · 365
제2절 매 매 · 369
제3절 교 환 · 387
제4절 소비대차 · 388
제5절 사용대차 · 390
제6절 임대차 · 392
제7절 고 용 · 415
제8절 도 급 · 416
제9절 현상광고 · 425
제10절 위 임 · 426
제11절 임 치 · 431
제12절 조 합 · 433
제13절 종신정기금 · 443
제14절 화 해 · 443

CHAPTER 04 사무관리 · · · 446

CHAPTER 05 부당이득 · · · 452

CHAPTER 06 불법행위 · · · 464

제1절 불법행위 일반론 · 464
제2절 불법행위의 성립 · 464
제3절 불법행위의 효과 · 477

PART 01
민법총칙

CHAPTER 01

민법과 민법학

| PART 01 민법총칙 | PART 02 | PART 03 |

제1절 민법의 개념

Ⅰ. 형식적 의미의 민법

형식적 의미의 민법은 민법이라는 이름의 성문법전을 말한다.

Ⅱ. 실질적 의미의 민법

1. 사법으로서의 민법

민법은 사인의 생활관계를 규율하는 사법에 속하며 원칙적으로 대등한 관계를 정하는 사법이며, 일반법으로 개인의 일상·보통의 사적 생활관계를 규율하는 법이다.

2. 실체법으로서 민법

민법은 권리·의무의 발생이나 그 내용·성질 및 변경·소멸에 관한 직접적인 규정으로 이루어져 있으므로 실체법이라 할 수 있다.

제2절 민법의 법원

Ⅰ. 법원(法源)의 의의

> 제1조(법원) 민사에 관하여 법률에 규정이 없으면 관습법에 의하고 관습법이 없으면 조리에 의한다.

법원이란 법의 존재형식 또는 현상형태를 말하는 것으로서, 법을 인식할 수 있는 법의 발현존재의 형식을 가리킨다. 무엇보다 분쟁이 발생할 경우에 이를 해결하기 위한 법규이며, 민사에 관한 적용법규를 뜻한다.

Ⅱ. 법원(法源)의 종류

1. 성문민법으로서 법률 등

법률에는 ⅰ) 국회에서 제정한 형식적 의미의 민법뿐만 아니라 민사에 관한 특별법 및 법규 등을 포함한다(광의의 법률). 또한 ⅱ) 법률의 형식을 취하지 않더라도 명령(대통령의 긴급재정·경제명령과 긴급명령)과 대법원규칙도 민법의 법원이다. ⅲ) 비준·공포된 조약과 일반적으로 승인된 국제법규도 민사에 관한 것일 경우 법률과 동일한 효력을 가지므로 민사에 관한 법원이 된다(헌법 제6조 1항).

2. 불문민법으로서 관습법

(1) 의 의

관습법이란 사회의 거듭된 관행으로 생성된 사회생활규범이 사회의 법적 확신과 인식에 의하여 법적 규범으로 승인 강행되기에 이른 것을 의미하며(대판 1983.6.14. 80다3231), 현재 관습법은 성문법의 발달과 함께 그 역할 및 기능이 점차 축소되고 있다.

(2) 요 건

관습법이 성립하기 위해서는 ⅰ) 거듭되고 반복된 관행이 존재하여야 하고(계속성) ⅱ) 그러한 관행이 헌법에 저촉되지 않아야 하며(정당성·합리성), ⅲ) 사회 구성원들에게 법적 확신의 취득이 필요하다(확신성). 이는 관습법의 성립요건은 효력유지요건이기도 하다.

> **판례정리 관습법과 헌법과의 관계(관습법의 성립요건 및 효력요건)**
> ① 사회의 거듭된 관행으로 생성된 어떤 사회생활규범이 법적 규범으로 승인되기 위해서는 그 사회생활규범은 헌법을 최상위규범으로 하는 전체 법질서에 반하지 아니하는 것으로서 정당성과 합리성이 있어야 하고, 그렇지 않은 사회생활규범은 비록 그것이 사회의 거듭된 관행으로 생성된 것이라고 할지라도 이를 법적 규범으로 삼아 관습법으로서의 효력을 인정할 수 없다(대판 2003.7.24. 2001다48781 전원합의체).
> ② 사회구성원들이 기존의 관습법의 법적 구속력에 대하여 확신을 갖지 않게 되었다거나, 사회를 지배하는 기본적 이념이나 사회질서의 변화로 인하여 그러한 관습법을 적용하여야 할 시점에 있어서의 전체 법질서에 부합하지 않게 되었다면 그러한 관습법은 법적 규범으로서의 효력이 부정될 수밖에 없다(대판 2005.7.21. 2002다1178 전원합의체).

(3) 효 력

1) 관습법의 성립시기

관습법은 판결에 의해서 그 존재가 확인되지만, 성립시기는 구성원 다수가 그 관습에 법적 구속력이 있다는 확신을 가지는 때로 소급한다(통설).

2) 성문법과의 우열관계

관습법은 성문법이 없는 경우에 적용된다. 문제는 성문법이 규정하고 있는 경우인데, 판례는 보충적 효력설의 입장이다. 즉 관습법의 제정법에 대한 열후적·보충적 성격에 비추어 관습법의 효력을 인정하는 것은 관습법의 법원으로서의 효력을 정한 민법 제1조의 취지에 어긋난다고 할 것이다(대판 1983.6.14. 80다3231).

3. 법원인지 문제되는 경우

(1) 조 리

조리란 사물의 본성·사물의 본질적 법칙 또는 사물의 도리를 말하며, 경험법칙·사회통념·신의성실·공서양속·형평 등 다양하게 표현되고 있다. 조리의 법원성이 인정된다.

> **[판례정리] 제사주재자를 결정하는 방법에 관한 판례**
> ① 2008년 전원합의체 판결은 제사주재자는 우선적으로 망인의 공동상속인들 사이의 협의에 의해 정하되, 협의가 이루어지지 않는 경우에는 제사주재자의 지위를 유지할 수 없는 특별한 사정이 있지 않는 한 망인의 장남(장남이 이미 사망한 경우에는 장손자)이 제사주재자가 되고, 공동상속인들 중 아들이 없는 경우에는 망인의 장녀가 제사주재자가 된다고 판시하였다.
> ② 그러나 공동상속인들 사이에 협의가 이루어지지 않는 경우 제사주재자 결정방법에 관한 2008년 전원합의체 판결의 법리는 더 이상 조리에 부합한다고 보기 어려워 유지될 수 없다. 공동상속인들 사이에 협의가 이루어지지 않는 경우에는 제사주재자의 지위를 인정할 수 없는 특별한 사정이 있지 않는 한 피상속인의 직계비속 중 남녀, 적서를 불문하고 최근친의 연장자가 제사주재자로 우선한다고 보는 것이 가장 조리에 부합한다(대판 2023.5.11. 2018다248626 전원합의체).

(2) 판 례

판례는 법원의 재판을 통하여 형성된 규범을 가리킨다. 그러나 민법 제1조가 판례의 법원성에 관하여 언급이 없는 바, 법원성을 인정할 수 없다. 반면, 대법원의 판례와 달리 헌법재판소의 결정은 그 내용이 민사에 관한 것인 때에는 민법의 법원으로 된다(특히 위헌결정의 경우 민사에 관한 법원이 되지 못하는 소극적 의미를 가진다).

제3절 민법의 원리

Ⅰ. 사적자치의 원칙

사적자치의 원칙이란 자기의 법률관계를 그의 자유로운 의사에 의해 형성할 수 있다는 원칙을 말한다. 법률행위자유의 원칙 또는 '계약자유의 원칙'이라고도 한다.

> **계약자유의 원칙과 그 제한**
> 어느 일방이 교섭단계에서 계약이 확실하게 체결되리라는 정당한 기대 내지 신뢰를 부여하여 상대방이 그 신뢰에 따라 행동하였음에도 상당한 이유 없이 계약의 체결을 거부하여 손해를 입혔다면 이는 신의성실의 원칙에 비추어 볼 때 계약자유원칙의 한계를 넘는 위법한 행위로서 불법행위를 구성한다(대판 2003.4.11. 2001다53059). 이 경우 당사자 중 일방이 계약의 성립을 기대하고 이행을 위하여 지출하였거나 지출할 것이 확실한 비용은 계약체결을 신뢰하여 발생한 손해로서 계약 교섭의 부당파기로 인한 손해배상의 범위에 해당할 수 있다(대판 2022.7.14. 2021다216773).

Ⅱ. 신뢰보호의 원칙

신뢰보호의 원칙이란 권리의 외관을 신뢰한 자를 보호함으로써 거래의 안전과 신속을 도모하는 원칙을 말한다.

CHAPTER 02

법률관계와 권리

| PART 01 민법총칙 | PART 02 | PART 03 |

제1절 법률관계와 호의관계

Ⅰ. 법률관계

사람의 생활관계 중 '법으로 규율되는 생활관계'를 법률관계라고 한다. 법률관계는 법에 의하여 구속되는 자와 법에 의하여 보호되는 자의 관계로 나타나는바, 이를 권리·의무관계라고 한다.

Ⅱ. 호의관계

1. 의 의

호의관계란 법적인 의무가 없음에도 불구하고 호의로 어떤 이익을 주고받는 생활관계를 말한다. 법률관계와 호의관계의 구별은 당사자에게 법적으로 구속당할 의사가 있었다고 보아야 하는지 여부에 의해 결정한다.

> **판례정리** "최대한 노력하겠다" 또는 "책임지고 해결하겠다"는 문언의 의미
> ① 원칙 : 어떠한 의무를 부담하는 내용의 기재가 있는 문면에 "최대 노력하겠습니다"라고 기재되어 있는 경우, 특별한 사정이 없는 한 그러한 의무를 법적으로는 부담할 수 없지만 사정이 허락하는 한 그 이행을 사실상 하겠다는 취지로 해석함이 상당하다(대판 1994.3.25. 93다32668).
> ② 예외 : 당사자가 법률상 부담할 의사였다고 볼 만한 특별한 사정이 인정되는 경우에는 위와 같은 문구에도 불구하고 법적으로 구속력이 있는 의무로 보아야 한다(대판 2021.1.14. 2018다223054).

2. 효 력

호의관계는 원칙적으로 법적으로 규율되는 관계가 아니므로 법적 제재를 받지 아니하고, 그 결과 법률상의 청구권이 발생하지 않는다. 그러나 호의관계가 때로는 법률관계로 전환되는 경우가 있는 바, 특히 호의동승과 관련하여 문제가 되고 있다.

> **판례정리** 호의관계에서 법률관계로 전환되는 경우
> ① 자동차교통사고에 있어서 피해자가 사고차량에 무상으로 동승하여 그 운행으로 인한 이익을 누리는 지위에 있었다 하더라도 특별한 사정이 없는 한 그 점만으로 피해자에게 과실이 있었다 하여 가해자의 책임을 감경하는 사유로 삼을 수 없다(대판 1987.7.7. 87다카69).
> ② 그러나 운행의 목적·호의동승자와 운행자와의 인적 관계·피해자가 차량에 동승한 경위, 특히 동승요구의 목적과 적극성 등의 제반사정에 비추어 가해자에게 일반의 교통사고와 같은 책임을 지우는 것이 신의칙이나 형평의 원칙에 비추어 매우 불합리한 것으로 인정되는 경우에는 그 배상액을 감경할 사유로 삼을 수도 있다(대판 1999.2.9. 98다53141).

제2절 권 리

Ⅰ. 권리와 의무

1. 권 리

권리란 법익을 누리기 위하여 법이 인정한 힘을 말하며, ⅰ) 대리권과 같이 일정한 법률행위를 할 수 있는 자격인 '권한', ⅱ) 소유권이라는 권리는 사용·수익·처분할 수 있는 것을 내용으로 하는 데, 이러한 권리의 세부적 내용 또는 법률상 인정되는 내용인 '권능', ⅲ) 지상권·임차권 등과 같이 어떤 법률행위 또는 사실행위를 하는 것을 정당화하는 법적 원인인 '권원'과 구별된다.

2. 의 무

의무란 일정한 행위를 하여야 할 또는 하지 않아야 할 법률상의 구속을 말한다. 즉 권리와 의무는 서로 대응하는 것이 보통이다. 이와 구별하여야 할 것으로 간접의무 또는 책무가 있는데, 이를 강제할 수 없다는 점에서 의무와 다르다.

Ⅱ. 권리의 종류

1. 내용에 의한 분류

(1) 재산권과 인격권

재산적 이익을 누리는 재산권은 원칙적으로 양도성과 상속성을 가진다(비전속권). 여기에는 물권과 채권이 대표적이다. 반면, 권리의 주체와 분리할 수 없는 인격적 이익을 누리는 인격권이 있다(일신전속권). 생명권·명예권(초상권) 등이 이에 해당한다.

(2) 가족권과 사원권

친족권·상속권 등 신분상의 생활이익을 누리는 '신분권', 단체의 구성원 자격에서 주어지는 '사원권'이 있다.

2. 작용에 의한 분류

(1) 지배권

일정한 객체를 직접 지배할 수 있는 지배권·절대권은 물권이 대표적이다.

(2) 청구권

특정인이 특정인에 대하여 일정한 행위를 요구할 수 있는 권리인 청구권·상대권은 채권이 대표적이다.

(3) 항변권

일시적(동시이행의 항변권, 최고검색의 항변권) 또는 영구적(한정승인)으로 청구권의 행사를 저지하는 권리가 항변권이다. 이러한 항변권을 보유한 자가 행사하지 않는 한 법원이 이를 직권으로 고려하지 못한다.

(4) 형성권

일방적 의사표시에 의하여 권리변동이 초래되는 형성권이 있으며, 이는 당사자의 약정(계약) 또는 법률의 규정에 의해 정해진다. 이러한 형성권의 경우에는 행사방법이 다양하므로 아래의 도표를 통하여 살펴보자.

당사자의 의사표시만으로 효력이 발생하는 경우	추인, 취소, 해제·해지권, 상계권, 선택권, 예약완결권 등
법원의 판결이 있어야 효력이 발생하는 경우	채권자취소권, 혼인취소, 재판상 이혼, 친생부인권 등
청구권으로 불리지만 실질은 형성권인 경우	지료증감청구권, 차임증감청구권, 지상물매수청구권, 부속물매수청구권, 공유물분할청구권 등

Ⅲ. 권리의 중첩

1. 권리경합

권리의 경합이란 하나의 생활사실이 수개의 법규(권리근거규정)가 정하는 요건을 충족하여 동일한 목적으로 가지는 수개의 권리가 발생하여 1인에게 귀속하는 상태를 말한다. 청구권의 경합이 대표적이다. 이 경우 권리자는 어느 것이든 선택하여 행사할 수 있다(대판 2021.6.24. 2016다210474).

2. 법조경합

동일한 생활사실이 수개의 법률이 정하는 요건을 충족하지만, 그 중의 한 법률이 다른 법률을 배제하는 것일 때에는 전자만이 적용되어 원래부터 하나의 권리만이 발생하는 경우를 말한다.

> **판례정리** **자동차배상보장법과 민법의 관계(법조경합)**
> 법원은 피해자가 자배법을 주장하지 않았더라도 민법에 우선하여 자배법을 적용하여야 한다(대판 2001.4.10. 2000다71364). 자배법이 민법에 우선하여 적용되지만, 자배법상의 손해배상책임이 인정되지 않는 경우에도 민법상의 불법행위책임이 인정될 수 있다(대판 2001.6.29. 2001다23201, 23218).

연습문제

01 〈노무사 2014〉

법원에 소를 제기하는 방법으로만 행사할 수 있는 권리는?

① 상계권
② 계약해제권
③ 예약완결권
④ 채권자취소권
⑤ 보증인의 최고·검색의 항변권

해설 | ④ (○) 채무자가 채권자를 해함을 알고 재산권을 목적으로 한 법률행위를 한 경우, 채권자는 사해행위의 취소를 법원에 소를 제기하는 방법으로 청구할 수 있을 뿐 소송상의 공격방어방법으로 주장할 수 없다(대판 1995.7.25. 95다8393).

정답 | ④

CHAPTER 03

신의성실의 원칙

| PART 01 민법총칙 | PART 02 | PART 03 |

권리발생요건을 그 내용으로 하는 실질적 민법의 규정을 권리근거규정이라고 하며, 이에 따라 발생한 권리의 내용을 실현하는 것을 권리의 행사라고 한다. 이러한 권리의 행사는 자유이지만, 현대민법에서 권리의 행사는 무제한의 자유가 아니다. 민법은 제2조에서 직접적으로는 권리행사의 한계를, 간접적으로는 권리의 공공성을 표현하고 있는 바, 이하에서 살펴본다.

1 신의칙 일반론

Ⅰ. 신의칙의 의의

제2조(신의성실) ① 권리의 행사와 의무의 이행은 신의에 좇아 성실히 하여야 한다.

㈎ 신의성실의 원칙은 법률관계의 당사자가 상대방의 이익을 배려하여 형평에 어긋나거나 신의를 저버리는 내용 또는 방법으로 권리를 행사하거나 의무를 이행해서는 안 된다는 추상적 규범으로서 법질서 전체를 관통하는 일반 원칙으로 작용하고 있다(대판 2021.6.30. 2019다276338).

㈏ 신의성실의 원칙에 위배된다는 이유로 권리행사를 부정하기 위해서는 상대방에게 신의를 제공하였거나 객관적으로 보아 상대방이 신의를 가지는 것이 정당한 상태에 이르러야 하고 이와 같은 상대방의 신의에 반하여 권리를 행사하는 것이 정의관념에 비추어 용인될 수 없는 정도에 이르러야 한다.

Ⅱ. 신의칙의 기능

1. 일반조항으로서 추상적인 법규범

민법은 신의·성실이라는 추상적인 용어를 사용하고 있을 뿐이고, 일반적인 구체적인 요건이나 법률효과가 규정되어 있지 않은 추상적 규범이다(대판 2013.12.18. 2012다89399 전원합의체).

2. 신의칙의 보충성(법률행위의 해석)

㈎ 신의성실의 원칙은 법률행위를 해석함에 있어 그 기준이 된다. 다만, 법률이나 계약상의 약정을 근거로 적절한 해결이 가능함에도 불구하고 함부로 신의칙을 적용하여 법률규정이나 계약내용에 어긋나는 판단을 하는 것은 허용되지 않는다(이른바 일반조항으로의 도피).

> **판례 정리** **사적자치원칙의 수정과 신의칙의 한계**
> 유효하게 성립한 계약상의 책임을 공평의 이념 또는 신의칙과 같은 일반원칙에 의하여 제한하는 것은 사적 자치의 원칙이나 법적 안정성에 대한 중대한 위협이 될 수 있으므로, 채권자가 유효하게 성립한 계약에 따른 급부의 이행을 청구하는 때에 법원이 급부의 일부를 감축하는 것은 원칙적으로 허용되지 않는다(대판 2016.12.1. 2016다240543).

㈏ 신의성실의 원칙은 권리와 의무의 내용을 보다 명확하게 구체화하는 보충기능이 있다. 예컨대 계약의 당사자에게 본래의 급부의무 외에 인정되는 부수적 의무(설명의무·고지의무·사용자의 안전배려의무·보호의무·손해경감조치의무)가 도출된다.

3. 재판 및 행위규범으로서 강행규정

신의칙은 법관을 구속하는 재판규범이면서 아울러 일반인에 대한 행위규범이기도 하다. 특히 신의성실의 원칙에 반하는 것 또는 권리남용은 강행규정에 위배되는 것이므로 당사자의 주장이 없더라도 법원은 직권으로 판단할 수 있다(대판 1995.12.22. 94다42129).

2 신의칙의 파생원칙

Ⅰ. 사정변경의 원칙

1. 의의 및 인정 여부

법률행위의 성립에 있어서 그 기초가 되었던 사정에 당사자가 예견할 수 없었던 중대한 변경이 그 후에 발생한 경우, 당사자는 1차적으로 행위의 효과를 신의칙에 맞도록 적절한 수정을 상대방에게 요구하거나, 2차적으로 계약을 해제 또는 해지할 수 있다고 한다.

2. 판례의 구체적 검토

판례는 계약준수 원칙의 예외로서 사정변경을 이유로 계약을 해제하거나 해지할 수 있다 한다(대판 2020.12.10. 2020다254846). 다만, 계속적 계약에서는 계약의 체결 시와 이행 시 사이에 간극이 크기 때문에 당사자들이 예상할 수 없었던 사정변경이 발생할 가능성이 높지만, 이러한 경우에도 위 계약을 해지하려면 경제적 상황의 변화로 당사자에게 불이익이 발생했다는 것만으로는 부족하다(대판 2017.6.8. 2016다249557).

> **판례정리 계약준수원칙의 예외로서 사정변경으로 인한 계약의 해제**
> ① 일시적 계약관계 : 이른바 사정변경으로 인한 계약해제는 계약준수 원칙의 예외로서 인정되는 것이다. 여기에서 말하는 사정이라 함은 계약의 기초가 되었던 객관적인 사정이지, 일방 당사자의 주관적 또는 개인적인 사정을 의미하는 것은 아니다. 나아가 당사자들이 계약의 기초로 삼지 않은 사정이나 어느 일방당사자가 변경에 따른 불이익이나 위험을 떠안기로 한 사정은 포함되지 않는다(대판 2021.6.30. 2019다276338). 또한 계약의 성립에 기초가 되지 아니한 사정이 그 후 변경되어 일방 당사자가 계약 당시 의도한 계약목적을 달성할 수 없게 됨으로써 손해를 입게 되었다 하더라도 특별한 사정이 없는 한 그 계약내용의 효력을 그대로 유지하는 것이 신의칙에 반한다고 볼 수도 없다(대판 2017.6.8. 2016다249557).
> ② 계속적 계약관계 : 회사의 이사였기 때문에 회사의 요구에 따라 부득이 회사와 은행 사이의 계속적 거래로 인한 회사의 채무에 대하여 연대보증인이 된 자가 그 후 위 회사로부터 퇴사하여 이사의 지위를 떠났다면, 사정변경을 이유로 위 연대보증계약을 해지할 수 있으며, 위 계속적 보증계약에서 보증기간을 정하였다 하더라도 그것이 특히 퇴사 후에도 보증채무를 부담하기로 특약한 취지라고 인정되지 않는 한 위와 같은 해지권의 발생에 영향이 없다(대판 1992.5.26. 92다2332). 그러나 **특정채무 내지 확정채무의 경우에는 해지할 수 없다**(대판 2004.1.27. 2003다45410).

Ⅱ. 실효의 원칙

1. 의의 및 성립요건

권리자가 실제로 권리를 행사할 수 있는 기회가 있었음에도 불구하고 상당한 기간이 경과하도록 권리를 행사하지 아니하여 의무자인 상대방으로서도 이제는 권리자가 권리를 행사하지 아니할 것으로 신뢰할 만한 정당한 기대를 가지게 된 다음에 새삼스럽게 그 권리를 행사하는 것이 신의성실의 원칙에 위반하는 것으로 인정되는 결과가 될 때에는 이른바 실효의 원칙에 따라 그 권리의 행사가 허용되지 않는다(대판 2005.10.28. 2005다45827).

> **판례정리 실효의 원칙의 요건에 관한 판례(상당한 기간 권리불행사)**
> ① 권리자가 장기간 권리를 행사하지 아니하여야 하는데 이 경우, 종전의 토지소유자가 자신의 권리를 행사하지 않았다는 사정은 새로운 권리자에게 실효의 원칙을 적용함에 있어 고려할 사항이 아니다(대판 1995.8.25. 94다27069).
> ② 토지소유자가 그 점유자에 대하여 부당이득반환청구권을 장기간 적극적으로 행사하지 아니하였다는 사정만으로는 부당이득반환청구권이 실효의 원칙에 따라 소멸하였다고 볼 수 없다(대판 2002.1.8. 2001다60019).

2. 효과 및 적용범위

(1) 권리행사의 부정

실효의 원칙의 요건이 충족되는 경우에도 권리가 소멸되는 것이 아니고, 권리자가 권리를 행사하거나 소를 제기하는 것이 부적법하거나 또는 허용되지 않을 뿐이다.

(2) 적용범위와 한계

1) 사법관계

㈎ 실효의 원칙은 소멸시효에 걸리지 않는 권리에 대하여도 실효의 법리를 적용시킬 수 있는 실익이 있다. 즉 법적 효력을 가지는 모든 권리, 청구권·형성권에도 적용된다(대판 2000.4.25. 99다34775).

> **해제권(형성권)의 발생과 실효**
> 1년 4개월 전에 발생한 해제권을 장기간 행사하지 아니하고 잔존채무의 이행을 최고함에 따라 상대방으로서는 그 해제권이 더 이상 행사되지 아니할 것으로 신뢰하였고, 또 매매대금 자체는 거의 전부가 지급된 점 등에 비추어 그 후 새삼스럽게 해제권을 행사한다는 것은 신의성실의 원칙에 반하여 허용되지 아니하므로 이제 와서 매매계약을 해제하기 위해서는 다시 이행제공을 하면서 최고를 하여야 한다(대판 1994.11.25. 94다12234).

㈏ 그러나 혼인취소권, 인지청구권과 같은 본인의 일신전속적인 권리의 경우에는 실효의 법리가 적용되지 않는다(대판 2001.11.27. 2001므1353).

2) 공법관계

실효의 원칙은 공법관계에도 적용된다(대판 1988.4.27. 87누915). 특히, 항소권과 같은 소송법상의 권리에도 실효의 원칙이 적용된다(대판 2000.4.25. 99다34775).

3) 노동관계

실효의 원칙이 활발하게 적용되는 분야는 노동관계이다. 아래의 판례를 보면 알 수 있듯이 모순행위금지의 원칙(금반언의 원칙)과 함께 적용되고 있다.

> **노동관계에서 실효의 원칙의 적용**
> ① 근로자가 사직원의 작성·제출이 자신이 아닌 그의 형에 의하여 이루어졌음을 이유로 의원면직의 무효확인을 구하고 있으나, 의원면직일로부터 5년이 경과한 후에 위와 같은 소를 제기하는 것은 신의칙 내지 금반언의 원칙에 반하는 것으로서 부적법하다(대판 2005.10.28. 2005다45827).
> ② 퇴직금을 수령하면서 아무런 이의의 유보나 조건을 제시하지 않았고, 상당한 기간이 경과했기 때문에 사용자로서도 이제는 해고된 근로자가 권리를 행사하지 아니할 것을 신뢰할 만한 정당한 기대를 가지게 된 다음에 새삼스럽게 해고무효확인청구를 하는 것은 신의칙 내지 금반언의 원칙에 반하는 것으로서 부적법하다(대판 1993.12.28. 92다34858).
> ③ 근로자가 해고당한 후 약 1개월이 지난 다음 동종업체에 취업하여 전회사에 있어서와 유

사한 봉급수준의 임금을 지급받으며 근무하고 있으면서 해고당한 때로부터 **3년 가까이나 경과하여 해고무효확인청구소송을 제기한 경우라면 위 청구는 금반언의 원칙에 위배**된다(대판 1990.11.23. 90다카25512).

Ⅲ. 모순행위금지의 원칙

1. 의 의

모순행위금지의 원칙이란 어떤 행위를 한 자가 후에 그와 모순되는 행위를 한 경우에 그 모순되는 행위의 효력을 인정하지 아니하는 원칙을 말하며, 금반언의 원칙이라고도 한다.

2. 요 건

이에 해당하기 위하여는 ⅰ) 선행행위의 존재와 그 행위에 의한 신뢰 야기, ⅱ) 선행행위와 상호 모순되는 후행행위의 존재, ⅲ) 선행행위와 후행행위는 동일한 법률관계에 관한 것이거나 또는 밀접한 관련이 있는 법률관계에 관한 것이어야 한다.

3. 효 과

이에 해당하는 경우, 후행행위는 신의칙에 위반된 행위로써 그 행사가 허용되지 않는다. 구체적인 판례를 살펴보자.

> **판례정리 모순된 행위로써 신의칙에 위반되는 경우**
> ① **대항력을 갖춘 임차인이 그 임대차 사실을 부인하고 임차보증금에 대한 권리 주장을 않겠다는 내용의 확인서를 작성해 준 후 이를 번복하여 근저당권자보다 우선적 지위를 가지는 확정일자부 임차인임을 주장하여 그 임차보증금반환채권에 대한 배당요구를 하는 것**은 특별한 사정이 없는 한 금반언 및 신의칙에 위반되어 허용될 수 없다(대판 2016.12.1. 2016다228215).
> ② **소멸시효 완성 후에 시효완성의 원용을 하지 않을 것 같은 신뢰를 주었다가 소멸시효를 주장하는 것**은 신의칙에 반한다(대판 1999.12.7. 99다42929). 마찬가지로 **취득시효완성 후 그 사실을 모르고 권리를 주장하지 않기로 하였다가** 후에 시효주장을 하는 것이 신의칙에 반한다(대판998.5.22. 96다24101).
> ③ **무권대리인이 본인을 상속한 경우에 무권대리행위의 무효를 주장하여 등기말소 등을 구하는 것**은 금반언의 원칙에 반한다(대판 1994.9.27. 94다20617).

4. 한 계

㈎ 신의칙은 구체적 타당성을 실현하기 위한 원리이므로 법적 안정성을 중시하는 합법성의 원칙과 충돌할 수 있다. 이 경우 합법성의 원칙이 우선되어야 한다. 따라서 강행법규를 위반한 자가 스스로 무효를 주장하는 것은 비록 모순되었다 하더라도 신의칙에 위반되지 않는다(대판 2013.12.18. 2012다89399 전원합의체). 법적 안정성을 중시하는 강행법규가 우선되어야 하기 때문이다. 구체적인 판례를 살펴보면 다음과 같다.

> **판례정리** 모순된 행위로써 신의칙에 위반되지 않는 경우
> ① 미성년자의 법률행위에 법정대리인의 동의를 요하도록 하는 것은 강행규정인데, 법정대리인의 동의 없이 신용구매계약을 체결한 미성년자가 사후에 법정대리인의 동의 없음을 사유로 들어 이를 취소하는 것이 신의칙에 위배된 것이라고 할 수 없다(대판 2007.11.16. 2005다71659).
> ② 사립학교 경영자가 **사립학교법 제28조 제2항의 규정**에 위반하여 학교재산을 매도하거나 담보제공을 한 후에 스스로 그 무효를 주장하는 것은 특별한 사정이 없는 한 신의성실의 원칙에 위배되지 않는다(대판 2000.6.9. 99다70860).
> ③ **토지거래허가 없이 임야를 매도한 후 등기의 무효를 주장하는 것은 신의성실의 원칙에 위배되지 않는다**(대판 1993.12.24. 93다44319).
> ④ 증권거래법은 강행규정으로서 이에 위반되는 주식거래에 관한 투자수익보장약정은 무효이므로, 수익보장약정을 체결한 투신사가 그 약정의 무효를 주장하는 것은 신의성실의 원칙에 위배되지 않는다(대판 2003.1.24. 2001다2129).
> ⑤ 상속인 중의 1인이 피상속인의 생존 시에 피상속인에 대하여 상속을 포기하기로 약정하였다고 하더라도, 상속개시 후 민법이 정하는 절차와 방식에 따라 상속포기를 하지 아니한 이상, **상속개시 후에 자신의 상속권을 주장하는 것은 정당한 권리행사로서 권리남용에 해당하거나 또는 신의칙에 반하는 권리의 행사라고 할 수 없다**(대판 1998.7.24. 98다9021).
> ⑥ 버스여객자동차운송사업을 하는 甲 주식회사의 운전기사로 근무하던 乙이 정기상여금을 통상임금에 포함하여 산정한 추가 퇴직금의 지급을 구하는 것이 신의성실의 원칙에 위배되는지 문제 된 사안에서, 정기상여금을 통상임금에 포함시킴으로써 추가 퇴직금 등을 지급한다고 하여 甲 회사에 중대한 경영상의 어려움을 초래하거나 기업의 존립을 위태롭게 한다고 단정할 수 없으므로, 乙의 추가 퇴직금 청구가 신의성실의 원칙에 위배된다고 볼 수 없다(대판 2019.4.23. 2014다27807).

㈏ 그러나 합법성의 원칙을 희생하여서라도 구체적 타당성을 도모하여야 하는 극히 예외적인 경우라고 한다면, 신의칙을 우선적으로 적용할 수 있다(대판 2021.11.25. 2019다277157). 다음 판례의 내용을 살펴보자.

> **판례정리** 합법성의 원칙을 희생시킬 수 있는 극히 예외적인 경우
> 단체협약 등 노사합의의 내용이 근로기준법의 강행규정을 위반하여 무효인 경우에, 무효를 주장하는 것이 신의칙에 위배된다고 볼 수 없음이 원칙이다. 그러나 근로기준법의 강행규정성에도 불구하고 신의칙을 우선하여 적용하는 것을 수긍할 만한 특별한 사정이 있는 예외적인 경우에 한하여 노사합의의 무효를 주장하는 것은 신의칙에 위배되어 허용될 수 없다(대판 2013.12.18. 2012다89399 전원합의체). 즉, 사적자치의 영역을 넘어 공공질서를 위하여 공익적 요구를 선행시켜야 할 경우 합법성의 원칙은 신의성실의 원칙보다 우월한 것이므로, 신의성실의 원칙은 합법성의 원칙을 희생하여서라도 구체적 신뢰보호의 필요성이 인정되는 경우에 한하여 예외적으로 적용된다(대판 2014.5.29. 2012다44518).

Ⅳ. 권리남용금지의 원칙

> 제2조(신의성실) ② 권리는 남용하지 못한다.

1. 의 의

권리남용금지의 원칙은 신의칙과 마찬가지로 일반규정이고, 재판규범이면서 행위규범이고, 또 강행규정이다. 판례는 신의칙에 반하여 권리남용으로서 허용될 수 없다고 하여 중복하여 적용하는 입장이다.

2. 요 건

(1) 객관적 요건

㈎ 상대방에게 신의를 공여하였거나 객관적으로 보아 상대방이 신의를 가지는 것이 정당하고, 그러한 상대방의 신의에 반하여 권리를 행사하는 것이 정의관념에 비추어 용인될 수 없는 정도의 상태에 이르러야 한다(대판 2017.2.15. 2016다32193).

㈏ 이와 같은 경우에 해당하지 않는 한 비록 그 권리의 행사에 의하여 권리행사자가 얻는 이익보다 상대방이 입을 손해가 현저히 크다고 이를 권리남용이라고 할 수 없다(대판 2010.2.25. 2009다58173).

(2) 주관적 요건

㈎ 권리남용에 해당하려면 주관적으로는 그 권리행사의 목적이 오직 상대방에게 고통을 주고 손해를 입히려는 데 있고 권리행사자에게 아무런 이익이 없어야 한다.

㈏ 이러한 주관적 요건으로서 가해의사 내지 가해목적이 있어야 하는가에 대해서는 통설은 권리남용을 강화하는 요소로 이해하고 있으며, 판례는 권리자의 정당한 이익을 결여한 권리행사로 보여지는 객관적인 사정에 의하여 추인할 수 있다고 한다(대판 2003.11.27. 2003다40422).

> **판례정리 권리남용금지원칙에 위반되는지가 문제되는 판례**
> ① 약속어음을 액면가의 40%에도 미치지 못하는 가격으로 할인취득한 후에 그 약속어음채권을 자동채권으로 하여 **상계**하는 경우에는 권리남용에 해당하며 이 경우 **권리남용의 주관적인 요건은 필요 없다**(대판 2003.4.11. 2002다59481).
> ② 동시이행의 항변권의 행사가 주로 자기채무의 이행만을 회피하기 위한 수단이라고 보여지는 경우에는 그 항변권의 행사는 권리남용으로서 배척되어야 한다(대판 2001.9.18. 2001다9304).

3. 효 과

(1) 권리행사의 저지

㈎ 권리자체가 박탈되는 것은 아니고 그 행사가 저지 된다(대결 1992.6.9. 91마500). 그러나 법률규정에 의해 권리가 박탈되는 경우도 있다(제924조의 친권상실선고).

(나) 나아가 ⅰ) **(청구이의의 소)** 확정판결에 의한 권리라 하더라도 신의에 좇아 성실히 행사되어야 하고 판결에 기한 집행이 권리남용이 되는 경우에는 허용되지 않으므로 집행채무자는 청구이의의 소에 의하여 집행의 배제를 구할 수 있다. 그리고 ⅱ) **(채권자취소권)** 그러한 판결금 채권에 기초한 다른 권리의 행사, 예를 들어 판결금 채권을 피보전채권으로 하여 채권자취소권을 행사하는 것 등도 허용될 수 없다(대판 2014.2.21. 2013다75717).

(2) 부당이득의 문제

(가) 권리자의 권리행사가 저지된다고 하여 상대방의 행위가 적법해지는 것은 아니다. 그러므로 상대방은 권리자에게 제750조(불법행위) 또는 제741조(부당이득)에 따른 금원을 지급하여야 하는 경우도 있을 수 있다.

(나) 예를 들면 토지소유자 甲의 건물철거청구가 권리남용이 되어 허용되지 아니하더라도 소유자의 소유권 자체가 부정되는 것은 아니고 불법침해자인 건물소유자 乙의 점유가 적법한 권원에 기한 점유로 전환되는 것도 아니다. 따라서 토지점유에 대한 적법한 권원은 없으므로 건물소유자인 乙은 토지임료상당의 이득을 부당이득으로 얻고 있는 것이다.

연습문제

01 〈노무사 2018〉

신의성실의 원칙에 관한 설명으로 옳은 것은? (다툼이 있으면 판례에 따름)

① 인지청구권의 포기는 허용되지 않지만, 인지청구권에는 실효의 법리가 적용될 수 있다.
② 임대차계약 당사자가 차임을 증액하지 않기로 약정한 경우, 사정변경의 원칙에 따라 차임을 증액할 수 없다.
③ 신의성실의 원칙에 반한다는 것을 당사자가 주장하지 않더라도 법원은 직권으로 판단할 수 있다.
④ 취득시효완성 후 그 사실을 모르고 권리를 주장하지 않기로 하였다가 후에 시효주장을 하는 것은 특별한 사정이 없는 한 신의칙상 허용된다.
⑤ 강행법규를 위반한 약정을 한 사람이 스스로 그 약정의 무효를 주장하는 것은 신의칙상 허용되지 않는다.

해설 | ③ (○) 신의성실의 원칙에 반하는 것 또는 권리남용은 강행규정에 위배되는 것이므로 당사자의 주장이 없더라도 법원은 직권으로 판단할 수 있다(대판 1995.12.22. 94다42129).

정답 | ③

CHAPTER 04

권리의 주체

| PART 01 민법총칙 | PART 02 | PART 03 |

민법은 자연인과 법인을 법률행위의 당사자로 규정하고 있다. 권리·의무의 복합적 구성물로서 법률관계 당사자로서의 자격(능력)은 여러 가지 측면에서 문제된다. 첫째 권리·의무의 귀속주체가 될 수 있는 자격(권리능력), 둘째 법률행위를 할 수 있는 실질적 기초인 정신적·주관적·구체적 인식능력(의사능력), 셋째 사회적 거래관계를 판단할 수 있는 객관적·일반적 인식능력(행위능력)이 그것이다. 민법은 권리능력과 행위능력을 규율하고 있는 바, 이하에서 이를 중심으로 살펴본다.

제1절 권리능력 일반

1 권리·권리주체

권리란 일정한 이익을 향수케 하기 위하여 법이 인정하는 힘이므로, 법질서에 의해 그러한 법적 힘이 부여되는 자가 권리의 주체이다.

2 민법상의 능력

Ⅰ. 권리능력

권리능력이란 권리의 주체가 될 수 있는 지위 또는 자격을 말하며, '인격'이라고도 한다. 권리능력은 법률행위의 유효요건이다. 따라서 권리능력이 없는 경우 그 법률행위는 무효이다.

> **판례정리 동물이 위자료청구권의 주체가 될 수 있는지 여부**
> 민법이나 그 밖의 법률에 동물에 대하여 권리능력을 인정하는 규정이 없고 이를 인정하는 관습법도 존재하지 아니하므로, 동물 자체가 위자료 청구권의 귀속주체가 된다고 할 수 없다. 그리고 이는 그 동물이 애완견 등 이른바 반려동물이라고 하더라도 달리 볼 수 없다(대판 2013.4.25. 2012다118594).

Ⅱ. 의사능력

1. 의 의

의사능력이란 자신의 행위의 의미나 결과를 정상적인 인식력을 바탕으로 합리적으로 판단할 수 있는 정신적 능력 내지 지능을 말한다. 법인에 있어서는 의사능력이 문제되지 아니한다.

2. 효 과

의사무능력자의 법률행위에 대하여 민법은 규정하고 있지 않지만, 아무런 법률효과를 부여할 수 없기 때문에 무효이다.

> **판례 정리** — 의사능력의 법적인 의미와 무효주장 및 그 한계(신의칙)
> ① 어떤 법률행위가 그 일상적인 의미만을 이해하여서는 알기 어려운 특별한 법률적인 의미나 효과가 부여되어 있는 경우 의사능력이 인정되기 위하여는 <u>그 행위의 일상적인 의미뿐만 아니라 법률적인 의미나 효과에 대하여도 이해할 수 있을 것을 요한다</u>(대판 2009.1.15. 2008다58367).
> ② 의사무능력자가 채권자와 금전소비대차계약을 체결하고 그 차용금채무를 담보하기 위하여 자신 소유의 부동산에 근저당권을 설정하여 준 후 의사무능력자가 근저당권설정계약의 <u>무효를 주장하는 것은 특별한 사정이 없는 한 금반언의 원칙 또는 신의칙 위반에 해당하지 아니한다</u>(대판 2006.9.22. 2004다51627).

Ⅲ. 행위능력

행위능력이란 단독으로 완전·유효한 법률행위를 할 수 있는 지위 또는 자격을 말한다. 그러므로 제한능력자가 한 법률행위는 취소할 수 있다. 다만 취소될 때까지는 일응 유효하다(유동적 유효). 만일 동일인이 의사무능력의 상태였으나 동시에 제한능력자인 경우에 무효 또는 취소의 법률효과를 선택적으로 주장할 수 있다(무효·취소의 이중효).

제2절 자연인

1 권리능력

Ⅰ. 권리능력의 평등

제3조(권리능력의 존속기간) 사람은 생존한 동안 권리와 의무의 주체가 된다.

1. 출생의 시기

민법 제3조는 권리능력의 시기와 종기에 대한 규정이다. 여기서 생존은 사람이 출생한 때로부터 사망한 때까지를 말한다. 권리능력이 시작되는 시점인 출생과 관련하여 전부노출설이 우리나라의 통설이다. 여기서 문제되는 것이 출생 전 태아의 법적 지위이다.

2. 출생의 효과

살아서 출생한 이상 성별·종교·기형아·조산아 등에 관계없이 당연히 권리능력을 갖으며(권리능력평등의 원칙), 가족관계등록부에 기재되어야 권리능력을 취득하는 것이 아니다(출생신고는 보고적 신고).

Ⅱ. 태아의 권리능력

1. 태아의 보호에 관한 입법주의

태아라 함은 임신 후 출생에 의하여 '모체로부터 전부 노출되기 전까지의 생명체'를 말한다. 헌법상 생명권 주체인 태아의 보호에 관하여는 ⅰ) 태아의 이익을 위하여 모든 법률관계에 있어서 이미 출생한 것으로 보는 일반적 보호주의와 ⅱ) 중요한 법률관계에 관하여만 개별적으로 출생한 것으로 보는 개별적 보호주의가 있으나 민법은 '개별적 보호주의'를 채택하였다.

2. 권리능력에 관한 민법의 규정

(1) 불법행위

태아는 손해배상의 청구권에 관하여는 이미 출생한 것으로 본다(제762조). 여기에는 ⅰ) 태아 자신이 입은 불법행위에 대한 손해배상청구권과 ⅱ) 직계존속의 생명침해로 인한 태아 자신의 정신적 손해에 대한 위자료청구권의 경우에 적용된다.

(2) 상 속

태아는 상속순위에 관하여는 이미 출생한 것으로 본다(제1000조 3항). 또한 대습상속(제1001조)·유류분권(제1118조, 제1001조)에서도 당연히 태아의 권리능력이 인정된다.

(3) 유 증

㈎ 유증은 피상속인의 단독행위에 의한 유산의 증여를 말한다. 이러한 유증에 관하여도 태아는 출생한 것으로 본다(제1064조, 제1000조 3항).

㈏ 다만, 태아인 동안에는 법정대리인이 있을 수 없고, 법정대리인에 의한 수증행위도 불가능한 것이어서 유증이 아닌 증여에는 태아의 권리능력을 인정할 수 없다(대판 1982.2.9. 81다534).

(4) 인 지

㈎ 인지는 생부나 생모가 자기의 자녀로 승인하여 법률상 친자녀관계를 생기게 하는 단독행위이다. 민법은 부는 태아를 인지할 수 있다고 규정하고 있다(제858조).

㈏ 반면, 태아가 직접 부에 대하여 인지청구권을 행사할 수 있는지에 대해서는 명문

의 규정이 없으므로 개별적 보호주의의 취지상 부정된다. 그러므로 태아의 인지청구권은 인정되지 아니하며 이를 대리하여 행사할 수도 없다.

3. 태아의 권리능력의 취득시기

판례는 태아가 살아서 출생한 때에 출생시기가 문제의 사건의 시기까지 소급하여 출생한 것으로 보므로 모체와 같이 사망하여 출생의 기회를 갖지 못하는 이상 배상청구권을 논할 여지가 없다고 한다(정지조건설)(대판 1976.9.14. 76다1365). 따라서 태아가 모체와 같이 사망한 경우 손해배상청구권을 논할 여지가 없고, 다른 직계존속이 태아의 배상청구권을 상속하는 일도 없다.

> **판례정리 불법행위에 있어 태아의 권리능력(태아가 살아서 출생함을 전제로 함)**
> ① 임신 중의 모가 교통사고의 충격으로 태아가 조산되고 또 그로 인하여 제대로 성장하지 못하고 사망하였다면, 위 불법행위는 한편으로 산모에 대한 불법행위인 동시에 한편으로는 태아 자신에 대한 불법행위라고 볼 수 있으므로, 따라서 죽은 아이는 생명침해로 인한 재산상 손해배상청구권이 있다(대판 1968.3.5. 67다2869).
> ② 태아가 피해 당시 정신상 고통에 대한 감수성을 갖추고 있지 않다 하더라도 장래 감수할 것임이 현재 합리적으로 기대할 수 있는 경우에 있어서는 즉시 그 청구를 할 수 있다(대판 1962.3.15. 4294민상903).

Ⅲ. 권리능력의 소멸

1. 사망의 확실한 증명

㈎ 자연인의 권리능력은 생존한 동안만 법에 의하여 부여되는 것이므로, 오직 사망만이 권리능력의 소멸사유이다(심장정지설 또는 맥박종지설이 통설이다). 사망신고나 가족관계등록부에의 기재에 의하여 소멸되는 것은 아니다(사망신고는 보고적 신고이다). 특히 뇌사는 사망이 아니다.

㈏ 특별한 사정이 없는 한 사람은 생존한 것으로 추정하므로, 오히려 그가 사망하였다는 점을 상대방이 적극적으로 증명하여야 한다(대판 1994.10.25. 94다18683). 다만 판례는 논리칙 경험칙으로 인하여 사망의 고도개연성을 인정하고 있다(대판 1989.1.31. 87다카2954).

2. 동시사망의 추정

> **제30조(동시사망)** 2인 이상이 동일한 위난으로 사망한 경우에는 동시에 사망한 것으로 추정한다.

㈎ 2인 이상을 '동시에 사망한 것으로 추정'함으로써 동시에 사망한 자들 사이에는 상속이 발생하지 않는다. 피상속인 사망시에 상속인도 존재하지 않기 때문이다.

> **[판례정리] 동시사망의 추정을 번복하기 위한 증명책임의 내용 및 정도**
> 민법 제30조에 의하면 2인 이상이 동일한 위난으로 사망한 경우에는 동시에 사망한 것으로 추정하도록 규정하고 있는바, 이 추정은 법률상 추정으로서 이를 번복하기 위하여는 동일한 위난으로 사망하였다는 전제사실에 대하여 법원의 확신을 흔들리게 하는 반증을 제출하거나 또는 각자 다른 시각에 사망하였다는 점에 대하여 법원에 확신을 줄 수 있는 본증을 제출하여야 한다(대판 1998.8.21. 98다8974).

(나) 제30조는 상속뿐만 아니라, 대습상속(제1001조 및 제1003조 2항) 및 유증에 관하여도 적용된다. 그러나 실종선고의 경우 동시사망 추정의 규정은 적용될 수 없다(사망간주제도이며, 실종선고의 취소가 가능하기 때문이다).

> **[판례정리] 동시사망의 경우에도 대습상속이 적용되는지 여부**
> (항공기추락사고의 경우) 민법 제1001조의 '상속인이 될 직계비속이 상속개시 전에 사망한 경우'에는 '상속인이 될 직계비속이 상속개시와 동시에 사망한 것으로 추정되는 경우'도 포함하여 합목적적으로 해석함이 상당하다(대판 2001.3.9. 99다13157).

2 행위능력

Ⅰ. 행위능력 일반

1. 의 의

행위능력이란 단독으로 완전·유효한 법률행위를 할 수 있는 지위 또는 자격을 말한다. 이러한 유효한 법률행위를 할 수 없는 자를 제한능력자라 하며, 민법은 행위능력 여부에 대하여 (만) 19세 또는 후견개시심판과 같은 획일적이며 객관적 기준에 의하여 판단한다.

2. 기 능

제한능력자제도는 거래의 안전을 희생시키더라도 미성년자 등 제한능력자를 보호하는데 그 근본적인 입법취지가 있다(강행규정)(대판 2007.11.16. 2005다71659).

Ⅱ. 미성년자

1. 미성년자의 의의

제4조(성년) 사람은 19세로 성년에 이르게 된다.

(가) 사람은 (만) 19세로 성년이 되며, 성년에 달하지 않은 자가 미성년자이다. 연령계산에는 예외적으로 출생일을 산입한다. 예를 들어 2000. 1. 1.에 출생한 자는 2018. 12. 31. 오후 12시에 성년이 된다.

(내) 다만 미성년자라도 혼인하면 행위능력자로 되는 성년의제제도가 있으며 법률혼을 의미한다. 다만, 혼인이 무효인 경우에는 성년의제의 효과가 발생하지 않는다.

2. 행위능력의 범위

(1) 원 칙

(개) 미성년자는 단독으로 법률행위를 할 수 없다. 예를 들면, 부동산경매절차에서 매수인이 될 수 없다. 미성년자가 법률행위를 하려면 원칙적으로 법정대리인의 동의를 얻어야 한다(제5조 1항). 법정대리인의 동의는 명시 또는 묵시를 불문하며, 동의가 있었다는 증명책임은 그 동의가 있었음을 이유로 법률행위의 유효를 주장하는 상대방에게 있다(대판 1970.2.24. 69다1568).

(내) 만약 미성년자가 법정대리인의 동의 없이 법률행위를 하면 미성년자 본인이나 법정대리인은 이를 취소할 수 있고(제5조 2항), 취소하면 소급하여 무효가 되며, 그 취소는 선의의 제3자에게도 대항할 수 있다. 즉 제한능력자측의 취소에는 선의의 제3자 보호규정이 존재하지 않는다. 나아가 미성년자의 취소는 신의칙에 위반되지도 않는다(대판 2007.11.16. 2005다71659).

(2) 예 외

1) 권리만을 얻거나 의무만을 면하는 행위(제5조 1항 단서)

예컨대 부담 없는 증여의 승낙, 권리만을 얻게 하는 제3자를 위한 계약상의 수익의 의사표시, 친권자에 대한 부양청구의 행사, 서면에 의하지 않은 증여계약의 해제 등과 같이 미성년자에게 이익만을 주는 행위는 미성년자가 단독으로 할 수 있다.

2) 범위를 정하여 처분이 허락된 재산의 처분행위(제6조)

> **제6조(처분을 허락한 재산)** 법정대리인이 범위를 정하여 처분을 허락한 재산은 미성년자가 임의로 처분할 수 있다.

제6조에서 말하는 '범위를 정하여'의 의미는 사용목적이 아닌 '재산의 범위'를 의미한다. 법정대리인은 미성년자가 아직 법률행위를 하기 전에는 동의와 허락을 취소할 수 있으나 선의의 제3자에게는 대항하지 못한다(제7조). 관련 판례를 살펴보면 다음과 같다.

> **판례정리 | 미성년자의 신용카드이용과 물품계약에 따른 법률관계**
>
> 미성년자의 법률행위에서 법정대리인의 묵시적 동의나 처분허락이 있다고 볼 수 있는지 여부를 판단함에 있어서, 미성년자의 연령 및 독자적인 소득의 유무와 그 금액 등 기타 제반 사정을 종합적으로 고려하여야 한다. 위와 같은 법리는 묵시적 동의 또는 처분허락을 받은 재산의 범위 내라면 특별한 사정이 없는 한 신용카드를 이용하여 재화와 용역을 신용구매한 후 사후에 결제하려는 경우와 현금구매하는 경우를 달리 볼 필요는 없다. 사안에서 만 17세인 미

> 성년자가 월 소득범위 내에서 체결한 신용구매계약은 스스로 얻고 있던 소득에 대하여는 법정대리인의 묵시적 처분허락이 있었다고 보아야 하므로 결국 미성년자는 법률행위를 취소할 수 없다(대판 2007.11.16. 2005다71659, 71666, 71673).

3) 법정대리인이 허락한 특정한 영업에 관한 행위(제8조)

제8조(영업의 허락) ① 미성년자가 법정대리인으로부터 허락을 얻은 특정한 영업에 관하여는 성년자와 동일한 행위능력이 있다.

㈎ 본조에서 '성년자와 동일한 행위능력이 있다'는 것은, 그 범위에서 법정대리인의 동의를 필요로 하지 않을 뿐만 아니라 법정대리인의 대리권도 소멸함을 의미한다.

㈏ 다만, 법정대리인은 특정 영업에 관한 '락을 취소 또는 제한'할 수 있다(미성년자의 영업행위를 취소할 수 있는 것이 아니다). 허락의 취소도 장래에 향하여 허락이 없었던 것에 불과하며, 이를 가지고 선의의 제3자에게 대항하지 못한다(제8조 2항).

4) 그 외 미성년자가 단독으로 할 수 있는 행위

㈎ 대리인은 행위능력자임을 요하지 아니하므로 제한능력자도 대리인이 될 수 있다(제117조). 그러므로 본인은 대리인이 제한능력자임을 이유로 제한능력자 한 대리행위를 취소할 수 없다.

㈏ 만 17세에 달한 미성년자는 유효한 유언을 단독으로 할 수 있다(제1061조). 그러나 만17세 미만자의 유언은 유언능력이 없으므로 무효이다.

㈐ 친권자나 후견인은 미성년자의 근로계약을 대리할 수 없다. 이에 따라 미성년자는 독자적으로 임금을 청구할 수 있으며, 이 범위 내에서 소송행위도 단독으로 할 수 있다.

㈑ 법정대리인의 허락을 얻어 회사의 무한책임사원이 된 미성년자는 그 사원자격에 기하여 한 행위에 관한 한 능력자로 본다.

3. 법정대리인의 지위

㈎ 미성년자의 법정대리인은 1차적으로 친권자(부모)가 되고(제911조), 친권자가 없거나 친권자가 법률행위의 대리권 및 재산관리권을 행사할 수 없을 때에는 2차적으로 후견인(후견인은 자연인이어야 하며, 1인으로 한다)이 법정대리인이 된다(제928조, 제938조). 이러한 법정대리인은 동의권, 대리권, 취소권이 있다.

㈏ 이러한 친권은 공동으로 행사함이 원칙이며, 특히 친권자와 미성년의 자녀 사이에 이해가 상반되는 법률행위를 하는 경우에는 특별대리인을 선임하여야 하며, 이 범위 내에서는 친권을 행사하지 못한다(제921조). 이를 위반한 친권자의 법률행위는 무권대리가 된다.

Ⅲ. 성년후견제도

1. 후견의 개시

제9조(성년후견개시의 심판) ① 가정법원은 질병, 장애, 노령, 그 밖의 사유로 인한 정신적 제약으로 사무를 처리할 능력이 지속적으로 결여된 사람에 대하여 본인, 배우자, 4촌 이내의 친족, 미성년후견인, 미성년후견감독인, 한정후견인, 한정후견감독인, 특정후견인, 특정후견감독인, 검사 또는 지방자치단체의 장의 청구에 의하여 성년후견개시의 심판을 한다. ② 가정법원은 성년후견개시의 심판을 할 때 본인의 의사를 고려하여야 한다.

제12조(한정후견개시의 심판) ① 가정법원은 질병, 장애, 노령, 그 밖의 사유로 인한 정신적 제약으로 사무를 처리할 능력이 부족한 사람에 대하여 본인, 배우자, 4촌 이내의 친족, 미성년후견인, 미성년후견감독인, 성년후견인, 성년후견감독인, 특정후견인, 특정후견감독인, 검사 또는 지방자치단체의 장의 청구에 의하여 한정후견개시의 심판을 한다. ② 한정후견개시의 경우에 제9조제2항을 준용한다.

제14조의2(특정후견의 심판) ① 가정법원은 질병, 장애, 노령, 그 밖의 사유로 인한 정신적 제약으로 일시적 후원 또는 특정한 사무에 관한 후원이 필요한 사람에 대하여 본인, 배우자, 4촌 이내의 친족, 미성년후견인, 미성년후견감독인, 검사 또는 지방자치단체의 장의 청구에 의하여 특정후견의 심판을 한다. ② 특정후견은 본인의 의사에 반하여 할 수 없다.

성년후견제도는 피후견인의 의사를 최대한 존중하여야 하며, 피후견인에는 ⅰ) 피성년후견인, ⅱ) 피한정후견인, ⅲ) 피특정후견인이 있다. 후견개시의 요건에 관한 내용을 정리하면 다음과 같다.

피성년후견인	피한정후견인	피특정후견인
① 질병, 장애, 노령 등 정신적 제약으로 인한 사무처리능력의 지속결여 ② 본인, 배우자, 4촌 이내의 친족 ③ 미성년후견인, 미성년후견감독인, 한정후견인, 한정후견감독인, 특정후견인, 특정후견감독인 ④ 검사 또는 지방자치단체의 장 ⑤ 본인의 의사를 고려하여야 함	① 질병, 장애, 노령 등 정신적 제약으로 인한 사무처리능력의 부족 ② 본인, 배우자, 4촌 이내의 친족 ③ 미성년후견인, 미성년후견감독인, 성년후견인, 성년후견감독인, 특정후견인, 특정후견감독인 ④ 검사 또는 지방자치단체의 장 ⑤ 본인의 의사를 고려하여야 함	① 질병, 장애, 노령 등 정신적 제약으로 인한 일시적·특정사무 후원 ② 본인, 배우자, 4촌 이내의 친족 ③ 미성년후견인, 미성년후견감독인 ④ 검사 또는 지방자치단체의 장 ⑤ 본인의 의사에 반하여 특정후견심판을 할 수 없다.

> **판례정리 후견제도에 관한 판례**
> ① 한정후견의 개시를 청구한 사건에서 의사의 감정 결과 등에 비추어 성년후견 개시의 요건을 충족하고 본인도 성년후견의 개시를 희망한다면 법원이 성년후견을 개시할 수 있고, 성년후견 개시를 청구하고 있더라도 필요하다면 한정후견을 개시할 수 있다(대결 2021.6.10. 2020스596).

② 피성년후견인이나 피한정후견인이 될 사람의 정신상태를 판단할 만한 다른 충분한 자료가 있는 경우 가정법원은 의사의 감정이 없더라도 성년후견이나 한정후견을 개시할 수 있다(대결 2021.6.10. 2020스596).

2. 후견의 공시

가정법원이 성년후견개시심판을 하면, 성년후견에 관한 등기는 후견등기에 관한 법률에 의해 후견등기부에 공시된다. 한정후견과 특정후견에 대해서도 후견등기부에 공시된다. 다만, 주의할 점은 미성년후견에 대해서는 가족관계등록부에 공시된다는 점이다.

3. 행위능력

(1) 피성년후견인의 행위능력

제10조(피성년후견인의 행위와 취소) ① 피성년후견인의 법률행위는 취소할 수 있다. ② 제1항에도 불구하고 가정법원은 취소할 수 없는 피성년후견인의 법률행위의 범위를 정할 수 있다. ③ 가정법원은 본인, 배우자, 4촌 이내의 친족, 성년후견인, 성년후견감독인, 검사 또는 지방자치단체의 장의 청구에 의하여 제2항의 범위를 변경할 수 있다. ④ 제1항에도 불구하고 일용품의 구입 등 일상생활에 필요하고 그 대가가 과도하지 아니한 법률행위는 성년후견인이 취소할 수 없다.

1) 원 칙

피성년후견인의 법률행위는 언제든지 취소할 수 있으며, 피성년후견인이 설령 성년후견인(피성년후견인을 위해 법원이 직권·강제 선임하며, 여러 명을 둘 수 있고 법인도 될 수 있다)의 동의를 받아 한 행위라도 성년후견인에게는 동의권 자체가 없으므로 피성년후견인 또는 성년후견인은 취소할 수 있다.

2) 예 외

예외적으로 ⅰ) 일용품의 구입 등 일상생활에 필요하고, 동시에 그 대가가 지나치지 않은 법률행위는 피성년후견인이 단독으로 할 수 있으며, 성년후견인이 취소할 수 없다. 또한 ⅱ) 가정법원은 취소할 수 없는 피성년후견인의 법률행위의 범위를 정할 수 있으며, 이 범위 내에서는 단독으로 법률행위를 할 수 있다.

(2) 피한정후견인의 행위능력

제13조(피한정후견인의 행위와 동의) ① 가정법원은 피한정후견인이 한정후견인의 동의를 받아야 하는 행위의 범위를 정할 수 있다. ② 가정법원은 본인, 배우자, 4촌 이내의 친족, 한정후견인, 한정후견감독인, 검사 또는 지방자치단체의 장의 청구에 의하여 제1항에 따른 한정후견인의 동의를 받아야만 할 수 있는 행위의 범위를 변경할 수 있다. ③ 한정후견인의 동의를 필요로 하는 행위에 대하여 한정후견인이 피한정후견인의 이익이 침해될 염려가 있음에도 그 동의를 하지 아니하는 때에는 가정법원은 피한정후견인의 청구에 의

하여 한정후견인의 동의를 갈음하는 허가를 할 수 있다. ④ 한정후견인의 동의가 필요한 법률행위를 피한정후견인이 한정후견인의 동의 없이 하였을 때에는 그 법률행위를 취소할 수 있다. 다만, 일용품의 구입 등 일상생활에 필요하고 그 대가가 과도하지 아니한 법률행위에 대하여는 그러하지 아니하다.

가정법원은 피한정후견인이 한정후견인의 동의를 받아야 하는 행위의 범위를 정할 수 있다(한정후견인은 법원이 직권·강제 선임하며, 여러명을 둘 수 있고 법인도 될 수 있다). 한정후견인의 동의가 필요한 법률행위를 피한정후견인이 한정후견인의 동의 없이 하였을 때에는 그 법률행위를 취소할 수 있다.

(3) 피특정후견인의 행위능력

제14조의2(특정후견의 심판) ③ 특정후견의 심판을 하는 경우에는 특정후견의 기간 또는 사무의 범위를 정하여야 한다.

특정후견의 심판이 있다 하더라도 피특정후견인의 행위능력은 피성년후견인 또는 피한정후견인과 달리 제한되지 않는다.

4. 후견의 종료

(1) 성년후견의 종료

제11조(성년후견종료의 심판) 성년후견개시의 원인이 소멸된 경우에는 가정법원은 본인, 배우자, 4촌 이내의 친족, 성년후견인, 성년후견감독인, 검사 또는 지방자치단체의 장의 청구에 의하여 성년후견종료의 심판을 한다.

(2) 한정후견의 종료

제14조(한정후견종료의 심판) 한정후견개시의 원인이 소멸된 경우에는 가정법원은 본인, 배우자, 4촌 이내의 친족, 한정후견인, 한정후견감독인, 검사 또는 지방자치단체의 장의 청구에 의하여 한정후견종료의 심판을 한다.

(3) 특정후견의 종료

특정후견은 지속적이 아닌 일시적인 것이거나 특정한 사무에 관한 것이므로, 별도로 종료심판을 할 필요가 없고, 가정법원이 정해준 기간이 지나거나 특정한 사무가 처리되면 자연스럽게 종료한다.

(4) 심판 사이의 관계

제14조의3(심판 사이의 관계) ① 가정법원이 피한정후견인 또는 피특정후견인에 대하여 성년후견개시의 심판을 할 때에는 종전의 한정후견 또는 특정후견의 종료 심판을 한다. ② 가정법원이 피성년후견인 또는 피특정후견인에 대하여 한정후견개시의 심판을 할 때에는 종전의 성년후견 또는 특정후견의 종료 심판을 한다.

Ⅳ. 제한능력자의 상대방 보호

1. 상대방 보호의 필요성

㈎ 제한능력자의 법률행위는 제한능력자 측의 일방적 의사표시로 취소될 수 있으며, 또한 그 취소는 행위 시점으로 소급하여 절대적 무효로 되는 효력을 가지기 때문에 제한능력자와 법률행위를 한 상대방 및 제3자의 법적 지위는 불안할 수밖에 없다.

㈏ 이에 민법은 제한능력자의 상대방을 보호하기 위해서 상대방의 최고권(확답촉구권)·철회권·거절권 및 속임수를 쓴 제한능력자의 취소권 박탈을 규정하고 있다. 이하에서 살펴본다.

2. 상대방 보호의 특례

(1) 상대방의 확답촉구권(최고권)

> 제15조(제한능력자의 상대방의 확답을 촉구할 권리) ① 제한능력자의 상대방은 제한능력자가 능력자가 된 후에 그에게 1개월 이상의 기간을 정하여 그 취소할 수 있는 행위를 추인할 것인지 여부의 확답을 촉구할 수 있다. 능력자로 된 사람이 그 기간 내에 확답을 발송하지 아니하면 그 행위를 추인한 것으로 본다. ② 제한능력자가 아직 능력자가 되지 못한 경우에는 그의 법정대리인에게 제1항의 촉구를 할 수 있고, 법정대리인이 그 정하여진 기간 내에 확답을 발송하지 아니한 경우에는 그 행위를 추인한 것으로 본다. ③ 특별한 절차가 필요한 행위는 그 정하여진 기간 내에 그 절차를 밟은 확답을 발송하지 아니하면 취소한 것으로 본다.

㈎ 제한능력자의 상대방이 확답을 촉구할 수 있으려면, ⅰ) 문제의 취소할 수 있는 행위를 적시하고, ⅱ) 1개월 이상의 유예기간을 정하여, ⅲ) 추인 여부의 확답을 요구하여야 한다. 다만 상대방의 선의·악의는 불문한다.

㈏ 제한능력자는 능력자로 된 후에만 최고의 상대방이 될 수 있고, 아직 능력자가 되지 못한 때에는 그의 법정대리인이 최고의 상대방이 된다. 따라서 제한능력자에 대한 최고는 무효이다.

(2) 계약 철회권과 단독행위 거절권

> 제16조(제한능력자의 상대방의 철회권과 거절권) ① 제한능력자가 맺은 계약은 추인이 있을 때까지 상대방이 그 의사표시를 철회할 수 있다. 다만, 상대방이 계약 당시에 제한능력자임을 알았을 경우에는 그러하지 아니하다. ② 제한능력자의 단독행위는 추인이 있을 때까지 상대방이 거절할 수 있다. ③ 제1항의 철회나 제2항의 거절의 의사표시는 제한능력자에게도 할 수 있다.

철회권은 선의의 상대방만이 행사할 수 있다. 상대방의 철회가 있으면 계약은 처음부터 없었던 것으로 되어(무효), 제한능력자측에서 더 이상 추인할 수 없게 된다. 그러나 거절권은 상대방의 선의·악의를 묻지 않고 행사할 수 있으며, 확정적으로 무효가 된다. 철회나 거절의 의사표시는 제한능력자에게도 할 수 있다.

(3) 속임수에 의한 취소권의 배제

> 제17조(제한능력자의 속임수) ① 제한능력자가 속임수로써 자기를 능력자로 믿게 한 경우에는 그 행위를 취소할 수 없다. ② 미성년자나 피한정후견인이 속임수로써 법정대리인의 동의가 있는 것으로 믿게 한 경우에도 제1항과 같다.

1) 요 건

㈎ 미성년자·피성년후견인·피한정후견인이 행위능력자로 믿게하려고 하였거나, 또는 미성년자·피한정후견인이 법정대리인의 동의가 있는 것으로 믿게하려고 하였어야 한다. 성년후견인에게는 동의권이 없으므로 설령 피성년후견인이 법정대리인의 동의가 있는 것으로 믿게 하였다 하더라도 취소할 수 있다.

㈏ 본조의 속임수의 의미에 관하여 판례는 취소권을 박탈하는 것은 제한능력자에게 불리하기 때문에 엄격하게 해석하고 있다. 즉 적극적인 속임수를 써야 취소권을 박탈한다.

> **판례정리 취소권이 배제되는 속임수의 정도**
> ① 민법 제17조의 사술을 쓴 것이라 함은 적극적으로 사기수단을 쓴 것을 말하는 것이므로 미성년자가 매매계약 당시 스스로 사장이라고 말하였다거나 또는 주식회사의 사장이라고 호칭한 사실이 있었다 하더라도, 사술을 쓴 경우에 해당되지 아니한다 할 것이다. 미성년자가 사술을 썼다고 주장하는 때에는 그 주장자인 상대방측에 그에 대한 입증책임이 있다(대판 1971.12.14. 71다2045).
> ② 단순히 자기가 능력자라 칭한 것만으로는 사술을 쓴 것이라 할 수 없다고 해석할 것이므로, 매매 당시 미성년자가 상대방에게 성년자로 군대에 갔다 왔다고 언명한 사실이 있다 하더라도 이것만으로는 소위 사술을 썼다고 할 수 없다(대판 1955.3.31. 4287민상77).

2) 효 과

위의 요건을 충족하면 제한능력자의 취소권이 배제되어 더 이상 법률행위를 취소할 수 없고 법률행위는 확정적으로 유효가 된다. 따라서 법정대리인도 취소할 수 없고, 상대방 역시 더이상 철회권을 행사할 수 없다.

3 민법상 주소

Ⅰ. 주소에 관한 민법 규정

주소란 사람의 생활관계의 중심지이며, 민법은 생활의 근거되는 곳을 주소로 한다(제18조 1항)고 규정하여, 실질주의를 채택하고 있으며, 정주의 의사를 요하지 않는다. 또한 주소는 두 개 이상이 있을 수 있다(제18조 2항).

Ⅱ. 주소와 구별되는 개념

먼저 ⅰ) 거소는 사람과 장소와의 밀접한 정도가 주소만 못한 곳을 말한다. 주소를 알 수 없는 경우(제19조)와 국내에 주소가 없는 자(제20조)에 대하여는, 그의 거소를 주소로 본다. ⅱ) 현재지는 거소보다 장소의 긴밀도가 낮은 곳을 말한다. 거소에 현재지를 포함하는 경우(제19조, 제20조)도 있다. ⅲ) 가주소란 당사자가 어떠한 거래에 관하여 일정한 장소를 선정하여 주소의 법률효과를 부여한 장소를 말한다(제21조).

4 부재와 실종

Ⅰ. 부재자의 재산관리

1. 부재자의 의의 및 재산관리의 필요성

㈎ 부재자란 종래의 주소 또는 거소를 떠나 용이하게 돌아올 가능성이 없어서 그의 재산을 관리하여야 할 필요가 있는 자를 말한다(대판 1971.10.22. 71다1636). 따라서 부재자는 실종선고의 경우와는 달리 반드시 생사불명일 필요는 없고 실종선고를 받을 때까지는 부재자가 된다.

㈏ 특히 법인에 대해서는 부재자의 개념을 인정할 수 없으므로(대결 1965.2.9. 64스9), 부재자의 개념을 전제로 하는 실종선고도 있을 수 없다.

2. 부재자가 재산관리인을 두고 있는 경우

(1) 원 칙

1) 관리인의 지위 및 권한

부재자가 재산관리인을 두고 있는 경우, 재산관리인은 부재자의 수임인이며, '임의대리인'이므로 위임에 관한 규정에 의하여 규율된다.

2) 본인의 권리능력과 행위능력

부재자의 재산 관리인은 부재자의 종래 주소나 거소를 중심으로 하는 부재자의 재산관계를 관리할 뿐이므로 부재자 본인의 권리능력이나 행위능력에는 영향이 없다. 따라서 부재자재산관리인이 선임되어 있다 하더라도 부재자 자신도 재산관리인을 통하지 않고 직접 법률행위를 할 수 있다.

(2) 예 외

1) 재산관리인의 권한이 소멸한 경우

본인이 재산관리인을 선임하였으나, 관리인의 권한이 소멸한 경우에는 처음부터 재산관리인을 두지 않은 경우와 같은 조치를 취한다(제22조 1항).

2) 부재자 생사가 분명하지 않은 경우

① 가정법원의 선임 또는 개임

부재자의 생사가 불명인 경우, 가정법원은 재산관리인, 이해관계인 또는 검사의 청구에 의하여 재산관리인을 선임 또는 개임할 수 있다(제23조). 즉 가정법원은 관리인을 교체할 수도 있고 그대로 유임할 수도 있다.

② 재산관리인의 지위 및 권한

가정법원의 선임 또는 개임에 의하여 부재자가 정한 재산관리인의 재산관리권은 소멸하므로 종전의 임의대리인이 재산관리인으로 개임되었다 하더라도 그는 법정대리인으로서 제118조 상의 권한을 넘는 행위를 함에는 가정법원의 허가를 받아야 한다. 따라서 허가를 받지 아니한 처분행위는 무효이다(대판 1977.3.22. 76다1437).

3. 부재자가 재산관리인을 두지 않은 경우

(1) 재산관리에 필요한 처분

법원은 부재자가 재산관리인을 두지 않거나 또는 법정대리인이 없는 경우에는 '이해관계인' 혹은 검사의 청구에 의하여 재산관리에 필요한 처분을 명해야 한다(제22조 1항 전단). 보통은 재산관리인을 선임한다.

(2) 관리인의 지위 및 권한

1) 관리인의 직무

> 제24조(관리인의 직무) ① 법원이 선임한 재산관리인은 관리할 재산목록을 작성하여야 한다. ② 법원은 그 선임한 재산관리인에 대하여 부재자의 재산을 보존하기 위하여 필요한 처분을 명할 수 있다. ③ 부재자의 생사가 분명하지 아니한 경우에 이해관계인이나 검사의 청구가 있는 때에는 법원은 부재자가 정한 재산관리인에게 전2항의 처분을 명할 수 있다. ④ 전3항의 경우에 그 비용은 부재자의 재산으로써 지급한다.

2) 관리인의 지위

> 제26조(관리인의 담보제공, 보수) ① 법원은 그 선임한 재산관리인으로 하여금 재산의 관리 및 반환에 관하여 상당한 담보를 제공하게 할 수 있다. ② 법원은 그 선임한 재산관리인에 대하여 부재자의 재산으로 상당한 보수를 지급할 수 있다.

재산관리인은 일종의 법정대리인이다. 법원에 의하여 선임된 재산관리인은 언제든지 사임할 수 있다. 재산관리인은 선량한 관리자의 주의로써 직무를 처리하여야 하며, 직무처리에 따라 '법원'에 대해 보수청구권을 갖는다. 보수는 부재자의 재산에서 지급한다.

3) 관리인의 권한

> **제25조(관리인의 권한)** 법원이 선임한 재산관리인이 제118조에 규정한 권한을 넘는 행위를 함에는 법원의 허가를 얻어야 한다. 부재자의 생사가 분명하지 아니한 경우에 부재자가 정한 재산관리인이 권한을 넘는 행위를 할 때에도 같다.

① 관리행위

재산관리인은 보존행위와 관리행위에 관하여는 가정법원의 허가 없이 단독으로 할 수 있다. 따라서 부재자재산관리인이 부재자를 위한 소송비용 때문에 피고로부터 돈을 차용하고, 그 돈을 임대보증금으로 하여 임야를 피고에게 임대하는 행위(대판 1980.11.11. 79다2164), 그리고 차임청구·손해배상청구·불법하게 경료된 등기의 말소청구·물건의 인도청구 등은 허가 없이 할 수 있다.

② 처분행위

㈎ 처분행위를 하는 경우에는 가정법원의 허가가 필요하다. 따라서 허가 없는 재산관리인의 처분행위는 무권대리가 되어 무효이다(대판 1977.3.22. 76다1437).

㈏ 만약 법원의 처분허가를 얻었더라도 부재자와 아무런 관계가 없는 타인의 채무를 담보할 목적으로 부재자의 부동산에 근저당권을 설정하는 행위는 객관적으로 부재자를 위한 처분행위라고 볼 수 없으므로 무효이다(대결 1976.12.21. 75마551).

> **판례정리 │ 재산관리인의 처분행위와 법원의 허가방법**
> 재산관리인의 초과행위를 허가한 법원의 결정은 장래의 처분행위를 위한 경우뿐만 아니라 기왕의 처분행위를 추인하는 행위를 위해서도 할 수 있다(대판 1982.9.14. 80다3063).

(3) 관리의 종료 및 취소

㈎ 가정법원은 본인 또는 이해관계인의 청구에 의하여 재산관리인의 처분을 취소해야 한다(제22조 2항). 취소는 법원의 선고를 통하여 이루어져야 하며, 처분의 취소에는 소급효가 없으므로 취소 전의 재산관리인이 행한 처분행위에는 영향이 없다.

㈏ 특히 판례는 부재자의 사망이 확인된 후라 할지라도 위 선임결정이 취소되지 않는 한 그 관리인으로서의 권한이 소멸되는 것이 아니라고 하여 재산관리인이 한 행위의 효과가 부재자의 상속인에게 미친다고 하였다(대판 1971.3.23. 71다189).

> **판례정리 │ 선임결정의 취소 전 관리인의 처분행위의 유효성**
> 가정법원이 선임 처분을 취소하여야만 재산관리인의 권한이 소멸하므로 부재자재산관리인으로서 권한초과행위의 허가를 받고 그 선임결정이 취소되기 전에 위 권한에 의하여 이루어진 행위는 부재자에 대한 실종선고기간이 만료된 뒤에 이루어졌다고 하더라도 유효하다(대판 1981.7.28. 80다2668).

Ⅱ. 부재자의 실종선고

1. 실종선고의 의의

실종선고란 부재자의 생사불명 상태가 일정기간 계속된 경우 가정법원의 선고에 의하여 종래의 주소나 거소를 중심으로 한 법률관계에 대하여 사망한 것으로 확정하는 제도이며, 실종선고를 받은 자를 실종자라고 한다.

2. 실종선고의 요건

> 제27조(실종의 선고) ① 부재자의 생사가 5년간 분명하지 아니한 때에는 법원은 이해관계인이나 검사의 청구에 의하여 실종선고를 하여야 한다. ② 전지에 임한 자, 침몰한 선박 중에 있던 자, 추락한 항공기 중에 있던 자 기타 사망의 원인이 될 위난을 당한 자의 생사가 전쟁종지 후 또는 선박의 침몰, 항공기의 추락 기타 위난이 종료한 후 1년간 분명하지 아니한 때에도 제1항과 같다.

(1) 실질적 요건

㈎ 부재자의 생사가 분명하지 않고, 생사불명이 일정기간 계속되어야 한다. 보통실종의 경우 실종기간은 5년이며, 최종 소식 시부터 기산된다. 한편 특별실종(전쟁실종, 선박실종, 항공실종, 위난실종)의 실종기간은 1년이다.

> **판례정리 | 사망의 원인이 될 위난의 의미(위난실종)**
> 민법 제27조의 문언이나 규정의 체계 및 취지 등에 비추어, 그 제2항에서 정하는 "사망의 원인이 될 위난"이라고 함은 화재·홍수·지진·화산 폭발 등과 같이 일반적·객관적으로 사람의 생명에 명백한 위험을 야기하여 사망의 결과를 발생시킬 가능성이 현저히 높은 외부적 사태 또는 상황을 가리킨다(대결 2011.1.31. 2010스165).
> ⇒ 그러므로 잠수장비를 착용하고 바다에 입수하였다가 부상하지 않은 채 행방불명된 것은 "사망의 원인이 될 위난"이라고 할 수 없으므로 이는 보통실종(5년)으로 다루어야 한다.

㈏ 가족관계등록부에 이미 사망한 것으로 기재된 자에 대하여는 사망의 사실이 추정되므로 추정의 효력을 뒤집을만한 특별한 사정이 없는 한 실종선고를 할 수 없다(대결 1997.11.27. 97스4).

(2) 형식적 요건

1) 이해관계인 등의 청구

이해관계인이나 검사의 청구가 있어야 한다. 부재자의 제1순위 재산상속인이 존재하는 경우에 제4순위의 재산상속인은 위 부재자에 대한 실종선고를 청구할 이해관계인이 될 수 없다(대결 1980.9.8. 80스27). 또한 부재자의 자매로서 제2순위상속인에 불과한 자는 부재자에 대한 실종선고를 청구할 이해관계인이 될 수 없다(대결 1986.10.10. 86스20).

2) 공시최고기간의 경과

실종선고의 절차는 가정법원의 전속관할에 속한다. 실종선고를 청구할 수 있는 기간의 제한은 없으나 일단 실종선고를 청구하면 가정법원은 6개월 이상의 공시를 하여야 한다. 공시최고기간이 지나도록 신고가 없으면, 가정법원은 반드시 실종선고를 하여야 한다.

3. 실종선고의 효과

> **제28조(실종선고의 효과)** 실종선고를 받은 자는 전조의 기간이 만료한 때에 사망한 것으로 본다.

(1) 사망의 간주

1) 사망간주의 시점

㈎ 실종선고가 확정되면 실종선고를 받은 자는 실종기간이 만료한 때로 소급하여 사망한 것으로 본다. 예를 들어 甲이 1990. 1. 1. 항공기가 추락하여 2000. 1. 1. 배우자 乙이 실종선고를 청구하여 甲에게 실종선고가 선고되면 甲은 1991. 1. 1. 오후 12시에 사망한 것으로 된다.

㈏ 특히 동일인에 대하여 2차례의 실종선고가 존재하게 되는 경우 1차 실종선고를 기초로 하여 상속이 개시되어야 하는 바, 2차 실종선고를 기초로 하여 상속관계를 판단할 수 없다. 즉 2차 실종선고는 무효이다(대판 1995.12.22. 95다12736).

2) 사망간주의 의미

실종선고의 효과는 사망으로 간주되는 것이므로 실종선고가 취소되지 않는 한 반증으로 실종선고의 효력을 부인할 수는 없다(대판 1995.2.17. 94다52751). 나아가 임의로 실종기간이 만료하여 사망한 때로 간주되는 시점과 다른 사망시점을 정하여 이미 개시된 상속을 부정하고 이와 다른 상속관계를 인정할 수 없다(대판 1994.9.27. 94다21542).

(2) 간주의 범위

㈎ 실종선고에 따라 사망한 것으로 간주되더라도 실종선고는 실종자의 주소를 중심으로 하는 사법상의 법률관계만을 종료시키는 것이며 권리능력을 박탈하는 것이 아니다.

㈏ 따라서 실종선고를 받은 자가 생존하여 새로운 주소에서 법률관계를 형성하거나 종래의 주소에 돌아와 새롭게 형성한 법률관계는 유효하다. 한편 선거권 또는 피선거권 등 공법상 법률관계에는 아무런 영향을 끼치지 않는다.

> **판례정리 실종선고 전의 생존추정과 당사자능력**
> 실종선고가 있기까지는 소송상 당사자능력이 없다고는 할 수 없고 소송절차가 법률상 그 진행을 할 수 없게 된 때, 즉 실종선고가 확정된 때에 소송절차가 중단된다(대판 1983.2.22. 82사18). 따라서 부재자의 재산관리인이 부재자의 대리인으로서 소를 제기하여 그 소송계속 중에 부재자에 대한 실종선고가 확정되어 그 소 제기 이전에 부재자가 사망한 것으로 간주되는 경우, 위 소 제기 자체가 소급하여 당사자능력이 없는 사망한 자가 제기한 것으로 되지 않는다(대판 2008.6.26. 2007다11057).

> ⇒ 그러므로 실종자를 당사자로 한 판결이 확정된 후 실종선고가 확정되어 그 사망간주의 시점이 소제기 전으로 소급하는 경우에도 **확정된 판결이 무효라고 할 수 없으므로 재심 등으로 취소되지 않는 한 기판력이 발생**한다.

4. 실종선고의 취소

> **제29조(실종선고의 취소)** ① 실종자의 생존한 사실 또는 전조의 규정과 상이한 때에 사망한 사실의 증명이 있으면 법원은 본인, 이해관계인 또는 검사의 청구에 의하여 실종선고를 취소하여야 한다. 그러나 실종선고 후 그 취소 전에 선의로 한 행위의 효력에 영향을 미치지 아니한다. ② 실종선고의 취소가 있을 때에 실종의 선고를 직접원인으로 하여 재산을 취득한 자가 선의인 경우에는 그 받은 이익이 현존하는 한도에서 반환할 의무가 있고, 악의인 경우에는 그 받은 이익에 이자를 붙여서 반환하고 손해가 있으면 이를 배상하여야 한다.

(1) 취소의 요건

실종선고의 취소는 사망으로 간주된 효과를 번복하는 것으로써 ⅰ) 실종자가 생존하고 있는 사실, 실종기간이 만료된 때와 다른 시기에 사망한 사실 혹은 실종기간의 기산점 이후의 어떤 시점에 생존하고 있었던 사실을 주장·증명하여 ⅱ) 본인, 이해관계인 또는 검사가 청구하면 가정법원은 반드시 취소를 선고하여야 한다. 취소절차에는 공시최고를 요하지 않는다.

(2) 취소의 효과

1) **원 칙**

실종선고가 취소되며 원칙적으로 실종선고로 인하여 생긴 법률관계는 소급하여 무효로 되므로 종전의 재산관계와 신분관계가 회복된다.

2) **예 외**

① 직접원인 수익자의 반환범위

실종선고가 취소되면 실종선고를 직접원인으로 하여 재산을 취득한 자(상속인, 보험수익자)는 그 재산을 실종자에게 반환하여야 한다. 이때의 반환의무자가 ⅰ) 선의인 경우에는 그 받은 이익이 현존하는 한도에서 이를 반환하면 되고, ⅱ) 악의인 경우에는 그 받은 이익 및 그 이자를 반환하고 손해가 있으면 이를 배상해야 한다.

② 선의행위에 대한 소급효 제한

㈎ 거래의 안전을 보호하기 위하여 예외적으로 '실종선고 후 그 취소 전에 선의로 한 행위'의 효력에는 영향을 미치지 않는다.

㈏ '선의'에 대하여 ⅰ) 단독행위의 경우에는 행위자의 선의만으로 충분하나, ⅱ) '계약'의 경우 선의의 행위자가 누구인지 문제되는데 판례는 없고 당사자 모두가 선의여야 한다는 '쌍방선의설'이 통설이다.

연습문제

01 〈노무사 2011〉

미성년자의 행위능력에 관한 설명으로 옳지 않은 것은? (다툼이 있는 경우에는 판례에 의함)

① 미성년자는 자신의 노무제공에 따른 임금을 독자적으로 청구할 수 있다.
② 미성년자의 법률행위에 대한 법정대리인의 동의는 묵시적으로도 가능하다.
③ 미성년자는 단독으로 부동산경매절차에서 매수인(경락인)이 될 수 없다.
④ 법정대리인인 부모는 자(子)의 동의를 얻어 자(子)의 근로계약을 대리할 수 있다.
⑤ 미성년자가 사술로써 법정대리인의 동의가 있는 것으로 믿게 한 때에는 그 행위를 취소할 수 없다.

해설 | ④ (×) 근로기준법 제65조 제1항에서 "친권자 또는 후견인은 미성년자의 근로계약을 대리할 수 없다"고 규정하고 있다. 즉 법정대리인의 동의를 요하는지에 대해서는 규정이 없다.

정답 | ④

02 〈노무사 2017〉

행위능력에 관한 설명으로 옳은 것은?

① 미성년후견인이 미성년자에게 특정한 영업을 허락한 경우, 미성년후견인의 대리권은 그 영업과 관련하여서도 여전히 유지된다.
② 가정법원이 성년후견개시의 심판을 하는 경우 취소할 수 없는 피성년후견인의 법률행위의 범위를 정할 수 있다.
③ 가정법원이 한정후견개시의 심판을 하는 경우 본인의 의사를 고려할 필요는 없다.
④ 특정후견은 본인의 의사에 반하여서도 할 수 있다.
⑤ 성년후견은 가족관계등록부에 공시된다.

해설 | ② (○) 민법 제10조

> 제10조(피성년후견인의 행위와 취소) ① 피성년후견인의 법률행위는 취소할 수 있다.
> ② 제1항에도 불구하고 가정법원은 취소할 수 없는 피성년후견인의 법률행위의 범위를 정할 수 있다.

정답 | ②

03 〈노무사 2023〉

제한능력자에 관한 설명으로 옳지 않은 것은?

① 피성년후견인은 의사능력이 있더라도 단독으로 유효한 대리행위를 할 수 없다.
② 가정법원은 한정후견개시의 심판을 할 때 본인의 의사를 고려하여야 한다.
③ 제한능력을 이유로 취소할 수 있는 법률행위는 제한능력자가 단독으로 취소할 수 있다.
④ 가정법원이 취소할 수 없는 피성년후견인의 법률행위의 범위를 정한 경우, 피성년후견인은 그 범위에서 단독으로 유효한 법률행위를 할 수 있다.
⑤ 가정법원이 피한정후견인에 대하여 성년후견개시의 심판을 할 때에는 종전의 한정후견의 종료 심판을 해야 한다.

해설 | ① (×) 민법 제117조. 대리인은 행위능력자임을 요하지 아니하므로 제한능력자도 대리인이 될 수 있다.

> **제117조(대리인의 행위능력)** 대리인은 행위능력자임을 요하지 아니한다.

정답 | ①

04 〈노무사 2018〉

부재자 재산관리인에 관한 설명으로 옳지 않은 것은? (다툼이 있으면 판례에 따름)

① 부재자가 재산관리인을 정한 경우에 부재자의 생사가 분명하지 않은 때에는 법원은 재산관리인을 개임할 수 있다.
② 법원은 재산관리인의 과거의 처분행위를 추인하는 허가도 할 수 있다.
③ 법원이 선임한 재산관리인의 권한은 부재자가 사망하면 선임결정이 취소되지 않더라도 소멸한다.
④ 법원이 선임한 재산관리인은 관리할 재산목록을 작성하여야 한다.
⑤ 부재자의 생사가 분명하지 않은 경우, 법원은 부재자가 정한 재산관리인에게 재산의 관리 및 반환에 관하여 상당한 담보를 제공하게 할 수 있다.

해설 | ③ (×) 법원에 의하여 부재자 재산관리인의 선임결정이 있는 이상, 가사 부재자가 그 이전에 이미 사망하였음이 밝혀졌다 하여도 법에 의한 절차에 따라 그 선임결정이 취소되지 않는 한 선임된 관리인의 권한은 당연히 소멸되지는 아니하고 그 선임결정이 취소된 경우에도 그 취소의 효력은 장래에 향하여서만 생기는 것이고 그간의 그 부재자 재산관리인의 적법한 권한행사의 효과는 이미 사망한 부재자의 재산상속인에게 미친다고 할 것이다(대판 1973.3.13. 72다1405).

정답 | ③

05 〈노무사 2014〉

건물을 소유하고 있는 甲은 재산관리인을 두지 않고 해외여행을 떠났는데, 甲이 탄 비행기가 2008년 4월 22일 오전 10시부터 행방이 묘연하게 되었다. 그 후 법원에 의하여 乙이 甲의 재산관리인으로 선임되었다. 다음 설명으로 옳은 것은? (다툼이 있으면 판례에 의함)

① 甲은 2008년 4월 22일 사망한 것으로 간주된다.
② 乙이 건물의 관리 및 개량행위를 하기 위해서는 법원의 허가를 받아야 한다.
③ 乙이 법원의 허가를 받아 한 건물의 처분행위는 甲이 실종선고를 받게 되면 그 효력을 잃는다.
④ 乙이 건물의 처분에 대하여 법원의 허가를 받은 경우, 甲과 아무 관계가 없는 타인의 채무담보를 위해 저당권을 설정하더라도 유효하다.
⑤ 만약 甲의 실종선고로 인해 건물을 상속한 선의의 丙이 그 건물을 매도하고 양도하였는데, 그 후 甲이 생환하여 실종선고가 취소되면 丙은 甲에 대해 그가 받은 이익이 현존하는 범위 내에서 반환할 의무가 있다.

해설 | ⑤ (○) 실종선고의 취소가 있을 때에 실종의 선고를 직접 원인으로 하여 재산을 취득한 자(丙)가 선의인 경우에는 그 받은 이익이 현존하는 한도에서 반환할 의무가 있고 악의인 경우에는 그 받은 이익에 이자를 붙여서 반환하고 손해가 있으면 이를 배상하여야 한다(제29조 제2항).

정답 | ⑤

제3절 법 인

1 법인일반론

Ⅰ. 법인의 의의 및 종류

㈎ 법인이란 법률에 의하여 권리능력이 인정된 단체 또는 재산을 말한다. 그 중 사법인은 기본적으로 구성원의 공동이익을 도모함을 목적으로 하는 조직이다.

㈏ 여기에는 ⅰ) 일정한 목적을 위하여 결합한 사람의 단체, 즉 사단을 그 실체로 하는 법인이 사단법인, ⅱ) 일정한 목적에 바쳐진 재산, 즉 재단이 그 실체를 이루고 있는 법인이 재단법인이 있으며, 민법상 사단법인과 재단법인은 언제나 비영리법인이다.

Ⅱ. 법인격부인론의 문제

법인은 독자적인 인격을 가지고 있으며, 민법도 권리주체로서 법인을 인정하고 있다. 그러나 이러한 법인제도를 불법의 목적을 위하여 악용할 경우에는 법인격의 남용 이론에 의하여 그 범위 내에서 법인격을 부인될 수 있다(대판 1988.11.22. 87다카1671).

> **판례정리 법인격의 남용에 관한 판례의 정리**
> 기존회사가 채무를 면탈할 목적으로 기업의 형태·내용이 실질적으로 동일한 신설회사를 설립하였다면, 기존회사의 채권자에게 위 두 회사가 별개의 법인격을 갖고 있음을 주장하는 것은 신의성실 원칙상 허용될 수 없다 할 것이어서 기존회사의 채권자는 위 두 회사 어느 쪽에 대하여서도 채무 이행을 청구할 수 있다(대판 2011.5.13. 2010다94472).

2 법인의 설립

Ⅰ. 법정주의와 허가주의

제32조(비영리법인의 설립과 허가) 학술, 종교, 자선, 기예, 사교 기타 영리 아닌 사업을 목적으로 하는 사단 또는 재단은 주무관청의 허가를 얻어 이를 법인으로 할 수 있다.

헌법 제21조에 의하여 단체결성의 자유가 있으며, 민법은 법인의 성립에 관해 자유설립주의를 배척하고 법정주의를 채택하고 있다(제31조). 특히 법인의 설립에 관하여 행정관청의 자유재량에 의한 허가주의를 채택하고 있다.

Ⅱ. 사단법인의 설립요건

1. 목적의 비영리성

사단법인은 사회의 경제적 이익을 위해 존재하지 않을 뿐만 아니라, 사단법인의 수익이 사원들에게 분배되지 않음을 말한다. 학술·종교·자선·기예·사교 기타 영리 아닌 사업을 목적으로 하여야 한다. 반드시 공익을 목적으로 하여야 하는 것은 아니다.

2. 설립행위(정관작성)

(1) 정관의 의의와 법적 성질

2인 이상의 설립자가 기본규칙을 정하여 이를 서면에 기재하고 기명·날인하여야 한다. 이 서면을 정관이라 하며, 정관을 작성하는 행위가 곧 사단법인의 설립행위이다(합동행위).

> **판례정리 사단법인의 정관의 법적 성질**
> 사단법인의 정관은 이를 작성한 사원뿐만 아니라 그 후에 가입한 사원이나 사단법인의 기관 등도 구속하는 점에 비추어보면, 그 법적 성질은 계약이 아니라 자치법규로 보는 것이 타당하다(대판 2000.11.24. 99다12437).

(2) 정관의 필요적 기재사항

㈎ 정관에 반드시 기재해야 하는 내용을 필요적 기재사항이라고 하는데, 목적·명칭·사무소의 소재지·자산에 관한 규정·이사의 임면에 관한 규정·사원자격의 득실에 관한 규정·존립시기나 해산사유를 정한 때에는 그 시기 또는 사유 등이 그것이다(제40조). 따라서 어느 하나라도 결여되면 그 정관은 무효이다.

㈏ 정관에는 그 밖의 사항을 기재할 수 있으며, 이를 임의적 기재사항이라고 한다. 물론 임의적 기재사항도 정관에 기재한 이상, 필요적 기재사항과 동일한 효력을 가진다.

3. 허가 및 설립등기

(1) 허 가

주무관청의 허가는 성질상 자유재량행위이므로 허가 여부를 다툴 수 없다. 즉 행정소송의 대상이 되지 않는다(대판 1979.12.26. 79누248). 그리고 설립허가를 받은 법인은 설립등기를 함으로써 성립한다.

(2) 등 기

> 제33조(법인설립의 등기) 법인은 그 주된 사무소의 소재지에서 설립등기를 함으로써 성립한다.

법인의 등기 가운데 설립등기는 법인의 성립요건이다. 그 외 등기사항으로는 목적, 명칭, 사무소, 설립허가의 연·월·일, 존립시기나 해산사유를 정한 때에는 그 시기나 사유, 이사의 성명·주소, 자산의 총액, 출자의 방법을 정한 때에는 그 방법, 이사의 대표권을 제한할 때에는 그 제한 등이다(제49조 2항).

4. 설립 중 사단법인

㈎ 설립등기가 경료되지 않은 법인을 설립 중 사단법인이라고 한다. 설립 중의 법인의 행위는 성립 후의 법인의 행위로 된다고 할 것이다.

㈏ 그러나 설립 중의 사단법인으로서의 실체가 갖추어지기 이전에 발기인이 취득한 권리, 의무는 구체적 사정에 따라 발기인 개인 또는 발기인조합에 귀속되는 것으로서 이들에게 귀속된 권리의무를 설립 후의 사단법인에 귀속시키기 위하여는 양수나 채무인수 등의 특별한 이전행위가 있어야 한다(대판 1990.12.26. 90누2536).

Ⅲ. 재단법인의 설립요건

1. 설립요건

목적의 비영리성은 사단법인과 동일하다. 사단법인과 동일하게 주무관청의 허가를 받아야 하며(제32조), 주된 사무소 소재지에 설립등기를 하여야 한다(제33조). 또한 설립 중의 재단법인도 인정된다(대판 1973.2.28. 72다2344, 2345).

2. 설립행위

> 제43조(재단법인의 정관) 재단법인의 설립자는 일정한 재산을 출연하고 제40조 제1호 내지 제5호의 사항을 기재한 정관을 작성하여 기명날인하여야 한다.

(1) 정관의 작성

㈎ 재단법인은 재산을 그 실체로 하는 법인이므로 사원자격의 득실에 관한 규정과 법인의 존립시기나 해산사유는 필요적 기재사항이 아니다.

㈏ 재단법인의 설립자가 그 명칭, 사무소 소재지 또는 이사 임면의 방법을 정하지 아니하고 사망한 때에는 이해관계인 또는 검사의 청구에 의하여 법원이 이를 정한다(제44조).

(2) 재산의 출연

1) 재산출연의 법적 성질

㈎ 재단법인의 설립자는 일정한 재산을 출연하여야 하는 바, 출연해야 할 재산의 종류에는 제한이 없다. 이러한 재산의 출연행위는 무상이므로 생전처분으로 재단법인을 설립하는 경우에는 증여, 유언으로 설립하는 경우에는 유증에 관한 규정을 준용한다(제47조).

㈏ 이러한 설립자의 재산출연행위는 상대방 없는 단독행위의 성질을 가지며, 서면에 의한 출연이더라도 출연자가 착오에 기한 의사표시를 이유로 출연의 의사표시를 취소할 수 있다(대판 1999.7.9. 98다9045).

> **판례정리 | 명의신탁약정에 따른 재산출연의 효력**
>
> 재단법인의 기본재산은 재단법인의 실체를 이루는 것이므로, 재단법인 설립을 위한 기본재산의 출연행위에 관하여 그 재산출연자가 소유명의만을 재단법인에 귀속시키고 실질적 소유권은 출연자에게 유보하는 등의 부관을 붙여서 출연하는 것은 재단법인 설립의 취지에 어긋나는 것이어서 관청은 이러한 부관이 붙은 출연재산을 기본재산으로 하는 재단법인의 설립을 허가할 수 없다(대판 2011.2.10. 2006다65774).

2) 출연재산의 귀속시기

> 제48조(출연재산의 귀속시기) ① 생전처분으로 재단법인을 설립하는 때에는 출연재산은 법인이 성립된 때로부터 법인의 재산이 된다. ② 유언으로 재단법인을 설립하는 때에는 출연재산은 유언의 효력이 발생한 때로부터 법인에 귀속한 것으로 본다.

① 출연재산이 물권인 경우

판례는 대내·대외관계를 분리하여 판시하고 있다. 즉 ⅰ) 출연자와 법인 사이에는 법인의 성립 이외에 등기를 필요로 하는 것은 아니지만, ⅱ) 제3자에 대한 관계에 있어서 출연행위는 법률행위이므로 출연재산의 법인에의 귀속에는 등기를 필요로 한다고 한다(대판 1979.12.11. 78다481, 482 전원합의체). ⅲ) 유언으로 재단법인을 설립하는 경우에도 재단법인이 등기를 하여야 제3자에게 대항할 수 있다(대판 1993.9.14. 93다8054).

② 출연재산이 채권인 경우

채권자가 특정되어 있는 지명채권의 경우에는 공시방법이 따로 없기 때문에 제48조가 규정하는 시기에 법인에게 귀속된다.

3 법인의 능력

Ⅰ. 법인의 권리능력

> 제34조(법인의 권리능력) 법인은 법률의 규정에 좇아 정관으로 정한 목적의 범위 내에서 권리와 의무의 주체가 된다.

1. 의 의

법인의 권리능력은 법인에게 어떠한 범위의 권리·의무를 향유하게 할 것인가의 문제이다(특히 자연인을 전제로 하는 의사능력은 법인에서는 문제되지 않는다). 이하에서는 법인의 권리능력이 제한되는 경우에 대하여 살펴보자.

2. 제 한

(1) 성질에 의한 제한

법인은 자연인의 성질을 전제로 하는 생명권·상속권·친권 등의 권리를 향유할 수 없다. 그러나 자연인의 성질을 전제로 하지 않는 권리(재산권·명예권)는 향유할 수 있으며, 포괄적 유증을 받음으로서 상속과 같은 효과를 얻을 수 있다(제1078조). 또한 법인은 명예권 내지 인격권을 향유할 수 있다. 이는 비법인의 경우에도 마찬가지이다(대판 1997.10.24. 96다17851).

(2) 법률에 의한 제한

법인격은 법률에 의하여 부여되는 것이므로 법인이 향유할 수 있는 권리능력은 법률에 의하여 제한할 수 있다.

(3) 목적에 의한 제한

민법 제34조는 법인에 대하여 정관으로 정한 목적의 범위 내에서 권리능력을 인정한다. 특히 목적의 범위 내와 관련하여 판례는 정관에 명시된 목적 자체에 국한되는 것이 아니고 그 목적을 수행하는 데 있어 직접 또는 간접으로 필요한 행위는 모두 포함되며, 목적수행에 필요한지 여부도 행위의 객관적 성질에 따라 추상적으로 판단할 것이지 행위자의 주관적·구체적 의사에 따라 판단할 것은 아니라고 하여 넓게 인정하고 있다(대판 2009.12.10. 2009다63236).

Ⅱ. 법인의 행위능력

㈎ 법인은 그의 목적에 위반하지 않는 범위 내에서 권리능력을 가지므로, 법인의 행위능력의 범위는 그의 권리능력의 범위와 일치한다. 다만 법인의 행위는 현실적으로 자연인을 통해 할 수 밖에 없는 바, 이를 대표기관이라고 하며, 법인의 대표기관에는 대리의 규정이 준용된다(제59조 2항). 따라서 대표기관이 법률행위를 함에 있어 법인을 위한 것임을 표시하여야 한다.

㈏ 특히 대표기관의 대표행위가 강행규정에 위반된 경우 그 행위의 효과가 법인에 미치지 않으며, 대표행위가 무효인 경우에는 표현대리의 법리가 적용될 수 없다(대결 1984.12.1. 84마591).

> **판례정리 │ 적법한 대표권을 가진 자가 한 법률행위의 효과의 귀속**
> 적법한 대표권을 가진 자와 맺은 법률행위의 효과는 대표자 개인이 아니라 본인인 법인에 귀속하고, 마찬가지로 그러한 법률행위상의 의무를 위반하여 발생한 <u>채무불이행으로 인한 손해배상책임도 대표기관 개인이 아닌 법인만이 책임의 귀속주체가 되는 것이 원칙</u>이다(대판 2019.5.30. 2017다53265).

Ⅲ. 불법행위능력

> **제35조(법인의 불법행위능력)** ① 법인은 이사 기타 대표자가 그 직무에 관하여 타인에게 가한 손해를 배상할 책임이 있다. 이사 기타 대표자는 이로 인하여 자기의 손해배상책임을 면하지 못한다. ② 법인의 목적범위 외의 행위로 인하여 타인에게 손해를 가한 때에는 그 사항의 의결에 찬성하거나 그 의결을 집행한 사원, 이사 및 기타 대표자가 연대하여 배상하여야 한다.

1. 의 의

본조는 법인이라는 단체와 거래를 한 상대방을 보호하기 위한 특칙이다. 즉 민법 제750조의 불법행위책임, 민법 제756조의 사용자책임은 법인의 불법행위책임이 성립하는 범위 내에서 적용되지 않는다.

2. 요 건

(1) 대표기관의 불법행위

1) 대표기관의 범위

㈎ 대표기관의 행위가 제750조의 불법행위의 요건을 갖추어야 한다. 이러한 대표기관에는 이사 이외에도 직무대행자·임시이사·특별대리인·청산인 등이 있다.

㈏ 그러나 사원총회·감사와 같이 법인의 대표기관이 아닌 기관이나 이사가 선임한 임의대리인의 행위에 관하여는 사용자책임만이 문제된다. 즉 법인의 불법행위책임이 성립하는 경우 사용자책임은 성립되지 않는다(대판 2009.11.26. 2009다57033).

2) 대표기관의 확장

대표기관에는 그 명칭이나 직위 여하, 또는 대표자로 등기되었는지 여부를 불문하고 당해 법인을 실질적으로 운영하면서 법인을 사실상 대표하여 법인의 사무를 집행하는 사람을 포함한다. 주택조합 또는 노동조합과 같은 비법인 사단에도 적용된다(대판 2011.4.28. 2008다15438).

(2) 직무에 관련한 행위

1) 직무행위의 판단

직무행위는 외형이론을 기준으로 객관적으로 판단한다. 그러나 대표자의 행위가 직무에 관한 행위에 해당하지 아니함을 피해자 자신이 알았거나 또는 중대한 과실로 인하여 알지 못한 경우 손해배상책임을 물을 수 없다(대판 2008.1.18. 2005다34711).

2) 직무행위의 유형

판례에 의해 직무행위로 인정되는 유형은 다음과 같다. i) 행위의 외형상 대표기관의 직무수행행위라고 볼 수 있는 행위, ii) 직무행위와 사회관념상 견련성이 있는 행위, iii) 행위의 외형상 법인 대표자의 직무행위라고 인정할 수 있는 것이면 대표자 개인의 사리를 도모하기 위한 것이었거나 법령의 규정에 위배된 것이라도 직무에 관한 행위에 해당한다.

> **판례정리 직무행위에 해당하는지가 문제되는 경우**
>
> ① **법령위반행위** : 학교법인의 이사가 개인적 용도로 사용할 목적으로 학교법인의 명의로 금원을 차용하였지만 **감독청의 허가를 받지 아니하여 무효**이므로 제3자는 손해를 입게 되었고, 또한 위 차용행위는 이사의 직무상 행위로서 제3자에 대하여 불법행위를 구성한다고 할 것이므로 학교법인은 제3자에게 그로 인한 손해를 배상할 책임이 있다(대판 1987.4.28. 86다카2534).
>
> ② **대표권의 남용** : 대표이사가 그 대표권의 범위 내에서 한 행위는 **설사 회사의 영리목적과 관계없이 자기 또는 제3자의 이익을 도모할 목적으로 권한을 남용한 것이라 할지라도 일단 회사의 행위로서 유효**하고, 다만 상대방이 대표이사의 진의를 알았거나 알 수 있었을 때에는 회사에 대하여 무효가 되는 것이며, 이는 민법상 법인의 대표자가 대표권한을 남용한 경우에도 마찬가지이다(대판 2008.5.15. 2007다23807).

3. 효 과

(1) 법인 자신의 책임

제35조 제1항의 요건이 충족되면 법인은 피해자에게 그 손해를 배상하여야 한다. 이는 법인 자신의 책임으로서 선임·감독상의 과실이 없다 하더라도 면책되지 않는다. 이에 따라 법인이 피해자에게 배상하면 법인은 기관에 대하여 구상권을 행사할 수 있다.

(2) 기관 개인의 책임

1) 법인의 불법행위가 성립하는 경우

법인의 불법행위가 성립하는 경우 개인으로서의 대표기관의 책임은 면책되지 않으며, 법인과 경합하여 피해자에게 배상책임을 부담한다. 이 경우 그 책임의 성질은 부진정연대채무이다. 대표자와 함께 사원이 공동으로 불법행위를 저질렀거나 이에 가담하였다고 볼만한 사정이 있으면 사원도 대표자와 연대하여 손해배상책임을 부담한다(대판 2009.1.30. 2006다37465).

2) 법인의 불법행위가 불성립하는 경우

법인의 목적범위 외의 행위로 인하여 타인에게 손해를 가한 때에는 그 사항의 의결에 찬성하거나 그 의결을 집행한 사원, 이사 및 기타 대표자가 연대하여 배상하여야 한다.

4 법인의 기관

Ⅰ. 이사(대표 및 집행기관)

1. 이사의 지위

(가) 이사는 대외적으로 법인을 대표하고 대내적으로 법인의 사무를 집행하는 필요상설기관이다. 즉 법인은 이사를 두어야 한다(강행규정)(제57조). 이사의 수에는 제한이 없지만, 자연인만이 될 수 있다.

(나) 이사의 성명·주소는 등기사항이며(제49조), 이를 등기하지 않으면 이사의 선임·해임·퇴임을 가지고 제3자에게 대항할 수 없다(제54조 1항).

2. 이사의 임면

(가) 이사의 임면방법은 정관의 필요적 기재사항이므로, 정관에 의하여 정하여진다(제40조). 정관에 특별한 정함이 없으면 위임의 일반법리가 적용된다. 따라서 법인은 언제든지 이사를 해임할 수 있다.

(나) 반면 법인의 이사는 일방적인 사임의 의사표시에 의하여 법률관계를 종료시킬 수 있고, 그 의사표시가 수령권한 있는 기관에 도달됨으로써 효력을 발생하는 것이며, 법인의 승낙이 있어야만 효력이 있는 것은 아니다(대판 2006.6.15. 2004다10909).

> **판례정리 | 법인과 이사의 법률관계에 관한 판례의 정리**
> ① 후임이사 선임 시까지 이사가 존재하지 않았다면 민법 제691조에 규정된 급박한 사정이 있는 때와 같이 볼 수 있으므로 임기가 만료된 이사라고 할지라도 그 임무를 수행함이 부적당하다고 인정할 만한 특별한 사정이 없는 한 이사의 직무를 계속 수행할 수 있다(대판 2005.3.25. 2004다65336).

② 이사 중 일부의 임기가 만료되었더라도 아직 임기가 만료되지 아니한 다른 이사들로 정상적인 활동을 할 수 있는 경우에는 임기만료된 이사로 하여금 이사로서 직무를 행사하게 할 필요가 없다(대결 2014.1.17. 2013마1801).

③ 법인이 자치법규인 정관으로 이사의 해임사유 및 절차 등에 관하여 별도의 규정을 두는 것도 가능하며, 법인의 정관에 이사의 해임사유에 관한 규정이 있는 경우 법인으로서는 이사의 중대한 의무위반 또는 정상적인 사무집행 불능 등의 특별한 사정이 없는 이상, 정관에서 정하지 않은 사유로 이사를 해임할 수 없다(대판 2013.11.28. 2011다41741).

3. 이사의 권한

(1) 법인의 대표권(대외적 권한)

1) 대표권의 범위

제62조(이사의 대리인 선임) 이사는 정관 또는 총회의 결의로 금지하지 아니한 사항에 한하여 타인으로 하여금 특정한 행위를 대리하게 할 수 있다.

㈎ 이사가 수인 있어도 각 이사는 단독으로 대표할 수 있음이 원칙이다(각자대표의 원칙)(제59조 1항). 이사는 법인의 사무집행을 위해 필요한 모든 사항에 대하여 재판상 또는 재판 외의 행위를 할 권한을 가진다. 한편 대표의 방식에는 대리에 관한 규정이 준용된다(제59조 2항).

㈏ 이사는 원칙적으로 자신이 대표권을 행사하여야 한다. 다만 정관 또는 총회의 결의로 금지하지 아니한 사항에 한하여 타인으로 하여금 특정의 행위를 대리하게 할 수 있다. 즉 포괄적으로 위임할 수 없으며, 이를 위반한 행위의 효과는 법인에게 발생하지 않는다(대판 1996.9.6. 94다18522).

2) 대표권의 제한 - 정관에 의한 대표권의 제한

① 정관기재 및 등기(효력요건 및 대항요건)

이사의 대표권을 제한하는 경우 정관에 기재하지 않으면 그 효력이 없으나(제41조), 대표권 자체를 박탈하는 것은 정관으로도 허용되지 않는다(대판 1958.6.26. 4290민상659). 또한 이를 등기하지 않으면 제3자에게 대항할 수 없다(제60조).

② 대표권제한의 등기가 없는 경우(확정유효)

대표권 제한의 등기가 없는 경우, 대표권 제한사실에 관하여 선의의 상대방은 보호를 받아야 할 것이다. 특히 악의의 상대방까지 보호할 필요성이 있는지가 문제되나, 판례는 법인대표권의 제한규정을 등기하지 않은 한, 선·악을 묻지 않고 제3자에 대하여 대항할 수 없다고 하였다(대판 1992.2.14. 91다24564).

(2) 법인의 사무집행(대내적 권한)

제58조(이사의 사무집행) ① 이사는 법인의 사무를 집행한다. ② 이사가 수인인 경우에는 정관에 다른 규정이 없으면 법인의 사무집행은 이사의 과반수로써 결정한다.

(가) 이사의 업무사항을 살펴보면 ⅰ) 재산목록과 사원명부의 작성(제55조), ⅱ) 사원총회의 소집(제69조, 제70조), ⅲ) 총회의사록의 작성(제76조) 등이 있다.

(나) 특히 이사가 수인인 경우 이사들의 의결기관을 둘 수 있으며, 이를 이사회라고 한다(임의기관). 민법상 법인에서 그 이사회의 결의에 하자가 있을 때 이해관계인은 언제든지 어떤 방법에 의하든지 그 무효를 주장할 수 있다(대판 2003.4.25. 2000다601).

> **판례/정리 이사의 이사회 소집절차와 방법**
> 정관에 다른 이사가 요건을 갖추어 이사회 소집을 요구하면 대표권 있는 이사가 이에 응하도록 규정하고 있는데도 대표권 있는 이사가 다른 이사의 정당한 이사회 소집을 거절하였다면, 대표권 있는 이사만 이사회를 소집할 수 있는 규정은 적용될 수 없다. 이 경우 이사는 정관의 이사회 소집권한에 관한 규정 또는 민법에 기초하여 법인의 사무를 집행할 권한에 의하여 이사회를 소집할 수 있다(대결 2017.12.1. 2017그661).
> ⇒ 이사회 소집을 대표이사가 거부하는 경우 법원이 이사회를 소집할 근거가 없으므로, 사원총회 소집절차에 관한 규정을 적용하여 법원이 이사회 소집에 대한 허가를 할 수 없다.

4. 이사의 의무

제61조(이사의 주의의무) 이사는 선량한 관리자의 주의로 그 직무를 행하여야 한다.

이사는 법인과 위임 유사관계에 있는 바, 선량한 관리자의 주의로 그 직무를 행하여야 한다. 이를 위반한 경우 법인에 대하여 손해를 배상할 책임이 있다(제65조).

5. 직무대행자

제60조의2(직무대행자의 권한) ① 제52조의2의 직무대행자는 가처분명령에 다른 정함이 있는 경우 외에는 법인의 통상사무에 속하지 아니한 행위를 하지 못한다. 다만, 법원의 허가를 얻은 경우에는 그러하지 아니하다. ② 직무대행자가 제1항의 규정에 위반한 행위를 한 경우에도 법인은 선의의 제3자에 대하여 책임을 진다.

(가) 이사의 직무집행을 정지하는 가처분이 내려져 이에 대한 조치로 법원이 가처분으로 선임하는 자가 직무대행자이다.

(나) 만약 법원의 직무집행정지 가처분결정에 의해 대표할 권한이 정지된 대표이사가 그 정지기간 중에 체결한 계약은 절대적으로 무효이고, 가처분신청이 취하되었다 하여 무효인 계약이 유효하게 되지는 않는다(대판 2008.5.29. 2008다4537).

6. 임시이사

제63조(임시이사의 선임) 이사가 없거나 결원이 있는 경우에 이로 인하여 손해가 생길 염려가 있는 때에는 법원은 이해관계인이나 검사의 청구에 의하여 임시이사를 선임하여야 한다.

임시이사는 이사가 임명될 때까지 원칙적으로 이사와 동일한 권한을 가진다(대판 2013.6.13. 2012다40332).

7. 특별대리인

제64조(특별대리인의 선임) 법인과 이사의 이익이 상반하는 사항에 관하여는 이사는 대표권이 없다. 이 경우에는 전조의 규정에 의하여 특별대리인을 선임하여야 한다.

Ⅱ. 감사(감시 및 감독기관)

1. 감사의 지위

제66조(감사) 법인은 정관 또는 총회의 결의로 감사를 둘 수 있다.

주식회사와 달리 민법상 법인에서의 감사는 임의기관이며, 법인의 대표기관이 아니므로 감사의 성명과 주소는 등기사항이 아니다.

2. 감사의 권한

제67조(감사의 직무) 감사의 직무는 다음과 같다.
1. 법인의 재산상황을 감사하는 일
2. 이사의 업무집행의 상황을 감사하는 일
3. 재산상황 또는 업무집행에 관하여 부정, 불비한 것이 있음을 발견한 때에는 이를 총회 또는 주무관청에 보고하는 일
4. 전호의 보고를 하기 위하여 필요 있는 때에는 총회를 소집하는 일

Ⅲ. 사원총회(의사결정기관)

1. 사원총회의 지위

사원총회는 사단법인의 최고의 의사결정기관이다. 재단법인에는 사원총회가 있을 수 없으나, 사단법인에는 필요기관이므로 정관의 규정에 의해서도 이를 폐지할 수 없다.

2. 사원총회의 종류

(1) 통상총회

사원총회에는 1년에 1회 이상 일정한 시기에 소집되는 통상총회가 있다(제69조). 이는 이사가 소집하여야 한다.

(2) 임시총회

사단법인의 이사가 필요하다고 인정한 때 소집할 수 있는 임시총회가 있다(제70조 1항). 임시총회의 경우 총사원의 5분의 1 이상으로부터 회의의 목적사항을 제시하여 청구한 때에는 이사는 임시총회를 소집하여야 하며, 이 정수는 정관으로 증감할 수 있다. 이 경우 2주간 내에 이사가 총회소집의 절차를 밟지 아니한 때에는 청구한 사원은 법원의 허가를 얻어 이를 소집할 수 있다(제70조). 이 규정은 이사회 소집절차에는 유추적용되지 않는다(판례).

3. 사원총회의 소집

> 제71조(총회의 소집) 총회의 소집은 1주간 전에 그 회의의 목적사항을 기재한 통지를 발하고 기타 정관에 정한 방법에 의하여야 한다.

사원총회의 소집은 제71조에 따른 방법에 의하여야 하며(발신주의), 이를 위반한 사원총회의 결의는 효력이 없다(대판 1995.11.7. 94다7669).

> **판례정리 사원총회소집에 관한 판례의 정리**
> ① 소집권자는 소집된 총회의 개최를 연기하거나 소집을 철회·취소할 수 있다. 이 경우에는 반드시 총회의 소집과 동일한 방식으로 그 철회·취소를 총회 구성원들에게 통지하여야 할 필요는 없고, 총회 구성원들에게 소집의 철회·취소결정이 있었음이 알려질 수 있는 적절한 조치가 취하여지는 것으로써 충분히 그 소집 철회·취소의 효력이 발생한다(대판 2007.4.12. 2006다77593).
> ② 사단법인의 소수사원이 이사에게 요건을 갖추어 임시총회의 소집을 요구하였으나 2주간 내에 이사가 총회소집의 절차를 밟지 아니한 경우 법원의 허가를 얻어 임시총회를 소집할 수 있도록 규정한 민법 제70조 제3항은 민법상 법인의 집행기관인 이사회 소집에 유추적용할 수 없다(대결 2017.12.1. 2017그661).

4. 사원총회의 권한

사원총회는 정관으로 이사 또는 기타 임원에게 위임한 사항 외에는 법인의 사무의 전부에 관하여 결의권을 가진다. 특히 정관의 변경(제42조) 및 임의해산(제77조 2항)은 총회의 전권사항이므로 정관에 의해서도 박탈하지 못한다.

5. 사원총회의 결의

(1) 총회 결의사항

결의사항은 총회를 소집할 때 미리 통지된 사항에 한한다. 그러나 정관에 다른 규정이 있는 때에는 그 규정에 의한다(제72조). 정관에 다른 규정이 없으면 결의에 필요한 정족수는 사원 과반수의 출석과 출석사원의 결의권의 과반수이다(제75조 1항). 그러나 정관변경은 총사원의 2/3, 임의해산은 3/4 이상의 찬성이 있어야 한다(제42조 1항, 제78조).

(2) 사원의 결의권

각 사원은 원칙적으로 평등한 결의권을 갖는다(제73조 1항). 다만 결의권평등의 원칙은 사원의 고유권을 박탈하지 않는 범위에서 정관으로 변경할 수 있다(제73조 3항). 특히 법인과 특정사원과의 관계에 대하여 의결하는 경우에는 그 사원은 결의권이 없다(제74조). 물론 정관에 다른 규정이 없는 한 결의권은 서면 또는 대리인에 의하여 행사할 수 있다(제73조 2항).

(3) 의사록의 작성

> 제76조(총회의 의사록) ① 총회의 의사에 관하여는 의사록을 작성하여야 한다. ② 의사록에는 의사의 경과, 요령 및 결과를 기재하고 의장 및 출석한 이사가 기명날인하여야 한다. ③ 이사는 의사록을 주된 사무소에 비치하여야 한다.

6. 사원의 고유권

> 제56조(사원권의 양도, 상속금지) 사단법인의 사원의 지위는 양도 또는 상속할 수 없다.

㈎ 본조는 임의규정이므로 정관에 의하여 이를 인정하고 있을 때에는 양도·상속이 허용된다(대판 1997.9.26. 95다6205).

㈏ 사원의 고유권은 개인에 대한 단체의 불가침영역으로서 그 사원의 동의 없이는 정관의 규정 또는 총회의 의결로써 제한 혹은 박탈할 수 없다(대판 2006.10.26. 2004다47024).

5 정관의 변경

Ⅰ. 사단법인의 정관변경

> 제42조(사단법인의 정관의 변경) ① 사단법인의 정관은 총사원 3분의 2 이상의 동의가 있는 때에 한하여 이를 변경할 수 있다. 그러나 정수에 관하여 정관에 다른 규정이 있는 때에는 그 규정에 의한다. ② 정관의 변경은 주무관청의 허가를 얻지 아니하면 그 효력이 없다.

㈎ 법인의 동일성을 유지하면서 조직을 변경하는 정관변경에는 사원총회의 결의(총사원 2/3 이상의 동의)와 주무관청의 허가가 있어야 하며 이는 효력발생요건이다. 다만 등기하여야 제3자에게 대항할 수 있다(제54조).

㈏ 사단법인의 정관변경은 재단법인의 경우보다 상대적으로 자유롭지만 사단법인의 본질에 반하는 정관변경은 무효이다(대판 1978.9.26. 78다1435). 또한 사단법인의 정관에 정관의 변경을 금지하는 규정이 있다 하더라도 총 사원의 동의로 정관을 변경하는 것이 가능하다(통설).

Ⅱ. 재단법인의 정관변경

1. 원칙

재단법인은 설립자에 의하여 정하여진 정관에 의하여 운영되어야 하기 때문에 그 정관을 변경할 수 없는 것이 원칙이다.

2. 예외

(1) 정관변경의 사유

> 제45조(재단법인의 정관변경) ① 재단법인의 정관은 그 변경방법을 정관에 정한 때에 한하여 변경할 수 있다. ② 재단법인의 목적달성 또는 그 재산의 보전을 위하여 적당한 때에는 전항의 규정에 불구하고 명칭 또는 사무소의 소재지를 변경할 수 있다.

예외적으로 재단법인의 정관을 변경하는 경우라도 사단법인의 정관변경과 마찬가지로 주무관청의 허가를 얻어야 효력이 발생한다(제45조 3항).

(2) 기본재산의 처분

㈎ 주무관청의 허가를 얻은 정관에 기재된 기본재산의 처분행위로 인하여 재단법인의 정관 기재사항을 변경하여야 하는 경우에는, 그에 관하여 주무관청의 허가를 얻어야 한다. 즉 재단법인의 기본재산의 처분은 실질적으로 정관의 변경이 강제되는 것이다.

㈏ 구체적으로 기본재산을 처분하거나 증가시키는 경우 모두 정관의 변경에 해당한다(대판 1991.5.28. 90다8558). 따라서 주무관청의 허가가 없으면 물권계약은 물론 채권계약도 무효이다(대판 1974.6.11. 73다1975). 이는 재단법인의 기본재산에 대하여 강제집행을 실시하는 경우에도 동일하나, 주무관청의 허가는 반드시 사전에 얻어야 하는 것은 아니므로, 재단법인의 정관변경에 대한 주무관청의 허가는, 경매개시요건은 아니고, 경락인의 소유권취득에 관한 요건이다(대결 2018.7.20. 2017마1565).

㈐ 여기서 법률상의 표현이 허가로 되어 있기는 하나, 그 성질에 있어 법률행위의 효력을 보충해 주는 것이지 일반적 금지를 해제하는 것이 아니므로, 그 법적 성격은 '인가'라고 보아야 한다(대판 1996.5.16. 95누4810 전원합의체).

> **판례정리 기본재산에 관한 판례의 정리**
> ① 재단법인으로부터 기본재산을 양수한 자도 아니고 금전채권자들에 불과한 자에게는 강제이행청구권의 실질적인 실현을 위하여 필요하다는 사유만으로 기본재산의 처분을 희망하지도 않는 재단법인을 상대로 주무관청에 대하여 기본재산에 대한 처분허가신청절차를 이행할 것을 청구할 권한이 없다(대판 1998.8.21. 98다19202, 19219).
> ② 재단법인의 기본재산에 대하여 집합건물의 소유 및 관리에 관한 법률상의 매도청구가 있는 경우에는 그 기본재산에 대한 매매계약의 성립뿐만 아니라 기본재산의 변경을 내용으로 하는 재단법인의 정관의 변경까지 강제된다(대판 2008.7.10. 2008다12453).
> ③ 민법상 재단법인의 기본재산에 관한 저당권 설정행위는 특별한 사정이 없는 한 정관의 기

재사항을 변경하여야 하는 경우에 해당하지 않으므로, 주무관청의 허가를 얻을 필요가 없다(대결 2018.7.20. 2017마1565).

6 법인의 소멸

Ⅰ. 해산과 청산

㈎ 법인의 소멸은 법인이 그 권리능력을 상실하는 것을 말한다. 먼저 법인이 종래 행하였던 활동을 정지하는 것을 해산이라 하고, 해산 후에 재산관계를 정리하는 것을 청산이라고 한다.

㈏ 법인에 대한 청산종결등기가 경료되었다 하더라도 청산사무가 종결되지 않는 한 그 범위 내에서 청산법인으로서 존속한다(대판 2003.2.11. 99다66427, 73371). 즉 법인이 소멸하는 시기는 등기와 무관하게 청산사무가 사실상 종결된 때이다.

Ⅱ. 법인의 해산

1. 해산사유

제77조(해산사유) ① 법인은 존립기간의 만료, 법인의 목적의 달성 또는 달성의 불능 기타 정관에 정한 해산사유의 발생, 파산 또는 설립허가의 취소로 해산한다. ② 사단법인은 사원이 없게 되거나 총회의 결의로도 해산한다.

제78조(사단법인의 해산결의) 사단법인은 총사원 4분의 3 이상의 동의가 없으면 해산을 결의하지 못한다. 그러나 정관에 다른 규정이 있는 때에는 그 규정에 의한다.

2. 해산등기

청산인은 파산의 경우를 제외하고 해산등기를 하여야 하고(제85조 1항), 해산등기를 하기 전에는 제3자에게 해산사실을 대항할 수 없다(대판 1984.9.25. 84다카493).

Ⅲ. 법인의 청산

1. 법인청산의 성질

법인의 청산이란 해산한 법인의 재산관계를 정리하는 법인소멸시까지의 절차를 말한다. 특히 청산절차에 관한 규정은 제3자의 이해관계에 중대한 영향을 미치기 때문에 강행규정이다. 따라서 이에 반하는 정관의 기재사항은 무효이다(대판 1995.2.10. 94다13473).

2. 청산법인의 능력

청산법인은 청산의 목적범위 내에서만 권리를 가지고 의무를 부담한다(제81조). 청산법인의 목적범위 외의 행위는 무효이다(대판 1980.4.8. 79다2036).

3. 청산법인의 기관

원칙적으로 파산의 경우를 제외하고는 해산 당시의 이사가 청산인이 된다(제82조). 반면, 법원은 직권 또는 이해관계인이나 검사의 청구에 의하여 청산인을 선임 또는 해임할 수 있다(제83조, 제84조).

4. 청산법인의 사무

㈎ 청산사무는 ⅰ) 해산의 등기와 신고(제85조 1항, 제86조 1항), ⅱ) 현존사무의 종결(제87조 1항 1호), ⅲ) 채권의 추심(제87조 1항 2호), ⅳ) 채무의 변제(제87조 1항 2호), ⅴ) 잔여재산의 인도(제87조 1항 3호), ⅵ) 파산신청(제93조), ⅶ) 청산종결의 등기와 신고(제94조) 등이다.

㈏ 특히 잔여재산의 귀속권리자는 우선 정관으로 지정한 자인데, 법인해산시 잔여재산의 귀속권리자를 직접 지정하지 않고 사원총회나 이사회의 결의에 따라 이를 정하도록 하는 등 간접적으로 그 귀속권리자의 지정방법을 정해 놓은 정관규정도 유효하다(제80조)(대판 1995.2.10. 94다13473).

7 법인의 감독

1. 법인사무의 감독

제37조(법인의 사무의 검사, 감독) 법인의 사무는 주무관청이 검사, 감독한다.

2. 해산·청산의 감독

제95조(해산, 청산의 검사, 감독) 법인의 해산 및 청산은 법원이 검사·감독한다.

8 비법인사단 및 재단

Ⅰ. 비법인사단(권리능력 없는 사단)

1. 비법인사단의 의의 및 유형

㈎ 권리능력 없는 사단이란 사단의 실체를 갖추고 있으나 법인등기를 하지 아니한 단체를 말한다. 법인격 없는 사단 혹은 비법인사단이라고 한다.

㈏ 판례는 종중, 어촌계, 교회, 동·리나 자연부락, 채권자로 이루어진 청산위원회, 재건축조합, 아파트 부녀회 및 공동주택 입주자대표자회의, 집합건물의 관리단 등이 이에 해당한다고 하였다. 이하에서는 종중과 교회에 관한 판례의 내용을 살펴보자.

> **판례정리 판례가 인정한 비법인사단의 검토(종중과 교회를 중심으로)**
> ① 종 중 : ⅰ) 고유 의미의 종중이란 공동선조의 분묘 수호와 제사, 종원 상호 간 친목 등을 목적으로 하는 자연발생적인 관습상 종족집단체로서 특별한 조직행위를 필요로 하는 것이 아니고(대판 2022.8.25. 2018다261605), 종중의 구성원은 **공동선조와 성과 본을 같이하는 후손은 성별의 구별없이 성년이 되면** 당연히 그 구성원이 된다고 보는 것이 조리에 합당하며, 그중 일부 종원을 임의로 그 종원에서 배제할 수 없다(대판 2020.4.9. 2019다216411). ⅱ) 종중의 구성원인 종원에 대하여 장기간 동안 종중의 의사결정에 참여할 수 있는 모든 권리를 박탈하는 처분은 종원이 가지는 고유하고 기본적인 권리의 본질적인 내용을 침해하는 것으로서 그 효력을 인정할 수 없다(대판 2008.10.9. 2005다30566). ⅲ) 공동선조의 자손인 성년 여자도 종중원이므로, 종중 총회 당시 남자 종중원들에게만 소집통지를 하고 여자 종중원들에게 소집통지를 하지 않은 경우 그 종중 총회에서의 결의는 효력이 없다(대판 2021.11.11. 2021다238902). ⅳ) 종중 유사단체는 자연발생적인 종족집단인 고유한 의미의 종중과 그 성질을 달리하므로, 그러한 종중 유사단체의 회칙이나 규약에서 공동선조의 후손 중 남성만으로 그 구성원을 한정하고 있다 하더라도 특별한 사정이 없는 한 이는 사적 자치의 원칙 내지 결사의 자유의 보장범위에 포함되고, 위 사정만으로 그 회칙이나 규약이 양성평등 원칙을 정한 헌법 제11조 및 민법 제103조를 위반하여 무효라고 볼 수는 없다(대판 2011.2.24. 2009다17783).
> ② 교 회 : ⅰ) 법인 아닌 사단인 교회가 2개로 분열되고 분열되기 전 교회의 재산이 분열된 각 교회의 구성원들에게 각각 총유적으로 귀속되는 형태의 '교회의 분열'은 현행법상 인정할 수 없다(대판 2006.4.20. 2004다37775 전원합의체). ⅱ) 교회의 소속 교단 탈퇴 내지 소속 교단 변경을 위한 결의요건(=의결권을 가진 교인 2/3 이상의 찬성) 및 위 결의요건을 갖추어 교회가 소속 교단을 탈퇴하거나 다른 교단으로 변경한 경우, 종전 교회 재산은 탈퇴한 교회 소속 교인들의 총유로 귀속된다(대판 2006.4.20. 2004다37775 전원합의체). ⅲ) 비법인사단인 교회의 대표자는 총유물인 교회 재산의 처분에 관하여 교인총회의 결의를 거치지 아니하고는 이를 대표하여 행할 권한이 없으므로 교회 재산의 처분행위에 대하여는 민법 제126조의 표현대리에 관한 규정이 준용되지 않는다(대판 2009.2.12. 2006다23312).

2. 사단과 민법상 조합의 구별

민법상의 조합과 법인격은 없으나 사단성이 인정되는 비법인사단의 구별은 일반적으로 그 단체성의 강약을 기준으로 판단하여야 한다.

<비법인사단과 민법상 조합의 비교>

	법인격 없는 사단	조합
단체성	구성원의 개인성과는 별개로 권리, 의무의 주체가 될 수 있는 독자적 조직체	구성원의 개인성이 강하게 드러나는 인적 결합체
당사자 능력	소송상 당사자능력 있음	구성원 전원 명의 또는 전원으로부터 대리권을 수여받은 자에 의해서만 대외적 행위 가능. 조합 자체는 소송상 당사자능력이 없음
소유	총유	합유
채무	• 총유재산으로만 책임을 부담 • 구성원은 책임을 부담하지 않음(구성원에 대하여는 강제집행 불가)	• 조합재산에 의한 책임 • 개인재산에 의한 책임이 병존

3. 비법인사단의 권리능력과 제한

(1) 민법규정의 유추적용

민법 규정 가운데서 법인격을 전제로 하는 것을 제외하고는 이를 유추적용한다. 판례도 부동산에 관하여 등기권리자 혹은 그 의무자가 될 수 있다고 하며, 또한 점유권의 주체가 되므로 시효취득도 가능하고 인격권(명예권)의 주체도 될 수 있다고 한다. 구체적인 판례를 살펴보면 다음과 같다.

> **판례정리** **비법인사단에 대한 민법규정의 유추적용**
> ① 이사의 대리인 선임 : 민법 제62조의 규정에 비추어 보면 비법인사단의 대표자는 정관 또는 총회의 결의로 금지하지 아니한 사항에 한하여 타인으로 하여금 특정한 행위의 대리권을 수권할 수 있을 뿐, 비법인사단의 제반 업무처리를 포괄적으로 위임할 수는 없으므로 비법인사단 대표자가 행한 타인에 대한 업무의 포괄적 위임과 그에 따른 포괄적 수임인의 대행행위는 민법 제62조를 위반한 것이어서 비법인사단에 대하여 효력이 미치지 않는다(대판 2011.4.28. 2008다15438).
> ② 법인의 불법행위책임 : 주택조합과 같은 비법인사단의 대표자가 직무에 관하여 타인에게 손해를 가한 경우 그 사단은 민법 제35조 제1항의 유추적용에 의하여 그 손해를 배상할 책임이 있다(대판 2003.7.25. 2002다27088).
> ③ 법원의 임시이사 선임 : 민법 제63조는 법인의 조직과 활동에 관한 것으로서 법인격을 전제로 하는 조항이 아니므로, 민법 제63조는 법인 아닌 사단이나 재단에도 유추적용할 수 있다(대결 2009.11.19. 2008마699 전원합의체).

(2) 비법인사단의 재산관계

㈎ 비법인사단의 재산은 사원의 총유에 속한다. 비법인사단의 재산은 사원의 총유에 속하며, 소유권 이외의 재산권은 사원의 준총유로 된다(제278조). 따라서 각 사원에게는

지분권이나 총유물분할청구권이 없고, 비법인사단의 채무도 구성원인 사원이 준총유로 부담한다.

㈏ 민사소송법 제52조가 비법인사단의 당사자능력을 규정하고 있는 바, 총유재산에 관한 소송은 ⅰ) 비법인사단이 그 명의로 사원총회의 결의를 거쳐 하거나 또는 ⅱ) 그 구성원 전원이 당사자가 되어 고유필수적 공동소송의 형태로 할 수 있을 뿐이다(민사소송법 제66조, 제68조). 따라서 비법인사단이 사원총회의 결의 없이 제기한 소송은 소제기에 관한 특별수권을 결하여 부적법하다(대판 2011.7.28. 2010다97044). 총유의 경우에는 보존행위에 관한 규정이 없는 바, 설령 사원총회의 결의를 거쳤다 하더라도 대표자는 개인적으로 소송수행을 할 수 없고, 보존행위에 해당하더라도 마찬가지이다(대판 2007.7.26. 2006다64573).

㈐ 당사자능력이 있는지 여부는 사실심변론종결일을 기준으로 하여 판단되어야 할 성질의 것이고(대판 2008.5.29. 2007다63683), 비법인사단의 대표자에게 적법한 대표권이 있는지 여부는 소송요건에 관한 것으로서 법원의 직권조사사항이다(대판 2009.12.10. 2009다22846). 적법한 대표자 자격이 없는 비법인 사단의 대표자가 한 소송행위는 후에 대표자 자격을 적법하게 취득한 대표자가 소송행위를 추인하면 행위 시에 소급하여 효력을 가지게 되고, 이러한 추인은 상고심에서도 할 수 있다(대판 2019.9.10. 2019다208953).

4. 비법인사단 총유물에 관한 규율

(1) 정관에 의한 대표권제한의 경우

정관은 자치규범이므로 비법인사단의 총유에 관하여는 정관·규약 등이 있으면 그에 따른다(제275조). 그러나 비법인사단의 경우 대표권 제한에 관하여 등기할 방법이 없어 민법 제60조의 규정을 준용할 수 없다. 따라서 비법인사단의 대표자가 정관에서 결의를 거쳐야 하도록 규정한 대외적 거래행위에 관하여 이를 거치지 아니한 경우라도, 거래 상대방이 그와 같은 대표권 제한 사실을 알았거나 알 수 있었을 경우가 아니라면 거래행위는 유효하다고 봄이 상당하고, 이 경우 거래의 상대방이 대표권 제한 사실을 알았거나 알 수 있었음은 이를 주장하는 비법인사단측이 주장·입증하여야 한다(대판 2003.7.22. 2002다64780).

(2) 총유물의 관리·처분행위의 경우

1) 관리·처분행위의 의미

비법인사단의 총유에 관하여는 정관·규약 등이 있으면 그에 따르고, 정관·규약 등이 없으면 관리·처분행위에 대하여는 사원총회의 결의에 의한다. 총유물의 처분이라 함은 총유물을 양도 또는 매매하거나 그 위에 물권을 설정하는 등의 행위를 말하고, 그에 이르지 않은 단순히 총유물의 사용권을 타인에게 부여하거나 임대하는 행위는 원칙적으로 총유물의 처분이 아닌 관리행위에 해당한다(대판 2012.10.25. 2010다56586).

2) 총회결의 위반의 효과

제276조의 관리·처분행위에 대하여 사원총회결의를 거쳐야 하는 것은 강행규정이므로 이를 위반한 행위는 설령 상대방이 선의·무과실이라 하더라도 제126조의 표현대리가 성립할 여지가 없다.

3) 관리·처분행위의 유형

㈎ **(채무보증계약)** 비법인사단이 타인 간의 금전채무를 보증하는 행위는 총유물 그 자체의 관리·처분이 따르지 아니하는 단순한 채무부담행위에 불과하여 이를 총유물의 관리·처분행위라고 볼 수는 없다. 따라서 비법인사단인 재건축조합의 조합장이 채무보증계약을 체결하면서 조합원총회 결의를 거치지 않았다고 하더라도 그것만으로 바로 그 보증계약이 무효라고 할 수는 없다(대판 2007.4.19. 2004다60072 전원합의체).

㈏ **(설계용역계약)** 재건축조합이 재건축사업의 시행을 위하여 설계용역계약을 체결하는 것은 단순한 채무부담행위에 불과하여 총유물 자체에 대한 관리 및 처분행위라고 볼 수 없다(대판 2003.7.22. 2002다64780).

㈐ **(채무승인행위)** 비법인사단이 총유물에 관한 매매계약을 체결하는 행위는 총유물 그 자체의 처분이 따르는 채무부담행위로서 총유물의 처분행위에 해당하나, 그 매매계약에 의하여 부담하고 있는 채무의 존재를 인식하고 있다는 뜻을 표시하는 데 불과한 소멸시효 중단사유로서의 승인은 총유물의 관리·처분행위라고 볼 수 없다(대판 2009.11.26. 2009다64383).

Ⅱ. 비법인재단(권리능력 없는 재단)

비법인재단이란 재단법인의 실질을 갖추어 목적재산과 조직은 존재하지만 아직 법인등기를 하지 아니하여 법인격을 취득하지 못한 재단을 말하며, 육영회·종교재단, 유아원 등은 권리능력 없는 재단이다. 그러나 학교는 권리능력 없는 재단이 아니다(대판 2001.6.29. 2001다21991).

연습문제

01 〈노무사 2018〉

민법상 법인에 관한 설명으로 옳지 않은 것은?

① 법인은 이사를 두어야 한다.
② 사단법인의 사원의 지위는 양도 또는 상속할 수 없다.
③ 법인은 정관 또는 총회의 결의로 감사를 둘 수 있다.
④ 주무관청은 이해관계인의 청구에 의하여 임시이사를 선임할 수 있다.
⑤ 이사의 대표권에 대한 제한은 등기하지 않으면 제3자에게 대항하지 못한다.

해설 | ④ (×) 이사가 없거나 결원이 있는 경우에 이로 인하여 손해가 생길 염려가 있는 때에는 "법원은" 이해관계인이나 검사의 청구에 의하여 임시이사를 선임하여야 한다(제63조). 주무관청이 아닌 법원이다.

정답 | ④

02 〈노무사 2013〉

법인의 불법행위책임에 관한 설명으로 옳은 것은? (다툼이 있으면 판례에 의함)

① 비법인사단에 대해서는 법인의 불법행위책임을 규정한 민법 제35조가 유추적용되지 않는다.
② 민법 제35조 제1항에 의한 법인의 불법행위책임이 인정되는 경우, 이사 기타 대표자는 이로 인하여 자기의 손해배상책임을 면하지 못한다.
③ 법인이 대표자에 대한 선임·감독상의 주의의무를 다한 경우에는 민법 제35조에 의한 불법행위책임을 면할 수 있다.
④ 법인은 대표권 없는 이사의 불법행위에 대하여도 민법 제35조에 의한 불법행위책임을 진다.
⑤ 노동조합의 대표기관이 아닌 간부들의 주도 하에 이루어진 불법쟁의 행위가 조합의 집행기관으로서의 행위라고 볼 수 있는 경우에도 노동조합은 사용자가 입은 손해에 대하여 배상책임을 지지 않는다.

해설 | ② (○) 법인은 불법행위에 의한 손해배상책임을 부담한다. 이는 법인 자신의 책임으로서 선임·감독상의 과실이 없다 하더라도 면책되지 않는다. 물론 법인의 불법행위가 성립하는 경우 개인으로서의 대표기관은 법인과 경합하여 피해자에게 배상책임을 지며, 그 책임의 성질은 부진정연대채무이다.

정답 | ②

03 〈노무사 2019〉

법인 아닌 사단에 관한 설명으로 옳은 것은? (다툼이 있으면 판례에 따름)

① 성년의 남자만이 종중의 구성원이 될 수 있다.

② 법인 아닌 사단의 대표가 총회 결의 없이 법인 아닌 사단의 이름으로 제3자의 금전채무를 보증한 경우, 특별한 사정이 없는 한 법인 아닌 사단은 보증채무를 부담하지 않는다.

③ 종중재산의 분배에 관한 종중총회의 결의 내용이 자율적으로 결정되었다고 하더라도 종원의 고유하고 기본적인 권리의 본질적인 내용을 침해하는 경우, 그 결의는 무효이다.

④ 법인 아닌 사단의 대표자의 직무상 불법행위에 대하여는 법인의 불법행위능력에 관한 민법 제35조 제1항이 적용되지 않는다.

⑤ 교인들이 집단적으로 교회를 탈퇴한 경우, 법인 아닌 사단인 교회가 2개로 분열되고, 분열되기 전 교회의 재산은 분열된 교회의 구성원들에게 각각 총유적으로 귀속된다.

해설 | ③ (○) 종중은 공동선조의 분묘수호와 제사 그리고 종원 상호간의 친목도모 등을 목적으로 하는 자연발생적인 관습상의 종족 집단체로서 그 공동선조의 후손은 그 의사와 관계없이 성년이 되면 당연히 그 구성원(종원)이 되는 것이고, 종중의 규약이나 관습에 따라 선출된 대표자 등에 의하여 대표되는 정도로 조직을 갖추고 지속적인 활동을 하고 있다면 비법인 사단으로서의 단체성이 인정된다. 이와 같은 종중의 성격과 법적 성질에 비추어 종중이 그 구성원인 종원에 대하여 그가 가지는 고유하고 기본적인 권리의 본질적인 내용을 침해하는 처분을 하는 것은 허용되지 않는다(대판 2006.10.26. 2004다47024).

정답 | ③

CHAPTER 05 권리의 객체

| PART 01 민법총칙 | PART 02 | PART 03 |

제1절 권리의 객체 일반

Ⅰ. 의 의

권리에 의하여 보호되는 이익을 권리의 내용 또는 목적이라고 한다. 권리의 내용 또는 목적이 성립하기 위하여는 일정한 대상을 필요로 하며, 이를 권리의 객체라고 한다.

Ⅱ. 물 건

> 제98조(물건의 정의) 본법에서 물건이라 함은 유체물 및 전기 기타 관리할 수 있는 자연력을 말한다.

⑺ 물건이라 함은 유체물 및 전기 기타 관리할 수 있는 자연력을 말하며, 관리가 가능하다는 것은 그 물건에 대한 배타적 지배가 가능하다는 의미이며, 독립성을 가져야 한다(1물1권주의).

⑻ 인체는 물건과 달리 소유·매매 등 권리의 객체가 되지 않는다. 그러므로 인위적으로 인체에 부착된 의치·의안·의수·의족·가발 등도 신체에 고착하고 있는 한 신체의 일부이며 물건이 아니다. 그러나 인체의 일부이더라도 신체에 분리된 것(예컨대 모발·치아·혈액 등)은 물건이다.

> **판례정리 사람의 유체와 유골의 소유권의 객체가 될 수 있는지 여부**
> 사람의 유체·유골은 매장·관리·제사·공양의 대상이 될 수 있는 유체물로서, 분묘에 안치되어 있는 선조의 유체·유골은 민법 제1008조의3 소정의 제사용 재산인 분묘와 함께 그 제사주재자에게 승계되고, 피상속인 자신의 유체·유골 역시 위 제사용 재산에 준하여 그 제사주재자에게 승계된다(대판 2008.11.20. 2007다27670 전원합의체).

제2절 민법상 물건

1 부동산과 동산

Ⅰ. 부동산

1. 토 지

토지와 그 정착물이 부동산이다(제99조 1항). 토지는 땅을 말한다. 특히 바다에 인접한 토지가 유실되어 최고만조 때에 바닷물에 잠겨버리게 된 경우 이를 포락이라고 하는데, 원상복구할 경제적 가치가 있는 경우라면 아직 해면을 조성하여 종전 소유권이 소멸하였다고는 보기 어렵다(대판 1972.9.26. 71다2488).

2. 정착물

(1) 정착물의 의미

정착물이란 토지에 고정적으로 부착되어 쉽게 이동할 수 없는 물건을 말한다. 이하에서 정착물로서 독립된 물건인지 여부가 문제되는 경우를 살펴본다.

(2) 문제되는 경우

 1) 건 물

㈎ 건물은 토지의 정착물이면서 독립된 별개의 부동산으로 취급되므로 토지와는 별도로 물권의 객체가 된다. 독립된 부동산으로서의 건물은 최소한의 기둥과 지붕 그리고 주벽이 이루어지면 된다(대판 1996.6.14. 94다53006).

㈏ 특히 1동 건물의 일부가 이용상 독립된 구조를 갖추고 공시방법을 갖추면 구분소유가 인정된다. 그렇지 않은 경우에는 기존건물에 부합한 것으로 본다.

 2) 입 목

㈎ 수목은 토지의 정착물로서 원칙적으로 물권의 객체가 되지 못한다. 그러나 관습법상 공시방법인 명인방법을 갖추면 독립된 물건으로 취급되어 소유권의 목적이 될 수 있다. 다만 저당권의 설정은 불가능하다.

㈏ 특히 수목의 집단 중에 입목법상 등기를 갖춘 경우를 입목이라고 하는 바, 독립한 부동산으로서 소유권의 목적이 될 수 있으며, 명인방법과 달리 입목등기를 갖춘 입목에 관하여는 저당권의 설정도 가능하다.

 3) 과 실

미분리의 과실(과수의 열매)도 수목의 일부이지만 관습법상 공시방법인 명인방법을 갖추면 독립한 물건으로서 거래의 목적이 될 수 있다.

4) 농작물

농작물의 경우 설령 권한 없이 타인의 토지에 농작물을 심었다 하더라도 토지와는 별개의 독립한 물건으로 다루어 명인방법을 갖출 필요도 없이 그 농작물을 경작자의 소유로 인정한다(경자유전의 원칙)(대판 1979.8.28. 79다784).

Ⅱ. 동 산

1. 의 의

부동산 이외의 물건은 동산이다(제99조 2항). 다만, 선박·자동차·항공기·건설기계 등은 모두 동산이나, 법률상 부동산과 같이 취급된다.

2. 금 전

금전에 있어서는 소유와 점유가 언제나 일치하므로 어떤 특정한 금전에 대한 물권적 청구권이 인정되지 아니하고, 타인의 점유에 들어간 금전에 대해서는 부당이득반환청구권 또는 불법행위에 기한 손해배상청구권과 같은 채권적 청구권에 의하여 반환받을 수 있을 뿐이다.

2 주물과 종물

Ⅰ. 종물의 의의

㈎ 물건의 소유자가 그 물건의 경제적 가치를 높이기 위하여 자기 소유의 다른 물건을 이에 부속시켜 이용하는 경우, 이때 그 물건을 주물이라 하고, 보조적인 물건을 종물이라 한다.

㈏ 예를 들어 농지와 그에 부속한 양수시설, 횟집과 그에 부속한 수족관시설물, 배와 노, 시계와 시계줄 등이 주물과 종물의 관계에 속한다.

Ⅱ. 종물의 요건

> 제100조(주물, 종물) ① 물건의 소유자가 그 물건의 상용에 공하기 위하여 자기 소유인 다른 물건을 이에 부속하게 한 때에는 그 부속물은 종물이다.

1. 주물의 상용에 이바지할 것

사회통념상 계속하여 주물 자체의 경제적 가치를 높이는 작용을 하여야 하므로 일시적으로 어떤 물건의 효용을 돕는 물건은 종물이 아니다. 또한 주물의 효용과 관련이 없는 주물의 소유자 내지 이용자의 상용에 공하는 물건은 종물이 아니다.

> **판례정리** 종물이 문제되는 경우
> ① 점포건물의 상용에 공하기 위하여 신축한 수족관건물은 위 점포건물의 종물이라고 해석할 것이다(대판 1993.2.12. 92도3234).
> ② 주유기는 계속해서 주유소건물 자체의 경제적 효용을 다하게 하는 작용을 하고 있으므로 주유소건물의 상용에 공하기 위하여 부속시킨 종물이다(대판 1995.6.29. 94다6345).
> ③ 호텔의 각 방실에 시설된 텔레비죤·전화기, 등은 적어도 호텔의 경영자나 이용자의 상용에 공여됨은 별론으로 하고, 위 부동산에 대한 종물이라고 할 수는 없다(대판 1985.3.26. 84다카269).
> ④ 백화점건물의 지하 2층 기계실에 설치되어 있는 전화교환설비는 백화점의 효용과 기능을 다하기에 필요불가결한 시설물로서 위 건물의 상용에 제공된 종물이라 할 것이다(대판 1993.8.13. 92다43142).

2. 주물에 부속된 독립물일 것

㈎ 주물과 종물은 독립한 물건이어야 한다. 따라서 지하에 매립된 정화조(유류저장탱크)는 토지의 부합물이다(대판 1993.12.10. 93다42399).

㈏ 독립한 물건이라면, 종물은 동산·부동산을 구별하지 않는다. 예컨대 주택에 딸린 광이나 연탄창고, 화장실 건물 등은 부동산이지만 종물이다(대판 1991.5.14. 91다2779).

3. 주물과 종물이 동일소유일 것

(1) 원 칙

주물과 종물이 원칙적으로 모두 동일한 소유자에게 속하여야 한다. 따라서 주물과 종물의 소유자가 다른 경우에는 원칙적으로 종물이 될 수 없다(대판 2008.5.8. 2007다36933, 36940).

(2) 예 외

종물이 타인소유라 하더라도 그 타인의 권리를 해하지 않는 범위 내에서 민법 제100조가 적용될 수 있으므로 주물의 소유자 아닌 자의 물건도 종물이 될 수 있다. 또한 주물이 처분된 경우에 상대방이 제249조 동산의 선의취득요건을 구비하였다면, 상대방이 그 물건의 소유권도 취득한다(대판 2008.5.8. 2007다36933, 36940).

III. 종물의 효과

> 제100조(주물, 종물) ② 종물은 주물의 처분에 따른다.

1. 주물처분의 수반성

(1) 원 칙

㈎ 종물은 주물의 처분에 따르며, 주물 위에 저당권이 설정된 경우에 그 저당권의 효력은 저당권설정 당시의 종물은 물론 설정 후의 종물에도 미친다(제358조). 여기서의 처

분에는 매매 등 처분행위에 의한 권리변동뿐만 아니라 압류와 같은 공법상의 처분 등에 의해 발생한 경우에도 적용된다(대판 2006.10.26. 2006다29020).

㈏ 다만, 종물의 취득에 특별한 법적 요건을 필요로 하는 경우가 있을 수 있다. 예를 들어 취득시효에 의한 소유권 취득에는 종물에 대한 점유가 필요하다. 즉, 공시방법은 종물도 별도로 구비하여야 한다.

(2) 예 외

㈎ 제100조 제2항은 '따른다'라고 규정되어 있지만 판례는 이를 임의규정으로 보고 있다(대판 1978.12.26. 78다2028). 따라서 당사자들이 특약으로 주물과 종물의 처분을 각각 따로 할 수 있으며, 저당권의 경우에는 이러한 취지를 등기하여야 한다.

㈏ 그러나 강제집행의 경우에는 당사자간 특약으로 달리 정할 수 없기 때문에 채권자가 종물만을 강제집행하는 것은 허용되지 않는다.

2. 종된 권리의 확장

주물·종물 법리는 주된 권리와 종된 권리 상호간에도 유추적용되므로, ⅰ) 원본채권이 양도되면 기본적 이자채권도 원칙적으로 함께 양도된다(대판 1992.7.14. 92다527). 또한 ⅱ) 주된 권리인 건물의 소유권이 이전되면, 부지에 관련된 종된 권리인 임차권, 법정지상권, 대지사용권 등도 함께 이전된다(판례).

3 원물과 과실

Ⅰ. 의 의

물건으로부터 생기는 경제적 수익을 과실이라고 하고, 과실을 생기게 하는 물건을 원물이라고 한다. 민법은 천연과실과 법정과실을 규정하고 있다. 천연과실이든 법정과실이든 물건이어야 하는 바, 권리의 과실과 노동의 대가인 임금 등은 법정과실이 아니다. 또한 국립공원의 입장료도 민법상 과실이 아니다(대판 2001.12.28. 2000다27749).

Ⅱ. 종 류

1. 천연과실

> 제101조(천연과실, 법정과실) ① 물건의 용법에 의하여 수취하는 산출물은 천연과실이다.
>
> 제102조(과실의 취득) ① 천연과실은 그 원물로부터 분리하는 때에 이를 수취할 권리자에게 속한다.

천연과실이란 물건의 용법에 의하여 수취되는 산출물이며, 자연적·유기적으로 생산되는 물건(과일)뿐만 아니라, 인공적·무기적으로 수취되는 물건도 포함된다.

2. 법정과실

제101조(천연과실, 법정과실) ② 물건의 사용대가로 받는 금전 기타의 물건은 법정과실로 한다.

제102조(과실의 취득) ② 법정과실은 수취할 권리의 존속기간일수의 비율로 취득한다.

법정과실이란 물건의 사용대가로 받는 금전 기타의 물건을 말한다. 본조는 임의규정이므로 당사자들 사이에 별도의 약정이 있으면 그에 따른다.

3. 사용이익

물건을 현실적으로 점유하여 사용하고 얻은 이익을 사용이익이라고 한다. 이러한 사용이익에 대하여 통설과 판례는 과실에 준하여 판단한다.

> **판례정리 — 법률상 원인 없이 건물을 사용하여 얻은 이익의 반환 여부**
> 민법 제201조 제1항에 의하면 선의의 점유자는 점유물의 과실을 취득한다고 규정하고 있는바, 건물을 사용함으로써 얻는 이득은 그 건물의 과실에 준하는 것이므로, 선의의 점유자는 비록 법률상 원인 없이 타인의 건물을 점유·사용하고 이로 말미암아 그에게 손해를 입혔다고 하더라도 그 점유·사용으로 인한 이득을 반환할 의무는 없다(대판 1996.1.26. 95다44290).

연습문제

01 〈노무사 2018〉

권리의 객체에 관한 설명으로 옳지 않은 것은? (다툼이 있으면 판례에 따름)

① 주물 자체의 효용과 직접 관계없는 물건은 종물이 아니다.
② 주물에 설정된 저당권의 효력은 특별한 사정이 없으면 종물에 미친다.
③ 입목에 관한 법률에 의하여 입목등기를 한 수목의 집단은 토지와 별개의 부동산이다.
④ 종물은 주물의 처분에 따르므로, 당사자의 특약에 의하여 종물만을 별도로 처분할 수 없다.
⑤ 법정과실은 수취할 권리의 존속기간일수의 비율로 취득한다.

해설 | ④ (×) 제100조 제2항은 임의규정이므로 당사자의 다른 특약이 있으면 그 특약에 따른다. 즉 특약에 의하여 종물만을 처분할 수도 있다(대판 1978.12.26. 78다2028).

정답 | ④

02 〈노무사 2020〉

물건에 관한 설명으로 옳지 않은 것은? (다툼이 있으면 판례에 따름)

① 주물과 다른 사람의 소유에 속하는 물건은 종물이 될 수 없다.
② 주물을 처분할 때 당사자 간의 특약으로 종물만을 별도로 처분할 수도 있다.
③ 국립공원의 입장료는 법정과실에 해당한다.
④ 관리할 수 있는 자연력은 동산이다.
⑤ 명인방법을 갖춘 수목의 경우 토지와 독립된 물건으로서 거래의 객체가 된다.

해설 | ③ (×) 자연공원법(1995. 12. 30. 법률 제5122호로 개정된 것) 제26조 및 제33조의 규정내용과 입법목적을 종합하여 보면, 국립공원의 입장료는 토지의 사용대가라는 민법상 과실이 아니라 수익자 부담의 원칙에 따라 국립공원의 유지·관리비용의 일부를 국립공원 입장객에게 부담시키고자 하는 것이어서 토지의 소유권이나 그에 기한 과실수취권과는 아무런 관련이 없다(대판 2001.12.28. 2000다27749).

정답 | ③

CHAPTER 06

권리의 변동

| PART 01 민법총칙 | PART 02 | PART 03 |

제1절 권리변동과 법률행위

1 법률관계와 권리변동

Ⅰ. 권리변동의 의의

사람의 사회생활관계 중에서 법률의 규율을 받는 것이 법률관계이다. 법률관계는 권리의 발생·변경·소멸의 모습(권리의 변동)으로 나타난다.

Ⅱ. 권리변동의 모습

1. 권리의 발생

(1) 원시취득

어떤 권리가 타인의 권리에 기함이 없이 특정인에게 새로 발생하는 것을 말한다. 예컨대 무주물선점(제252조)·유실물습득(제253조)·신축한 주택의 소유권취득 등이 이에 속하고, 인격권·가족권 등도 원시적으로 취득된다. 그리고 선의취득(제249조)·시효취득(제245조)도 원시취득이다.

(2) 승계취득

어떤 권리가 타인의 권리에 기하여 특정인에게 승계적으로 발생하는 것을 말한다. 여기에는 ⅰ) 구권리자에 속하고 있었던 권리가 그 동일성을 유지하면서 그대로 신권리자에게 이전되는 이전적 승계(특히 계약에 의한 권리의 이전을 양도라고 한다)와 ⅱ) 구권리자의 권리는 그대로 존속하면서 신권리자가 그 권리의 내용의 일부에 어떤 권리를 취득하는 설정적 승계가 있다.

2. 권리의 변경

권리가 그 동일성을 잃지 않고서, 그의 주체·내용(객체)·작용에 관하여 변경을 받는 것을 말한다. 여기에는 ⅰ) 주체의 변경, ⅱ) 내용의 변경, ⅲ) 작용의 변경이 있다.

3. 권리의 소멸

(1) 절대적 소멸

권리 자체가 이 사회에서 없어져 소멸하는 것(예컨대 목적물의 멸실에 의한 권리의 소멸·권리의 포기·변제에 의한 권리소멸 등)이다.

(2) 상대적 소멸

권리의 이전을 전주의 주관적 처지에서 본 것이며, 권리 자체는 소멸하지 않고 권리의 주체만이 변경되는 것(예컨대 매매로 매도인이 권리를 상실하는 경우)이다.

2 법률행위와 의사표시

Ⅰ. 법률행위

1. 의 의

권리변동의 원인에는 법률행위와 법률규정이 있으며, 여기서 법률행위라 함은 일정한 법률효과의 발생을 목적으로 하는 1개 또는 수개의 의사표시를 불가결한 요소로 하는 법률요건이다. 이러한 법률행위가 성립하기 위하여는 ⅰ) 당사자, ⅱ) 목적, ⅲ) 의사표시가 필요하다.

2. 종 류

(1) 재산행위·신분행위

법률행위는 재산상의 법률관계에 관한 재산행위와 신분상의 법률관계에 관한 신분행위로 나뉜다. 신분행위는 재산행위와 달리 당사자의 진의가 존중되며, 대부분 요식행위에 해당한다.

(2) 단독행위와 계약

단독행위	상대방 있는 단독행위	동의, 추인, 취소, 해제, 해지, 상계, 면제 등이 이에 해당한다.
	상대방 없는 단독행위	유언, 재단법인 설립, 권리의 포기 등이 이에 해당하나 권리의 포기는 물권포기와 채권포기(채무면제)로 나누어 볼 때 소유권, 점유권포기는 상대방 없는 단독행위이고, 제한물권포기, 채권포기는 상대방 있는 단독행위이다.
계약		채권계약(협의의 계약), 물권계약, 신분법상 계약 등이 이에 해당한다.

(3) 채권행위·물권행위

채권행위	채권의 발생을 목적으로 하는 행위(매매, 증여, 임대차)를 말하며, 이행의 문제를 남긴다. 의무부담행위이므로 처분권이 없는 자도 할 수 있고, 계약자유의 원칙이 적용된다.
물권행위	① 물권의 변동을 목적으로 하는 행위이며, 이행의 문제를 남기지 않는다. 특히 물권 외의 권리의 직접 변동을 초래하는 행위(채권의 양도)를 준물권행위라고 한다. ② 이러한 물권행위와 준물권행위를 처분행위라고 하며, 소유권의 이전과 채권의 양도가 대표적인 처분행위에 속한다. 따라서 처분행위가 유효하려면 행위자에게 처분권한이 있어야 하며, 처분권한 없는 자의 처분행위는 무효이다.

(4) 유인행위·무인행위

유인행위	원인행위의 실효로서 곧 실효되는 행위이며, 민법은 유인주의를 원칙으로 한다.
무인행위	원인행위의 실효에도 영향받지 않고 존속하는 행위로서 지시채권의 양도(어음·수표행위) 등이 이에 해당한다.

(5) 생전행위·사후행위

생전행위	일반적 행위
사후행위	행위자의 사망으로 효력이 발생하는 행위(유언, 사인증여)이며, 정기증여와 종신정기금계약은 사망 시까지 효력이 있는 생전행위이다.

(6) 요식행위·불요식행위

요식행위	일정한 방식에 의하여야 효력이 인정되는 행위(혼인, 입양, 유언, 법인의 설립, 어음행위 등)이다.
불요식 행위	일정한 방식의 제한이 없는 행위를 말하며, 대부분의 계약이 이에 해당한다.

(7) 주된 행위·종된 행위

법률행위가 유효하게 성립하기 위하여 다른 법률행위의 존재를 전제로 하는 법률행위를 종된 행위라고 하고, 그 전제가 되는 행위를 주된 행위라고 한다. 종된 행위는 주된 행위와 법률상 운명을 같이한다.

Ⅱ. 의사표시

1. 의 의

의사표시는 일정한 법률효과의 발생을 원하는 내적 의사(효과의사)를 외부에 나타내어 보이는 행위이며, 법률행위의 불가결의 요소가 되는 법률사실이다. 즉 법률행위는 의사표시를 요소로 하고, 이것은 표의자가 한 의사대로 법률효과가 생기는 것을 본체로 한다.

2. 요소

상대방에게 전달되는 것은 표시상의 효과의사이다. 이는 일정한 법률효과를 원하는 의사(예컨대 매매계약에서 대금지급의무를 부담하고 목적물의 소유권을 취득하겠다는 의사)이다.

연습문제

01 〈노무사 2011〉
다음 중 상대방 없는 단독행위는?
① 해 제
② 추 인
③ 유 언
④ 취 소
⑤ 상 계

해설 | ③ (○) 상대방 없는 단독행위란 특정인에 대한 의사표시의 도달 여부에 관계없이, 표시자의 표시행위만으로 효력을 발생하는 단독행위를 말한다(예: 유언, 재단법인의 설립행위, 소유권의 포기).

정답 | ③

제2절 법률행위의 해석

I. 법률행위 해석의 의의

법률행위의 해석이란 법률행위의 목적(내용)을 확정하는 것을 말한다. 법률행위의 해석은 당사자가 그 표시행위에 부여한 객관적 의미를 합리적으로 해석하여야 한다(대판 2018.6.28. 2016다221368). 이는 궁극적으로 법원, 즉 법관이 한다.

> **판례정리 의사표시의 요소로써 표시상의 효과의사**
> 당사자의 진정한 의사를 알 수 없는 경우, <u>의사표시의 요소가 되는 것은 표시행위로부터 추단되는 효과의사, 즉 표시상의 효과의사이고 표의자가 가지고 있던 내심적 효과의사가 아니므로</u> 내심의 의사보다는 외부로 표시된 행위에 의하여 추단된 의사를 가지고 해석함이 상당하다(대판 2002.6.28. 2002다23482).

Ⅱ. 법률행위 해석의 방법

1. 자연적 해석

(1) 의 의

자연적 해석이란 표의자의 시각에서 표현의 문자적·언어적 의미에 구속되지 아니하고 표의자의 실제의 의사(표시상의 효과의사)를 추구하는 해석을 말한다. 여기에는 이른바 오표시무해(잘못된 표시는 해가되지 않는다)의 원칙이 적용된다. 다음 판례를 살펴보자.

> **[판례정리] 오표시무해원칙에 따른 계약의 성립**
> 부동산의 매매계약에 있어 쌍방 당사자가 모두 특정의 甲 토지를 계약의 목적물로 삼았으나 그 목적물의 지번 등에 관하여 착오를 일으켜 계약을 체결함에 있어서는 계약서상 그 목적물을 甲 토지와는 별개인 乙 토지로 표시하였다 하여도, 甲 토지에 관하여 이를 매매의 목적물로 한다는 쌍방 당사자의 의사합치가 있은 이상, <u>그 매매계약은 甲 토지에 관하여 성립한 것으로 보아야 하고 乙 토지에 관하여 매매계약이 체결된 것으로 보아서는 안 될 것이며, 만일 乙 토지에 관하여 그 매매계약을 원인으로 하여 매수인 명의로 소유권이전등기가 경료되었다면, 이는 원인 없이 경료된 것으로서 무효</u>이다(대판 1996.8.20. 96다19581).
> ⇒ 그러므로 甲 토지에 관하여는 물권적 합의는 있으나 등기가 경료되지 않았으므로 甲 토지에 관하여 소유권을 취득하지 못한다. 乙 토지에 관하여는 등기가 되어 있으나 물권적 합의가 없기 때문에 乙 토지에 관하여도 소유권을 취득하지 못한다.

(2) 특 징

자연적 해석의 경우 당사자 사이에 의사표시가 일치하고 있기 때문에 착오가 문제되지 않는다. 착오는 원칙적으로 상대방의 신뢰를 보호할 가치가 있을 때 적용되고, 상대방이 표의자의 진의를 이미 알고 있는 때에는 적용되지 않기 때문이다.

2. 규범적 해석

(1) 의 의

규범적 해석이란 상대방의 시각에서 내심적 효과의사와 표시행위가 일치하지 않는 경우에 표시행위에 따라 법률행위의 성립을 인정하는 해석을 말한다. 다음 판례를 살펴보자.

> **[판례정리] 자연적 해석과 규범적 해석의 관계**
> ① 계약을 체결하는 행위자가 타인의 이름으로 법률행위를 한 경우에 행위자 또는 명의인 가운데 누구를 계약의 당사자로 볼 것인가에 관하여는, 우선 행위자와 상대방의 의사가 일치한 경우에는 그 일치한 의사대로 행위자 또는 명의인을 계약의 당사자로 확정해야 하고, 행위자와 상대방의 의사가 일치하지 않는 경우에는 상대방이 합리적인 사람이라면 행위자와 명의자 중 누구를 계약당사자로 이해할 것인가에 의하여 당사자를 결정하여야 한다(대판 2020.12.10. 2019다267204).

② 하나의 법률관계를 둘러싸고 각기 다른 내용을 정한 여러 개의 계약서가 순차로 작성되어 있는 경우 여러 개의 계약서에 따른 법률관계 등이 명확히 정해져 있지 않다면 각각의 계약서에 정해져 있는 내용 중 서로 양립할 수 없는 부분에 관해서는 원칙적으로 나중에 작성된 계약서에서 정한 대로 계약 내용이 변경되었다고 해석하는 것이 합리적이다(대판 2020.12.30. 2017다17603).

(2) 특 징

규범적 해석을 통해 표시대로의 효과가 발생한 후에는 표의자는 착오를 이유로 취소할 수 있는 여지가 있다. 그러나 그 표시가 표의자에게 유리하거나, 상대방이 사후에 표의자의 진의에 동의한 때는 착오를 이유로 취소할 수 없다.

3. 보충적 해석

보충적 해석이란 법률행위의 내용에 공백이 있는 경우 이를 보충하는 것을 말한다. 여기서 보충되는 당사자의 의사는 가정적의 의사이며, 이는 당사자의 주관적 의사가 아니라 객관적으로 추인되는 정당한 이익조정의사를 말한다(대판 2006.11.23. 2005다13288). 보충적 해석의 경우 착오가 문제되지 않는다.

Ⅲ. 법률행위 해석의 표준

1. 당사자가 의도한 목적

㈎ 당사자 사이에 법률행위의 해석을 둘러싸고 이견이 있어 당사자의 의사해석이 문제 되는 경우에는 법률행위에 의하여 달성하려는 목적, 당사자의 진정한 의사 등을 종합적으로 고찰하여 논리와 경험칙에 따라 합리적으로 해석하여야 한다(대판 2019.1.17. 2016다256999).

㈏ 특히 매매계약서 등의 처분문서가 존재하는 경우에는 그 기재 내용대로 법률행위가 있었음이 인정된다(대판 2003.4.11. 2001다12430). 그러나 약관의 경우 소위 예문에 지나지 않은 것으로 해석하여 구속당할 의사가 없는 것으로 보아 문언을 무시하는 예문해석을 하기도 한다(대판 1972.8.22. 72다983).

2. 사실인 관습과 관습법

제106조(사실인 관습) 법령중의 선량한 풍속 기타 사회질서에 관계없는 규정과 다른 관습이 있는 경우에 당사자의 의사가 명확하지 아니한 때에는 그 관습에 의한다.

㈎ 사실인 관습은 법령으로서의 효력이 없는 단순한 관행으로서 법률행위의 당사자의 의사를 보충함에 그치는 것이며, 당사자가 그 사실인 관습의 존재를 주장·증명해야 한다(대판 1959.9.24. 4292민상102).

㈏ 이러한 사실인 관습은 사적자치가 인정되는 분야에서 적용된다. 강행규정에 위반

하는 사실인 관습은 강행규정 자체에 결함이 있거나 강행규정 자체에서 관습에 따르도록 위임한 경우 이외에는 효력이 없다(대판 1983.6.14. 80다3231). 특히 관습법과 관련하여 판례는 다음의 도표에서 살펴보는 바와 같이 엄격하게 이를 구별하고 있다.

<관습법과 사실인 관습의 비교>

	관습법(제1조)	사실인 관습(제106조)
의미	사회의 거듭된 관행으로 생성한 사회생활규범이 사회의 법적 확신과 인식에 의하여 법적 규범으로 승인·강행되기에 이르는 것을 말한다.	사회의 관행에 의하여 발생한 사회생활규범인 점에서 관습법과 같으나, 사회의 법적 확신이나 인식에 의하여 법적 규범으로서 승인된 정도에 이르지 않은 것을 말한다.
효력	바로 법원으로서 법령과 같은 효력을 갖는 관습으로서 법령에 저촉되지 않는 한 법칙으로서의 효력이 있는 것이다(법규범).	① 법령으로서의 효력이 없는 단순한 관행으로서 법률행위의 당사자의 의사를 보충함에 그치는 것이다. ② 임의규정보다 우선하여 적용된다.
주장·증명	당사자의 주장·입증을 기다림이 없이 법원이 직권으로 이를 확정하여야 한다. 결국 관습법은 당사자의 주장·증명을 기다림 없이 법원이 직권으로 이를 확정해야 하고 사실인 관습은 그 존재를 당사자가 주장·증명해야 하나, 관습은 그 존부 자체도 명확하지 않을 뿐만 아니라 그 관습이 사회의 법적 확신이나 법적 인식에 의하여 법적 규범으로까지 승인되었는지의 여부를 가리기는 더욱 어려운 일이므로, 법원이 이를 알 수 없는 경우 결국은 당사자가 이를 주장·증명할 필요가 있다(대판 1983.6.14. 80다3231).	사실인 관습의 존재를 당사자가 주장·입증하여야 한다.

3. 신의성실의 원칙(수정해석)

신의칙은 법률행위, 특히 계약의 해석원칙으로서 중요한 작용을 한다. 그리고 '약관의 규제에 관한 법률'에서도 신의칙을 약관해석의 기본원칙으로 하고 있다(약관법 제5조 1항).

제3절 법률행위의 목적(내용)

1 법률효과로서 목적·내용

법률행위의 목적이란 법률행위를 하는 자가 그 법률행위에 의하여 발생시키려고 하는 법률효과를 말하며, 법률행위의 내용이라고 한다.

2 법률행위 목적의 확정성

법률행위의 목적은 확정되어 있거나 또는 확정할 수 있는 것이어야 한다. 그러나 법률행위의 성립 당시에 확정될 필요는 없고, 장차 확정할 수 있는 표준이 정하여져 있으면 된다. 법률행위의 해석을 통해서도 그 목적을 확정할 수 없는 법률행위는 무효이다.

3 법률행위 목적의 가능성

법률행위의 성립 당시부터 법률행위의 목적이 실현 불능한 것이면 그 법률행위는 무효이다(원시적 불능). 불능한 법률행위에 법률효과를 준다는 것은 불가능하기 때문이다.

4 법률행위 목적의 적법성

Ⅰ. 적법성과 타당성의 구별

㈎ 법률행위 목적의 적법성과 사회적 타당성의 요건을 별개로 보고 있으며, 법률행위가 유효하기 위해서는 그 목적이 강행법규에 위반하지 않아야 하고(적법성), 또한 선량한 풍속 기타 사회질서(사회적 타당성)에 위반해서는 안 된다.

㈏ 판례는 법률의 금지에 위반하는 경우, 즉 강행규정에 위반되어 무효라 할지라도 그것이 선량한 풍속 기타 사회질서에 위반하지 않는 경우에는 민법 제746조가 규정하는 불법원인에 해당하지 않는다고 하여 적법성과 타당성을 구별하고 있다(대판 2001.5.29. 2001다1782).

㈐ 따라서 양도소득세 또는 강제집행을 면탈 또는 회피할 목적으로 매매계약이 이루어진 경우 (강행규정 위반으로 무효일지언정) 그것만으로써 그 매매계약이 사회질서에 반하는 법률행위로서 무효로 된다고 할 수는 없다(대판 2007.6.14. 2007다3285).

Ⅱ. 강행규정과 임의규정

1. 강행규정(강행법규)

(1) 의 의

강행규정이란 법령 중의 선량한 풍속 기타 사회질서에 관계있는 규정으로서 당사자의 의사에 의해 그 적용을 배제할 수 없는 규정이다.

(2) 효 과

법률행위가 유효하기 위해서는 그 목적이 적법한 것이어야 하는 바, 이러한 강행규정에 위반하는 내용의 법률행위는 부적법한 것으로서 무효이며 선의의 제3자도 보호받을 수 없다. 따라서 ⅰ) 추인도 안 되며, ⅱ) 상대방이 선의·무과실이더라도 제107조의 비진의표시의 법리 또는 표현대리 법리가 적용될 여지는 없다(대판 2016.5.12. 2013다49381). 또한 ⅲ) 강행규정 위반자 스스로 무효를 주장하는 것은 특별한 사정이 없는 한 신의칙에 위반되지 않는다.

> **판례 정리 | 강행규정에 반하는 법률행위의 사법상의 효력(무효)**
> ① 투자수익보장이 강행규정에 위반되어 무효인 이상(대판 2003.1.24. 2001다2129) 증권회사의 지점장에게 그와 같은 약정을 체결할 권한이 수여되었는지의 여부에 불구하고 그 약정은 여전히 무효이므로 표현대리의 법리가 준용될 여지가 없다(대판 1996.8.23. 94다38199).
> ② 부동산 중개보수 약정 중 소정의 한도를 초과하는 부분에 대한 사법상의 효력을 제한하는 이른바 강행법규에 해당한다. 따라서 공인중개사법 등 관련 법령에서 정한 한도를 초과하는 부동산 중개보수 약정은 한도를 초과하는 범위 내에서 무효이다(대판 2021.7.29. 2017다243723).

2. 임의규정(임의법규)

> **제105조(임의규정)** 법률행위의 당사자가 법령중의 선량한 풍속 기타 사회질서에 관계없는 규정과 다른 의사를 표시한 때에는 그 의사에 의한다.

임의규정(임의법규)이란 법령 중의 선량한 풍속 기타 사회질서에 관계없는 규정으로서 당사자의 의사에 의해 그 적용을 배제할 수 있는 규정이다.

Ⅲ. 단속규정과 효력규정

1. 의 의

(1) 단속규정

단속규정이란 국가가 일정한 행위를 단속할 목적으로 그것을 금지하거나 제한하지만, 그 행위의 사법상의 효력에는 영향이 없는 경우를 말한다.

> **판례 정리 | 공인중개사가 의뢰인과의 직접거래를 금지하는 규정의 법적 성격**
> 개업공인중개사 등이 중개의뢰인과 직접 거래를 하는 행위를 금지하는 공인중개사법 제33조 제6호의 규정을 효력규정으로 보아 이에 위반한 거래행위를 일률적으로 무효라고 할 경우 중개의뢰인이 직접 거래임을 알면서도 자신의 이익을 위해 한 거래도 단지 직접 거래라는 이유로 효력이 부인되어 거래의 안전을 해칠 우려가 있으므로, 위 규정은 강행규정이 아니라 단속규정이다(대판 2017.2.3. 2016다259677).

(2) 효력규정

이에 반해 효력규정은 그 규정에 위반하는 행위의 사법상의 효력이 부정되는 경우를 가리킨다. 이 중 효력규정을 강행규정(강행법규)이라고 부른다.

2. 구 별

법률행위의 당사자에게 일정한 의무를 부과하거나 일정한 행위를 금지하는 법규에서 이를 위반한 법률행위의 효력을 명시적으로 정하고 있는 경우에는 그 규정에 따라 법률행위의 유·무효를 판단하면 된다. 법률에서 해당 규정을 위반한 법률행위를 무효라고 정하고 있거나 해당 규정이 효력규정이나 강행규정이라고 명시하고 있으면 그러한 규정을 위반한 법률행위는 무효이다(대판 2019.1.17. 2015다227000).

5 법률행위 목적의 타당성

Ⅰ. 반사회질서 법률행위

> 제103조(반사회질서의 법률행위) 선량한 풍속 기타 사회질서에 위반한 사항을 내용으로 하는 법률행위는 무효로 한다.

1. 민법 제103조의 의미

모든 법률행위의 적법성을 법률에 규정한다는 것은 쉽지 않기 때문에, 민법은 제103조를 통해 일반적, 추상적으로 규제할 수 있도록 하였다. 본조에서 말하는 선량한 풍속이란 모든 국민에게 요구되는 최소한의 도덕률을 말하고, 사회질서란 국가나 사회의 공공적 질서를 말한다.

2. 제103조 위반의 유형

(1) 반사회성의 판단시기

㈎ 민법 제103조에 의하여 무효로 되는 반사회질서행위는 법률행위의 목적인 권리의무의 내용이 선량한 풍속 기타 사회질서에 위반되는 경우뿐만 아니라, 그 내용 자체는 반사회질서적인 것이 아니라고 하여도 법률적으로 이를 강제하거나 그 법률행위에 반사회질서적인 조건 또는 금전적 대가가 결부됨으로써 반사회질서적 성질을 띠게 되는 경우 및 표시되거나 상대방에게 알려진 법률행위의 동기가 반사회질서적인 경우를 포함한다(대판 2005.7.28. 2005다23858).

㈏ 어느 법률행위가 민법 제103조에 의해 무효가 되는지는 법률행위가 이루어진 때를 기준으로 판단하며(대판 2015.7.23. 2015다200111 전원합의체), 구체적으로 살펴보면 다음과 같다.

(2) 정의에 반하는 행위

1) 제103조 위반이 인정되는 경우

공무원의 직무에 관한 사항에 관하여 특별한 청탁을 하고 이에 대한 보수로 돈을 지급할 것을 내용으로 하는 약정(대판 1971.10.11. 71다1645), 행정기관에 진정서를 제출하여 상대방을 궁지에 빠뜨린 다음 취하하는 조건으로 거액의 급부를 받기로 한 약정(대판 2000.2.11. 99다56833)은 반사회질서행위에 해당하여 무효이다.

> **판례 정리** 대가관계에 연결된 약정이 무효로 되는 경우
> ① 진실증언목적 대가지급 약정 : 급부의 내용이 증인에게 일당 및 여비 등 증인이 증언을 위하여 법원에 출석함으로써 입게 되는 손해를 전보하여 주는 정도라면 반사회질서에 해당하지 않는다. 그러나 <u>전체적으로 통상 용인될 수 있는 수준을 넘는 급부를 하기로 한 것이라면, 약정은 민법 제103조가 규정한 반사회질서행위에 해당하여 전부가 무효</u>이다(대판 2016.10.27. 2016다25140).

② 허위증언목적 대가지급 약정 : 허위진술의 대가로 작성된 각서에 기한 급부의 약정은 상당성 여부와 관계없이 반사회질서행위에 해당하여 **무효**이다(대판 2001.4.24. 2000다71999).
③ 형사사건에서의 성공보수약정 : 형사사건에서의 성공보수약정은 변호사 직무의 공공성을 저해하고, 의뢰인과 일반 국민의 사법제도에 대한 신뢰를 현저히 떨어뜨릴 위험이 있으므로, 선량한 풍속 기타 사회질서에 위반되는 것으로 평가할 수 있다(대판 2015.7.23. 2015다200111 전원합의체).

2) 제103조 위반이 부정되는 경우

㈎ 전통사찰의 주지직을 거액의 금품을 대가로 양도·양수하기로 하는 약정(이는 무효)이 있음을 알고도 이를 묵인 혹은 방조한 상태에서 한 종교법인의 주지임명행위는 민법 제103조 소정의 반사회질서의 법률행위에 해당하지 않는다(대판 2001.2.9. 99다38613).

㈏ 반사회적 행위에 의하여 조성된 재산인 이른바 비자금을 소극적으로 은닉하기 위하여 임치한 것이 사회질서에 반하는 법률행위로 볼 수 없다(대판 2001.4.10. 2000다49343).

(3) 인륜에 반하는 행위

1) 제103조 위반이 인정되는 경우

㈎ 영리를 목적으로 윤락행위를 하도록 권유·유인·알선 또는 강요하거나 이에 협력하는 행위는 선량한 풍속 기타 사회질서에 위반되므로 계약의 형식에 관계없이 무효라고 보아야 한다(대판 2004.9.3. 2004다27488, 27495).

㈏ 대리모계약(이에 부수하는 금원지급약정)은 무효이며, 첩계약은 설령 본처의 동의가 있더라도 무효이다(대판 1967.10.6. 67다1134).

2) 제103조 위반이 부정되는 경우

㈎ 불륜관계를 단절하면서 상대방에게 생활비를 지급하거나 자녀의 양육비를 지급하는 계약은 유효하다(대판 1980.6.24. 80다458).

㈏ 또한 부정행위를 용서받는 대가로 손해를 배상함과 아울러 가정에 충실하겠다는 서약의 취지에서 처에게 부동산을 양도하되, 부부관계가 유지되는 동안에 처가 임의로 처분할 수 없다는 제한을 붙인 약정은 선량한 풍속 기타 사회질서에 위반되지 않는다(대판 1992.10.27. 92므204).

(4) 자유를 제한하는 행위

1) 제103조 위반이 인정되는 경우

㈎ 금전소비대차계약과 함께 이자약정을 한 경우 사회통념상 허용되는 한도를 초과하여 현저하게 고율로 정하여졌다면 한도를 초과하는 부분의 이자약정은 선량한 풍속 기타 사회질서에 위반한 사항을 내용으로 하는 법률행위로서 무효라고 볼 수 있다(대판 2007.2.15. 2004다50426 전원합의체).

㈔ 집합건물의 관리인에게 건물 전체 또는 상당 부분에 대한 임대권한을 위임하는 내용의 규약은, 구분소유자의 소유권을 과도하게 침해 내지 제한함으로써 사회관념상 현저히 타당성을 잃은 것으로서 무효이다(대판 2009.4.9. 2009다242).

2) 제103조 위반이 부정되는 경우

㈎ 개인의 자유를 제한하는 의무의 강제를 통하여 얻어지는 채권자의 이익에 비하여 위약벌이 과도하게 무거운 경우 사회질서에 반하는 것으로 무효가 될 수 있으나, 백화점 수수료 위탁판매 매장계약에서 임차인이 매출신고를 누락한 경우 판매수수료의 10배·매출신고 누락분의 10배에 해당하는 벌칙금을 임대인에게 배상한다는 약정은 제103조 위반이 아니다(대판 1993.3.23. 92다46905).

㈏ 귀국 후 일정한 기간 근무하지 않으면 해외파견소요경비를 배상한다는 사규나 약정은 근로계약기간이 아니라 경비반환채무의 면제기간을 정한 것이므로 제103조·제104조에 해당하지 않는다(대판 1982.6.22. 82다카90).

㈐ 농성기간 중의 행위에 대하여 근로자들에게 민·형사상의 책임이나 신분상 불이익처분 등 일체의 책임을 묻지 않기로 노사간에 합의를 한 경우 그것이 민법 제103조 소정의 반사회질서행위라고 보기는 어렵다(대판 1992.7.28. 92다14786).

(5) 지나치게 사행적인 행위

1) 제103조 위반이 인정되는 경우

처음부터 오로지 보험사고를 가장하여 보험금을 취득할 목적으로 생명보험계약을 체결한 경우에는 보험계약을 악용하여 부정한 이득을 얻고자 하는 사행심을 조성함으로써 사회적 타당성을 일탈하였으므로 무효이다(대판 2018.9.13. 2016다255125).

2) 제103조 위반이 부정되는 경우

㈎ 도박채무를 변제하기 위하여 채무자로부터 부동산의 처분을 위임받은 채권자가 그 부동산을 제3자에게 매도한 경우, 도박채무의 부담행위 및 그 변제약정이 민법 제103조의 선량한 풍속 기타 사회질서에 위반되어 무효라 하더라도, 부동산처분에 관한 대리권을 도박채권자에게 수여한 행위부분까지 무효라고 볼 수는 없으므로, 위와 같은 사정을 알지 못하는 거래상대방이 도박채무자로부터 그 처분권한을 수여받은 대리인인 도박채권자를 통하여 위 부동산을 매수한 행위까지 무효가 된다고 할 수는 없다(대판 1995.7.14. 94다40147).

㈏ 주택개량사업 내의 주택에 거주하는 세입자가 장차 신축될 방 1칸을 투기적 목적으로 분양권을 15매나 매수한 경우 제103조 위반에 해당하여 무효라고 할 수 없다(대판 1991.5.28. 90다19770).

(6) 강박수단에 의한 행위

상대방 또는 제3자의 강박에 의하여 의사결정의 자유가 완전히 박탈된 상태에서 이루어진 의사표시는 무효이나, 강박이 의사결정의 자유를 완전히 박탈하는 정도에 이르지 아니하고 단지 법률행위의 성립과정에서 강박이라는 불법적 방법이 사용된 데 불과한 때에는 강박에 의한 의사표시의 하자나 의사의 흠결을 이유로 효력을 논의할 수는 있을지언정 반사회질서의 법률행위로서 무효라고 할 수는 없다(대판 1992.11.27. 92다7719).

3. 제103조 위반의 효과

(1) 확정적·절대적 무효

법률행위 당시를 기준으로 선량한 풍속 기타 사회질서에 반하는 법률행위는 무효이다. 이는 강행법규 위반으로서 절대적 무효이며 추인도 할 수 없다. 나아가 제3자 보호규정도 존재하지 않으므로 선의의 전득자도 보호될 수 없다.

> **판례/정리** **반사회질서에 해당하는 법률행위로 경료된 등기의 효력**
> 반사회질서 법률행위를 원인으로 하여 부동산에 관한 소유권이전등기를 마쳤더라도 그 등기는 원인무효로서 말소될 운명에 있으므로 등기명의자가 소유권에 기한 물권적 청구권을 행사하는 경우에, 권리행사의 상대방은 법률행위의 무효를 항변으로서 주장할 수 있다(대판 2016.3.24. 2015다11281).

(2) 이행급부의 반환문제

일반적으로 원인행위가 무효로 되면 이행된 급부는 부당이득이 되므로 반환되어야 한다(제741조). 그러나 법률행위가 제103조에 반하여 무효인 경우에는 그 급부가 불법원인급여가 되므로(제746조) 부당이득의 반환을 청구할 수 없다.

4. 이중매매의 법률관계

(1) 사실관계의 정리

甲은 자신의 X 토지를 乙에게 매매하고 계약금과 중도금까지 지급받은 상태에서 丙으로부터 권유를 받아 X 토지에 대하여 丙과 매매계약을 체결하고 소유권이전등기를 경료하여 주었다. 이 경우 제1매수인인 乙의 권리구제방안이 문제되며, 丙의 ⅰ) 단순가담한 경우와 ⅱ) 적극가담한 경우로 나누어 살펴보자.

(2) 丙의 단순악의(단순히 매매계약을 알고 있는 상태)

1) 매매계약의 유효 여부

계약체결자유의 원칙상 제2의 매매계약이 소유자의 의무위반행위를 유발시키는 계기가 된다는 것만을 이유로 무효라고 할 것은 아니다(대판 2013.10.11. 2013다52622). 따라서 丙은 X 토지의 소유권을 적법하게 취득한다.

2) 乙의 권리구제 방안

① 이행불능에 따른 乙의 권리

甲의 乙에 대한 소유권이전등기채무는 이행불능이 되었으므로 乙은 이행불능을 이유로 甲과의 매매계약을 해제하고 손해배상을 구할 수도 있으며, 甲이 취득한 대상에 대한 권리에 대하여 대상청구권도 행사할 수 있다(판례).

② 제2매매계약의 사해행위취소

乙이 甲에게 가지는 부동산 가액 상당의 손해배상채권은 금전채권이나 사해행위 이후에 발생한 채권이므로 이중양도행위에 대한 사해행위취소권을 행사할 수 있는 피보전채권에 해당한다고 할 수 없으므로, 채권자취소권을 행사할 수 없다(대판 1999.4.27. 98다56690).

(3) 丙의 적극가담(단순악의를 넘는 적극교사 및 유인)

1) 매매계약의 유효 여부

㈎ 이중매매가 공서양속에 반한다고 하려면, 다른 특별한 사정이 없는 한 상대방에게도 그러한 무효의 제재, 보다 실질적으로 말하면 그가 의도한 권리취득 자체의 좌절을 정당화할 만한 책임귀속사유가 있어야 한다(대판 2013.10.11. 2013다52622). 즉, 적극가담이 있어야 한다.

㈏ 따라서 丙이 단순악의를 넘어 甲의 이중매매에 적극적으로 가담하여 매도를 요청 및 유인한 경우라면 이는 제103조에 위반되어 절대적 무효라 할 것이고, 설령 전득자가 선의라 하더라도 보호받을 수 없다.

2) 乙의 권리구제 방안

① 채권자대위권의 행사

乙은 소유권자가 아니므로 직접 丙을 상대로 진정명의회복을 위한 이전등기청구 및 소유권이전등기의 말소를 구할 수는 없고(대판 2003.5.13. 2002다64148), 甲을 대위하여 丙에게 말소등기를 청구하고, 다시 甲을 상대로 소유권이전등기를 청구할 수 있다(대판 1983.4.26. 83다57).

② 채권자취소권의 행사

채권자취소권을 특정물에 대한 소유권이전등기청구권을 보전하기 위하여 행사하는 것은 허용되지 않으므로, 乙은 자신의 소유권이전등기청구권 보전을 위하여, 丙의 소유권이전등기의 말소를 구하는 채권자취소권을 행사할 수 없다(대판 1999.4.27. 98다56690).

③ 제3자의 채권침해

乙은 丙에게 직접 제750조의 불법행위에 따른 손해배상을 청구할 수 있다(대판 2007.9.6. 2005다25021). 제763조가 특별한 규정이나 약정이 없는 한 금전배상만을 청구할 수 있다고 규정하고 있으므로 원상회복청구는 허용될 수 없다.

Ⅱ. 불공정한 법률행위

> 제104조(불공정한 법률행위) 당사자의 궁박, 경솔 또는 무경험으로 인하여 현저하게 공정을 잃은 법률행위는 무효로 한다.

1. 제103조와의 관계(예시규정)

불공정한 법률행위는 반사회질서행위의 예시규정이므로 제104조의 요건을 갖추지 않았다 하더라도 제103조 위반이 될 수 있다.

2. 불공정 법률행위의 성립요건

(1) 객관적 요건

1) 급부와 반대급부 사이의 현저한 불균형

㈎ 불공정 법률행위에 해당하는지는 법률행위가 이루어진 시점을 기준으로 약속된 급부와 반대급부 사이의 주관적 가치가 아닌 '객관적 가치'를 비교 평가하여 판단하여야 할 문제이고, 당초의 약정대로 계약이 이행되지 아니할 경우에 발생할 수 있는 문제는 채무의 불이행에 따른 효과로서 다루어지는 것이 원칙이다(대판 2013.9.26. 2010다42075).

㈏ 따라서 계약 체결 당시를 기준으로 판단하였을 때 계약 내용이 불공정한 것이 아니라면, 사후에 외부적 환경의 급격한 변화에 따라 계약당사자 일방에게 큰 손실이 발생하고 상대방에게는 그에 상응하는 큰 이익이 발생할 수 있는 구조라고 하여 당연히 불공정한 계약에 해당한다고 말할 수 없다(대판 2013.9.26. 2011다53683 전원합의체).

2) 피해자의 궁박·경솔 또는 무경험의 존재

㈎ 당사자 일방의 궁박·경솔·무경험은 모두 구비하여야 하는 것이 아니고 어느 하나만 갖추어져도 충분하다(대판 2011.1.27. 2010다53457).

㈏ 궁박은 '급박한 곤궁'을 의미하는 것으로 경제적 원인·정신적 또는 심리적 원인에 기인할 수도 있다(대판 2008.3.14. 2007다11996). 또한 특정영역이 아닌 일반적인 생활경험 및 지식의 결여를 '무경험'이라 하며(대판 2008.3.14. 2007다11996), '경솔'이란 의사를 결정할 때에 그 행위의 결과나 장래에 관하여 보통인이 베푸는 고려를 하지 않는 심적 상태이다.

> **[판례정리] 부정행위에 대한 고소·고발**
> 일반적으로 부정행위에 대한 고소·고발은 그것이 부정한 이익을 목적으로 하는 것이 아닌 때에는 정당한 권리행사가 되어 위법하다고 볼 수 없으므로, 고소를 당하게 되면 자신의 사회적 명예가 실추되고 구속될 여지도 있어 다소 궁박한 상태에 있었다고 하여도 약속어음작성행위를 불공정한 법률행위에 해당한다고 볼 수 없다(대판 1997.3.25. 96다47951).

㈐ 특히 대리인이 법률행위를 한 경우 경솔 또는 무경험 여부는 그 대리인을 기준으로, 궁박상태에 있었는지 여부는 본인을 기준으로 판단한다(대판 1972.4.25. 71다2255).

(2) 주관적 요건

㈎ 판례는 피해 당사자가 궁박·경솔 또는 무경험의 상태에 있었다고 하더라도 그 상대방 당사자에게 피해 당사자의 사정을 알면서 이를 이용하려는 의사, 즉 폭리행위의 악의가 없었다면 불공정한 법률행위는 성립하지 않는다고 한다(대판 2008.3.14. 2007다11996).

㈏ 즉, 폭리자에게 폭리악의가 존재하여야 하며, 이러한 폭리의 악의는 권리남용의 주관적 요건과는 달리 객관적 요건이 존재한다고 하여 당연히 주관적 요건의 존재가 추정되지 않는다(대판 1976.4.13. 75다704).

(3) 증명의 문제

법률행위의 무효를 주장하는 자가 불공정 법률행위를 위한 주관적·객관적 요건을 주장·증명하여야 하며, 불공정한 법률행위로서 무효라는 주장 안에 반사회적 법률행위로서 무효라는 주장이 포함되어 있는지의 여부에 대하여 법원의 석명의무도 없다(대판 1969.12.30. 69다1873).

3. 불공정 법률행위의 법률효과

(1) 법률행위의 절대적 무효

불공정한 법률행위는 절대적 무효이므로, 이에 관하여 선의인 제3자도 보호받을 수 없다. 불공정한 법률행위로서 무효인 경우에는 추인에 의하여 그 무효인 법률행위가 유효로 될 수 없다고 할 것이므로, 같은 취지에서 법정추인규정이 적용될 여지도 없다(대판 1994.6.24. 94다10900).

(2) 무효행위 전환의 문제

불공정 법률행위의 경우라도 민법 제138조 무효행위의 전환의 법리에 따라 법률행위의 일부가 유효할 수 있다(대판 2010.7.15. 2009다50308).

(3) 일부무효·유효의 문제

불공정 법률행위의 경우라도 민법 제137조에 따라 하나의 법률행위에 대하여 유효부분과 무효부분을 가려 판단할 수 있다(대판 1967.9.19. 67다1460).

(4) 이행급부 반환의 문제

급부가 이미 이행된 경우 불법원인은 폭리행위자 측에만 있으므로 폭리행위자의 상대방인 피해자는 급부의 반환을 청구할 수 있으나(제746조 단서), 폭리행위자는 그 반환을 청구할 수 없으므로 피해자는 반사적으로 이득을 얻게 된다.

4. 불공정 법률행위의 적용범위

(1) 무상행위의 경우

기부행위와 같이 아무런 대가관계 없이 일방이 상대방에게 일방적인 급부를 하는 법률행위는 그 공정성 여부를 논의할 수 있는 성질의 법률행위가 아니다(대판 1997.3.11. 96다49650).

(2) 단독행위의 경우

불공정한 법률행위는 채권포기와 같은 단독행위의 경우에도 적용된다. 판례는 채무자인 회사가 남편의 징역을 면하기 위하여 강압적인 요구에 따라 남편을 대리하여 위임장과 포기서를 작성하여준 '채권포기행위'는 불공정한 법률행위라고 하였다(대판 1975.5.13. 75다92).

(3) 소송행위의 경우

불공정한 법률행위는 부제소합의와 같은 소송행위에도 적용되며, 매매계약이 불공정한 법률행위에 해당하여 무효라고 한다면 위와 같은 불공정성을 사법적 구제수단을 통하여 주장하지 못하도록 하는 부제소합의 역시 특별한 사정이 없는 한 무효이다(대판 2010.7.15. 2009다50380).

(4) 경매절차의 경우

당사자의 의사에 기하지 않은 경매에 의한 재산권의 이전에는 제104조가 적용되지 않는다(대결 1980.3.21. 80마77). 즉 적법한 절차에 의하여 이루어진 경매에 있어서 경락가격이 경매부동산의 시가에 비하여 저렴하다고 하여 불공정한 법률행위에 해당한다고 할 수 없다.

연습문제

01 〈노무사 2017〉

반사회질서 또는 불공정한 법률행위에 관한 설명으로 옳은 것은? (다툼이 있으면 판례에 따름)

① 소송사건에 증인으로서 증언에 대한 대가를 약정하였다면 그 자체로 반사회질서 행위로서 무효이다.
② 반사회질서 법률행위에 해당되는 매매계약을 원인으로 한 소유권이전등기명의자의 물권적 청구권 행사에 대하여 상대방은 법률행위의 무효를 주장할 수 없다.
③ 급부 간 현저한 불균형이 있더라도 폭리자가 피해 당사자 측의 사정을 알면서 이를 이용하려는 의사가 없다면 불공정한 법률행위가 아니다.
④ 경매 목적물이 시가에 비해 현저하게 낮은 가격으로 매각된 경우 불공정한 법률행위로 무효가 될 수 있다.
⑤ 민사사건에 관한 변호사의 성공보수약정은 선량한 풍속 기타 사회질서에 위배되어 무효이다.

해설 | ③ (○) 폭리악의가 없다면 불공정한 법률행위가 성립하지 않는다(대판 2008.3.14. 2007다11996).

정답 | ③

02 〈노무사 2018〉

민법 제104조의 불공정한 법률행위 관한 설명으로 옳은 것은? (다툼이 있으면 판례에 따름)

① '무경험'이란 일반적인 생활체험의 부족이 아니라 어느 특정영역에서의 경험부족을 의미한다.
② 급부와 반대급부 사이의 '현저한 불균형'은 당사자의 주관적 가치가 아닌 거래상의 객관적 가치에 의하여 판단한다.
③ '궁박'에는 정신적 또는 심리적 원인에 기인한 것은 포함되지 않는다.
④ 불공정한 법률행위가 성립하기 위해서는 피해자에게 궁박, 경솔, 무경험 요건이 모두 구비되어야 한다.
⑤ 법률행위가 현저하게 공정을 잃은 경우, 그 행위는 궁박, 경솔, 무경험으로 이루어진 것으로 추정된다.

해설 | ② (○) 급부와 반대급부 사이의 '현저한 불균형'은 단순히 시가와의 차액 또는 시가와의 배율로 판단할 수 있는 것은 아니고 구체적·개별적 사안에 있어서 일반인의 사회통념에 따라 결정하여야 한다. 그 판단에 있어서는 피해 당사자의 궁박·경솔·무경험의 정도가 아울러 고려되어야 하고, 당사자의 주관적 가치가 아닌 거래상의 객관적 가치에 의하여야 한다(대판 2010.7.15. 2009다50308).

정답 | ②

제4절　의사표시

　민법은 의사표시라는 표제 아래에 비진의표시, 통정허위표시, 착오에 의한 의사표시, 사기·강박에 의한 의사표시, 그리고 의사표시의 효력발생시기에 관하여 규정하고 있다. ⅰ) '의사와 표시가 일치하지 않은 의사표시'는 비진의표시, 통정허위표시 및 착오에 의한 의사표시가 이에 해당하고, ⅱ) '흠 있는 의사표시'는 의사표시가 타인의 위법한 간섭에 의하여 방해된 상태에서 이루어진 사기·강박에 의한 의사표시가 이에 해당한다. 이하에서 차례대로 살펴보도록 한다.

1 진의 아닌 의사표시

> **제107조(진의 아닌 의사표시)** ① 의사표시는 표의자가 진의 아님을 알고 한 것이라도 그 효력이 있다. 그러나 상대방이 표의자의 진의 아님을 알았거나 이를 알 수 있었을 경우에는 무효로 한다. ② 전항의 의사표시의 무효는 선의의 제3자에게 대항하지 못한다.

Ⅰ. 비진의표시의 의의

　진의 아닌 의사표시 또는 비진의표시란 표시행위가 표의자의 진의와 일치하지 않음을 표의자 스스로 알면서 하는 의사표시를 말한다. 이는 표의자가 알고 있는 경우로써 단독허위표시 또는 심리유보라고 한다.

Ⅱ. 비진의표시의 요건

　비진의표시가 성립하기 위해서는 ⅰ) 의사표시가 존재하여야 하며, ⅱ) 의사표시에 있어서 진의와 표시가 일치하지 않아야 하고, ⅲ) 표의자가 스스로 위의 불일치를 알고 있어야 한다. 그러나 이러한 비진의표시를 하게 된 동기는 묻지 않는다.

> **판례정리　비진의표시에서 진의에 관한 판례의 태도**
> ① 비진의표시에 있어서 진의란 특정한 내용의 의사표시를 하고자 하는 표의자의 생각을 말하는 것이지 표의자가 진정으로 마음 속에서 바라는 사항을 뜻하는 것은 아니다. 따라서 최선이라고 판단하여 그 의사표시를 하였을 경우에는 비진의표시라고 할 수 없다(대판 2005.9.9. 2005다34407).
> ② 비록 재산을 강제로 빼앗긴다는 것이 표의자의 본심으로 잠재되어있었다 하여도 **표의자가 강제에 의해서나마 증여의 의사표시를 한 이상 비진의표시라고 할 수 없다**(대판 1993.7.16. 92다41528, 41535).
> ③ A가 B로 하여금 자신을 대리하여 금융기관으로부터 대출을 받도록 하여 그 대출금을 B가 부동산의 매수자금으로 사용하는 것을 승낙한 경우에, A의 의사는 특별한 사정이 없는 한 대출에 따른 경제적인 효과는 B에게 귀속시킬지라도 법률상의 효과는 자신에게 귀속시킴으로써

대출금채무에 대한 주채무자로서의 책임을 지겠다는 것으로 보아야 한다. 따라서 A가 대출을 받음에 있어서 한 표시행위의 의미가 A의 진의와 다르다고 할 수는 없다(대판 1997.7.25. 97다8403).

Ⅲ. 비진의표시의 효력

1. 원칙 유효

표의자가 자기의 진의를 유보하고 의사표시를 하였다 하더라도 의사표시는 표시된 대로 효력을 발생한다.

> **판례정리** 근로자의 사직의 의사표시가 유효한 경우(비진의표시로 볼 수 없는 경우)
> ① 근로자들이 사직의 의사표시를 마음속에서 선뜻 받아들일 수는 없었다 할지라도 그 당시의 상황으로서는 그것이 최선이라고 판단한 결과 사직원을 제출한 것이라면, 근로자들과 회사 사이의 근로관계는 유효하게 합의해지된 것으로 보아야 한다(대판 1996.12.20. 95누16095).
> ② 물의를 일으킨 사립대학교 조교수가 사직원이 수리되지 않을 것이라고 믿고 **사태수습을 위하여** 사직원을 제출하였으나 사직원이 수리된 경우 학교법인이나 그 이사회에서 그러한 사실을 알았거나 알 수 있었을 경우가 아니라면 그 의사표시에 따라 효력을 발생하는 것이다(대판 1980.10.14. 79다2168).
> ③ 근로자가 **자유로운** 의사에 의하여 퇴직하고 퇴직금을 정산받은 다음 곧 재입사하는 경우에는 퇴직의 의사표시는 유효하다(대판 1996.4.26. 95다2562, 2579).

2. 예외 무효

㈎ 상대방이 표의자의 진의 아님을 알았거나 이를 알 수 있었을 경우에 그 비진의표시는 무효이다. 그러나 비진의표시가 예외적으로 무효가 되어도 그 무효는 선의의 제3자에게 대항하지 못한다. 이에 대한 자세한 내용은 통정허위표시에서 서술하기로 한다.

> **판례정리** 근로자의 사직의 의사표시가 무효인 경우(비진의표시로 볼 수 있는 경우)
> ① 사용자가 사직의 의사 없는 근로자로 하여금 **어쩔 수 없이** 사직서를 작성·제출하게 한 후 이를 수리하는 이른바 의원면직의 형식을 취하여 근로관계를 종료시키는 경우 해고에 해당한다(대판 2005.11.25. 2005다38270).
> ② 근로자가 **회사의 경영방침**에 따라 사직원을 제출하고 회사가 이를 받아들여 퇴직처리하였으나 즉시 재입사하는 형식을 취한 경우 퇴직의 효과는 발생하지 않는다(대판 2005.4.29. 2004두14090).

㈏ 특히 진의 아닌 의사표시가 대리인에 의하여 이루어진 경우 표의자인 대리인과 상대방 사이에 있었던 의사표시 형성 과정과 그 내용 및 그로 인하여 나타나는 효과 등을 객관적인 사정에 따라 합리적으로 판단하여야 한다(대판 1999.1.15. 98다39602).

3. 적용 범위

가족법상의 신분행위는 당사자의 진의가 절대로 존중되어야 하므로 언제나 무효이고, 공법상 행위는 그 법률관계의 특수성 때문에, 소송행위와 어음 등 유가증권에 관한 행위, 주식인수청약(상법 제302조) 등은 그 행위의 성질 때문에 언제나 유효이다.

> **판례 정리** **공법행위에 대한 제107조의 적용 여부**
> 공무원이 사직의 의사표시를 하여 의원면직처분을 하는 경우 비록 사직원제출자의 내심의 의사가 사직할 뜻이 아니었다고 하더라도 민법 제107조는 그 성질상 사인의 공법행위에서는 준용되지 아니하므로 그 의사는 표시된 대로 효력을 발한다(대판 1997.12.12. 97누13962).

2 통정허위표시

> 제108조(통정한 허위의 의사표시) ① 상대방과 통정한 허위의 의사표시는 무효로 한다. ② 전항의 의사표시의 무효는 선의의 제3자에게 대항하지 못한다.

Ⅰ. 통정허위표시 일반론

1. 통정허위표시의 의의

㈎ 진의 아닌 의사표시를 한 자가 스스로 그 사정을 인식하면서 그 상대방과 진의 아닌 의사표시를 하는 데에 대하여 양해 하에 한 의사표시가 허위표시이다(대판 1972.12.26. 72다1776).

㈏ 판례는 명의신탁은 허위표시에 해당하지 않는다고 한다. 마찬가지로 채권담보목적으로 부동산매매의 형식을 취하여 채권자에게 소유권이전등기를 하여주는 법률행위 역시 허위표시가 아니라고 한다.

2. 은닉행위와의 구별

허위표시에 의하여 숨겨진 법률행위를 은닉행위라고 한다. 은닉행위에 있어서도 당사자의 의사의 합치가 있으므로 법률행위는 실제로 존재하는 것이므로 은닉행위는 원칙적으로 유효하다. 따라서 은닉행위인 증여계약이 요건을 갖추어 유효한 경우 그 증여계약에 따라 등기를 경료하였다면 이는 실체관계에 부합하는 유효한 등기로서 적법하게 소유권을 취득한다.

Ⅱ. 통정허위표시의 요건

㈎ 통정허위표시가 성립하기 위해서는 ⅰ) 의사표시의 진의와 표시가 일치하지 아니하고, ⅱ) 그 불일치에 관하여 상대방과의 사이에 통정 내지 합의가 있어야 한다. 통정의 존재를 인정하기 위해서는 표의자가 진의 아닌 표시를 하는 것을 상대방이 알고 있

는 것만으로는 부족하며, 그에 관하여 상대방과의 사이에 의사의 합치(양해 내지 용인)가 있어야 한다.

㈐ 특히 이러한 통정허위표시를 하게 된 동기나 의도는 문제되지 않는다. 이러한 사정은 허위표시의 무효를 주장하는 자가 증명하여야 한다(대판 2012.7.26. 2012다30861).

Ⅲ. 통정허위표시의 효력

1. 당사자 사이에서의 효력

(1) 당사자 간 효력의 불발생

선의의 제3자가 허위표시의 유효를 주장할 수 있는 경우에도 허위표시는 당사자 사이에서는 언제나 무효이다(제108조 1항). 따라서 그 내용에 따른 법률효과가 발생하지 않으며, 누구든지 그 무효를 주장할 수 있다(대판 2003.3.28. 2002다72125). 그러나 당사자가 무효임을 알고 추인한 때에는 그때부터 새로운 법률행위를 한 것으로 본다(제139조).

(2) 불법원인급여와의 관계

통정허위표시의 경우 제746조의 불법원인급여에 해당하지 않는다. 판례도 강제집행을 면할 목적으로 부동산에 허위의 근저당권설정등기를 경료하는 행위는 선량한 풍속 기타 사회질서에 위반한 사항을 내용으로 하는 법률행위로 볼 수 없다고 하였다(대판 2004.5.28. 2003다70041).

(3) 채권자취소권과의 관계

무효인 법률행위라 하더라도 법률적으로 '無'는 아니므로 채무자의 법률행위가 통정허위표시인 경우에도 채권자취소권의 대상이 된다고 할 것이다(무효와 취소의 이중효).

> **판례정리 통정허위표시와 사해행위의 관계**
> 채무자의 법률행위가 통정허위표시인 경우에도 **채권자취소권의 대상으로 된다**고 할 것이고(대판 1984.7.24. 84다카68), 한편 채권자취소권의 대상으로 된 채무자의 법률행위라도 **통정허위표시의 요건을 갖춘 경우에는 무효**라고 할 것이다(대판 1998.2.27. 97다50985).

2. 제3자 사이에서의 효력

(1) 법률행위의 상대적 무효

허위표시의 무효로써 선의의 제3자에게 대항하지 못한다(제108조 2항). 대항하지 못한다는 것은 허위표시의 당사자뿐만 아니라 그 누구도 허위표시의 무효를 대항하지 못하고, 따라서 선의의 제3자에 대한 관계에 있어서는 허위표시도 그 표시된 대로 효력이 있다는 의미이다.

(2) 선의의 의미 및 증명책임

1) 선의의 의미

선의라 함은 의사표시가 허위표시임을 제3자가 알지 못하는 것이다. 민법 제108조 제2항의 제3자는 선의이면 족하고 무과실은 요건이 아니다(대판 2004.5.28. 2003다70041).

2) 증명의 문제

허위의 매매에 의한 매수인으로부터 부동산의 권리를 취득한 제3자는 특별한 사정이 없는 한 선의로 추정할 것이므로 허위표시를 한 부동산의 양도인이 제3자에 대하여 자신의 소유권을 주장하려면 자신이 제3자의 악의를 증명하여야 한다(대판 2006.3.10. 2002다1321).

> **판례정리 파산관재인이 제3자에 해당하는 경우 그 선의 여부의 기준**
> 파산관재인은 이사회의 결의를 거치지 아니하고 이루어진 상대방 회사와의 거래행위에 따라 형성된 법률관계를 토대로 실질적으로 새로운 법률상의 이해관계를 가지게 된 제3자에 해당한다. 그 선의·악의도 파산관재인 개인의 선의·악의를 기준으로 할 수는 없고 총파산채권자를 기준으로 한다(대판 2014.8.20. 2014다206563).

(3) 제3자의 의미 및 범위

1) 제3자의 의미

제3자란 허위표시의 당사자 및 포괄승계인 이외의 자로서 통정 허위표시에 의하여 외형상 형성된 법률관계에 기초하여 새로이 법률상 이해관계를 가지게 된 자를 말한다(대판 1982.5.25. 80다1403). 즉 제3자의 범위는 허위표시행위를 기초로 하여 새로운 법률상 이해관계를 맺었는지 여부에 따라 실질적으로 파악하여야 한다(대판 2020.1.30. 2019다280375).

2) 제3자의 범위

① 인정되는 경우

제3자로 인정되는 경우로는 ⅰ) 가장저당권이 실행되어 부동산을 '경락'받은 자(대판 1957.3.2. 4289민상580), ⅱ) 가장전세권에 대한 '저당권자'(대판 2006.2.9. 2005다59864) 및 가압류권자(대판 2010.3.25. 2009다35743), ⅲ) 가장매매의 매수인으로부터 매매계약에 의한 소유권이전청구권보전을 위한 '가등기'를 취득한 자(대판 1970.9.29. 70다466), ⅳ) 가장매매에 기한 대금채권 또는 가장소비대차에 기한 대여금채권의 '양수인'인 한국자산관리공사(대판 2004.1.15. 2002다31537), ⅴ) 가장매매의 '압류'채권자(대판 2004.5.28. 2003다70041), ⅵ) 가장소비대차의 대주가 파산선고를 받았을 때의 '파산관재인'(대판 2006.11.10. 2004다10299), ⅶ) 허위의 보증채무를 이행하여 구상권을 취득한 '보증인'(대판 2000.7.6. 99다51258), ⅷ) 가장전세권에 설정된 근저당권으로 담보되는 채권의 '압류'한 자(대판

2013.2.15. 2012다49292) ix) 임대차보증금반환채권 양도계약이 허위표시로서 무효인 경우 임대차보증금반환채권에 대하여 '채권압류 및 추심명령'을 받은 채권자(대판 2014.4.10. 2013다59753) 등이 있다.

> **판례 정리 | 통정허위표시로 대항할 수 없는 제3자의 범위**
>
> 전세권설정계약이 통정허위표시에 해당하여 무효라 하더라도 위 전세권설정계약에 의하여 형성된 법률관계에 기초하여 새로이 법률상 이해관계를 가지게 된 선의의 제3자에 대하여는 그 무효를 주장할 수 없다(대판 2021.12.30. 2018다268538). 또한 선의의 제3자가 보호될 수 있는 법률상 이해관계는 위 전세권설정계약의 당사자를 상대로 하여 직접 법률상 이해관계를 가지는 경우 외에도 그 법률상 이해관계를 바탕으로 하여 다시 위 전세권설정계약에 의하여 형성된 법률관계와 새로이 법률상 이해관계를 가지게 되는 경우도 포함된다(대판 2013.2.15. 2012다49292).

② 부정되는 경우

제3자가 부정되는 경우로는 ⅰ) 계약이전을 받은 금융기관(대판 2004.1.15. 2002다31537), ⅱ) 채권의 가장양도에서 채무자(대판 1983.1.18. 82다594), ⅲ) 퇴직금채무자(대판 1983.1.18. 82다594), ⅳ) 가장행위로서의 '제3자를 위한 계약'에서 제3자, ⅴ) 가장매매에 의한 손해배상청구권의 양수인, ⅵ) 후순위 제한물권자, ⅶ) 추심을 위한 양수인 등은 제3자 등이 있다.

3. 통정허위표시의 적용범위

(1) 신분행위

혼인 혹은 입양과 같이 본인의 진의가 절대적으로 존중되는 가족법상의 신분행위에 관해서는 허위표시는 무효이며, 제3자에 대한 관계에서도 언제나 무효이다.

(2) 어음행위

어음행위에도 통정허위표시가 적용된다. 따라서 동일인에 대한 대출액한도를 제한한 법률의 적용을 회피하기 위하여, 제3자를 형식상의 주채무자로 내세웠고 상호신용금고도 이를 양해한 경우 제3자 명의로 되어 있는 대출약정 및 약속어음 발행은 채무부담의사 없이 형식적으로 이루어진 것에 불과하여 통정허위표시에 해당하는 무효의 법률행위이다(대판 1996.8.23. 96다18076).

3 착오에 의한 의사표시

> 제109조(착오로 인한 의사표시) ① 의사표시는 법률행위의 내용의 중요부분에 착오가 있는 때에는 취소할 수 있다. 그러나 그 착오가 표의자의 중대한 과실로 인한 때에는 취소하지 못한다. ② 전항의 의사표시의 취소는 선의의 제3자에게 대항하지 못한다.

Ⅰ. 착오에 의한 의사표시 일반론

1. 착오의 의의

민법 제109조에서 정하는 의사표시의 착오는 표시의 내용과 내심의 의사가 일치하지 아니함을 표의자 자신이 알지 못한 경우이다.

> **판례정리 착오인지 문제되는 경우**
> ① 세액에 관한 착오 : 부동산의 양도와 관련하여 부과될 양도소득세 등의 세액에 관한 착오가 미필적인 장래의 불확실한 사실에 관한 것이라도 제109조 소정의 착오에서 제외되는 것은 아니다(대판 1994.6.10. 93다24810).
> ② 예상이 빗나간 경우 : 착오가 미필적인 장래의 불확실한 사실에 관한 것이 아니라 계약 당시를 기준으로 장래의 미필적 사실의 발생에 대한 기대나 예상이 빗나간 것에 불과한 경우에는, 착오를 일으켰다고 할 수 없다(대판 2011.6.24. 2008다44368).

2. 착오의 유형

(1) 표시의 착오

표시상의 착오는 표시행위 자체를 잘못(오기)하여 내심적 효과의사와 표시상의 의사에 불일치가 생기는 경우를 말한다. 이른바 표시상의 착오는 내용의 착오와 구별할 필요가 없고 당연히 제109조가 적용된다. 반면 내용의 착오는 표시행위 자체에는 착오가 없으나, 표의자가 표시행위가 가지는 의의를 잘못 이해하는 것을 말한다.

(2) 법률의 착오

법률의 착오란 법률규정의 유무 또는 그 규정의 의미에 관한 착오로써 법률효과의 착오 또는 내용의 착오를 말한다. 판례는 법률의 착오라도 법률행위의 내용의 중요부분에 관한 것인 때에는, 표의자는 그 의사표시를 취소할 수 있다고 한다(대판 1981.11.10. 80다2475).

(3) 동기의 착오

1) 원칙적 취소 불가

단순히 내심적 효과의사의 형성과정에 착오가 발생한, 이른바 연유의 착오 또는 동기의 착오는 내심적 효과의사와 표시와의 사이에는 그 불일치가 없다고 할 것이므로(대판 1985.4.23. 86다카89), 이러한 동기의 착오를 이유로 계약을 취소할 수 없다(대판 1998.2.10. 97다44737).

2) 예외적 취소 가능

① 동기가 상대방에게 표시된 경우

판례는 ⅰ) 그 동기를 당해 의사표시의 내용으로 삼을 것을 '상대방에게 표시'하고 의사표시의 해석상 법률행위의 내용으로 되어 있다고 인정되면 충분하다고 한다(대판

2016.4.15. 2013다97694). 합의까지 이루어질 필요는 없다. 그리고 ⅱ) 그 법률행위의 내용으로 된 착오는 일반인이 표의자의 입장에 섰더라면 보통 그와 같은 의사표시를 하지 아니하였으리라고 여겨질 정도로 '중요한 부분에 관한 것'이어야 한다(대판 2008.2.1. 2006다71724).

② 동기가 유발 또는 제공된 경우

동기가 상대방의 부정한 방법에 의하여 유발된 경우(대판 1987.7.21. 85다카2339) 또는 동기가 상대방으로부터 제공된 경우(대판 1978.7.11. 78다719)에는 동기가 표시되지 않았다고 하더라도 동기의 착오에 의한 의사표시는 취소될 수 있다.

> **판례정리 동기의 착오가 상대방으로부터 유발된 경우**
> 시로부터 공원휴게소 설치시행허가를 받음에 있어 담당공무원이 법규오해로 인하여 잘못 회시한 공문에 따라 동기의 착오를 일으켜 법률상 기부채납의무가 없는 휴게소부지의 16배나 되는 토지 전부와 휴게소건물을 시에 증여한 경우, 휴게소부지와 그 지상 시설물에 관한 부분을 제외한 나머지 토지에 관해서는 법률행위의 중요부분에 관한 착오가 인정된다(대판 1990.7.10. 90다카7460).
> ⇒ 따라서 이 경우 증여계약 전부를 취소할 수 있는 것이 아니 초과부분에 한하여 일부를 취소할 수 있을 뿐이다.

Ⅱ. 착오에 의한 취소권 행사의 요건

1. 법률행위내용 중 중요부분의 착오

(1) 중요부분의 판단기준

1) 이원적 기준설

법률행위의 내용 중에서도 중요부분에 관하여만 취소가 인정된다. 중요부분인지 여부에 관하여 판례는 표의자에게 그러한 착오가 없었더라면 그 의사표시를 하지 않으리라고 생각될 정도로 중요한 것이어야 하고, 보통 일반인도 표의자의 처지에 섰더라면 그러한 의사표시를 하지 않았으리라고 생각될 정도로 중요한 것이어야 한다고 판단한다(대판 2003.4.11. 2002다70884).

2) 경제적 불이익

특히 판례는 중요부분을 판단함에 있어 표의자의 경제적 불이익을 요구하고 있다. 따라서 착오로 인하여 표의자가 무슨 경제적인 불이익을 입은 것이 아니라고 한다면 이를 법률행위내용의 중요부분의 착오라고 할 수 없다(대판 2006.12.7. 2006다41457).

> **판례정리 표의자에게 경제적 불이익이 없어 중요부분이 아닌 경우**
> 착오로 인하여 표의자가 무슨 경제적인 불이익을 입은 것이 아니라면 이를 법률행위 내용의 중요 부분의 착오라고 할 수 없다. 따라서 주채무자의 차용금반환채무를 보증할 의사로

공정증서에 연대보증인으로 서명·날인하였으나 그 공정증서가 주채무자의 기존의 구상금채무 등에 관한 준소비대차계약의 공정증서이었던 경우, 연대보증인은 주채무자가 채권자에게 부담하는 차용금반환채무를 연대보증할 의사가 있었던 이상 착오로 인하여 경제적인 불이익을 입었거나 장차 불이익을 당할 염려도 없으므로 위와 같은 착오는 연대보증계약의 중요 부분의 착오가 아니다(대판 2006.12.7. 2006다41457).

(2) 중요부분의 해당 여부

1) 중요부분의 인정

인정되는 경우로는 ⅰ) 토지 현황·경계에 관한 착오(대판 1993.9.28. 93다31634), ⅱ) 신용보증기금에 의한 신용보증을 하는 데 있어서 기업의 신용유무의 착오(대판 2007.8.23. 2006다52815), ⅲ) 채무자의 동일성에 관한 착오는 법률행위내용(즉, 근저당설정행위)의 중요부분에 관한 착오(대판 1995.12.22. 95다37087), ⅳ) 재건축아파트설계용역에서 당사자의 전문자격에 대한 착오(대판 2003.4.11. 2002다70884) 등이 있다.

2) 중요부분의 부정

부정되는 경우로는 ⅰ) 법률행위의 목적물이 누구에게 속하는가의 문제(대판 1975.1.28. 74다2069), ⅱ) 매매목적물의 시가(대판 1984.4.10. 81다239), ⅲ) 매매목적물의 소유권귀속에 관한 착오(대판 1999.2.23. 98다47924), ⅳ) 주채무자의 차용금반환채무를 보증할 의사로 서명·날인한 것이 준소비대차계약의 공정증서이었던 경우(대판 2006.12.7. 2006다41457) 등이 있다.

2. 표의자에게 중대한 과실이 없을 것

(1) 중과실의 의미

㈎ 법률행위의 내용의 중요부분에 착오가 있더라도 표의자에게 중대한 과실이 있으면 취소할 수 없다(제109조 1항 단서). 중대한 과실이란 표의자의 직업, 행위의 종류 및 목적 등에 비추어 일반적으로 요구되는 주의를 지나치게 결여한 것을 말한다(대판 2003.4.11. 2002다70884).

㈏ 판례는 당사자의 합의로 착오로 인한 의사표시 취소에 관한 민법 제109조 제1항의 적용을 배제할 수 있다고 하였다(대판 2016.4.15. 2013다97694).

(2) 중과실의 판단

1) 중과실이 인정되는 경우

㈎ 공장을 경영하는 자가 이 사건 토지를 매수하면서 공장을 건축할 수 있는지의 여부를 관할관청에 알아보아야 할 주의의무를 다하지 아니한 채 매매계약을 체결한 것에는 중대한 과실이 있다(대판 1993.6.29. 92다38881).

㈏ 신용보증기금의 신용보증서를 담보로 금융채권자금을 대출하여 준 금융기관이 위 대

출자금이 모두 상환되지 않았음에도 담보설정 해지를 통지한 경우에 중대한 과실이 있다(대판 2000.5.12. 99다64995).

2) 중과실이 부정되는 경우

㈎ 설계용역계약체결을 전후하여 건축사 자격이 없다는 것을 묵비한 채 자신을 소개하였다면, 재건축조합이 그를 무자격자로 의심하여 건축사자격증의 제시를 요구한다거나 건축사단체에 자격 유무를 조회하여 이를 확인하여야 할 주의의무가 없으므로 재건축조합이 착오한 데 중대한 과실이 있다고 볼 수 없다(대판 2003.4.11. 2002다70884).

㈏ 고려청자로 알고 매수한 도자기가 진품이 아닌 것으로 밝혀진 경우, 매수인에게 진품이 아닐 경우를 대비하여 필요한 조치를 강구하지 않은 잘못이 있더라도, 그와 같은 사정만으로 매수인이 매매계약 체결시 요구되는 통상의 주의의무를 현저하게 결여하였다고 보기 어렵다(대판 1997.8.22. 96다26657).

3. 착오취소의 요건에 관한 증명책임

㈎ 착오를 이유로 의사표시를 취소하는 자는 법률행위의 내용에 착오가 있었다는 사실과 함께 그 착오가 의사표시에 결정적인 영향을 미쳤다는 점, 즉 만약 그 착오가 없었더라면 의사표시를 하지 않았을 것이라는 점을 증명하여야 한다(대판 2020.10.15. 2020다227523, 227530).

㈏ 반면, 중과실의 증명책임은 의사표시의 상대방이 부담한다. 다만 상대방이 표의자의 착오를 알고 이를 이용한 경우에는 착오가 표의자의 중대한 과실로 인한 것이라고 하더라도 표의자는 의사표시를 취소할 수 있다(대판 2014.11.27. 2013다49794).

Ⅲ. 착오에 의한 취소권 행사의 효력

1. 법률행위의 소급적 무효

착오 있는 의사표시를 했더라도 일단은 유효하게 성립하며, 표의자가 그 의사표시를 취소하면, 그 법률행위는 처음부터 무효이다. 그러나 법률행위의 취소를 가지고 선의의 제3자에게 대항하지 못한다(제109조 2항).

> **판례정리 취소권행사의 방법**
> 취소는 반드시 명시적으로 행하여야 하는 것은 아니므로 취소자가 연대보증약정이 착오에 기한 의사표시임을 이유로 이를 취소한다는 주장을 한 바 없으나, **취소자가 그 착오를 이유로 자신의 법률행위의 효력을 처음부터 배제하려고 한다는 의사가 드러나면 충분**하다(대판 2005.5.27. 2004다43824).

2. 취소자의 손해배상책임

㈎ 착오를 이유로 취소한 자에게 민법 제750조의 불법행위책임이 성립하기 위해서는 위법성이 존재하여야 한다.

(나) 이에 대하여 판례는 적법한 취소권의 행사에는 위법성이란 있을 수 없으며, 나아가 제535조를 유추적용할 수도 없는 바, 취소권자는 비록 경과실이 있으나 적법하게 매매계약을 취소할 수 있고, 이로 인하여 상대방에게 불법행위에 따른 손해배상의무를 부담하지 않는다고 한다(대판 1997.8.22. 97다13023).

3. 착오취소의 적용범위

(1) 신분행위

혼인·입양과 같이 가족법상 법률효과를 발생시키는 행위는 당사자의 진의가 절대적이므로 착오에 의하여 의사표시를 하였다면 당사자의 진정한 의사가 결여되어 그 신분관계형성은 무효가 된다.

(2) 소송행위

소송행위의 경우 의사표시의 규정이 적용되지 않는다. 판례도 소송대리인으로부터 소취하를 지시받은 사무원의 착오로 소송대리인의 의사에 반하여 소를 취하하였다 하더라도 이를 무효라 볼 수는 없고, 적법한 소취하의 서면이 제출된 이상 그 서면이 상대방에게 송달되기 전·후를 묻지 않고 이를 임의로 철회할 수 없다고 하였다(대판 1997.6.27. 97다6124).

4. 다른 규정과의 경합

(1) 제110조와의 경합 여부

동기의 착오가 타인의 기망행위에 의하여 발생한 때에는 제109조와 제110조가 경합한다. 이 경우에는 그 요건을 증명하여 선택적으로 사기 또는 착오에 의한 의사표시임을 주장할 수 있다(대판 1969.6.24. 68다1749).

(2) 담보책임과의 경합 여부

매매목적물에 하자가 있는 경우, 통설은 담보책임에 관한 규정이 특별규정으로서 우선적용되어야 한다고 하였으나, 판례는 다음과 같이 경합을 긍정한다.

> **판례정리 담보책임과 착오취소와의 경합 여부**
> 착오로 인한 취소 제도와 매도인의 하자담보책임 제도는 취지가 서로 다르고, 요건과 효과도 구별된다. 따라서 매매계약 내용의 중요 부분에 착오가 있는 경우 매수인은 매도인의 하자담보책임이 성립하는지와 상관없이 착오를 이유로 매매계약을 취소할 수 있다(대판 2018.9.13. 2015다78703).

(3) 해제와 취소의 경합 여부

판례는 해제와 취소의 경합을 인정하고 있다. 즉 매도인이 매수인의 중도금지급채무 불이행을 이유로 매매계약을 적법하게 해제한 후라도, 매수인으로서는 착오를 이유로 한 취소권을 행사하여 매매계약 전체를 무효로 돌릴 수 있다고 한다(대판 1996.12.6. 95다24982).

(4) 화해계약과 착오의 문제

㈎ 화해계약은 착오를 이유로 이를 취소할 수 없다(제733조 본문). 즉, 착오가 분쟁의 대상인 법률관계 자체에 관할 것일 때에는 취소할 수 없다(대판 2018.5.30. 2017다21411). 그러나 '화해 당사자의 자격' 또는 '화해의 목적인 분쟁 이외의 사항'에 착오가 있는 경우에는 착오를 이유로 취소할 수 있다(제733조 단서). 여기서 '화해의 목적인 분쟁 이외의 사항'이라 함은 상호 양보의 내용으로 되지 않고 다툼이 없는 사실로 양해된 사항을 말한다(대판 2020.10.15. 2020다227523).

㈏ 그러나 화해계약이 사기로 인하여 이루어진 경우에는 화해의 목적인 분쟁에 관한 사항에 착오가 있는 때에도 민법 제110조에 따라 이를 취소할 수 있다고 할 것이다(판례).

4 사기 또는 강박에 의한 의사표시

> 제110조(사기, 강박에 의한 의사표시) ① 사기나 강박에 의한 의사표시는 취소할 수 있다. ② 상대방 있는 의사표시에 관하여 제3자가 사기나 강박을 행한 경우에는 상대방이 그 사실을 알았거나 알 수 있었을 경우에 한하여 그 의사표시를 취소할 수 있다. ③ 전2항의 의사표시의 취소는 선의의 제3자에게 대항하지 못한다.

Ⅰ. 사기·강박에 의한 의사표시의 요건

1. 사기에 의한 의사표시

(1) 사기의 고의(2단계 고의설)

사기하는 자의 고의가 있어야 한다. 이는 표의자를 기망하여 착오에 빠지게 하려는 고의(1단계 고의)와 다시 그 착오에 기하여 표의자로 하여금 의사표시를 하게 하려는 고의(2단계 고의)가 있어야 함을 의미한다.

(2) 기망행위의 존재 및 위법성

기망행위란 표의자(피기망자)로 하여금 사실과 다른 그릇된 관념을 가지게 하거나 이를 강화 또는 유지하려는 모든 행위를 말한다. 특히 일정한 침묵도 부작위에 의한 기망행위가 될 수 있다. 부작위에 의한 기망의 경우에는 고지 또는 설명의무가 전제되어야 하는데 이는 법령의 규정뿐만 아니라 널리 계약, 관습, 조리, 신의칙에 의하여도 인정될 수 있다.

> **판례정리 기망행위가 문제되는 경우**
> ① 과장분양광고(부정) : 상품광고에 있어 다소의 과장허위가 수반되는 것은 신의칙에 비추어 시인될 수 있는 한 기망성이 결여된다. 따라서 평형의 과장광고는 기망행위에 해당하지 않는다(대판 2009.3.16. 2008다1842).

② 시가의 묵비(부정) : 어느 일방 당사자가 자기가 소유하는 목적물의 시가를 묵비하여 상대방에게 고지하지 아니하거나 혹은 허위로 시가보다 높은 가액을 시가라고 고지하였다 하더라도 이는 상대방의 의사결정에 불법적인 간섭을 한 것이라고 볼 수 없다(대판 2014.4.10. 2012다54997).
③ 고지의무 위반(인정) : 아파트단지 인근에 공동묘지가 조성되어 있다거나 쓰레기 매립장이 건설예정인 사실을 분양계약자에게 고지할 신의칙상 의무가 있고, 그 고지를 하지 않은 경우 부작위에 의한 기망행위가 된다(대판 2007.6.1. 2005다5812). 한편 임대인으로부터 몇 차례에 걸쳐 명도요구를 받았던 양도인이 이 사실을 양수인에게 설명하지 않고 임차권을 양도한 행위는 기망행위에 해당한다(대판 1996.6.14. 94다41003).
④ 변칙세일(인정) : 종전에는 높은 가격으로 판매되던 것인데 할인특매기간에 한하여 특별히 대폭 할인된 가격으로 판매되는 것처럼 광고를 하는 변칙세일은 물품구매동기에 있어서 중요한 요소인 가격조건에 관하여 기망이 이루어진 것으로서 그 사술의 정도가 사회적으로 용인될 수 있는 상술의 정도를 넘은 것이어서 위법성이 있다(대판 1993.8.13. 92다52665).

(3) 기망과 착오의 인과관계

기망행위와 착오 사이에 인과관계가 있어야 한다. 또한 착오와 의사표시 사이에도 인과관계가 인정되어야 한다. 착오가 객관적으로 중요한 것일 필요가 없다.

2. 강박에 의한 의사표시

(1) 강박의 고의(2단계 고의설)

상대방이 표의자로 하여금 공포심을 가지도록 할 고의와 이로 인하여 의사표시를 하게 할 고의가 필요하다(대판 2003.5.13. 2002다73708, 73715). 표의자의 착오가 존재하지 않는다.

(2) 강박행위의 존재 및 위법성

1) 강박의 의미

㈎ 강박행위란 강박자가 영향력을 미칠 수 있는 불이익 혹은 해악을 고지하는 행위이며, 강박이 있다고 하기 위해서는 표의자에게 외포심을 생기게 하고 이를 통해 법률행위의사를 결정하게 할 고의로써 불법으로 장래의 해악을 통고한 경우라야 한다(대판 1992.12.24. 92다25120).

> **판례정리 강박행위가 문제되는 경우**
> ① 일반적으로 부정행위에 대한 고소·고발은 그것이 부정한 이익을 목적으로 하는 것이 아닌 때에는 정당한 권리행사가 되어 위법하다고 할 수 없으나, **부정한 이익의 취득을 목적으로 하는 경우에는 위법한 강박행위가 되는 경우가 있고, 목적이 정당하다 하더라도 행위나 수단 등이 부당한 때에는 위법성이 있는 경우가 있을 수 있다**(대판 2008.9.11. 2008다27301, 27318).
> ② 형사상 적법절차의 고지는 강박행위로 되지 않는다고 한다(대판 1972.11.14. 72다1127). 그

> 러나 적법절차를 고지하는 등 정당한 권리행사도 그 목적이나 수단이 위법하다면 강박행위가 된다(대판 1992.12.24. 92다25120).
> ③ 구체적인 해악을 고지하지 않은 경우에는 강박행위가 되지 않는다고 한다. 예컨대, 어떤 해악의 고지가 아니라 단지 각서에 서명날인할 것을 강력히 요구한 행위는 **강박행위가 아니다**(대판 1979.1.16. 78다1968).

㈏ 이러한 강박은 위법하여야 하며, 강박행위가 위법하다고 하기 위해서는 해악의 고지로써 추구하는 이익이 정당하지 아니하거나, 강박의 수단으로 상대방에게 고지하는 해악의 내용이 법질서에 반하는 경우 또는 어떤 해악의 고지가 거래관념상 그 해악의 고지로써 추구하는 이익의 달성을 위한 수단으로 부적당한 경우 등에 해당하여야 할 것이다(대판 2010.2.11. 2009다72643).

2) 강박의 정도

① 원 칙

해악은 표의자로 하여금 공포심을 유발하기에 충분한 것이면 그것으로 족하다. 따라서 강박이 의사결정의 자유를 완전히 박탈하는 정도가 아니라 이를 제한하는 정도에 그친 경우에는 취소할 수 있음에 그치고 무효는 아니다(대판 1984.12.11. 84다카1402).

② 예 외

강박의 정도가 단순한 불법적 해악의 고지로 상대방으로 하여금 공포를 느끼도록 하는 정도가 아니라, 표의자로 하여금 의사결정을 스스로 할 수 있는 여지를 '완전히 박탈'한 상태에서 의사표시가 이루어져 단지 '법률행위의 외형만이 만들어진 것'에 불과한 정도에 해당하면 무효이다(대판 2003.5.13. 2002다73708, 73715).

(3) 강박과 공포 사이의 인과관계

강박행위와 공포심 유발 사이에 인과관계가 있어야 한다. 또한 강박에 의한 공포심으로 인하여 의사표시를 하여야 한다.

Ⅱ. 사기·강박에 의한 의사표시의 효력

1. 표의자의 취소권

(1) 상대방에 의한 사기·강박

표의자의 상대방이 사기·강박을 한 때에는 표의자는 그의 의사표시를 취소할 수 있다(제110조 1항). 특히 강박을 이유로 증여의 의사표시를 취소하는 경우 강박에 의한 증여이니 그 목적물을 반환하라는 취지가 어느 정도 표명되어야 한다.

(2) 제3자에 의한 사기·강박

1) 사실관계의 정리

분양자 甲과 수분양자 乙은 분양계약을 체결하고 분양대금 1억 원을 지급하였고, 이 과정에서 丙이 乙을 기망하였다. 이 경우 乙이 甲과의 분양계약을 취소하고 분양대금으로 지급한 1억 원 상당 부당이득의 반환을 청구하였고, 丙을 상대로는 불법행위에 따른 손해배상을 청구하였다.

2) 법률관계의 정리

① 취소권행사의 요건

상대방이 있는 의사표시에 관하여 제3자가 사기나 강박을 행한 경우에는 상대방이 그 사실을 알았거나 알 수 있었을 때에 한하여 그 의사표시를 취소할 수 있다.

② 제3자의 해당 여부

제110조 제2항에서 정한 제3자에 해당될 수 없는 자란 그 의사표시에 관한 상대방의 대리인 등 상대방과 동일시할 수 있는 자만을 의미하고, 단순히 상대방의 피용자이거나 상대방이 사용자책임을 져야 할 관계에 있는 피용자에 지나지 않는 자는 상대방과 동일시할 수는 없어 제3자에 해당한다(대판 1998.1.23. 96다41496).

> **판례정리 | 제110조 제2항의 제3자가 문제되는 경우**
> 상호신용금고의 기획감사실 과장은 단순 피용자로서 제3자에 해당한다(대판 1998.1.23. 96다41496). 반면에 은행의 출장소장은 은행 또는 은행과 동일시할 수 있는 자에 해당하므로 상대방은 은행이 그 사기사실을 알았거나 알 수 있었을 경우에 한하여 위 약정을 취소할 수 있는 것이 아니라(대판 1999.2.23. 98다60828), 은행의 지·부지를 불문하고 취소할 수 있다.

③ 乙의 권리구제 방안

(개) 위 사실관계에서 丙은 제3자에 해당하므로 표의자의 상대방인 甲이 알았거나 알 수 있었을 경우 乙은 취소할 수 있다.

(내) 또한 丙의 기망은 동시에 불법행위를 구성하므로 乙은 丙에게 제750조의 불법행위에 따른 손해배상을 청구할 수 있다. 이 경우 乙은 반드시 甲과의 분양계약을 먼저 취소하여야 하는 것은 아니다. 즉 불법행위에 따른 손해배상을 청구함에 있어 반드시 취소권의 행사가 전제되어야 하는 것은 아니다(대판 1998.3.10. 97다55829).

2. 제3자와의 관계

(개) 사기·강박에 의한 의사표시의 취소는 선의의 제3자에게 대항하지 못한다. 여기서 말하는 선의의 제3자는 사기·강박에 의한 의사표시의 당사자와 그의 포괄승계인 이외의 자 모두를 가리키는 것이 아니고 그 가운데 사기·강박에 의한 의사표시를 기초로 하여 새로운 이해관계를 맺은 자이다. 법률관계를 가졌던 것이 취소 이전에 있었든지

이후에 있었는지를 가릴 필요 없이 사기 및 그 취소사실을 몰랐던 모든 제3자를 포함한다(대판 1975.12.23. 75다533).

㈏ 제3자는 특별한 사정이 없는 한 선의로 추정되므로 취소의 효과를 주장하려는 표의자가 제3자의 악의를 증명하여야 한다(대판 1970.11.24. 70다2155).

> **판례 정리** **제110조 제3항의 선의 제3자가 문제되는 경우**
> 이행인수로 해석되는 계약의 채권자에 불과한 자는 그 계약에 기초하여 아무런 새로운 이해관계를 맺지 아니하였으므로 결국 제110조 제3항에서 말하는 제3자라고 보기는 어렵다(대판 2005.1.13. 2004다54756).

3. 제110조의 적용범위

(1) 소송행위

민사소송법상의 소송행위에는 특별한 규정 기타 특별한 사정이 없는 한 적용이 없는 것이므로 소 또는 항소취하, 가처분취하, 소송상 화해 등 제110조가 적용되지 않는다.

(2) 공법행위

공법행위는 개인의 법률관계가 아니므로 의사표시의 규정이 적용되지 않는다(대판 1959.10.1. 4292민상174).

4. 다른 규정과의 경합

(1) 제109조와의 경합 여부

1) 동기의 착오

㈎ 사기에 의한 의사표시란 타인의 기망행위로 말미암아 착오에 빠지게 된 결과 어떠한 의사표시를 하게 되는 경우이므로 거기에는 의사와 표시의 불일치가 있을 수 없고, 단지 의사의 형성과정, 즉 법률행위의 동기에 착오가 있는 것에 불과하다는 점에서 고유한 의미의 착오에 의한 의사표시와 구분된다(대판 2005.5.27. 2004다43824).

㈏ 이러한 판례의 태도에 따르면 의사형성의 과정에 있는 '동기의 착오에만 사기와 착오가 경합'할 수 있으며, 표의자는 선택적으로 취소권을 행사할 수 있다.

2) 서명의 착오

㈎ 기망에 의하여 서명 등 표시상의 착오가 있는 경우, 의사와 표시가 일치하지 않았다면, 사기가 아닌 착오에 의한 취소가 가능하다.

㈏ 판례도 어떤 사람이 자신의 의사와 다른 법률효과를 발생시키는 서면에, 그것을 읽지 않거나 올바르게 이해하지 못하고 기명날인하는 것은 이른바 표시상의 착오에 해당하므로, 비록 위와 같은 착오가 제3자의 기망행위에 의하여 일어난 것이더라도 그에 관하여는 사기에 의한 의사표시에 관한 법리, 특히 민법 제110조 제2항의 규정을 적용

할 것이 아니라, 착오에 의한 의사표시에 관한 법리만을 적용하여 취소권 행사의 가부를 가려야 한다고 하였다(대판 2005.5.27. 2004다43824).

(2) 담보책임과의 경합 여부

㈎ 타인의 물건을 자기 것인 양 속여 매매계약을 체결한 경우 매수인은 매도인에 대하여 사기에 의한 취소권을 행사할 수 있고, 매도인에게 제570조에 의한 담보책임을 추궁할 수도 있다.

㈏ 즉 매수인이 매도인의 기망에 의하여 타인의 물건을 매도인의 것으로 잘못 알고 매수한다는 의사표시를 한 것이고 만일 타인의 물건인줄 알았더라면 매수하지 아니하였을 사정이 있는 경우에는 매수인은 민법 제110조에 의하여 매수의 의사표시를 취소할 수 있다(대판 1973.10.23. 73다268).

(3) 불법행위와의 경합 여부

사기 또는 강박은 동시에 불법행위를 구성한다. 법률행위가 사기에 의한 것으로서 취소되는 경우 취소의 효과로 생기는 부당이득반환청구권과 불법행위로 인한 손해배상청구권은 경합하여 병존하나 채권자는 선택하여 행사할 수 있을 뿐 중첩적으로 행사할 수는 없다(대판 1998.3.10. 97다55829).

5 의사표시의 효력발생

Ⅰ. 상대방 없는 의사표시

상대방 없는 의사표시의 경우 의사표시를 수령할 특정의 상대방이 없기 때문에 표시행위가 완료된 때에 의사표시의 효력이 발생한다. 다만 재단법인의 설립행위(재산출연행위)와 같이 주무관청의 허가를 받아야 효력이 생기는 경우도 있다(제32조).

Ⅱ. 상대방 있는 의사표시

1. 의사표시의 효력발생시기

(1) 원칙(도달주의)

> 제111조(의사표시의 효력발생시기) ① 상대방 있는 의사표시는 그 통지가 상대방에 도달한 때로부터 그 효력이 생긴다. ② 표의자가 그 통지를 발한 후 사망하거나 행위능력을 상실하여도 의사표시의 효력에 영향을 미치지 아니한다.

㈎ 민법은 도달주의를 원칙으로 하고 있으며, 의사표시의 불착 또는 연착은 모두 표의자의 불이익으로 귀속된다. 여기서 도달이란 사회통념상 상대방이 그 통지내용을 알 수 있는 객관적 상태에 놓여 있는 것을 말한다. 따라서 채무자가 이를 현실적으로 수령

하였거나 그 통지의 내용을 알았을 필요까지는 없다(대판 1983.8.23. 82다카439).

> **판례 정리 도달이 문제되는 경우**
> ① 도달에 대한 입증책임은 도달을 주장하는 자에게 있으나, **내용증명우편으로 발송한 때에는 반송되지 아니하는 한 원칙적으로 도달된 것으로 본다**(대판 1980.1.15. 79다1498).
> ② 아파트 경비원이 집배원으로부터 우편물을 수령한 후 이를 우편함에 넣어 둔 사실만으로 수취인이 그 우편물을 수취하였다고 추단할 수 없다(대판 2006.3.24. 2005다66411).

㈐ 다만, 제111조는 임의규정이므로 당사자의 약정에 의해 의사표시의 효력발생시기를 다르게 정할 수 있다.

(2) 예외(발신주의)

민법은 ⅰ) 제한능력자의 상대방의 최고에 대한 확답(제15조), ⅱ) 무권대리인의 상대방의 최고에 대한 확답(제131조), ⅲ) 채권자의 채무인수에 대한 승낙의 확답(제455조 2항), ⅳ) 격지자 또는 연착자 간의 계약에 있어서 승낙의 통지(제531조), ⅴ) 사원총회 소집의 통지(제71조)와 관련하여 발신주의를 취하고 있다.

2. 공시송달에 의한 의사표시

> **제113조(의사표시의 공시송달)** 표의자가 과실 없이 상대방을 알지 못하거나 상대방의 소재를 알지 못하는 경우에는 의사표시는 민사소송법 공시송달의 규정에 의하여 송달할 수 있다.

3. 제한능력자에 대한 의사표시

> **제112조(제한능력자에 대한 의사표시의 효력)** 의사표시의 상대방이 의사표시를 받은 때에 제한능력자인 경우에는 의사표시자는 그 의사표시로써 대항할 수 없다. 다만, 그 상대방의 법정대리인이 의사표시가 도달한 사실을 안 후에는 그러하지 아니하다.

연습문제

01 〈노무사 2020〉
비진의표시에 관한 설명으로 옳지 않은 것은? (다툼이 있으면 판례에 따름)
① 비진의표시에서 '진의'란 특정한 내용의 의사표시를 하고자 하는 표의자의 생각을 말하는 것이지 진정으로 마음속에서 바라는 사항을 뜻하는 것은 아니다.
② 법률상의 장애로 자기명의로 대출받을 수 없는 자를 위하여 대출금채무자로서 명의를 빌려준 자는 특별한 사정이 없는 한 채무부담의사를 가지지 않으므로 그가 행한 대출계약상의 의사표시는 비진의표시이다.

③ 재산을 강제로 뺏긴다는 인식을 하고 있는 자가 고지된 해악이 두려워 어쩔 수 없이 증여의 의사표시를 한 경우 이는 비진의표시라 할 수 없다.

④ 근로자가 회사의 경영방침에 따라 사직원을 제출하고 회사가 이를 받아들여 퇴직처리를 하였다가 즉시 재입사하는 형식으로 실질적 근로관계의 단절없이 계속 근무하였다면 그 사직의 의사표시는 무효이다.

⑤ 비리공무원이 감사기관의 사직권고를 받고 사직의 의사표시를 하여 의원면직처분이 된 경우, 그 사표제출자의 내심에 사직할 의사가 없었더라도 그 사직의 의사표시는 효력이 발생한다.

해설 | ② (×) 비진의 의사표시에 해당하여 그 표시행위에 나타난 대로의 법률효과가 발생하지 않기 위하여는 적어도 그 표시행위에 대응하는 내심의 효과의사, 즉 주채무자로서 채무를 부담한다는 의사가 존재하지 않았어야만 할 것인데, 법률상 또는 사실상의 장애로 자기 명의로 대출받을 수 없는 자를 위하여 대출금채무자로서의 명의를 빌려준 자에게 그와 같은 채무부담의 의사가 없는 것이라고는 할 수 없으므로 그 의사표시를 비진의표시에 해당한다고 볼 수 없다(대판 1996.9.10. 96다18182).

정답 | ②

02 〈노무사 2008〉

통정허위표시에서 보호되는 제3자에 대한 설명으로 옳지 않은 것은?

① 허위표시행위의 당사자는 물론 제3자도 그 무효를 주장할 수 있다.

② 제3자는 당사자와 그의 포괄승계인이 아닌 자로서 허위표시에 의하여 형성된 법률관계를 토대로 실질적으로 새로운 법률상 이해관계를 맺은 자를 의미한다.

③ 가장양수인으로부터 목적물을 양수하거나 저당권을 취득한 자는 제3자에 해당한다.

④ 가장양수인의 일반채권자나 채권의 가장양수인으로부터 추심을 위하여 채권을 양수한 자는 제3자에 해당하지 않는다.

⑤ 제3자는 선의·무과실이어야 하고, 이는 법률상 새로운 이해관계를 맺는 때를 기준으로 판단한다.

해설 | ⑤ (×) 민법 제108조 제2항에 규정된 통정허위표시에 있어서의 제3자는 그 선의 여부가 문제이지 이에 관한 과실 유무를 따질 것이 아니다(대판 2006.3.10. 2002다1321). 그리고 선의·악의의 판정의 표준시기는 법률상 새로운 이해관계를 맺는 때이다.

정답 | ⑤

03 〈노무사 2019〉

착오에 의한 의사표시에 관한 설명으로 옳은 것은? (다툼이 있으면 판례에 따름)

① 매도인의 담보책임이 성립하는 경우, 매수인은 매매계약 내용의 중요부분에 착오가 있더라도 이를 취소할 수 없다.
② 소송행위에도 특별한 사정이 없는 한 착오를 이유로 하는 취소가 허용된다.
③ 착오로 인하여 표의자가 경제적 불이익을 입지 않은 경우에는 법률행위 내용의 중요부분의 착오라고 볼 수 없다.
④ 표의자에게 중대한 과실이 있다는 사실은 법률행위의 효력을 부인하는 자가 증명하여야 한다.
⑤ 매도인이 매수인의 채무불이행을 이유로 매매계약을 적법하게 해제한 경우에는 매수인은 착오를 이유로 그 매매계약을 취소할 수 없다.

해설 | ③ (○) 착오가 법률행위내용의 중요부분에 있다고 하기 위하여는 표의자에 의하여 추구된 목적을 고려하여 합리적으로 판단하여 볼 때 표시와 의사의 불일치가 객관적으로 현저하여야 하고, 만일 그 착오로 인하여 표의자가 무슨 경제적인 불이익을 입은 것이 아니라면 이를 법률행위내용의 중요부분의 착오라고 할 수 없다(대판 2006.12.7. 2006다41457).

정답 | ③

04 〈노무사 2014〉

사기·강박에 의한 의사표시에 관한 설명으로 옳지 않은 것은? (다툼이 있는 경우는 판례에 의함)

① 강박에 의한 의사표시를 한 자는 강박상태에서 추인한 경우에도 그 의사표시를 취소할 수 있다.
② 교환계약의 당사자가 목적물의 시가를 묵비한 경우, 특별한 사정이 없는 한 기망행위가 아니다.
③ 어떤 해악의 고지가 아니라 단지 각서에 서명·날인할 것을 강력히 요구한 행위는 강박행위가 아니다.
④ 사기로 인하여 화해계약이 체결된 경우, 화해의 목적인 분쟁에 관한 사항에 착오가 있더라도 사기를 이유로 계약을 취소할 수 없다.
⑤ 제3자에 의한 기망행위로 계약을 체결한 자는 그 계약을 취소하지 않고 제3자에 대하여 불법행위로 인한 손배해상청구를 할 수 있다.

해설 | ④ (×) 민법 제733조의 규정에 의하면, 화해계약은 화해당사자의 자격 또는 화해의 목적인 분쟁 이외의 사항에 착오가 있는 경우를 제외하고는 착오를 이유로 취소하지 못하지만, 화해계약이 사기로 인하여 이루어진 경우에는 화해의 목적인

분쟁에 관한 사항에 착오가 있는 때에도 민법 제110조에 따라 이를 취소할 수 있다(대판 2008.9.11. 2008다15278).

정답 | ④

05 〈노무사 2023〉

의사표시에 관한 설명으로 옳지 않은 것은? (다툼이 있으면 판례에 따름)

① 매매계약이 착오로 취소된 경우 특별한 사정이 없는 한 당사자 쌍방의 원상회복의무는 동시이행관계에 있다.

② 등기의 착오가 상대방의 부정한 방법에 의하여 유발된 경우, 등기가 표시되지 않았더라도 표의자는 착오를 이유로 의사표시를 취소할 수 있다.

③ 통정허위표시로 무효인 법률행위도 채권자취소권의 대상이 될 수 있다.

④ 사기에 의해 화해계약이 체결된 경우 표의자는 화해의 목적인 분쟁에 관한 사항에 착오가 있더라도 사기를 이유로 화해계약을 취소할 수 있다.

⑤ 경과실에 의한 착오를 이유로 의사표시를 취소한 자는 상대방이 그 의사표시의 유효를 믿었음으로 인하여 발생한 손해에 대하여 불법행위책임을 진다.

해설 | ⑤ (×) 판례는 적법한 취소권의 행사에는 위법성이란 있을 수 없으며, 나아가 제535조를 유추적용할 수도 없는 바, 취소권자는 비록 경과실이 있으나 적법하게 매매계약을 취소할 수 있고, 이로 인하여 상대방에게 불법행위에 따른 손해배상의무를 부담하지 않는다고 한다(대판 1997.8.22. 97다13023).

정답 | ⑤

제5절 　법률행위의 대리

1 대리 일반론

Ⅰ. 대리(대리권)의 의의·기능

㉮ 본인과 일정한 관계에 있는 자가(대리인) 본인을 위한 의사표시를 하고 그 법률효과가 전적으로 본인에게 귀속하게 하는 제도가 대리이다. 본인의 의사표시를 단순히 전달하는 사자와 구별된다(사자에 의한 의사표시는 대리행위가 아니다).

㉯ 여기서 대리권이라 함은 대리인이 본인의 이름으로 의사표시를 하는 경우 직접 본인에게 법률효과를 귀속시킬 수 있는 법률상의 지위 내지 권한을 말한다. 따라서 대리행위의 효과를 주장하는 자가 대리권의 존재에 대한 증명책임을 부담한다(대판 1994.2.22. 93다42047).

> **판례정리　계약당사자 확정의 문제**
> ① 행위자 또는 명의인 중 누구를 당사자로 볼 것인가에 관하여 우선 행위자와 상대방의 의사가 일치한 경우에는 그 일치한 의사대로 행위자 또는 명의인을 계약의 당사자로 확정해야 하고, 행위자와 상대방의 의사가 일치하지 않는 경우에는 상대방이 합리적인 사람이라면 행위자와 명의자 중 누구를 계약 당사자로 이해할 것인가에 의하여 당사자를 결정하여야 한다(대판 2007.9.6. 2007다31990).
> ② 일방 당사자(본인)가 대리인을 통하여 계약을 체결하는 경우에 있어서 계약의 상대방이 대리인을 통하여 본인과의 사이에 계약을 체결하려는 데 의사가 일치하였다면 대리인의 대리권 존부 문제와는 무관하게 상대방과 본인이 그 계약 당사자가 된다(대판 2003.12.12. 2003다44059).

Ⅱ. 대리제도가 인정되는 범위

1. 법률행위

㉮ 대리가 인정되는 범위는 법률행위 내지 의사표시를 하거나(능동대리) 또는 의사표시를 받는 것(수동대리)에 한한다. 따라서 어음·수표행위에도 대리가 허용된다(판례).

㉯ 의사의 통지·관념의 통지(예를 들면 채권양도의 통지)와 같이 의사표시와 유사한 준법률행위에도 의사표시규정의 유추적용되므로 대리가 허용된다(판례).

2. 불법행위

불법행위에는 대리가 허용되지 않는다. 불법행위의 경우에는 그 행위를 위탁한 자와 수행한 자 사이에 공동불법행위·사용자책임 등의 법률문제가 발생할 수 있을 뿐이다.

Ⅲ. 민법상 대리·대리권의 종류

1. 임의대리·법정대리

㈎ 대리권수여의 근거에 따른 구분이다. 임의대리는 법률행위에 의하여 수여된 대리권에 의한 대리를 말하고, 법정대리는 친권 등 법률규정에 의하여 발생되는 대리권에 의한 대리를 말한다.

㈏ 임의대리의 경우 타인을 대리인으로 삼아 그 의사에 기해서 직접 자기의 법률관계를 형성하게 하는 것을 인정함으로써 사적자치를 확장하는 기능을 하고, 법정대리의 경우 사적자치를 보충하는 기능을 한다.

2. 능동대리·수동대리

의사표시의 주체에 따른 구분이다. 즉 능동대리는 대리행위가 제3자에 대한 의사표시를 내용으로 하는 대리, 즉 대리인이 적극적으로 상대방에게 의사표시를 하는 대리이고, 수동대리는 대리행위가 제3자의 의사표시를 수령하는 것을 내용으로 하는 대리이다.

3. 유권대리·무권대리

대리권의 유무에 따른 구분이다. 유권대리는 대리인으로서 행위를 하는 자가 정당한 대리권을 가진 정상적인 대리를 말하고, 무권대리는 대리인으로서 행위를 하는 자가 정당한 대리권을 갖지 않는 대리를 말한다.

Ⅳ. 대리에서의 3면 관계의 정리

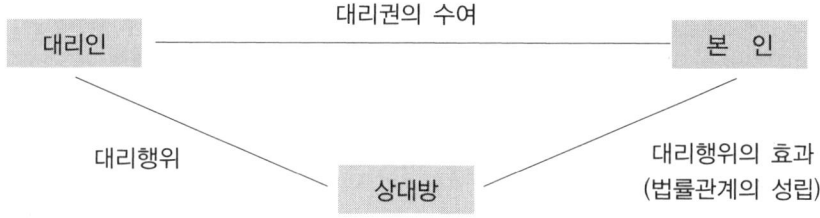

대리는 위 [도해]와 같이 본인과 대리인 사이의 대리권의 수여, 대리인과 상대방 사이의 대리행위, 그리고 상대방과 본인 사이의 대리행위에 따른 법률효과의 귀속이라는 3면 관계를 그 특성으로 한다. 이하에서는 '임의대리권을 중심'으로 살펴보도록 한다.

2 유권대리

Ⅰ. 본인과 대리인 사이의 관계(대리권의 수여)

1. 대리권의 발생

임의대리권은 대리인에 대한 본인의 수여행위에 의하여 발생한다. 수권행위의 방식에는 제한이 없다. 수권행위는 그 원인이 되는 기초적 내부관계와는 별개의 법률행위이다(독자성). 판례도 위임과 대리권수여는 별개의 독립된 행위로서 위임종료의 사유는 대리권관계와는 아무런 관계가 없다고 하였다(대판 1962.5.24. 4294민상251).

> **판례정리** **대리권의 수여가 추단될 수 있는지 여부**
> 대리권을 수여하는 수권행위는 불요식의 행위로서 명시적인 의사표시에 의함이 없이 묵시적인 의사표시에 의하여 할 수도 있으며, 어떤 사람이 대리인의 외양을 가지고 행위하는 것을 본인이 알면서도 이의를 하지 아니하고 방임하는 등 사실상의 용태에 의하여 대리권의 수여가 추단되는 경우도 있다(대판 2016.5.26. 2016다203315).

2. 대리권의 범위

(1) 수권행위의 해석

임의대리권의 범위에 관하여는 결국 본인의 수권행위의 해석의 문제이다. 이에 대한 구체적인 판례를 살펴보면 다음과 같다.

> **판례정리** **임의대리권의 범위에 관한 판례의 구체적 검토**
> ① 토지매각의 대리권수여는 중도금이나 잔대금을 수령하고(대판 1994.2.8. 93다39379), 소유권이전등기를 할 권한을 포함하므로(대판 1958.3.27. 4290민상840), 매수인이 매도인을 대리하여 매매대금을 수령할 권한을 가진 자에게 잔대금의 수령을 최고하고 그 자를 공탁물수령자로 지정하여 한 변제공탁은 매도인에 대한 잔대금 지급의 효력이 있다(대판 2012.3.15. 2011다77849).
> ② 매매계약의 체결과 이행에 관하여 포괄적으로 대리권을 수여받은 대리인은 특별한 사정이 없는 한 약정된 대금지급기일을 연기해 줄 권한도 갖는다(대판 1992.4.14. 91다43107).
> ③ 대여금의 영수권한만을 위임받은 대리인이 그 대여금채무의 일부를 면제하기 위하여는 본인의 특별수권이 필요하다(대판 1981.6.23. 80다3221).
> ④ 예금계약의 체결을 위임받은 자가 가지는 대리권에는 그 예금을 담보로 하여 대출을 받거나 이를 처분할 수 있는 대리권이 당연히 포함되어 있는 것은 아니다(대판 2002.6.14. 2000다38992).
> ⑤ 어떠한 계약의 체결에 관한 대리권을 수여받은 대리인이 그 계약을 대리하여 체결하였던 대리인이 체결된 계약의 해제 등 일체의 처분권과 상대방의 의사를 수령할 권한까지 가지고 있다고 볼 수는 없다(대판 2008.6.12. 2008다11276).
> ⑥ 통상 대부중개업자가 전주를 위하여 금전소비대차계약과 그 담보를 위한 담보권설정계약을 체결할 대리권을 수여받은 것으로 인정되는 경우라 하더라도 특별한 사정이 없는 한 일단

금전소비대차계약과 그 담보를 위한 담보권설정계약이 체결된 후에 이를 해제할 권한까지 당연히 가지고 있다고 볼 수는 없다(대판 2021.10.14. 2021다243430).
⑦ 경매입찰에 임하는 행위와 그에 부수하는 권한을 위임받은 대리인은 경락이 된 본인을 대리해서 채권자의 경매신청 취하에 동의할 권한이 없다(대결 2007.4.26. 2007마250).

(2) 수권행위의 보충

제118조(대리권의 범위) 권한을 정하지 아니한 대리인은 다음 각 호의 행위만을 할 수 있다.
1. 보존행위
2. 대리의 목적인 물건이나 권리의 성질을 변하지 아니하는 범위에서 그 이용 또는 개량하는 행위

권한을 정하지 않은 대리인은 보존행위와 이용·개량행위를 할 수 있다. 여기서 ⅰ) 보존행위란 재산의 가치를 유지·보존하는 데 필요한 일체의 행위를 말한다. 소멸시효의 중단행위, 미등기 부동산을 등기하는 행위 그리고 기한이 도래한 채무의 변제 등이 그 예이다. ⅱ) 이용행위 또는 개량행위의 경우 대리행위의 목적인 물건이나 권리의 성질을 변화시키지 않는 범위 내에서만 가능하다.

3. 대리권의 제한

(1) 자기계약·쌍방대리

제124조(자기계약, 쌍방대리) 대리인은 본인의 허락이 없으면 본인을 위하여 자기와 법률행위를 하거나 동일한 법률행위에 관하여 당사자 쌍방을 대리하지 못한다. 그러나 채무의 이행은 할 수 있다.

1) 원칙적 금지

대리인이 본인의 이름으로 본인을 대리하면서 동시에 자기 이름으로 본인과 자기 사이에 체결된 계약을 자기계약이라고 하며 대리인이 본인의 이름으로 본인을 대리하면서 동시에 상대방을 대리하여 본인과 상대방의 법률행위를 하는 것을 쌍방대리라고 한다. 민법은 본인의 이익을 보호하기 위하여 원칙적으로 금지하고 있다.

> **판례정리 쌍방대리인의 입찰행위의 효력**
> 부동산 입찰절차에서 동일 물건에 관하여 이해관계가 다른 2인 이상의 대리인이 된 경우에는 그 대리인이 한 입찰은 무효이다(대결 2004.2.13. 2003마44).

2) 예외적 허용

① 본인의 허락

본인이 허락하는 경우에는 허용된다. 예를 들어 사채알선업자는 어느 일방만의 대리인이 아니고, 채권자 측을 대할 때에는 채무자 측의 대리인 역할을 하게 되는 것이고 채무자 측을 대할 때에는 채권자 측의 대리인으로서 역할을 하게 된다(대판 1979.10.30. 79다425).

② 채무의 이행

㉮ 채무의 이행은 본인의 이익을 해할 우려가 없으므로 본인의 허락이 없다 하더라도 허용된다. 따라서 해산한 법인의 대표청산인이 정관 규정에 따라 잔여재산이전의무의 이행으로 잔여재산을 대표청산인이 자신에게 이전하더라도 채무의 이행에 불과하여 쌍방대리 금지에 반하지 않는다(대판 2000.12.8. 98두5279).

㉯ 그러나 대물변제·경개는 새로운 이해관계의 변경을 수반하므로 이행에 해당하지 않으며, 다툼이 있는 채무의 이행·기한미도래 채무의 변제·항변권 있는 채무의 변제도 허용되지 않는다.

(2) 공동대리의 요청

> 제119조(각자대리) 대리인이 수인인 때에는 각자가 본인을 대리한다. 그러나 법률 또는 수권행위에 다른 정한 바가 있는 때에는 그러하지 아니하다.

공동으로 대리하여야 한다는 것은 공동대리인 전원이 모두 의사표시행위를 하여야 한다는 뜻이 아니고, 대리행위를 위한 의사결정에 관하여 전원이 일치하는 것으로 충분하고 그 실행행위는 일부 대리인이 하여도 유효하다.

4. 대리권의 남용

(1) 의 의

대리인이 형식적으로는 대리권의 범위 내에서 한 행위이지만 본인의 이익을 위해서가 아니라, 자기 혹은 제3자의 이익을 꾀하기 위하여 대리행위를 하는 경우를 대리권 남용이라고 한다. 이는 임의대리 외에 법정대리에도 적용된다.

(2) 효 력

㉮ 이에 대하여 판례는 대리권 남용의 경우 원칙적으로 유효하나, 제107조 제1항 단서를 유추적용함으로써 배임적 대리행위의 효력을 예외적으로 부인하고 있다.

㉯ 즉 민법 제107조 제1항에서 규정하고 있는 진의 아닌 의사표시가 대리인에 의하여 이루어지고, 그 대리인의 진의(의사표시)가 본인의 이익이나 의사에 반하고 자기 또는 제3자의 이익을 위한 배임적인 것이며, 그 상대방이 이러한 사정을 알았거나 알 수 있었을 경우에는 동항 단서가 유추적용되어 그 대리인의 행위는 본인의 행위로 성립할 수 없으므로 본인은 대리인의 행위에 대하여 아무런 책임을 부담하지 않는다고 한다(대판 2007.4.12. 2004다51542).

> **판례정리** 친권의 남용(법정대리)과 비진의표시 유추적용 여부
>
> 법정대리인인 친권자의 대리행위가 객관적으로 볼 때 미성년자 본인에게는 경제적인 손실만을 초래하는 반면, 친권자나 제3자에게는 경제적인 이익을 가져오는 행위이고 행위의 상대방이 이러한 사실을 알았거나 알 수 있었을 때에는 민법 제107조 제1항 단서의 규정을 유

추적용하여 행위의 효과가 자(子)에게는 미치지 않는다고 해석함이 타당하다(대판 2018.4.26. 2016다3201).

5. 대리권의 소멸

(1) 대리권의 공통소멸원인

제127조(대리권의 소멸사유) 대리권은 다음 각 호의 어느 하나에 해당하는 사유가 있으면 소멸된다.
1. 본인의 사망
2. 대리인의 사망, 성년후견의 개시 또는 파산

(2) 임의대리권의 소멸원인

제128조(임의대리의 종료) 법률행위에 의하여 수여된 대리권은 전조의 경우 외에 그 원인된 법률관계의 종료에 의하여 소멸한다. 법률관계의 종료 전에 본인이 수권행위를 철회한 경우에도 같다.

6. 복대리의 문제

(1) 복대리의 의의 및 법적 성질

㈎ 복대리라 함은 대리인의 수권행위에 의한 또 하나의 대리를 말한다. 따라서 복대리인이라 함은 대리인이 그의 권한 내에서 대리인 자신의 이름으로 선임한 본인의 대리인이고 대리인의 대리인이 아니다.

㈏ 특히 복대리인은 다시 복대리인을 선임할 수 있는지가 문제되나 통설은 민법 제123조 제2항 규정과 복대리인이 다시 복대리인을 선임하여야 할 실제상의 필요성을 고려하여 복대리인의 복임행위를 인정한다.

(2) 대리인의 복임권과 그 책임

1) 임의대리인의 경우

① 요 건

제120조(임의대리인의 복임권) 대리권이 법률행위에 의하여 부여된 경우에는 대리인은 본인의 승낙이 있거나 부득이한 사유 있는 때가 아니면 복대리인을 선임하지 못한다.

㈎ 원칙적으로 임의대리인은 복임권이 없다. 그러나 예외적으로 본인의 승낙이나 부득이한 사유가 존재하는 경우에 한하여 복대리인을 선임할 수 있다. 본인의 승낙은 명시·묵시 가능하며, 본인이 복대리 금지의 의사를 명시하지 아니하는 한 복대리인의 선임에 관하여 묵시적인 승낙이 있는 것으로 본다(대판 1996.1.26. 94다30690).

㈏ 그러나 아파트 분양업무는 그 성질상 분양 위임을 받은 수임인의 능력에 따라 그

분양사업의 성공 여부가 결정되는 사무로서, 본인의 명시적인 승낙 없이는 복대리인의 선임이 허용되지 아니하는 경우로 보아야 한다(대판 1999.9.3. 97다56099).

② 책 임

임의대리인은 복대리인을 적법하게 선임하였다면 그를 선임 혹은 감독하는 데 있어서 과실이 있는 경우에 한하여 본인에 대하여 책임을 질 뿐이다(제121조 1항). 그러나 만일 본인의 지명에 의하여 복대리인을 선임하였다면 그 부적임 또는 불성실을 알고 본인에 대한 통지나 그 해임을 해태한 때에 한하여 책임을 진다(제121조 2항).

2) 법정대리인의 경우

제122조(법정대리인의 복임권과 그 책임) 법정대리인은 그 책임으로 복대리인을 선임할 수 있다. 그러나 부득이한 사유로 인한 때는 전조 제1항에 정한 책임만이 있다.

㈎ 법정대리인은 언제나 복대리인을 선임할 수 있으며, 법정대리인이 복대리인을 선임한 이상, 그의 행위에 대해서는 선임·감독상의 과실 유무에 관계없이 모든 책임을 진다(무과실책임).

㈏ 다만 부득이한 사유로 말미암아 복대리인을 선임할 수도 있으므로, 이 경우 복대리인의 선임·감독에 과실이 있는 경우에 한하여 책임을 부담한다.

(3) 선임된 복대리인의 지위

제123조(복대리인의 권한) ① 복대리인은 그 권한 내에서 본인을 대리한다. ② 복대리인은 본인이나 제3자에 대하여 대리인과 동일한 권리의무가 있다.

1) 대리인과의 관계

복대리인의 대리권은 그 범위나 존립에 있어서 대리인의 대리권에 종속된다. 따라서 대리권이 소멸하면 복대리권도 소멸한다. 그러나 대리인의 대리권은 복대리인의 선임으로 인하여 소멸하지 않는다.

2) 본인에 대한 관계

복대리인은 대리인과 동일한 권리·의무가 있으므로 복대리인이 수령한 물건을 직접 본인에게 인도할 수 있고, 대리인에게 인도할 수도 있는데 대리인에게 인도한 경우 본인에 대한 의무도 소멸한다.

3) 상대방과의 관계

복대리인의 대리행위에 관해서는 대리의 일반원칙이 적용된다. 그러므로 복대리인은 복대리행위를 하는 데 있어서 본인을 위한다는 표시를 하여야 하며, 특히 표현대리 규정도 복대리행위에 적용될 수 있다(대판 1967.11.21. 66다2197).

> **판례정리** **적법하지 않은 복임행위와 그 효력**
> 대리인이 대리권 소멸 후 직접 상대방과 사이에 대리행위를 하는 경우는 물론 대리인이 대리권 소멸 후 복대리인을 선임하여 복대리인으로 하여금 상대방과 사이에 대리행위를 하도록 한 경우에도, 상대방이 복대리인에게 적법한 대리권이 있는 것으로 믿었고 그와 같이 믿은 데 과실이 없다면 민법 제129조에 의한 표현대리가 성립할 수 있다(대판 1998.5.29. 97다55317).

II. 대리인과 상대방 사이의 관계(대리행위와 현명)

1. 대리의사의 표시

(1) 현명주의의 원칙

> 제114조(대리행위의 효력) ① 대리인이 그 권한 내에서 본인을 위한 것임을 표시한 의사표시는 직접 본인에 대하여 효력이 생긴다.

1) 현명의 의의

대리인이 한 법률행위가 본인에 대하여 직접 효력이 발생하려면 대리인이 본인을 위하여 행위한다는 취지의 표시, 즉 현명이 요구된다(본인의 이익을 위한 것임을 표시하는 것이 아니다).

2) 현명의 방식

㈎ 현명의 방식에는 제한이 없는 바, 반드시 명시적으로만 할 필요는 없고 묵시적으로도 할 수 있다(대판 1963.5.9. 63다67). 구두·서면, 기타 어떤 방법이라도 무방하다.

㈏ 대리인이 반드시 본인의 이름을 밝혀야 하는 것은 아니며, 대리인임을 표시하여 의사표시를 하여야 하는 것도 아니고 본인 명의로도 할 수 있다(대판 1963.5.9. 63다67). 다만 대리인이 본인의 이름을 사용하여 본인처럼 행세할 경우 대리법리가 원칙적으로 적용되지 않는다.

3) 현명의 예외

상행위는 기업활동의 비개인성을 이유로 현명주의가 적용되지 않는다. 즉, 상행위의 대리인이 본인을 위한 것임을 표시하지 아니하여도 그 행위는 본인에 대하여 효력이 있다(상법 제48조 본문).

(2) 비현명의 효과

> 제115조(본인을 위한 것임을 표시하지 아니한 행위) 대리인이 본인을 위한 것임을 표시하지 아니한 때에는 그 의사표시는 자기를 위한 것으로 본다. 그러나 상대방이 대리인으로서 한 것임을 알았거나 알 수 있었을 때에는 전조 제1항의 규정을 준용한다.

1) 원 칙

대리인이 본인을 위한 것임을 표시하지 않은 경우 '대리인이 법률관계의 당사자로 간주'되므로 상대방은 본인이 아닌 대리인에게만 계약의 이행을 청구할 수 있을 뿐이며, 자신을 위하여 법률행위를 할 의사가 없었다는 이유로 착오를 주장할 수 없고 대리인은 본인을 위한 것이었다는 이유로 이를 거절할 수 없다.

2) 예 외

대리인으로서 행위한 것임을 상대방이 알았거나 알 수 있었을 때에는, 대리행위의 효력은 본인에게 발생한다. 판례도 채권양도통지서에 양수받은 채권이 특정되어 있고 채권양도양수계약서가 첨부되어 있으면 채무자는 양수인이 대리인의 지위에 있음을 알 수 있는 경우에 해당하므로 제115조 단서가 적용된다고 한다(대판 2008.2.14. 2007다77569).

2. 대리행위의 하자

(1) 대리인이 알고 있는 사정

> 제116조(대리행위의 하자) ① 의사표시의 효력이 의사의 흠결, 사기, 강박 또는 어느 사정을 알았거나 과실로 알지 못한 것으로 인하여 영향을 받을 경우에 그 사실의 유무는 대리인을 표준하여 결정한다.

의사의 흠결 혹은 사기·강박이 있는 경우에는 대리인을 기준으로 이를 판단한다(제116조 1항). 그러나 대리인이 아닌 본인이 결정한 의사를 상대방에게 표시함에 그치는 사자의 의사표시의 경우에는 그 의사표시는 대리행위가 아니므로, 오로지 본인에 대하여서만 지·부지는 물론 착오가 문제된다(대판 1967.4.18. 66다661).

(2) 본인이 알고 있는 사정

> 제116조(대리행위의 하자) ② 특정한 법률행위를 위임한 경우에 대리인이 본인의 지시에 좇아 그 행위를 한 때에는 본인은 자기가 안 사정 또는 과실로 인하여 알지 못한 사정에 관하여 대리인의 부지를 주장하지 못한다.

법률행위를 한 대리인이 선의일지라도 그러한 지시를 내린 본인이 악의이며 대리인의 선의를 주장할 수 없다.

3. 대리인의 능력

> 제117조(대리인의 행위능력) 대리인은 행위능력자임을 요하지 아니한다.

대리인이 행위능력자이어야 함을 요하지 않으므로, 대리인이 제한능력자임을 이유로 본인은 대리행위를 취소할 수 없다.

Ⅲ. 상대방과 본인 사이의 관계(대리행위의 효과)

대리권이 있는 자가 그 권한의 범위 내에서 본인을 위한 것임을 표시하고 대리행위를 한 경우에 그 효과는 직접 본인에게 생긴다. 따라서 대리인은 대리행위의 결과로 상대방에 대해 권리를 취득하거나 의무를 부담하지 않는다.

> **판례 정리 | 대리행위로 체결된 계약의 해제와 원상회복의무의 주체**
> 계약상 채무의 불이행을 이유로 계약이 상대방 당사자에 의하여 유효하게 해제되었다면, 해제로 인한 원상회복의무는 대리인이 아니라 계약의 당사자인 본인이 부담한다. 이는 본인이 대리인으로부터 그 수령한 급부를 현실적으로 인도받지 못하였다거나 해제의 원인이 된 계약상 채무의 불이행에 관하여 대리인에게 책임 있는 사유가 있다고 하여도 다른 특별한 사정이 없는 한 마찬가지라고 할 것이다(대판 2011.8.18. 2011다30871).

3 무권대리

Ⅰ. 무권대리와 표현대리

대리인이 대리권 없이 대리행위를 하거나 또는 대리권이 있더라도 대리권의 범위를 이탈하여 의사표시를 한 때에는 원칙적으로 대리의 효과가 발생할 수 없으며 이를 광의의 무권대리라고 한다. 무권대리의 구조를 도식화하면 다음과 같으며, 이하에서는 표현대리와 표현대리에 해당하지 않는 협의의 무권대리에 대하여 살펴본다.

Ⅱ. 무권대리에 관한 검토

1. 협의의 무권대리의 의의

광의의 무권대리 중에서 표현대리에 해당하지 않는 것이 협의의 무권대리이다. 민법은 계약의 무권대리와 단독행위의 무권대리를 규정하고 있는 바, 이하에서 살펴본다.

2. 계약에 있어서 무권대리

(1) **본인과 상대방 사이의 법률관계**

1) **유동적 무효**

무권대리행위가 행하여졌다고 하여 그 행위가 즉시 확정적으로 무효가 되는 것은 아니며, 유효화 될 수 있는 바, 이를 유동적 무효라고 한다.

2) 본인의 추인권

① 추인의 성질

> **제130조(무권대리)** 대리권 없는 자가 타인의 대리인으로 한 계약은 본인이 이를 추인하지 아니하면 본인에 대하여 효력이 없다.

무권대리행위에 대한 본인의 추인은 무권대리인에 의하여 행하여진 불확정적 계약에 관하여 무권대리행위가 있음을 알고 그 행위의 효과를 본인에게 직접 발생하게 하는 것을 목적으로 하는 의사표시로서, 상대방 또는 무권대리인의 동의나 승낙을 필요로 하지 않는 '단독행위로서 형성권'이다(대판 2002.10.11. 2001다59217).

② 추인 당사자

㈎ 무권대리행위에 대하여 추인을 할 수 있는 추인권자는 본인 및 그의 상속인이며, 법정대리인도 추인할 수 있다(대판 1982.12.14. 80다1872, 1873). 임의대리인의 경우 본인으로부터 수권을 받은 경우에는 추인할 수 있다.

㈏ 추인은 상대방에 대하여 하는 것이 원칙이나, 추인에 의하여 상대방이 취득 또는 부담하게 될 권리나 의무를 승계하는 자에게도 할 수 있다(대판 1981.4.14. 80다2314). 또한 추인은 무권대리인에 대해서도 할 수 있으나(대판 1992.10.27. 92다19033), 무권대리인에 대하여 추인할 때에는 상대방이 추인의 사실을 알 때까지 상대방에 대하여 추인의 효력을 주장할 수 없다(제132조 단서). 그러므로 상대방은 그때까지 자신의 의사표시를 철회할 수 있다(제134조). 그러나 상대방은 무권대리인에 대한 본인의 추인이 있었음을 주장할 수 있다(대판 1981.4.14. 80다2314).

③ 추인의 방법

㈎ 추인은 특별한 방식이 요구되지 않으므로 명시적·묵시적으로 할 수 있다(대판 2003.12.26. 2003다49542). 묵시적으로 추인하였다고 하기 위해서는 '자신이 처한 법적 지위를 충분히 이해'하고 진의에 기하여 '법률효과가 자기에게 귀속된다는 것을 승인'하는 것으로 볼 만한 사정이 있어야 할 것이다(대판 2002.10.11. 2001다59217). 나아가 본인이 무권대리행위의 사실을 알고 있으면서 단순히 이의를 제기하지 않았거나 상당기간 방치하였다는 것만으로도 추인이 되지 않는다(대판 2001.3.23. 2001다4880).

<묵시적 추인의 해당 여부>

추인에 해당하는 경우	추인에 해당하지 않는 경우
• 매매대금 전부 또는 일부를 본인이 수령한 경우 • 무권대리인이 차용한 금원의 변제기일에 채권자가 본인에게 그 변제를 독촉하자 본인이 그 유예를 요청한 경우	• 모의 무권대리행위에 자가 차용금을 갚아주겠다고 하면서 등기말소를 요청한 경우 • 부가 자와 공동상속한 거주주택의 부지를 자의 대리권 없이 매도하고 사망한 후 자가 매수인에게 그 매매대금 상당액을 지급하기로 약정한 경우

㈘ 추인은 원칙적으로 무권대리행위 전부에 대하여 하여야 한다. 즉 추인은 권리자의 일방적인 의사표시로서 상대방의 지위에 중대한 영향을 미치므로 무권대리행위의 일부에 대하여 추인을 하거나 변경을 가하여 추인을 하는 것은 상대방의 동의가 없는 한 무효이다(대판 1982.1.26. 81다카549).

㈐ 소송행위를 추인하는 경우에도 마찬가지이다(대판 2008.8.21. 2007다79480). 즉 소송행위도 추인이 가능하나 그 소송행위에 맞는 방식으로 하여야 한다.

④ 추인의 효력

제133조(추인의 효력) 추인은 다른 의사표시가 없을 때에는 계약시에 소급하여 그 효력이 생긴다. 그러나 제3자의 권리를 해하지 못한다.

㈎ 본인이 추인의 의사표시를 하면 계약시에 소급하여 처음부터 유권대리행위와 동일한 효력이 당사자에게 발생한다(대판 1965.10.26. 65다1677). 그러나 다른 의사표시가 있는 때에는 추인의 소급효는 배제된다. 또한 추인의 소급효는 제3자의 권리를 해하지 못한다.

㈏ 소송행위의 경우에는 절차의 안정성과 명확성으로 인하여 제133조 단서가 적용되지 않는 바, '절대적 소급효'가 인정된다(대판 1991.11.8. 91다25383).

3) 본인의 추인거절

① 추인의 거절과 계약의 확정적 무효

본인은 추인의 의사가 없음을 적극적으로 표시하여 무권대리행위를 확정적으로 무효로 할 수 있다(제132조). 따라서 추인을 거절하면 본인은 다시 추인할 수 없으며, 상대방도 최고권이나 철회권을 행사할 수 없다.

② 무권대리인이 본인을 상속한 경우

판례는 A가 대리권 없이 B 소유 부동산을 C에게 매도하여 소유권이전등기를 마치고, A가 B로부터 부동산을 상속받아 그 소유자가 되어 자신으로부터 부동산을 전전매수한 D에게 원래 자신의 매매행위가 무권대리행위여서 무효였다는 이유로 D 앞으로 경료된 소유권이전등기가 무효의 등기라고 주장하여 그 등기의 말소를 청구하는 것은 금반언의 원칙이나 신의성실의 원칙에 반하여 허용될 수 없다고 하였다(대판 1994.9.27. 94다20617).

③ 본인이 무권대리인을 상속한 경우

판례는 무권리자의 처분행위와 관련하여 A가 B 등 명의의 주식에 관하여 처분권한 없이 은행과 담보설정계약을 체결하였다가 A의 사망으로 인하여 B 등이 A를 상속한 경우 B 등은 신의칙에 반하는 것으로 인정할 특별한 사정이 없는 한 원칙적으로는 위 계약에 따른 의무의 이행을 거절할 수 있다고 하였다(대판 1994.8.26. 93다20191).

4) 상대방의 최고권

> 제131조(상대방의 최고권) 대리권 없는 자가 타인의 대리인으로 계약을 한 경우에 상대방은 상당한 기간을 정하여 본인에게 그 추인 여부의 확답을 최고할 수 있다. 본인이 그 기간 내에 확답을 발하지 아니한 때에는 추인을 거절한 것으로 본다.

상대방의 최고 이후 본인이 상당한 기간 경과 후 뒤늦게 추인하더라도 추인의 효력은 발생하지 않는다. 무권대리행위임을 알고 있는 악의의 상대방도 최고할 수 있다.

5) 상대방의 철회권

> 제134조(상대방의 철회권) 대리권 없는 자가 한 계약은 본인의 추인이 있을 때까지 상대방은 본인이나 그 대리인에 대하여 이를 철회할 수 있다. 그러나 계약 당시에 상대방이 대리권 없음을 안 때에는 그러하지 아니하다.

㈎ 무권대리행위의 상대방은 본인의 추인이나 추인거절이 있을 때까지 불확정적인 법률행위를 확정적으로 무효로 할 수 있다. 상대방의 철회가 있으면 법률행위는 확정적 무효로 되므로, 본인은 더 이상 무권대리행위를 추인할 수 없을 뿐만 아니라 상대방도 무권대리인에게 책임을 물을 수 없다(대판 2017.6.29. 2017다213838).

㈏ 무권대리인과 체결한 계약의 철회는 본인이나 무권대리인에 대하여 하여야 하며, 선의의 상대방만이 철회할 수 있다. 한편 상대방이 대리인에게 대리권이 없음을 알았다는 점에 대한 주장·증명책임은 철회의 효과를 다투는 본인에게 있다(대판 2017.6.29. 2017다213838).

(2) 상대방에 대한 무권대리인의 책임

> 제135조(무권대리인의 상대방에 대한 책임) ① 타인의 대리인으로 계약을 한 자가 그 대리권을 증명하지 못하고 또 본인의 추인을 얻지 못한 때에는 상대방의 선택에 좇아 계약의 이행 또는 손해배상의 책임이 있다. ② 상대방이 대리권 없음을 알았거나 알 수 있었을 때 또는 대리인으로 계약한 자가 행위능력이 없는 때에는 전항의 규정을 적용하지 아니한다.

1) 책임의 근거

민법 제135조 제1항에 따른 무권대리인의 상대방에 대한 책임은 무과실책임으로서 대리권의 흠결에 관하여 대리인에게 과실 등의 귀책사유가 있어야만 인정되는 것이 아니고, 무권대리행위가 제3자의 기망이나 문서위조 등 위법행위로 야기되었다고 하더라도 책임은 부정되지 아니한다(대판 2014.2.27. 2013다213038).

2) 책임의 요건

제135조의 책임을 추궁하기 위해서는 ⅰ) 무권대리인이 대리권을 증명하지 못할 것, ⅱ) 본인의 추인을 얻지 못할 것, ⅲ) 상대방이 계약을 철회하지 않았을 것, ⅳ) 무권대리인이 행위능력자일 것, 그리고 ⅴ) 특히 표현대리가 성립하는 경우 계약의 효과가 본

인에게 귀속되므로 무권대리인에게 제135조의 책임을 묻게 되는 것은 상대방에게 너무 유리하므로 통설은 표현대리가 성립하지 않아야 한다고 한다.

3) 책임의 내용

① 선택채권

무권대리인은 상대방의 선택에 따라 계약의 이행 또는 손해배상책임을 부담한다. 만약 상대방에게 부담하여야 할 채무가 본인의 일신전속적이거나 물권의 소유권을 이전받을 수 없는 경우라면 이행의 청구는 할 수 없고 손해배상책임만을 부담한다.

> **[판례정리] 무권대리인이 부담하는 제135조 계약이행책임의 내용**
> 상대방이 계약의 이행을 선택한 경우 무권대리인은 계약이 본인에게 효력이 발생하였더라면 본인이 상대방에게 부담하였을 것과 같은 내용의 채무를 이행할 책임이 있다. 무권대리인이 계약에서 정한 채무를 이행하지 않으면 상대방에게 채무불이행에 따른 손해를 배상할 책임을 진다. 위 계약에서 채무불이행에 대비하여 손해배상액의 예정에 관한 조항을 둔 때에는 특별한 사정이 없는 한 무권대리인은 조항에서 정한 바에 따라 산정한 손해액을 지급하여야 한다. 이 경우에도 손해배상액의 예정에 관한 민법 제398조가 적용됨은 물론이다(대판 2018.6.28. 2018다210775).

② 소멸시효

무권대리인의 상대방이 무권대리인에 대하여 가지는 계약이행 또는 손해배상청구권(이는 선택채권이다)의 소멸시효는 상대방이 선택권을 행사할 수 있는 때부터, 즉 대리권의 증명 또는 무권대리에 대한 본인의 추인을 얻지 못한 때부터 진행한다(대판 1965.8.24. 64다1156).

4) 책임의 배제

상대방이 대리권 없음을 알았거나 알 수 있었을 때에는 무권대리인의 책임이 배제된다. 이러한 사실은 무권대리인이 주장·증명하여야 한다(대판 2018.6.28. 2018다210775). 또한 대리인으로 계약을 한 자에게 행위능력이 제한되는 때에도 위 책임이 배제된다.

3. 단독행위에 있어서 무권대리

(1) 상대방 있는 단독행위

> **제136조(단독행위와 무권대리)** 단독행위에는 그 행위 당시에 상대방이 대리인이라 칭하는 자의 대리권 없는 행위에 동의하거나 그 대리권을 다투지 아니한 때에 한하여 전6조의 규정을 준용한다. 대리권 없는 자에 대하여 그 동의를 얻어 단독행위를 한 때에도 같다.

(2) 상대방 없는 단독행위

능동대리 및 수동대리를 묻지 않고 언제나 무효이며 본인의 추인이 있더라도 무효이다(통설). 따라서 재단법인설립행위에 관한 무권대리행위는 무효이다.

Ⅲ. 표현대리에 관한 검토

1. 표현대리 일반론

(1) 표현대리의 의의

대리인에게 정당한 대리권이 없음에도 불구하고 대리권이 있는 것과 같은 외관이 존재하며, 이에 대하여 본인이 어느 정도의 원인을 제공한 경우 이를 신뢰한 상대방을 보호하여 무권대리행위에 의한 법률효과를 정당한 대리행위에서와 같이 본인에게 귀속시키는 대리제도를 표현대리라고 한다(대판 1998.5.29. 97다55317).

(2) 표현대리의 효과

㈎ 표현대리의 요건이 충족되면 표현대리인이 한 법률행위의 효과는 본인에게 발생한다. 따라서 상대방에게 과실이 있다고 하더라도 과실상계의 법리를 유추적용하여 본인의 책임을 경감할 수 없다(대판 1996.7.12. 95다49554).

㈏ 표현대리는 무권대리에 속한다. 다만 상대방이 이를 주장하는 경우에 비로소 문제가 되며, 상대방이 표현대리의 주장을 하는 경우에도 무권대리행위를 특정하여야 한다(대판 1984.7.24. 83다카1819). 따라서 상대방이 표현대리를 주장하지 않는 동안에는 협의의 무권대리로 취급된다.

> **판례 정리 | 표현대리와 변론주의와의 관계**
>
> 표현대리가 성립한다고 하여 무권대리의 성질이 유권대리로 전환되는 것이 아니므로 양자의 구성요건 해당사실, 즉 주요사실은 다르다고 볼 수밖에 없다. 따라서 유권대리에 관한 주장 속에 무권대리에 속하는 표현대리의 주장이 포함되어 있다고 볼 수 없다. 또한 법원이 표현대리를 인정할 만한 증거들이 있음을 이유로 표현대리의 주장을 유도하기 위한 석명의무가 있는지 문제되나, 법원으로서는 표현대리에 관한 요건사실의 주장이나 증명을 촉구할 석명의무가 없다고 할 것이다(대판 1983.12.13. 83다카1489 전원합의체).

(3) 표현대리의 유형

표현대리제도는 대리제도의 신용을 유지하고 대리인과 거래하는 제3자의 이익을 보호하기 위한 것으로서 민법이 규정한 대리권수여의 표시로 인한 것(제125조), 권한유월로 인한 것(제126조) 및 대리권소멸 후의 것(제129조)에 한한다. 이하에서 구체적으로 살펴본다.

2. 대리권수여 표시에 의한 표현대리(제125조)

> **제125조(대리권수여의 표시에 의한 표현대리)** 제3자에 대하여 타인에게 대리권을 수여함을 표시한 자는 그 대리권의 범위 내에서 행한 그 타인과 그 제3자 간의 법률행위에 대하여 책임이 있다. 그러나 제3자가 대리권 없음을 알았거나 알 수 있었을 때에는 그러하지 아니하다.

(1) 성립요건

1) 대리권수여의 표시

대리권수여의 표시방법에는 제한이 없다. 반드시 대리권 또는 대리인이라는 말을 사용하여야 하는 것이 아니라 사회통념상 대리권을 추단할 수 있는 직함이나 명칭 등의 사용을 승낙 또는 묵인한 경우에도 대리권수여의 표시가 있는 것으로 볼 수 있다(대판 1998.6.12. 97다53762).

> **판례정리 대리권수여 표시의 해당 여부**
> ① 대리권수여의 표시에 의한 표현대리는 본인과 대리행위를 한 자 사이의 기본적인 법률관계의 성질이나 그 효력의 유무와는 직접적인 관계가 없이, 어떤 자가 본인을 대리하여 제3자와 법률행위를 함에 있어 본인이 그 자에게 대리권을 수여하였다는 표시를 제3자에게 한 경우에는 성립할 수 있다(대판 2001.8.21. 2001다31264).
> ② 명의대여도 대리권수여의 표시에 해당하는 것으로 본다(대판 1998.6.12. 97다53762). 그러나 인감증명서는 인장사용에 부수해서 그 확인방법으로 사용되기 때문에 인장사용과 분리해서 어떤 증명방법으로 사용되는 것이 아니므로 인감증명서의 교부만으로는 어떤 대리권을 수여하였다고 보기 어렵다(대판 1978.10.10. 78다75).

2) 표시된 대리권의 범위 내에서의 대리행위

표시된 대리권의 범위 내에서 표현대리행위가 성립하여야 한다. 이를 초과하여 권한을 행사한 경우 제126조의 표현대리가 성립될 수 있다.

3) 표시의 통지를 받은 상대방과의 대리행위

특정인에게 표시한 경우에는 표시를 통지받은 상대방만이 제3자에 해당한다. 따라서 우연히 대리권수여의 표시를 알고 있는 자는 제3자에 해당하지 않으므로 표현대리를 주장할 수 없다.

4) 외관의 신뢰 - 상대방의 선의 및 무과실

제3자(상대방)가 대리권이 없음을 알았거나 알 수 있었을 때에는 제125조가 적용되지 않는다. 즉 상대방은 선의이며 과실이 없어야 한다.

(2) 적용범위

1) 법정대리의 적용 여부

제125조는 본인이 제3자에 대하여 자기의 의사로 타인에게 대리권을 수여했다는 표시를 하는 것을 예정한 규정이기 때문에 본인의 의사와 관계없이 인정되는 법정대리에는 적용될 여지가 없다(대판 1955.5.12. 4287민상208).

2) 복대리의 적용 여부

복대리에 관해서도 제125조는 적용된다. 판례도 대리권이 없는 복대리인의 무권대리행위에 제125조를 적용할 수 있다고 보았다(대판 1979.11.27. 79다1193).

3) 소송행위의 적용 여부

소송행위에는 원칙적으로 표현대리규정이 적용될 수 없다. 판례도 이행지체가 있으면 즉시 강제집행을 하여도 이의가 없다는 강제집행수락의 의사표시는 소송행위라 할 것이고, 표현대리규정이 적용 또는 유추적용될 수 없다고 하였다(대판 1983.2.8. 81다카621).

4) 공법행위의 적용 여부

공법행위에는 표현대리규정이 적용되지 않으나, 지방자치단체가 사경제의 주체로서 법률행위를 하였을 때에는 표현대리에 관한 법리가 적용된다고 한다(대판 1961.12.28. 4294민상204).

3. 권한유월에 의한 표현대리(제126조)

> 제126조(권한을 넘은 표현대리) 대리인이 그 권한 외의 법률행위를 한 경우에 제3자가 그 권한이 있다고 믿을 만한 정당한 이유가 있는 때에는 본인은 그 행위에 대하여 책임이 있다.

(1) 성립요건

1) 기본대리권의 존재

현실로 이루어진 대리행위에 관해서는 대리권이 없지만, 그 기초가 되는 혹은 다른 어떤 행위에 대해서는 대리권이 존재하여야 한다(대판 1984.10.10. 84다카780).

기본대리권을 긍정한 경우	기본대리권을 부정한 경우
• 사실행위를 위한 사자라 하더라도 외관상 그에게 어떠한 권한이 있는 것의 표시 내지 행동이 있어 상대방이 그를 믿었고 또 그를 믿음에 있어 정당한 이유가 있다면 표현대리의 법리에 의하여 본인에게 책임이 있다. • 등기신청과 같이 거래행위와 관련된 것인 때에는 제126조의 기본대리권이 될 수 있다.	• 증권회사로부터 위임받은 고객의 유치, 투자상담 및 권유, 위탁매매약정실적의 제고 등의 업무는 사실행위에 불과하므로 이를 기본대리권으로 하여서는 권한초과의 표현대리가 성립할 수 없다.

2) 기본대리권의 초과

① 권한을 넘은 대리행위의 존재

기본대리권의 권한을 넘은 표현대리행위가 존재하여야 한다. 즉 대리행위자체는 존재하여야 하므로 강행규정을 위반한 행위에는 표현대리가 적용될 여지가 없다(대판 2009.2.12. 2006다23312).

> **판례정리 성명모용과 제126조의 유추적용**
> ① 사술을 써서 위와 같은 대리행위의 표시를 하지 아니하고 단지 본인의 성명을 모용하여 자기가 마치 본인인 것처럼 기망하여 본인 명의로 직접 법률행위를 한 경우에는 특별한 사정이 없는 한 위 법조 소정의 **표현대리는 성립할 수 없다**(대판 2002.6.28. 2001다49814).
> ② 그러나 본인으로부터 아파트에 관한 임대 등 일체의 관리권한을 위임받아 자신을 본인으로 가장하여 아파트를 임대한 바 있는 대리인이 다시 자신을 본인으로 가장하여 임차인에게 아파트를 매도하는 법률행위를 한 경우 표현대리의 법리를 유추적용할 수 있다(대판 1993.2.23. 92다52436).

② 기본대리와 표현대리의 종류

표현대리행위와 기본대리권에 기초한 행위는 동종 내지는 유사한 것임을 요하지 않는다. 따라서 전혀 별개의 행위를 한 경우에도 제126조의 표현대리는 성립한다(대판 1963.8.31. 63다326). 더욱이 제126조의 표현대리는 문제된 법률행위와 수여받은 대리권 사이에 아무런 관계가 없는 경우에도 적용된다(대판 1963.11.21. 63다418).

③ 표현대리행위의 상대방 제한

제126조에서 제3자라 함은 표현대리행위의 직접상대방이 된 자만을 지칭하는 것이며, 그 이후의 전득자는 해당하지 않는다(대판 2002.12.10. 2001다58443).

3) 정당한 이유의 존재

① 정당한 이유의 의미·판단

정당한 이유라 함은 대리권의 부존재에 대하여 선의이며 과실이 없는 것을 의미하며 정당한 이유의 존부는 대리행위가 행하여질 때를 기준으로 판단하여야 하는 것이지(대판 2008.1.31. 2007다74713), 당해 법률행위가 이루어지고 난 훨씬 뒤의 사정을 고려하여 그 존부를 결정해야 하는 것은 아니다(대판 2001.3.9. 2000다67884).

② 정당한 이유의 증명책임

제126조에 의한 표현대리행위로 인정된다는 점의 주장 및 증명책임은 그것을 유효하다고 주장하는 자(상대방)에게 있다(대판 1968.6.18. 68다694).

(2) 적용범위

1) 대리권 남용의 경우

표현대리가 성립한 경우 대리권 남용이 유추적용될 수 있다. 즉 대리권 남용에 관하여 그 행위의 상대방이 대리인의 진의를 알았거나 알 수 있었을 때에는 본인에 대하여 무효가 되며, 이는 표현대리가 성립하는 경우에도 마찬가지이다(대판 2013.7.11. 2013다5091).

2) 다른 표현대리제도

제129조에 의한 표현대리로 인정되는 경우에 그 표현대리의 권한을 넘은 대리행위가 있을 때에도 제126조의 표현대리가 성립할 수 있다(대판 2008.1.31. 2007다74713).

3) 법정대리권의 경우

법정대리권에도 제126조의 표현대리가 적용될 수 있다. 부부 간 일상가사대리권인 법정대리권에 관하여 판례도 제126조의 표현대리를 인정할 수 있다고 한다(대판 1995.12.22. 94다45098).

4) 복대리인의 경우

복대리권이 없는 대리인에 의하여 선임된 복대리인의 권한도 기본대리권이 될 수 있다(대판 1998.3.27. 97다48982).

4. 대리권소멸 후의 표현대리(제129조)

> 제129조(대리권소멸 후의 표현대리) 대리권의 소멸은 선의의 제3자에게 대항하지 못한다. 그러나 제3자가 과실로 인하여 그 사실을 알지 못한 때에는 그러하지 아니하다.

(1) 성립요건

1) 존재하였던 대리권의 소멸

대리인이 과거에 대리권을 가지고 있었으나, 대리행위를 할 당시에는 대리권이 이미 소멸한 경우에 한하여 제129조가 적용된다. 즉 수권행위가 철회되거나 기초적 내부관계가 소멸된 경우 제129조의 표현대리가 적용될 수 있다. 그러나 처음부터 전혀 대리권이 없는 경우에는 제129조가 적용될 수 없다(대판 1977.5.24. 76다2934).

2) 권한범위 내의 법률행위

대리행위를 할 당시에 대리권은 이미 소멸하였지만, 대리행위는 과거에 갖고 있던 대리권의 범위 내에서 이루어져야 한다. 그 대리권의 범위를 넘은 행위에는 제126조가 적용된다.

3) 상대방의 선의 및 무과실

상대방은 대리인이 과거에 대리권을 가지고 있었기 때문에 현재도 역시 대리권이 존속하고 있다고 믿고, 그렇게 믿은 데 과실이 없어야 한다.

(2) 적용범위

제129조가 법정대리에도 적용되며(대판 1975.1.28. 74다1199), 복대리인의 무권대리행위에 대하여도 적용된다.

> **판례정리** 대리권 소멸 후 복대리인의 대리행위와 표현대리
> 대리인이 대리권소멸 후 복대리인을 선임하여 복대리인으로 하여금 상대방과 사이에 대리행위를 하도록 한 경우, 상대방이 복대리인에게 적법한 대리권이 있는 것으로 믿었고 그와 같이 믿은 데 과실이 없다면 민법 제129조에 의한 표현대리가 성립할 수 있다(대판 1998.5.29. 97다55317).

연습문제

01 〈노무사 2015〉

대리에 관한 설명으로 옳지 않은 것은?

① 의사표시의 효력이 의사의 흠결로 인하여 영향을 받을 경우에 그 사실의 유무는 대리인을 표준하여 결정한다.
② 선의의 상대방은 본인의 추인이 있을 때까지 무권대리인과 체결한 계약을 철회할 수 있다.
③ 복대리인은 그 권한 내에서 본인을 대리한다.
④ 대리인은 행위능력자임을 요하지 아니한다.
⑤ 무권대리행위에 대한 본인의 추인은 다른 의사표시가 없는 한, 추인한 때로부터 그 효력이 생긴다.

해설 | ⑤ (×) 무권대리행위에 대한 본인의 추인은 다른 의사표시가 없는 한, 계약 시에 소급하여 그 효력이 생긴다(제133조 본문). 즉 계약 시에 소급하여 처음부터 유권대리행위와 동일한 효력이 당사자에게 발생하는 것이므로 사후에 대리권을 수여하는 것이 아니다(대판 1965.10.26. 65다1677).

정답 | ⑤

02 〈노무사 2019〉

임의대리권의 범위에 관한 설명으로 옳지 않은 것은? (다툼이 있으면 판례에 따름)

① 권한을 정하지 않은 대리인은 보존행위를 할 수 있다.
② 대리인이 수인인 때에는 법률 또는 수권행위에서 달리 정하는 바가 없으면 공동으로 본인을 대리한다.
③ 토지 매각의 대리권을 수여받은 대리인은 특별한 사정이 없는 한 중도금과 잔금을 수령할 권한을 가진다.

④ 매매계약체결에 대해 포괄적 대리권을 수여받은 자는 특별한 사정이 없는 한 상대방에게 약정된 매매대금의 지급기일을 연장하여 줄 권한을 가진다.
⑤ 대여금의 영수권한만을 위임받은 대리인이 그 대여금의 일부를 면제하기 위해서는 본인의 특별수권이 필요하다.

해설 | ② (×) 공동대리란 수인의 대리인이 공동으로만 대리할 수 있는 대리를 말한다. 대리인이 수인일 때에는 각자대리의 원칙이 적용되어, 공동대리가 아니고 각자가 본인을 대리한다(제119조 본문). 그러나 법률 또는 수권행위에 다른 정함이 있는 경우에는 공동대리인은 공동해서만 본인을 대리한다(제119조 단서).

정답 | ②

03 〈노무사 2023〉

민법상 무권대리와 표현대리에 관한 설명으로 옳은 것은? (다툼이 있으면 판례에 따름)

① 표현대리행위가 성립하는 경우에 상대방에게 과실이 있다면 과실상계의 법리가 유추적용되어 본인의 책임이 경감될 수 있다.
② 권한을 넘은 표현대리에 관한 제126조의 제3자는 당해 표현대리행위의 직접상대방만을 의미한다.
③ 무권대리행위의 상대방이 제134조의 철회권을 유효하게 행사한 후에도 본인은 무권대리행위를 추인할 수 있다.
④ 계약체결 당시 대리인의 무권대리 사실을 알고 있었던 상대방은 최고권을 행사할 수 없다.
⑤ 대리인이 대리권 소멸 후 선임한 복대리인과 상대방 사이의 법률행위에는 대리권소멸 후의 표현대리가 성립할 수 없다.

해설 | ② (○) 제126조에서 제3자라 함은 표현대리행위의 직접상대방이 된 자만을 지칭하는 것이며, 그 이후의 전득자는 해당하지 않는다(대판 2002.12.10. 2001다58443).

정답 | ②

제6절 법률행위의 무효와 취소

1 법률행위의 무효

Ⅰ. 무효 일반론

1. 무효의 의의

법률행위가 유효요건을 갖추지 않으면 법률행위 당사자가 의욕했던 효과는 형성될 수 없다. 이 경우 법률요건으로서의 법률행위에 부여되어야 할 법률효과가 처음부터 전혀 발생하지 않기 때문에 그 효력이 발생하지 않는 것을 무효라고 한다.

2. 무효의 효과

(가) 무효는 아무나 주장할 수 있으며, 그 어떠한 효과도 발생하지 않는다. 다만, 무효인 법률행위에 기하여 이행된 급부는 부당이득으로 반환되어야 한다(제741조).

(나) 법률행위가 무효인 경우 권리와 의무가 발생하지 않는 바, 무효인 법률행위에 따른 법률효과를 침해하는 것처럼 보이는 위법행위나 채무불이행이 있더라도 법률효과에 따른 손해배상을 청구할 수 없다(대판 2003.3.28. 2002다72125).

3. 무효의 종류

(1) 절대적 무효와 상대적 무효

'절대적 무효'는 법률행위를 행한 당사자 사이에서뿐만 아니라 제3자에 대한 관계에서도 효력이 없다(예를 들면 제103조, 제104조). 반면에 '상대적 무효'는 당사자 사이에서는 무효이지만, 무효로써 선의의 제3자에게 대항하지 못하는 경우를 말한다(예를 들면 제107조 2항, 제108조 2항).

(2) 확정적 무효와 유동적 무효

(가) 법률행위의 무효는 확정적으로 효력이 발생하지 않는 것이 원칙이다. 이와는 달리 법률행위의 효력이 현재로서는 발생하지 않지만 추후에 허가 내지 인가를 받거나, 추인을 얻은 경우 소급하여 유효로 확정될 수 있는 법적 상태를 '유동적 무효'라고 한다.

(나) 특히 판례는 토지거래계약의 목적물이 국토계획법상 토지거래허가구역 내의 토지인 경우에, 양 당사자는 부동산거래신고법에 따라 관청의 허가를 얻어야 비로소 계약의 효력이 확정된다고 하는 '유동적 무효'의 법리를 전개하고 있다. 이하에서 판례의 내용을 중심으로 살펴보자.

Ⅱ. 유동적 무효

1. 유동적 무효의 법률관계

(1) 급부의무의 존부

1) 이행청구 및 해제의 가부

㈎ 허가를 받기 전에는 거래계약의 채권적 효력은 물론 물권적 효력도 전혀 발생하지 않으므로 권리의 이전 또는 설정에 관한 어떠한 내용의 이행청구도 할 수 없다(대판 1991.12.24. 90다12243 전원합의체).

㈏ 따라서 매수인이 이행지체에 빠지는 것은 아니고 채무불이행을 이유로 거래계약을 해제하거나 그로 인한 손해배상을 청구할 수 없다(대판 2001.1.28. 99다40524).

2) 목적물의 가처분신청 가부

유동적 무효의 경우 채권적 효력이 없는 바, 토지거래계약에 관한 허가를 받을 것을 조건으로 한 소유권이전등기청구권을 피보전권리로 한 부동산처분금지가처분신청은 허용되지 않는다(대결 2010.8.26. 2010마818).

3) 계약인수에 따른 청구 가부

① 매수인지위를 인수하는 약정의 경우

매수인의 지위를 이전받는다는 취지의 합의를 한 경우, 허가가 없는 이상 제3자가 매도인에 대하여 직접 토지거래허가 신청절차 협력의무의 이행을 구할 수 없다(대판 1996.7.26. 96다7762).

② 매도인지위를 인수하는 약정의 경우

제3자가 매도인 지위를 인수하는 경우에는 최초매도인과 매수인 사이의 매매계약에 대하여 관할 관청의 허가가 있어야만 매도인 지위의 인수에 관한 합의의 효력이 발생한다고 볼 것은 아니다(대판 2013.12.26. 2012다1863). 즉 매도인의 지위를 인수하는 경우 허가 없이도 가능하다.

(2) 협력의무의 존부

1) 협력의무의 성질

㈎ 유동적 무효상태의 계약 당사자는 그 계약이 효력 있는 것으로 완성될 수 있도록 서로 협력할 신의칙상 의무를 부담하므로 허가신청절차에 협력하지 않는 당사자에 대하여 상대방은 협력의무의 이행을 소송으로써 구할 이익이 있다(대판 1991.12.24. 90다12243 전원합의체).

㈏ 이 경우 매도인의 토지거래계약허가 신청절차에 협력할 의무와 매매계약 내용에 따라 매수인이 이행하여야 할 매매대금 지급의무 사이에는 상호 이행상의 견련성이 있다고 할 수 없으므로, 매도인으로서는 그러한 의무이행의 제공이 있을 때까지 그 협력

의무의 이행을 거절할 수 있는 것은 아니다(대판 1996.10.25. 96다23825).

> **[판례정리] 협력의무의 이행청구권의 보전**
> ① 매매계약의 당사자는 허가신청에 협력하지 아니하는 상대방 당사자에 대하여 협력의무의 이행을 청구할 수 있으므로, 이러한 이행청구권도 채권자대위권의 행사에 의하여 보전될 수 있는 채권에 해당한다(대판 2013.5.23. 2010다50014).
> ② '토지거래허가신청절차청구권'을 피보전권리로 하여 매매목적물의 처분을 금하는 가처분을 구할 수 있다(대판 1998.12.22. 98다44376).

2) 불이행의 효과

㈎ 유동적 무효의 상태에 있는 거래 당사자는 상대방이 그 거래계약의 효력이 완성되도록 협력할 의무를 이행하지 아니하였음을 들어 일방적으로 유동적 무효의 상태에 있는 거래계약 자체를 해제할 수는 없다(대판 1999.6.17. 98다40459 전원합의체).

㈏ 그러나 허가신청을 하여야 할 협력의무를 이행하지 아니하고 매수인이 그 매매계약을 일방적으로 철회함으로써 매도인이 손해를 입은 경우에 매수인은 이 협력의무불이행과 인과관계가 있는 손해를 배상하여야 한다(대판 1995.4.28. 93다26397).

> **[판례정리] 손해배상액예정의 체결 가부**
> 유동적 무효상태에 있는 계약을 체결한 당사자는 그 계약이 효력이 있는 것으로 완성될 수 있도록 서로 협력할 의무를 부담하므로, 당사자 일방이 토지거래허가를 받기 위한 협력 자체를 이행하지 아니하거나 허가신청에 이르기 전에 매매계약을 철회하는 경우에 상대방에게 일정한 손해액을 배상하기로 하는 약정을 유효하게 할 수 있다(대판 1997.2.28. 96다49933).

(3) 계약금 및 위약금 약정

㈎ 특별한 사정이 없는 유동적 무효상태에 있는 매매계약에서도 매도인이 계약금의 배액을 상환함으로써 계약을 적법하게 해제할 수 있다(대판 1997.6.27. 97다9369).

㈏ 또한 당사자 사이에 별개의 약정으로 매매 잔금이 그 지급기일에 지급되지 아니하는 경우 매매계약을 자동적으로 해제하기로 약정하는 것은 가능하다(대판 2010.7.22. 2010다1456).

(4) 부당이득반환청구 가부

허가를 배제하거나 잠탈하는 내용이 아닌 유동적 무효상태의 매매계약을 체결하고 매수인이 이에 기하여 임의로 지급한 계약금은 그 계약이 유동적 무효상태로 있는 한 이를 부당이득으로 반환을 구할 수 없고 유동적 무효상태가 확정적으로 무효가 되었을 때 비로소 부당이득으로 그 반환을 구할 수 있다(대판 1993.7.27. 91다33766).

2. 확정적 무효가 되는 경우

(1) 허가의 배제·잠탈행위

토지거래계약 허가구역 내 토지에 관하여 허가를 배제하거나 잠탈하는 내용으로 매매계약이 체결된 경우에는, 확정적으로 무효이다. 이 경우 계약체결 후 허가구역 지정이 해제되거나 허가구역 지정기간 만료 이후 재지정을 하지 아니한 경우라 하더라도 이미 확정적으로 무효로 된 계약이 유효로 되는 것이 아니다(대판 2019.1.31. 2017다228618).

> **판례정리 토지거래허가구역 내에서 중간생략등기를 합의한 경우**
> 당사자들 사이에 최초의 매도인이 최종매수인 앞으로 직접 소유권이전등기를 경료하기로 하는 중간생략등기의 합의에 따라 최종매수인이 자신과 최초매도인을 매매 당사자로 하는 토지거래허가를 받아 자신 앞으로 소유권이전등기를 경료하였다면 이는 적법한 토지거래허가 없이 경료된 등기로서 **무효**이다(대판 1997.11.11. 97다33218).

(2) 관할관청의 불허가처분

㈎ 유동적 무효상태의 계약에 대하여 불허가처분이 있을 때 뿐만 아니라 당사자 쌍방이 허가신청을 하지 아니하기로 의사표시를 명백히 한 경우에 확정적 무효로 된다(대판 1993.7.27. 91다33766).

㈏ 단지 매매계약의 일방 당사자만이 불허가처분을 유도할 의도로 불성실하게 기재한 경우라면, 실제로 토지거래허가신청에 대한 불허가처분이 있었다는 사유만으로 곧바로 매매계약이 확정적 무효상태에 이르렀다고 할 수 없다(대판 1997.11.11. 97다36965, 36972).

(3) 채무의 명백한 이행불능

거래계약상 일방의 채무가 이행불능임이 명백하고 나아가 그 상대방이 거래계약의 존속을 더 이상 바라지 않고 있는 경우에도 확정적으로 무효가 된다. 거래계약이 확정적으로 무효가 된 경우에는 거래계약이 확정적으로 무효로 됨에 있어서 귀책사유가 있는 자라고 하더라도 그 계약의 무효를 주장할 수 있다(대판 2010.8.19. 2010다31860, 31877).

(4) 의사표시의 하자와 흠

토지거래가 계약당사자의 표시와 불일치한 의사(비진의표시, 허위 표시 또는 착오) 또는 사기·강박이 있는 의사에 의하여 이루어진 경우에는 거래허가를 신청하기 전에 이러한 사유를 주장하여 거래허가신청협력에 대한 거절의사를 명백히 하여 그 계약을 확정적으로 무효화시키고 자신의 거래허가절차에 협력할 의무를 면할 수 있다(대판 1997.11.14. 97다36118).

(5) 허가약정 기간의 도과

매매계약 체결 당시 일정한 기간 안에 토지거래허가를 받기로 약정한 경우, 약정기간이 경과하였다는 사정만으로 매매계약이 확정적으로 무효가 된다고 할 수 없다. 그러나 약정기간 내에 토지거래허가를 받지 못할 경우 곧바로 매매계약을 무효로 하기로 하는 특별한 사정이 있다면, 위 약정기간이 경과한 경우 매매계약이 확정적으로 무효가 된다(대판 2009.4.23. 2008다50615).

3. 확정적 유효가 되는 경우

(1) 관할관청의 허가처분 - 인가

관할관청의 허가를 받으면 그 계약은 소급해서 유효로 되므로 허가 후에 새로이 거래계약을 체결할 필요는 없다. 그러므로 이러한 허가의 법적 성질은 매매라는 법률행위의 효력을 완성시켜 주는 인가이다(대판 1991.12.24. 90다12243 전원합의체).

(2) 지정해제 또는 지정기간만료

㈎ 토지거래허가구역으로 지정된 토지에 관하여 지정을 해제하거나 또는 지정기간이 만료된 경우 더 이상 토지거래허가를 받을 필요가 없이 확정적으로 유효로 되어 당사자는 그 계약에 기하여 토지의 소유권 등 권리이전 또는 설정에 관한 이행청구를 할 수 있고 상대방도 반대급부의 청구를 할 수 있다(대판 1999.6.17. 98다40459 전원합의체).

㈏ 한번 허가구역 지정이 해제되면 계약은 확정적으로 유효로 되므로 그 후 다시 허가구역으로 지정되었다 하더라도 허가를 받을 필요가 없다(대판 2002.5.14. 2002다12635).

Ⅲ. 무효의 재생

1. 일부무효의 법리

제137조(법률행위의 일부무효) 법률행위의 일부분이 무효인 때에는 그 전부를 무효로 한다. 그러나 그 무효부분이 없더라도 법률행위를 하였을 것이라고 인정될 때에는 나머지 부분은 무효가 되지 아니한다.

(1) 전부무효의 원칙

법률행위의 일부분이 무효인 때에는 원칙적으로 그 전부가 무효이다. 본조는 임의규정으로서 당해 효력규정 및 그 효력규정을 둔 법의 입법취지를 고려하여 볼 때 나머지 부분을 무효로 한다면 당해 효력규정 및 그 법의 취지에 명백히 반하는 결과가 초래되는 경우에는 나머지 부분까지 무효가 된다고 할 수는 없다(대판 2004.6.11. 2003다1601).

(2) 일부무효의 요건

1) 법률행위의 일체성 및 분할성

하나의 법률행위가 복합체를 이루어 일체를 이루면서 그 일부의 법률행위가 양적으로 분할 가능한 것이어야 한다. 또한 여러 개의 계약이 체결된 경우에 그 계약 전부가 경제적, 사실적으로 일체로서 행하여져서 하나의 계약인 것과 같은 관계에 있는 경우에도 적용된다(대판 2022.3.17. 2020다288375). 그러나 법률행위의 내용이 불가분인 경우에는 일부무효의 문제되지 않는다(대판 1994.5.24. 93다58332).

2) 당사자의 가정적 의사의 존재

나머지 부분만으로 법률행위의 효과를 의욕할 당사자의 가정적 의사가 존재하여야 한다. 이때 당사자의 의사는 실존하는 의사가 아니라, 법률행위의 일부가 무효임을 당사자 쌍방이 법률행위의 당시에 알았더라도 역시 법률행위를 하였을 것이라는 가정적 의사가 기준이 된다.

> **판례 정리** 당사자의 가정적 의사가 문제되는 경우
> 당사자들이 처음부터 한 당사자의 의사표시가 무효가 되더라도 자신들은 약정내용대로 이행하기로 하였다면 그 당사자들 사이에서는 가정적 의사가 무엇인지 가릴 것 없이 무효 부분을 제외한 나머지 부분은 그대로 유효하다(대판 2010.3.25. 2009다41465).

2. 무효행위의 전환

제138조(무효행위의 전환) 무효인 법률행위가 다른 법률행위의 요건을 구비하고 당사자가 그 무효를 알았더라면 다른 법률행위를 하는 것을 의욕하였으리라고 인정될 때에는 다른 법률행위로서 효력을 가진다.

(1) 의 의

무효행위의 전환이라 함은 원래 법률행위가 무효이지만 동시에 다른 법률행위로서의 요건을 갖출 때에는, 다른 법률행위로서의 효력을 인정하는 제도이다. 제137조는 양적 일부무효를 규정함에 대하여 제138조는 질적 일부무효를 규정한 것이다.

(2) 요 건

1) 성립한 법률행위의 무효

㈎ 일단 성립한 법률행위가 무효이어야 한다. 법률행위가 강행법규에 위반되어 무효가 되는 경우에 그 법률행위가 다른 법률행위의 요건을 구비하고 당사자 쌍방이 위와 같은 무효를 알았더라면 다른 법률행위를 하는 것을 의욕하였으리라고 인정될 때에는 민법 제138조에 따라 다른 법률행위로서 효력을 가질 수도 있다(대판 2022.5.26. 2020다253515).

㈏ 판례도 매매대금이 부당이 과다하여 제104조 불공정한 법률행위로써 무효인 경우에도 적절한 금액으로의 전환을 긍정하고 있다(대판 2010.7.15. 2009다50308).

2) 가정적 전환의사의 존재

㈎ '당사자가 그 무효를 알았더라면 다른 법률행위를 하는 것을 의욕하였을 것이 인정'되어야 한다. 이러한 '전환의 의사'는 가정적 의사이면 족하다.

㈏ 사용자가 근로자의 임금 지급에 갈음하여 사용자가 제3자에 대하여 가지는 채권을 근로자에게 양도하기로 하는 약정은 전부 무효임이 원칙이나 무효행위 전환의 법리에 따라 그 채권양도 약정은 '임금의 지급을 위하여 한 것'으로서 효력을 가질 수 있다(대판 2012.3.29. 2011다101308).

3) 다른 법률행위의 내포성

㈎ 제138조의 다른 법률행위는 그 법률효과에 있어서 원래의 법률행위의 그것보다 '작은 것'이어서 이에 내포될 수 있는 것이어야 한다.

㈏ 민법은 ⅰ) 비밀증서에 의한 유언이 그 방식을 결여할 경우에는 자필증서의 방식을 갖춘 경우에 한하여 '자필증서에 의한 유언'으로서 인정하며(제1071조), 또한 ⅱ) 연착한 승낙(제530조)과 변경을 가한 승낙(제534조)은 새로운 청약으로 간주된다.

> **판례정리 — 무효인 신분행위의 전환(요식행위의 경우)**
> ① 혼인 외의 출생자를 혼인 중의 출생자로 출생신고를 한 경우에는 그 출생신고는 무효이지만 인지신고로서는 효력이 있다(대판 1971.11.15. 71다1983). 또한 타인의 자를 자기의 자로서 출생신고한 경우에도 입양의 효력은 인정된다(대판 1977.7.26. 77다492 전원합의체).
> ② 상속인들이 한 상속포기 신고가 민법 제1019조 제1항 소정의 기간을 경과한 후에 신고된 것이어서 상속포기로서의 효력이 없다고 하더라도, 공동상속인들 사이에서는 상속재산에 관한 협의분할이 이루어진 것으로 보아야 한다(대판 1996.3.26. 95다45545, 45552, 45569).

(3) 효 과

위 요건들이 갖추어지면 무효인 법률행위는 다른 법률행위로서의 효력을 발생한다. 즉, 무효인 법률행위가 새롭게 유효로 되는 것이 아니다.

3. 무효행위의 추인

> **제139조(무효행위의 추인)** 무효인 법률행위는 추인하여도 그 효력이 생기지 아니한다. 그러나 당사자가 그 무효임을 알고 추인한 때에는 새로운 법률행위로 본다.

(1) 민법상 무효행위에 대한 추인

1) 의 의

무효인 법률행위의 추인이라 함은 무효인 법률행위를 유효로 인정하려는 당사자의 의사표시를 말한다. 즉 당사자가 무효인 행위를 새로운 법률행위로 간주할 수 있는 제도이다. 유의할 것은 새로운 법률행위로 본다는 것이지 그것이 유효하다고까지 정한 것은 아니라는 것이다. 즉 새로운 법률행위가 유효가 되기 위하여는 유효요건을 갖춰야 한다.

2) 요 건

㈎ 당사자는 그 법률행위가 무효임을 알고 추인하여야 하며, 추인시에 새로운 법률행위의 유효요건이 존재하여야 한다.

> **판례정리** **강행규정을 위반하여 무효인 보험계약의 추인**
> 상법 제731조 제1항에 의하면 타인의 생명보험에서 피보험자가 서면으로 동의의 의사표시를 하여야 하는 시점은 '보험계약체결시까지'이고, 이는 강행규정으로서 피보험자가 이미 무효가 된 보험계약을 추인하였다고 하더라도 그 보험계약이 유효로 될 수는 없다. 위 생명보험계약의 무효를 주장하는 것이 신의성실의 원칙 등에 위반하지 않는다(대판 2010.2.11. 2009다7400).

(나) 추인은 명시적으로 혹은 묵시적으로도 할 수 있는 바, 묵시적 추인을 인정하기 위해서는 본인이 그 행위로 처하게 된 법적 지위를 충분히 이해하고 진의에 기하여 그 행위의 결과가 자기에게 귀속된다는 것을 승인한 것으로 볼만한 사정이 있어야 할 것이다(대판 2014.3.27. 2012다106607). 이러한 추인이 있었다는 사실은 법률행위의 성립을 주장하는 자가 증명하여야 한다.

3) 효과

① 원칙(장래효)

무효인 법률행위를 당사자가 알고 추인하면 새로운 법률행위로 본다. 새로운 법률행위가 유효인지 무효인지는 따로 결정하여야 한다. 그러므로 소급효가 없다(대판 1983.9.27. 83므22).

> **판례정리** **무효인 채권양도행위의 추인**
> 당사자의 양도금지의 의사표시로써 채권은 양도성을 상실하며 양도금지의 특약에 위반해서 채권을 제3자에게 양도한 경우에 악의 또는 중과실의 채권양수인에 대하여는 채권이전의 효과가 생기지 아니하나, 악의 또는 중과실로 채권양수를 받은 후 채무자가 그 양도에 대하여 승낙을 한 때에는 채무자의 사후승낙에 의하여 무효인 채권양도행위가 추인되어 유효하게 되며 이 경우 다른 약정이 없는 한 소급효가 인정되지 않고 양도의 효과는 승낙시부터 발생한다(대판 2009.10.29. 2009다47685).

② 예외(소급효)

당사자들이 소급효를 가진 추인을 약정하는 것은 가능하므로, 행위 시에 소급시켜 추인할 수도 있다(대판 1949.3.22. 4281민상361). 또한 신분행위의 특성상 무효인 신분행위를 추인하는 경우에도 소급효가 인정된다.

> **판례정리** **무효인 신분행위 소급적 추인**
> 민법 제139조 본문이 무효인 법률행위는 추인하여도 그 효력이 생기지 않는다고 규정하고 있음에도 불구하고 입양 등의 신분행위에 관하여 이 규정을 적용하지 아니하고 추인에 의하여 소급적 효력을 인정한다. 하지만 당사자 간에 무효인 신고행위에 상응하는 신분관계가 실질적으로 형성되어 있지 않다면 무효인 신분행위에 대한 추인의 의사표시만으로 그 무효행위의 효력을 인정할 여지는 전혀 없다(대판 2004.11.11. 2004므1484).

(2) 무권리자 처분행위에 대한 추인

1) 추인의 방법

특별한 사정이 없는 한 이로써 권리자 본인에게 위 처분행위의 효력이 발생함은 사적 자치의 원칙에 비추어 당연하고, 이 경우 추인은 명시적으로뿐만 아니라 묵시적인 방법으로도 가능하며 그 의사표시는 무권리자나 그 상대방 어느 쪽에 하여도 무방하다(대판 2001.11.9. 2001다44291).

2) 추인의 효과

(가) 무권리자의 처분행위는 원칙적으로 무효이다. 그러나 권리자가 무권리자의 처분을 추인하면 무권대리에 대해 본인이 추인을 한 경우와 유사하므로, 원칙적으로 계약의 효과가 계약을 체결했을 때에 소급하여 권리자에게 귀속된다(대판 2017.6.8. 2017다3499).

(나) 그리고 권리자는 무권리자에 대하여 무권리자가 처분행위로 인하여 얻은 이득의 반환을 청구할 수 있다(대판 2022.6.30. 2020다210686, 210693).

2 법률행위의 취소

Ⅰ. 취소권의 발생

1. 취소의 의의

취소할 수 있는 법률행위는 일단 유효한 법률행위로서 효력이 발생하지만, 후에 취소에 의하여 법률행위가 있었던 때로 소급하여 효력을 잃게 되는 것을 말한다.

2. 취소의 성질

취소는 일방적 의사표시로써 기존의 법률관계에 변동을 가져오므로 법률행위를 취소하기 위해서는 반드시 '취소권'이라는 법률적 근거가 있어야 한다. 즉, 취소권은 그 법적 성질상 해제권과 마찬가지로 형성권으로서 상대방 있는 단독행위이다.

Ⅱ. 취소권의 행사

1. 취소권자

> 제140조(법률행위의 취소권자) 취소할 수 있는 법률행위는 제한능력자, 착오로 인하거나 사기·강박에 의하여 의사표시를 한 자, 그의 대리인 또는 승계인만이 취소할 수 있다.

(1) 미성년자 등 제한능력자

제한능력자는 자기가 행한 취소할 수 있는 법률행위를 단독으로 취소할 수 있다(이는 신의칙에도 위반되지 않는다). 취소권행사에 대한 법정대리인의 동의가 없었다는 이유로 위 제한능력자의 취소를 다시 취소할 수는 없다.

(2) 흠 있는 의사표시 한 자

'사기나 강박에 의하여 의사표시를 한 자'뿐만 아니라 '착오에 의한 의사표시를 한 자'도 모두 제140조의 취소권자이다.

(3) 위 (1) 및 (2)의 대리인

제한능력자의 법정대리인은 그의 동의 없이 한 제한능력자의 의사표시를 단독으로 취소할 수 있다. 이와 달리 임의대리인은 본인의 취소권행사를 대리할 뿐, 임의대리인 스스로 취소권자가 되는 것은 아니다.

(4) 위 (1) 및 (2)의 승계인

상속인이나 합병회사와 같은 포괄승계인은 피상속인의 취소권을 승계하여 행사할 수 있다. 물론 특정승계인도 취소권을 승계한다. 다만 취소권만의 승계는 인정되지 않으며, 취소할 수 있는 행위에 의하여 취득한 권리의 승계가 있는 경우에만 특정승계인은 취소권자가 된다.

2. 행사방법

(1) 재판 외 행사

㈎ 취소권을 반드시 재판상 행사하여야 하는 것은 아니고, 재판 외에서 의사표시를 하는 방법으로도 권리를 행사할 수 있다(대판 1993.7.27. 92다52795). 이 경우 취소원인이 어느 정도 명확하게 표명되어야 한다(대판 2002.9.24. 2002다11847).

㈏ 그러나 취소권을 재판상 행사하는 경우, 취소의 의사표시가 담긴 소장 부본이 제척기간 내에 송달되어야 한다(대판 2008.9.11. 2008다27301, 27318).

(2) 일부취소 가부

일부취소는 일부무효와 달리 명문의 규정이 없으나 일부무효의 법리에 준하여 일부취소가 가능하다. 판례의 구체적인 내용을 살펴보면 다음과 같다.

> **판례정리 일부취소에 관한 판례의 정리**
> 하나의 법률행위의 일부분에만 취소사유가 있고 그 법률행위가 가분적이거나 그 목적물의 일부가 특정될 수 있다면, 나머지 부분이라도 이를 유지하려는 당사자의 '가상적 의사'가 인정되는 경우에는 그 일부만의 취소도 가능하다고 할 것이고, 그 일부의 취소는 법률행위의 일부에 관하여 효력이 생긴다(대판 2002.9.4. 2002다18435).

(3) 취소의 상대방

상대방 있는 법률행위의 경우, 그 취소는 그 상대방에 대한 의사표시로 하여야 한다(제142조). 따라서 상대방이 취소의 대상이 된 행위에 의하여 취득한 권리를 제3자에게 양도한 경우에도 원래의 상대방이 여전히 취소의 상대방이다. 반면, 상대방 없는 법률행위의 경우 취소의 의사를 외부에 객관화하면 된다.

Ⅲ. 취소의 효과

> 제141조(취소의 효과) 취소한 법률행위는 처음부터 무효인 것으로 본다. 그러나 제한능력자는 그 행위로 인하여 받은 이익이 현존하는 한도에서 상환할 책임이 있다.

1. 법률행위의 소급 무효

법률행위가 취소되면 그 법률행위는 처음부터 무효인 것과 마찬가지로 소멸한다. 다만 예외적으로 장래효에 그치는 경우도 있는데, 다음 판례를 살펴보자.

> **[판례 정리] 근로계약의 취소와 예외적 장래효**
> 근로계약의 무효 또는 취소를 주장할 수 있다 하더라도 근로계약에 따라 그동안 행하여진 근로자의 노무 제공의 효과를 소급하여 부정하는 것은 타당하지 않으므로 이미 제공된 근로자의 노무를 기초로 형성된 취소 이전의 법률관계까지 효력을 잃는다고 보아서는 아니 되고, 취소의 의사표시 이후 장래에 관하여만 근로계약의 효력이 소멸된다(대판 2017.12.22. 2013다25194, 25200).

2. 이행한 급부의 반환

(1) 원칙(부당이득범위에 따른 반환)

㈎ 취소된 원인행위에 기초하여 급부의 실현행위가 이미 이루어진 때에는 당사자들은 이를 각자 반환하여야 한다(제741조). 취소권 행사의 효과로서 생기는 부당이득반환청구권은 취소권을 행사한 때부터 소멸시효가 별도로 진행한다(대판 1992.10.13. 92다4666).

㈏ 이때에 당사자들이 부담하는 의무의 내용은 원상회복이 아니라 부당이득이며, 서로 동시이행의 관계에 있다(대판 2001.7.11. 2001다3764).

(2) 예외(제한능력자에 관한 특칙)

제한능력자는 '선의·악의를 불문'하고 취소된 행위에 의하여 받은 이익이 '현존하는 한도 내에서 반환'할 책임이 있다. 만약 그 취득한 것이 금전상의 이득인 때에는 금전의 소비 여부를 불문하고 현존하는 것으로 추정된다. 따라서 현존이익 없음을 제한능력자 측에서 증명하여야 한다(대판 2005.4.15. 2003다60297).

> **[판례 정리] 의사무능력자의 경우에도 유추적용되는지 여부**
> 제한능력자의 책임을 제한하는 민법 제141조 단서는 의사능력의 흠결을 이유로 법률행위가 무효가 되는 경우에도 유추적용되어야 할 것이다. 의사무능력자가 자신이 소유하는 부동산에 근저당권을 설정해 주고 금융기관으로부터 금원을 대출받아 이를 제3자에게 대여한 경우, 위 대출금 자체의 반환을 구할 수는 없더라도 현존 이익인 위 채권의 양도를 구할 수 있다(대판 2009.1.15. 2008다58367).

Ⅳ. 취소권의 소멸

1. 취소할 수 있는 법률행위 추인

(1) 추인의 의의

취소할 수 있는 법률행위에 대한 추인은 취소할 수 있는 법률행위를 그 취소사유에도 불구하고 유효로 확정시키겠다는 취소권자의 의사표시이다(취소권의 포기).

(2) 추인의 요건

㈎ 추인을 할 수 있는 자는 취소권자에 한정된다(제140조). 그리고 반드시 '취소원인이 종료한 후'에 추인하여야 한다(제144조 1항). 그러므로 제한능력자는 능력자가 된 후에, 착오·사기·강박의 상태에 있었던 자는 그 상태에서 벗어난 후에 추인의 의사표시를 하여야 한다. 따라서 취소원인이 종료되기 전에 한 추인은 효력이 없다(대판 1982.6.8. 81다107). 다만, 법정대리인 또는 후견인은 이러한 제한 없이 언제나 추인할 수 있다(제144조 2항).

㈏ 취소권자는 취소할 수 있는 행위임을 알고서 추인하여야 한다. 특히 추인의 의사표시는 상대방 있는 의사표시로서, 명시적일 필요는 없으며 묵시적으로도 가능하다(통설).

(3) 추인의 효과

추인이 있으면 취소할 수 있는 법률행위는 새로운 법률행위를 함이 없이 유효한 행위로 확정된다(제143조 1항).

> **판례정리 | 취소에 의하여 소급적으로 무효가 된 법률행위의 추인 가부**
> 취소할 수 있는 법률행위가 일단 취소된 이상 그 후에는 취소할 수 있는 법률행위의 추인에 의하여 이미 무효로 간주된 당초의 의사표시를 다시 확정적으로 유효하게 할 수는 없다. 다만 무효인 법률행위의 추인의 요건과 효력으로서 추인할 수는 있으나, 무효행위의 추인은 그 무효원인이 소멸한 후에 하여야 그 효력이 있다(대판 1997.12.12. 95다38240).

2. 취소권의 배제 - 법정추인제도

(1) 법정추인의 의의

민법 제145조는 취소할 수 있는 법률행위에 대하여 일정한 사유가 존재하면 당연히 추인한 것으로 간주하는 규정을 두고 있는 바, 이하에서 살펴보기로 한다.

(2) 법정추인의 요건

1) 취소의 원인이 종료할 것

법정추인의 사유는 취소원인이 종료한 후에 발생하여야 한다. 취소권자는 추인의 의사표시를 할 필요가 없을뿐더러 취소할 수 있는 행위임을 인식할 필요도 없다.

2) 법정추인사유가 존재할 것

전부나 일부의 이행	취소권자가 이행한 경우뿐만 아니라, 상대방의 이행을 수령한 경우도 포함된다.
이행의 청구	취소권자가 채무이행을 청구한 것에 한하고, 상대방으로부터 이행청구를 받은 경우는 포함하지 않는다.
경 개	취소권자가 채권자로서 또는 채무자로서의 경개를 한 경우 모두를 포함한다.
담보의 제공	취소권자가 담보를 제공하는 경우뿐만 아니라, 제공받는 경우도 포함한다.
취소 할 수 있는 행위로 취득한 권리의 전부나 일부의 양도	취소권자가 양도한 경우에 한하며, 취소함으로서 발생하게 될 장래의 채권(장차 취소하면 발생하게 될 손해배상청구권 등)의 양도는 포함되지 않는다.
강제집행	취소권자가 채권자로서 강제집행을 하는 경우뿐만 아니라, 채무자로서 이의 없이 강제집행을 받는 경우도 포함한다.

3) 이의를 보류하지 않을 것

취소권자가 이의를 보류하지 않아야 한다. 따라서 이의를 보류한 경우에는 법정추인의 사유가 존재하더라도 법정추인은 성립되지 않는다.

(3) 법정추인의 효과

취소할 수 있는 법률행위임에도 불구하고 추인한 것으로 본다. 따라서 통상의 추인과 마찬가지로 취소할 수 있는 법률행위는 유효하게 확정되고 그 이후에는 취소할 수 없게 된다.

3. 취소권의 소멸 – 제척기간 도과

> 제146조(취소권의 소멸) 취소권은 추인할 수 있는 날로부터 3년 내에, 법률행위를 한 날로부터 10년 내에 행사하여야 한다.

㈎ 취소권은 추인할 수 있는 날로부터 3년 내에 또는 법률행위를 한 날로부터 10년 내에 행사하여야 하며, 이는 '제척기간'이다. 따라서 법원이 당연히 '직권'으로 조사하여 고려하여야 한다(대판 1996.9.20. 96다25371). 두 기간 가운데 먼저 만료되는 기간에 취소권은 소멸한다.

㈏ 여기서 '추인할 수 있는 날'이란 취소의 원인이 종료되어 취소권자가 취소의 대상인 법률행위를 추인할 수도 있고 취소할 수도 있는 상태를 말한다(대판 2008.9.11. 2008다27301).

연습문제

01 〈노무사 2017〉

법률행위의 무효와 취소에 관한 설명으로 옳지 않은 것은? (다툼이 있으면 판례에 따름)

① 가분적 법률행위의 일부분에만 취소사유가 있는 경우 나머지 부분이라도 이를 유지하려는 당사자의 가정적 의사가 인정되더라도 그 일부만의 취소는 불가능하다.
② 반사회적 법률행위는 당사자의 추인으로 유효하게 될 수 없다.
③ 법정대리인의 동의 없이 행한 미성년자의 법률행위는 미성년자가 단독으로 취소할 수 있다.
④ 법률행위의 일부분이 무효인 경우 원칙적으로 그 전부를 무효로 한다.
⑤ 제한능력을 이유로 법률행위가 취소된 경우, 제한능력자는 현존이익의 한도에서 상환할 책임이 있다.

해설 | ① (×) 하나의 법률행위의 일부분에만 취소사유가 있는 경우에 그 법률행위가 가분적이거나 그 목적물의 일부가 특정될 수 있다면, 그 나머지 부분이라도 이를 유지하려는 당사자의 가정적 의사가 인정되는 경우 그 일부만의 취소도 가능하고, 또 그 일부의 취소는 법률행위의 일부에 관하여 효력이 생긴다고 할 것이나, 이는 어디까지나 어떤 목적 혹은 목적물에 대한 법률행위가 존재함을 전제로 한다(대판 1999.3.26. 98다56607).

정답 | ①

02 〈노무사 2016〉

법률행위의 무효에 관한 설명으로 옳지 않은 것은? (다툼이 있는 경우 판례에 따름)

① 무효인 법률행위의 내용에 따른 법률효과를 침해하는 것처럼 보이는 위법행위가 있다면 그로 인한 손해의 배상을 청구할 수 있다.
② 토지거래허가를 받지 않아 유동적 무효의 상태에 있는 토지매매계약의 당사자는 허가신청절차에 협력할 의무를 부담한다.
③ 법률행위의 일부가 무효인 때에는 원칙적으로 그 전부를 무효로 한다.
④ 약정된 매매대금의 과다로 말미암아 불공정한 법률행위에 해당하여 무효인 경우에도 무효행위의 전환에 관한 규정이 적용될 수 있다.
⑤ 무효행위의 추인은 묵시적인 방법으로도 할 수 있다.

해설 | ① (×) 법률행위의 무효란 법률행위가 성립한 당초부터 법률상 당연히 그 효력이 발생하지 않는 것이 확정되어 있는 것을 말한다. 따라서 무효인 법률행위에 따른 법률효과를 침해하는 것처럼 보이는 위법행위나 채무불이행이 있더라도 법률효과에 따른 손해배상을 청구할 수 없다(대판 2003.3.28. 2002다72125).

정답 | ①

03 〈노무사 2023〉

甲은 「부동산 거래신고 등에 관한 법률」상 토지거래허가 구역에 있는 자신 소유의 X토지를 乙에게 매도하는 매매계약을 체결하였다. 아직 토지거래허가(이하 '허가')를 받지 않아 유동적 무효 상태에 있는 법률관계에 관한 설명으로 옳지 않은 것은? (다툼이 있으면 판례에 따름)

① 甲은 허가 전에 乙의 대금지급의무의 불이행을 이유로 매매계약을 해제할 수 없다.
② 甲의 허가신청절차 협력의무와 乙의 대금지급의무는 동시이행관계에 있다.
③ 甲과 乙이 허가신청절차 협력의무 위반에 따른 손해배상액을 예정하는 약정은 유효하다.
④ 甲이 허가신청절차에 협력할 의무를 위반한 경우, 乙은 협력의무 위반을 이유로 매매계약을 해제할 수 없다.
⑤ 甲이 허가신청절차에 협력하지 않는 경우, 乙은 협력의무의 이행을 소구할 수 있다.

해설 | ② (×) 매도인의 토지거래계약허가 신청절차에 협력할 의무와 매매계약 내용에 따라 매수인이 이행하여야 할 매매대금 지급의무 사이에는 상호 이행상의 견련성이 있다고 할 수 없으므로, 매도인으로서는 그러한 의무이행의 제공이 있을 때까지 그 협력의무의 이행을 거절할 수 있는 것은 아니다(대판 1996.10.25. 96다23825).

정답 | ②

제7절 조건과 기한(법률행위의 부관)

1 조건부 법률행위

Ⅰ. 조건 일반론

1. 조건의 의의

법률행위의 부관으로서 조건이란 그 성취 여부가 '불확실한 장래의 사실'을 말하며, 법률행위효력의 발생 또는 소멸에 관하여 이러한 조건이 붙은 법률행위를 조건부 법률행위라고 한다. 특히 조건은 장래의 사실로서, 그 실현에 있어서 불확실한 것이어야 한다.

> **판례정리 동기와 조건의 구별**
> ① 조건은 법률행위를 구성하는 의사표시의 일체적인 내용을 이룬다. 따라서 의사표시의 일반원칙에 따라 조건을 붙이고자 하는 의사, 즉 **조건의사와 그 표시가 필요하며 조건의사가 있더라도 그것이 외부에 표시되지 않으면 법률행위의 동기에 불과할 뿐이므로 그것만으로는 부관으로서의 조건이 되지 않는다**(대판 2003.5.13. 2003다10797).
> ② 조건을 붙이고자 하는 의사는 법률행위의 내용으로 외부에 표시되어야 하고, 조건을 붙이고자 하는 의사가 있는지는 의사표시에 관한 법리에 따라 판단하여야 한다. 조건을 붙이고자 하는 의사의 표시는 그 방법에 관하여 일정한 방식이 요구되지 않으므로 **묵시적 의사표시나 묵시적 약정으로도 할 수 있다**(대판 2018.6.28. 2016다221368).

2. 조건의 성질

조건은 법률행위의 내용으로서 당사자들이 임의로 정한 것이므로 법정조건은 이미 조건이 아니다. 다만, 그 성질에 반하지 않는 범위에서 조건의 규정을 법정조건에 유추적용할 수 있다(대판 1962.4.18. 4294민상1603).

Ⅱ. 조건의 종류

1. 정지조건과 해제조건

법률행위의 효력을 그 성취에 의하여 발생하게 하는 조건을 정지조건이라고 하고, 이미 발생한 법률행위의 효력을 그 성취에 의하여 소멸하게 하는 조건을 해제조건이라고 한다.

> **판례정리 정지조건과 해제조건이 문제되는 경우**
> ① 건축허가를 필할 때 매매계약이 성립하고 건축허가신청이 불허되었을 때에는 이를 무효로 한다는 약정은 건축허가신청의 불허가를 해제조건으로 하는 매매계약이다(대판 1983.8.23. 83다카552).
> ② 약혼예물의 수수는 혼인이 성립한 경우 당사자 내지 양가의 정리를 두텁게 할 목적으로 수수

되는 것으로 혼인의 불성립을 해제조건으로 하는 증여와 유사한 성질을 가진다(대판 1996.5.14. 96다5506).

2. 수의조건과 비수의조건

수의조건과 비수의조건은 조건의 성취와 당사자의 의사와의 관계에 따른 구분이다. 즉 당사자 일방의 임의의사에 좌우될 수 있는 조건을 '수의조건'이라고 한다. 특히 당사자 일방의 임의의사에 전적으로 법률행위의 효력을 의존하게 하는 조건을 '순수 수의조건'이라고 하며 이는 언제나 무효이다(통설).

> **판례정리** 제작물공급계약에서 검사합격에 따른 보수지급 약정의 의미
>
> 제작물공급계약의 당사자들이 보수의 지급시기에 관하여 '수급인이 공급한 목적물을 도급인이 검사하여 합격하면 도급인은 수급인에게 그 보수를 지급한다'는 내용의 약정은 도급인의 수급인에 대한 보수지급의무와 동시이행관계에 있는 수급인의 목적물인도의무를 확인한 것에 불과하다. 따라서 조건에 해당하지 아니할 뿐만 아니라, 조건에 해당한다 하더라도 순수 수의조건에 해당하지 않는다(대판 2006.10.13. 2004다21862).

3. 기성조건과 불능조건

제151조(불법조건, 기성조건) ② 조건이 법률행위의 당시 이미 성취한 것인 경우에는 그 조건이 정지조건이면 조건 없는 법률행위로 하고 해제조건이면 그 법률행위는 무효로 한다. ③ 조건이 법률행위의 당시에 이미 성취할 수 없는 것인 경우에는 그 조건이 해제조건이면 조건 없는 법률행위로 하고 정지조건이면 그 법률행위는 무효로 한다.

㈎ 법률행위 당시에 이미 성립하고 있는 조건을 기성조건이라고 한다. 기성조건이 정지조건이면 조건없는 법률행위가 되고, 해제조건이면 그 법률행위는 무효이다.

㈏ 반면 실현이 불가능한 사실을 내용으로 하는 조건을 불능조건이라고 한다. 불능조건이 정지조건이면 그 법률행위는 무효로 되고, 해제조건이면 조건 없는 법률행위로 된다.

4. 가장조건과 불법조건

제151조(불법조건, 기성조건) ① 조건이 선량한 풍속 기타 사회질서에 위반한 것인 때에는 그 법률행위는 무효로 한다.

실질적으로 조건으로서의 효력이 인정되지 못하는 것을 가장조건이라고 한다. 반면 선량한 풍속 기타 사회질서에 반하는 조건이 불법조건이며 이는 조건뿐만 아니라 법률행위까지 전부 무효이다. 따라서 부첩관계의 종료를 해제조건으로 하는 증여계약은 그 조건은 물론 증여계약 자체가 무효이다(대판 1966.6.21. 66다530).

Ⅲ. 조건과 친하지 않은 법률행위

1. 조건부 법률행위의 특수성

법률관계가 처음부터 확정적이어야 하는 법률행위에는 조건을 붙일 수 없다. 따라서 조건과 친하지 않은 법률행위에 조건을 붙인 경우에, 그 법률행위는 전부가 무효인 법률행위로 된다(대결 2005.11.8. 2005마541).

2. 조건을 붙일 수 없는 경우

(1) 단독행위

㈎ 단독행위에는 원칙적으로 조건을 붙일 수 없다. 따라서 상계, 취소, 해제·해지 등에 대해서는 조건을 붙일 수 없다. 그러나 상대방의 동의가 있는 경우, 채무면제 혹은 유증처럼 상대방에게 이익만을 주는 경우, 상대방이 결정할 수 있는 사실을 조건으로 한 경우에는 상대방의 지위나 이익을 해하지 않으므로 단독행위에도 조건을 붙일 수 있다.

㈏ 그러므로 계약당사자 일방이 이행지체에 빠진 상대방에 대하여 일정한 기간을 정하여 채무이행을 최고함과 동시에 그 기간 내에 이행이 없을 시에는 계약을 해제하겠다는 정지조건부 계약해제의 의사표시는 허용된다(대판 1970.9.29. 70다1508).

(2) 신분행위

혼인, 이혼, 입양, 인지, 상속의 포기 등 신분행위에는 원칙적으로 조건을 붙일 수 없다. 그러나 약혼은 사회질서에 위반된다는 특별한 사정이 없는 한 예외적으로 조건을 붙일 수 있으며, 민법은 유언에 조건을 붙일 수 있도록 하였다(제1073조 2항).

(3) 어음행위

어음과 수표행위의 효력이 확정적으로 발생하는 데에는 객관적 획일성이 요구되므로 조건을 붙일 수 없다. 다만 어음보증에 조건을 붙이는 것은 어음거래의 안정성을 해치지 않으므로 허용되면 문언대로 책임을 부담한다(대판 1986.9.9. 84다카2310).

(4) 물권행위

명문의 규정은 없으나 판례가 이를 허용하고 있다. 즉 '소유권유보부 매매'의 약정에는 조건부 물권행위(혹은 물권적 합의)가 있다고 볼 수 있다.

> **판례정리 동산의 매매에 있어서 정지조건부 물권적 합의**
> 동산의 매매계약을 체결하면서 대금이 모두 지급된 때에 그 소유권이 매수인에게 이전된다는 내용의 소위 소유권유보의 특약을 한 경우, 대금이 모두 지급되었을 때에는 그 정지조건이 완성되어 별도의 의사표시 없이 목적물의 소유권이 매수인에게 이전된다. 이와 같은 법리는 그 매매계약이 종류물을 목적물로 하고 있다 하더라도 다를 바 없다(대판 2010.2.11. 2009다93671).

Ⅳ. 조건의 성취와 불성취

1. 성취·불성취의 내용 및 증명책임

㈎ 조건이 성립하는 것을 조건의 성취라고 하고, 반면에 조건이 성립하지 않는 것을 조건의 불성취라고 한다. 이러한 조건이 성취되었다는 사실에 의하여 법률행위의 효과가 확정되었음을 주장하는 자가 조건의 성취를 증명해야 한다(대판 1984.9.25. 84다카967).

㈏ 그러나 어떠한 법률행위가 조건성취시 법률행위의 효력이 발생하는 소위 정지조건부 법률행위에 해당한다는 사실은 그 법률행위로 인한 법률효과의 발생을 저지하는 사유로서 그 법률효과의 발생을 다투려는 자에게 주장·증명책임이 있다(대판 1993.9.28. 93다20832).

> **판례정리 정지조건의 성취에 대한 증명책임**
> 원고가 자진은퇴하겠다는 의사를 표명하고 피고가 은퇴위로금으로 부동산을 증여하기로 한 것이라면, 이 증여는 원고의 자진사임을 조건으로 한 증여라고 보아야 할 것이므로 원고는 적어도 그 후 자진사임함으로써 그 조건이 성취되었음을 입증할 책임이 있다(대판 1984.9.25. 84다카967).

2. 신의칙에 반한 조건의 성취·불성취

> 제150조(조건성취, 불성취에 대한 반신의행위) ① 조건의 성취로 인하여 불이익을 받을 당사자가 신의성실에 반하여 조건의 성취를 방해한 때에는 상대방은 그 조건이 성취한 것으로 주장할 수 있다. ② 조건의 성취로 인하여 이익을 받을 당사자가 신의성실에 반하여 조건을 성취시킨 때에는 상대방은 그 조건이 성취하지 아니한 것으로 주장할 수 있다.

㈎ 조건의 성취로 불이익 또는 이익을 받을 자가 신의칙에 반하는 방법으로 조건의 성취를 방해하거나 조건을 성취시킨 경우, 상대방은 조건이 성취 또는 불성취된 것으로, 주장할 수 있다.

㈏ 특히 조건성취의 주장과 관련하여 조건이 성취된 것으로 의제되는 시점은 이러한 신의성실에 반하는 행위가 없었더라면 '조건이 성취되었으리라고 추산되는 시점'이다 (대판 1998.12.22. 98다42356).

> **판례정리 신의성실에 반하여 조건의 성취를 방해한 것으로 볼 수 있는 경우**
> ① 당사자들이 조건을 약정할 당시에 미처 예견하지 못했던 우발적인 상황에서 상대방의 이익에 대해 적절히 배려하지 않거나 상대방이 합리적으로 신뢰한 선행 행위와 모순된 태도를 취함으로써 형평에 어긋나거나 정의관념에 비추어 용인될 수 없는 결과를 초래하는 경우 신의성실에 반한다고 볼 수 있다(대판 2021.3.11. 2020다253430).
> ② 민법 제150조 제1항은 계약 당사자 사이에서 정당하게 기대되는 협력을 신의성실에 반하여 거부함으로써 계약에서 정한 사항을 이행할 수 없게 된 경우에 유추적용될 수 있다. 이 조항

> 을 유추적용할 때에도 조건 성취 의제와 직접적인 관련이 없는 사실관계를 의제하거나 계약에서 정하지 않은 법률효과를 인정해서는 안 된다(대판 2021.1.14. 2018다223054).

V. 조건부 법률행위의 효력

1. 조건성취 이전의 효력

(1) 조건부 권리의 실현방안

> 제149조(조건부 권리의 처분 등) 조건의 성취가 미정한 권리의무는 일반규정에 의하여 처분, 상속, 보존 또는 담보로 할 수 있다.

(2) 조건부 권리의 침해금지

> 제148조(조건부 권리의 침해금지) 조건 있는 법률행위의 당사자는 조건의 성부가 미정한 동안에 조건의 성취로 인하여 생길 상대방의 이익을 해하지 못한다.

2. 조건성취 이후의 효력

(1) 원칙(장래효)

조건부 법률행위는 조건이 성취된 때로부터 정지조건의 경우 효력이 발생하고, 해제조건의 경우 효력이 소멸한다(제147조 1항, 2항). 그러므로 해제조건부 증여로 인한 부동산소유권이전등기를 마쳤다 하더라도 그 해제조건이 성취되면 그 소유권은 증여자에게 복귀한다고 할 것이고, 이 경우 당사자 간에 별다른 의사표시가 없는 한 그 조건성취의 효과는 소급하지 아니한다(대판 1992.5.22. 92다5584).

(2) 예외(소급효)

당사자가 조건성취의 효력을 그 성취 전으로 소급하게 할 '의사'를 표시한 때에는 조건성취의 효력은 소급효를 갖는다(제147조 3항).

2 기한부 법률행위

Ⅰ. 기한의 의의

법률행위의 당사자가 그 효력의 발생과 소멸을 '장래에 발생할 확실한 사실'에 의존하게 하는 법률행위의 부관을 '기한'이라 하며 기한이 붙은 법률행위를 '기한부 법률행위'라고 한다.

Ⅱ. 기한의 종류

1. 시기(발생)와 종기(소멸)

채무의 이행과 같이 법률행위의 효력의 발생시기를 정하는 기한을 시기라 하고, 법률행위의 효력의 소멸시기를 정하는 기한을 종기라 한다.

2. 확정기한과 불확정기한

도래시기가 확정되어 있는 기한을 확정기한이라 하고, 도래시기가 확정되어 있지 않은 기한을 불확정기한이라 한다. 특히 이미 부담하고 있는 채무의 변제에 관하여 일정한 사실이 부관으로 되어 있는 경우 특별한 사정이 없는 한 이는 불확정기한에 해당한다.

> **판례정리** **조건과 불확정기한의 구별**
> ① 부관에 표시된 사실이 발생하지 않으면 채무를 이행하지 않아도 된다고 보는 것이 합리적인 경우에는 조건으로 보아야 한다. 그러나 부관에 표시된 사실이 발생한 때에는 물론이고 반대로 발생하지 않는 것이 확정된 때에도 채무를 이행하여야 한다고 보는 것이 합리적인 경우에는 표시된 사실의 발생 여부가 확정되는 것을 불확정기한으로 정한 것으로 보아야 한다(대판 2018.6.28. 2018다201702).
> ② 당사자가 불확정한 사실이 발생한 때를 이행기한으로 정한 경우에 있어서 그 사실이 발생한 때는 물론 그 사실의 발생이 불가능하게 된 때에도 이행기한은 도래한 것으로 보아야한다(대판 1989.6.27. 88다카10579). 그리고 이미 부담하고 있는 채무의 변제에 관하여 일정한 사실이 부관으로 붙여진 경우에는, 특별한 사정이 없는 한 그것은 변제기를 유예한 것으로서 그 사실이 발생한 때 또는 발생하지 아니하는 것으로 확정된 때에 기한이 도래한다(대판 2020.12.24. 2019다293098).

Ⅲ. 기한과 친하지 않은 법률행위

기한과 친하지 않은 법률행위에 기한이 붙은 경우에는 법률행위 전체가 무효로 된다. 취소·추인·상계 등과 같이 소급효가 있는 법률행위에는 시기를 붙일 수 없다.

Ⅳ. 기한부 법률행위의 효력

1. 기한도래 전의 효력

기한은 조건과 달리 반드시 도래하므로 기한의 도래까지 기한부 권리를 보호할 필요가 강하다. 따라서 민법은 제148조와 제149조를 기한부 권리에 준용하고 있다(제154조).

2. 기한도래 후의 효력

기한의 내용이 되는 사실이 실현되는 것을 기한의 도래라고 한다. 시기부 법률행위에서는 그 기한이 도래하면 그 효력이 발생한다(제152조 1항). 반면에 종기부 법률행위에서는 그 기한이 도래하면 그 효력이 소멸한다(제152조 2항). 이는 절대적이며, 당사자의 특약에 의하여서도 소급효를 인정할 수 없다.

V. 기한의 이익

> **제153조(기한의 이익과 그 포기)** ① 기한은 채무자의 이익을 위한 것으로 추정한다. ② 기한의 이익은 이를 포기할 수 있다. 그러나 상대방의 이익을 해하지 못한다.

1. 기한의 이익의 추정

기한의 이익이란 시기 또는 종기가 아직 도래하지 않아 아직 법률행위의 효력이 확정되지 않았음에도 불구하고 당사자가 받는 이익을 말한다.

2. 기한의 이익의 포기

기한의 이익은 포기할 수 있으나 상대방의 이익을 해하지 못하므로 '이자부 소비대차'와 같이 기한의 이익이 채권자에게도 있는 경우, 채무자는 이행기까지의 이자를 지급하여 기한 전에 변제할 수 있다.

3. 기한의 이익의 상실

기한의 이익을 상실하는 사유로서는 채무자가 담보를 손상·감소 또는 멸실하게 한 때(제388조 1호), 채무자가 담보제공의무를 이행하지 아니한 때(제388조 2호), 그리고 채무자가 파산선고를 받은 경우 등이 있다. 이 경우 채무자는 기한의 이익을 주장하지 못한다(제388조 본문). 위 규정 이외에 당사자 간에 기한이익상실사유를 약정할 수도 있다. 다음 판례를 살펴보자.

> **[판례정리] 기한이익상실의 특약의 유형과 효력**
>
> 기한이익상실의 특약에는 그 내용에 의해 일정한 사유가 발생하면 채권자가 별도의 청구를 하지 않더라도 당연히 기한의 이익이 상실되어 이행기가 도래하는 '**정지조건부 기한이익상실의 특약**'과 일정한 사유가 발생한 후 채권자의 통지나 청구 등 채권자의 의사행위를 기다려 비로소 이행기가 도래하는 '**형성권적 기한이익상실의 특약**'이 있다. 기한이익상실의 특약이 위 양자 중 어느 것에 해당하느냐는 당사자의 의사에 대한 해석문제이지만 일반적으로 기한이익상실의 특약이 채권자를 위하여 둔 것인 점에 비추어 **명백히 정지조건부 기한이익상실의 특약이라고 볼 만한 특별한 사정이 없는 한 형성권적 기한이익상실의 특약으로 추정**하는 것이 타당하다(대판 2002.9.4. 2002다28340).

연습문제

01 〈노무사 2018〉

법률행위의 조건에 관한 설명으로 옳지 않은 것은? (다툼이 있으면 판례에 따름)

① 정지조건이 법률행위 당시 이미 성취된 경우에는 그 법률행위는 무효이다.
② 해제조건 있는 법률행위는 조건이 성취한 때로부터 그 효력을 잃는다.
③ 조건의 성취가 미정한 권리의무는 일반규정에 의하여 처분, 상속, 보존 또는 담보로 할 수 있다.
④ 당사자가 합의한 경우에는 조건성취의 효력을 소급시킬 수 있다.
⑤ 정지조건부 법률행위에서 조건성취의 사실은 권리를 취득하는 자가 증명책임을 진다.

해설 | ① (×) 조건이 법률행위의 당시 이미 성취한 것인 경우에는 그 조건이 정지조건이면 조건 없는 법률행위로 하고 해제조건이면 그 법률행위는 무효로 한다(제151조 제2항).

정답 | ①

02 〈노무사 2023〉

민법상 조건에 관한 설명으로 옳지 않은 것은? (다툼이 있으면 판례에 따름)

① 조건을 붙이고자 하는 의사는 법률행위의 내용으로 외부에 표시되어야 하므로 그 의사표시는 묵시적 방법으로는 할 수 없다.
② 조건이 법률행위의 당시 이미 성취한 것인 경우에는 그 조건이 정지조건이면 조건 없는 법률행위이다.
③ 조건의 성취로 인하여 불이익을 받을 당사자가 과실로 신의성실에 반하여 조건의 성취를 방해한 때에는 상대방은 그 조건이 성취한 것으로 주장할 수 있다.
④ 조건의 성취가 미정한 권리의무는 일반규정에 의하여 담보로 할 수 있다.
⑤ 선량한 풍속에 반하는 불법조건이 붙은 법률행위는 무효이다.

해설 | ① (×) 조건을 붙이고자 하는 의사는 법률행위의 내용으로 외부에 표시되어야 하고, 조건을 붙이고자 하는 의사가 있는지는 의사표시에 관한 법리에 따라 판단하여야 한다. 조건을 붙이고자 하는 의사의 표시는 그 방법에 관하여 일정한 방식이 요구되지 않으므로 묵시적 의사표시나 묵시적 약정으로도 할 수 있다(대판 2018.6.28. 2016다221368).

정답 | ①

03 〈노무사 2010〉

기한의 이익에 관한 설명으로 옳은 것은? (다툼이 있는 경우에는 판례에 의함)

① 기한의 이익은 채권자를 위한 것으로 추정한다.
② 기한이익 상실특약에 있어서 그것이 정지조건부 기한이익 상실특약인지 형성권적 기한이익 상실특약인지 당사자의 의사가 불분명한 경우, 정지조건부 기한이익 상실특약으로 추정한다.
③ 정지조건부 기한이익 상실특약을 한 경우에는 그 특약에 정한 사유가 발생한 후 기한의 이익을 상실케 하는 채권자의 의사표시에 있어야 이행기도래의 효과가 발생한다.
④ 주채무자가 기한의 이익을 포기하면 보증인에게도 그 효력이 미친다.
⑤ 이자부 소비대차에서 기한의 이익이 채권자에게도 있는 경우, 채무자는 채권자의 손해를 배상하고 기한 전에도 변제할 수 있다.

해설 | ⑤ (○) 이자부 소비대차에서 기한의 이익이 채권자에게도 있는 경우, 채무자는 채권자의 손해를 배상하고 기한 전에도 변제할 수 있다(제153조).

정답 | ⑤

제8절 기 간

Ⅰ. 기간 일반론

1. 의 의

기간이란 어느 시점에서 어느 시점까지의 계속된 시간을 말한다. 즉 두 시점 사이의 시간의 흐름을 계속적으로 본 것이 기간이다. 법률사실로서의 시간은 사건에 속한다.

2. 규 정

기간은 법령, 재판상의 처분 또는 법률행위에 다른 정한 바가 없으면 본장의 규정에 의하며(제155조), 기간의 계산에 관한 규정은 사법관계뿐만 아니라 공법관계에도 적용된다(대결 1967.5.23. 67누50).

Ⅱ. 기간의 계산

1. 자연적 계산방법

제156조(기간의 기산점) 기간을 시, 분, 초로 정한 때에는 즉시로부터 기산한다.

2. 역법적 계산방법

(1) 기산점

> 제157조(기간의 기산점) 기간을 일, 주, 월 또는 연으로 정한 때에는 기간의 초일은 산입하지 아니한다. 그러나 그 기간이 오전 영시로부터 시작하는 때에는 그러하지 아니하다.

1) 원 칙

민법의 계산방법은 일정시점으로부터 장래에 대한 기간의 계산에 관한 것이나, 일정한 기산일로부터 과거에 소급하여 역산되는 기간에도 유추적용된다. 이 경우에도 기간의 초일은 산입하지 않는다(대판 1989.4.11. 87다카2901).

2) 예 외

다음과 같은 예외가 있다. ⅰ) 기간이 오전 0시로부터 시작하는 경우에는 초일을 산입한다(제157조 단서). 또한 ⅱ) 연령계산에서도 출생일을 산입한다(제158조).

(2) 만료점

> 제159조(기간의 만료점) 기간을 일, 주, 월 또는 연으로 정한 때에는 기간 말일의 종료로 기간이 만료한다.

㈎ 정년이 53세라 함은 만 53세에 도달하는 날을 말하는 것이지, 만 53세가 만료하는 날을 의미하지는 않는다(대판 1973.6.12. 71다2669).

㈏ 기간을 주·월 또는 연으로 정한 때에는 역에 의하여 계산하며, 주·월 또는 연의 처음으로부터 기간을 기산하지 아니한 때에는 최후의 주·월 또는 연에서 그 기산일에 해당한 날의 전일로 기간이 만료하고, 월 또는 연으로 정한 경우에 최종의 월에 해당일이 없는 때에는 그 월의 말일로 기간이 만료한다(제160조).

㈐ 기간의 말일이 토요일 또는 공휴일에 해당한 때에는 기간은 그 익일로 만료한다(제161조). 공휴일이란 국경일·일요일을 비롯한 휴일을 말하며, 임시공휴일도 포함된다(대판 1964.5.26. 63다958). 반면 기간의 초일이 공휴일이라 하더라도 기간은 초일부터 기산한다(대판 1982.2.23. 81누204).

연습문제

01 〈노무사 2021〉

2021년 5월 8일(토)에 계약기간을 '앞으로 3개월'로 정한 경우, 기산점과 만료점을 바르게 나열한 것은? (단, 기간의 계산방법에 관하여 달리 정함은 없고, 8월 6일은 금요일임)

① 5월 8일, 8월 7일
② 5월 8일, 8월 9일
③ 5월 9일, 8월 8일
④ 5월 9일, 8월 9일
⑤ 5월 10일, 8월 9일

해설 | 기간이 오전 영시로부터 시작하는 때에는 초일을 산입한다(제157조 단서). '앞으로 3개월'로 정한 경우 5월 9일부터 기산한다. 기간을 주·월 또는 연으로 정한 때에는 역에 의하여 계산하며, 주·월 또는 연의 처음으로부터 기간을 기산하지 아니한 때에는 최후의 주·월 또는 연에서 그 기산일에 해당한 날의 전일로 기간이 만료하고, 월 또는 연으로 정한 경우에 최종의 월에 해당일이 없는 때에는 그 월의 말일로 기간이 만료한다(제160조). 기간의 말일이 토요일 또는 공휴일에 해당한 때에는 기간은 그 익일로 만료한다. 말일이 8월 8일은 일요일이므로 익일인 8월 9일이 된다.

정답 | ④

CHAPTER 07

소멸시효

| PART 01 민법총칙 | PART 02 | PART 03 |

1 소멸시효 일반론

Ⅰ. 소멸시효의 의의 및 근거

㈎ 시효는 일정한 사실상태가 일정기간 계속된 경우에 그 상태가 진실된 권리관계에 합치되는가에 상관없이 그 사실상태를 존중하여 법률상 일정한 효과를 생기게 하는 법률요건이다.

㈏ 시효제도의 존재이유는 영속된 사실상태를 존중하며 '권리 위에 잠자는 자를 보호하지 않는다'는 데 있다(대판 1992.3.31. 91다32053 전원합의체).

Ⅱ. 존속기간으로서 제척기간

1. 제척기간의 의의

제척기간이란 법률이 규정하는 '권리의 존속기간'을 말하며, 제척기간이 만료되면 그 권리는 당연히 소멸한다. 즉 기간의 경과 자체만으로 곧 권리소멸의 효과를 가져오게 하는 것이므로 소멸시효의 중단은 제척기간에 인정되지 않는다(대판 2003.1.10. 2000다26425).

2. 권리행사의 방법

(1) 재판 외의 권리행사

㈎ 제척기간은 주로 형성권에 정해지는 것이 보통이다. 일반적인 형성권은 제척기간 내에 재판 외에서 행사의 의사표시를 하는 것으로 충분하다(대판 1964.4.21. 63다691). 이 경우 제척기간 내에 그 의사표시가 상대방에게 도달하여야 한다. 형성권 행사기간의 제한은 원칙적으로 제척기간으로 본다.

> **판례정리 채권양도 통지의 제척기간 준수 여부**
> 채권양도의 통지는 양도인이 채권이 양도되었다는 사실을 채무자에게 알리는 것에 그치는 행위이므로, 그것만으로 제척기간 준수에 필요한 권리의 재판 외 행사에 해당한다고 할 수 없다(대판 2012.3.22. 2010다28840 전원합의체).

(내) 제척기간 내에 형성권이 행사되면 그로써 권리관계는 확정되고, 따라서 행사의 결과 발생하는 채권까지 제척기간 내에 행사하여야 하는 것은 아니다(대판 1991.2.22. 90다13420). 즉 형성권행사의 결과로 발생한 채권은 그 채권이 발생한 날, 즉 형성권을 행사한 때로부터 일반채권과 마찬가지로 10년의 소멸시효기간이 진행된다(대판 1991.2.22. 90다13420).

(2) 재판상의 권리행사

이른바 형성소권(예를 들면 채권자취소권, 친생부인권) 및 점유보호청구권은 제척기간 내에 소를 제기하여야 하고 형성권 이외의 권리, 특히 상속회복청구권도 재판상 행사하여야 그 권리가 보전될 수 있다.

> **판례정리 소멸시효와의 중복적용 여부**
> 수급인의 담보책임에 기한 하자보수에 갈음하는 손해배상청구권에 대하여는 민법 제670조 또는 제671조의 제척기간이 적용되나, 이러한 도급인의 손해배상청구권에 대하여는 권리의 내용·성질 및 취지에 비추어 민법 제162조 제1항의 채권 소멸시효의 규정이 적용될 수 있고, 민법 제670조 또는 제671조의 제척기간 규정으로 인하여 위 소멸시효 규정의 적용이 배제된다고 볼 수 없다(대판 2012.11.15. 2011다56491).

3. 소멸시효기간과 구별

	소멸시효	제척기간
소급효	있다.	없다.
중단과 포기	인정	부정
판 단	소멸시효가 완성된 경우 변론주의가 적용되므로 당사자가 이를 주장하여야 한다.	법원이 직권으로 판단한다.
기간 단축	인정	부정

2 소멸시효의 요건

Ⅰ. 소멸시효의 대상이 되는 권리

> 제162조(채권, 재산권의 소멸시효) ① 채권은 10년간 행사하지 아니하면 소멸시효가 완성한다. ② 채권 및 소유권 이외의 재산권은 20년간 행사하지 아니하면 소멸시효가 완성한다.

1. 채 권

(1) 법률행위로 인한 소유권이전등기청구권

(개) 일반적으로 채권은 소멸시효에 걸린다(제162조 1항). ⅰ) (부동산을 인도받아 사용·수익하고 있는 경우) 부동산의 매수인이 목적물을 인도받아 사용·수익하고 있는 한 매도인

에 대하여 가지는 소유권이전등기청구권은 채권이나 소멸시효에 걸리지 않는다(대판 1976.11.6. 76다148 전원합의체). 따라서 ⅱ) (점유를 상실하여 사용·수익하고 있지 않은 경우) 매수인이 그 목적물의 점유를 상실하여 더 이상 사용·수익하고 있는 상태가 아니라면 점유상실 시부터 매수인의 이전등기청구권에 관한 소멸시효가 진행함이 원칙이다(대판 1992.7.24. 91다40924).

㈏ 다만, ⅰ) (부동산을 적극적으로 처분한 경우) 매수인이 그 부동산을 처분하여 점유를 이전한 경우에도 그가 그 부동산을 스스로 계속 사용·수익만 하고 있는 경우와 특별히 다를 바 없으므로 어느 경우에나 이전등기청구권의 소멸시효는 진행되지 않는다(대판 1999.3.18. 98다32175 전원합의체). 그러나 ⅱ) 공매는 권리행사라고 보기 어렵고, 공매로 건물의 소유권을 상실함으로써 토지의 점유를 상실하였으므로 그 때부터 소유권이전등기청구권에 관한 소멸시효가 진행된다(대판 2023.9.21. 2023다249876).

(2) 취득시효로 인한 소유권이전등기청구권

점유취득시효의 완성으로 인한 소유권이전등기청구권은 채권적 청구권이므로, 원칙적으로 소멸시효에 걸리나, ⅰ) (점유 보유중인 경우) 취득시효를 완성한 자가 점유를 상실하지 않는 한 소멸시효에 걸리지 않는다. ⅱ) (점유를 상실한 경우) 다만 그 후 점유를 상실하였다고 이미 취득한 소유권이전등기청구권은 바로 소멸되는 것은 아니나, 그 점유자가 점유를 상실한 때로부터 10년간 등기청구권을 행사하지 아니하면 소멸시효가 완성한다(즉 위 대판 1999.3.18. 98다32175 전원합의체 판결은 이 사건에 적용되지 않고, 부동산에 대한 점유취득시효가 완성되었더라도 그 점유자가 그 부동산에 대한 점유를 상실하면 그 때로부터 소멸시효가 진행한다)(대판 2023.8.31. 2023다240428, 2023다240435).

2. 물 권

(1) 소유권 및 물권적 청구권

소유권은 소멸시효에 걸리지 않으며, 소유권에 기한 물권적 청구권도 소멸시효에 걸리지 않는다(통설, 판례).

> **판례정리 물권적 청구권과 소멸시효의 문제**
> 매매계약이 합의해제된 경우에도 매수인에게 이전되었던 소유권은 당연히 매도인에게 복귀하는 것이므로 합의해제에 따른 매도인의 원상회복청구권은 소유권에 기한 물권적 청구권이라고 할 것이고 이는 소멸시효의 대상이 되지 않는다(대판 1982.7.27. 80다2968).

(2) 점유권 및 그 밖의 재산권

㈎ 점유권과 유치권은 점유라는 사실상태를 전제로 인정되는 권리이므로 별도로 소멸시효의 문제가 생길 수 없다. 또한 질권과 저당권은 피담보채권이 존속하는 한, 독립하여 소멸시효에 걸리지 않는다(통설).

㈐ 상린관계상의 권리 및 공유물분할청구권은 기초가 되는 법률관계가 존재하는 한, 독립하여 소멸시효의 대상이 되지 않는다(대판 1981.3.24. 80다1888, 1889).

Ⅱ. 권리의 불행사(시효의 기산점)

> 제166조(소멸시효의 기산점) ① 소멸시효는 권리를 행사할 수 있는 때로부터 진행한다. ② 부작위를 목적으로 하는 채권의 소멸시효는 위반행위를 한 때로부터 진행한다.

1. 권리를 행사할 수 있는 때의 의미

(1) 법률상 장애사유의 부존재

㈎ (원칙) 소멸시효는 객관적으로 권리가 발생하여 그 권리를 행사할 수 있는 때로부터 진행하고 그 권리를 행사할 수 없는 동안만은 진행하지 않는 바, 권리를 행사할 수 없는 경우라 함은 그 권리행사에 '법률상의 장애사유, 예컨대 기간의 미도래나 조건불성취 등이 있는 경우를 말하는 것이고, 사실상 권리의 존재나 권리행사 가능성을 알지 못하였고 알지 못함에 과실이 없다고 하여도 이러한 사유는 법률상 장애사유에 해당하지 않는다(대판 2010.9.9. 2008다15865). 따라서 건물에 관한 소유권이전등기청구권에 있어서 그 목적물인 건물이 완공되지 아니하여 이를 행사할 수 없었다는 사유는 법률상의 장애사유에 해당한다(대판 2007.8.23. 2007다28024).

㈏ (예외) 그러나, 청구권자가 권리의 발생여부를 객관적으로 알기 어려운 상황에 있는 경우에는 객관적으로 청구권의 발생을 알 수 있게 된때부터 소멸시효가 진행한다. 판례도 ⅰ) 하수급인이 수급인을 상대로 저당권설정청구권을 행사할 수 있는지를 객관적으로 알기 어려운 상황에 있는 경우에는 객관적으로 하수급인이 저당권설정청구권을 행사할 수 있음을 알 수 있게 된 때부터 소멸시효가 진행한다고 하였다(대판 2016.10.27. 2014다211978). 또한 ⅱ) 보험금액청구권의 소멸시효는 보험사고가 발생한 때로부터 진행하나 보험사고가 발생한 것인지의 여부가 객관적으로 분명하지 아니한 경우 보험금청구권자가 보험사고의 발생을 알았거나 알 수 있었을 때부터 보험금청구권의 소멸시효가 진행한다고 하였다(대판 2005.12.23. 2005다59383).

(2) 소송법적 의미 - 변론주의

소멸시효의 기산일은 '변론주의의 원칙상 법원은 당사자가 주장하는 기산일을 기준으로 소멸시효를 계산'하여야 하는데, 이는 당사자가 본래의 기산일보다 뒤의 날짜를 기산일로 하여 주장하는 경우는 물론이고 특별한 사정이 없는 한 그 반대의 경우에 있어서도 마찬가지이다(대판 1995.8.25. 94다35886).

2. 소멸시효 기산점의 구체적인 검토

(1) 변제기(기한)를 정한 채권

확정기한부 채권은 '확정기한이 도래한 때'가 소멸시효의 기산점이다. 불확정기한부 채권은 그 기한이 객관적으로 도래한 때이다. 한편 이행기가 도래한 후 채권자와 채무자가 기한을 유예하기로 합의한 경우에는 유예된 때로 이행기가 변경되어 소멸시효는 변경된 이행기가 도래한 때부터 다시 진행한다(대판 2017.4.13. 2016다274904).

(2) 기한의 정함이 없는 채권

기한을 정하지 않은 채권은 원칙적으로 그 성립 시부터 소멸시효가 진행한다. 특히 채권자가 최고나 해지통고를 한 후 일정기간 또는 상당한 기간이 경과한 후에 현실로 권리를 행사할 수 있는 채권에서는 청구나 해지통고를 할 수 있는 때로부터 일정기간이 경과하면 그때부터 소멸시효가 진행된다.

(3) 제390조의 손해배상청구권

㈎ 채무불이행시부터 소멸시효가 진행하며, 구체적으로 현실적으로 손해가 발생한 때에 성립하고, 현실적으로 손해가 발생하였는지 여부는 사회통념에 비추어 객관적이고 합리적으로 판단하여야 한다(대판 2020.6.11. 2020다201156).

㈏ 채무불이행으로 인한 손해배상채권은 본래의 채권이 확장된 것이거나 본래의 채권의 내용이 변경된 것이므로 본래의 채권과 동일성을 가진다. 따라서 본래의 채권이 시효로 소멸한 때에는 손해배상채권도 함께 소멸한다. 그러므로 채무불이행에 따른 해제의 의사표시 당시에 이미 채무불이행의 대상이 되는 본래 채권이 시효가 완성되어 소멸하였다면, 채무불이행을 이유로 한 해제권 및 이에 기한 원상회복청구권을 행사할 수 없다(대판 2018.2.28. 2016다45779).

(4) 이행불능에 따른 대상청구권

1) 원 칙

대상청구권은 특별한 사정이 없는 한 매도인의 소유권이전등기의무가 이행불능 되었을 때 소멸시효가 진행하는 것이 원칙이다(대판 1990.11.9. 90다카22513).

2) 예 외

국유화가 된 사유의 특수성과 법규의 미비 등으로 그 보상금의 지급을 구할 수 있는 방법이나 절차가 없다가 상당한 기간이 지난 뒤에야 보상금청구의 방법과 절차가 마련된 경우라면, 그 시점부터 대상청구권의 소멸시효가 진행함이 타당하다(대판 2002.2.8. 99다23901).

(5) 동시이행항변권이 붙은 채권

이행기가 도래한 후 반대급부를 제공함과 동시에 자신의 채권을 행사할 수 있으므로 이행기부터 소멸시효가 진행한다. 즉 매도인은 매매대금의 지급기일 이후 언제라도 그 지급청구를 할 수 있으므로 그때부터 소멸시효가 진행된다(대판 1993.12.13. 93다27314). 그러나 다음 판례를 유의하여야 한다.

> **판례정리** 임차인의 동시이행항변권의 행사와 보증금반환채권의 소멸시효가 진행 여부
> 임대차가 종료함에 따라 발생한 임차인의 목적물반환의무와 임대인의 보증금반환의무는 동시이행관계에 있다. 임차인이 임대차 종료 후 동시이행항변권을 근거로 임차목적물을 계속 점유하는 것은 임대인에 대한 보증금반환채권에 기초한 권능을 행사한 것으로서 보증금을 반환받으려는 계속적인 권리행사의 모습이 분명하게 표시되었다고 볼 수 있다. 따라서 주택임대차보호법에 따른 임대차에서 그 기간이 끝난 후 임차인이 보증금을 반환받기 위해 목적물을 점유하고 있는 경우 보증금반환채권에 대한 소멸시효는 진행하지 않는다고 보아야 한다(대판 2020.7.9. 2016다244224, 244231).

(6) 오납으로 인한 반환청구권

㈎ 취소할 수 있는 과세처분의 경우, '행정처분을 취소하는 행정소송의 판결이 확정'될 때 비로소 효력을 잃고 반환청구권이 발생하기 때문에 이때부터 그 소멸시효가 진행한다(대판 1986.3.25. 85다카748).

㈏ 당연무효인 과세처분의 경우 그로 인한 부당이득금반환청구권의 소멸시효의 기산점은 그 반환청구권을 행사할 수 있을 때, 즉 '과세처분으로 인한 오납이 있었던 때'이다(대판 1992.3.31. 91다32053 전원합의체).

(7) 조건부 권리와 부작위채권

정지조건부 권리는 조건이 성취되어야 권리행사가 가능하므로, 조건의 성취시가 소멸시효의 기산점이다. 반면, 부작위채권의 소멸시효는 위반행위를 한 때로부터 진행한다(제166조 2항).

(8) 보증인의 (사후·사전)구상권

주채무자에 대한 보증인의 사후구상권(제441조 1항)과 사전구상권(제442조 1항)은 그 발생원인을 서로 달리하는 별개의 독립된 권리이므로, 그 소멸시효는 각각 그 권리가 발생되어 이를 행사할 수 있는 때부터 각각 별도로 진행한다(대판 1981.10.6. 80다2699).

(9) 공동불법행위자 간의 구상권

공동불법행위자 중 1인의 다른 공동불법행위자에 대한 구상금채권은 구상권자가 피해자에게 현실로 손해배상금을 지급한 때부터 그 소멸시효가 진행한다(대판 2008.7.24. 2007다37530).

(10) 골프장 시설이용권과 예탁금

예탁금제 골프회원권은 골프장 시설을 우선적으로 이용할 수 있는 권리인 시설이용권과 예탁금반환청구권과 같은 개별적인 권리를 가지는데, 그중 개별적인 권리로서의 시설이용권이나 예탁금반환청구권은 채권으로서 소멸시효의 대상이 된다. 회원의 골프장 이용이 불가능하게 된 때부터 골프장 시설이용권은 소멸시효가 진행하고, 위 시

설이용권이 시효로 소멸하면 포괄적인 권리로서의 예탁금제 골프회원권 또한 더 이상 존속할 수 없다(대판 2015.1.29. 2013다10075).

(11) 임치계약 해지와 임치물 반환

임치계약 해지에 따른 임치물 반환청구는 임치계약 성립 시부터 당연히 예정된 것이고, 임치계약에서 임치인은 언제든지 계약을 해지하고 임치물의 반환을 구할 수 있는 것이므로, 특별한 사정이 없는 한 임치물 반환청구권의 소멸시효는 임치계약이 성립하여 임치물이 수치인에게 인도된 때부터 진행하는 것이지, 임치인이 임치계약을 해지한 때부터 진행한다고 볼 수 없다(대판 2022.8.19. 2020다220140).

Ⅲ. 소멸시효의 기간

1. 소멸시효기간의 직권 판단

어떤 권리의 소멸시효기간이 얼마나 되는지에 관한 주장은 단순한 법률상의 주장에 불과하므로 변론주의의 적용대상이 되지 않고 법원이 직권으로 판단할 수 있다(대판 2013.2.15. 2012다68217). 따라서 '당사자가 민법에 따른 소멸시효기간을 주장한 경우에도 법원은 직권으로 상법에 따른 소멸시효기간을 적용'할 수 있다(대판 2017.3.22. 2016다258124).

2. 일반채권의 소멸시효기간

(1) 10년의 소멸시효기간

제162조(채권, 재산권의 소멸시효) ① 채권은 10년간 행사하지 아니하면 소멸시효가 완성한다.

일반채권의 소멸시효기간은 원칙적으로 10년이다(제162조 1항). 판례는 ⅰ) 물상보증인의 채무자에 대한 구상권(대판 2001.4.24. 2001다6237), ⅱ) 세무사의 직무에 관한 채권에 대하여는 10년의 소멸시효가 적용된다고 하였다(대판 2022.8.25. 2021다311111).

> **판례정리 10년의 소멸시효기간이 적용되는 권리**
> ① 관습법상의 분재청구권은 일반적인 민사채권과 같이 권리자가 분가한 날부터 10년이 경과하면 소멸시효가 완성된다(대판 2007.1.25. 2005다26284).
> ② 위법배당에 따른 부당이득반환청구권은 민법 제162조 제1항이 적용되어 10년의 민사소멸시효에 걸린다고 보아야 한다(대판 2021.6.24. 2020다208621).

(2) 5년의 소멸시효기간

㉮ 상행위로 인한 채권은 원칙적으로 5년의 소멸시효에 걸린다(상법 제64조). 여기서 상행위란 '당사자 쌍방에 대하여 모두 상행위'가 되는 행위로 인한 채권뿐만 아니라 '당사자 일방에 대하여만 상행위'에 해당하는 행위로 인한 채권도 포함되고, '기본적 상행위'뿐만 아니라, '보조적 상행위'도 포함된다(대판 2002.9.24. 2002다6760, 6777).

(내) 변호사는 상법상 당연상인으로 볼 수 없고, 변호사를 상법 제5조 제1항이 규정하는 '상인적 방법에 의하여 영업을 하는 자'라고도 볼 수 없어 위 조항에서 정하는 의제상인에 해당하지 아니하므로, 변호사가 소속 법무법인에 대하여 갖는 급여채권은 상사채권에 해당한다고 할 수 없다(대판 2023.7.27. 2023다227418).

> **판례정리** **5년의 소멸시효기간이 적용되는 권리**
> 국가의 소송비용상환청구권은 금전의 급부를 목적으로 하는 국가의 권리로서 국가재정법 제96조 제1항에 따라 5년 동안 행사하지 않으면 소멸시효가 완성된다고 보아야 한다(대결 2021.7.29. 2019마6152).

(3) 3년의 소멸시효기간

1) 민법의 규정

> 제163조(3년의 단기소멸시효) 다음 각 호의 채권은 3년간 행사하지 아니하면 소멸시효가 완성한다.
> 1. 이자, 부양료, 급료, 사용료 기타 1년 이내의 기간으로 정한 금전 또는 물건의 지급을 목적으로 한 채권
> 2. 의사, 조산사, 간호사 및 약사의 치료, 근로 및 조제에 관한 채권
> 3. 도급받은 자, 기사 기타 공사의 설계 또는 감독에 종사하는 자의 공사에 관한 채권
> 4. 변호사, 변리사, 공증인, 공인회계사 및 법무사에 대한 직무상 보관한 서류의 반환을 청구하는 채권
> 5. 변호사, 변리사, 공증인, 공인회계사 및 법무사의 직무에 관한 채권
> 6. 생산자 및 상인이 판매한 생산물 및 상품의 대가
> 7. 수공업자 및 제조자의 업무에 관한 채권

2) 구체적 검토

① 1호 채권의 검토

(개) 이자, 부양료, 급료, 사용료 기타 1년 이내의 기간으로 정한 금전 또는 물건의 지급을 목적으로 한 채권은 3년의 소멸시효에 걸린다. 1년 이내의 기간으로 정한 채권이란 1년 이내의 정기에 지급되는 채권을 의미하는 것이지(예를 들면, 정수기의 월 대여료 채권)(대판 2018.2.28. 2016다45779), 변제기가 1년 이내의 채권을 말하는 것이 아니므로 이자채권이라고 하더라도 1년 이내의 정기에 지급하기로 한 것이 아닌 이상 3년의 단기소멸시효에 걸리지 않는다(대판 1996.9.20. 96다25302).

(내) 따라서 변제기 이후에 지급하는 지연이자는 금전채무의 이행을 지체함으로 인한 '손해배상금'이지 이자가 아니고 또 민법 제163조 제1호가 정하는 '1년 이내의 기간으로 정한 채권'도 아니라고 할 것이므로 3년 간 행사하지 아니한다고 하여 단기소멸시효가 완성되는 것이라고 할 수 없다(대판 1993.9.10. 93다20139).

② 2호 채권의 검토

의사, 조산사, 간호사 및 약사의 치료, 근로 및 조제에 관한 채권은 3년의 소멸시효에 걸린다. 특히 진료비 채권에 있어서는, 특약이 없는 한 그 '개개의 진료가 종료될 때'마다 각각의 당해 진료에 필요한 비용의 이행기가 도래하여 그에 대한 소멸시효가 진행되고, 장기간 입원 치료의 경우라도 퇴원 시부터 소멸시효가 진행되지 않는다(대판 2001.11.9. 2001다52568).

③ 3호 채권의 검토

공사에 관한 채권에는 수급인이 채권자로서 도급받은 공사의 채권뿐만 아니라 그 공사에 부수되는 채권도 포함된다(대판 2010.11.25. 2010다56685).

> **판례 정리 도급받은 공사채권에 관한 판례**
> ① 도급받은 공사의 공사대금채권은 민법 제163조 제3호에 따라 3년의 단기소멸시효가 적용되고, 공사에 부수되는 채권도 마찬가지인데, 민법 제666조에 따른 저당권설정청구권은 공사대금채권을 담보하기 위하여 저당권설정등기절차의 이행을 구하는 채권적 청구권으로서 공사에 부수되는 채권에 해당하므로 소멸시효기간 역시 3년이다(대판 2016.10.27. 2014다211978).
> ② 우수현상광고의 광고자로서 당선자에게 일정한 계약을 체결할 의무가 있는 자가 그 의무를 위반함으로써 상대방이 계약체결의무의 채무불이행을 원인으로 하는 손해배상을 청구한 경우 그 손해배상청구권의 소멸시효기간은 계약이 체결되었을 때 취득하게 될 이행청구권에 적용되는 소멸시효기간에 따르므로 3년의 단기소멸시효가 적용된다(대판 2005.1.14. 2002다57119).

④ 5호 채권의 검토

제163조 제5호에서 정하고 있는 '변호사, 변리사, 공증인, 공인회계사 및 법무사의 직무에 관한 채권'에만 3년의 단기 소멸시효가 적용되고, 세무사와 같이 그들의 직무와 유사한 직무를 수행하는 다른 자격사의 직무에 관한 채권에 대하여는 제163조 제5호가 유추적용된다고 볼 수 없다. 따라서 세무사의 직무에 관한 채권에 대하여는 10년의 소멸시효가 적용된다(대판 2022.8.25. 2021다311111).

⑤ 6호 채권의 검토

생산자 및 상인은 상법상 상인이므로 그 생산물 및 상품의 대가청구권은 5년의 소멸시효기간에 걸리나(상법 제64조), 단서규정에 따라 제6호가 우선 적용된다.

> **판례 정리 계속적 거래관계로 발생하는 채권**
> 계속적 거래관계로 발생한 채권이라 하더라도 변제기에 관한 특약이 없는 한, 그 시효기간은 개별적인 채권이 발생한 때로부터 개별적으로 진행하며 계속적 거래관계가 종료한 때부터 진행하는 것이 아니다. (대판 1978.3.28. 77다2463).

(4) 1년의 소멸시효기간

1) 민법의 규정

> 제164조(1년의 단기소멸시효) 다음 각 호의 채권은 1년간 행사하지 아니하면 소멸시효가 완성한다.
> 1. 여관, 음식점, 대석, 오락장의 숙박료, 음식료, 대석료, 입장료, 소비물의 대가 및 체당금의 채권
> 2. 의복, 침구, 장구 기타 동산의 사용료의 채권
> 3. 노역인, 연예인의 임금 및 그에 공급한 물건의 대금채권
> 4. 학생 및 수업자의 교육, 의식 및 유숙에 관한 교주, 숙주, 교사의 채권

2) 구체적 검토

㉮ 건설업을 하는 甲 주식회사가 공사에 투입한 인원이 공사 기간 중에 리조트의 객실과 식당을 사용한 데에 대한 사용료를 乙에게 매월 말 지급하기로 약정하였더라도, 리조트 사용료 채권은 민법 '숙박료 및 음식료 채권'으로서 소멸시효기간은 1년이다(대판 2020.2.13. 2019다271012).

㉯ 일정한 채권의 소멸시효기간에 관하여 이를 특별히 1년의 단기로 정하는 민법 제164조는 그 각 호에서 개별적으로 정하여진 채권의 채권자가 그 채권의 발생원인이 된 계약에 기하여 상대방에 대하여 부담하는 반대채무에 대하여는 적용되지 않고 일반원칙으로 돌아가 10년의 소멸시효기간의 적용을 받는다(대판 2013.11.14. 2013다65178).

3. 판결이 확정된 채권

> 제165조(판결 등에 의하여 확정된 채권의 소멸시효) ① 판결에 의하여 확정된 채권은 단기의 소멸시효에 해당한 것이라도 그 소멸시효는 10년으로 한다.

㉮ 이는 ⅰ) 당해판결 등의 당사자 사이에 한하여 발생하며, ⅱ) 10년보다 장기의 소멸시효를 10년으로 단축한다거나 또는 본래 소멸시효의 대상이 아닌 권리가 확정판결을 받음으로써 10년의 소멸시효에 걸린다는 의미가 아니다(대판 1981.3.24. 80다1888, 1889).

㉯ 만약 확정판결에 의한 채권의 소멸시효기간인 10년의 경과가 임박한 경우에는 그 시효중단을 위한 소는 소의 이익이 있다(대판 2018.7.19. 2018다22008 전원합의체). 이 경우 시효중단을 위한 후소로서 이행소송 외에 전소 판결로 확정된 채권의 시효를 중단시키기 위한 조치, 즉 '재판상의 청구'가 있다는 점에 대하여만 확인을 구하는 형태의 '새로운 방식의 확인소송'이 허용된다(대판 2018.10.18. 2015다232316 전원합의체).

> **판례정리** 제165조의 적용범위
> ① 주채무의 소멸시효기간의 연장과 주채무의 보증인: 확정판결에 의하여 주채무의 소멸시효기간이 10년으로 연장되었더라도 채권자와 연대보증인 사이의 연대보증채권의 소멸시효기간은 여전히 종전의 소멸시효기간에 따른다(대판 1986.11.25. 86다카1569).

② 피담보채권의 연장과 유치권이 성립된 부동산의 매수인 : 매수인은 유치권자에게 별개의 독립된 채무를 부담하는 것이 아니므로 유치권의 피담보채권의 소멸시효기간이 확정판결 등에 의하여 10년으로 연장된 경우 매수인은 종전의 단기소멸시효기간을 원용할 수는 없다(대판 2009.9.24. 2009다39530).

3 소멸시효의 중단

Ⅰ. 시효중단 일반론

1. 시효중단의 의의

어떤 사실상의 상태가 계속되던 중, 그 사실상의 상태와 상용할 수 없는 사정이 발생할 때에는 시효제도의 취지상 그 사실상의 상태를 존중할 이유를 잃게 된다고 할 것인데, 이미 진행한 시효기간의 효력을 상실하게 하는 것이 시효중단이다(대판 1979.7.10. 79다569).

> **판례정리 │ 시효중단과 변론주의의 문제**
> 시효중단사유는 중단으로 이익을 받을 당사자의 주장·증명이 있는 때에 고려되는 것으로서 이에 관한 주장이 없는 경우에는 이에 대한 판단을 할 필요가 없다(대판 1978.4.11. 76다2476).

2. 시효중단의 사유

제168조(소멸시효의 중단사유) 소멸시효는 다음 각 호의 사유로 인하여 중단된다.
 1. 청 구
 2. 압류 또는 가압류, 가처분
 3. 승 인

민법은 시효중단사유로써 ⅰ) 청구(제168조 1호), 특히 재판절차에 준하는 절차로써 파산절차참가(제171조), 지급명령(제172조), 화해를 위한 소환과 임의출석(제173조), ⅱ) 압류·가압류·가처분(제168조 2호), ⅲ) 승인(제168조 3호)에 관하여 규정하고 있는 바, 이하에서 제168조의 청구(재판상 청구와 최고), 압류, 승인 등을 중심으로 살펴보도록 한다.

> **판례정리 │ 시효중단을 위한 권리행사의 의미**
> 채권을 계속 행사하고 있다고 볼 수 있다면 소멸시효가 진행하지 않는다. 나아가 채권을 행사하는 방법에는 채무자에 대한 직접적인 이행청구 외에도 변제의 수령이나 상계, 소송상 청구 및 항변으로 채권을 주장하는 경우 등 채권이 가지는 다른 여러 가지 권능을 행사하는 것도 포함된다(대판 2020.7.9. 2016다244224, 244231).

Ⅱ. 청 구

1. 재판상 청구의 의미

재판상 청구는 그 권리를 민사소송의 절차에 의하여 주장하는 것을 말한다(대판 1979.2.13. 78다1500, 1501). 특히 종국판결을 받기 위한 소의 제기에 한정되지 않고 '재판기관의 공권적인 판단을 구하는 지급명령신청도 포함'된다(대판 2009.9.24. 2009다39530).

> **판례정리 재판상 청구(시효중단의 범위)와 기판력과의 관계**
> ① 시효중단 사유인 재판상 청구를 기판력이 미치는 범위와 일치하여 고찰할 필요는 없다. 따라서 소유권이전등기청구권이 발생한 기본적 법률관계에 해당하는 매매계약을 기초로 하여 건축주명의변경을 구하는 소가 소유권이전등기청구권의 소멸시효를 중단시키는 재판상 청구에 포함된다(대판 2011.7.14. 2011다19737).
> ② 소멸시효의 중단과 관련하여 소멸 대상인 권리 자체의 이행청구나 확인청구를 하는 경우뿐 아니라 권리가 발생한 기본적 법률관계에 관한 청구를 하는 경우 또는 그 권리를 기초로 하거나 그것을 포함하여 형성된 후속 법률관계에 관한 청구를 하는 경우에도 그로써 권리 실행의 의사를 표명한 것으로 볼 수 있을 때에는 시효중단 사유인 재판상의 청구에 포함된다(대판 2016.10.27. 2016다25140).

2. 재판상 청구의 내용

(1) 형사소송과 시효중단

형사소송상의 시효중단사유는 민법상 소멸시효의 중단사유로 되지 않는다. 다만 소송촉진 등에 관한 특례법에 따른 배상명령의 신청은 민사소송상의 소제기와 동일한 효력이 있으므로, 피해자의 배상신청은 재판상 청구에 해당하여 시효가 중단된다.

(2) 행정소송과 시효중단

1) 원 칙

행정소송은 위법한 행정처분의 취소 또는 변경을 구하는 것으로서 사권을 재판상 행사하는 것이 아니므로 시효중단사유가 되지 못한다(대판 1979.2.13. 78다1500, 1501).

2) 예 외

㈎ 오납한 조세에 대한 부당이득반환청구권을 실현하기 위한 수단이 되는 과세처분의 취소 또는 무효확인을 구하는 소는 비록 행정소송이라고 할지라도 조세환급을 구하는 부당이득반환청구권의 소멸시효 중단사유인 재판상 청구에 해당한다(대판 1992.3.31. 91다32053 전원합의체).

㈏ 또한 근로자가 사용자의 부당노동행위로 인하여 해고를 당한 경우, 권리자가 재판상 권리를 주장하여 권리 위에 잠자는 것이 아님을 표명하는 것으로서 임금채권의 소멸시효 중단사유인 재판상 청구에 해당한다(대판 2012.2.9. 2011다20034).

(3) 요건미비 청구와 시효중단

1) 대항요건을 갖추지 못한 채권양수인의 청구

채권양도에 의하여 채권을 이전받은 양수인이 대항요건을 갖추지 못하여 채무자에게 대항하지 못한다고 하더라도 채권의 양수인이 채무자를 상대로 재판상의 청구를 하였다면 이는 소멸시효 중단사유인 재판상의 청구에 해당한다(대판 2005.11.10. 2005다41818).

2) 사망자 상대의 소송에 따른 시효중단 가부

이미 사망한 자를 피고로 하여 제기된 소는 부적법하여 이를 간과한 채 본안 판단에 나아간 판결은 당연무효로서 그 효력이 상속인에게 미치지 않는다.

(4) 권리자의 응소와 시효중단

1) 피고의 응소로 시효가 중단되기 위한 요건

재판상 청구는 통상적으로 권리자가 원고로서 시효를 주장하는 자를 피고로 하여 소송물인 권리를 소의 형식으로 주장하는 경우를 가리키지만, 이와 반대로 시효를 주장하는 자가 원고가 되어 소를 제기한 데에 대하여 피고로서 응소하여 그 소송에서 '적극적으로 권리를 주장'하고 그것이 '받아들여진 경우'도 마찬가지로 이에 포함된다(대판 1993.12.21. 92다47861 전원합의체).

> **판례정리 — 응소의 구체적인 내용**
> 변론주의 원칙상 피고가 응소행위를 하였다고 하여 바로 시효중단의 효과가 발생하는 것은 아니고 시효중단의 주장을 하여야 그 효력이 생기는 것이지만, 시효중단의 주장은 반드시 응소시에 할 필요는 없고 소멸시효기간이 만료된 후라도 사실심변론종결 전에는 언제든지 할 수 있다(대판 2010.8.26. 2008다42416, 42423).

2) 제3취득자나 물상보증인의 소제기와 응소

응소행위가 재판상 청구에 준하는 행위로 인정되려면 의무 있는 자가 제기한 소송에서 권리자가 의무 있는 자를 상대로 응소하여야 한다. 따라서 제3취득자나 물상보증인이 제기한 소송에서의 응소행위는 재판상 청구에 준하는 행위에 해당한다고 볼 수 없다(대판 2007.1.11. 2006다33364).

3. 시효중단의 범위

(1) 기본관계에 대한 청구와 파생적 청구권

파면된 사립학교교원이 학교법인을 상대로 제기한 파면처분효력정지가처분 및 무효확인의 소는 보수금채권을 실현하는 수단이라는 성질을 가지고 있으므로 무효확인의 소의 제기에 의하여 그 시효중단이 인정된다(대판 1978.4.11. 77다2509). 그러나 파면처분무효확인청구의 소는 퇴직급여청구권에 대한 소멸시효 중단사유에 해당하지 않는다(대판 1990.8.14. 90누2024).

(2) 근저당권설정등기청구권과 피담보채권

근저당권설정등기청구권과 그 피담보채권은 별개로 소멸시효에 걸리나, 근저당권설정등기청구의 소제기에 의하여 피담보채권에 대한 소멸시효중단의 효력이 생긴다(대판 2004.2.13. 2002다7213).

(3) 청구권 경합에 따라 행사되지 않은 채권

㈎ 채권자가 동일한 목적을 달성하기 위하여 복수의 채권을 갖고 있는 경우 채권자가 그 중 어느 하나의 청구를 하였더라도 특별한 사정이 없는 한 다른 채권의 소멸시효가 중단되지는 않는다(대판 2020.3.26. 2018다221867).

㈏ 따라서 채무불이행에 의한 손해배상청구권의 행사는 불법행위에 의한 손해배상청구권의 소멸시효가 중단되지 않는다(대판 2002.6.14. 2002다11441).

(4) 어음채권과 원인채권

㈎ 기존채권의 지불확보의 방법으로 어음·수표가 수수되었을 경우에는 어음·수표금채권의 소송상 청구는 기존채권의 소멸시효를 중단시킨다(대판 2002.2.26. 2000다25484).

㈏ 반면에 원인채권에 기하여 청구한 것만으로는 어음채권 그 자체를 행사한 것으로 볼 수 없기 때문에 어음채권에 대한 소멸시효중단의 효과가 발생하지 않는다(대판 1999.6.11. 99다16378).

(5) 일부청구와 잔존채권

㈎ 한 개의 채권 중 일부에 관하여만 판결을 구한다는 취지를 명백히 하여 소송을 제기한 경우에는 소제기에 의한 소멸시효중단의 효력이 그 일부에 관하여만 발생하고, 나머지 부분에는 발생하지 아니하지만, 그 취지로 보아 채권 전부에 관하여 판결을 구하는 것으로 해석된다면 채권의 동일성의 범위 내에서 그 전부에 관하여 시효중단의 효력이 발생한다(대판 1992.4.10. 91다43695).

㈏ 다만, 소장에서 청구의 대상으로 삼은 채권 중 일부만을 청구하면서 소송의 진행경과에 따라 장차 청구금액을 확장할 뜻을 표시하였더라도 그 후 채권의 특정 부분을 청구범위에서 명시적으로 제외하였다면, 그 부분에 대하여는 애초부터 소의 제기가 없었던 것과 마찬가지이므로 재판상 청구로 인한 시효중단의 효력이 발생하지 않는다(대판 2021.6.10. 2018다44114).

4. 시효중단의 효력

(1) 시효중단의 시기

재판상 청구가 있으면 시효중단의 효력이 발생하고, 그 효력의 발생시점은 원칙적으로 소제기 시 또는 청구변경서의 제출 시이다(민소법 제265조). 응소의 경우 현실적으로 권리를 행사하여 응소한 때(답변서 제출 시)에 시효중단의 효력이 발생한다(대판 2005.12.23. 2005다59383, 59390).

> **판례정리 지급명령이 소송으로 이행된 경우 시효중단의 발생시기**
> 지급명령 사건이 채무자의 이의신청으로 소송으로 이행된 경우에 지급명령에 의한 시효중단의 효과는 소송으로 이행된 때가 아니라 지급명령을 신청한 때이다(대판 2015.2.12. 2014다228440).

(2) 시효중단의 소멸

제170조(재판상의 청구와 시효중단) ① 재판상의 청구는 소송의 각하, 기각 또는 취하의 경우에는 시효중단의 효력이 없다. ② 전항의 경우에 6월 내에 재판상의 청구, 파산절차참가, 압류 또는 가압류, 가처분을 한 때에는 시효는 최초의 재판상 청구로 인하여 중단된 것으로 본다.

1) 중단효의 소급 소멸

재판상 청구가 있더라도 각하, 기각 또는 취하가 있으면 시효중단의 효력이 처음부터 발생하지 않는다. 특히 소가 취하된 경우 이는 최고로써의 효력이 인정된다(판례).

2) 중단효의 소급 부활

㈎ 소의 각하 등에 의하여 시효중단의 효력이 일단 부정되었더라도 6개월 이내에 재판상의 청구, 파산절차 참가, 압류 또는 가압류·가처분을 한 때에는 시효는 최초의 재판상 청구로 인하여 중단된 것으로 본다.

㈏ 이는 응소의 경우에도 유추적용되는 바, 권리자인 피고가 응소하여 권리를 주장하였으나 소가 각하되거나 취하되는 등의 사유로 본안에서 권리주장에 관한 판단 없이 소송이 종료된 경우에는 민법 제170조 제2항을 유추적용하여 그때부터 6월 이내에 재판상의 청구 등 다른 시효중단조치를 취한 경우에 한하여 응소 시에 소급하여 시효중단의 효력이 있다(대판 2019.3.14. 2018두56435).

> **판례정리 채권자대위권과 소멸시효의 중단**
> 채권자가 채권자대위권에 기해 청구를 하는 경우 채무자의 권리의 시효가 중단되며, 이는 채무자에게도 미친다. 한편 채권자가 채권자대위권에 대해 청구를 하다가 피대위채권 자체를 양수하여 양수금청구로 소를 변경한 경우 이는 교환적 변경으로서 채권자대위권에 대한 구 청구는 취하된 것으로 보아야 하나, 당초의 채권자대위소송으로 인한 시효중단의 효력이 소멸하지 않는다(대판 2010.6.24. 2010다17284). 마찬가지로 채무자가 제3채무자를 상대로 제기한 금전채권의 이행소송이 압류 및 추심명령으로 인한 당사자적격의 상실로 각하되더라도, 채무자에 갈음하여 당사자적격을 취득한 추심채권자가 위 각하판결이 확정된 날로부터 6개월 내에 제3채무자를 상대로 추심의 소를 제기하였다면, 채무자가 제기한 재판상 청구로 인하여 발생한 시효중단의 효력은 추심채권자의 추심소송에서도 그대로 유지된다(대판 2019.7.25. 2019다212945).

Ⅲ. 최 고

1. 최고의 내용

최고는 채무자에 대하여 채무이행을 구한다는 채권자의 의사통지(준법률행위)로서 특별한 형식이 요구되지 아니하고 행위 당시 당사자가 시효중단의 효과를 발생시킨다는 점을 알거나 의욕하지 않았더라도 이로써 권리행사의 주장을 하는 취지임이 명백하다면 최고에 해당한다.

> **판례정리 · 최고에 해당하는지가 문제되는 경우**
> 소송고지의 요건이 갖추어진 경우에 그 소송고지서에 고지자가 피고지자에 대하여 채무의 이행을 청구하는 의사가 표명되어 있으면 민법 제174조에 정한 시효중단사유로서의 최고의 효력이 인정된다. 당해 소송이 계속 중인 동안은 최고에 의하여 권리를 행사하고 있는 상태가 지속되는 것으로 보아 민법 제174조에 규정된 6월의 기간은 당해 소송이 종료된 때로부터 기산되는 것으로 해석하여야 한다(대판 2015.5.14. 2014다16494).

2. 최고의 효력

> **제174조(최고와 시효중단)** 최고는 6월 내에 재판상의 청구, 파산절차참가, 화해를 위한 소환, 임의출석, 압류 또는 가압류, 가처분을 하지 아니하면 시효중단의 효력이 없다.

(1) 시효중단효력의 발생시기

최고는 상대방에게 도달한 때에 시효중단의 효력이 발생한다(통설). 특히 최고를 여러 번 거듭하다가 재판상 청구 등을 한 경우에 시효중단의 효력은 항상 최초의 최고 시에 발생하는 것이 아니라 재판상 청구 등을 한 시점을 기준으로 하여 이로부터 소급하여 6월 이내에 한 최고 시에 발생하고, 이러한 법리는 그 소가 각하된 경우에도 마찬가지로 적용된다(대판 2019.3.14. 2018두56435).

(2) 6개월 내 재판상 청구 등

㈎ 최고는 다른 사유와는 달리 그 자체에 완전한 시효중단의 효력이 없고 최고 후 6개월 이내에는 시효가 완성하지 않을 뿐이며 6개월 이내에 재판상 청구, 파산절차 참가, 화해를 위한 소환, 임의출석, 압류 또는 가압류·가처분 등을 하여야 시효중단의 효력이 유지된다.

㈏ (연대채무자 1인에 대한 부동산 압류) 채권자의 신청에 의한 경매개시결정에 따라 연대채무자 1인의 소유 부동산이 압류된 경우, 이로써 위 채무자에 대한 채권의 소멸시효는 중단되지만, 경매개시결정에 의한 시효중단의 효력을 다른 연대채무자에 대하여 주장할 수 없다. 그러나 최고로서의 효력을 가지고 있고, 채권자가 6월 내에 다른 연대채무자를 상대로 재판상 청구를 하였다면 그 다른 연대채무자에 대한 채권의 소멸시효가 중단되지만, 이로 인하여 중단된 시효는 위 경매절차가 종료된 때가 아니라 재판이 확

정된 때로부터 새로 진행된다(대판 2001.8.21. 2001다22840).

㈐ (제3채무자에 대한 채권에 관한 압류) 채권자가 확정판결에 기한 채권의 실현을 위하여 채무자의 제3채무자에 대한 채권에 관하여 압류 및 추심명령을 받아 그 결정이 제3채무자에게 송달되었다면 제3채무자에 대한 채무자의 채권에 관하여 소멸시효 중단사유인 최고로서의 효력이 인정된다(대판 2003.5.13. 2003다16238).

Ⅳ. 압류 등

1. 시효중단의 내용

(1) 압류에 따른 시효중단

㈎ 압류란 금전채권의 실행을 확보하기 위해 집행기관이 확정판결 기타의 집행권원에 기하여 채무자의 재산처분을 금하는 강제집행으로서 시효중단의 효력은 집행신청시에 발생한다.

㈏ 부동산경매절차에서 집행력 있는 채무명의 정본을 가진 채권자가 하는 배당요구는 압류에 준하는 것으로서 소멸시효를 중단시키는 효력이 있다(대판 2010.9.9. 2010다28031).

> **판례정리 | 임차권등기시 소멸시효 중단사유인 압류 등의 효력 여부**
> 임차권등기명령에 따른 임차권등기가 본래의 담보적 기능을 넘어서 채무자의 일반재산에 대한 강제집행을 보전하기 위한 처분의 성질을 가진다고 볼 수는 없다. 그렇다면 임차권등기명령에 따른 임차권등기에는 민법 제168조 제2호에서 정하는 소멸시효 중단사유인 압류 또는 가압류, 가처분에 준하는 효력이 있다고 볼 수 없다(대판 2019.5.16. 2017다226629).

㈐ 권리자의 청구에 의하여 권리자가 집행의 신청을 취하하거나 법률의 규정에 따르지 아니함으로써 강제처분이 취소된 경우에는, 시효중단의 효력이 소급하여 소멸된다(제175조). 또한 압류가 해제되거나 집행절차가 종료될 때 중단사유가 종료한 것으로 볼 수 있으며, 그때부터 시효가 새로이 진행한다(대판 2017.4.28. 2016다239840).

(2) 가압류에 따른 시효중단

가압류란 금전채권 또는 금전으로 환산할 수 있는 채권의 집행을 보전하기 위하여 채무자의 일반재산의 현상유지를 목적으로 하는 보전처분을 말한다.

> **판례정리 | 가압류에 따른 시효중단의 내용**
> ① 가압류에 의한 집행보전의 효력이 존속하는 동안은 가압류채권자에 의한 권리행사가 계속되고 있다고 보아야 하므로 가압류에 의한 시효중단의 효력은 가압류의 집행보전의 효력이 존속하는 동안은 계속된다(대판 2013.11.14. 2013다18622, 18639).
> ② 가압류에 관해서도 위 민사소송법 규정을 유추적용하여 '재판상의 청구'와 유사하게 가압류를 신청한 때 시효중단의 효력이 생긴다고 보아야 한다. 가압류채권자의 권리행사는 가압류

를 신청한 때에 시작되므로, 이 점에서도 가압류에 의한 시효중단의 효력은 가압류신청을 한 때에 소급한다(대판 2017.4.7. 2016다35451).

③ 유체동산에 대한 가압류 집행절차에 착수하지 않은 경우에는 시효중단 효력이 없고, 집행절차를 개시하였으나 가압류할 동산이 없기 때문에 집행불능이 된 경우에는 집행절차가 종료된 때로부터 시효가 새로이 진행된다(대판 2011.5.13. 2011다10044).

④ 가압류 자체는 유효하여야 하므로 사망한 사람을 피신청인으로 한 가압류결정이 내려졌다고 하여도 그 결정은 당연무효로서 그 효력이 상속인에게 미치지 않고 이는 민법 제168조 제2호에 정한 소멸시효의 중단사유에 해당하지 않는다(대판 2006.8.24. 2004다26287, 26294).

(3) 가처분에 따른 시효중단

가처분에는 i) 특정물에 대한 청구권을 가지는 채권자가 장래의 집행을 보전하기 위하여 채무자의 처분을 금하고 그 보전에 필요한 조치를 취하는 것을 내용으로 하는 '다툼의 대상에 관한 가처분'(민집법 제300조 1항)과 ii) 권리관계에 다툼이 있는 경우에 채권자의 현저한 손해를 방지하거나 기타의 사유로 잠정적으로 법률관계에 관한 임시의 조치를 하는 '임시의 지위를 정하는 가처분'(민집법 제300조 2항)이 있다. 가처분의 경우 신청시에 시효중단의 효력이 있다.

2. 시효중단의 통지

㈎ 압류, 가압류 및 가처분이 시효의 이익을 받을 자 이외의 자에 대하여 행하여진 경우에도 시효이익을 받을 자에게 통지한다면 시효중단의 효력이 인정된다(제176조). 즉, 채무자에게 압류사실이 통지되어야 한다.

㈏ 이 경우 그 압류사실을 채무자가 알 수 있도록 경매개시결정이나 경매기일통지서가 우편송달(발송송달)이나 공시송달이 아닌 교부송달의 방법으로 채무자에게 송달되어야만 압류사실이 통지된 것으로 볼 수 있다(대판 1990.1.12. 89다카4946).

V. 승 인

1. 승인의 의의

시효중단사유로서의 승인은 시효이익을 받을 당사자인 채무자가 그 시효의 완성으로 권리를 상실하게 될 자 또는 그 대리인에 대하여 그 권리가 존재함을 인식하고 있다는 뜻을 표시하는 일방적 행위로써(대판 2014.1.23. 2013다64793), 관념의 통지이다(통설).

2. 승인 당사자

제177조(승인과 시효중단) 시효중단의 효력 있는 승인에는 상대방의 권리에 관한 처분의 능력이나 권한 있음을 요하지 아니한다.

㈎ 승인을 하는 자에게는 그 권리를 관리할 능력이나 권한이 있어야 한다. 따라서 대

리인은 처분권한이 없어도 관리권한이 있으면 유효하게 승인할 수 있다. 승인은 시효의 완성으로 권리를 잃게 될 자에게 하여야 한다.

㈑ 이행인수인이 채권자에 대하여 채무자의 채무를 승인하더라도 다른 특별한 사정이 없는 한 시효중단 사유가 되는 채무승인의 효력은 발생하지 않는다(대판 2016.10.27. 2015다239744).

3. 승인의 방법

승인하는 데는 아무런 형식이 요구되지 않는다. 따라서 승인은 묵시적으로도 가능하다(대판 2010.4.29. 2009다99105). 그러므로 권리의 원인·내용이나 범위 등에 관한 구체적 사항을 확인하여야 하는 것은 아니고, 그에 있어서 채무자가 권리 등의 법적 성질까지 알고 있거나 권리 등의 발생원인을 특정하여야 할 필요는 없다(대판 2019.4.25. 2015두39897).

> **판례정리 승인에 해당하는지가 문제되는 경우**
> ① 면책적 채무인수, 담보의 제공, 일부변제, 변제기한의 유예요청(대판 2016.8.29. 2016다208303)(회생절차 내에서 이루어진 변제기 유예 합의도 채무에 대한 승인이 전제된 것이므로 채무승인의 효력이 있다) 등이 이에 해당한다.
> ② 채무자가 채권자에게 담보가등기를 경료하고 부동산을 인도하여 준 다음 피담보채권에 대한 이자 또는 지연손해금의 지급에 갈음하여 채권자로 하여금 부동산을 사용·수익할 수 있도록 한 경우라면, 채권자가 부동산을 사용·수익하는 동안에는 채무자가 계속하여 이자 또는 지연손해금을 채권자에게 변제하고 있는 것으로 볼 수 있으므로 피담보채권의 소멸시효가 중단된다(대판 2009.11.12. 2009다51028).

4. 승인의 시기

승인은 소멸시효의 진행이 개시된 이후에만 가능하고 그 이전에 승인을 하더라도 시효가 중단되지는 않는다. 따라서 진료계약을 체결하면서 입원료 기타 제요금이 체납될 시는 병원의 법적 조치에 대하여 아무런 이의를 하지 않겠다고 약정하였다 하더라도, 치료비 채무를 미리 승인하였다고 볼 수는 없다(대판 2001.11.9. 2001다52568).

5. 승인의 효력

승인으로 인한 시효중단의 경우 승인의 통지가 상대방에게 도달한 때에 시효중단의 효력이 발생하고 그때부터 새로운 시효가 진행된다(대판 2009.7.9. 2009다14340).

VI. 시효중단의 효과

1. 진행기간의 불산입

> 제178조(중단 후에 시효진행) ① 시효가 중단된 때에는 중단까지에 경과한 시효기간은 이를 산입하지 아니하고 중단사유가 종료한 때로부터 새로이 진행한다. ② 재판상의 청구로 인하여 중단한 시효는 전항의 규정에 의하여 재판이 확정된 때로부터 새로이 진행한다.

2. 중단의 인적 범위

(1) 원 칙

> 제169조(시효중단의 효력) 시효의 중단은 당사자 및 그 승계인간에만 효력이 있다.

1) 당사자

당사자란 시효중단행위에 관여한 당사자를 말하고, 권리의 당사자를 의미하지 않는다(대판 1997.4.25. 96다46484). 따라서 공유자 1인이 보존행위로서 한 재판상 청구는 나머지 공유자에 대하여 시효중단의 효력이 없다(대판 1979.6.26. 79다639).

2) 승계인

승계인이란 시효중단에 관여한 당사자로부터 중단의 효력을 받는 권리를 그 중단효력의 발생 이후에 승계한 자를 말하고, 포괄승계인은 물론 특정승계인(체납관리비 납부의무의 소멸시효가 중단된 이후 구분소유권을 취득한 경락인)도 포함된다(대판 2015.5.28. 2014다81474).

(2) 예 외

1) 보증채무

주채무자에 대한 시효중단은 보증인에 대하여 그 효력이 있다(제440조). 따라서 주채무자에 대한 시효중단사유가 발생하였을 때는 그 보증인에 대한 별도의 중단조치가 이루어지지 아니하여도 동시에 시효중단의 효력이 생긴다(대판 2006.8.24. 2004다26287, 26294).

2) 연대채무

어느 연대채무자에 대한 이행청구는 다른 연대채무자에게도 절대적인 효력이 미치므로(제416조) 이행청구에 따른 시효중단의 효력도 마찬가지이다.

4 소멸시효의 정지

Ⅰ. 의 의

소멸시효의 정지란 시효기간이 거의 완성할 무렵에 권리자가 중단행위를 하는 것이 불가능하거나 또는 대단히 곤란한 사정이 있는 경우에 그 시효기간의 진행을 일시적으로 멈추게 하고 그러한 사정이 없어졌을 때에 다시 나머지 기간을 진행시키는 것을 말한다.

Ⅱ. 사 유

1. 제한능력자와 시효정지

제179조(제한능력자의 시효정지) 소멸시효의 기간만료 전 6개월 내에 제한능력자에게 법정대리인이 없는 경우에는 그가 능력자가 되거나 법정대리인이 취임한 때부터 6개월 내에는 시효가 완성되지 아니한다.

2. 부부 간 권리와 시효정지

제180조(부부간의 권리와 시효정지) ② 부부의 일방의 타방에 대한 권리는 혼인관계의 종료한 때로부터 6월 내에는 소멸시효가 완성하지 아니한다.

3. 상속의 권리와 시효정지

제181조(상속재산에 관한 권리와 시효정지) 상속재산에 속한 권리나 상속재산에 대한 권리는 상속인의 확정, 관리인의 선임 또는 파산선고가 있는 때로부터 6월내에는 소멸시효가 완성하지 아니한다.

4. 천재 기타 사변과 시효정지

제182조(천재 기타 사변과 시효정지) 천재 기타 사변으로 인하여 소멸시효를 중단할 수 없을 때에는 그 사유가 종료한 때부터 1월 내에는 시효가 완성하지 아니한다.

5 소멸시효의 효과

Ⅰ. 채권·채무의 절대적 소멸

㈎ 판례는 절대적 소멸설에 따라 시효의 완성으로 채무는 당연히 소멸한다고 하면서도 그 시효의 이익을 받는 자가 시효완성의 항변을 하지 않으면 그 의사에 반하여 재판할 수 없다고 한다(대판 1980.1.29. 79다1863).

㈏ 즉 권리를 소멸시키는 소멸시효 항변은 변론주의 원칙에 따라 '당사자의 주장이 있어야만 법원의 판단대상'이 된다(대판 2017.3.22. 2016다258124).

Ⅱ. 소멸시효완성의 효력범위

1. 소멸시효완성의 시적 범위

제167조(소멸시효의 소급효) 소멸시효는 그 기산일에 소급하여 효력이 생긴다.

2. 소멸시효완성의 인적 범위

(1) 시효원용권자의 의미

 소멸시효가 완성된 경우 이를 주장할 수 있는 사람은 시효로 인하여 채무가 소멸됨으로써 '직접적인 이익을 받는 사람'에 한정된다(대판 2012.5.10. 2011다109500). 여기에는 당연히 채무자가 포함되며, 물상보증인 및 담보물의 제3취득자도 포함된다.

> **판례정리 시효완성의 주장과 권리남용**
> 채무자가 시효완성 전에 채권자의 권리행사나 시효중단을 불가능 또는 현저히 곤란하게 하였거나, 그러한 조치가 불필요하다고 믿게 하는 행동을 하였거나, 객관적으로 채권자가 권리를 행사할 수 없는 장애사유가 있었거나, 또는 **일단 시효완성 후에 채무자가 시효를 원용하지 아니할 것 같은 태도를 보여 권리자로 하여금 그와 같이 신뢰하게 하였거나**, 채권자보호의 필요성이 크고, 채무이행의 거절을 인정함이 현저히 부당하거나 불공평하게 되는 등의 '특별한 사정'이 있는 경우에는 **채무자가 소멸시효의 완성을 주장하는 것이 신의성실의 원칙에 반하여 권리남용으로서 허용될 수 없다**(대판 2011.10.13. 2011다36091).

(2) 시효원용권자의 검토

 ㈎ (직접 원용) 소멸시효 완성을 주장할 수 있는 자로 ⅰ) 사해행위 취소소송의 상대방이 된 사해행위의 수익자(대판 2007.11.29. 2007다54849), ⅱ) 유치권이 성립된 부동산의 매수인(대판 2009.9.24. 2009다39530), ⅲ) 채권담보의 목적으로 매매예약의 형식을 빌어 소유권이전청구권 보전을 위한 가등기가 경료된 부동산을 양수하여 소유권이전등기를 마친 제3자(대판 1995.7.11. 95다12446) 등은 직접 원용할 수 있는 지위에 있다.

 ㈏ (대위 원용) 채무자에 대한 일반채권자는 자기의 채권을 보전하기 위하여 필요한 한도 내에서 채무자를 대위하여 소멸시효주장을 할 수 있다(대판 2012.5.10. 2011다109500). 따라서 채무자가 시효의 이익을 포기하면 채권자는 더 이상 대위도 할 수 없다. 다만, 채무자의 다른 채권자가 이의를 제기하고 채무자를 대위하여 소멸시효 완성의 주장을 원용하였다면, 시효의 이익을 묵시적으로 포기한 것으로 볼 수 없다(대판 2017.7.11. 2014다32458).

 ㈐ (원용 부정) 소멸시효 완성을 주장할 수 없는 자로 ⅰ) 채권자대위권행사를 통해 채권자의 청구를 받은 제3채무자는 채무자가 채권자에 대하여 가지는 항변으로 대항할 수 없으므로 채권자가 채무자에게 가지는 채권의 소멸시효가 완성된 경우 채권자대위소송의 제3채무자는 이를 행사할 수 없다(대판 2008.1.31. 2007다64471). 또한 ⅱ) 후순위 담보권자는 선순위 담보권의 피담보채권 소멸로 직접 이익을 받는 자에 해당하지 않아 선순위 담보권의 피담보채권에 관한 소멸시효가 완성되었다고 주장할 수 없다(대판 2021.2.25. 2016다232597).

3. 소멸시효완성의 물적 범위

제183조(종속된 권리에 대한 소멸시효의 효력) 주된 권리의 소멸시효가 완성한 때에는 종속된 권리에 그 효력이 미친다.

Ⅲ. 소멸시효완성이익의 포기

1. 시효완성 전의 포기

제184조(시효의 이익의 포기 기타) ① 소멸시효의 이익은 미리 포기하지 못한다.

2. 시효완성 후의 포기

(1) 포기의 의의

시효이익의 포기란 시효에 의한 권리의 취득이나 상실의 이익을 받는 자가 이것을 받지 않겠다고 하는 것이며 이로써 권리의 취득과 상실이 확정적으로 발생하지 않는다.

(2) 포기의 요건

소멸시효가 완성된 후에는 그 시효이익을 포기하는 것이 허용된다. 포기는 '상대방 있는 단독행위로서 처분행위'에 해당하므로 포기하는 자는 처분의 능력과 권한을 가지고 있어야 한다. 그리고 포기하는 자는 시효완성의 사실을 알면서 하여야 한다(대판 1995.4.4. 95다3756).

(3) 포기의 방법

특별한 방식이 요구되지 않으며 묵시적으로도 가능하다. 채무자의 기한유예요청, 담보권실행에 대하여 이의를 제기하지 않은 경우, 시효완성 후의 일부변제는 포기로 해석된다. 그리고 소멸시효 이익의 포기는 가분채무의 일부에 대하여도 가능하다.

> **판례정리 일부변제와 시효이익의 포기의 문제**
> 채무자가 소멸시효 완성 후 채무를 일부변제한 때에는 그 액수에 관하여 다툼이 없는 한 그 채무 전체를 묵시적으로 승인한 것으로 보아야 하고, 이 경우 시효완성의 사실을 알고 그 이익을 포기한 것으로 추정된다(대판 2010.5.13. 2010다6345).

(4) 포기의 효과

1) 시효기간의 재진행

일단 소멸시효의 이익을 포기하면 더 이상 소멸시효의 완성을 주장할 수 없다. 그러나 시효의 이익을 포기한 시점부터 다시 시효가 진행되며 재차 시효가 완성되면 채무자는 다시금 시효완성의 항변을 주장할 수 있다(대판 2013.5.23. 2013다12464).

2) 이익포기의 상대효

시효완성의 이익을 포기한 경우 이는 상대적 효력에 불과하다. 따라서 ⅰ) (원칙 - 시효이익 포기 전에 이해관계를 맺은 자) 채무자가 채권자와의 사이에서 시효완성의 이익을 포기하였다 하더라도 이러한 시효이익의 포기는 보증인, 저당부동산의 제3취득자, 물상보증인에게는 미치지 않는다. 그러므로 여전히 보증인, 저당부동산의 제3취득자 또는 보증인은 피담보채권의 소멸시효가 완성되었음을 원용할 수 있다. 그러나 ⅱ) (예외 - 시효이익 포기 후에 이해관계를 맺은 자) 소멸시효 이익의 포기 당시에는 권리의 소멸에 의하여 직접 이익을 받을 수 있는 이해관계를 맺은 적이 없다가 나중에 시효이익을 이미 포기한 자와의 법률관계를 통하여 비로소 시효이익을 원용할 이해관계를 형성한 자는 이미 이루어진 시효이익 포기의 효력을 부정할 수 없다. 따라서 종전 소유자가 근저당권자에 대하여 한 피담보채권의 소멸시효 이익 포기의 효력을 그 후에 저당부동산의 소유권을 취득한 자는 종전 소유자가 한 시효이익 포기의 효력을 부정할 수 없다(대판 2015.6.11. 2015다200227).

Ⅳ. 소멸시효특약에 관한 효력

> 제184조(시효의 이익의 포기 기타) ② 소멸시효는 법률행위에 의하여 이를 배제, 연장 또는 가중할 수 없으나 이를 단축 또는 경감할 수 있다.

연습문제

01 〈노무사 2018〉

소멸시효에 관한 설명으로 옳지 않은 것은? (다툼이 있으면 판례에 따름)

① 주채무자가 소멸시효 이익을 포기하면, 보증인에게도 그 효력이 미친다.
② 소멸시효의 기간만료 전 6개월 내에 제한능력자에게 법정대리인이 없는 경우에는 그가 능력자가 되거나 법정대리인이 취임한 때부터 6개월 내에는 시효가 완성되지 않는다.
③ 시효중단의 효력 있는 승인에는 상대방의 권리에 관한 처분의 능력이나 권한 있음을 요하지 않는다.
④ 채무자가 제기한 소에 채권자인 피고가 응소하여 권리를 주장하였으나, 그 소가 각하된 경우에 6개월 이내에 재판상 청구를 하면 응소시에 소급하여 시효중단의 효력이 있다.
⑤ 당사자가 주장하는 소멸시효 기산일이 본래의 기산일보다 뒤의 날짜인 경우에는 당사자가 주장하는 기산일을 기준으로 소멸시효를 계산하여야 한다.

해설 | ① (×) 소멸시효이익의 포기는 상대적이며, 시효이익을 받을 자가 수인인 경우에 그 1인이 포기하더라도 다른 사람에게는 영향을 미치지 않는다. 따라서 주채무자의 시효이익의 포기는 보증인에 대해서는 그 효력이 없다(대판 1991.1.29. 89다카1114).

정답 | ①

02 〈노무사 2011〉

제척기간과 소멸시효에 관한 설명으로 옳지 않은 것은? (다툼이 있는 경우에는 판례에 의함)

① 소멸시효의 기간은 법률행위로 단축할 수 없다.
② 소멸시효에는 중단이 있지만, 제척기간은 중단이 있을 수 없다.
③ 소멸시효에는 소급효가 있으나, 제척기간에는 소급효가 없다.
④ 소멸시효의 이익은 미리 포기하지 못한다.
⑤ 소멸시효는 당사자가 시효완성 사실을 원용할 때 고려되지만, 제척기간은 법원의 직권조사사항이다.

해설 | ① (×) 소멸시효는 법률행위에 의하여 이를 배제, 연장 또는 가중할 수 없으나 이를 단축 또는 경감할 수 있다(제184조 제2항).

정답 | ①

03 〈노무사 2020〉

소멸시효에 관한 설명으로 옳지 않은 것은? (다툼이 있으면 판례에 따름)

① 변론주의의 원칙상 법원은 당사자가 주장하는 기산점을 기준으로 소멸시효를 계산하여야 한다.
② 매수인이 목적부동산을 인도받아 계속 점유하고 있다면 그 소유권이전등기청구권의 소멸시효는 진행하지 않는다.
③ 계속적 물품공급계약에 기하여 발생한 외상대금채권은 특별한 사정이 없는 한 거래종료일로부터 외상대금채권 총액에 대하여 한꺼번에 소멸시효가 기산한다.
④ 건물신축공사도급계약에서의 수급인의 도급인에 대한 저당권설정청구권의 소멸시효기간은 3년이다.
⑤ 변론주의 원칙상 당사자의 주장이 없으면 법원은 소멸시효의 중단에 관해서 직권으로 판단할 수 없다.

해설 | ③ (×) 계속적 물품공급계약에 기하여 발생한 외상대금채권은 특별한 사정이 없는 한 각 외상대금채권이 발생한 때로부터 소멸시효가 진행한다고 볼 것이지 거래종료일부터 기산하여야 한다고 할 수 없다(대판 1992.1.21. 91다10152).

정답 | ③

04 〈노무사 2023〉

소멸시효에 관한 설명으로 옳지 않은 것은? (다툼이 있으면 판례에 따름)

① 주채무자가 소멸시효 이익을 포기하더라도 보증인에게는 그 효력이 미치지 않는다.
② 시효중단의 효력 있는 승인에는 상대방의 권리에 관한 처분의 능력이나 권한 있음을 요하지 않는다.
③ 당사자가 주장하는 소멸시효 기산일이 본래의 기산일과 다른 경우, 특별한 사정이 없는 한 당사자가 주장하는 기산일을 기준으로 소멸시효를 계산하여야 한다.
④ 어떤 권리의 소멸시효 기간이 얼마나 되는지는 법원이 직권으로 판단할 수 있다.
⑤ 민법 제163조 제1호의 '1년 이내의 기간으로 정한 금전 또는 물건의 지급을 목적으로 한 채권'이란 변제기가 1년 이내의 채권을 말한다.

해설 | ⑤ (×) 1년 이내의 기간으로 정한 채권이란 1년 이내의 정기에 지급되는 채권을 의미하는 것이지(예를 들면, 정수기의 월 대여료 채권)(대판 2018.2.28. 2016다45779), <u>변제기가 1년 이내의 채권을 말하는 것이 아니므로</u> 이자채권이라고 하더라도 1년 이내의 정기에 지급하기로 한 것이 아닌 이상 3년의 단기소멸시효에 걸리지 않는다(대판 1996.9.20. 96다25302).

정답 | ⑤

PART 02
채권총론

CHAPTER 01

채권법 서론

| PART 01 | **PART 02 채권총론** | PART 03 |

Ⅰ. 채권관계의 의의

당사자 사이의 채권·채무관계를 규율하는 것이 채권법이며, 채권자와 채무자 사이의 법률관계를 채권관계라고 한다.

Ⅱ. 채권과 그 목적

1. 채권의 의의

채권이란 특정인(채권자)이 다른 특정인(채무자)에 대하여 특정의 행위, 즉 급부(급여)를 청구(요구)할 수 있는 권리이다. 즉 청구권은 채권의 본질적 요소이며, 청구권이란 특정인이 특정인에게 일정한 행위를 요구할 수 있는 권능이다.

2. 채권의 성질

채권은 발생원인에 의하여 종류와 성질이 다양하게 결정된다(채권의 다양성). 또한 채무자인 특정인에 대해서만 그 급부를 청구할 수 있는 권리라는 점에서 상대권 또는 대인권이라고 할 수 있다(채권의 상대성). 그러므로 동일 채무자에게 동일한 내용의 채무가 복수적으로 발생할 수 있다(채권의 상대성 내지 채권자평등의 원칙). 또한 채권은 재산적 이익을 내용으로 하는 권리이므로 물권과 함께 재산권에 속하며, 그 동일성을 유지한 채 양도될 수 있는 것이 원칙이다(채권의 양도성).

Ⅲ. 채무와 그 유형

1. 채무의 의의

채무는 채권자의 권리에 대응하여 일정한 행위를 부담하는 채무자의 의무를 말한다.

2. 채무의 유형

(1) 주된 의무와 종된 의무

주된 의무란 채권관계에 있어서 채권자의 주된 채권에 대응하는 급부의무를 말한다. 주된 의무의 위반에 대하여 채무자의 귀책사유가 있을 때에는 계약을 해제할 수 있으며, 손해배상책임이 발생한다. 반면 종된 의무는 주된 급부의무의 원만한 실행을 위한 보충적 의무를 말한다.

(2) 부수의무로서 보호의무

1) 내 용

㈎ 채무자가 부담하는 보호의무는 상대방의 생명·신체·재산 또는 기타의 법익을 침해하지 않을 의무를 말한다. 대표적으로 고용관계에 있어서 피용자에 대한 사용자의 배려·보호의무, 숙박업자의 투숙객에 대한 보호의무, 여행자에 대한 여행업자의 안전배려의무, 입원환자에 대한 병원의 보호의무 등이 있다.

㈏ 최근 판례도 건강보조식품 판매자가 고객에게 제품을 판매할 때에는 건강보조식품의 치료 효과나 부작용 등 의학적 사항에 관하여 잘못된 정보를 제공하여 고객이 이를 바탕으로 긴급한 진료를 중단하는 것과 같이 비합리적인 판단에 이르지 않도록 고객을 보호할 주의의무가 있다고 하였다(대판 2022.5.26. 2022다211089).

2) 효 과

채무자가 그의 귀책사유로 보호의무에 위반한 경우 계약을 해제할 수는 없다. 또한 쌍무계약에서 상대방의 부수적 사항에 관한 의무위반만을 이유로 자기의 채무이행을 거절할 수 있는 동시이행의 항변권을 갖지 못한다. 그러나 채권자에게 손해를 발생케 한 경우에 채권자는 제2조, 제390조, 제750조 등에 근거해서 그 손해에 대한 배상을 청구할 수 있다.

> **판례정리 | 주된 채무와 부수적 의무의 구별 필요성 및 기준**
>
> 채무불이행을 이유로 매매계약을 해제하려면 당해 채무가 매매계약의 목적달성에 있어서 필요불가결하고 이를 이행하지 아니하면 매매계약의 목적이 달성되지 아니하여 매도인이 매매계약을 체결하지 아니하였을 것이라고 여겨질 정도의 주된 채무이어야 하고 그렇지 아니한 부수적 채무를 불이행한 데 지나지 아니한 경우에는 매매계약 전부를 해제할 수 없다(대판 2022.6.16. 2022다203804).

CHAPTER 02

채권의 목적

| PART 01 | **PART 02 채권총론** | PART 03 |

제1절 서 론

> 제373조(채권의 목적) 금전으로 가액을 산정할 수 없는 것이라도 채권의 목적으로 할 수 있다.

채권의 목적이란 채권자가 채무자에 대하여 청구할 수 있는 일정한 행위(급부), 즉 채무의 내용(대상)을 의미한다. 채권의 목적은 대부분 금전적 가치를 지니지만, 금전으로 가액을 산정할 수 없는 것이라도 채권의 목적으로 할 수 있다(제373조). 민법은 특정물채권·종류채권·금전채권·이자채권·선택채권 5가지를 규정하고 있다.

제2절 채권의 종류

1 특정물채권

> 제374조(특정물인도채무자의 선관의무) 특정물의 인도가 채권의 목적인 때에는 채무자는 그 물건을 인도하기까지 선량한 관리자의 주의로 보존하여야 한다.

Ⅰ. 특정물채권의 의의

특정물은 당사자가 지정한 그 물건만이 목적물이 되며 다른 물건으로 대체할 수 없는 것을 말하고, 이러한 특정물의 인도를 목적으로 하는 채권이 특정물채권이다.

Ⅱ. 특정물채권의 효력

1. 채무자의 선관주의의무

(1) 선관주의의무의 의의

선량한 관리자의 주의의무란 채무자의 직업, 사회적 지위 등에 비추어 일반적으로 요구되는 정도의 주의의무를 의미하며, 채무자를 기준으로 그의 능력에 따른 주의의무가 아닌, 평균적·추상적 채무자가 마땅히 기울여야 할 일반적·객관적 주의의무를 뜻한다.

(2) 선관주의의무의 내용

1) 보존의무의 존속시기

채무자는 계약이 성립한 때부터 특정물을 '실제로 인도할 때까지' 선량한 관리자의 주의로 보존해야 한다.

2) 선관주의의무의 증명

채무자가 선관주의를 게을리하여 목적물을 훼손 또는 멸실케 한 경우에는 손해배상의무를 부담한다. 선관주의를 다하였다는 사실은 채무자가 증명하여야 하며, 채무자가 선관주의의무를 다하여 목적물을 관리한 경우에는 손해배상책임을 부담하지 않는다.

2. 특정물의 현상인도의무

㈎ 특정물의 인도의무를 부담하는 채무자는 이행기 현상대로 그 물건을 인도하면 된다. 즉, 채무자는 선관주의를 다하여 목적물을 보존한 후에 그 물건을 인도할 때의 현상 그대로 인도하면 된다(제462조).

㈏ 채무자는 특단의 합의가 없는 한 채권성립 당시 그 물건이 있었던 장소에서 인도하여야 한다(제467조 1항).

3. 목적물에서 생긴 과실

목적물에서 생긴 천연과실은 과실의 수취권자에게 귀속된다(제102조 1항). 다만, 매매의 경우 이행기 이후라도 인도 전에 목적물로부터 생긴 과실은 매도인에게 속한다. 이는 매수인이 이행기 이후에도 목적물의 대금을 지급하지 않고 있는 것을 전제하는 것이다.

2 종류채권

Ⅰ. 종류채권의 의의

㈎ 종류채권이란 인도해야 할 목적물이 종류와 수량에 의해서 정해진 급부채권을 말한다. 예를 들면 명의신탁약정에 따른 상법상 종류주식의 반환의무는 종류채무이다(대판 2015.2.26. 2014다37040).

㈏ 또한 동일한 종류의 물건에 대하여 당사자의 특약으로 일정한 제한을 두어서 일정량의 물건의 인도를 내용으로 하는 채권(예컨대 특정의 창고 속에 있는 무연탄 중 10톤, 특정의 창고 속에 있는 쌀 중 10가마 등)을 제한종류채권이라고 한다. 판례에 의하면 보유주식의 일정량을 담보로 제공하기로 한 담보제공약정에 의하여 제한종류채권이 발생한다(대판 1994.8.26. 93다20191).

Ⅱ. 목적물의 품질

종류채권에 있어 목적물의 품질은 법률행위의 성질, 당사자의 의사에 의해 결정된다. 그러나 이에 의해 급부목적물의 품질이 결정되지 않는 경우에 채무자는 '중등품질의 물건'으로 이행하여야 한다(제375조 1항).

Ⅲ. 종류채권의 특정

> 제375조(종류채권) ① 채권의 목적을 종류로만 지정한 경우에 법률행위의 성질이나 당사자의 의사에 의하여 품질을 정할 수 없는 때에는 채무자는 중등품질의 물건으로 이행하여야 한다. ② 전항의 경우에 채무자가 이행에 필요한 행위를 완료하거나 채권자의 동의를 얻어 이행할 물건을 지정한 때에는 그때로부터 그 물건을 채권의 목적물로 한다.

1. 특정의 방법

(1) 당사자의 계약에 의한 특정

계약으로 목적물을 선정한 때에도 특정이 생긴다. 이 경우 합의만으로는 부족하고 목적물을 분리해야 특정이 생긴다. 그리고 당사자 사이의 특약으로 제3자에게 지정권을 줄 수도 있다.

(2) 이행에 필요한 행위의 완료

1) 지참채무의 경우

채무자가 목적물을 채권자의 주소에 가지고 가서 이행하여야 하는 채무로서 특별한 약정이 없는 한 '채권자의 현주소'가 이행장소이다.

2) 추심채무의 경우

채권자가 채무자의 주소에 와서 목적물을 추심하여 이행받아야 하는 채무로서 채무자의 주소지가 목적물의 인도장소이므로, 채무자가 급부목적물을 분리하여 채권자가 수령할 수 있는 상태로 놓아둔 다음 채권자에게 이를 통지하여 수령을 최고한 때에 특정된다.

3) 송부채무의 경우

채권자 또는 채무자의 주소 이외의 제3지로 목적물을 송부하는 채무로서, 제3지가 본래의 이행장소인 경우에는 채무자가 제3지에서 현실의 이행을 제공한 때에 특정되고 제3지가 채무자의 호의로 이행장소가 된 경우에는 채무자가 제3지로 목적물을 발송한 때에 특정된다.

2. 특정의 효과

(1) 특정물로의 전환

특정에 의해 종류채권은 채권관계의 동일성을 유지하며 특정물의 인도를 목적으로 하는 채권으로 전환되고, 채무자는 특정물의 보존에 대한 '선관주의의무'를 부담하게 된다(제374조).

(2) 위험부담의 이전

㈎ 특정된 종류물의 수령을 채권자가 지체하는 경우에는 채무자의 보관상의 주의의무는 경감되고, 당사자 쌍방의 책임 없는 사유로 그 목적물이 멸실된 때에도 채무자는 반대급부청구권을 상실하지 않는다.

㈏ 특정된 물건이 양 당사자의 귀책사유 없이 멸실된 경우 채무자는 다시 동일한 물건으로 급부할 의무를 부담하지 않는다(조달의무의 면제). 즉 종류물의 특정 후에 급부위험은 채권자에게 이전되지만, 채권자의 수령지체가 없는 한 종류물의 특정만으로 반대급부위험(대가위험)이 채권자에게 이전되지는 않는다.

3 금전채권

Ⅰ. 금전채권의 의의

금전채권은 금전의 인도를 목적으로 하는 채권으로, 보통의 종류채권과 달리 일정량의 가치의 인도를 목적으로 하는 가치채권으로서의 성질을 갖는다. 채무불이행이나 불법행위에 의한 손해배상청구권도 이에 해당한다.

Ⅱ. 금전채권의 종류

1. 금액채권

금액채권이란 일정액의 금전의 인도를 목적으로 하는 채권으로서 고유한 의미의 금전채권이다. 특약이 없는 한 채무자는 그 선택에 따라 각종의 통화를 가지고 변제할 수 있다.

2. 금종채권

> 제376조(금전채권) 채권의 목적이 어느 종류의 통화로 지급할 것인 경우에 그 통화가 변제기에 강제통용력을 잃은 때에는 채무자는 다른 통화로 변제하여야 한다.

일정한 종류의 금전을 가지고 일정 금액을 급부하는 채권(예컨대 5천 원권으로 100만 원을 지급해야 하는 채권)을 의미한다. 상대적 금종채권은 일정 화폐가치의 급부를 본질로 하므로, 그 특종의 통화가 변제기에 강제통용력을 상실한 때에는 통용력이 있는 다른 화폐로 변제하여야 한다.

3. 외화채권

> 제377조(외화채권) ① 채권의 목적이 다른 나라 통화로 지급할 것인 경우에는 채무자는 자기가 선택한 그 나라의 각 종류의 통화로 변제할 수 있다. ② 채권의 목적이 어느 종류의 다른 나라 통화로 지급할 것인 경우에 그 통화가 변제기에 강제통용력을 잃은 때에는 그 나라의 다른 통화로 변제하여야 한다.
>
> 제378조(동전) 채권액이 다른 나라 통화로 지정된 때에는 채무자는 지급할 때에 있어서의 이행지의 환금시가에 의하여 우리나라 통화로 변제할 수 있다.

외화채권의 경우 당사자가 별도의 합의 없이도 상대방에 대하여 국내통화로 지급하거나 또는 그 지급을 청구할 수 있는지, 소위 대용권의 행사 여부가 문제된다. 구체적인 판례의 내용을 살펴보면 다음과 같다.

> **[판례정리] 대용권행사와 그 환산시기**
> ① 대용권을 행사하는 경우 민법은 '지급할 때에 있어서의 이행지의 환금시가'에 의하여 환산하도록 정해 두고 있는 바, '지급할 때'라 함은 <u>이행기가 아니라 현실적으로 이행하는 때를 의미한다</u>(대판 1991.3.12. 90다2147 전원합의체).
> ② 채무자와 달리 채권자의 대용권에 대하여는 별도의 규정은 없으나 판례는 채권자에게도 대용권을 인정하면서 채무자가 현실로 이행할 때에 가장 가까운 <u>사실심변론종결시점</u>을 환산시기로 삼고 있다(대판 2019.6.13. 2018다258562).

Ⅲ. 금전채권의 특칙

1. 금전채무의 이행지체

⑷ 금전채권은 일정액의 금전의 인도를 목적으로 하는 가치채권이므로 통화제도가 존재하는 한, 이행불능의 상태는 발생하지 않는다(따라서 위험부담의 문제도 발생하지 않는다).

⑷ 단지 이행지체가 문제될 뿐이다. 이 경우 손해의 증명이 곤란한 금전채무의 불이행시에는 채권자가 손해를 증명하지 않더라도 손해배상을 청구할 수 있고, 채무자는 과실 없음을 이유로 항변할 수 없다(제397조 2항)(대판 2003.4.8. 2001다38593). 즉 '무과실책임'을 부담한다.

> **[판례정리] 손해발생의 주장은 하여야 하는지 여부**
> 민법 제397조는 지연이자를 청구하는 채권자로서는 그만큼의 손해가 있었다는 것을 증명할 필요가 없을 뿐이지, 지연이자 상당의 손해가 발생하였다는 취지의 <u>주장을 하지 않은 경우까지 지연이자 부분만큼의 손해를 인용해줄 수는 없다</u>(대판 2000.2.11. 99다49644).

2. 이율과 손해배상액

(1) 이자와 이율

1) 법정이율

채무자가 금전채무의 이행을 지체하면 그 성질상 당연히 손해가 발생한 것으로 되며, 손해배상액은 당사자간의 약정이 없는 한 손해액의 다소를 묻지 않고 법정이율(5%)에 의하여 정해진다(제397조 1항).

2) 약정이율

㈎ 법정이율과 다른 이율을 당사자가 약정한 경우에는 그에 따른다(제397조 1항 단서). 다만 본조는 약정이율이 법정이율 이상인 경우에만 적용되고, 약정이율이 법정이율보다 낮은 경우에는 법정이율에 의하여 지연손해금을 정할 것이다(대판 2009.12.24. 2009다85342).

㈏ 특히 변제기 후의 이자약정이 없는 경우 특별한 의사표시가 없는 한 변제기가 지난 후에도 당초의 약정이자를 지급하기로 한 것으로 보는 것이 당사자의 의사이다(대판 2017.9.26. 2017다22407).

(2) 지연손해금

손해배상액을 예정한 경우(제398조)에는 이에 의한다. 금전채무에 관하여 이행지체에 대비한 지연손해금비율을 따로 약정한 경우에 이는 일종의 손해배상액의 예정으로서 민법 제398조에 의한 감액의 대상이 된다(대판 2017.5.30. 2016다275402).

> **금전채무에 대한 지연배상금의 성질과 그 비율의 문제**
> 금전채무의 지연배상금채무는 금전채무의 이행지체로 인한 손해배상채무로서 이행기의 정함이 없는 채무에 해당하므로 채무자는 확정된 지연배상금채무에 대하여 채권자로부터 이행청구를 받은 때로부터 지체책임을 부담한다(대판 2010.12.9. 2009다59237).

4 이자채권

제379조(법정이율) 이자 있는 채권의 이율은 다른 법률의 규정이나 당사자의 약정이 없으면 연 5푼으로 한다.

I. 이자채권의 내용

1. 이 자

이자란 원본인 유동자본을 전제로 원본으로부터 발생하는 수익으로서 원본액과 사용기간에 비례하여 일정한 이율에 따라 지급되는 금전 기타의 대체물을 의미한다.

2. 이 율

(1) 법정이율

이율이란 원본액에 대한 이자의 비율로서 이율에는 당사자의 계약이나 관습에 따라 정해지는 '약정이율'과 법률에 의해 정해지는 '법정이율'로 구분된다. 법정이율의 경우 민사에 대해서는 연 5%(제379조)로, 상사에 관해서는 연 6%(상법 제54조)이다.

(2) 약정이율

사적자치의 원칙상 당사자가 자유롭게 이자 내지 이율을 정할 수 있으니 이자약정을 무제한으로 허용할 경우 채무자의 궁박한 상태를 악용하여 폭리를 위할 우려가 있다. 이에 따라 이자제한법이 최고이자율을 규정하고 있다.

> **판례정리 최고이자율 초과한 이자약정의 효력**
> ① 금전 소비대차계약과 함께 이자의 약정을 하는 경우, 양쪽 당사자 사이의 경제력의 차이로 인하여 그 이율이 당시의 경제적·사회적 여건에 비추어 사회통념상 허용되는 한도를 초과하여 현저하게 고율로 정하여졌다면, 허용할 수 있는 한도를 초과하는 부분의 이자 약정은 **선량한 풍속 기타 사회질서에 위반한 법률행위로서 무효**이다. 이 경우 그 불법의 원인이 수익자인 대주에게만 있거나 또는 적어도 대주의 불법성이 차주의 불법성에 비하여 현저히 크다고 할 것이어서 차주는 그 이자의 반환을 청구할 수 있다(대판 2007.2.15. 2004다50426 전원합의체).
> ② 채무자가 최고이자율을 초과하는 이자를 임의로 지급한 경우에는 **초과 지급된 이자 상당 금액은 원본에 충당**되고, 선이자를 사전공제한 경우 그 공제액이 채무자가 실제 수령한 금액을 원본으로 하여 **최고이자율에 따라 계산한 금액을 초과하는 때에는 그 초과 부분은 원본에 충당**한 것으로 본다(대판 2021.3.25. 2020다289989).

Ⅱ. 이자채권의 종류

1. 기본적 이자채권

(1) 의 의

원본과의 관계에서 일정기에 일정률의 이자를 발생케 하는 것을 목적으로 하는 채권이다. 예컨대 甲(대주)과 乙(차주) 사이에 100만 원에 대한 대금채권이 있고 이자가 연 24%라고 하면, 100만 원의 원본채권을 전제로 연 24만 원의 이자를 발생케 하는 채권이 기본적 이자채권이다.

(2) 효 력

기본적 이자채권은 원본채권에의 종속성이 강하며 원본채권과 법률상의 운명을 같이한다. 따라서 원본채권이 소멸하면 기본적 이자채권도 함께 소멸한다. 또한 특별한 의사표시가 없는 한 원본채권의 처분과 함께 기본적 이자채권 역시 처분되는 것이 원칙이며, 원본채권의 양도에 의해 기본적 이자채권도 양도된다.

2. 지분적 이자채권

(1) 의 의

기본적 이자채권의 효과로서 일정기에 일정액의 이자를 지급할 것을 내용으로 하는 지분권으로서의 채권이다. 위의 예에서 매월 이자를 지급하기로 했다면 매월 2만 원의 발생을 내용으로 하는 채권이 지분적 이자채권에 해당한다.

(2) 효 력

㈎ 지분적 이자채권은 다시 변제기의 도래에 의해 구체적으로 발생한 지분권으로서의 이자채권과 아직 변제기에 도래하지 않은 지분적 이자채권으로 나누어진다.

㈏ 변제기를 도과한 지분적 이자채권은 원본채권에서 독립된 존재로서 원본채권과 분리하여 양도될 수 있고 원본채권과는 별도의 시효로 인해 소멸된다. 따라서 변제기에 도달한 이자채권은 원본채권의 양도 당시 그 이자채권도 양도한다는 의사표시가 없는 한 당연히 양도되지는 않는다(대판 1989.3.28. 88다카12803).

5 선택채권

Ⅰ. 선택채권의 의의

선택채권이란 수개의 서로 다른 급부가 채권의 목적으로 되어 있으나 선택에 의하여 그 중 하나가 급부의 목적으로 확정되는 채권이다. 이행청구나 강제이행은 선택권의 행사 전, 즉 급부의 특정이 있기 전에는 할 수 없다.

Ⅱ. 선택채권의 특정

1. 선택에 의한 특정

(1) 채무자의 선택권

제380조(선택채권) 채권의 목적이 수개의 행위 중에서 선택에 좇아 확정될 경우에 다른 법률의 규정이나 당사자의 약정이 없으면 선택권은 채무자에게 있다.

선택채권의 발생원인에 따라 선택권자는 법률행위 또는 법률의 규정에 의하여 정해진다. 법률행위 또는 법률의 규정에 의해 선택권자가 정해지지 않은 경우에는 채무자에게 선택권이 있다.

(2) 선택권의 행사

1) 당사자의 선택권행사

① 행사의 방법

채권자나 채무자가 선택권을 가지는 경우에는 그 선택은 상대방에 대한 의사표시로 한다(제382조 1항). 선택권의 행사는 형성권으로서 상대방 있는 단독행위이며 일방적 의사표시이므로 조건과 기한을 붙이지 못하는 것이 원칙이다.

② 행사의 철회

㈎ 선택의 의사표시는 상대방에게 도달한 때부터 효력이 발생하며, 효력발생 이후에는 상대방의 동의가 없는 한 선택의 의사표시를 철회하지 못한다(제382조 2항).

㈏ 다만, 선택권자가 선택의 의사표시를 한 뒤라도 상대방의 사해행위 등으로 선택의 목적을 달성할 수 없는 특별한 사정이 있는 때에는 상대방의 동의 없이도 의사표시를 철회하고 새로운 선택을 할 수 있다(대판 1972.7.11. 70다87).

2) 제3자의 선택권행사

> 제383조(제3자의 선택권의 행사) ① 제3자가 선택하는 경우에는 그 선택은 채무자 및 채권자에 대한 의사표시로 한다. ② 전항의 의사표시는 채권자 및 채무자의 동의가 없으면 철회하지 못한다.

(3) 선택권의 이전

1) 일방이 선택권을 가지는 경우

> 제381조(선택권의 이전) ① 선택권 행사의 기간이 있는 경우에 선택권자가 그 기간 내에 선택권을 행사하지 아니하는 때에는 상대방은 상당한 기간을 정하여 그 선택을 최고할 수 있고 선택권자가 그 기간 내에 선택하지 아니하면 선택권은 상대방에게 있다. ② 선택권 행사의 기간이 없는 경우에 채권의 기한이 도래한 후 상대방이 상당한 기간을 정하여 그 선택을 최고하여도 선택권자가 그 기간 내에 선택하지 아니할 때에도 전항과 같다.

2) 제3자가 선택권을 가지는 경우

> 제384조(제3자의 선택권의 이전) ① 선택할 제3자가 선택할 수 없는 경우에는 선택권은 채무자에게 있다. ② 제3자가 선택하지 아니하는 경우에는 채권자나 채무자는 상당한 기간을 정하여 그 선택을 최고할 수 있고 제3자가 그 기간 내에 선택하지 아니하면 선택권은 채무자에게 있다.

(4) 선택의 소급효

> 제386조(선택권의 소급효) 선택권의 효력은 그 채권이 발생한 때에 소급한다. 그러나 제3자의 권리를 해하지 못한다.

2. 불능에 의한 특정

(1) 원시적 불능

> 제385조(불능으로 인한 선택채권의 특정) ① 채권의 목적으로 선택할 수개의 행위 중에 처음부터 불능한 것이나 또는 후에 이행불능하게 된 것이 있으면 채권의 목적은 잔존한 것에 존재한다.

(2) 후발적 불능

1) 채무자가 선택권자인 경우

(선택권 없는) 채권자의 귀책사유로 급부불능이 된 경우에는 채무자가 불능이 된 급부를 선택하여 이행책임을 면할 수 있고, 반대급부를 청구할 수 있다(제385조 2항).

2) 채권자가 선택권자인 경우

(선택권 없는) 채무자의 귀책사유로 급부불능이 된 때에는, 채권자는 불능이 된 급부를 선택하여 채무자에게 채무불이행책임을 물을 수 있다(제385조 2항).

(3) 특정의 불소급

급부불능에 의한 특정의 경우에는 선택에 의한 특정과 달리 소급효가 없다.

연습문제

01 〈노무사 2017〉

금전채무에 관한 설명으로 옳은 것은? (다툼이 있으면 판례에 따름)

① 채권의 목적이 다른 나라 통화로 지급할 것인 경우, 채무자는 그 국가의 강제통용력 있는 각종 통화로 변제할 수 있다.
② 민사채권과 상사채권의 법정이율은 모두 연 5분이다.
③ 금전채무 불이행책임의 경우, 그 손해에 대한 채권자의 증명이 필요하다.
④ 금전채무의 이행지체로 인하여 발생하는 지연손해금은 3년 간의 단기소멸시효의 대상이다.
⑤ 금전채권의 경우, 특정물채권이 될 여지가 없다.

해설 | ① (○) 민법 제377조 제1항

> 제377조(외화채권) ① 채권의 목적이 다른 나라 통화로 지급할 것인 경우에는 채무자는 자기가 선택한 그 나라의 각 종류의 통화로 변제할 수 있다.

정답 | ①

CHAPTER 03 채권의 효력

| PART 01 | **PART 02 채권총론** | PART 03 |

제1절 채권의 효력 일반

Ⅰ. 채권의 대내적 효력

㈎ 채권의 실현은 채권자가 채무자에게 급부를 청구하는 것(청구력)과 급부를 수령하여 이를 적법하게 보유함(급부보유력)으로써 달성된다.

㈏ 채권의 강제력이란 채권의 내용을 국가기관에 의해 강제적으로 실현하는 것으로서, 이는 강제집행에 의한 강제실현 가능성을 의미하는 집행력과 이에 대한 전제로서 재판상의 청구 내지 이행판결을 얻어야 할 재판상의 청구력을 포함한다.

Ⅱ. 책임재산보전의 효력

채무자에게 속하는 일반재산의 유지·회복을 위하여 채권자에게 인정되는 효력을 말한다. 즉 채무자가 채무를 이행하지 않는 경우에 채권의 만족을 궁극적으로 보장해 주는 것은 채무자의 일반재산이기 때문에 채권자에게 채무자의 일반재산을 보전할 권리(채권자대위권·채권자취소권)를 부여하는 것을 의미한다.

Ⅲ. 채권의 대외적 효력

채권도 재산권의 일종이므로 제3자에 의해 침해되는 경우 일정한 법적 보호가 요구된다(손해배상청구권·방해배제청구권).

제2절 강제력 없는 채권

Ⅰ. 자연채무

자연채무란 채무자가 임의로 이행하지 아니하는 경우 채권자가 법원에 소를 제기할 수 없지만, 채무자가 임의로 이행하는 때에는 그 이행을 유효한 변제로서 채권자가 수령·보유할 수 있는 채무이다.

Ⅱ. 채무와 책임

1. 책임 없는 채무

책임은 일정한 재산이 채무의 담보가 되어 있는 것을 의미한다(집행의 대상이 되는 재산을 책임재산이라고 한다). 책임 없는 채무는 채권자가 채무자의 일반재산에 대하여 강제집행을 할 수 없는 채무이다. 이른바 부집행계약이 대표적이다.

2. 채무 없는 책임

채무 없는 책임은 채무의 주체와 책임의 주체가 서로 분리된다. 예컨대, '물상보증인이나 저당부동산의 제3취득자'는 채무 없이 책임을 부담하게 된다.

제3절 채무불이행

1 채무불이행의 의의

채무불이행은 채무의 내용실현이 불가능하게 되거나 지체되거나 또는 불완전하게 되어 마땅히 행해져야 할 상태대로 이행될 수 없게 된 상태를 의미하며, 이를 '급부장애'라고도 한다.

2 채무불이행의 요건

Ⅰ. 객관적 요건(위법성)

채무불이행이 되기 위하여는 채무의 내용에 좇은 이행이 행해지지 않고 있는 것이 위법한 것이어야 한다. 다만 위법성은 채무불이행의 각 유형의 요건이 충족되는 경우에 인정되므로, 동시이행항변권 또는 유치권 등을 검토하는 소극적인 것에 그친다.

> **판례/정리 채무불이행의 위법성 요건의 의미**
> 채무불이행에 있어서 확정된 채무의 내용에 좇은 이행이 행하여지지 아니하였다면 그 자체가 바로 위법한 것으로 평가되는 것이고, 다만 이행하지 아니한 것이 위법성을 조각할 만한 행위에 해당하게 되는 특별한 사정이 있는 때에는 채무불이행이 성립하지 않는 경우도 있을 수 있다(대판 2002.12.27. 2000다47361).

Ⅱ. 주관적 요건(유책성)

1. 채무자의 귀책사유의 존재

채무자에게 고의나 과실의 귀책사유가 있어야 한다. 따라서 모든 채무불이행의 유형에 있어서는 채무를 제대로 이행하지 못한 것에 대한 채무자의 귀책사유가 있어야 하며, 채무자가 면책을 주장하려면 자신(또는 이행보조자)에게 귀책사유가 없음을 증명하여야 한다(판례).

> **판례/정리 장애사유 미고지에 따른 귀책사유의 인정 여부**
> 자신이 부담하는 계약상 채무를 이행하는 데 장애가 될 수 있는 사유를 계약을 체결할 당시에 알았거나 예견할 수 있었음에도 이를 상대방에게 고지하지 아니한 경우 채무불이행이 되는 것 자체에 대하여는 그에게 어떠한 잘못이 없다 하더라도, 채무불이행에 대하여 **귀책사유가 없다고 할 수 없다**(대판 2011.8.25. 2011다43778).

2. 이행보조자의 고의·과실

제391조(이행보조자의 고의, 과실) 채무자의 법정대리인이 채무자를 위하여 이행하거나 채무자가 타인을 사용하여 이행하는 경우에는 법정대리인 또는 피용자의 고의나 과실은 채무자의 고의나 과실로 본다.

(1) 성 질

㈎ 채무불이행에 있어서 채무자가 자신에게 고의·과실 없음을 증명하는 경우에는 책임을 면할 수 있는 것이 원칙이나, 본조는 채무자에게 귀책사유가 없음에도 채무불이행 책임을 부담한다는 점에서 법정의 무과실책임에 해당한다.

㈏ 따라서 이행보조자의 경과실이나 중과실에 의하여 채무자의 책임의 유무가 달라지지 않는다. 즉, 이행보조자가 이행행위를 하더라도 과실의 정도는 채무자의 주의의무 내지 주의능력을 기준으로 판단해야 한다.

(2) 요 건

㈎ 민법 제391조의 이행보조자는 채무자의 의사 관여 아래 그 채무의 이행행위에 속하는 활동을 하는 사람을 의미하며(대판 2013.8.23. 2011다2142), 채무자의 '지시 또는 감독'을 받는 관계에 있어야 하는 것은 아니므로 채무자에 대하여 '종속적'인가 '독립적'인 지위에 있는가는 문제되지 않는다(대판 2018.12.13. 2015다246186).

㈏ 이행보조자가 채무자와 계약 그 밖의 법률관계가 있어야 하는 것이 아니며, 단순히 호의(好意)로 행위를 한 경우에도 그것이 채무자의 용인 아래 이루어지는 것이면 제3자는 이행보조자에 해당한다. 이행보조자의 활동이 일시적인지 계속적인지도 문제 되지 않는다(대판 2018.2.13. 2017다275447).

> **판례/정리 이행보조자의 이행보조자(복보조자의 성립 여부)**
> 이행보조자가 채무의 이행을 위하여 제3자를 복이행보조자로서 사용하는 경우에도 **채무자가 이를 승낙하였거나 적어도 묵시적으로 동의한 경우**에는 채무자는 복이행보조자의 고의·과실에 관하여 민법 제391조에 의하여 책임을 부담한다(대판 2020.6.11. 2020다201156).

(3) 효 과

1) 채무자의 책임

㈎ 채무자는 이행보조자에 의한 주된 급부채무의 이행행위뿐만 아니라 종된 급부의무와 보호의무의 이행행위에 대해서 채무불이행책임을 부담한다.

㈏ 이행보조자의 이행업무와 객관적·외형적으로 관련된 것이면 보조자의 행위가 채권자에 대해서 불법행위가 되더라도 채무자는 면책될 수 없다(대판 2008.2.15. 2005다69458).

2) 보조자의 책임

이행보조자는 채권자와의 관계에서는 어떠한 계약관계도 없기 때문에 채무불이행책임은 부담하지 않고 일반불법행위책임을 부담할 수 있다. 이행보조자의 불법행위책임과 채무자의 채무불이행책임은 동일한 사실관계에 기한 것으로서 부진정연대채무의 관계이다(대판 1994.11.11. 94다22446).

3 채무불이행의 유형

Ⅰ. 이행지체

> 제387조(이행기와 이행지체) ① 채무이행의 확정한 기한이 있는 경우에는 채무자는 기한이 도래한 때로부터 지체책임이 있다. 채무이행의 불확정한 기한이 있는 경우에는 채무자는 기한이 도래함을 안 때로부터 지체책임이 있다. ② 채무이행의 기한이 없는 경우에는 채무자는 이행청구를 받은 때로부터 지체책임이 있다.

1. 이행지체의 의의

이행지체라 함은 이행기에 채무의 이행이 가능함에도 불구하고 채무자가 이행을 하지 않는 것을 말한다. 채무자지체라고도 한다.

2. 이행지체의 요건

(1) 채무이행의 가능과 이행의 해태

이행기에 채무의 이행이 가능함에도 불구하고 이행하지 않고 있어야 한다. 채무자의 귀책사유로 이행기가 경과된 후 급부가 불가능하게 된 때에는 이행불능으로 취급한다.

(2) 이행기 도래(이행지체의 기산점)

1) 확정기한부 채무

① 원 칙

확정기한이 있는 경우에는 채무자는 그 '기한이 도래한 때'부터 지체책임을 부담한다. 그러나 확정된 기한 당일까지만 채무를 이행하면 되므로, 이에 대하여 정확하게는 확정된 '이행기일이 도래한 다음날'부터 이행지체에 빠진다(대판 2001.9.25. 2001므725, 732).

> **판례정리 │ 이행지체에 관한 판례의 정리**
> 채권에 가압류가 있다고 하더라도 이는 제3채무자에 대하여 채무자에게 지급하는 것을 금지하는 데 그칠 뿐 채무 그 자체를 면하게 하는 것이 아니므로 그 **채권의 이행기가 도래한 때에는 제3채무자는 그 지체책임을 면할 수 없다고 보아야 할 것이고** 또한 이 경우 제3채무자로서는 민법 제487조의 규정에 의하여 공탁을 함으로써 이중변제의 위험에서 벗어나고 이행지체의 책임도 면할 수 있다(대판 1994.12.13. 93다951 전원합의체).

② 예 외

㈎ 지시채권이나 무기명채권의 경우 채무자는 그 이행에 관하여 기한이 정해진 때에도 기한이 도래한 후 소지인이 증서를 제시하고 이행을 청구한 때부터 지체책임을 진다(제517조, 제524조).

㈏ 동시이행관계에 있는 채무의 경우 이행의 제공이 계속되지 않는 경우는 과거에 이행의 제공이 있었다는 사실만으로 상대방이 가지는 동시이행의 항변권이 소멸하는 것은 아니므로, 그 제공이 계속되지 아니하는 기간 동안에는 상대방의 의무가 이행지체 상태에 빠졌다고 할 수는 없다(대판 1999.7.9. 98다13754).

2) 불확정기한부 채무

채무의 이행에 관하여 불확정기한이 있는 경우에는 '채무자가 그 기한이 도래함을 안 때'부터 지체책임을 부담한다(제387조 1항 후단). 이에 대하여 판례는 채무자가 기한의 도래를 안 날의 다음 날 또는 채권자의 최고가 도달한 날의 '다음 날'부터 발생한다고 한다(대판 1972.8.22. 72다1066).

> **판례정리 │ 불확정기한부 채무의 이행지체의 기산점**
> 매매계약서에 '소유권이전등기를 필한 후 매매대금을 지급한다'고 정한 경우 이는 불확정기한이므로 매매대금 지급의무의 이행을 지체하였다고 하기 위해서는 소유권이전등기가 경료된 것만으로는 부족하고 **채무자인 사업시행자가 그 사실을 알아야 하며**, 이에 관한 증명책임은 채권자인 토지소유자에게 있다(대판 2011.2.24. 2010다83755).

3) 기한의 정함이 없는 채무

① 원 칙

채무의 이행에 관하여 기한의 정함이 없는 경우에는 '채무자가 이행의 청구(최고)를 받은 때'부터 지체의 책임을 진다(제387조 2항). 판례는 청구를 받은 날을 도과할 때(즉 다음 날) 비로소 지체책임을 진다는 의미로 해석하고 있다(대판 1988.11.8. 88다3253).

> **판례정리 │ 기한의 정함이 없는 채무와 이행지체의 기산점**
> ① 이행기의 정함이 없는 채권을 양수한 채권양수인이 채무자를 상대로 그 이행을 구하는 소를 제기하고 소송 계속 중 채무자에 대한 채권양도통지가 이루어진 경우에는 채무자는

채권양도통지가 도달된 다음 날부터 이행지체의 책임을 진다(대판 2014.4.10. 2012다29557).

② 지연손해금은 금전채무의 이행지체에 따른 손해배상으로서 기한이 없는 채무에 해당하므로, 확정된 지연손해금에 대하여 채권자가 이행청구를 하면 채무자는 그에 대한 지체책임을 부담하게 된다. 판결에 의해 권리의 실체적인 내용이 바뀌는 것은 아니므로, 이행판결이 확정된 지연손해금의 경우에도 채권자의 이행청구에 의해 지체책임이 생긴다(대판 2022.3.11. 2021다232331).

③ 제3채무자가 압류채권자에게 압류된 채권액 상당에 관하여 지체책임을 지는 것은 추심명령을 송달받은 때가 아니라 추심명령이 발령된 후 압류채권자로부터 추심금청구를 받은 다음 날부터이다(대판 2012.10.25. 2010다47117).

④ 부당이득반환의무는 이행기한의 정함이 없는 채무이므로 그 채무자는 이행청구를 받은 때에 비로소 지체책임을 진다(대판 2017.3.30. 2016다253297).

⑤ 기한을 정하지 않은 채무에 정지조건이 있는 경우, 정지조건이 객관적으로 성취되고 그 후에 채권자가 이행을 청구하면 바로 지체책임이 발생한다. 조건과 기한은 하나의 법률행위에 독립적으로 작용하는 부관이므로, '조건의 성취'는 '기한이 없는 채무에서 이행기의 도래'와는 별개의 문제이기 때문이다(대판 2018.7.20. 2015다207044).

② 예 외

㈎ 기한의 정함이 없는 소비대차의 경우 대주는 상당한 기간을 정하여 반환을 최고해야 하므로(제603조 2항), 상당한 기간을 정하지 않고 최고한 때에는 최고한 때로부터 상당한 기간이 경과한 후에 비로소 차주는 지체에 빠지게 된다(대판 1966.5.31. 66다663).

㈏ 불법행위에 의한 손해배상채무는 기한의 정함이 없는 채무이지만 불법행위 당시(발생시점)부터 당연히 지체책임이 성립한다(대판 1975.5.27. 74다1393).

4) 기한의 이익을 상실한 채무

① 법률에 의한 상실사유

기한의 이익은 기간이 도래하지 않음으로써 받는 이익이며 원칙적으로 채무자에게 기한의 이익이 있다(제153조 1항). 그러나 ⅰ) 채무자가 담보를 손상·감소 또는 멸실하게 한 때, ⅱ) 채무자가 담보제공의 의무를 이행하지 아니한 때에는 기한의 이익을 주장하지 못한다(제388조).

② 약정에 의한 상실사유

당사자 사이의 약정으로 이 외의 기한이익의 상실사유를 자유롭게 정할 수 있다. 이 경우 ⅰ) '정지조건부 기한이익 상실의 특약'이 있는 경우 사유가 발생함과 동시에 이행기 도래의 효과가 발생한다(대판 1999.2.9. 99다15184). 반면 ⅱ) '형성권적 기한이익 상실의 특약'이 있는 경우에는 사유가 발생하였더라도 채권자는 전액을 일시에 청구할 것인가 할부변제를 청구할 수 있는가를 자유로이 선택할 수 있다(대판 1997.8.29. 97다12990).

3. 이행지체의 효과

(1) 강제이행

이행지체에 있어서는 원래의 급부가 여전히 이행 가능하므로 채권자는 현실의 이행을 강제할 수 있다(제389조). 강제이행에 있어서 이행지체에 대한 채무자의 귀책사유는 그 요건이 아니다.

(2) 손해배상

1) 지연배상

이행지체의 경우에 채권자는 본래의 급부에 대한 이행청구와 더불어 지체로 인해 발생한 손해에 대해서도 그 지연배상을 청구할 수 있다.

2) 전보배상

채권자가 상당한 기간을 정하여 이행을 청구하였음에도 채무자가 그 기간 내에 이행하지 아니하거나 지체 후의 이행이 채권자에게 이익이 없는 때에는, 채권자는 수령을 거절하고 이행에 갈음한 손해배상을 청구할 수 있다(제395조).

(3) 책임가중

> 제392조(이행지체 중의 손해배상) 채무자는 자기에게 과실이 없는 경우에도 그 이행지체 중에 생긴 손해를 배상하여야 한다. 그러나 채무자가 이행기에 이행하여도 손해를 면할 수 없는 경우에는 그러하지 아니하다.

이행지체 중에 발생한 급부불능에 대해서 채무자는 과실 없음을 이유로 항변하지 못하며, 그 손해를 배상해야 한다. 그러나 채무자가 이행기에 이행을 하였더라도 손해를 피할 수 없었을 경우에는 책임을 면한다. 이는 채무자가 증명책임을 부담한다(대판 1962.5.24. 62다175).

(4) 계약해제

채무자가 이행을 지체하는 경우에 채권자는 상당한 기간을 정하여 이행을 최고하고 채무자가 그 기간내에 이행하지 않으면 채권자에게 해제권이 발생한다(제544조 본문).

II. 이행불능

1. 이행불능의 의의

이행불능이라 함은 채권이 성립한 후에 채무자의 귀책사유로 채무의 이행을 기대할 수 없게 된 경우를 말한다(후발적 불능).

2. 이행불능의 판단

㈎ 후발적 불능은 단순히 절대적·물리적 불능에만 한정되지 않고, 사회생활상의 경

험칙 또는 거래상의 관념에 비추어 채권자가 '채무자의 이행을 더 이상 기대할 수 없는 경우'를 의미한다(대판 2015.8.27. 2013다28247).

㈏ 불능의 판단은 원칙적으로 이행기를 기준으로 하나, 이행기 이전에도 급부의 불능이 확정적이면 이행기를 기다리지 않고 이행불능에 해당한다.

> **판례 정리 이행불능이 문제되는 판례의 정리**
> ① 제한물권의 설정 : 분양계약에 따른 건물의 소유권이전의무를 부담하는 채무자가 목적 건물에 설정된 근저당권설정등기와 수개의 압류 또는 가압류등기를 모두 말소하여 소유권이전등기절차를 이행해 줄 수 없는 <u>무자력 상태에 있는 경우 소유권이전의무는 이행불능에 빠진다</u>(대판 2010.12.9. 2009다75321).
> ② 이중매매의 경우 : 매매부동산을 제3자에게 이중양도하고 그 <u>이전등기를 경료한 때에는</u> 제3자로부터 소유권을 회복하여 매수인에게 이전할 수 있는 특별한 사정이 없는 한, <u>매도인의 매수인에 대한 소유권이전등기의무는 이행불능의 상태에 놓이게 된다</u>(대판 1983.3.22. 80다1416).
> ③ 매매나 증여의 대상인 권리가 타인소유인 경우 : 매매나 증여의 대상인 권리가 타인에게 귀속되어 있다는 이유만으로 채무자의 계약에 따른 이행이 불능이라고 할 수는 없다(대판 2016.5.12. 2016다200729).

3. 이행불능의 효과

(1) 강제이행의 불가

급부의 전부가 불능이 된 경우 본래의 급부를 목적으로 하는 청구권은 소멸하므로 이행강제는 더 이상 할 수 없다.

(2) 전보배상청구권

1) 전부불능

급부의 전부가 채무자의 귀책사유로 불능이 된 경우에 본래의 급부를 목적으로 하는 청구권은 소멸하며, 이에 갈음한 전보배상청구권이 발생한다.

> **판례 정리 물권적 청구권의 이행불능과 전보배상청구권의 인정 여부**
> 부동산의 소유자가 부실의 소유권등기명의인을 상대로 방해배제청구권으로서 등기말소청구권을 가지고 있었다 하더라도 소유자가 그 후에 소유권을 상실함으로써 이제 등기말소 등을 청구할 수 없게 되었다면, 그 권리의 이행불능을 이유로 민법 제390조상의 손해배상청구권을 가진다고 말할 수 없다(대판 2012.5.17. 2010다28604 전원합의체).

2) 일부불능

쌍무계약에 있어 당사자 일방이 부담하는 채무의 일부만이 채무자의 책임 있는 사유로 이행할 수 없게 된 때에는, 그 이행이 불가능한 부분을 제외한 나머지 부분만의 이행으로는 계약의 목적을 달성할 수 없다면 채무의 이행은 전부가 불능이라고 보아야 할 것이므로, 채권자로서는 채무자에 대하여 계약 전부를 해제하거나 또는 채무 전부의 이행에 갈음하는 전보배상을 청구할 수 있을 뿐이지 이행이 가능한 부분만의 급부를 청구할 수는 없다(대판 1995.7.25. 95다5929).

(3) 계약의 해제권

채무자의 책임 있는 사유로 이행이 불가능하게 된 경우에는 채권자는 계약을 해제할 수 있다. 매매계약을 해제함에 있어서는 상대방의 잔대금지급의무가 매도인의 소유권이전등기의무와 동시이행관계에 있다고 하더라도 이행의 제공을 필요로 하는 것이 아니다(대판 2003.1.24. 2000다22850).

(4) 대상청구권

1) 의 의

㈎ 대상청구권은 채무자가 그 배상으로서 수취한 것의 인도(이전) 또는 채무자가 취득한 배상청구권의 양도를 청구할 수 있는 채권자의 권리를 말한다.

㈏ 이행불능의 효과로서 민법에서 규정하고 있지 않으나 채권관계 당사자 사이의 형평을 도모하기 위하여 해석상 대상청구권을 인정하고 있다(대판 2012.6.28. 2010다71431).

2) 요 건

① 후발적 불능과 이익의 취득

대상청구권이 인정되기 위하여는 채무자에게 급부의무가 있어야 하고, 급부가 후발적으로 불능하게 되어야 한다. 그리고 급부를 불능하게 하는 사정의 결과로 채무자가 채권의 목적물에 관하여 '대신하는 이익'을 취득하여야 한다. 즉, '급부를 불능하게 하는 사정'과 채무자가 취득한 '대신하는 이익' 사이에 상당인과관계가 존재해야 한다(대판 2003.11.14. 2003다35482).

② 채무자 귀책사유의 불요

불능에 대한 채무자의 귀책사유는 요하지 않는다고 할 것이다. 따라서 채무자에게 귀책사유가 있는 경우 채권자는 전보배상청구권과 대상청구권 중 선택하여 행사할 수 있다.

3) 효 과

① 채권적 청구권

대상청구권은 '채권적 청구권'이다. 특히, 쌍무계약의 경우 판례는 당사자 일방이 대상청구권을 행사하려면 상대방에 대하여 반대급부의무를 이행하여야 한다고 한다(대판 1996.6.25. 95다6601).

> **판례정리** 점유취득시효완성자가 대상청구권을 행사하기 위한 요건
> 점유취득시효완성 후 원소유자가 처분행위로 인하여 취득한 대가에 대하여 대상청구권을 행사하기 위하여는 이행불능 전에 등기명의자에 대하여 점유로 인한 부동산 소유권 취

득기간이 만료되었음을 이유로 그 권리를 주장하였거나 그 취득기간 만료를 원인으로 한 등기청구권을 행사하였어야 하고, 그 이행불능 전에 그와 같은 권리의 주장이나 행사에 이르지 않았다면 대상청구권을 행사할 수 없다고 봄이 공평의 관념에 부합한다(대판 1996.12.10. 94다43825).

② 행사의 범위

행사범위와 관련하여 특별한 사정이 없는 한 채권자는 그 목적물에 대하여 지급되는 보상금 전부에 대하여 대상청구권을 행사할 수 있다.

판례정리 화재보험금 등에 대한 대상청구권의 행사 가부
화재공제금에 대하여 매수인의 대상청구권이 인정되는 이상, 매수인은 특별한 사정이 없는 한 목적물에 대하여 지급되는 화재보험금, 화재공제금 전부에 대하여 대상청구권을 행사할 수 있고, 인도의무의 이행불능 당시 매수인이 지급하였거나 지급하기로 약정한 매매대금 상당액의 한도 내로 범위가 제한된다고 할 수 없다(대판 2016.10.27. 2013다7769).

Ⅲ. 불완전이행

1. 불완전이행의 의의

불완전이행은 적극적으로 이행을 하였으나 채무의 내용에 좇은 완전한 이행이 이루어지지 않은 것을 말하며, 이를 '적극적 채권침해'라고도 한다.

2. 불완전이행의 요건

㈎ 불완전이행의 요건으로는 i) 이행행위가 있었으나 불완전한 이행일 것, ii) 불완전한 이행이 채무자의 귀책사유로 인한 것일 것, iii) 주된 의무와 보호의무 등을 위반한 이행에 의해 채권자에게 부가적 손해가 발생하였을 것을 들 수 있다.

㈏ 특히 연예인이 광고모델계약에서 체결한 품위유지약정을 위반한 경우, 이는 주된 의무를 불완전이행한 것이다(대판 2009.5.28. 2006다32354).

3. 불완전이행의 효과

㈎ 불완전이행은 채무의 내용에 좇은 이행이 아니므로 채권자는 그 수령을 거절할 수가 있으며, 일단 그것을 수령하였다 하더라도 그로 인하여 그 채권이 소멸하지는 않으므로 채권자는 다시 '완전한 급부를 청구'할 수도 있다.

㈏ 또한 채무자의 채무이행이 채무의 내용에 좇은 것이 아닐 때에는 채권자는 그로 인한 손해배상을 청구할 수 있으며(대판 2000.11.24. 2000다38718, 38725), 채권자는 계약을 해제할 수 있다.

Ⅳ. 이행거절

1. 이행거절의 의의

이행거절이란 채무이행이 가능함에도 이를 행할 의사가 없음을 채권자에게 종국적으로 표시하여 채권자로 하여금 채무의 이행을 더 이상 기대할 수 없게 하는 것을 말한다. 이러한 이행거절은 이행행위 자체가 현실적으로 불가능한 것이 아니라는 점에서 이행불능과 구별된다.

2. 이행거절의 요건

이행거절이 성립하기 위하여는 ⅰ) 채무를 이행하지 아니할 '채무자의 명백하고 종국적인 의사표시'가 있어야 하며, ⅱ) 이행거절의사를 표시한 내용이 계약의 목적 달성에 필요불가결한 것이어야 한다. 마지막으로 ⅲ) 그러한 '의사표시가 위법한 것으로 평가'되어야 한다(대판 2015.2.12. 2014다227225).

3. 이행거절의 효과

채무자의 명백한 이행거절의 경우 '이행불능에 준하는 취급'을 한다. 채권자는 신의성실의 원칙상 '이행기 전이라도 이행의 최고 없이' 채무자의 이행거절을 이유로 계약을 해제하거나 채무자를 상대로 손해배상을 청구할 수 있으며(대판 2021.7.15. 2018다214210), 이 경우 손해배상은 '이행거절당시 급부목절물의 시가'를 기준으로 하여 산정한다(대판 2007.9.20. 2005다63337).

연습문제

01 〈노무사 2018〉

이행지체책임의 발생 시기에 관한 설명으로 옳지 않은 것은? (다툼이 있으면 판례에 따름)

① 지시채권의 경우, 기한이 도래한 후 소지인이 그 증서를 제시하여 이행을 청구한 때로부터 지체책임을 진다.
② 동시이행관계에 있는 채무는 상대방이 채무의 이행을 제공하지 않는 한, 이행기가 도래하여도 지체책임을 지지 않는다.
③ 불확정기한부 채무의 경우, 기한 도래 사실의 인식여부를 불문하고 기한이 객관적으로 도래한 때로부터 지체책임을 진다.
④ 채무이행의 기한이 없는 경우, 채무자는 이행청구를 받은 때부터 지체책임을 진다.
⑤ 불법행위로 인한 손해배상채무는 원칙적으로 그 성립과 동시에 당연히 이행지체가 성립된다.

해설 | ③ (×) 채무의 이행에 관하여 불확정기한이 있는 경우에는 채무자는 그 기한이 도래함을 안 때로부터 지체책임을 진다(제387조 제1항 후문).

정답 | ③

02 〈노무사 2017〉

채무불이행에 관한 설명으로 옳은 것은? (다툼이 있으면 판례에 따름)

① 기한이 정해져 있는 지시채권이나 무기명채권의 경우에는 그 증서의 제시 없이도 이행기에 도달하면 당연히 지체책임을 진다.
② 당사자가 불확정한 사실이 발생한 때를 이행기한으로 정한 경우에는 그 사실이 발생한 때는 물론 그 사실의 발생이 불가능하게 된 때에도 이행기한은 도래한 것으로 보아야 한다.
③ 부동산 이중매매의 경우, 제1매수인이 아닌 제2매수인과 그 부동산에 관한 매매계약이 체결된 사실이 있으면, 이행불능으로서 채무불이행에 해당한다.
④ 부동산의 이중매매에서 매매목적물을 제2매수인에게 처분한 가격이 통상가격을 넘는 경우, 그 처분가격이 매도인의 제1매수인에 대한 배상액 산정의 기준이 된다.
⑤ 아파트 광고모델계약을 체결하면서 품위유지약정을 한 유명 연예인이 남편과의 물리적 충돌로 멍들고 부은 얼굴 등을 언론에 공개한 행위는 채무불이행에 해당하지 않는다.

해설 | ② (○) 당사자가 불확정한 사실이 발생한 때를 이행기로 정한 경우에는 그 사실이 발생한 때는 물론 그 사실의 발생이 불가능하게 된 때에도 이행기는 도래한 것으로 보아야 한다(대판 2002.3.29. 2001다41766 등).
⑤ (×) 아파트 광고모델계약을 체결하면서 품위유지약정을 한 유명 연예인이 남편과의 물리적 충돌로 멍들고 부은 얼굴 등을 언론에 공개한 행위는, 품위유지약정을 위반한 것으로서 광고주에게 채무불이행으로 인한 손해배상책임을 진다고 한 사례(대판 2009.5.28. 2006다32354).

정답 | ②

제4절 채무불이행의 효과 - 강제이행

> 제389조(강제이행) ① 채무자가 임의로 채무를 이행하지 아니한 때에는 채권자는 그 강제이행을 법원에 청구할 수 있다. 그러나 채무의 성질이 강제이행을 하지 못할 것인 때에는 그러하지 아니하다. ② 전항의 채무가 법률행위를 목적으로 한 때에는 채무자의 의사표시에 갈음할 재판을 청구할 수 있고 채무자의 일신에 전속하지 아니한 작위를 목적으로 한 때에는 채무자의 비용으로 제3자에게 이를 하게 할 것을 법원에 청구할 수 있다. ③ 그 채무가 부작위를 목적으로 한 경우에 채무자가 이에 위반한 때에는 채무자의 비용으로써 그 위반한 것을 제각하고 장래에 대한 적당한 처분을 법원에 청구할 수 있다. ④ 전3항의 규정은 손해배상의 청구에 영향을 미치지 아니한다.

Ⅰ. 강제이행의 의의

강제이행이란 채무자가 임의로 채무를 이행하지 않는 경우에 채권자가 국가기관의 강제력을 빌려 채무자의 의사 여하를 묻지 않고 채무의 내용을 강제적으로 실현하는 것을 말한다. 강제이행은 직접강제 → 대체집행 → 간접강제의 순서로 허용된다.

Ⅱ. 강제이행의 방법

1. 직접강제

직접강제란 국가기관의 힘에 의해서 채무자의 의사 여하에 불문하고 채권의 내용을 실현하는 것을 말한다. 직접강제가 인정되는 경우에는 대체집행과 간접강제는 인정되지 않는다.

2. 대체집행

대체집행이란 채무자가 해야 할 급부를 채무자에 갈음하여 채권자가 실현하고 이에 대한 비용을 채무자에게 추심하는 강제이행의 방법이다. 예컨대, 건물이나 시설을 철거해야 할 채무에 있어서 채권자가 스스로 인부를 고용하여 그 일을 행하고, 그 비용을 채무자에게 추심한다.

3. 간접강제

간접강제란 손해배상의 지급을 명하거나 벌금·압류 등의 수단에 의하여 채무자에게 심리적 압박을 가함으로써 채무자가 급부내용을 실현하도록 강제하는 방법이다.

> **판례정리 | 부부 간 동거의무 불이행에 대한 강제와 손해배상(위자료)의 청구 가부**
> 부부 간의 동거의무를 불이행한 경우, 동거의무 불이행에 따른 1회적인 비재산적 손해 즉 위자료의 지급을 명하는 것은 가능하고 반드시 이혼의 청구가 전제되어야 하는 것은 아니다. 따라서 동거의무 또는 그를 위한 협력의무의 불이행으로 말미암아 상대방에게 발생한 손해에

대하여 그 배상을 행하는 것은 동거 자체를 강제하는 것과는 목적 및 내용을 달리하는 것으로서 강제집행이 허용되지 않는다고 하여 위자료청구도 금지된다고 할 수 없다(대판 2009.7.23. 2009다32454).

Ⅲ. 손해배상과의 관계

강제이행이 행해지더라도 손해배상의 청구에는 영향을 미치지 않는다(제389조 4항). 채무불이행에 의해 손해가 발생한 경우에 채권자는 당연히 그 배상을 청구할 수 있다.

제5절 채무불이행의 효과 – 손해배상

1 채무불이행과 손해배상

> 제390조(채무불이행과 손해배상) 채무자가 채무의 내용에 좇은 이행을 하지 아니한 때에는 채권자는 손해배상을 청구할 수 있다. 그러나 채무자의 고의나 과실 없이 이행할 수 없게 된 때에는 그러하지 아니하다.

Ⅰ. 손해의 의의

채무불이행으로 인해 채권자에게 손해가 발생할 때에는 채권자는 채무자에 대하여 그 손해배상을 청구할 수 있다. 여기서 손해는 채무자가 채무의 내용에 좇은 이행을 하지 않음으로써 발생된 상태와 채무이행이 있었더라면 존재하였을 상태 사이에서 생긴 불이익으로 '현실로 입은 확실한 손해'를 말한다(대판 1998.4.24. 97다28568).

Ⅱ. 손해의 분류

1. 재산적 손해 및 비재산적 손해

(가) 재산에 대하여 가하여진 손해가 재산적 손해이고, 생명·신체·자유·명예 등 비재산적 법익에 대하여 가하여진 손해가 비재산적 손해(정신적 손해라고도 하며, 그에 대한 배상을 위자료라고 함)이다.

(나) 불법행위에 관하여는 명문으로 양자를 포함하여 손해를 인정하나, 채무불이행에 의한 손해에는 명문의 규정이 없으나 판례가 인정하고 있다. 다만 정신적 손해를 특별손해로 보고 있다.

2. 적극적 손해 및 소극적 손해

재산적 손해는 적극적 손해와 소극적 손해로 나뉜다. ⅰ) 적극적 손해는 기존의 이익의 멸실 또는 감소를 말하며, ⅱ) 소극적 손해는 장래의 이익의 획득이 방해됨으로써 받는 손해이다.

3. 이행이익 손해·신뢰이익 손해

(1) 이행이익의 손해

계약상의 급부의무를 지키지 않았을 때에 생기는 손해의 구별이며, 그 중 이행이익의 손해는 급부의무의 불이행으로 생긴 손해, 즉 계약이 올바르게 이행되었더라면 있을 수 있는 재산의 상태에서 현재의 재산상태를 뺀 차액, 즉 계약이 유효하였다면 얻을 수 있었던 이익의 손해이다.

(2) 신뢰이익의 손해

신뢰이익의 손해는 상대방이 과실 없이 계약을 유효하다고 믿은 것으로 인하여 생긴 손해(예컨대 조사비용·교통비·계약체결을 위한 각종 비용 등)를 말한다. 판례는 이행이익의 손해와 신뢰이익의 손해를 구별하며, 신뢰이익의 손해는 이행이익의 손해를 초과할 수 없다고 한다.

2 손해배상의 방법과 범위

Ⅰ. 손해배상의 방법

> 제394조(손해배상의 방법) 다른 의사표시가 없으면 손해는 금전으로 배상한다.

손해배상의 방법으로 금전배상주의를 원칙으로 한다. 여기서 금전이라 함은 우리나라의 통화를 가리키는 것이다(대판 2005.7.28. 2003다12083).

Ⅱ. 손해배상의 범위

> 제393조(손해배상의 범위) ① 채무불이행으로 인한 손해배상은 통상의 손해를 그 한도로 한다.
> ② 특별한 사정으로 인한 손해는 채무자가 그 사정을 알았거나 알 수 있었을 때에 한하여 배상의 책임이 있다.

1. 통상손해

통상손해는 사회일반의 관념에 따라 어떤 선행사실이 있으면 그 후행사실로서 보통 발생되는 손해를 말하며, 통상손해에 있어서는 상당인과관계가 그 기준이 되고 채무자 자신의 예견가능성은 문제되지 않는다.

> **판례정리 통상손해에 해당하는 경우**
> ① 토지매도인의 소유권이전등기의무가 이행불능에 이른 경우 매도인이 매수인에게 배상해야 할 통상의 손해배상액은 그 토지의 채무불이행 당시의 교환가격에 한한다(대판 1994.10.14. 94다3964).

② 매수인의 잔금지급 지체로 인하여 계약을 해제하지 아니한 매도인이 지체된 기간 동안 입은 손해 중 그 **미지급 잔금에 대한 법정이율에 따른 이자 상당의 금액은 통상손해**라고 할 것이다(대판 2006.4.13. 2005다75897).
③ 금융기관의 임직원이 여신업무에 관한 규정을 위반하여 **금융기관으로 하여금 대출금을 회수하지 못하는 손해를 입게 한 경우 금융기관이 입은 통상의 손해는 임직원이 규정을 준수하여 적정한 담보를 취득하고 대출하였더라면 회수할 수 있었을 미회수 대출원리금이며, 지연이자가 포함**된다(대판 2015.10.29. 2011다81213).

2. 특별손해

⑴ 특별손해는 그 손해가 특별한 사정으로 인한 것이라 하더라도 채무자가 그 사정을 알았거나 알 수 있었을 때의 손해를 의미한다.

⑵ 이러한 특별손해에 있어서는 채권자가 주장·증명하여야 하며, 채무자 자신의 예견가능성이 규준이 되고 특별사정에 대한 '채무자의 예견 또는 예견가능성'에 대해서는 계약체결시가 아닌 '이행기를 기준'으로 판단한다(대판 1985.9.10. 84다카1532).

> **판례 정리** — 특별손해에 해당하는 경우
> ① 매매대상 토지의 개별공시지가가 급등하여 매도인의 양도소득세 부담이 늘었다고 한다면 그 손해는 특별한 사정에 의하여 발생한 손해에 해당한다(대판 2006.4.13. 2005다75897). **이행불능 이후 목적물의 시가가 등귀한 경우 그로 인한 손해는 특별한 사정에 인한 것**이어서 채무자가 이행불능 당시 그와 같은 특별한 사정을 알았거나 알 수 있었을 경우에 한하여 그 등귀한 가격에 의한 손해배상을 청구할 수 있다고 할 것이다(대판 2005.9.15. 2005다29474).
> ② 매도인이 매매 당시 매수인이 이를 매수하여 그 위에 건물을 신축할 것이라는 사정을 이미 알고 있었고 매도인의 **채무불이행으로 인하여 매수인이 신축한 건물이 철거될 운명에 이르렀다면 그 손해는 적어도 특별한 사정으로 인한 것**이고, 나아가 매도인은 이러한 사정을 알고 있었으므로 위 손해를 배상할 의무가 있다(대판 1992.8.14. 92다2028).
> ③ 매도인이 매수인으로부터 매매대금을 약정된 기일에 지급받지 못한 결과 제3자로부터 부동산을 매수하고 그 잔대금을 지급하지 못하여 그 **계약금을 몰수당함으로써 손해를 입었다고 하더라도 이는 특별한 사정으로 인한 손해**에 해당한다(대판 1991.10.11. 91다25369).

3 손해배상의 산정과 조정

Ⅰ. 손해배상의 산정

1. 산정의 의의

손해배상액의 산정이란 손해배상의 대상이 되는 1차손해와 후속손해를 금전으로 평가하는 것으로, 특히 그 산정기준이 문제된다.

2. 산정의 기준

(1) 이행불능의 경우

㈎ 이행불능으로 인한 전보배상액은 '이행불능 당시'의 시가 상당액을 표준으로 해야 한다고 한다(대판 2008.5.15. 2007다37721).

㈏ 따라서 부동산 매매에 있어 매도인이 매매목적물을 2중으로 양도하여 제3자에게 소유권이전등기를 하여줌으로써 매수인에 대한 소유권이전등기의무가 이행불능이 된 경우, 그 손해배상액은 특별한 사정이 없는 한 제3자에게 '소유권이전등기를 넘겨준 날 현재의 시가 상당액'이라고 할 것이다(대판 1994.1.11. 93다17638).

(2) 이행지체의 경우

이행지체의 경우 (사실심변론종결시를 취한 판례도 있으나) 주류적 판례는 다른 특별한 사정이 없는 한 그 전보배상에 있어서의 손해액산정의 표준시기는 원칙적으로 최고하였던 상당한 기간이 경과한 당시의 시가에 의하여야 한다고 하여 '최고 후 상당기간이 경과한 시점'을 산정기준시로 본다(대판 2008.5.15. 2007다37721).

(3) 이행거절의 경우

채무자의 이행거절로 인한 채무불이행에서의 손해액 산정은, 채무자가 이행거절의 의사를 명백히 표시하여 최고 없이 계약의 해제나 손해배상을 청구할 수 있는 경우에는 '이행거절 당시의 급부목적물의 시가'를 표준으로 한다(대판 2008.5.15. 2007다37721).

Ⅱ. 손해배상의 조정

1. 과실상계

> 제396조(과실상계) 채무불이행에 관하여 채권자에게 과실이 있는 때에는 법원은 손해배상의 책임 및 그 금액을 정함에 이를 참작하여야 한다.

(1) 과실상계의 의의

본조는 손해의 공평한 조정을 위한 것으로 과실상계에 관한 제396조의 규정은 불법행위에 의한 손해배상책임에도 준용된다(제763조).

(2) 과실상계의 요건

㈎ 과실상계에 있어서의 과실은 가해자의 과실과 달리 사회통념이나 신의성실의 원칙에 따라 공동생활에 있어 요구되는 약한 의미의 부주의를 가리키는 것이다(대판 2005.7.8. 2005다8125).

㈏ 제391조가 이행보조자의 고의·과실을 채무자의 고의·과실로 보는 것과 마찬가지로, 과실상계에서의 과실에는 채권자 자신의 과실뿐만 아니라 수령보조자의 고의·과실도 포함된다.

(3) 과실상계의 효과

㈎ 채무자의 주장·증명이 없더라도 법원의 직권으로 이를 심리하여 판단하여야 하며 '채권자의 과실이 인정되는 한 반드시 참작'하여야 한다.

㈏ 과실상계사유에 관한 사실인정이나 그 비율을 정하는 것은 그것이 형평의 원칙에 비추어 현저히 불합리한 것이 아닌 한 사실심의 전권사항이다(대판 2006.2.10. 2003다15501).

(4) 과실상계의 적용

1) 계약상의 급부 청구

㈎ (정기예탁) 과실상계는 채무불이행 내지 불법행위로 인한 손해배상책임에 대하여 인정되는 것이고, 본래의 급부의 이행을 구하는 정기예탁금 반환청구사건의 경우에 예금주의 인장관리 소홀의 사정을 들어 과실상계를 할 수 없다(대판 2000.4.7. 99다53742).

㈏ (보증채무) 채권자의 청구가 연대보증인들에 대하여 그 보증채무의 이행을 구하고 있다면 손해배상책임의 유무 또는 배상의 범위를 정함에 있어 채권자의 과실이 참작되는 과실상계의 법리는 적용될 여지가 없다(대판 1987.3.24. 84다카1324).

㈐ (표현대리) 표현대리의 성립이 인정되는 한 그 본인은 표현대리행위에 의하여 전적인 책임을 져야 하고, 상대방에게 과실이 있다고 하더라도 과실상계의 법리를 유추적용하여 본인의 책임을 경감할 수는 없다(대판 1996.7.12. 95다49554).

2) 민법상 무과실책임

제581조, 제580조에 기한 매도인의 하자담보책임은 법이 특별히 인정한 무과실책임으로 여기에 민법 제396조의 과실상계 규정이 준용될 수는 없더라도, 담보책임이 민법의 지도이념인 공평의 원칙에 입각한 것인 이상, 하자발생 및 그 확대에 가공한 매수인의 잘못을 참작하여 손해배상의 범위를 정함이 상당하다(대판 1995.6.30. 94다23920).

3) 피해자 체질적 소인

피해자 측의 요인이 체질적인 소인 또는 질병의 위험도와 같이 피해자측의 귀책사유와 무관한 것이라고 할지라도 법원은 그 손해배상액을 정함에 있어서 과실상계의 법리를 유추적용할 수 있다(대판 1998.7.24. 98다12270).

4) 손해배상액의 예정

손해배상액이 예정된 경우 이미 채무자가 계약을 위반한 경위 등 제반사정을 참작하였기 때문에 그 감경에 앞서 채권자의 과실 등을 들어 따로 감경할 필요는 없다(대판 2016.6.10. 2014다200763, 200770).

5) 도급인의 해제권 행사

도급인으로 하여금 자유로운 해제권을 행사할 수 있도록 하는 대신 수급인이 입은 손해를 배상하도록 한 제673조(완성전의 도급인의 해제권)에 의하여 도급계약을 해제한 이상, 특별한 사정이 없는 한 도급인은 수급인에 대한 손해배상에서 과실상계를 주장할 수 없다(대판 2002.5.10. 2000다37296).

6) 피해자의 부주의 이용

피해자의 부주의를 이용하여 고의로 불법행위를 저지른 자가 그 피해자의 부주의를 이유로 자신의 책임을 감하여 달라고 주장하는 것은 허용될 수 없다(대판 2011.7.24. 2011다121143).

7) 해제 시 원상회복의무

매매계약이 해제되어 소급적으로 효력을 잃은 결과 매매당사자에게 당해 계약에 기한 급부가 없었던 것과 동일한 재산상태를 회복시키기 위한 원상회복의무의 이행으로서 이미 지급한 매매대금 기타의 급부의 반환을 구하는 경우에는 적용되지 아니한다(대판 2014.3.13. 2013다34143).

(5) 일부청구와의 관계

일개의 손해배상청구권 중 일부가 소송상 청구되어 있는 경우에 과실상계를 함에 있어서는 손해의 전액에서 과실비율에 의한 감액을 하고 그 잔액이 청구액을 초과하지 않을 경우에는 그 잔액을 인용할 것이고 잔액이 청구액을 초과할 경우에는 청구의 전액을 인용하는 것으로 풀이하는 것이 일부청구를 하는 당사자의 통상적 의사라고 할 것이다(대판 1976.6.22. 75다819).

2. 손익상계

(1) 손익상계의 의의

채무불이행에 의하여 채권자에게 손해가 발생함과 동시에 이익이 생긴 경우에는 손해배상액을 산정함에 있어서 이러한 이익액을 공제하여야 하는데, 이를 손익상계라고 한다.

(2) 손익상계의 요건

㈎ 손익상계가 허용되기 위하여는 손해배상책임의 원인이 되는 행위로 인하여 피해자가 새로운 이득을 얻었을 뿐만 아니라, 그 이득과 손해배상책임의 원인행위 사이에 상당인과관계가 있어야 한다(대판 2005.10.28. 2003다69638).

㈏ 따라서 채무불이행 이외의 원인을 통해 채권자가 이익을 얻은 경우, 예컨대 보험계약을 통해 채권자가 이익을 얻은 경우에 그 이익은 공제대상이 되지 않는다.

(3) 과실상계와의 관계

불법행위로 인하여 손해가 발생하고 그 손해발생으로 이득이 생기고 동시에 그 손해발생에 피해자에게도 과실이 있어 과실상계를 하여야 할 경우에는 먼저 산정된 손해액에서 '과실상계를 한 다음에 위 이득을 공제'하여야 한다(대판 1990.5.8. 89다카29129).

4 손해배상액의 예정

> 제398조(배상액의 예정) ① 당사자는 채무불이행에 관한 손해배상액을 예정할 수 있다. ② 손해배상의 예정액이 부당히 과다한 경우에는 법원은 적당히 감액할 수 있다. ③ 손해배상액의 예정은 이행의 청구나 계약의 해제에 영향을 미치지 않는다. ④ 위약금의 약정은 손해배상액의 예정으로 추정한다. ⑤ 당사자가 금전이 아닌 것으로써 손해배상에 충당할 것을 예정한 경우에도 전4항의 규정을 준용한다.

Ⅰ. 손해배상액의 예정 일반론

1. 의 의

㈎ 손해배상액의 예정이란 채무불이행의 경우에 채무자가 지급해야 할 손해배상액을 당사자 사이에서 미리 계약으로 정하는 것을 말한다. 이는 채무불이행을 정지조건으로 하는 조건부 계약이며, 원채권관계에 종된 계약이다. 따라서 예정계약은 기본채권과 법률상의 운명을 같이하고 기본채권에 대한 담보는 배상예정액에 대해서도 담보한다.

> **판례정리** 계약의 해제와 손해배상액의 예정과의 관계
> 민법 제398조 제1항, 제3항, 제551조 등을 고려하면, 계약당사자가 채무불이행으로 인한 전보배상에 관하여 손해배상액을 예정한 경우에 **채권자가 채무불이행을 이유로 계약을 해제하거나 해지하더라도 원칙적으로 손해배상액의 예정은 실효되지 않고**, 전보배상에 관하여 특별한 사정이 없는 한 손해배상액의 예정에 따라 배상액을 정해야 한다. 다만 위와 같은 손해배상액의 예정이 계약의 유지를 전제로 정해진 약정이라는 등의 사정이 있는 경우에 **채무불이행을 이유로 계약을 해제하거나 해지하면 손해배상액의 예정도 실효될 수 있다**(대판 2022.4.14. 2019다292736, 292743).

㈏ 본조는 손해의 발생사실과 손해액에 대한 입증의 곤란을 덜고 분쟁의 발생을 미리 방지하여 법률관계를 쉽게 해결할 뿐 아니라 채무자에게 심리적 경고를 함으로써 채무의 이행을 확보하려는 것이다(대판 1993.4.23. 92다41719).

2. 유 형

> **판례정리** 손해배상액예정에 해당하는 경우
> ① 위약금 약정 : 이미 지급한 계약금 및 중도금에 대한 반환청구권을 포기 내지 상실키로 하는 약정을 한 경우, 그 포기약정을 손해배상액의 예정으로 보아 그 예정액이 부당히 과다하다면 이를 감액할 수 있다(대판 1995.12.12. 95다40076).
> ② 지체상금 약정 : 도급에 관한 계약을 체결하면서 지체상금의 약정을 하였다면 이는 특별한 사정이 없는 한 그 채무이행의 지연에 따른 손해배상액의 예정에 해당한다(대판 2002.9.4. 2001다1386).

③ 지연손해금률 약정 : 금전채무에 관하여 이행지체에 대비한 지연손해금비율을 따로 약정한 경우에 이는 일종의 손해배상액의 예정이다(대판 2017.5.30. 2016다275402).

Ⅱ. 손해배상액의 예정의 요건

㈎ 손해배상액의 예정이 성립하기 위하여는 ⅰ) 채무불이행의 전제가 되는 채권관계가 있어야 한다. 따라서 손해배상액의 예정이 있는 계약이 무효나 취소된 경우에는 채무가 존재하지 않으면 예정배상액도 청구할 수 없다. 또한 ⅱ) 배상액의 예정은 일정액의 금전으로 하는 것이 보통이나, 손해배상액의 예정방법에 대한 특별한 제한이 없으므로 금전 이외의 것으로도 배상액을 예정할 수 있다.

㈏ 그러나 다음의 경우에는 '예정계약이 제한'된다. ⅰ) 근로계약에 있어서 사용자는 근로자와 위약금 또는 손해배상액을 예정하는 계약을 체결할 수 없다(근로기준법 제20조). ⅱ) 약관의 규제에 관한 법률은 고객에 대하여 부당하게 과중한 지연배상금 등의 손해배상의무를 부담시키는 약관조항을 무효로 하고 있다(약관법 제8조). ⅲ) 배상액의 예정계약의 내용이 사회질서에 위반되거나, 타인의 궁박·경솔 또는 무경험을 이용하여 폭리를 얻으려는 경우에도 그 한도에서 무효로 된다.

> **판례정리 일방만을 위한 손해배상액의 예정의 성립 여부**
> 일방만을 위한 위약금 약정이 가능한 바, 매도인에 대한 위약금 규정이 있다고 하여 공평의 원칙상 매수인의 귀책사유로 매매계약이 해제되는 경우에도 매도인의 귀책사유로 인한 해제의 경우와 마찬가지로 매수인에게 위약금 지급의무가 인정되는 것은 아니다(대판 2008.2.14. 2006다37892).

Ⅲ. 손해배상액의 예정의 효과

1. 예정배상액의 청구

(1) 청구의 요건

1) 채무불이행사실의 증명

채무불이행으로 인한 손해배상액의 예정이 있는 경우에는 '채권자는 채무불이행 사실만 증명'하면 손해의 발생 및 그 액을 증명하지 아니하고 예정배상액을 청구할 수 있다(대판 2000.2.8. 2000다50350).

2) 귀책사유의 필요 여부

채무자는 채권자와 사이에 채무불이행에 있어 채무자의 귀책사유를 묻지 아니한다는 약정을 하지 아니한 이상 자신의 귀책사유가 없음을 주장·증명함으로써 예정배상액의 지급책임을 면할 수 있다(대판 2010.2.25. 2009다83797).

(2) 청구의 범위

1) 예정된 배상액의 청구

㈎ 실제의 손해액이 예정된 배상액보다 많거나 적다는 것을 증명하더라도 '예정된 배상액만을 청구'할 수 있을 뿐이다.

㈏ 별도의 특약이 없는 한 예정된 배상액 속에는 통상의 손해뿐만 아니라 특별사정에 의한 손해까지도 포함된 것으로 해석된다(대판 1988.9.27. 86다카2375).

2) 다른 권리와의 관계

① 불법행위책임과의 관계

손해배상액을 예정하는 내용의 약정을 하였다면 이것은 계약상 채무불이행으로 인한 손해액에 관한 것이고 불법행위상의 손해까지 예정한 것이라고 볼 수는 없다(대판 1999.1.15. 98다48033).

② 하자담보책임과의 관계

매매당사자가 모두 매매목적물이 타인의 소유인 사실을 모르고 계약을 체결한 경우 위약금의 약정은 타인의 권리매매에 있어서의 담보책임까지 예상하여 그 배상액을 예정한 것이라고 볼 수 없다(대판 1977.9.13. 76다1699).

2. 예정배상액의 감액

(1) 의 의

예정한 배상액이 부당하게 과다한 경우에는 채무자의 청구 없이 법원은 직권으로 적당히 감액할 수 있다. 반면, 예정배상액이 과소한 경우라 과실상계가 인정되지 않는 만큼 법원의 직권증액 역시 인정될 수 없다.

(2) 요 건

1) 부당과다의 의미

민법 제398조 제2항에서 '부당히 과다한 경우'라 함은 일반사회관념에 비추어 그 예정액의 지급이 경제적 약자의 지위에 있는 채무자에게 부당한 압박을 가하여 공정성을 잃는 결과를 초래한다고 인정되는 경우를 말한다(대판 2017.5.30. 2016다275402).

2) 부당과다의 판단

① 주 체

손해배상액 과다 여부는 '주채무자'를 기준으로 판단하여야 하며, 보증계약 등을 체결한 연대보증인을 중심으로 판단할 것은 아니다(대판 2005.8.19. 2002다59764).

② 시 기

손해배상의 예정액이 부당하게 과다한지는 법원이 '사실심의 변론종결 당시'를 기준으로 판단한다(대판 2017.5.30. 2016다275402).

③ 기 준

문언상 배상비율이 있는 경우에는 그 자체를 손해배상의 예정액이라고 하지 않고 그 비율에 따라 계산한 '예정배상액의 총액'을 의미한다고 해석하여야 한다(대판 2000.7.28. 99다38637).

(3) 효 과

㉮ 법원이 손해배상예정액이 부당하게 과다하다고 하여 감액을 한 경우, 손해배상액 예정에 관한 약정 중 감액부분에 해당하는 부분은 '처음부터 무효'이다(대판 1991.7.9. 91다11490).

㉯ 그러나 약관으로 손해배상액의 예정이 있는 경우 제398조 제2항이 적용되어 감액할 수 없고 설령 감액하더라도 감액한 나머지 부분만으로 효력을 유지할 수 없다. 즉 약관 전부가 무효이다(대판 2009.8.20. 2009다20475, 20482).

Ⅳ. 위약금과 위약벌의 구별

1. 위약금

위약금이란 채무불이행의 경우에 채무자가 채권자에게 지급할 것을 약속한 금전으로서 당사자 사이의 특별한 약정이 없는 한, '손해배상액의 예정'으로 추정된다.

2. 위약벌

(1) 의 의

위약벌이란 실손해의 배상과 별도로 불이행에 대한 제재로서 지급하기로 하는 금전이다. 대표적으로 하나의 계약에 실손해의 배상을 전제로 하는 조항이 있고 그와 별도로 위약금 조항을 두고 있어서 이중배상이 이루어지는 경우 그 위약금은 위약벌로 보아야 한다(대판 2022.7.21. 2018다248855, 248862 전원합의체).

(2) 효 과

위약벌은 손해배상액의 예정과 달리, 위약벌에 대해서는 법원이 감액할 수 없다(대판 2022.7.21. 2018다248855, 248862 전원합의체). 만약 약정된 위약벌이 과도할 경우에는 일부 또는 전부가 공서양속에 반하여 무효로 될 수 있을 뿐이다(대판 2015.12.10. 2014다14511).

5 손해배상자의 대위

> 제399조(손해배상자의 대위) 채권자가 그 채권의 목적인 물건 또는 권리의 가액 전부를 손해배상으로 받은 때에는 채무자는 그 물건 또는 권리에 관하여 당연히 채권자를 대위한다.

연습문제

01 〈노무사 2019〉

甲은 자기 소유의 토지에 대해 乙과 매매계약을 체결하면서 이행지체로 인한 손해배상액을 예정하였다. 乙의 이행지체를 이유로 甲이 손해배상을 청구하는 경우에 관한 설명으로 옳지 않은 것은? (다툼이 있으면 판례에 따름)

① 甲은 손해액에 대한 증명을 하지 않더라도 乙의 이행지체가 있었던 사실을 증명하면 예정배상액을 청구할 수 있다.
② 甲에게 손해가 발생하였더라도 특별한 사정이 없는 한 乙은 자신에게 귀책사유가 없음을 증명함으로써 예정배상액의 지급책임을 면할 수 있다.
③ 乙은 甲에게 손해가 발생하지 않았다는 사실을 증명하더라도 예정배상액의 지급책임을 면할 수 없다.
④ 甲은 乙의 이행지체로 인하여 입은 실제 손해액이 예정배상액보다 크다는 사실을 증명하더라도 다른 특약이 없는 한 그 초과부분을 따로 청구할 수 없다.
⑤ 乙의 이행지체로 인하여 특별손해가 발생한 경우, 다른 특약이 없는 한 甲은 乙에게 특별손해에 대한 손해배상을 별도로 청구할 수 있다.

해설 | ⑤ (×) 계약 당시 손해배상액을 예정한 경우에는 다른 특약이 없는 한 채무불이행으로 인하여 입은 통상손해는 물론 특별손해까지도 예정액에 포함되고 채권자의 손해가 예정액을 초과한다 하더라도 초과부분을 따로 청구할 수 없다(대판 1993.4.23. 92다41719).

정답 | ⑤

02 〈노무사 2019〉

과실상계에 관한 설명으로 옳은 것은? (다툼이 있으면 판례에 따름)

① 과실상계의 비율에 대한 당사자의 주장은 법원을 구속한다.
② 배상의무자가 피해자의 과실에 관하여 주장하지 않는 경우, 법원이 이를 직권으로 심리·판단할 수 없다.
③ 한 개의 손해배상청구권 중 일부가 소송상 청구된 경우, 법원은 과실상계를 함에 있어서 손해의 전액에서 과실비율에 의한 감액을 하고 그 잔액이 청구액을 초과하지 않을 경우에는 그 잔액을 인용해야 한다.
④ 채무내용에 따른 본래의 급부의 이행을 구하는 경우에도 과실상계는 적용된다.
⑤ 채무불이행에 관하여 채권자의 과실이 있고 채권자가 그로 인하여 이익을 받은 경우, 손해배상액을 산정함에 있어서 손익상계를 한 다음 과실상계를 해야 한다.

해설 | ③ (○) 1개의 손해배상청구권 중 일부가 소송상 청구되어 있는 경우에 과실상계를 함에 있어서는 손해의 전액에서 과실비율에 의한 감액을 하고 그 잔액이 청구권을 초과하지 않을 경우에는 그 잔액을 인용할 것이고, 잔액이 청구권을 초과할 경우에는 청구액의 전액을 인용하는 것으로 해석하여야 할 것이다(대판 1977.2.8. 76다2113).

정답 | ③

03 〈노무사 2020〉

민법상 과실상계에 관한 설명으로 옳지 않은 것은? (다툼이 있으면 판례에 따름)

① 불법행위의 성립에 관한 가해자의 과실과 과실상계에서의 피해자의 과실은 그 의미를 달리 한다.
② 피해자에게 과실이 있는 경우 가해자가 과실상계를 주장하지 않았더라도 법원은 손해배상액을 정함에 있어서 이를 참작하여야 한다.
③ 매도인의 하자담보책임은 법이 특별히 인정한 무과실책임이지만 그 하자의 발생 및 확대에 가공한 매수인의 잘못이 있다면 법원은 이를 참작하여 손해배상의 범위를 정하여야 한다.
④ 피해자의 부주의를 이용하여 고의의 불법행위를 한 자는 특별한 사정이 없는 한 피해자의 그 부주의를 이유로 과실상계를 주장할 수 없다.
⑤ 손해를 산정함에 있어서 손익상계와 과실상계를 모두 하는 경우 손익상계를 먼저 하여야 한다.

해설 | ⑤ (×) 손해발생으로 인하여 피해자에게 이득이 생기고 한편, 그 손해발생에 피해자의 과실이 경합되어 과실상계를 하여야 할 경우에는, 먼저 산정된 손해액에다 과실상계를 한 후에 위 이득을 공제하여야 한다(대판 1996.1.23. 95다24340).

정답 | ⑤

제6절 채권자지체

Ⅰ. 채권자지체 일반론

1. 의 의

채무자가 이행기에 채무의 내용에 좇은 이행의 제공을 하였으나, 즉 적법한 현실의 변제제공을 하였으나, 채권자가 이를 수령하지 않거나 필요한 협력을 하지 않는 경우, 즉 채권자가 수령 기타 협력행위를 지체함으로써 발생하는 부당한 채무의 연장을 피하고, 공평의 관념에 따라 채권자와 채무자의 이해관계를 조정하여 성실한 채무자를 보호·구제하기 위한 제도가 '채권자지체 또는 수령지체' 제도이다.

2. 성 질

채권자지체의 법적 성질에 관하여 통설은 법정책임설로 본다. 판례도 채권자지체가 성립하기 위하여 채권자의 귀책사유는 필요하지 않다고 한다(대판 2021.10.28. 2019다293036).

Ⅱ. 채권자지체의 요건

> 제400조(채권자지체) 채권자가 이행을 받을 수 없거나 받지 아니한 때에는 이행의 제공 있는 때로부터 지체책임이 있다.

1. 채권자의 수령 또는 협력을 요할 것

따라서 부작위채무와 같이 채무자의 이행행위만으로 이행이 완료되는 경우에는 채권자지체가 발생하지 않는다.

2. 채무내용에 좇은 이행을 제공할 것

이행의 제공이 없거나 또는 그 제공이 채무의 내용에 좇은 것이 아닌 때에는 채권자지체는 생기지 않는다.

3. 채권자의 수령불능 또는 수령거절

채권자지체는 급부의 실현이 가능한 것을 전제로 하기 때문에 이행 자체가 불가능한 경우에는 처음부터 채권자지체가 문제되지 않는다.

Ⅲ. 채권자지체의 효과

1. 채무자의 주의의무의 경감

> 제401조(채권자지체와 채무자의 책임) 채권자지체 중에는 채무자는 고의 또는 중대한 과실이 없으면 불이행으로 인한 모든 책임이 없다.

2. 채무자의 이자지급의 면제

제402조(동전) 채권자지체 중에는 이자 있는 채권이라도 채무자는 이자를 지급할 의무가 없다.

3. 증가된 비용의 채권자부담

제403조(채권자지체와 채권자의 책임) 채권자지체로 인하여 그 목적물의 보관 또는 변제의 비용이 증가된 때에는 그 증가액은 채권자의 부담으로 한다.

4. 쌍무계약에서 위험의 이전

채권자지체가 되면 이 위험이 채권자에게 이전한다. 채권자지체 중에 채무자의 경과실로 인해 급부가 불능이 된 때에도 제538조 제1항 후단이 적용되어 채무자는 반대급부청구권을 상실하지 않는다고 할 것이다. 이 경우 '채권자의 수령지체 중에 당사자 쌍방의 책임 없는 사유로 이행할 수 없게 된 때'에 해당하기 위해서는 현실 제공이나 구두 제공이 필요하다(대판 2004.3.13. 2001다79013).

5. 채권자지체와 채무자의 해제

⑺ (원칙) 민법의 규정 내용과 체계에 비추어 보면, 채권자지체가 성립하는 경우 그 효과로서 원칙적으로 채권자에게 민법 규정에 따른 일정한 책임이 인정되는 것 외에, 채무자가 채권자에 대하여 일반적인 채무불이행책임과 마찬가지로 손해배상이나 계약해제를 주장할 수는 없다(대판 2021.10.28. 2019다293036).

⑻ (예외) 계약 당사자가 명시적·묵시적으로 채권자에게 급부를 수령할 의무 또는 채무자의 급부 이행에 협력할 의무가 있다고 약정한 경우, 또는 구체적 사안에서 신의칙상 채권자에게 위와 같은 수령의무나 협력의무가 있다고 볼 특별한 사정이 있다고 인정되는 경우에는 그러한 의무 위반에 대한 책임이 발생할 수 있다. 이와 같이 채권자에게 계약상 의무로서 수령의무나 협력의무가 인정되는 경우, 그 수령의무나 협력의무가 이행되지 않으면 계약 목적을 달성할 수 없거나 채무자에게 계약의 유지를 더 이상 기대할 수 없다고 볼 수 있는 때에는 채무자는 수령의무나 협력의무 위반을 이유로 계약을 해제할 수 있다(대판 2021.10.28. 2019다293036).

Ⅳ. 채권자지체의 소멸

채권자지체는 ⅰ) 채권이 소멸하거나, ⅱ) 채권자지체가 면제되거나, ⅲ) 채권자지체 중 채무자의 귀책사유로 이행불능이 된 때, ⅳ) 채권자가 수령의 의사표시를 한 때 소멸한다.

제7절 책임재산의 보전

1 채권자대위권

Ⅰ. 채권자대위권 일반론

1. 의 의

채권자는 자기 채권의 보전을 위하여 그의 채무자가 제3채무자에 대하여 가지는 채권을 채무자에 갈음하여 행사할 수 있는 권리를 가진다(법정재산관리권).

2. 성 질

채권자대위권은 채무자가 자신의 일반재산의 유지·확보를 도모하지 않는 경우에 채권자가 채무자를 대위하여 채무자의 권리를 행사함으로써 책임재산을 유지하는 실체법상 권리이다.

Ⅱ. 채권자대위권의 요건

> 제404조(채권자대위권) ① 채권자는 자기의 채권을 보전하기 위하여 채무자의 권리를 행사할 수 있다. 그러나 일신에 전속한 권리는 그러하지 아니하다. ② 채권자는 그 채권의 기한이 도래하기 전에는 법원의 허가 없이 전항의 권리를 행사하지 못한다. 그러나 보전행위는 그러하지 아니하다.

1. 채권자의 피보전채권이 존재할 것

(1) 피보전채권의 존재시기

㈎ 채무자에 대한 채권자의 채권이 유효하게 존재하고 있어야 한다. 보전에 적합한 것이면 채권자의 채권뿐만 아니라 청구권 또는 형성권도 포함된다.

> **[판례정리] 피보전채권이 문제되는 경우**
>
> ① 이혼으로 인한 재산분할청구권은 협의 또는 심판에 의하여 그 구체적 내용이 형성되기까지는 그 범위 및 내용이 불명확·불확정하기 때문에 구체적으로 권리가 발생하였다고 할 수 없다. 따라서 이를 보전하기 위하여 채권자대위권을 행사할 수는 없다(대판 1999.4.9. 98다58016).
> ② 토지거래허가구역 내의 토지에 관하여 허가없이 체결된 매매계약이라 하더라도, 거래 당사자 사이에는 서로 협력할 의무가 있으므로 이와 같은 허가신청절차의 협력의무의 이행청구권도 채권자대위권의 행사에 의하여 보전될 수 있는 채권에 해당한다(대판 1994.12.27. 94다4806).
> ③ 채무자가 파산절차에서 면책결정을 받은 때에는 파산채권을 피보전채권으로 하여 채권자대위권을 행사하는 것은 그 채권이 예외사유에 해당하지 않는 한 허용되지 않는다(대판 2022.9.7. 2022다230165).

㈐ 이행기가 도래한 것이면 족하고 그 채권의 발생원인이 어떠하든 대위권을 행사함에는 아무런 방해가 되지 아니하며 또한 채무자에 대한 채권이 제3채무자에게까지 대항할 수 있는 것임을 요하는 것도 아니다(대판 2003.4.11. 2003다1250). 또한 채권자의 채권이 채무자의 제3채무자에 대한 채권보다 먼저 성립해 있을 필요도 없다.

(2) 피보전채권의 직권조사

㈎ 채권자대위소송에서 대위에 의하여 보전될 채권자의 채무자에 대한 권리가 존재하는지 여부는 소송요건으로서 법원의 직권조사사항이다.

㈏ 채권자대위소송에서 대위에 의해 보전될 채권자의 채무자에 대한 권리가 인정되지 않을 경우에는 대위소송은 부적법하여 각하할 수밖에 없다(대판 1992.11.10. 92다30016). 또한 피대위자인 채무자가 실존인물이 아니거나 사망한 사람인 경우 역시 피보전채권인 채권자의 채무자에 대한 권리를 인정할 수 없는 경우에 해당하므로 그러한 채권자대위소송은 당사자적격이 없어 부적법하다(대판 2021.7.21. 2020다300893).

> **판례정리 | 피보전채권에 대한 증명의 정도**
> ① 채권자대위권을 재판상 행사하는 경우에 있어서도 채권자인 원고는 그 채권의 존재사실 및 보전의 필요성, 기한의 도래 등을 증명하면 족하고, 채권의 발생원인사실 또는 그 채권이 제3채무자인 피고에게 대항할 수 있는 채권이라는 사실까지 증명할 필요는 없다(대판 2007.5.10. 2006다82700),
> ② 채권자대위권을 행사하는 경우, 채권자가 채무자를 상대로 보전되는 청구권에 기한 이행청구의 소를 제기하여 승소판결을 선고받고 판결이 확정되었다면, 특별한 사정이 없는 한 그 청구권의 발생원인이 되는 사실관계가 제3채무자에 대한 관계에서도 증명되었다고 볼 수 있다. 그러나 그 청구권의 취득이, 채권자로 하여금 채무자를 대신하여 소송행위를 하게 하는 것을 주목적으로 이루어진 경우와 같이, 강행법규에 위반되어 무효라고 볼 수 있는 경우 등에는 위 확정판결에도 불구하고 채권자대위소송의 제3채무자에 대한 관계에서는 피보전권리가 존재하지 아니한다고 보아야 한다(대판 2019.1.31. 2017다228618).

2. 채권을 보전하기 위하여 행사할 것

(1) 채권을 보전할 필요성의 의미

㈎ 보전의 필요성이 인정되기 위하여는 우선 ⅰ) 적극적 요건으로서 채권자가 채권자대위권을 행사하지 않으면 피보전채권의 완전한 만족을 얻을 수 없게 될 위험의 존재가 인정되어야 하고, 나아가 채권자대위권을 행사하는 것이 그러한 위험을 제거하여 피보전채권의 현실적 이행을 유효·적절하게 확보하여 주어야 하며, 다음으로 ⅱ) 소극적 요건으로서 채권자대위권의 행사가 채무자의 자유로운 재산관리행위에 대한 부당한 간섭이 된다는 사정이 없어야 한다(대판 2022.8.25. 2019다229202 전원합의체).

㈏ 채무자 소유의 부동산을 시효취득한 채권자의 공동상속인이 채무자에 대한 소유권이전등기청구권을 피보전채권으로 하여 제3채무자를 상대로 채무자의 제3채무자에

대한 소유권이전등기의 말소등기청구권을 대위행사하는 경우, 공동상속인은 자신의 지분 범위 내에서만 채무자의 제3채무자에 대한 소유권이전등기의 말소등기청구권을 대위행사할 수 있고, 지분을 초과하는 부분에 관하여는 채무자를 대위할 보전의 필요성이 없다(대판 2014.10.27. 2013다25217).

> **판례정리 | 보전필요성이 없는 경우 법원의 판단**
> 채권자가 채무자를 상대로 하여 소유권이전등기절차 이행의 소를 제기하여 패소의 확정판결을 받게 되면 채권자는 채무자의 제3자에 대한 권리를 행사하는 **채권자대위소송에서 그 확정판결의 기판력으로 말미암아 더 이상 채무자에 대하여 동일한 청구원인으로 소유권이전등기를 할 수 없으므로 그러한 권리를 보전하기 위한 채권자대위소송은 그 요건을 갖추지 못하여 부적법한 것으로 각하되어야 한다**(대판 2008.10.23. 2008다37223).

(2) 채무자의 '무자력'과의 관계

1) 금전채권의 경우

① 원칙적 무자력 필요

채권자가 채무자를 대위함에 있어 대위에 의하여 보전될 채권자의 채무자에 대한 권리가 금전채권인 경우에는 그 보전의 필요성 즉, 채무자가 무자력인 때에만 채권자가 채무자를 대위하여 채무자의 제3채무자에 대한 권리를 행사할 수 있다(대판 2009.2.26. 2008다76556).

> **판례정리 | 보험자(채권자)가 보험금 상당의 부당이득반환채권을 갖게 된 경우**
> 채권자인 보험자가 금전채권인 부당이득반환채권을 보전하기 위하여 채무자인 피보험자를 대위하여 제3채무자인 요양기관을 상대로 진료비 상당의 부당이득반환채권을 행사하는 형태의 **채권자대위소송에서 채무자가 자력이 있는 때에는 보전의 필요성이 인정된다고 볼 수 없다**(대판 2022.8.25. 2019다229202 전원합의체).

② 예외적 무자력 불요

㈎ 피보전채권과 피대위권리가 밀접하게 관련되어 있는 경우에는 금전채권임에도 불구하고 채무자의 무자력이 필요 없다.

㈏ 즉 ⅰ) 임차인의 임대차목적물의 반환이 먼저 이행되어야 할 필요성이 인정되어 '임대차보증금반환청구권'의 양수인이 임차인에 대한 임대인의 임차가옥명도청구권을 대위행사하는 경우(대판 1989.4.25. 88다카4253). ⅱ) 수임인이 위임인에게 갖는 '대변제청구권'의 보전을 위하여 채무자인 위임인의 채권을 대위하여 상계하는 경우(대판 2002.1.25. 2001다52506) 등이다.

2) 특정채권의 경우

① 소유권이전등기청구권의 보전

㉮ 채권자는 자기의 채무자에 대한 부동산의 소유권이전등기청구권 등 특정채권을 보전하기 위하여 채무자가 방치하고 있는 그 부동산에 관한 특정권리를 대위하여 행사할 수 있고 그 경우에는 채무자의 무자력을 요건으로 하지 않는다(대판 1992.10.27. 91다483). 채권자대위권의 실익이 여기에 있는 바, 이를 대위권의 전용이라고 한다.

㉯ (이중매매에서 제2매수인이 적극가담한 경우) 부동산의 이중매매가 이루어진 경우 제2매수인이 단순 악의를 넘어 매도인의 이중매매에 적극적으로 가담하여 매도를 요청 및 유인한 경우 제103조에 위반되어 절대적 무효라 할 것이므로 제1매수인은 매도인을 대위하여 제2매수인에게 말소등기를 청구하고, 다시 매도인을 상대로 소유권이전등기를 청구할 수 있다(대판 1983.4.26. 83다57).

㉰ 피보전채권이 특정채권이라 하여 반드시 순차매도 또는 임대차에 있어 소유권이전등기청구권이나 인도청구권 등의 보전을 위한 경우에만 한하여 채권자대위권이 인정되는 것은 아니며, 물권적 청구권에 대하여도 채권자대위권에 관한 제404조의 규정과 위와 같은 법리가 적용될 수 있다(대판 2007.5.10. 2006다82700, 82717).

② 임차권 등 사용·수익권의 보전

A가 B로부터 임차한 부동산을 제3자 C가 불법으로 점거하여 A의 사용·수익을 방해하는 때에는 채권자 A는 B가 C에 대하여 가지고 있는 소유물방해배제청구권(제214조)을 대위행사할 수 있다(대판 1962.1.25. 4294민상607). 그러나 임대인의 동의 없이 임차권을 양수한 자는 임대인에게 대항할 수 없는 바, 임대인의 권리를 대위행사할 수 없다(대판 1985.2.8. 84다카188).

(3) 다른 구제방법과 보전필요성

채권자대위권은 보충적인 권리가 아니므로 다른 권리구제수단이 있었다는 사정이 채권자대위권의 행사요건인 채권보전의 필요성을 부정할 사유가 되지 않는다(대판 2007.5.10. 82700, 82717).

3. 채권자의 채권이 이행기에 있을 것

채권자는 이행기 전에는 자신의 채권을 행사할 수 없기 때문에 이행기 이후에 채권자대위권을 행사하는 것이 원칙이다. 다만, 법원의 허가를 얻거나, 법원의 허가가 없다 하더라도 채무자의 권리에 대한 시효중단과 같은 보존행위의 경우에는 채권의 기한이 도래하기 전이라도 채권자대위권을 행사할 수 있다.

4. 피대위권리의 존재 및 비일신전속성

(1) 피대위권리가 행사상 일신전속권이 아닐 것

1) 채권자대위권의 목적이 인정되는 경우

① 임대차계약에서 임대인의 해지권

임대인의 임대차계약 해지권은 오로지 임대인의 의사에 행사의 자유가 맡겨져 있는 행사상의 일신전속권에 해당하는 것으로 볼 수 없다(대판 2007.5.10. 82700, 82717).

② 민법상 조합에서 조합의 탈퇴권

민법상 조합원이 조합을 탈퇴할 권리는 일신전속적 권리라고 할 수 없으므로 채권자대위권의 목적이 될 수 있다(대결 2007.11.30. 2005마1130).

③ 채무자의 이행인수인에 대한 권리

이행인수의 경우 채무자의 인수인에 대한 청구권은 그 성질상 재산권의 일종으로서 일신전속적 권리라고 할 수는 없으므로, 채권자는 채권자대위권에 의하여 채무자의 인수인에 대한 청구권을 대위행사할 수 있다(대판 2009.6.11. 2008다75072).

④ 채무자가 가지는 소멸시효 원용권

소멸시효가 완성된 경우 이에 의하여 직접 이익을 받는 채무자는 물론 채권자도 자기의 채권을 보전하기 위하여 필요한 경우에는 이를 대위하여 원용할 수 있다(대판 1991.3.27. 90다17552).

⑤ 사해행위에 대한 채권자취소권

채권자취소권도 채권자가 채무자를 대위하여 행사하는 것이 가능하다고 할 것인바, 채권자가 채무자의 채권자취소권을 대위행사하는 경우, 제소기간은 대위의 목적으로 되는 권리의 채권자인 채무자를 기준으로 하여 그 준수 여부를 가려야 할 것이다(대판 2001.12.27. 2000다73049).

⑥ 농지취득자격증명의 발급신청권

농지를 취득하려는 자가 농지에 대한 매매계약을 체결하는 등 농지에 관한 소유권이전등기청구권을 취득하였다면, 농지취득자격증명 발급신청권을 보유하게 된다. 이러한 농지취득자격증명 발급신청권은 채권자대위권의 행사대상이 될 수 있다(대판 2018.7.11. 2014두36518).

⑦ 채무자가 가지는 채권자대위권

채권자대위권 그 자체도 채권자대위권의 목적이 될 수 있다(대판 1968.1.23. 67다2440). 즉 대위의 목적으로 되는 채권자대위권의 권리자인 채무자의 채권자가 이를 다시 채권자대위권으로 행사할 수 있다는 것이다. 이를 '순차대위'라고 한다.

⑧ 부동산에 관한 공유물분할청구권

공유물분할청구권도 채권자대위권의 목적이 될 수 있다. (다만) 채권자가 자신의 '금전채권'을 보전하기 위하여 채무자를 대위하여 부동산에 관한 공유물분할청구권을 대위행사할 수 없다고 보아야 한다(대판 2020.5.21. 2018다879 전원합의체).

2) 채권자대위권의 목적이 부정되는 경우

① 청약 또는 승낙의 의사표시

청약 또는 승낙의 의사표시 및 제3자를 위한 계약에서 수익의 의사표시 또한 채권자대위권의 객체가 될 수 없다(대판 2012.3.29. 2011다100527).

② 상속인의 유류분반환청구권

유류분반환청구권이며 행사 여부가 상속인인 유류분권리자의 인격적 이익을 위하여 그의 자유로운 의사결정에 전적으로 맡겨진 권리로서 '행사상의 일신전속성을 가진다'고 보아야 하므로, 유류분권리자에게 그 '권리행사의 확정적 의사가 있다고 인정되는 경우'가 아니라면 채권자대위권의 목적이 될 수 없다(대판 2010.5.27. 2009다93992).

③ 부부간 이혼재산분할청구권

㈎ 피대위권리가 채권자에 의하여도 행사될 수 있는 것이어야 하므로 권리의 행사가 채무자 개인의 전적인 자유의사에 맡겨져 있는 일신전속권은 대위권의 객체가 될 수 없다.

㈏ 따라서 이혼으로 인한 재산분할청구권은 그 행사 여부가 청구인의 인격적 이익을 위하여 그의 자유로운 의사결정에 전적으로 맡겨진 권리로서 행사상의 일신전속성을 가지므로, 채권자대위권의 목적이 될 수 없고 파산재단에도 속하지 않는다(대결 2022.7.28. 2022스613).

④ 채무자의 소송행위의 경우

㈎ 채무자의 소송행위는 나누어 이해하여야 한다. 즉, '본안제소명령신청권'이나 제소기간의 도과에 의한 가압류·가처분의 '취소신청권'은 채권자대위권의 목적이 될 수 있는 권리라고 봄이 상당하다(대결 1993.12.27. 93마1655).

㈏ 그러나 채무자와 제3자 사이의 소송을 수행하기 위한 '개별적 소송행위' 예컨대 공격방어방법의 제출, 상소 또는 재심의 소의 제기, 집행방법 또는 가압류결정에 대한 이의신청 등의 행위에 대해서는 대위할 수 없다(대판 2012.12.27. 2012다75239).

(2) 채무자의 권리가 압류할 수 있는 채권일 것

채무자가 제3채무자에 대하여 압류할 수 있는 채권을 가지고 있어야 한다. 따라서 압류할 수 없는 권리는 성질상 채권자가 대위권에 의하여 대위청구할 수 없다.

(3) 피대위채권이 부존재할 경우 소송법상 효과

피보전채권과 달리 피대위권리는 채권자대위소송의 소송물인 심판대상(채권자가 자기의 이름으로 채무자의 권리를 행사하는 것이 채권자대위권이므로)로써 결여 시 '청구기각사유'가 된다(판례).

5. 채무자가 권리를 행사하지 않을 것

㈎ 채무자가 권리를 행사하지 않을 것이라 함은 채무자의 권리가 존재하고 채무자가 그 권리를 행사할 수 있는 상태에 있으나 스스로 그 권리를 행사하고 있지 아니하는 것을 의미한다. 채무자가 그 권리를 행사하지 않은 이유를 묻지 아니한다(대판 1992.2.25. 91다9312).

㈏ 또한 채무자가 자신의 권리를 행사한 경우에는 그 행사가 채권자에게 유리한가 불리한가에 관계없이 채권자는 대위행사할 수 없다(대판 2009.3.12. 2008다65839). 따라서 채무자가 제3채무자에 대한 권리를 재판상 행사하여 패소판결을 후에는 채권자는 채무자의 권리를 행사할 수 없는 바(대판 1993.3.26. 92다32876), 채권자는 당사자적격이 없게 된다(부적법 각하). 그러나 판례를 유의하여야 한다.

> **판례정리 | 채무자가 제기한 소가 각하판결을 받은 경우**
>
> 비법인사단인 채무자 명의로 제3채무자를 상대로 한 소가 제기되었으나 사원총회의 결의 없이 총유재산에 관한 소가 제기되었다는 이유로 각하판결을 받고 그 판결이 확정된 경우에는 **채무자가 스스로 제3채무자에 대한 권리를 행사한 것으로 볼 수 없다**(대판 2018.10.25. 2018다210539).

㈐ 한편, 채권자가 채무자의 권리를 대위행사함에 채무자의 동의를 필요로 하지 않는다. 그러므로 비법인사단이 총유재산에 관한 권리를 행사하지 않아 비법인사단의 채권자가 채권자대위권에 기하여 비법인사단의 총유재산에 관한 (그) 권리를 행사하는 경우에는 사원총회의 결의 등 비법인사단의 내부적인 의사결정절차를 거칠 필요가 없다(대판 2014.9.25. 2014다211336).

Ⅲ. 채권자대위권의 행사

1. 행사의 방법

채권자는 자기의 이름으로 채무자의 권리를 행사한다. 채권자취소권과 달리 재판 외에서도 행사가 가능하고 제척기간의 제한도 없다.

2. 행사의 통지

> **제405조(채권자대위권행사의 통지)** ① 채권자가 전조 제1항의 규정에 의하여 보전행위 이외의 권리를 행사한 때에는 채무자에게 통지하여야 한다. ② 채무자가 전항의 통지를 받은 후에는 그 권리를 처분하여도 이로써 채권자에게 대항하지 못한다.

(1) 대위통지 및 법원의 고지

채권자가 보존행위 이외의 대위권행사를 하는 경우에는 이 사실을 채무자에게 통지하여야 한다. 또한 채무자가 채권자의 대위권행사의 사실을 알게 된 때에는 채권자에 의해 통지가 있었던 것과 동일하게 취급되므로, 채무자는 그 권리의 처분을 가지고 채권자에게 대항할 수 없다(대판 1996.4.12. 95다54167).

(2) 제3채무자의 항변과 제한

1) 대위권행사의 통지 전

제3채무자는 채무자에 대하여 가지고 있는 항변을 가지고 채권자에게 대항할 수 있다. 따라서 甲이 자기 소유의 토지를 乙에게 매도하고 乙이 계약금 및 중도금만 지급하고 잔금을 지급하지 아니하고 소유권이전등기가 경료되지 아니한 상태에서, 다시 乙이 丙에게 위 토지를 매도하고 丙이 乙을 대위하여 甲에게 소유권이전등기를 청구하는 경우, 甲은 丙에 대하여 잔금수령과 동시에 이행하겠다는 항변을 할 수 있다.

2) 대위권행사의 통지 후

통지 이후에는 채무자가 자신의 권리에 대한 처분권을 상실하게 되므로 제3채무자는 채무자가 그 권리를 소멸시키는 행위를 하더라도 이를 가지고 채권자에게 대항할 수 없다(제405조 2항)(대판 2012.5.17. 2011다87235 전원합의체). 처분행위에 해당하는지 여부가 문제되는 판례를 정리하면 다음과 같다.

> **판례정리 — 처분행위에 해당하는지가 문제되는 경우**
>
> ① (변제 등 처분행위 부정 - 채권자에게 대항 가능) 채무자에 대한 변제, 상계 또는 동시이행항변권 등의 행사는 처분행위가 아니므로 **제3채무자는 대위채권자에게 대항할 수 있다**(대판 1991.4.12. 90다9407). 마찬가지로 채무자가 그 명의로 소유권이전등기를 경료하는 것은 처분행위가 아니므로 소유권이전등기청구권의 대위행사 후에도 **채무자는 그 명의로 소유권이전등기를 경료하는 데 아무런 지장이 없다**(대판 1991.4.12. 90다9407).
>
> ② (합의해제는 처분행위 인정 - 채권자에게 대항 불가) 채무자가 그러한 채권자대위권의 행사사실을 알게 된 이후에 그 부동산에 대한 매매계약을 합의해제함으로써 채권자대위권의 객체인 그 부동산의 소유권이전등기청구권을 소멸시켰다 하더라도 **채무자와 제3채무자는 이로써 채권자에게 대항할 수 없다**(대판 2007.6.28. 2006다85921).
>
> ④ (법정해제는 처분행위 부정 - 채권자에게 대항 가능) 법정해제는 채무자의 객관적 채무불이행에 대한 제3채무자의 정당한 법적 대응임을 고려할 때 채무자가 자신의 채무불이행을 이유로 매매계약이 해제되도록 한 것을 두고 민법 제405조 제2항에서 말하는 '처분'에 해당한다고 할 수 없다(대판 2012.5.17. 2011다87235 전원합의체).
>
> ⑤ (추인은 처분행위 인정 - 채권자에게 대항 불가) 본인이 무권대리행위를 추인하여 무효인 매매계약을 소급적으로 유효하게 하였다 하더라도 이를 가지고 채권자에게 그 효과를 주장할

수 없다. 본인이 무권대리행위를 추인하는 것은 처분행위에 해당하기 때문이다(대판 1975.4.27. 72다44350).

⑥ (전부명령은 처분행위 인정 - 채권자에게 대항 불가) 채권자대위소송이 제기되고 대위채권자가 채무자에게 대위권 행사사실을 통지하거나 채무자가 이를 알게 된 이후에는 민사집행법 제229조 제5항이 유추적용되어 **피대위채권에 대한 전부명령은, 우선권 있는 채권에 기초한 것이라는 등의 특별한 사정이 없는 한, 무효**이다(대판 2016.8.29. 2015다236547).

(3) 제3채무자의 항변의 범위

㈎ 제3채무자는 채무자에 대하여 가지고 있는 항변을 가지고 채권자에게 대항할 수 있을 뿐이지 채무자가 채권자에 대하여 가지는 항변으로 대항할 수 없다(대판 1995.5.12. 93다59502). 그러므로 채권자의 피보전채권의 소멸시효가 완성된 경우 채권자대위소송의 제3채무자는 이를 원용할 수 없다(대판 2004.2.12. 2001다10151).

㈏ 한편 채권자대위권을 행사하는 채권자는 채권자는 채무자 자신이 주장할 수 있는 사유의 범위 내에서 주장할 수 있을 뿐 자기와 제3채무자 사이의 독자적인 사정에 기한 사유를 주장할 수는 없다(대판 2020.7.9. 2020다223781).

> **판례정리 제3채무자의 항변권 행사의 내용과 범위**
>
> 채권자가 채권자대위소송을 제기한 경우, 제3채무자는 채무자가 채권자에 대하여 가지는 항변권이나 형성권 등과 같이 권리자에 의한 행사를 필요로 하는 사유를 들어 채권자의 채무자에 대한 권리가 인정되는지 여부를 다툴 수 없지만, **채권자의 채무자에 대한 권리의 발생원인이 된 법률행위가 무효라거나 위 권리가 변제 등으로 소멸하였다는 등의 사실을 주장하여 채권자의 채무자에 대한 권리가 인정되는지 여부를 다투는 것은 가능**하다(대판 2015.9.10. 2013다55300).

Ⅳ. 채권자대위권의 효과

1. 행사효과의 귀속

(1) 총채권자를 위한 공동담보

채권자대위권의 행사에 의하여 채권자는 채무자의 권리를 행사하는 것이므로 그 행사의 효과는 직접 채무자에게 귀속한다. 따라서 채권자가 채무자를 대위하여 채무자의 제3채무자에 대한 채권을 행사한 경우, 그로 인한 피대위채권의 시효가 중단되며 이러한 시효중단의 효과는 채무자에게도 미친다(대판 2011.10.13. 2010다80930).

(2) 채권자의 직접 수령 여부

㈎ 채권자에게는 우선변제권이 인정되지 않지만, 채권자대위권을 행사함에 있어서 채권자가 제3채무자에 대하여 자기에게 직접 급부를 요구할 수 있다(대판 1996.2.9. 95다27998).

(나) 또한 채권자는 자신의 채권의 목적물과 인도받은 목적물이 동종의 것이고 상계적상에 있는 때에 한해 자신의 채권과 상계하여 사실상의 우선변제를 받을 수 있다.

> **판례 정리 | 승소판결이 확정된 경우의 법률관계**
> ① 채권자대위소송에서 제3채무자로 하여금 직접 대위채권자에게 금전의 지급을 명하는 판결이 확정되었더라도 판결에 기초하여 금전을 지급받는 것 역시 대위채권자의 제3채무자에 대한 추심권능 내지 변제수령권능에 속하므로, 채권자대위소송에서 확정된 판결에 따라 대위채권자가 제3채무자로부터 지급받을 채권에 대한 압류명령 등도 무효이다(대판 2016.9.28. 2016다205915).
> ② 채권자대위소송에서 제3채무자로 하여금 직접 대위채권자에게 금전의 지급을 명하는 판결이 확정되더라도, 대위의 목적인 권리, 즉 채무자의 제3채무자에 대한 피대위채권이 판결의 집행채권으로서 존재하고 대위채권자는 채무자를 대위하여 피대위채권에 관한 추심권능 내지 변제수령권능을 행사할 수 있을 뿐 이로 인하여 채무자의 제3채무자에 대한 피대위채권이 대위채권자에게 이전되거나 귀속되는 것은 아니다. 이러한 법리에 비추어 볼 때, 위 확정된 판결금채권은 채권자가 제3채무자에 대하여 가지는 채권이 아니므로 채권자는 제3채무자에 대하여 위 판결금채권을 자동채권으로 하여 상계할 수 없다고 보아야 한다(대판 2019.5.16. 2016다239420).

2. 비용상환청구권

채권자대위권을 행사하는 경우 채권자와 채무자는 일종의 법정 위임관계에 있으므로 채권자는 제688조를 유추적용하여 채무자의 권리를 대위행사하기 위해 지출한 비용을 채무자에게 청구할 수 있다(대결 1996.8.21. 96그8).

3. 대위소송의 문제

(1) 중복소송의 문제

소송이 계속 중에 동일한 소를 제기하지 못하는 바, 이를 중복소송금지원칙이라고 한다(민사소송법 제259조). 법정소송담당설에 따르면, 채권자대위소송의 계속 중에 채무자가 같은 제3채무자를 상대로 다시 청구취지와 청구원인을 같이 하는 내용의 소송을 제기하여 계속 중에 있다면, 양 소송은 실질상으로는 동일소송이므로, 채무자가 제기한 소송은 중복소송금지규정에 저촉된다(대판 1995.4.14. 94다29256).

(2) 기판력의 문제

1) 기판력이 미치는지 여부

기판력이란 전소 확정판결이 후소를 구속하는 효력을 의미하는 바, 채권자가 채권자대위권을 행사하는 방법으로 제3채무자를 상대로 소송을 제기하고 판결을 받은 경우에는 어떠한 사유로 인하였던 적어도 채무자가 채권자 대위권에 의한 소송이 제기된 사실을 알았을 경우에는 채무자에게도 그 판결의 효력이 미친다(대판 1975.5.13. 74다1664 전원합의체).

2) 기판력이 미친다의 의미

⑦ 채무자에게도 기판력이 미친다는 의미는 채권자대위소송의 '소송물인 피대위채권의 존부에 관하여 채무자에게도 기판력이 인정된다'는 것이고, 채권자대위소송의 소송요건인 피보전채권의 존부에 관하여 당해 소송의 당사자가 아닌 채무자에게 기판력이 인정된다는 것은 아니다.

㈏ 따라서 채권자가 채권자대위권을 행사하는 방법으로 제3채무자를 상대로 소송을 제기하였다가 채무자를 대위할 피보전채권이 인정되지 않는다는 이유로 소각하 판결을 받아 확정된 경우 그 판결의 기판력이 채권자가 채무자를 상대로 피보전채권의 이행을 구하는 소송에 미치는 것은 아니다(대판 2014.1.23. 2011다108095).

(3) 재소금지의 문제

본안에 관한 종국판결이 선고된 후 소를 취하한 경우 동일한 소를 제기하지 못하는 바, 이를 재소금지원칙이라고 한다(민사소송법 제267조 2항). 특히 채권자대위권에 의한 소송이 제기된 사실을 피대위자가 알게 된 이상, 대위소송에 관한 종국판결이 있은 후 그 소가 취하된 때에는 피대위자도 재소금지규정의 적용을 받아 그 대위소송과 동일한 소를 제기하지 못한다(대판 1996.9.20. 93다20177, 20184).

2 채권자취소권

Ⅰ. 채권자취소권 일반론

1. 의 의

채권자취소권이란 채권의 공동담보인 채무자의 일반재산이 채무자의 법률행위에 의하여 부당하게 감소됨으로써 채무자의 변제능력이 부족하게 되는 경우, 채권자가 그 법률행위를 '취소'하고 채무자로부터 일탈된 재산을 '회복'할 수 있는 권리를 의미한다.

2. 성 질

채권자취소권은 반드시 재판상 행사하여야 하며, 취소라는 이행의 소와 원상회복이라는 이행의 소가 합쳐진 것이다(병합설).

Ⅱ. 채권자취소권의 요건

> 제406조(채권자취소권) ① 채무자가 채권자를 해함을 알고 재산권을 목적으로 한 법률행위를 한 때에는 채권자는 그 취소 및 원상회복을 법원에 청구할 수 있다. 그러나 그 행위로 인하여 이익을 받은 자나 전득한 자가 그 행위 또는 전득 당시에 채권자를 해함을 알지 못한 경우에는 그러하지 아니하다.

1. 피보전채권의 존재

(1) 피보전채권의 성립시기

1) 원 칙

㈎ 채권자의 채권은 사해행위 이전에 발생하였을 것을 원칙으로 하며, 채권자대위권과는 달리 이행기의 도래를 요건으로 하지 않는다. 피보전채권이 사해행위 이전에 성립되어 있는 이상 액수나 범위가 구체적으로 확정되지 않은 경우라고 하더라도 채권자취소권의 피보전채권이 된다(대판 2018.6.28. 2016다1045).

㈏ 특히 채권자의 채권이 사해행위 이전에 성립한 이상 사해행위 이후 양도되어도 양수인은 채권자취소권을 행사할 수 있다(대판 2012.2.9. 2011다77146). 그러나 채무의 원인행위(사해행위)가 취소권을 행사하려는 채권자의 채권보다 앞서 발생한 때에는 채권자취소권을 행사할 수 없다(대판 2009.6.23. 2009다18502).

2) 예 외

사해행위 당시에 이미 채권성립의 기초가 되는 법률관계가 발생되어 있고, 가까운 장래에 그 법률관계에 기하여 채권이 성립할 것이라는 고도의 개연성이 있으며, 실제로 가까운 장래에 그 개연성이 현실화 되어 채권이 성립한 경우에 한해서 예외적으로 그 채권도 채권자취소권의 피보전채권이 될 수 있다(대판 2007.6.29. 2006다66753).

> **판례정리 피보전채권의 발생 또는 성립이 문제되는 경우**
> ① 신용카드가입계약을 체결하고 신용카드를 발급받았으나 자신의 유일한 부동산을 매도한 후에 비로소 신용카드를 사용하기 시작하여 신용카드대금을 연체하게 된 경우, 단순히 신용카드가입계약은 '채권성립의 기초가 되는 법률관계'에 해당한다고 할 수는 없다(대판 2004.11.12. 2004다40955).
> ② 취소채권자의 채권이 <u>정지조건부채권이라</u> 하더라도 장래에 정지조건이 성취되기 어려울 것으로 보이는 등 특별한 사정이 없는 한, 이를 <u>피보전채권으로 하여 채권자취소권을 행사할 수 있다</u>(대판 2011.12.28. 2011다55542).

(2) 피보전채권의 대상적격

1) 금전채권

채권자취소권에 의해 보전되는 채권은 발생원인은 묻지 않으나, 원칙적으로 '금전채권'에 한정된다. 그리고 채권자대위권과 달리 기한의 도래는 문제되지 않는다.

2) 특정채권

금전채권이 아닌 소유권이전등기청구권의 보전을 위해서는 취소권의 행사가 인정되지 않는다. '이중매매'와 관련하여 제1매수인에게 채권자취소권의 행사가 가능한지 여부가 문제된다. 우선 ⅰ) (매매에서 소유권이전등기청구권의 경우) 소유권이전등기청구권을 보전하기 위하여 행사하는 것은 허용되지 않으므로, 부동산의 제1매수인인 채권자는 자신의 소유권이전등기청구권 보전을 위하여, 채무자와 제3자 사이에 이루어진 제2의 소유권이전등기의 말소를 구하는 채권자취소권을 행사할 수 없다. 또한 ⅱ) (이행불능에 따른 손해배상청구권의 경우) 제1매수인이 매도인에게 가지는 이행불능에 따른 부동산 가액 상당의 손해배상채권은 사해행위 이후에 발생한 채권이므로 이중양도행위에 대한 사해행위취소권을 행사할 수 있는 피보전채권에 해당한다고 할 수 없다(대판 1999.4.27. 98다56690).

> **판례정리 피보전채권의 적격이 문제되는 경우**
> 확정판결에 기한 집행이 권리남용에 해당하여 청구이의의 소에 의하여 집행의 배제를 구할 수 있는 정도의 경우라면 그러한 판결금 채권에 기초한 다른 권리의 행사, 예를 들어 판결금 채권을 피보전채권으로 하여 채권자취소권을 행사하는 것 등도 허용될 수 없다(대판 2014.2.21. 2013다75717).

2. 사해행위의 존재

(1) 사해행위의 의미와 판단

1) 사해행위의 의미

㈎ 사해행위라 함은 채권자를 해하는 채무자의 재산권을 목적으로 하는 법률행위로서 그 행위로 말미암아 채무자의 총재산의 감소가 초래되어 채권의 공동담보에 부족이 생기게 되는 것 또는 소극재산이 적극재산을 초과함으로써 무자력상태에 빠지는 것을 의미한다(대판 2022.7.14. 2019다281156).

㈏ 사해행위에 해당하는 한 채권행위와 물권행위를 불문하며 채무자의 재산을 감소하게 하는 준법률행위도 포함되나, 단순한 부작위나 사실행위는 사해행위에 해당하지 않는다. 한편, 사해행위가 반드시 유효한 법률행위일 것을 요하지 않는다.

> **판례정리 통정허위표시와의 관계**
> 채무자의 법률행위가 통정허위표시인 경우에도 채권자취소권의 대상으로 된다고 할 것이고(대판 1984.7.24. 84다카68), 한편 채권자취소권의 대상으로 된 채무자의 법률행위라도 통정허위표시의 요건을 갖춘 경우에는 무효라고 할 것이다(대판 1998.2.27. 97다50985).

㈐ 만약 채무자가 수익자에게 양도한 목적물에 저당권이 설정되어 있는 경우에 목적물 중에서 일반채권자들의 공동담보에 제공되는 책임재산은 피담보채권액을 공제한 나머지 부분만이므로, 피담보채권액이 목적물의 가액을 초과할 때의 목적물 양도는 사해행위에 해당하지 않는다(대판 2017.5.30. 2017다205073).

2) 사해행위의 판단

① 사해행위판단의 시기

채무자의 무자력은 처분행위시, 즉 '사해행위 당시'를 기준으로 판단 한다(대판 2009. 6.23. 2009다549). 즉, 재산처분행위가 정지조건부인 경우라 하더라도 특별한 사정이 없는 한 마찬가지이다(대판 2013.6.28. 2013다8564).

> **판례정리 채무자의 연속된 사해행위의 분리**
> 채무자의 연속한 재산처분행위의 경우 그 행위들을 하나의 행위로 보아야 할 특별한 사정이 없는 한, 일련의 행위를 일괄하여 그 전체의 사해성 여부를 판단할 것이 아니라 각 행위마다 그로 인하여 무자력이 초래되었는지의 여부에 따라 사해성 여부를 판단하여야 한다(대판 2006.9.14. 2005다74900).

② 자력회복에 따른 효과

㈎ 사해행위의 여부는 사해행위 당시부터 사실심변론종결시까지 채무자의 무자력이 계속되었을 때에 비로소 인정되어야 한다(대판 2009.3.26. 2007다63102).

㈏ 따라서 채무자가 자력을 회복하여 사해행위취소권을 행사하는 사실심의 변론종결시에는 채권자를 해하지 않게 된 경우에는 책임재산 보전의 필요성이 없어지게 되어 채권자취소권이 소멸하는 것으로 보아야 할 것이다(대판 2007.11.29. 2007다54849).

(2) 사해성의 유형별 검토

1) 부동산 등 재산의 처분

① 인정되는 경우

㈎ 채무자가 자기의 유일한 재산인 부동산을 소비하기 쉬운 금전으로 바꾸는 행위는 채권자에게 사해행위가 된다. 이 경우에 채무자의 악의는 추정되고 수익자·전득자는 특별한 사정이 없는 한 자신의 악의가 없음을 증명해야 한다(대판 2009.5.14. 2008다84458). 그러나 매각 목적이 채무를 변제하거나 변제자력을 얻기 위한 것이고 대금이 부당한 염가가 아니며 실제 이를 채권자에 대한 변제에 사용하거나 변제자력을 유지하고 있는 때에는 채무자가 일부 채권자와 통모하여 다른 채권자를 해칠 의사를 가지고 변제를 하는 등의 특별한 사정이 없는 한, 사해행위에 해당한다고 볼 수 없다. 이러한 법리는 유일한 재산으로서 영업재산과 영업권이 유기적으로 결합된 일체로서 영업을 양도하는 경우에도 마찬가지로 적용된다(대판 2021.10.28. 2018다223023).

㈏ 특정한 채권에 대한 공동 연대보증인 중 1인이 다른 공동 연대보증인에게 재산을 증여하여 책임재산에는 변동이 없다 하더라도, 재산을 증여한 연대보증인의 재산이 감소되어 그 특정한 채권자를 포함한 일반채권자들의 공동담보에 부족이 생기거나 그 부족이 심화된 경우에는, 그 증여행위의 사해성을 부정할 수는 없다(대판 2009.3.26. 2007다63102).

㈐ 무자력상태의 채무자가 소송절차를 통해 수익자에게 자신의 책임재산을 이전하기로 하여, 수익자가 제기한 소송에서 자백하는 등의 방법으로 패소판결 또는 그와 같은 취지의 화해권고결정 등을 받아 확정시키고, 이에 따라 수익자 앞으로 책임재산에 대한 소유권이전등기 등이 마쳐졌다면, 이러한 일련의 행위의 실질적인 원인이 되는 채무자와 수익자 사이의 이전합의는 다른 일반채권자의 이익을 해하는 사해행위가 될 수 있다. 위와 같이 채무자와 수익자 사이의 소송절차에서 확정판결 등을 통해 마쳐진 소유권이전등기가 사해행위취소로 인한 원상회복으로써 말소된다고 하더라도, 그것이 확정판결 등의 효력에 반하거나 모순되는 것이라고는 할 수 없다(대판 2017.4.7. 2016다204783).

② 부정되는 경우

㈎ 채무자가 다른 재산을 처분하는 법률행위를 하더라도, 채무자 소유의 부동산에 대하여 채권자 앞으로 근저당권이 설정되어 있고 그 부동산의 가액 및 채권최고액이 당해 채권액을 초과하여 채권자에게 채권 전액에 대한 '우선변제권이 확보'되어 있다면 그와 같은 재산처분행위는 채권자를 해하지 아니하므로 채권자에 대하여 사해행위가 성립하지 않는다(대판 2008.5.15. 2005다60338).

㈏ 채무자가 자기의 유일한 재산인 부동산을 매각하였으나 매각 목적이 채무를 변제하거나 변제자력을 얻기 위한 것이고 대금이 부당한 염가가 아니며, 일부 채권자와 통모하여 다른 채권자를 해칠 의사를 가지고 변제를 하는 등의 특별한 사정이 없는 한, 사해행위에 해당한다고 볼 수 없다(대판 2021.10.28. 2018다223023).

2) 변제 또는 대물변제

① 인정되는 경우

채무자의 재산이 채무의 전부를 변제하기에 부족한 경우에 채무자가 그의 재산을 어느 특정 채권자에게 대물변제나 담보조로 제공하였다면 특별한 사정이 없는 한 이는 곧 다른 채권자의 이익을 해하는 것으로서 다른 채권자들에 대한 관계에서 사해행위가 되는 것이고, 위와 같이 대물변제나 담보조로 제공된 재산이 채무자의 유일한 재산이 아니라거나 그 가치가 채권액에 미달한다고 하여도 마찬가지이다(대판 2022.1.14. 2018다295103).

> **판례정리 유일부동산을 대물변제조로 제공한 경우**
> 이미 채무초과의 상태에 빠져 있는 채무자가 그의 유일한 재산인 부동산을 채권자들 가운데 어느 한 사람에게 대물변제로 제공하는 행위는 다른 특별한 사정이 없는 한 다른 채권자들에 대한 관계에서 사해행위가 된다(대판 2008.2.14. 2006다33357).

② 부정되는 경우

채무자가 채무초과상태에서 특정채권자에게 채무본지에 따른 변제를 함으로써 공동담보가 감소하는 경우 그 변제는 채무자가 일부 채권자와 통모하여 다른 채권자를 해할 의사를 가지고 변제를 한 경우가 아닌 한 원칙적으로 사해행위가 되는 것은 아니다(대판 2004.5.28. 2003다60822). 따라서 우선변제권 있는 채권자에 대한 대물변제의 제공행위는 특별한 사정이 없는 한 다른 채권자들에게 사해행위가 되지 않는다(대판 2008.2.14. 2006다33357).

3) 저당권 등 물적담보의 제공

① 인정되는 경우

이미 채무초과의 상태에 빠져 있는 채무자가 자신의 유일한 재산인 부동산을 채권자 중 어느 한 사람에게 채권담보로 제공하는 행위는 특별한 사정이 없는 한 다른 채권자들에 대한 관계에 있어 사해행위가 되며(대판 2007.2.23. 2006다47301), 그 담보물이 채무자 소유의 유일한 부동산일 필요는 없다(대판 2008.2.14. 2005다47106).

> **판례정리 담보의 제공과 채무자의 사해성**
> ① 신축건물의 도급인이 민법 제666조가 정한 수급인의 저당권설정청구권의 행사에 따라 공사대금채무의 담보로 그 건물에 저당권을 설정하는 행위는 특별한 사정이 없는 한 사해행위에 해당하지 아니한다(대판 2008.3.27. 2007다78616).
> ② 채무자가 일반채권자들을 위한 공동담보가 부족한 상태에서 책임재산의 주요부분을 구성하는 부동산에 관하여 제3자에게 우선변제권이 있는 전세권을 설정한 행위가 사해행위에 해당한다(대판 2010.7.15. 2007다21245).
> ③ 채무자가 채무초과상태에서 채무자 소유의 유일한 주택에 대하여 위 법조 소정의 임차권을 설정해 준 행위는 채무초과상태에서의 담보제공행위로서 채무자의 총재산의 감소를 초래하는 행위가 되는 것이고, 따라서 그 임차권설정행위는 사해행위취소의 대상이 된다고 할 것이다(대판 2005.5.13. 2003다50771).

② 부정되는 경우

채무자가 자금난으로 사업을 계속 추진하기 어려운 상황에서 자금을 융통하여 사업을 계속 추진하는 것이 채무 변제력을 갖게 되는 최선의 방법이라고 생각하고, 부득이 그 재산을 특정 채권자에게 담보로 제공하고 그로부터 신규자금을 추가로 융통받았다면, 그러한 채무자의 담보제공행위는 일반채권자를 해하는 행위로 볼 수 없다(대판 2022.1.13. 2017다264072, 264089).

4) 채무자의 시효이익의 포기

소멸시효 완성 후 채무자가 시효이익을 포기하는 행위는 소멸하였던 채무가 소멸하지 않았던 것이 되어 결과적으로 채무자가 부담하지 않아도 되는 채무를 새롭게 부담하게 되는 것이므로 채권자취소권의 대상인 사해행위가 될 수 있다(대결 2013.5.31. 2012마712).

> **판례정리** **제척기간 연장을 위한 매매예약의 사해성**
> 채무자가 유일한 재산인 그 소유의 부동산에 관한 매매예약에 따른 예약완결권이 제척기간 경과가 임박하여 소멸할 예정인 상태에서 **제척기간을 연장하기 위하여 새로 매매예약을 하는 행위**는 채무자가 부담하지 않아도 될 채무를 새롭게 부담하게 되는 결과가 되므로 채권자취소권의 대상인 사해행위가 될 수 있다(대판 2018.11.29. 2017다247190).

5) 채권양도통지의 행위

채권양도의 경우 권리이전의 효과는 원칙적으로 당사자 사이의 양도계약 체결과 동시에 발생하며 채무자에 대한 통지 등은 채무자를 보호하기 위한 대항요건일 뿐이므로, 채권양도행위가 사해행위에 해당하지 않는 경우에 양도통지가 따로 채권자취소권 행사의 대상이 될 수는 없다(대판 2012.8.30. 2011다32785, 32792).

6) 친족·상속법상의 법률행위

① 이혼재산의 분할

㈎ 이혼에 따른 재산분할을 통하여 공동담보를 감소시키는 결과가 되더라도 상당하다고 할 수 없을 만큼 과대한 것이라고 인정할 만한 특별한 사정이 없는 한 사해행위로서 채권자취소의 대상이 되는 것은 아니고, 그와 같은 특별한 사정이 있어 채권자취소의 대상이 되는 경우에도 취소되는 범위는 그 상당성의 정도를 초과하는 부분에 한정된다(대판 2005.1.28. 2004다58963).

㈏ 그러나 협의 또는 심판으로 구체화되기 전에는 채무자의 책임재산이 아니며, 이를 포기하더라도 채권자취소권의 대상이 될 수 없다(대판 2013.10.11. 2013다7936).

② 상속재산의 분할

상속재산의 분할협의는 성질상 재산권을 목적으로 하는 법률행위이기 때문에 채무초과 상태에 있는 채무자가 상속재산의 분할협의를 하면서 상속재산에 관한 권리를 포기함에 따라 결과적으로 일반채권자에 대한 공동담보가 감소되는 행위를 한 때에는 사해행위로서 취소할 수 있다(대판 2001.2.9. 2000다51797).

③ 상속인의 상속포기

상속의 포기는 민법 제406조 제1항에서 정하는 재산권에 관한 법률행위에 해당하지 아니하여 사해행위취소의 대상이 되지 못한다(대판 2011.6.9. 2011다29307).

④ 채무자의 유증포기

채무자의 유증 포기가 직접적으로 채무자의 일반재산을 감소시켜 채무자의 재산을 유증 이전의 상태보다 악화시킨다고 볼 수도 없다. 따라서 유증을 받을 자가 이를 포기하는 것은 사해행위 취소의 대상이 되지 않는다(대판 2019.1.17. 2018다260855).

3. 채무자의 사해의사

(1) 사해의사의 판단

사해의사란 공동담보 부족에 의하여 채권자가 채권변제를 받기 어렵게 될 위험이 생긴다는 사실을 인식하는 것이며, 이러한 인식은 일반 채권자에 대한 관계에서 있으면 족하고, 특정의 채권자를 해한다는 인식이 있어야 하는 것은 아니다(대판 2009.3.26. 2007다63102).

(2) 사해의사의 증명

채무자의 사해의사 여부는 채권자가 증명하여야 한다. 특히 채무자가 자기의 유일한 재산인 부동산을 매각하여 소비하기 쉬운 금전으로 바꾸거나 타인에게 무상으로 이전하여 주는 행위는 특별한 사정이 없는 한 채권자에 대하여 사해행위가 된다고 볼 것이므로 채무자의 사해의 의사는 추정된다(대판 2007.7.26. 2007다29119).

> **판례정리 연대보증인의 처분행위와 사해의사의 판단**
> 연대보증인에게 부동산의 처분행위 당시 사해의사가 있었는지의 여부는 연대보증인이 자신의 자산상태가 채권자에 대한 연대보증채무를 담보하는 데에 부족이 생기게 되리라는 것을 인식하였는가 하는 점에 의하여 판단하여야 하고, 연대보증인이 주채무자의 자산상태가 채무를 담보하는 데 부족이 생기게 되리라는 것까지 인식하였어야만 사해의사를 인정할 수 있는 것은 아니다(대판 2001.1.5. 2000다30097).

4. 수익자·전득자의 악의

(1) 사해의사의 판단

수익자·전득자의 악의란 사해행위시 또는 전득시에 채권자를 해한다는 사실을 알고 있었던 것을 의미한다. 특히 전득자의 악의를 판단함에 있어서는 수익자와 전득자 사이의 전득행위가 다시 채권자를 해하는 행위로서 사해행위의 요건을 갖추어야 하는 것은 아니다(대판 2006.7.4. 2004다61280).

(2) 사해의사의 증명

채무자의 악의의 점에 대하여는 그 취소를 주장하는 채권자에게 입증책임이 있으나, 수익자 또는 전득자가 악의라는 점에 관하여는 증명책임이 채권자에게 있는 것이 아니고 '수익자 또는 전득자 자신에게 선의라는 사실을 증명'할 책임이 있다(대판 2018.4.10. 2016다272311). 수익자의 선의로 충분하며, 과실 여부는 문제되지 않는다(대판 2007.11.29. 2007다52430).

Ⅲ. 채권자취소권의 행사

1. 채권자취소권의 행사방법

(1) 취소소송의 제기

채권자취소권은 채권자 고유의 권리이며, 타인의 법률행위를 취소하는 것이므로 판례는 채권자취소권을 '재판상으로만 행사할' 수 있으며, 단지 항변으로서는 할 수 없다고 한다. 즉 소송상 공격방어방법으로 주장할 수 없다(대판 1995.7.25. 95다8393).

(2) 피고적격의 문제

㈎ 채권자취소권의 법적성질에 관하여 통설·판례인 상대적 무효설에 따르면, 채권자는 사해행위로 인하여 이익을 받은 수익자나 그 자로부터 전득한 자를 상대로 그 법률행위의 취소를 청구하는 소송을 제기하여야 하며, 채무자를 상대로 그 소송을 제기할 수는 없다(대판 2004.8.30. 2004다21923).

㈏ 구체적으로 ⅰ) (수익자와 전득자 모두가 악의인 경우) 전득자를 상대로 원물반환을 청구할 수 있고, 수익자를 상대로 가액반환을 청구할 수 있다. ⅱ) (전득자는 선의인데 수익자만 악의인 경우) 수익자를 상대로 가액반환을 청구할 수 있으나, 전득자에게 영향을 미치지 않는 범위 내에서 원물반환을 청구할 수 있다(선의의 전득자가 저당권을 취득한 경우이다). ⅲ) (수익자는 선의인데 전득자만 악의인 경우) 전득자의 악의를 판단함에 있어서는 단지 전득자가 전득행위 당시 채무자와 수익자 사이의 법률행위의 사해성을 인식하였는지 여부만이 문제가 될 뿐이지, 수익자와 전득자 사이의 전득행위가 다시 채권자를 해하는 행위로서 사해행위의 요건을 갖추어야 하는 것은 아니므로, 전득자를 상대로 채권자취소권을 행사할 수 있다(대판 2006.7.4. 2004다61280).

(3) 중복소송의 문제

채권자취소권의 요건을 갖춘 각 채권자는 고유의 권리로서 채무자의 재산처분 행위를 취소하고 그 원상회복을 구할 수 있는 것이므로 각 채권자가 동시 또는 이시에 채권자취소 및 원상회복소송을 제기한 경우 이들 소송이 중복제소에 해당하는 것이 아니다(대판 2008.4.24. 2007다84352).

2. 채권자취소권의 행사범위

(1) 취소의 범위

1) 원 칙

취소의 범위는 사해행위 당시 취소채권자의 채권액을 기준으로 하여야 한다(대판 1997.9.9. 97다10864). 특히 그 채권액에는 사해행위 이후 사실심변론종결 시까지 발생한 이자나 지연손해금이 포함된다(대판 2007.6.29. 2006다66753).

2) 예 외

채권보전의 필요가 있거나, 사해행위의 목적물이 불가분이거나, 다른 채권자의 배당가입의 신청이 분명한 경우에는 자신의 채권액을 초과하여 행사할 수 있다(대판 2009.1.15. 2007다61618).

(2) 원상회복

1) 원칙(원물반환)

㈎ 사해행위의 취소에 따른 원상회복은 원칙적으로 그 목적물 자체의 반환에 의하여야 하고 그 이행의 상대방은 채무자이어야 한다.

㈏ 따라서 채권자는 사해행위의 취소로 인한 원상회복방법으로 수익자 명의의 등기의 말소를 구하는 대신 수익자를 상대로 채무자 앞으로 직접 소유권이전등기절차를 이행할 것을 구할 수도 있다(대판 2000.2.25. 99다53704).

> **판례정리 | 원물반환 승소판결 확정 후 가액배상청구**
> 신용보증기금이 甲 주식회사를 상대로 제기한 사해행위취소소송에서 원물반환으로 근저당권설정등기의 말소를 구하여 승소판결이 확정되었는데, 그 후 해당 부동산이 관련 경매사건에서 담보권 실행을 위한 경매절차를 통하여 제3자에게 매각됨으로써 확정판결에 기한 甲 회사의 근저당권설정등기 말소등기절차의무가 이행불능된 경우, 신용보증기금은 대상청구권 행사로서 甲 회사가 말소될 근저당권설정등기에 기한 근저당권자로서 지급받은 배당금의 반환을 청구할 수 있다(대판 2012.6.28. 2010다71431).

2) 예외(가액배상)

㈎ 원물반환이 불가능하거나 현저히 곤란한 경우에 한하여 예외적으로 가액반환에 의하여야 한다. 그러나 사정 변경에 따른 주식 가치의 변동은 주식의 통상적인 속성에 포함되는 것이고 주식 자체의 성질이나 내용에는 변화가 없는 것이어서, 이를 가액배상의 사유로 삼을 수는 없다(대판 2009.3.26. 2007다63102).

㈏ 특히 사해행위를 전부 취소하고 원상회복을 구하는 채권자의 주장 속에는 사해행위를 일부 취소하고 가액의 배상을 구하는 취지도 포함되어 있으므로 원상회복만을 구하는 경우에도 법원은 청구취지의 변경 없이 가액의 배상을 명할 수 있다(대판 2001.9.4. 2000다66416).

㈐ 가액배상액은 수익자가 전득자로부터 실제로 수수한 대가와는 상관없이 사실심 변론종결 시를 기준으로 산정한다(대판 2010.4.29. 2009다104564).

> **판례정리 | 사해행위가 이루어진 후 설정된 저당권의 소멸과 원상회복의 방법**
> 사해행위로 부동산 소유권이 이전된 후 그 부동산에 관하여 제3자가 저당권이나 지상권 등의 권리를 취득한 경우에는 수익자가 부동산을 저당권 등의 제한이 없는 상태로 회복하

여 채무자에게 이전하여 줄 수 있다는 등의 특별한 사정이 없는 한 채권자는 수익자를 상대로 원물반환 대신 가액 상당의 배상을 구할 수 있지만, 그렇다고 하여 **채권자가 스스로 위험이나 불이익을 감수하면서 원물반환을 구하는 것까지 허용되지 않는 것은 아니다**(대판 2018.12.28. 2017다265815).

Ⅳ. 채권자취소권의 효과

> **제407조(채권자취소의 효력)** 전조의 규정에 의한 취소와 원상회복은 모든 채권자의 이익을 위하여 효력이 있다.

1. 모든 채권자를 위한 공동담보

채권자취소권의 행사로 인한 사해행위의 취소와 원상회복은 '모든 채권자'의 이익을 위하여 그 효력이 있다. 사해행위의 효력이 미치는 채권자에는 사해행위 이전에 채권을 취득한 채권자도 포함되나, 사해행위 이후에 채권을 취득한 채권자는 본조에서 정한 사해행위취소와 원상회복의 효력을 받는 채권자에 포함되지 않는다(대판 2009.6.23. 2009다18502).

2. 사해행위취소의 상대적 효력

㈎ 채권자가 사해행위의 취소와 함께 수익자 또는 전득자로부터 책임재산의 회복을 구하는 사해행위취소의 소를 제기한 경우 그 취소의 효과는 '채권자와 수익자 또는 전득자 사이의 관계'에서만 생긴다(대판 2016.11.25. 2013다206313).

> **[판례정리] 채권자취소소송의 성질인 상대적 무효설의 의미**
> 사해행위의 취소는 채권자와 수익자의 관계에서 상대적으로 채무자와 수익자 사이의 법률행위를 무효로 하는 데에 그치고 채무자와 수익자 사이의 법률관계에는 영향을 미치지 아니하므로, 채무자와 수익자 사이의 부동산매매계약이 사해행위로 취소되고 그에 따른 원상회복으로 수익자 명의의 소유권이전등기가 말소되어 **채무자의 등기명의가 회복**되더라도, 그 부동산은 취소채권자나 제407조에 따라 사해행위 취소와 원상회복의 효력을 받는 채권자와 수익자 사이에서 채무자의 책임재산으로 취급될 뿐, **채무자가 직접 부동산을 취득하여 권리자가 되는 것은 아니다**. 즉, 사해행위가 취소되더라도 부동산은 여전히 수익자의 소유이고, 다만 채권자에 대한 관계에서 채무자의 책임재산으로 환원되어 **강제집행을 당할 수 있는 부담**을 지고 있는 데 지나지 않는다(대판 2016.11.25. 2013다206313).

㈏ 일탈재산이 원상회복에 의하여 채무자에게 반환된 경우 취소권을 행사한 채권자에게는 우선변제를 받을 권리는 없다. 다만, 채권자는 회복재산을 대위하여 수령할 수 있는데, 자기의 채권이 인도받은 재산의 반환채무와 상계적상에 있는 경우에는 사실상 우선변제를 받을 수 있다.

> **판례정리 | 채권자취소권을 행사하는 채권자에 대한 수익자의 상계주장 가부(부정)**
> 취소채권자에 대하여 총 채권액 중 자기의 채권에 대한 안분액의 분배를 청구하거나, 수익자가 취소채권자의 원상회복에 대하여 총 채권액 중 자기의 채권에 해당하는 안분액의 배당요구권으로써 원상회복청구와의 상계를 주장하여 그 안분액의 지급을 거절할 수는 없다(대판 2001.2.27. 2000다44348).

V. 채권자취소권의 소멸

> 제406조(채권자취소권) ② 전항의 소는 채권자가 취소원인을 안 날로부터 1년, 법률행위 있은 날로부터 5년 내에 제기하여야 한다.

1. 행사기간 및 성질

㈎ 채권자는 취소의 원인을 안 날로부터 1년 이내, 또는 법률행위가 있은 날로부터 5년 이내에 취소권을 재판상 행사하여야 한다(제406조 2항). 이는 제척기간(제소기간)에 해당한다.

㈏ 기간의 준수 여부를 법원이 직권으로 조사하여야 하며(대판 2001.2.9. 2000다65536), 법원에 현출된 모든 소송자료를 통하여 살펴보았을 때 그 기간이 도과되었다고 의심할 만한 사정이 발견되지 않는 경우 제척기간의 도과에 관한 '증명책임은 채권자취소소송의 상대방'에게 있다(대판 2009.3.26. 2007다63102).

> **판례정리 | 사해행위 취소 이후의 원상회복청구**
> 채권자가 제406조 제1항에 따라 사해행위의 취소와 원상회복을 청구하는 경우 사해행위의 취소만을 먼저 청구한 다음 원상회복을 나중에 청구할 수 있는데, 이때 사해행위 취소가 위 제척기간 안에 제기되었다면 이후의 원상회복청구는 그 기간이 경과한 뒤에도 할 수 있다(대판 2001.9.4. 2001다14108).

2. 행사기간의 기산점

(1) 취소원인을 안 날

1) 안 날의 의미

민법 제406조 제2항의 제척기간의 기산점인 채권자가 '취소원인을 안 날'이라 함은 채무자가 채권자를 해함을 알면서 사해행위를 하였다는 사실을 알게 된 날을 의미하는 것으로서 단순히 사해행위의 객관적 사실을 안 것만으로는 부족하고(대판 2006.1.26. 2005다37185), 구체적인 사해행위의 존재를 알고 나아가 채무자에게 사해의 의사가 있었다는 사실까지 알 것을 요한다(대판 2017.6.15. 2015다247707).

2) 안 날의 검토

㈎ 채권자취소권의 피보전채권이 피고인에 대하여 추징을 명한 형사판결이 확정됨

으로써 비로소 현실적으로 성립하게 되는 경우에도 피보전채권이 성립하는 시점과 관계없이 '채권자가 취소원인을 안 날'이 기산점이다(대판 2022.5.26. 2021다288020).

㈏ 마찬가지로 부양의무를 이행한 1인이 다른 부양의무자에 대하여 이미 지출한 과거 부양료의 지급을 구하는 권리는 당사자의 협의 또는 가정법원의 심판 확정에 의하여 비로소 구체적이고 독립한 재산적 권리로 성립하게 되지만, 그러한 부양료청구권의 침해를 이유로 채권자취소권을 행사하는 경우의 제척기간은 부양료청구권이 구체적인 권리로서 성립한 시기가 아니라 제406조 제2항이 정한 '취소원인을 안 날' 또는 '법률행위가 있은 날'로부터 진행한다(대판 2015.1.29. 2013다79870).

㈐ (사해행위가 있은 후 채권자가 취소원인을 알면서 피보전채권을 양도한 경우) 사해행위가 있은 후 채권자가 취소원인을 알면서 피보전채권을 양도하고 양수인이 그 채권을 보전하기 위하여 채권자취소권을 행사하는 경우에는, 채권의 양도인이 취소원인을 안 날을 기준으로 제척기간 도과 여부를 판단하여야 한다(대판 2018.4.10. 2016다272311).

(2) 법률행위가 있은 날

사해행위에 해당하는 법률행위는 실제로 사해행위가 이루어진 날을 표준으로 판정할 것이되, 이를 판정하기 곤란한 경우 등에는 처분문서에 기초한 것으로 보이는 등기부상 등기원인일자를 중심으로 사해행위가 실제로 이루어졌는지 여부를 판정할 수도 있다(대판 2010.2.25. 2007다28819).

연습문제

01 〈노무사 2019〉

乙의 채권자 甲이 乙의 丙에 대한 금전채권에 대하여 채권자대위권을 행사하는 경우에 관한 설명으로 옳지 않은 것은? (다툼이 있으면 판례에 따름)

① 甲의 乙에 대한 채권의 소멸시효가 이미 완성된 경우, 丙은 乙의 갑에 대한 소멸시효의 항변을 원용할 수 없다.
② 丙이 乙의 이행청구에 대하여 동시이행항변권을 행사할 수 있는 경우, 丙은 甲에게 그 동시이행항변권을 가지고 대항할 수 있다.
③ 채권자대위소송에서 甲의 乙에 대한 채권이 존재하는지 여부는 법원의 직권조사사항이 아니다.
④ 甲의 乙에 대한 채권의 이행기가 도래하기 전이라도 甲은 법원의 허가를 받아 乙의 丙에 대한 채권을 대위행사할 수 있다.
⑤ 甲은 丙에게 직접 자기에게 이행하도록 청구하여 급부를 대위수령할 수 있다.

해설 | ③ (×) 채권자대위소송에서 甲의 乙에 대한 채권이 존재하는지 여부는 당사자 적격 즉 소송요건이므로 법원의 직권조사사항이다.

정답 | ③

02 〈노무사 2017〉

채권자대위권에 관한 설명으로 옳은 것은? (다툼이 있으면 판례에 따름)

① 채권자대위권 행사는 채무자의 무자력을 요하므로, 소유권이전등기청구권은 피보전채권이 될 수 없다.
② 토지거래규제구역 내의 토지 매매의 경우, 매수인이 매도인에 대하여 가지는 토지거래허가신청 절차 협력의무의 이행청구권도 채권자대위권 행사의 대상이 될 수 있다.
③ 채무자의 채권자대위권은 대위할 수 있지만, 채무자의 채권자취소권은 대위할 수 없다.
④ 조합의 조합탈퇴권은 일신전속적 권리이므로 대위의 대상이 되지 못한다.
⑤ 피보전채권이 금전채권인 경우, 대위채권자는 채무자의 금전채권을 자신에게 직접 이행하도록 청구할 수 없다.

해설 | ② (○) (구)국토이용관리법상의 토지거래규제구역 내의 토지거래계약이 유동적 무효인 경우의 토지거래허가신청절차의 협력의무이행청구권도 채권자대위권의 목적이 될 수 있다(대판 1994.12.27. 94다4806).

정답 | ②

03 〈노무사 2023〉

乙의 채권자 甲이 乙의 丙에 대한 금전채권에 대하여 채권자대위권을 행사하는 경우에 관한 설명으로 옳은 것은? (다툼이 있으면 판례에 따름)

① 甲은 乙의 동의를 받지 않는 한 채권자대위권을 행사할 수 없다.
② 甲의 乙에 대한 채권이 금전채권인 경우, 甲은 丙에게 직접 자기에게 이행하도록 청구하여 상계적상에 있는 자신의 채권과 상계할 수 없다.
③ 甲이 丙을 상대로 채권자대위권을 행사한 경우, 甲의 채권자대위소송의 제기로 인한 소멸시효 중단의 효력은 乙의 丙에 대한 채권에 생긴다.
④ 甲이 丙을 상대로 채권자대위권을 행사하고 그 사실을 乙에게 통지한 이후 乙이 丙에 대한 채권을 포기한 경우, 丙은 乙의 채권포기 사실을 들어 甲에게 대항할 수 있다.

⑤ 乙이 丙을 상대로 금전채무 이행청구의 소를 제기하여 패소판결이 확정된 경우, 甲은 乙에 대한 금전채권을 보전하기 위해 丙을 상대로 채권자대위권을 행사할 수 있다.

해설 | ③ (○) 채권자대위권의 행사에 의하여 채권자는 채무자의 권리를 행사하는 것이므로 그 행사의 효과는 직접 '채무자에게 귀속'한다. 따라서 채권자가 채무자를 대위하여 채무자의 제3채무자에 대한 채권을 행사한 경우, 그로 인한 피대위채권의 시효가 중단되며 이러한 시효중단의 효과는 채무자에게도 미친다(대판 2011.10.13. 2010다80930).

정답 | ③

04 〈노무사 2019〉

채권자취소권에 관한 설명으로 옳지 않은 것은? (다툼이 있으면 판례에 따름)

① 채권자가 사해행위 취소소송을 통해 원상회복만을 구하는 경우, 법원은 가액배상을 명할 수 없다.
② 채권자가 사해행위의 취소와 원상회복을 구하는 경우, 사해행위의 취소만을 먼저 청구한 다음 원상회복을 나중에 청구할 수도 있다.
③ 채무초과상태의 채무자가 유일한 재산을 우선변제권 있는 채권자에게 대물변제로 제공하는 경우, 특별한 사정이 없는 한 사해행위가 되지 않는다.
④ 사해행위 취소소송에서 채무자가 피고적격이 없다.
⑤ 채권자취소권의 행사에 있어서 제척기간의 도과에 관한 증명책임은 사해행위 취소소송의 상대방에게 있다.

해설 | ① (×) 사해행위의 취소에 따른 원상회복은 원칙적으로 그 목적물 자체의 반환(원물반환)에 의하여야 하나, 수익자가 목적물을 양도·소비·훼손하여 원물반환이 불가능하거나 현저히 곤란한 경우에 한하여 예외적으로 가액배상에 의하여야 한다(대판 2006.12.7. 2006다43620).

정답 | ①

05 〈노무사 2017〉

채권자취소권에 관한 설명으로 옳은 것은? (다툼이 있으면 판례에 따름)

① 채권자취소권은 재판상 또는 재판 외에도 행사할 수 있다.
② 특정물에 대한 소유권이전등기청구권과 같은 특정채권도 채권자취소권의 피보전채권이 될 수 있다.
③ 채권자취소권에 의해 보전되는 채권은 특별한 경우 사해행위 이후에도 성립할 수 있다.
④ 상속재산의 분할협의는 채권자취소권의 대상이 될 수 없다.
⑤ 수인의 채권자 중 일부가 제기한 채권자취소권 행사의 효력은 취소소송을 행한 채권자에게만 귀속된다.

해설 | ③ (○) 채권자취소권에 의하여 보호될 수 있는 채권은 원칙적으로 채무자가 채권자를 해함을 알고 재산권을 목적으로 한 법률행위를 하기 전에 발생된 것이어야 하지만, 그 법률행위 당시에 이미 채권성립의 기초가 되는 법률관계가 성립되어 있고, 가까운 장래에 그 법률관계에 기하여 채권이 발생하리라는 점에 대한 고도의 개연성이 있으며, 실제로 가까운 장래에 그 개연성이 현실화되어 채권이 발생한 경우에는, 그 채권도 채권자취소권의 피보전채권이 될 수 있다(대판 2001.3.23. 2000다37821).

정답 | ③

06 〈노무사 2023〉

乙의 채권자 甲은 乙이 채무초과상태에서 자신의 유일한 재산인 X부동산을 丙에게 매도하고 소유권이전등기를 해 준 사실을 알고 채권자취소권을 행사하려고 한다. 이에 관한 설명으로 옳은 것은? (다툼이 있으면 판례에 따름)

① 甲이 채권자취소권을 행사하기 위해서는 재판의 또는 재판상 이를 행사하여야 한다.
② 甲이 채권자취소권을 행사하기 위해서는 乙 및 丙의 사해의사 및 사해행위에 대한 악의를 증명하여야 한다.
③ 甲의 乙에 대한 채권이 X부동산에 대한 소유권이전등기청구권인 경우, 甲은 이를 피보전채권으로 하여 채권자취소권을 행사할 수 없다.
④ 甲이 채권자취소권을 재판상 행사하는 경우, 사해행위를 직접 행한 乙을 피고로 하여 그 권리를 행사하여야 한다.
⑤ 甲의 乙에 대한 채권이 시효로 소멸한 경우, 丙은 이를 들어 채권자취소권을 행사하는 甲에게 대항할 수 없다.

해설 | ③ (○) 소유권이전등기청구권을 보전하기 위하여 행사하는 것은 허용되지 않으므로, 부동산의 제1매수인인 채권자는 자신의 소유권이전등기청구권 보전을 위하여, 채무자와 제3자 사이에 이루어진 제2의 소유권이전등기의 말소를 구하는 채권자취소권을 행사할 수 없다(대판 1999.4.27. 98다56690).

정답 | ③

CHAPTER 04

다수당사자의 채권관계

| PART 01 | **PART 02 채권총론** | PART 03 |

    민법이 규율하고 있는 분할채권관계·불가분채권관계·연대채무·보증채무의 네 가지는 모두가 동일한 채권 또는 채무에 관하여 귀속주체가 복수인 경우가 아니라, 동일한 내용의 급부를 목적으로 하는 채권자 또는 채무자의 수만큼의 다수의 채권관계가 성립하는 경우이다. 다시 말하면 채권·채무가 주체의 수만큼 있게 되는 채권관계가 다수당사자의 채권관계인 것이다. 이하에서 차례대로 살펴본다.

제1절   분할채권관계와 불가분채권관계

1 분할채권관계

> 제408조(분할채권관계) 채권자나 채무자가 수인인 경우에 특별한 의사표시가 없으면 각 채권자 또는 각 채무자는 균등한 비율로 권리가 있고 의무를 부담한다.

Ⅰ. 분할채권관계의 의의

    분할채권관계는 하나의 가분급부에 대하여 채권자 또는 채무자가 다수 존재하는 경우에, 특별한 의사표시가 없는 한 채권 또는 채무가 수인의 채권자 또는 채무자 사이에 분할되는 채권관계를 의미한다. 민법은 다수당사자의 채권관계에 있어서 분할채권관계를 원칙으로 하고 있다.

Ⅱ. 분할채권관계의 성립

    하나의 가분적 급부가 존재하고, 채권자 또는 채무자가 여러 명이며, 당사자 사이에 명시적 또는 묵시적으로 분할을 배제한다는 특별한 의사표시가 없는 한 분할채권관계가 성립한다.

> **판례정리 분할채권·채무관계에 해당하는 경우**
> ① 공동불법행위자 중 1인이 전체 채무를 변제한 때에 나머지 **공동불법행위자들이 부담하는 구상채무도 분할채무의 원칙이 적용되어 각자의 부담부분에 따른 분할채무가 성립한

다(대판 2002.9.27. 2002다15917).
② **공동상속의 경우 등기이전의무**는 각 상속인들이 지분범위 내에서 이를 승계하는 바, 공동상속인들의 분할채무에 해당한다(대판 1964.12.29. 64다1054).

Ⅲ. 분할채권관계의 효력

1. 대외적 효력(채권자의 채무자에 대한 권리)

각 채권자 또는 채무자는 특별한 의사표시가 없는 한 균등한 비율로 분할된 채권을 가지거나 채무를 부담한다.

2. 채권자·채무자 1인에게 생긴 사유의 효력

분할채권·채무관계에 있어서 각 채권자의 채권과 각 채무자의 채무는 독립된 채권·채무이다. 따라서 이행지체·이행불능·경개·면제·혼동·시효 등은 다른 채권자 또는 채무자에게 영향을 미치지 않는다.

3. 대내적 효력(분할채무자 상호간 구상관계)

채권자 사이에서 또는 채무자 사이에서 분급관계나 구상관계는 원칙적으로 발생하지 않는다.

2 불가분채권관계

> **제409조(불가분채권)** 채권의 목적이 그 성질 또는 당사자의 의사표시에 의하여 불가분인 경우에 채권자가 수인인 때에는 각 채권자는 모든 채권자를 위하여 이행을 청구할 수 있고 채무자는 모든 채권자를 위하여 각 채권자에게 이행할 수 있다.

Ⅰ. 불가분채권관계의 의의

㈎ 불가분채권관계는 하나의 불가분급부에 대하여 수인의 채권자 또는 채무자가 각각 채권을 가지거나 채무를 부담하는 다수당사자의 채권관계를 말한다.

㈏ 예컨대 甲·乙이 공동으로 丙으로부터 1대의 자동차나 1동의 건물을 산 경우에, 그 자동차나 건물의 인도청구권에 관하여는 甲·乙이 불가분채권을 가지게 되며, 반대로 甲·乙이 공유하는 자동차나 건물을 丙에게 판 경우에는 甲·乙은 자동차나 건물의 인도에 관하여 불가분채무를 부담하는 것이 된다.

Ⅱ. 불가분채권관계의 성립

채권의 성질상 또는 당사자의 약정에 기하여 특히 불가분으로 하는 경우에 한하여 불가분채권관계가 성립한다(대판 1992.10.27. 90다13628).

> **판례정리 불가분채권관계에 해당하는 경우**
> ① 채권적 전세계약에 있어서 전세물건의 소유자가 공유자일 경우에 그 전세계약과 관련하여 받은 **전세금반환채무**는 불가분채무에 해당한다(대판 1998.12.8. 98다43137).
> ② 건물의 공유자가 공동으로 건물을 임대하고 보증금을 수령한 경우, 그 **보증금반환채무**는 성질상 불가분채무에 해당된다고 보아야 할 것이다(대판 2017.5.30. 2017다205073).
> ③ 공유자인 공동점유자들이 공유물에 대한 관계에서 법률상 원인 없이 이득을 얻고 그로 인하여 제3자에게 손해를 입힌 경우에 **공동점유자들의 부당이득반환채무**는 불가분채무에 해당한다(대판 1980.7.22. 80다649).
> ④ 공동상속인들의 건물철거의무는 그 성질상 불가분채무이고, 각자 그 지분의 한도 내에서 건물 전체에 대한 철거의무를 진다고 한다(대판 1980.6.24. 80다756).

Ⅲ. 불가분채권관계의 효력

1. 대외적 효력(채권자의 채무자에 대한 권리)

각 채권자는 모든 채권자를 위하여 이행을 청구할 수 있다(제409조). 또한 채권자는 공동채무자 가운데 어느 한 채무자에 대하여 또는 모든 채무자에 대하여 동시에 또는 순차로 전부의 이행을 청구할 수 있다(제411조, 제414조).

2. 채권자 중 1인에게 발생한 사유의 효력

(1) 절대적 효력

각 채권자는 모든 채권자를 위하여 이행을 청구할 수 있기 때문에 이행청구에 따른 시효중단·이행지체의 효과는 절대적 효력을 가진다. 또한, 채무자는 각 채권자에게 이행할 수 있으므로 채권자 1인에 대한 채무자의 변제(공탁, 대물변제), 변제의 제공, 채권자지체의 효과도 절대적 효력을 가진다(제409조).

(2) 상대적 효력

혼동이 1인의 채권자와 채무자 사이에서 생긴 경우 이는 다른 채권자에게 영향을 주지 않는다(제410조 1항). 또한 채권자 1인과 채무자 사이에 경개나 면제가 행해진 경우에도 다른 채권자는 채무자에게 전부의 이행을 청구할 수 있다(제410조 2항).

3. 대내적 효력(불가분채무자 간 구상관계)

변제를 한 공동채무자는 다른 채무자에게 그들의 부담부분에 대하여 구상할 수 있다(제411조, 제424조 내지 제427조). 따라서 불가분채무자가 변제 등으로 공동면책을 얻은 때에는 다른 채무자의 부담부분에 대하여 구상할 수 있다(대판 2020.7.9. 2020다208195)

제2절 연대채무와 부진정연대채무

1 연대채무 일반론

Ⅰ. 연대채무의 의의

연대채무는 채권자가 수인의 채무자 중 어느 한 채무자에 대하여, 또는 동시나 순차로 모든 채무자에 대하여 채무의 전부나 일부의 이행을 청구할 수 있는 채무이다(제414조). 이 경우에 수인의 채무자는 동일한 내용의 급부를 각자 이행할 채무를 부담하고, 그 중 1인의 채무자가 채무의 전부를 이행함으로써 모든 채무자의 채무가 소멸하게 된다(제413조).

Ⅱ. 연대채무의 성질

연대채무는 채무자의 수만큼 다수의 독립한 채무이다(독립성). 채무자 상호간에 긴밀한 주관적 공동관계가 있어 채무는 채무자의 수만큼 병존한다(연대성).

Ⅲ. 연대채무의 성립

⑺ 법인의 사원·이사 및 기타 대표자의 연대책임(제35조 2항), 공동차주의 연대채무(제616조), 공동임차인의 연대채무(제654조, 제616조), 부부의 일상가사채무(제832조) 등이 있다.

⑷ 그리고 조합채무가 조합원 전원을 위하여 상행위가 되는 행위로 인하여 부담하게 된 것이라면 상법 제57조 제1항을 적용하여 조합원들의 연대책임을 부담한다.

2 연대채무의 효력

Ⅰ. 대외적 효력(채권자의 채무자에 대한 권리)

제414조(각 연대채무자에 대한 이행청구) 채권자는 어느 연대채무자에 대하여 또는 동시나 순차로 모든 연대채무자에 대하여 채무의 전부나 일부의 이행을 청구할 수 있다.

Ⅱ. 연대채무자 1인에 대하여 생긴 사유의 효력

1. 절대적 효력사유

(1) 의 의

연대채무자의 1인과 채권자 사이에 생긴 사유의 효력이 다른 연대채무자와 채권자 사이에 그대로 미치게 되는 경우이다. 여기에는 전부 미치는 일체형과 부담부분에 한하여 미치는 부담부분형 절대효가 있다. 이하에서 살펴보자.

(2) 유 형

1) 일체형(전부) 절대적 효력사유

㈎ 변제·대물변제·공탁과 같이 채권의 만족을 가져오는 사유와 '이행의 청구(제416조, 이를 기초로 한 이행지체 및 시효중단의 효과도 포함)'도 절대적 효력사유로서 인정된다. 예컨대, 甲, 乙이 丙에 대하여 기한이 없는 1,000만 원의 연대채무를 부담하고 있는 경우에, 丙이 甲에게 이행청구를 하여 甲의 채무가 이행기가 도래하면 乙의 채무 역시 이행기가 도래한다.

㈏ 그리고 채권자지체(제422조), 경개(제417조), 상계(제418조 1항)도 일체형 절대적 효력사유로서 인정하고 있다.

2) 부담 부분형 절대적 효력사유

① 면제·혼동·소멸시효

> **제419조(면제의 절대적 효력)** 어느 연대채무자에 대한 채무면제는 그 채무자의 부담부분에 한하여 다른 연대채무자의 이익을 위하여 효력이 있다.
>
> **제420조(혼동의 절대적 효력)** 어느 연대채무자와 채권자간에 혼동이 있는 때에는 그 채무자의 부담부분에 한하여 다른 연대채무자도 의무를 면한다.
>
> **제421조(소멸시효의 절대적 효력)** 어느 연대채무자에 대하여 소멸시효가 완성한 때에는 그 부담부분에 한하여 다른 연대채무자도 의무를 면한다.

연대채무자 중 1인과 채권자 사이에서 생긴 사유의 효력이 당해 연대채무자의 부담부분의 범위 내에서만 다른 연대채무자와 채권자 사이에도 절대적 효력이 미치는 사유로서, 면제(제419조)·혼동(제420조)·소멸시효(제421조)가 이에 속한다.

> **판례정리 | 채무의 일부면제에 따른 절대효의 범위**
>
> 연대채무자 중 1인에 대한 채무의 일부 면제에 상대적 효력만 있다고 볼 특별한 사정이 없는 한 일부 면제의 경우에도 면제된 부담부분에 한하여 면제의 절대적 효력이 인정된다고 보아야 한다(대판 2019.8.14. 2019다216435).
>
> ⇒ 구체적으로 연대채무자 중 1인이 채무 일부를 면제받는 경우에 그 연대채무자가 지급해야 할 잔존 채무액이 부담부분을 초과하는 경우에는 그 연대채무자의 부담부분이 감소한 것은 아니므로 다른 연대채무자의 채무에도 영향을 주지 않아 다른 연대채무자는 채무 전액을 부담하여야 한다. 반대로 일부 면제에 의한 피면제자의 잔존 채무액이 부담부분보다 적은 경우에는 차액(부담부분 − 잔존 채무액)만큼 피면제자의 부담부분이 감소하였으므로, 차액의 범위에서 면제의 절대적 효력이 발생하여 다른 연대채무자의 채무도 차액만큼 감소한다.

3) 타인에 의한 상계

> **제418조(상계의 절대적 효력)** ① 어느 연대채무자가 채권자에 대하여 채권이 있는 경우에 그 채무자가 상계한 때에는 채권은 모든 연대채무자의 이익을 위하여 소멸한다. ② 상계할 채권이 있는 연대채무자가 상계하지 아니한 때에는 그 채무자의 부담부분에 한하여 다른 연대채무자가 상계할 수 있다.

㈎ 반대채권을 가진 채무자가 상계를 하지 않는 때에는 다른 연대채무자가 '반대채권을 가진 채무자의 부담부분의 한도'에서 상계할 수 있다(제418조 2항).

㈏ 따라서 甲, 乙이 丙에 대하여 1,000만 원의 연대채무를 부담하고 있고(甲, 乙의 부담부분은 균등하다), 한편 甲은 丙에 대하여 800만 원의 반대채권을 가지고 있는데, ⅰ) 甲이 직접 상계를 한다면 800만 원 전부에 대하여 상계할 수 있으나(이는 제418조 1항에 따른 일체형 절대적 효력사유이다), ⅱ) 甲이 상계할 수 있음에도 불구하고 상계를 하지 않는 경우, 다른 연대채무자인 乙은 500만 원의 범위 내에서 甲의 丙에 대한 채권을 가지고 丙의 甲에 대한 채권과 상계할 수 있다.

2. 상대적 효력사유

> **제415조(채무자에 생긴 무효, 취소)** 어느 한 채무자에 대한 법률행위의 무효나 취소의 원인은 다른 연대채무자의 채무에 영향을 미치지 않는다.

㈎ 연대채무자 1인과 채권자 사이에 생긴 사유의 효력이 다른 연대채무자에게 영향을 주지 않는 경우로서, 위에서 언급한 사유 이외에는 상대적 효력만을 갖는다. 그러므로 이행청구 이외의 시효중단사유인 압류나 가처분은 다른 연대채무자에게는 미치지 않는다.

> **판례 정리 — 연대채무자 1인에 대한 압류의 효력**
> 채권자의 신청에 의한 경매개시결정에 따라 연대채무자 1인의 소유 부동산이 압류된 경우, 이로써 위 채무자에 대한 채권의 소멸시효는 중단되지만, 압류에 의한 시효중단의 효력은 다른 연대채무자에게 미치지 아니하므로, 경매개시결정에 의한 시효중단의 효력을 다른 연대채무자에 대하여 주장할 수 없다(대판 2001.8.21. 2001다22840).

㈏ 또한 연대채무자의 과실 및 채무불이행책임도 다른 연대채무자에게는 효력을 미치지 않는다. 그리고 연대채무자 1인에 대하여 법률행위의 무효 또는 취소의 원인이 존재하더라도 다른 연대채무자의 채무의 효력에는 영향을 미치지 않는다.

Ⅲ. 대내적 효력(주채무자에 대한 구상관계)

1. 구상권의 의의

구상권이란 공동면책을 시킨 연대채무자가 다른 연대채무자에게 각자의 부담부분을 상환청구할 수 있는 권리를 의미한다. 연대채무자는 변제할 정당한 이익이 있는 자이므로 변제에 의해 당연히 채권자를 대위한다.

2. 구상권의 발생

> **제425조(출재채무자의 구상권)** ① 어느 연대채무자가 변제 기타 자기의 출재로 공동면책이 된 때에는 다른 연대채무자의 부담부분에 대하여 구상권을 행사할 수 있다.

(1) 출재 및 공동면책

연대채무자 중의 1인이 변제·대물변제 등의 출재로 모든 채무자를 위하여 채무를 소멸시키거나 또는 감소케 하였을 것이 필요하다. 공동면책이 되기 위해서 채무 전액의 면책일 것을 요건으로 하지는 않는다. 즉 부담부분의 초과출재가 필요 없다.

(2) 부담부분과의 관계

부담부분이란 연대채무자의 내부관계에 있어서 각자가 그의 출재로 분담하는 채무의 비율로서, 특약 또는 특별한 사정이 없는 한 연대채무자의 부담부분은 '균등'한 것으로 추정된다(제424조). 그러나 '특약'이 있는 경우 그에 따라 결정된다(대판 2014.8.20. 2012다97420, 97437).

> **판례 정리 | 연대채무자 사이의 구상을 위한 요건**
> 민법은 연대보증인 중의 한 사람이 공동면책을 이유로 다른 연대보증인에게 구상권을 행사하려면 '자기의 부담부분을 넘은' 변제를 하였을 것을 그 요건으로 규정하고 있는 것과 달리 연대채무자 중의 한 사람이 공동면책을 이유로 다른 연대채무자에게 구상권을 행사하는 데 있어서는 그러한 제한 없이 '부담부분'에 대하여 구상권을 행사할 수 있는 것으로 규정하고 있다(대판 2013.11.14. 2013다46023).

3. 구상권의 범위

원칙적으로 출재액 전부가 구상권의 범위에 포함된다. 이 외에도 구상권은 면책된 날 이후의 법정이자 및 피할 수 없는 비용 기타의 손해배상을 포함한다(제425조 2항).

4. 구상권의 제한

(1) 사전통지를 게을리한 경우

> **제426조(구상요건으로서의 통지)** ① 어느 연대채무자가 다른 연대채무자에게 통지하지 아니하고 변제 기타 자기의 출재로 공동면책이 된 경우에 다른 연대채무자가 채권자에게 대항할 수 있는 사유가 있었을 때에는 그 부담부분에 한하여 이 사유로 면책행위를 한 연대채무자에게 대항할 수 있고 그 대항사유가 상계인 때에는 상계로 소멸할 채권은 그 연대채무자에게 이전된다.

예를 들어 甲, 乙이 丙에 대하여 1,000만 원의 연대채무를 부담하고 있는데(甲, 乙의 부담부분은 균등하다), 甲이 丙에 대하여 500만 원의 반대채권을 가지고 있다. 이 경우 乙이 甲에게 사전통지를 하지 않고 1,000만 원 전액을 변제하고 甲에게 구상권을 행사하면 甲이 상계로 행사할 500만 원의 채권은 乙에게 이전한다.

(2) 사후통지를 게을리한 경우

> 제426조(구상요건으로서의 통지) ② 어느 연대채무자가 변제 기타 자기의 출재로 공동면책되었음을 다른 연대채무자에게 통지하지 아니한 경우에 다른 연대채무자가 선의로 채권자에게 변제 기타 유상의 면책행위를 한 때에는 그 연대채무자는 자기의 면책행위의 유효를 주장할 수 있다.

5. 구상권의 확장

(1) 상환무자력자의 부담부분의 분담

> 제427조(상환무자력자의 부담부분) ① 연대채무자 중에 상환할 자력이 없는 자가 있는 때에는 그 채무자의 부담부분은 구상권자 및 다른 자력이 있는 채무자가 그 부담부분에 비례하여 분담한다. 그러나 구상권자에게 과실이 있는 때에는 다른 연대채무자에 대하여 분담을 청구하지 못한다.

예컨대 채권자 丁에게 부담부분이 균등한 연대채무자 甲이 9,000만 원을 변제하고 다른 연대채무자 乙·丙에 대하여 각각 3,000만 원씩 구상하려고 하였는데, 丙이 무자력인 때에는 그 丙의 부담부분 3,000만 원은 甲과 乙이 각자의 부담부분에 따라 1,500만 원씩 부담한다(제427조 1항 본문). 그러나 甲에게 과실이 있는 때(甲이 구상시기를 놓쳤기 때문에 丙이 무자력으로 된 때)에는 乙에 대하여 분담을 청구하지 못한다.

(2) 연대의 면제와 부담부분의 분담

> 제427조(상환무자력자의 부담부분) ② 전항의 경우에 상환할 자력이 없는 채무자의 부담부분을 분담할 다른 채무자가 채권자로부터 연대의 면제를 받은 때에는 그 채무자의 분담할 부분은 채권자의 부담으로 한다.

예컨대 甲·乙·丙·丁 4인이 戊에 대하여 1,200만 원의 연대채무를 지고 있는 경우(부담부분은 균등한 것으로 함)에 戊가 丁에 대하여 연대를 면제하였다고 하면, 甲이 전액의 변제를 하여 乙·丙·丁에게 구상을 하였던바, 丙이 무자력자임이 판명되었다면, 甲·乙·丁이 丙이 부담하여야 할 300만 원을 각각 100만 원씩 부담하게 된다. 그런데 丁은 연대의 면제를 받고 있으므로, 丁이 새로이 부담하여야 할 100만 원은 채권자 戊가 부담하는 것이 된다. 즉 甲은 乙로부터 400만 원, 丁으로부터 300만 원, 戊로부터 100만 원을 구상할 수 있다.

3 부진정연대채무

Ⅰ. 부진정연대채무의 의의

민법에 규정은 없으나 통설과 판례가 채권의 효력을 강화하기 위하여 인정하고 있다. 부진정연대채무도 연대채무와 같이 하나의 동일한 급부에 관하여 수인의 채무자가 각자 독립해서 전부를 이행하여야 하나 연대채무와 달리 채무자 사이에는 주관적인 공동관계가 없다.

Ⅱ. 부진정연대채무의 성립

1. 요 건

부진정연대채무 관계는 서로 별개의 원인으로 발생한 독립된 채무라 하더라도 동일한 경제적 목적을 가지고 있고 서로 중첩되는 부분에 관하여 일방의 채무가 변제 등으로 소멸할 경우 타방의 채무도 소멸하는 관계에 있으면 성립할 수 있고, 반드시 양 채무의 발생원인, 채무의 액수 등이 서로 동일할 것을 요한다고 할 수는 없다(대판 2009.3.26. 2006다47677).

2. 판 례

판례가 부진정연대채무로 인정하는 경우로는 ⅰ) 법인의 이사가 그의 직무수행과 관련하여 불법행위를 행한 경우에 법인의 손해배상의무(제35조 1항)와 이사 개인의 손해배상의무(제35조 1항, 제750조), ⅱ) 공동불법행위자들의 손해배상의무(제760조), 피용자가 사무집행에 관하여 불법행위를 한 경우에 피용자의 불법행위로 인한 손해배상의무(제750조)와 사용자·감독자의 손해배상의무(제756조 1항·2항), ⅲ) 이행보조자가 고의·과실로 목적물을 훼손·멸실시킨 경우에 있어서 이행보조자의 손해배상의무(제750조)와 채무자의 손해배상의무(제390조, 제391조) 등이다.

> **판례정리 부진정연대채무에 관한 판례의 정리**
> ① 공동불법행위자 중 1인에 대하여 구상의무를 부담하는 다른 공동불법행위자가 수인인 경우, 구상권자인 공동불법행위자 측에 과실이 없는 경우, 즉 내부적인 부담 부분이 전혀 없는 경우에는 이와 달리 그에 대한 수인의 구상의무를 부진정연대관계로 보는 것이 타당하다(대판 2012.3.15. 2011다52727).
> ② 어떤 물건에 대하여 직접점유자와 간접점유자가 있는 경우, 그에 대한 점유·사용으로 인한 부당이득의 반환의무는 동일한 경제적 목적을 가진 채무로서 서로 중첩되는 부분에 관하여는 일방의 채무가 변제 등으로 소멸하면 타방의 채무도 소멸하는 이른바 부진정연대채무의 관계에 있다(대판 2012.9.27. 2011다76747).

III. 부진정연대채무의 효력

1. 대외적 효력(채권자의 채무자에 대한 권리)

연대채무자에 대한 채권자의 권리와 같다. 즉, 부진정연대채무도 각자 전부채무를 부담하는 것이므로 채권자는 채무자의 1인 또는 전원에 대하여 동시 또는 순차로 전부나 일부의 이행을 청구할 수 있다.

2. 연대채무자 1인에 대하여 생긴 사유의 효력

(1) 절대적 효력사유

1) 변 제

부진정연대채무자 상호간에 변제와 같은 사유는 채무자 전원에게 절대적 효력이 있다. 따라서 대물변제 및 변제공탁도 절대적 효력이 있다. 특히 다액채무자가 일부변제한 경우 그 효력의 범위가 문제되는 바, 다음 판례의 내용을 살펴보자.

> **판례정리 부진정연대채무자 1인의 일부변제의 효력**
> 금액이 다른 채무가 서로 부진정연대 관계에 있을 때 다액채무자가 일부 변제를 하는 경우 변제로 인하여 먼저 소멸하는 부분은 다액채무자가 단독으로 채무를 부담하는 부분이다 (대판 2018.3.22. 2012다74236 전원합의체).

2) 상 계

① 제418조 제1항의 상계 - 절대효 인정

부진정연대채무자 중 1인이 자신의 채권자에 대한 반대채권으로 상계를 한 경우에도 그 상계로 인한 채무소멸의 효력은 소멸한 채무 전액에 관하여 다른 부진정연대채무자에 대하여도 미친다고 보아야 하며 이는 부진정연대채무자 중 1인이 채권자와 '상계계약을 체결한 경우'에도 마찬가지이다. 나아가 채권자가 상계 내지 상계계약이 이루어질 당시 다른 부진정연대채무자의 존재를 알았는지 여부에 의하여 좌우되지 아니한다(대판 2010.9.16. 2008다97218 전원합의체).

② 제418조 제2항의 상계 - 절대효 부정

제418조 제1항과 달리 타인에 의한 상계의 절대효와 관련하여 판례는 이를 부정한다. 즉 부진정연대채무에 있어서는, 부진정연대채무자 1인이 채권자에 대하여 상계할 채권을 가지고 있음에도 상계하지 않고 있더라도 다른 부진정연대채무자가 그 채권을 가지고 상계를 할 수는 없는 것으로 보아야 한다(대판 1994.5.27. 93다21521).

(2) 상대적 효력

1) 채무면제

피해자가 부진정연대채무자(공동불법행위자) 중 1인에 대하여 손해배상에 관한 권리를 포기하거나 채무를 면제하는 의사표시를 하였다 하더라도 다른 채무자에 대하여 그 효력이 미친다고 볼 수는 없다(대판 1997.12.12. 96다50896).

2) 시효완성

공동불법행위자 중 1인의 손해배상채무가 시효로 소멸한 경우, 이는 다른 공동불법행위자에게는 영향을 미치지 않으므로 여전히 다른 공동불법행위자는 손해배상채무를 부담한다(대판 1997.12.23. 97다42830).

3) 이행청구

채권자가 1인의 부진정연대채무자에 대해 이행청구를 하였다고 하더라도 다른 채무자에 대하여 시효중단의 효과가 발생하지는 않는다(대판 1997.9.12. 95다42027). 나아가 부진정연대채무에서 채무자 1인에 대한 재판상 청구 또는 채무자 1인이 행한 채무의 승인 등 소멸시효의 중단사유나 시효이익의 포기는 다른 채무자에게 효력을 미치지 않는다(대판 2017.9.12. 2017다865).

3. 대내적 효력(주채무자에 대한 구상관계)

(1) 구상권의 발생요건

부진정연대관계에 있는 공동불법행위자들 사이에 일정한 부담 부분이 있고, 이 부담부분은 공동불법행위자의 과실의 정도에 따라 정하여지는 것으로서 공동불법행위자 중 1인이 자기의 부담부분 이상을 변제하여(초과변제를 의미한다) 공동의 면책을 얻게 하였을 때에는 다른 공동불법행위자에게 그 부담부분의 비율에 따라 구상권을 행사할 수 있다(대판 1997.12.12. 96다50896).

(2) 구상권의 제한 여부

1) 민법 제426조의 유추적용 여부

부진정연대채무에 해당하는 경우 채무자 상호간에 구상요건으로서의 통지에 관한 민법 제426조의 규정을 유추적용할 수는 없다(대판 1998.6.26. 98다5777).

2) 신의칙에 의한 구상권의 제한

㈎ 판례는 사용자책임과 관련하여 사용자의 우월적 지위를 감안하여 피용자에 대한 구상권을 신의칙으로 제한하려고 한다.

㈏ 즉, 사용자가 피용자와 제3자의 책임비율에 의하여 정해진 피용자의 부담부분을 초과하여 피해자에게 손해를 배상한 경우에는 사용자는 제3자에 대하여도 구상권을 행사할 수 있으나, 그 구상의 범위는 '제3자의 부담부분에 국한'된다고 한다(대판 2006.2.9. 2005다28426).

연습문제

01 〈노무사 2011〉

甲, 乙, 丙, 丁은 戊에 대하여 200만 원의 연대채무를 4:3:2:1의 비율로 부담한다. 그 중 丙이 무자력이고 丁은 戊로부터 연대의 면제를 받은 경우 甲이 채무전부를 변제하였다면, 甲이 乙·丁·戊에게 각각 구상할 수 있는 금액은?

① 乙-75만 원, 丁-20만 원, 戊-5만 원
② 乙-75만 원, 丁-25만 원, 戊-5만 원
③ 乙-75만 원, 丁-25만 원, 戊-0원
④ 乙-60만 원, 丁-20만 원, 戊-10만 원
⑤ 乙-60만 원, 丁-40만 원, 戊-10만 원

해설 | 甲, 乙, 丙, 丁은 4:3:2:1의 비율로 부담부분을 지므로 부담부분은 순서대로 80, 60, 40, 20만 원이다. 따라서 甲은 乙, 丙, 丁에게 각각 60, 40, 20만 원을 구상할 수 있는데, 丙이 무자력이므로 40만 원은 甲과 乙, 丁이 4:3:1의 비율로 부담하므로 순서대로 20만 원, 15만 원, 5만 원을 각각 부담한다. 그런데 丁은 戊로부터 연대의 면제를 받았으므로 丁이 부담할 5만 원은 戊의 부담으로 한다. 따라서 결국 乙에게는 60+15만 원=75만 원을, 丁에게는 20만 원을 구상할 수 있고, 5만 원은 戊의 부담으로 한다.

정답 | ①

02 〈노무사 2023〉

甲, 乙, 丙이 丁에 대하여 9백만 원의 연대채무를 부담하고 있고, 각자의 부담부분은 균등하다. 甲이 丁에 대하여 6백만 원의 상계적상에 있는 반대채권을 가지고 있는 경우에 관한 설명으로 옳은 것은? (당사자 사이에 다른 약정은 없으며, 다툼이 있으면 판례에 따름)

① 甲이 6백만 원에 대해 丁의 채무와 상계한 경우, 남은 3백만 원에 대해 乙과 丙이 丁에게 각각 1백 5십만 원의 분할채무를 부담한다.
② 甲이 6백만 원에 대해 丁의 채무와 상계한 경우, 甲, 乙, 丙은 丁에게 3백만 원의 연대채무를 부담한다.
③ 甲이 상계권을 행사하지 않은 경우, 乙과 丙은 甲의 상계권을 행사할 수 없고, 甲, 乙, 丙은 丁에게 3백만 원의 연대채무를 부담한다.
④ 甲이 상계권을 행사하지 않은 경우, 乙은 丁을 상대로 甲의 6백만 원에 대해 상계할 수 있고, 乙과 丙이 丁에게 각각 1백 5십만 원의 분할채무를 부담한다.
⑤ 甲이 상계권을 행사하지 않은 경우, 丙은 丁을 상대로 甲의 6백만 원에 대해 상계할 수 있고, 乙과 丙이 丁에게 3백만 원의 연대채무를 부담한다.

해설 | ② (○) 어느 연대채무자가 채권자에 대하여 채권이 있는 경우에 그 채무자가 상계한 때에는 채권은 모든 연대채무자의 이익을 위하여 소멸한다. 따라서 甲, 乙, 丙이 丁에 대하여 900만 원의 연대채무를 부담하고 있고(甲, 乙, 丙의 부담부분은 균등하다), 甲이 丁에 대하여 600만 원의 반대채권을 가지고 있는데, ⅰ) 甲이 직접 상계를 한다면 600만 원 전부에 대하여 상계할 수 있고(이는 제418조 1항에 따른 일체형 절대적 효력사유이다), 잔액 300만 원에 대하여 연대채무를 부담한다. 한편 ⅱ) 甲이 상계할 수 있음에도 불구하고 상계를 하지 않는 경우, 다른 연대채무자인 乙, 丙이 상계를 하는 경우 부담부분인 300만 원의 범위 내에서 甲의 丁에 대한 채권을 가지고 상계할 수 있다. 이 경우 잔액 600만 원에 대하여 연대채무를 부담한다.

정답 | ②

제3절 보증채무

1 보증채무 일반론

Ⅰ. 보증채무의 의의

보증채무는 주채무자가 그 채무를 이행하지 않는 경우에 보증인이 이를 보충적으로 이행하여야 하는 채무를 말한다(제428조 1항). 이를 인적담보라고 한다.

Ⅱ. 보증채무의 성질

1. 독립성

보증채무는 주채무와 별개의 독립한 채무이다. 따라서 주채무가 민사채무이더라도 보증채무는 상사채무(상행위로 발생한 것인 때)가 될 수 있다. 이 경우 주채무가 민사채무이고 보증채무가 상행위로 인한 경우에 보증채무는 5년의 소멸시효에 걸리는 것이지 민사채무에 따라 10년의 소멸시효가 걸리는 것이 아니다.

2. 동일성

주채무자가 이행하지 아니하는 채무가 보증채무의 내용이므로, 보증채무의 내용은 주채무의 내용과 동일하다. 따라서 주채무는 원칙적으로 대체적 급부를 내용으로 하여야 한다.

3. 부종성

(1) 성립의 부종성

보증채무는 주채무에 종속하는 부종성을 가지므로 반드시 주채무가 있어야만 한다. 따라서 보증채무는 독립한 채무이지만, 주채무에 종속한다. 즉 주채무가 무효이거나 취소된 때에는 보증채무도 성립하지 않고, 주채무가 소멸하면 그 이유 여하를 불문하고 보증채무도 소멸한다.

(2) 내용의 부종성

보증채무는 그 목적 또는 형태에 있어서 주채무보다 무거울 수 없으며, 주채무의 내용에 변경이 생기면 그에 따라 보증채무의 내용도 변경된다(제430조).

(3) 이전의 부종성

㈎ 주채무자에 대한 채권이 이전하는 때에는 보증인에 대한 채권도 원칙적으로 이전한다. 따라서 주채무자에 대한 채권이 양도되어서 그 대항요건을 갖춘 때에는, 보증인에 대한 채권도 그에 수반하여 보증인에 대해서도 대항력이 생긴다(대판 2002.9.19. 2002다21509).

㈏ 그러나 주채권과 분리하여 보증채권만을 양도하기로 하는 약정은 보증채무의 부종성에 반하므로 무효이다(대판 2002.9.10. 2002다21509).

4. 보충성

보증채무는 원칙적으로 보충성을 가진다. 즉 보증인은 주채무의 이행이 없는 경우에 그것을 이행할 책임을 진다.

2 보증채무의 성립

Ⅰ. 보증계약에 관한 요건

1. 보증계약체결의 당사자

보증채무는 채권자와 보증인 사이에 보증계약에 의해 성립하며, 주채무자는 보증계약의 당사자가 아니다. 따라서 보증계약은 주채무자의 의사에 반하여서도 유효하게 성립할 수 있다.

2. 보증계약체결의 요식성

제428조의2(보증의 방식) ① 보증은 그 의사가 보증인의 기명날인 또는 서명이 있는 서면으로 표시되어야 효력이 발생한다. 다만, 보증의 의사가 전자적 형태로 표시된 경우에는 효력이 없다. ② 보증채무를 보증인에게 불리하게 변경하는 경우에도 제1항과 같다. ③ 보증인이 보증

> 채무를 이행한 경우에는 그 한도에서 제1항과 제2항에 따른 방식의 하자를 이유로 보증의 무효를 주장할 수 없다.

보증계약의 성립을 인정하려면 당연히 그 전제로서 보증인의 보증의사가 있어야 하고, 이러한 '보증의사의 존재나 보증범위는 이를 엄격하게 제한하여 인정'하여야 한다(대판 2006.12.21. 2004다34134).

> **판례/정리** '보증인의 기명날인 또는 서명'을 타인이 대행할 수 있는지 여부
> '보증인의 서명'은 원칙적으로 보증인이 직접 자신의 이름을 쓰는 것을 의미하므로 타인이 보증인의 이름을 대신 쓰는 것은 이에 해당하지 않지만, '보증인의 기명날인'은 타인이 이를 대행하는 방법으로 하여도 무방하다(대판 2019.3.14. 2018다282473).

Ⅱ. 보증채무에 관한 요건

1. 주채무에 관한 요건

(1) 원 칙

보증채무는 주채무의 이행을 담보하는 채무이므로 그 성질상 주채무가 존재하여야 한다(부종성). 만약 보증인의 출연행위 당시에는 주채무가 유효하게 존속하고 있었다 하더라도 그 후 주계약이 해제되어 소급적으로 소멸하는 경우에는 보증인은 변제를 수령한 채권자를 상대로 이미 이행한 급부를 부당이득으로 반환청구할 수 있다(대판 2004.12.24. 2004다20265).

> **판례/정리** 기본계약을 체결하기 전에 체결한 보증계약의 효력
> 보증계약은 피보증채무의 내용이 확정된 다음 체결되는 것이 보통이지만 피보증채무가 확정가능한 이상 기본계약 체결 이전이더라도 보증계약을 체결할 수 있다(대판 2006.6.27. 2005다50041).

(2) 예 외

보증은 장래의 채무에 대하여도 할 수 있다(제428조 2항). '장래의 채무'에는 특정채무뿐만 아니라 불특정채무도 포함된다.

2. 보증인에 관한 요건

(1) 원 칙

보증인의 자격에는 제한이 없다. 즉 보증인의 자격이 보증계약의 성립요건은 아니므로 채권자가 무자격의 보증인과 보증계약을 체결하였더라도 보증계약 자체는 그대로 성립한다.

(2) 예 외

채무자가 보증인을 세울 의무가 있는 경우에는 보증인은 행위능력 및 변제자력을 갖추고 있어야 하며(제431조 1항), 변제자력을 상실하게 된 때에는 채권자가 보증인의 변경을 청구할 수 있다(제431조 2항). 다만, 채권자가 보증인을 지명한 경우에는 보증인이 변제자력이 없다고 하여 그 변경을 청구할 수 없다(제431조 3항). 특히 채무자는 다른 상당한 담보를 제공함으로써 보증인을 세울 의무를 면할 수 있다(제432조).

3 보증채무의 내용

Ⅰ. 보증채무의 범위

> 제429조(보증채무의 범위) ① 보증채무는 주채무의 이자, 위약금, 손해배상 기타 주채무에 종속한 채무를 포함한다. ② 보증인은 그 보증채무에 관한 위약금 기타 손해배상액을 예정할 수 있다.

계약당사자의 일방을 위한 보증인은 특별한 사정이 없는 한 피보증인의 채무불이행으로 인하여 그 계약이 해제됨으로써 발생한 피보증인의 상대방에 대한 원상회복의무에 대하여도 책임을 진다(대판 1996.2.9. 94다38250).

> **판례/정리 보증채무의 이행지체에 따른 지연손해금의 부담 여부**
> 보증채무는 주채무와는 별개의 채무이기 때문에 보증채무 자체의 이행지체로 인한 지연손해금은 보증한도액과는 별도인바, 이 경우 보증채무의 연체이율에 관하여 특별한 약정이 있으면 그에 따르고 특별한 약정이 없으면 거래행위의 성질에 따라 상법 또는 민법에서 정한 법정이율에 따르는 것이지, 주채무에 관하여 약정된 연체이율이 당연히 여기에 적용되는 것은 아니다(대판 2014.3.13. 2013다205693).

Ⅱ. 보증채무의 모습

> 제430조(목적, 형태상의 부종성) 보증인의 부담이 주채무의 목적이나 형태보다 중한 때에는 주채무의 한도로 감축한다.

보증채무는 주채무와 동일한 것이 원칙이다. 따라서 채무자의 채무불이행시의 손해배상범위에 관하여 보증인의 관여 없이 채무자와 채권자 사이의 합의로 그 손해배상예정액이 결정되었다면, 보증인으로서는 위 합의로 결정된 손해배상예정액이 채무불이행으로 인하여 채무자가 부담할 손해배상책임의 범위를 초과하지 아니하는 한도 내에서만 보증책임이 있다(대판 1996.2.9. 94다38250).

> **판례정리 보증인에게 불리한 내용인지 여부**
>
> 보증계약 체결 후 채권자가 보증인의 승낙 없이 주채무자에 대하여 **변제기를 연장하여** 주더라도 그것이 반드시 보증인의 책임을 가중하는 것이라고는 할 수 없으므로 원칙적으로 보증채무에 대하여도 그 효력이 미친다(대판 2002.6.14. 2002다14853). 또한 채무가 특정된 확정채무에 대하여 보증한 보증인으로서는 자신의 동의 없이 피보증채무의 이행기를 연장해 주었는지에 상관없이 보증채무를 부담하는 것이 원칙이다(대판 2012.8.30. 2009다90924).

4 보증채무의 효력

Ⅰ. 대외적 효력(채권자와 보증인의 권리)

1. 채권자의 권리

주채무의 이행기가 도래하였으나 이를 주채무자가 이행하지 않는 경우에 채권자는 보증인에 대하여 보증채무의 '이행을 청구'할 수 있다. 그러나 채권자가 주채무자에게는 청구하지 아니하고 먼저 보증인에게 이행을 청구하더라도 상관없다. 다만 보증인은 채권자에 대해서 최고·검색의 항변권을 행사하여 이행을 거절할 수 있다.

2. 채권자의 의무

㈎ 채권자는 보증계약을 '체결'할 때 또는 보증계약을 '갱신'할 때 보유하고 있거나 알고 있는 주채무자의 채무 관련 신용정보를 보증인에게 알려야 하며, 이러한 정보제공의무를 위반한 경우에는 법원은 그 내용과 정도 등을 고려하여 보증채무를 감경하거나 면제할 수 있다고 한다(제436조의2 1항, 4항).

㈏ 또한 채권자는 보증계약을 체결한 후에 ⅰ) 주채무자가 원본, 이자 등 그 밖의 채무를 3개월 이상 이행하지 않는 경우 또는 주채무자가 이행기에 이행할 수 없음을 미리 안 경우, 그리고 ⅱ) 주채무자의 신용정보에 중대한 변화가 생긴 경우, ⅲ) 보증인이 주채무자의 이행 여부를 채권자에게 청구한 경우에는 채권자는 지체없이 보증인에게 이를 통지해야 하며, 이를 위반한 경우 법원은 그 내용과 정도 등을 고려하여 보증채무를 감경하거나 면제할 수 있다(제436조의2 2항).

3. 보증인의 권리

(1) 주채무자의 항변권 행사

> **제433조(보증인과 주채무자 항변권)** ① 보증인은 주채무자의 항변으로 채권자에게 대항할 수 있다. ② 주채무자의 항변포기는 보증인에게 효력이 없다.

보증인은 채권자에 대한 주채무자의 항변권(소멸시효·변제·동시이행항변)을 행사하여 채권자에게 대항할 수 있으며, 주채무자가 항변권을 포기하더라도 보증인에게 아무 효력이 없다. 따라서 주채무자가 시효이익을 포기하여도 보증인은 주채무에 관한 소멸시효의 완성을 주장할 수 있다.

(2) 주채무의 이행거절권능

> 제435조(보증인과 주채무자의 취소권 등) 주채무자가 채권자에 대하여 취소권 또는 해제권이나 해지권이 있는 동안은 보증인은 채권자에 대하여 채무의 이행을 거절할 수 있다.

주채무자의 형성권인 취소권·해제권·해지권은 주채무자만이 행사할 수 있으므로 보증인이 직접 행사할 수 없으며, 나아가 대위하여 행사할 수도 없다.

(3) 주채무자의 상계권 행사

> 제434조(보증인과 주채무자 상계권) 보증인은 주채무자의 채권에 의한 상계로 채권자에게 대항할 수 있다.

보증인은 주채무자의 자동채권을 가지고 주채무자의 수동채권과 상계할 수 있다(제434조). 반대로, 채권자가 주채무자에 대하여 상계적상에 있는 자동채권을 상계처리하지 아니하였다 하여 이를 이유로 보증채무자가 신용보증한 채무의 이행을 거부할 수 없으며 나아가 보증채무자의 책임이 면책되는 것도 아니다(대판 2018.9.13. 2015다209347).

(4) 최고·검색의 항변권 행사

1) 요 건

> 제437조(보증인의 최고, 검색의 항변) 채권자가 보증인에게 채무의 이행을 청구한 때에는 보증인은 주채무자의 변제자력이 있는 사실 및 그 집행이 용이할 것을 증명하여 먼저 주채무자에게 청구할 것과 그 재산에 대하여 집행할 것을 항변할 수 있다. 그러나 보증인이 주채무자와 연대하여 채무를 부담한 때에는 그러하지 아니하다.

본조의 항변권은 보충적인 권리이므로, 채권자가 이미 주채무자에게 사전에 청구했거나 또는 동시에 청구하고 있을 경우에는 인정되지 않는다. 또한 연대보증의 경우에도 인정되지 않는다.

2) 효 과

연기적 항변권이다. 보증인이 위 항변권을 행사하였음에도 채권자가 최고 및 집행을 게을리하여 주채무자로부터 채무의 전부나 일부의 변제를 받지 못하게 된 경우에는 채권자가 게을리하지 않았더라면 변제받았을 한도에서 보증인은 그 의무를 면한다(제438조).

Ⅱ. 주채무자 또는 보증인에게 생긴 사유의 효력

1. 주채무자에게 생긴 사유의 효력

(1) 주채무의 소멸

1) 소멸시효의 완성

㈎ 주채무의 소멸로 보증채무도 소멸하므로 주채무의 소멸시효가 완성된 경우 보증채무도 그 채무 자체의 시효중단에 불구하고 부종성에 따라 당연히 소멸된다(대판 2002.5.14. 2000다62476).

㈏ 설령 보증채무가 소멸된 상태에서 보증인이 보증채무를 이행하거나 승인하였다고 하더라도, 부종성을 부정하여야 할 다른 특별한 사정이 없는 한 보증인은 여전히 주채무의 시효소멸을 이유로 보증채무의 소멸을 주장할 수 있다(대판 2012.7.12. 2010다51192).

2) 소멸시효의 중단

> 제440조(시효중단의 보증인에 대한 효력) 주채무자에 대한 시효의 중단은 보증인에 대하여 그 효력이 있다.

본조는 채권자를 보호하기 위한 규정이므로, 시효중단사유가 압류, 가압류 및 가처분이라고 하더라도 보증인에게 통지할 필요가 없다(대판 2005.10.27. 2005다35554).

(2) 주채권의 양도

㈎ 주채권과 분리하여 보증채권만을 양도하기로 하는 약정은 그 효력이 없다(대판 2002.9.10. 2002다21509). 즉 주채무자에 대한 채권이 양도되면 보증인에 대한 채권도 당연히 양수인에게 이전된다고 한다.

㈏ 이 경우 채권양도를 가지고 보증인에게 대항하기 위해서는 주채무자에 대한 대항요건을 구비하는 것으로 충분하며, 별도로 보증인에게 그 채권양도를 통지하거나 또는 보증인의 승낙을 필요로 하지 않는다(대판 2001.10.26. 2000다61435).

(3) 주채무의 이전

1) 면책적 채무인수

주채무에 관하여 면책적 채무인수가 행하여진 경우에는 보증인이 채무인수인에 대하여 계속 보증채무를 지겠다고 승낙하지 않는 한 보증채무는 소멸한다.

2) 병존적 채무인수

병존적 채무인수가 이루어진 경우에는 여전히 보증채무가 존속한다. 따라서 인수인(보증인)이 채무를 변제한 경우 주채무자에게 구상권을 행사할 수 있다(대판 2003.11.14. 2003다37730).

2. 보증인에게 생긴 사유의 효력

(가) 보증인은 채권자에게 보증채무라는 별개의 독립된 채무를 부담하고 있는 바, 채권자와 보증인 사이의 관계에서 생긴 사유는 원칙적으로 주채무자에 대하여 영향을 미치지 않는다.

(나) 따라서 보증채무에 대한 소멸시효가 중단되었더라도 이로써 주채무에 대한 소멸시효가 중단되는 것은 아니다(대판 2002.5.14. 2000다62476). 다만 변제·대물변제·공탁·상계와 같이 채권을 만족시키는 사유는 당연히 절대적 효력을 발생시킨다.

Ⅲ. 대내적 효력(보증인의 구상권)

1. 구상권의 의의와 발생기초

(가) 보증인은 채권자에 대한 관계에서는 자기의 채무를 변제하여야 할 의무를 부담하지만, 주채무자에 대한 관계에서는 타인의 채무를 변제하는 것이다. 따라서 보증채무를 이행한 보증인은 주채무자에 대하여 구상할 수 있다.

(나) 나아가 보증인은 구상권을 확보하기 위하여 변제할 정당한 이익이 있는 자이므로 변제에 의해 당연히 채권자의 채권 및 담보에 관한 권리를 대위한다.

2. 수탁보증인의 사후구상권

(1) 요건과 범위

(가) 주채무자의 부탁에 의하여 보증인이 된 자가 과실없이 변제·대물변제·경개 등의 출재를 통하여 주채무를 소멸시켰을 경우에는 주채무자에 대하여 구상권을 갖는데(제441조 1항), 이러한 사후구상이 원칙이다. 구상권의 범위는 면책된 날 이후의 법정이자 및 피할 수 없는 비용 기타의 손해배상을 포함한다(제441조 2항).

(나) 특히 보증인의 출연행위 당시 주채무가 성립되지 아니하였거나 타인의 면책행위로 이미 소멸되었거나 유효하게 존속하고 있다가 그 후 소급적으로 소멸한 경우에는 보증채무자의 주채무 변제는 비채변제가 되어 채권자와 사이에 부당이득반환의 문제를 남길 뿐이고 주채무자에 대한 구상권을 발생시키지 않는다(대판 2012.2.23. 2011다62144). 또한 보증인이 채권자에 대하여 보증채무를 부담하지 아니함을 주장할 수 있었는데도 그 주장을 하지 아니한 채 (중과실로) 보증채무의 전부를 이행하였다면 구상금을 청구할 수 없다(대판 2006.3.10. 2002다1321).

(2) 행사의 제한

1) 보증인이 면책통지를 하지 않은 경우

제445조(구상요건으로서의 통지) ① 보증인이 주채무자에게 통지하지 아니하고 변제 기타 자기의 출재로 주채무를 소멸하게 한 경우에 주채무자가 채권자에게 대항할 수 있는 사유가 있었

을 때에는 그 사유로 보증인에게 대항할 수 있고 그 대항사유가 상계인 때에는 상계로 소멸할 채권은 보증인에게 이전된다. ② 보증인이 변제 기타 자기의 출재로 면책되었음을 주채무자에게 통지하지 아니한 경우에 주채무자가 선의로 채권자에게 변제 기타 유상의 면책행위를 한 때에는 주채무자는 자기의 면책행위의 유효를 주장할 수 있다.

2) 주채무자가 사후통지를 하지 않은 경우

제446조(주채무자의 보증인에 대한 면책통지의무) 주채무자가 자기의 행위로 면책하였음을 그 부탁으로 보증인이 된 자에게 통지하지 아니한 경우에 보증인이 선의로 채권자에게 변제 기타 유상의 면책행위를 한 때에는 보증인은 자기의 면책행위의 유효를 주장할 수 있다.

㈎ 주채무자는 '수탁보증인'에게만 사후통지의무를 부담한다. 다만 보증인이 자기의 면책행위의 유효를 주장할 수 있으려면 보증인 역시 사전통지를 하여야 한다.

㈏ 따라서 주채무자가 면책행위를 하고도 그 사실을 보증인에게 통지하지 아니하고 있던 중에 보증인도 사전통지를 하지 아니한 채 이중의 면책행위를 한 경우에까지 보증인이 주채무자에 대하여 자기의 면책행위의 유효를 주장할 수는 없다고 하였다(대판 1997.10.10. 95다46265).

3. 수탁보증인의 사전구상권

(1) 사전구상권의 행사주체

사전구상권은 수탁보증인에게만 인정된다. 부탁없이 보증인이 된 자나 물상보증인에게는 인정되지 않는다(대판 2009.7.23. 2009다19802, 19819).

> **판례정리 사전구상권을 행사하는 수탁보증인의 법적 지위**
> 주채무자와 위임관계에 있는 수탁보증인이 사전구상권을 행사하여 사전구상금을 수령하였다면 이 금원은 주채무자에 대하여 수임인의 지위에 있는 수탁보증인이 위탁사무의 처리를 위하여 선급받은 비용의 성질을 가지는 것이므로 **보증인은 이를 선량한 관리자의 주의로써 위탁사무인 주채무자의 면책에 사용하여야 할 의무가 있다**(대판 1989.9.29. 88다카10524).

(2) 사전구상권의 발생요건

㈎ 제442조의 사전구상권은 ⅰ) 보증인이 과실 없이 채권자에게 변제할 재판을 받은 때, ⅱ) 주채무자가 파산선고를 받았으나 채권자가 파산재단에 가입하지 아니한 때, ⅲ) 보증계약 후 5년을 경과한 때, ⅳ) 채무의 이행기가 도래한 때 등의 경우에 인정된다.

㈏ 특히 보증계약 후에 채권자와 주채무자 사이의 합의로 변제기가 연기되었다 하더라도 보증채무 성립 당시에 정해진 변제기가 경과하면 사전구상권의 행사가 가능하고 주채무자는 대항하지 못한다(제442조 2항).

> **판례/정리 사전구상권과 사후구상권과의 관계**
> 수탁보증인의 사전구상권과 사후구상권은 별개의 독립된 권리이므로, 사후구상권이 발생한 이후에도 사전구상권은 소멸하지 아니하고 병존하며, 다만 목적달성으로 일방이 소멸하면 타방도 소멸하는 관계에 있을 뿐이다(대판 2019.2.14. 2017다274703).

(3) 사전구상권의 행사범위

㈎ 사전구상의 범위는 원금과 사전구상에 응할 때까지 이미 발생한 이자와 기한 후의 지연손해금, 피할 수 없는 비용 기타의 손해액이 포함될 뿐이고, 주채무인 원금에 대한 완제일까지의 지연손해금은 사전구상권의 범위에 포함될 수 없다(대판 2004.7.9. 2003다46758).

㈏ 또한 사전구상권은 장래의 변제를 위하여 자금의 제공을 청구하는 것이므로 수탁보증인이 아직 지출하지 아니한 금원 및 장래 변제할 것으로 예상되는 날까지의 지연손해금에 대하여는 청구할 수 없다(대판 2004.7.9. 2003다46758).

(4) 주채무자의 보호방안

> **제443조(주채무자의 면책청구)** 전조의 규정에 의하여 주채무자가 보증인에게 배상하는 경우에 주채무자는 자기를 면책하게 하거나 자기에게 담보를 제공할 것을 보증인에게 청구할 수 있고 또는 배상할 금액을 공탁하거나 담보를 제공하거나 보증인을 면책하게 함으로써 그 배상의무를 면할 수 있다.

> **판례/정리 보증인이 사전구상권을 자동채권으로 하는 상계의 허용 여부**
> 수탁보증인이 주채무자에 대하여 가지는 민법 제442조의 사전구상권에는 민법 제443조의 담보제공청구권이 항변권으로 부착되어 있는 만큼 이를 자동채권으로 하는 상계는 허용될 수 없다(대판 2001.11.13. 2001다55222). 그러나 민법 제443조는 임의규정으로서 주채무자가 사전에 담보제공청구권의 항변권을 포기한 경우에는 보증인은 사전구상권을 자동채권으로 하여 주채무자에 대한 채무와 상계할 수 있다(대판 2004.5.28. 2001다81245).

4. 부탁 없는 보증인의 구상권

> **제444조(부탁 없는 보증인의 구상권)** ① 주채무자의 부탁 없이 보증인이 된 자가 변제 기타 자기의 출재로 주채무를 소멸하게 한 때에는 주채무자는 그 당시에 이익을 받은 한도에서 배상하여야 한다. ② 주채무자의 의사에 반하여 보증인이 된 자가 변제 기타 자기의 출재로 주채무를 소멸하게 한 때에는 주채무자는 현존이익의 한도에서 배상하여야 한다.

부탁 없이 보증인이 된 자에게는 사전구상권이 인정되지 않으며, 주채무자 역시 그에게 사전 또는 사후통지의무를 부담하지 않는다.

5. 주채무자가 여러 명인 경우

(1) 복수의 주채무자 '전원을 위하여 보증인'이 된 경우

연대채무자가 수인이 있는 경우에 이들 모두를 위한 (연대)보증인은 보증채무의 이행으로 한 출연액 전부에 대하여 어느 연대채무자에게나 구상권을 가진다(대판 1992.5.12. 91다3062).

(2) 복수의 주채무자 '1인을 위하여 보증인'이 된 경우

㈎ 주채무가 연대채무인 때에는 보증인은 보증한 채무자에 대해서는 전액을 구상할 수 있으나, 다른 연대채무자에게는 그 부담부분에 한해서 구상권을 행사할 수 있을 뿐이다(제447조).

㈏ 이는 부진정연대채무에도 적용되므로 어느 공동불법행위자를 위하여 보증인이 된 자가 피보증인의 손해배상채무를 변제한 경우, 그 보증인은 피보증인이 아닌 다른 공동불법행위자에 대하여는 그 부담부분에 한하여 구상권을 행사할 수 있다(대판 2008.7.24. 2007다37530).

5 특수한 보증

Ⅰ. 연대보증

1. 연대보증의 의의

연대보증이란 보증인이 채권자에 대하여 주채무자와 연대하여 채무를 부담함으로써 주채무의 이행을 담보하는 보증채무이다.

2. 연대보증의 효력

(1) 대외적 효력(채권자와 연대보증인 사이의 관계)

연대보증채무는 통상의 보증채무와는 달리 보충성이 인정되지 않는다. 따라서 연대보증인에게는 최고·검색의 항변권이 인정되지 않는다. 그러므로 채권자는 연대보증인에게 바로 채무의 이행을 청구할 수 있다.

(2) 주채무자 또는 연대보증인에게 생긴 사유의 효력

1) 주채무자에게 생긴 사유의 효력

주채무자에게 생긴 모든 사유는 연대보증인에게 효력이 미친다. 채권자가 주채무 전액을 면제하면, 연대보증인의 채무도 소멸하므로 연대보증인에게 보증채무의 이행을 청구할 수 없다.

2) 보증인에게 생긴 사유의 효력

연대보증인 1인에 대한 채권포기는 주채무자나 다른 연대보증인에게는 효력이 미치지 아니한다(대판 1994.11.8. 94다37202).

(3) 대내적 효력(연대보증인과 채무자 사이의 구상권)

㈎ 어느 연대보증인이 채무를 변제하였음을 이유로 다른 연대보증인에게 구상권을 행사함에 있어서는 '자기의 부담부분을 초과하여 변제'하여야 하며, 그 변제로 인하여 다른 연대보증인도 공동으로 면책되었음을 요건으로 한다(대판 2002.3.15. 2001다59071).

㈏ 다만 이미 자기의 부담부분을 변제한 자에게는 구상을 할 수 없고, 아직 자기의 부담부분을 변제하지 않은 자에게만 구상권을 행사하여야 한다(대판 2009.6.25. 2007다70155).

Ⅱ. 공동보증

1. 공동보증의 의의

공동보증이란 동일한 주채무에 대하여 수인이 보증채무를 부담하는 보증을 말한다.

2. 공동보증의 효력

(1) 채권자에 대한 관계(분별의 이익)

㈎ 수인의 보증인이 하나의 계약으로 보증인이 된 경우는 물론이고 별개의 계약으로 보증인이 된 경우에도 공동보증인은 주채무를 균등한 비율로 분할한 부분에 관해서만 보증채무를 부담한다(제439조, 제408조).

㈏ 이를 '분별의 이익'이라고 하며, 이는 보증인의 보호를 위한 것이다. 따라서 채권자는 공동보증인 각자에게 채무 전액을 청구할 수 없고 각자의 분할부분에 대하여만 청구할 수 있다.

(2) 공동보증인 사이의 구상관계

1) 분별의 이익을 가지는 경우

공동보증인이 분별의 이익을 가지는 경우로서 자기의 분담액을 넘어 변제한 때에는 채무자의 부탁을 받지 않은 보증인의 지위와 유사하므로 다른 공동보증인에게 일종의 사무관리가 되어 제444조가 준용된다(제448조 1항). 따라서 그 당시 이익을 받은 한도 또는 현존이익 한도 내에서 구상권을 행사할 수 있다.

2) 분별의 이익이 없는 경우

공동보증인이 분별의 이익을 가지지 않는 경우로서 자기의 부담부분을 넘는 변제를 한 때에는 연대채무자의 구상권에 관한 규정을 준용해야 할 것이나(제448조 2항, 제425조 2항), 연대채무와는 달리 공동보증인이 자기의 부담부분을 초과하여 변제를 한 때에 '그 초과부분에 한하여' 구상권이 인정된다(대판 1993.5.27. 93다4656).

Ⅲ. 계속적 보증(근보증)

> 제428조의3(근보증) ① 보증은 불확실한 다수의 채무에 대해서도 할 수 있다. 이 경우 보증하는 채무의 최고액을 서면으로 특정하여야 한다. ② 제1항의 경우 채무의 최고액을 제428조2제1항에 따른 서면으로 특정하지 아니한 보증계약은 효력이 없다.

1. 계속적 보증의 의의

계속적 계약관계로부터 발생되는 불특정(불확정)채무에 대하여 행하여지는 보증을 계속적 보증 또는 근보증이라고 한다.

2. 계속적 보증의 성립

㈎ 계속적 보증의 경우 보증하는 채무의 최고액을 서면으로 특정하여야 하며, 서면으로 특정하지 아니한 보증계약은 효력이 없다.

> **[판례정리] 채권최고액의 기재의 방법**
> 보증인의 보증의사가 표시된 서면에 보증채무의 최고액이 명시적으로 기재되어 있어야 하고, 보증채무의 최고액이 명시적으로 기재되어 있지 않더라도 서면 자체로 보아 보증채무의 최고액이 얼마인지를 객관적으로 알 수 있는 등 보증채무의 최고액이 명시적으로 기재되어 있는 경우와 동일시할 수 있을 정도의 구체적인 기재가 필요하다고 봄이 타당하다(대판 2019.3.14. 2018다282473).

㈏ 근보증의 대상인 주채무는 근보증계약을 체결할 당시 이미 발생되어 있거나 구체적으로 내용이 특정되어 있을 필요는 없고, 장래의 채무, 조건부 채무는 물론 장래 증감·변동이 예정된 불특정의 채무라도 이를 특정할 수 있는 기준이 정해져 있으면 된다(대판 2013.11.14. 2011다29987).

3. 계속적 보증의 효력

(1) 신의칙에 의한 책임제한

보증인이 보증을 할 당시에 비하여 주채무가 그 예상범위를 훨씬 초과하여 과다하게 발생하였고, 또 그와 같이 주채무가 과다하게 발생한 원인이 채권자가 주채무자의 자산상태가 현저히 악화된 사정을 잘 알고 있으면서도, 보증인에게 아무런 통지나 의사타진도 하지 아니한 채 고의로 거래규모를 확대하였기 때문인 것으로 인정되는 등, 채권자가 보증인에게 주채무의 전부이행을 청구하는 것이 신의칙에 반하는 것으로 판단될 만한 특별한 사정이 있는 경우에 한하여 보증인의 책임을 합리적인 범위 내로 제한할 수 있다(대판 2005.10.27. 2005다35554, 35561).

> **[판례정리] 이사직을 사임한 자가 부담하는 보증책임에 대한 제한**
> 회사의 이사가 그 이사라는 지위에 있었기 때문에 은행의 대출규정상 회사의 채무에 대하여 연대보증을 하게 된 것이고, 은행은 거래시마다 그 당시 회사의 이사 등의 연대보증을 새

로이 받아왔다면, 은행과 이사 사이의 연대보증계약은 보증인이 회사의 이사로 재직 중에 생긴 채무만을 책임지우기 위한 것이라고 보아야 할 것이다(대판 1998.12.22. 98다34911).

(2) 사정변경에 의한 해지권

1) 해지권이 인정되는 경우

이사의 지위에서 부득이 회사와 제3자 사이의 계속적 거래로 인한 회사의 채무에 대하여 보증인이 된 자가 그 후 퇴사하여 이사의 지위를 떠난 때에는 보증계약 성립 당시 사정에 현저한 변경이 생긴 경우에 해당하므로 보증계약을 해지할 수 있다. 이는 보증계약상 보증한도액과 보증기간이 제한되어 있다고 하더라도, 해지권의 발생에는 영향이 없다(대판 1998.6.26. 98다11826).

2) 해지권이 부정되는 경우

보증계약이 해지되기 전에 계속적 거래가 종료되거나 그 밖의 사유로 주채무 내지 구상금채무가 확정된 경우(확정채무)라면 보증인으로서는 더 이상 사정변경을 이유로 보증계약을 해지할 수 없다(대판 2002.5.31. 2002다1673). 또한 이사가 재직 중 회사의 특정채무를 보증한 후 사임한 경우에는 사정변경을 이유로 한 해지권이 부정된다(대판 1999.12.28. 99다25938).

(3) 보증인지위의 상속 여부

㈎ 보증기간과 보증한도액의 정함이 없는 경우에는 보증인이 사망하면 보증인의 지위가 상속인에게 상속된다고 할 수 없고 다만 기왕에 발생한 보증채무만이 상속될 뿐이다.

㈏ 반면 보증한도액이 정해진 경우에 보증인이 사망하였다 하더라도 보증계약이 당연히 종료되는 것은 아니고 특별한 사정이 없는 한 상속인들이 보증인의 지위를 승계한다(대판 2003.12.26. 2003다30784).

연습문제

01 〈노무사 2017〉

甲은 乙로부터 금전을 빌렸고, 丙은 甲의 채무를 위해 보증인이 되었다. 이에 관한 설명으로 옳은 것은? (다툼이 있으면 판례에 따름)

① 丙이 모르는 사이에 주채무의 목적이나 형태가 변경되어 주채무의 실질적 동일성이 상실된 경우에도 丙의 보증채무는 소멸되지 않는다.
② 丙의 보증계약은 구두계약에 의하여도 그 효력이 발생한다.
③ 丙은 甲이 가지는 항변으로 乙에게 대항할 수 있으나, 甲이 이를 포기하였다면 丙은 그 항변으로 乙에게 대항할 수 없다.
④ 甲의 乙에 대한 채무가 시효로 소멸되더라도 丙의 보증채무는 원칙적으로 소멸하지 않는다.
⑤ 甲의 의사에 반하여 보증인이 된 丙이 자기의 출재로 甲의 채무를 소멸하게 한 때에는 甲은 丙에게 현존이익의 한도에서 배상하여야 한다.

해설 | ⑤ (○) 민법 제444조 제1항

> **제444조(부탁 없는 보증인의 구상권)** ① 주채무자의 부탁 없이 보증인이 된 자가 변제 기타 자기의 출재로 주채무를 소멸하게 한 때에는 주채무자는 그 당시에 이익을 받은 한도에서 배상하여야 한다.

정답 | ⑤

02 〈노무사 2020〉

민법상 보증채무에 관한 설명으로 옳지 않은 것은? (다툼이 있으면 판례에 따름)

① 주채무가 민사채무이고 보증채무가 상사채무인 경우 보증채무의 소멸시효기간은 주채무에 따라 결정된다.
② 보증은 불확정한 다수의 채무에 대하여도 할 수 있다.
③ 주채권과 분리하여 보증채권만을 양도하기로 하는 약정은 그 효력이 없다.
④ 보증채권을 주채권과 함께 양도하는 경우 대항요건은 주채권의 이전에 관하여만 구비하면 족하다.
⑤ 보증인은 주채무자의 채권에 의한 상계로 채권자에게 대항할 수 있다.

해설 | ① (×) 보증채무는 주채무와는 별개의 독립한 채무이므로 보증채무와 주채무의 소멸시효기간은 채무의 성질에 따라 각각 별개로 정해진다. 성질에 따라 보증인에 대한 채권이 민사채권인 경우에는 10년, 상사채권인 경우에는 5년의 소멸시효기간이 적용된다(대판 2014.6.12. 2011다76105).

정답 | ①

CHAPTER 05

채권양도와 채무인수

| PART 01 | **PART 02 채권총론** | PART 03 |

   계약을 체결하게 되면 계약의 당사자만을 구속함이 원칙이다. 그러므로 특정한 채권자가 특정한 채무자에 대하여 자신의 채권을 행사할 수 있는 것이다. 그러나 이러한 채권·채무의 귀속주체가 변경되어 제3자가 또는 제3자에 대하여 채권을 행사할 수 있는 예외가 존재하는데, 이것이 바로 채권양도와 채무인수이다. ⅰ) 채권양도는 채권을 그 동일성을 유지하면서 타인에게 이전하는 계약을 말한다. 예를 들면 甲이 乙에 대하여 가지는 5,000만 원의 금전채권을 가지고 있는 경우, 그 채권을 제3자 丙에게 이전하는 것이다. 따라서 채권양도는 재산적 거래대상으로서의 채권을 양도인(구 채권자)이 양수인(신 채권자)에게 처분·이전하는 법률행위로서 채권의 주체를 변경시키는 처분행위의 성질을 갖는다. ⅱ) 채무인수는 종전의 채무자로부터 제3자(인수인)에게 이전시키는 계약을 말한다. 예를 들면 乙이 甲에 대하여 부담하는 5,000만 원의 금전채무를 제3자 丙에게 이전하는 것이다. 채무인수 역시 채무귀속주체의 변경에 따른 결과로 종래 채무자가 부담하고 있었던 것과 동일한 채무를 부담한다는 점에서 채무인수계약은 채무의 처분행위라고 할 수 있다. 이하에서 차례대로 살펴보자.

제1절 채권양도

1 채권양도(지명채권) 일반론

Ⅰ. 채권양도의 의의

   채권의 양도라 함은 채권의 귀속주체가 법률행위에 의하여 변경되는 것, 즉 '법률행위에 의한 이전'을 의미한다. 특히 지명채권이란 채권자가 특정되어 있는 것을 말하며, 채권의 성립·존속·행사·양도 등을 위해 증서의 작성·교부를 필요로 하지 않는다. 이하에서는 '지명채권을 중심'으로 살펴보도록 한다.

Ⅱ. 채권양도의 성질

1. 처분성

채권양도는 채권이 양도인에게서 양수인으로 이전하는 것 자체를 내용으로 하는 그들 사이의 합의를 가리키고, 준물권행위 또는 처분행위로서의 성질을 가진다.

> **판례정리 처분권한 없는 자의 채권양도의 효력**
> 지명채권의 양도란 채권의 귀속주체가 법률행위에 의하여 변경되는 것으로서 이른바 준물권행위 내지 처분행위의 성질을 가지므로, 그것이 유효하기 위하여는 양도인이 채권을 처분할 수 있는 권한을 가지고 있어야 한다. 처분권한 없는 자가 지명채권을 양도한 경우 특별한 사정이 없는 한 채권양도로서 효력을 가질 수 없으므로 양수인은 채권을 취득하지 못한다(대판 2016.7.14. 2015다46119).

2. 독자성

(1) 양도의무계약의 독자성 여부

채권양도의 의무를 발생시키는 것을 내용으로 하는 계약을 양도의무계약이라고 하며, 이는 채권행위 또는 의무부담행위의 일종이다. 채권양도와 구별되며 이는 구체적으로는 채권의 매매나 증여, 채권을 대물변제로 제공하기로 하는 약정 등 다양한 형태를 가질 수 있다. 채권양도계약과 양도의무계약은 실제의 거래에서는 일체로 행하여지는 경우가 적지 않으나, 그 법적 파악에 있어서는 역시 구별되어야 하는 '별개의 독립한 행위'이다(대판 2011.3.24. 2010다100711).

(2) 채권양도계약의 무인성 여부

다만, 양도의 '원인'이 해지 등으로 효력이 소멸한 경우에 이로써 채권은 양도인에게 복귀하게 되고, 나아가 '양수인'은 그 양도의무계약의 해지로 인하여 양도인에 대하여 부담하는 원상회복의무의 한 내용으로 채무자에게 이를 통지할 의무를 부담한다(대판 2011.3.24. 2010다100711).

3. 양도성

> **제449조(채권의 양도성)** ① 채권은 양도할 수 있다. 그러나 채권의 성질이 양도를 허용하지 아니하는 때에는 그러하지 아니하다. ② 채권은 당사자가 반대의 의사를 표시한 경우에는 양도하지 못한다. 그러나 그 의사표시로써 선의의 제3자에게 대항하지 못한다.

(1) 원 칙

지명채권이란 채권자가 특정되어 있는 것을 말하며, 지명채권의 양도도 원칙적으로 인정된다. 그러나 다음과 같은 사유로 제한될 수 있다.

(2) 제 한

1) 채권의 성질에 의한 제한

① 전세금반환채권

㈎ 전세금은 전세권의 성립요소이며, 전세권을 그 담보하는 전세금반환채권과 분리하여 양도하는 것은 원칙적으로 허용되지 않는다.

㈏ 그러나 ⅰ) 전세권이 존속기간의 만료로 소멸한 경우이거나 ⅱ) 전세계약의 합의해지 또는 당사자간의 특약에 의해 전세금반환 채권을 양도할 수 있다(대판 1997.11.25. 97다29790).

② 임대차보증금반환채권

전세권과 달리 임대차에서 보증금은 임차권의 요소가 아니므로 임차보증금반환채권을 임차권과 분리하여 양도하는 경우에도 임대인의 동의가 있어야 하는 것이 아니다(대판 2001.6.12. 2001다2624).

③ 장래에 발생하는 채권

장래에 발생될 채권의 경우에는 현재 그 발생기초가 되는 법률관계가 존재하고 있으며, 채무의 이행기까지 그 내용을 확정할 수 있는 기준이 설정되어 있다면 그 양도성이 인정된다(대판 1997.7.25. 95다21624).

④ 소유권이전등기청구권

㈎ 매수인의 소유권이전등기청구권은 채무자의 동의나 승낙을 받아야 대항력이 생긴다. 따라서 매도인이 그 양도에 대하여 동의하지 않는 한, 통지만 이루어진 경우 소유권이전등기청구권을 매수인으로부터 양도받은 양수인은 매도인에 대하여 채권양도를 원인으로 하여 소유권이전등기절차의 이행을 청구할 수 없다(대판 2001.10.9. 2000다51216).

㈏ 그러나 채권자와 채무자 사이에 아무런 계약관계나 신뢰관계가 없는 취득시효완성으로 인한 소유권이전등기청구권을 양도하는 경우에는 매매로 인한 소유권이전등기청구권에 관한 양도제한의 법리가 적용되지 않는다. 즉 통지만으로도 대항이 가능하다(대판 2018.7.12. 2015다36167).

⑤ 가압류가 된 금전채권

가압류된 채권도 이를 양도하는데 아무런 제한이 없다. 또한, 가압류된 채권을 양수받은 양수인은 그러한 가압류에 의하여 권리가 제한된 상태의 채권을 양수받은 것에 해당할 뿐이지 가압류된 청구금액에 상당하는 범위 내에서 채권양도의 효력이 제한되는 것도 아니다(대판 2000.4.11. 99다23888).

⑥ 질권이 설정된 채권

질권설정자가 질권의 목적이 된 자신의 채권을 양도하는 것도 가능하며, 질권자의 이익을 해하는 변경에 해당하지 않으므로 질권자의 동의를 요하지 않는다(대판 2005.12.22. 2003다55059).

2) 양도금지특약에 의한 제한

① 원 칙

㉮ 당사자는 반대의 의사표시를 함으로써 채권의 양도성을 배제할 수 있으며, 이러한 양도금지특약에 위반된 채권의 양도는 무효이므로 양수인은 유효하게 채권을 취득할 수 없다.

㉯ 그러나 채무자의 사후 승낙 내지 추인이 있으면, 다른 약정이 없는 한 그 채권양도는 소급효가 없고 승낙 시부터 유효하다고 할 것이다(대판 2000.4.7. 99다52817).

> **판례정리 | 양도금지특약과 압류 및 전부명령과의 관계**
> 당사자 사이에 양도금지의 특약이 있는 채권이더라도 법률의 규정에 따른 채권의 이전인 전부명령에 의하여 전부되는 데에는 지장이 없고, 그 전부채권자로부터 다시 그 채권을 양수한 자가 그 특약의 존재를 알았거나 중대한 과실로 알지 못하였다고 하더라도 채무자는 위 특약을 근거로 삼아 채권양도의 무효를 주장할 수 없다(대판 2003.12.11. 2001다3771).

② 예 외

㉮ 양도금지특약은 선의의 제3자에게는 대항할 수 없다. 특약을 이유로 대항할 수 없는 선의의 제3자와 관련하여 판례는 선의이며 무중과실일 것을 요구한다. 따라서 경과실로 알지 못한 경우 양수인은 적법하게 채권을 취득할 수 있다.

㉯ 제3자의 악의·중과실에 대한 증명책임은 채권양도금지특약으로 양수인에게 대항하려는 자가 부담하고(대판 2019.12.19. 2016다24284 전원합의체), 채무자는 양수인의 선의 등의 여부를 알 수 없어 채권이 적법하게 양도된 것인지가 불분명한 경우에는 특별한 사정이 없는 한 제487조 후단에 따라 변제공탁할 수 있다.

> **판례정리 | 양도금지특약으로 대항할 수 없는 제3자의 범위**
> 민법 제449조 제2항 단서는 채권양도금지 특약으로써 대항할 수 없는 자를 '선의의 제3자'라고만 규정하고 있어 채권자로부터 직접 양수한 자만을 가리키는 것으로 해석할 이유는 없으므로, 악의의 양수인으로부터 다시 선의로 양수한 전득자도 위 조항에서의 선의의 제3자에 해당한다. 또한 선의의 양수인을 보호하고자 하는 위 조항의 입법 취지에 비추어 볼 때, 이러한 선의의 양수인으로부터 다시 채권을 양수한 전득자는 선의·악의를 불문하고 채권을 유효하게 취득한다(대판 2015.4.9. 2012다118020).

3) 법률의 규정에 의한 제한

법률에 의해 양도가 금지된 채권은 당사자의 합의에 의해서도 양도할 수 없다. 판례는 소송행위를 하게 할 것을 주목적으로 하여 채권의 양도 등이 이루어진 경우 채권양도는 신탁법 제6조가 유추적용되어 무효라고 하였다(대판 2018.10.25. 2017다272103).

> **판례정리** 근로자의 임금채권의 양도성
> 근로자의 임금채권은 그 양도를 금지하는 법률의 규정이 없으므로 이를 양도할 수 있으나 임금채권을 양도한 경우라 할지라도 임금의 지급에 관하여는 직접지급의 원칙이 적용되어 사용자는 직접 근로자에게 임금을 지급하지 않으면 안 되고, 그 결과 비록 **양수인이라고 할지라도 스스로 사용자에 대하여 임금지급을 청구할 수는 없다**(대판 1988.12.13. 87다카2803 전원합의체).

Ⅲ. 채권양도의 효과

1. 채권주체의 변경

양도되는 채권은 동일성이 유지되면서 이전되는데, 이는 채권양도의 대항요건을 갖추지 못하였다고 하더라도 마찬가지이다. 이와 같은 채권의 귀속주체 변경의 효과는 원칙적으로 채권양도에 따른 처분행위 시 발생하는바, 지명채권 양수인이 '양도되는 채권의 채무자'인 경우에는 채권양도에 따른 처분행위 시 채권과 채무가 동일한 주체에 귀속한 때에 해당하므로 민법 제507조 본문에 따라 채권이 혼동에 의하여 소멸한다(대판 2022.1.13. 2019다272855).

2. 항변권 등 이전

㈎ 채권양도로 인하여 채권의 귀속주체가 양수인으로 변경되더라도 그 채권을 위한 인적·물적 담보권, 채권에 결부된 대항사유나 항변권, 이자채권, 위약금채권, 기타 채권에 종속된 권리도 모두 양수인에게 이전되는 것이 원칙이다.

㈏ 즉 채권양도로 인해 채권은 그 동일성을 유지한 채 양수인에게 이전되는 것이므로 채무자는 양수인의 이행청구에 대하여 수표의 반환 없는 원인채무의 이행이므로 동시이행의 항변권을 행사하여 채무의 이행을 거절할 수 있다(대판 2003.5.30. 2003다13512).

> **판례정리** 기존채무 변제 또는 담보를 위한 채권양도의 법률관계
> ① 채권양도가 다른 채무의 담보조로 이루어졌으며 또한 그 피담보채무가 변제되었더라도, 이는 채권양도인과 양수인 간의 문제일 뿐이고, 양도채권의 채무자는 채권양도·양수인 간의 채무소멸 여하에 관계없이 양도된 채무를 양수인에게 변제하여야 하는 것이므로, 설령 그 피담보채무가 변제로 소멸되었더라도 양도채권의 채무자로서는 이를 이유로 채권양수인의 양수금청구를 거절할 수 없다(대판 1999.11.26. 99다23093).
> ② 채무자가 채권자에게 채무변제에 '갈음하여' 다른 채권을 양도하기로 한 경우에는 특별한 사정이 없는 한 채권양도의 요건을 갖추어 대체급부가 이루어짐으로써 원래의 채무는 소멸하는 것이고 그 양수한 채권의 변제까지 이루어져야만 원래의 채무가 소멸한다고 할 것은 아니다(대판 2013.5.9. 2012다40998).

2 지명채권양도의 대항요건

> **제450조(지명채권양도의 대항요건)** ① 지명채권의 양도는 양도인이 채무자에게 통지하거나 채무자가 승낙하지 아니하면 채무자 기타 제3자에게 대항하지 못한다. ② 전항의 통지나 승낙은 확정일자 있는 증서에 의하지 아니하면 채무자 이외의 제3자에게 대항하지 못한다.

Ⅰ. 채무자에 대한 대항요건

1. 채무자에 대한 통지

(1) 의의 및 성질

채권양도의 통지란 양도인이 채권양도가 있었다는 사실을 채무자에게 알리는 것에 그치는 행위로서 관념의 통지에 해당한다(대판 2000.4.11. 2000다2627). 채무자에 대한 대항요건인 통지 또는 승낙은 채권자와의 특약으로 이를 배제할 수 있다(대판 2008.1.10. 2006다41204).

> **[판례정리] 허위표시에 의하여 성립한 채권양수인의 대항요건 구비 가부**
> 채권양수인이 채권양도인으로부터 지명채권을 양도받았음을 이유로 채무자에 대하여 그 채권을 행사하기 위하여는 지명채권 양도에 관한 합의 이외에 양도받은 당해 채권에 관하여 **민법 제450조 소정의 대항요건을 갖추어야 하는 것이고, 이러한 법리는 채권양도인과 채무자 사이의 법률행위가 허위표시인 경우에도 마찬가지로 적용**된다(대판 2011.4.28. 2010다100315).

(2) 통지의 당사자

1) 양도인에 의한 통지

민법은 양도인에게만 통지의무를 부여하고 있다. 따라서 양수인이 직접 통지를 할 수 없고 양도인을 대위하여 통지 할 수도 없다(대판 2011.2.24. 2010다96911). 다만 양수인은 대항요건을 구비하기 위해 양도인에게 채권양도통지절차의 이행을 청구할 수 있다(대판 2022.10.27. 2017다243143).

2) 대리인에 의한 통지

㈎ 채권양도 통지는 관념의 통지이나, 법률행위의 대리에 관한 규정이 유추적용되므로 양도인이 직접 하지 아니하고 사자를 통하여 하거나 나아가서 대리인으로 하여금 하게 하여도 무방하다(대판 1997.6.27. 95다40977).

㈏ 양수인이 양도인을 대리하여 채권양도통지를 하는 경우에도 양도인 본인과 대리인을 표시하여야 하고, 현명하지 아니한 경우라도 채권양도양수계약서가 통지서에 첨부되어 있는 경우 채무자로서는 양수인이 대리인으로서 통지한 것임을 알았거나 알 수 있었다고 볼 수 있으므로 민법 제115조 단서에 의하여 유효하다(대판 2008.2.14. 2007다77569).

3) 채권양도통지의 도달

사회통념상 채무자가 통지의 내용을 알 수 있는 객관적 상태에 놓여졌을 때를 의미하고 그 통지를 채무자가 현실적으로 수령하였거나 그 통지의 내용을 알았을 것까지 필요로 하지는 않는다(대판 2010.4.15. 2010다57). 즉, 채권양도에 있어서 통지의 도달에는 민사소송법상의 송달과 같은 엄격함을 요구하지 않는다.

(3) 시기 및 방법

1) 사전통지의 허용 여부

채권양도의 통지는 채권양도와 동시에 또는 사후에 행하면 된다. 따라서 채권양도가 있기 전에 미리 하는 채권양도통지는 원칙으로 허용될 수 없다(대판 2010.2.11. 2009다90740).

2) 조건·기한의 허용 여부

채권양도의 통지는 양도인의 일방적 행위에 해당한다. 따라서 상대방 지위에 중대한 영향을 미칠수 있으므로 원칙적으로 조건이나 기한을 붙일 수 없다.

(4) 통지의 철회

1) 양도인에 의한 철회통지

철회의 통지는 양수인이 하여야 한다. 다만, 양도의 통지를 하였으나 아직 양수인에게 양도하지 않은 경우와 양도를 하였으나 그 양도가 무효인 경우에는 양도인은 '양수인의 동의를' 얻어 통지를 철회할 수 있다(제452조 2항). 따라서 채권양도통지를 한 양도인이 양수인의 동의 없이 한 채권양도통지 철회는 효력이 없다(대판 1993.7.13. 92다4178).

2) 양도계약이 해제된 경우

지명채권의 양도통지를 한 후 양도계약이 해제 또는 합의해제된 경우에 채권양도인이 해제 등을 이유로 다시 원래의 채무자에 대하여 양도채권으로 대항하려면 채권양도인이 채권양수인의 동의를 받아 통지하거나 채권양수인이 채무자에게 위와 같은 해제 등 사실을 통지하여야 한다(대판 2012.11.29. 2011다17953).

(5) 통지의 효과

1) 통지가 없는 동안의 효력

채권양도가 행해졌으나 통지가 없는 동안에는 양수인은 채무자에 대하여 채권양도의 효력을 주장할 수 없다. 설령 채무자가 양도의 사실을 알고 있는 경우에도 채권양도의 효력을 주장하여 이행을 청구할 수 없다. 따라서 채권양수인이 아직 대항요건을 갖추지 못한 상태에서 통지받을 것을 조건으로 채무자에게 한 채무이행청구도 허용되지 않는다(대판 1994.12.22. 94다20341).

2) 통지가 있은 이후의 효력

① 통지 전 취득한 대항사유

㉮ 채무자가 채권양도 통지를 받은 경우 채무자는 그때까지 양도인에 대하여 생긴 사유로써 양수인에게 대항할 수 있다(제451조 2항).

㉯ 특히 채권양도의 통지를 할 당시 이미 상계할 수 있는 원인이 있었던 경우에는 아직 상계적상에 있지 않더라도 그 후에 상계적상에 이르면 채무자는 양수인에 대하여 상계로 대항할 수 있다(대판 2019.6.27. 2017다222962).

> **판례정리 | 채권의 분할이전과 채무자의 상계권의 행사**
>
> 채권의 일부양도가 이루어지면 특별한 사정이 없는 한 각 분할된 부분에 대하여 독립한 분할채권이 성립하므로 그 채권에 대하여 양도인에 대한 반대채권으로 상계하고자 하는 채무자로서는 양도인을 비롯한 각 분할채권자 중 어느 누구도 상계의 상대방으로 지정하여 상계할 수 있다. 분할채권자는 제3자에 대한 대항요건을 갖춘 양수인이라 하더라도 양도인 또는 다른 양수인에 귀속된 부분에 대하여 먼저 상계되어야 한다거나 각 분할채권액의 채권 총액에 대한 비율에 따라 상계되어야 한다는 이의를 할 수 없다(대판 2002.2.8. 2000다50596).

② 통지 후 취득한 대항사유

제451조 제2항의 반대해석상 채무자가 양도통지를 받은 후에 취득한 항변사유로는 양수인에게 대항할 수 없다. 따라서 양도인과 채무자 사이에 행해진 변제·면제 등의 면책행위는 무효이다. 다만 다음과 같은 예외가 있다.

> **판례정리 | 통지 이후 채무자의 상계권 행사 가부**
>
> 채무자의 채권양도인에 대한 자동채권이 발생하는 기초가 되는 원인이 양도 전에 이미 성립하여 존재하고 자동채권이 수동채권인 양도채권과 동시이행의 관계에 있는 경우에는, **채무자는 동시이행의 항변권을 주장할 수 있고, 따라서 그 채권에 의한 상계로 양수인에게 대항할 수 있다**(대판 2015.4.9. 2014다80945).

③ 통지와 채무자의 선의 이행

양도인이 실제로 채권을 양도하지 않았거나, 또는 그 양도가 무효인 경우에도 채권양도의 통지를 한 경우, 선의의 채무자는 양수인에게 변제하였다면 이를 가지고 양도인에게 대항할 수 있다(제452조 1항).

2. 채무자에 의한 승낙

(1) 통지와의 관계

채권양도인의 채무자에 대한 통지 혹은 채무자에 의한 승낙이 있으면 채권양수인은 채무자에 대하여 채권양도사실을 주장할 수 있다. 즉, 채권양도를 채무자에게 주장하기 위해서는 통지 또는 승낙 중 하나만 있으면 된다.

(2) 승낙의 내용

채권양도의 승낙이란 채권양도의 사실을 인식하고 있음을 알리는 관념의 통지이며, 대리인에 의해서도 가능하다(대판 2013.6.28. 2011다83110). 이 때 채무자는 양도인 또는 양수인에게 행할 수 있는데, 이의 유보뿐만 아니라 조건을 붙여 승낙할 수도 있다(대판 2011.6.30. 2011다8614). 또한 채권양도의 통지와 달리 사전승낙도 유효하다.

> **판례 정리 | 채권양도 승낙시 채무자의 고지의무의 존부와 불법행위책임의 성부**
> 채권의 내용이나 양수인의 권리 확보에 위험을 초래할 만한 사정을 조사, 확인할 책임은 양수인 자신에게 있으므로, 채무자가 양도되는 채권의 성립이나 소멸에 영향을 미치는 사정에 관하여 양수인에게 알려야 할 신의칙상 주의의무가 있다고 볼 만한 특별한 사정이 없는 한 채무자가 그러한 사정을 알리지 아니하였다고 하여 불법행위가 성립한다고 볼 수 없다(대판 2015.12.24. 2014다49241).

(3) 승낙의 효과

1) 유보승낙의 경우

채무자가 채권양도를 승낙함에 있어서 양도인에게 주장할 수 있는 항변을 유보하고 그것을 가지고 양수인에 대하여 주장할 수 있음을 밝히면서 행하는 이른바 이의를 유보한 승낙의 경우에는 그 효력이 통지의 효력과 같다. 그러므로 채무자는 채권양도를 승낙한 후에 취득한 양도인에 대한 채권으로서 양수인에 대하여 상계로서 대항하지 못한다(대판 1984.9.11. 83다카2288).

2) 단순승낙의 경우

① 채무자의 항변사유의 제한

단순승낙은 이의를 유보하지 않은 승낙으로써 채권양도를 승낙함에 있어 그 채권의 불성립·일부면제 기타의 항변사유를 양도인에 대하여 가지고 있음을 밝히지 않고서 행한 승낙을 말하며, 채무자는 양도인에게 대항할 수 있는 사유로써 양수인에게 대항하지 못한다(제451조 1항).

② 제한되는 항변사유의 내용

항변이 제한되는 양도인에게 대항할 수 있는 사유란 채권의 성립, 존속, 행사를 저지·배척하는 사유를 의미한다(대판 2002.3.29. 2000다13887). 이와 같은 항변사유의 제한은 채권의 귀속관계(채권이 이미 타인에게 양도되었다는 사실)에는 영향을 미치지 않는다(대판 1994.4.29. 93다35551).

③ 제한되는 항변사유의 부활

㈎ 이의를 보류하지 아니하고 승낙을 하였더라도 양수인이 악의 또는 중과실의 경우에 해당하는 한 채무자의 승낙 당시까지 양도인에 대하여 생긴 사유로써도 양수인에게 대항할 수 있다(대판 2002.3.29. 2000다13887).

(나) 그러므로 양수인은 승낙 당시 이미 상계를 할 수 있는 원인이 있었던 경우에는 아직 상계적상에 있지 아니하였다 하더라도 그 후에 상계적상이 생기면 채무자는 양수인에 대하여 상계로 대항할 수 있다(대판 1999.8.20. 99다18039).

II. 제3자에 대한 대항요건

1. 확정일자 있는 증서에 의한 통지 또는 승낙

(1) 확정일자의 의미

확정일자란 특정일자를 말하는 것이 아니라, 당사자가 후에 변경하지 못하는 확정된 일자로서 법률상 인정되는 일자를 말한다(대판 2011.7.14. 2009다49469). 제3자에 대한 공시방법이므로 특약으로 이를 배제할 수 없다(대판 2011.7.14. 2009다49469).

(2) 확정일자의 판단

(가) (확정일자로 인정되는 경우) 공정증서의 일자, 내용증명우편의 일자, 확정판결(대판 1999.3.26. 97다30622), 가압류신청서의 접수일자(대판 2004.7.8. 2004다17481), 등기필증 등이 확정일자이다.

(나) (확정일자가 부정되는 경우) 배달증명우편(대판 2002.4.9. 2001다80815), 전세기간 만료 이후 전세권이전의 부기등기(대판 2005.3.25. 2003다35659)가 이루어진 것만으로는 확정일자 있는 증서라고 할 수 없다.

2. 대항력의 취득과 대항가능한 제3자의 범위

(1) 대항력의 취득 시기

(가) 채권양도인의 확정일자에 의한 통지와 승낙이 먼저 이루어진 후에 채권의 양도계약이 체결된 경우에는 확정일자 있는 통지와 승낙을 받은 때가 아니라 양도인과 양수인 사이에 실제로 채권양도계약이 체결된 때에 대항력을 취득한다(대판 1988.4.12. 87다카2429).

(나) 이와 반대로 양도통지가 확정일자 없는 증서에 의하여 이루어짐으로써 제3자에 대한 대항력을 갖추지 못하였더라도 확정일자 없는 증서에 의한 양도통지나 승낙 후에 그 증서에 확정일자를 얻은 경우 그 일자 이후에는 제3자에 대한 대항력을 취득한다(대판 2010.5.13. 2010다8310).

(2) 대항력 취득의 전제

제3자에 대한 대항요건은 채권이 존속하고 있음을 전제로 한다. 따라서 양도된 채권이 변제 등으로 소멸한 경우에는 대항요건 문제는 발생하지 않는다(대판 2017.1.25. 2014다52933).

(3) 제3자의 의미와 범위

제3자란 채권에 대해 양수인의 지위와 양립할 수 없는 법률상의 지위를 취득한 자를 의미한다. 예컨대, ⅰ) 채권의 이중양수인·채권의 질권자·채권을 압류한 양도인의 채권자 등이 이에 해당한다. 그러나 ⅱ) 후순위의 근저당권자는 양수인의 지위와 양립할 수 없는 법률상의 지위를 취득한 자가 아니므로 채무자 이외의 제3자로 볼 수 없다(대판 2005.6.23. 2004다29279). 또한 지명채권 양수인이 '양도되는 채권의 채무자'여서 양도된 채권이 민법 제507조 본문에 따라 혼동에 의하여 소멸한 경우에는 후에 채권에 관한 압류 또는 가압류결정이 제3채무자에게 송달되더라도 채권압류 또는 가압류결정은 존재하지 아니하는 채권에 대한 것으로서 무효이고, 압류 또는 가압류채권자는 제3자에 해당하지 아니한다(대판 2022.1.13. 2019다272855).

3. 확정일자증서를 갖춘 제3자 사이의 우열관계

(1) 우열관계의 판단기준(채무자의 인식)

㈎ 채권이 이중으로 양도된 경우에 양수인 상호간의 우열은 통지 또는 승낙에 붙여진 확정일자의 선후에 의하여 결정할 것이 아니라, 채권양도에 대한 채무자의 인식, 즉 '확정일자 있는 양도 통지가 채무자에게 도달한 일시 또는 확정일자 있는 승낙의 일시의 선후에 의하여 결정'하여야 할 것이다(대판 2002.8.27. 2002다31858).

㈏ 만약 확정일자 있는 증서에 의한 통지의 도달시점의 선·후가 불분명하거나 같은 날 도달한 경우에는 동시도달로 추정된다(대판 1994.4.26. 93다24223 전원합의체).

(2) 동시도달한 경우 제3자 간 우열관계

1) 양수인들의 완전한 대항력 취득

채권양도의 통지, 가압류 또는 압류명령 등이 제3채무자에게 동시에 송달되어 그들 상호간에 우열이 없는 경우에는 그 채권양수인, 각 양수인은 다른 양수인에 대하여 자기만이 유일한 우선적 양수채권자라는 주장을 할 수 없다(대판 1994.4.26. 93다24223 전원합의체).

2) 양수인의 전액청구와 정산의무

㈎ 각 양수인은 채권의 전액을 청구할 수 있고 채무자는 이들 중 누구에게라도 채무전액을 변제하면 된다. 즉 채무자가 직접 안분하여 변제하여야 하는 것이 아니다. 오히려 양수인들 상호간에게는 안분하여 내부적으로 정산할 의무가 있다(대판 1994.4.26. 93다24223 전원합의체).

㈏ 이 경우 채무자는 채권자의 상대적 불확지, 즉 제3채무자는 송달의 선후가 불분명한 경우에 준하여 채권자를 알 수 없다는 이유로 변제공탁을 함으로써 법률관계의 불안으로부터 벗어날 수 있다(대판 1994.4.26. 93다24223 전원합의체).

연습문제

01 〈노무사 2019〉

채권양도에 관한 설명으로 옳지 않은 것은? (다툼이 있으면 판례에 따름)

① 근로자가 임금채권을 양도한 경우, 양수인은 스스로 사용자에 대항 임금지급을 청구할 수 없다.
② 주채권과 분리하여 보증채권만을 양도하기로 하는 약정은 그 효력이 없다.
③ 지명채권의 양도통지를 한 후 그 양도계약이 해제된 경우, 양도인이 그 해제를 이유로 채무자에게 양도채권으로 대항하려면 양수인이 그 채무자에게 해제사실을 통지하여야 한다.
④ 매매로 인한 소유권이전등기청구권에 관한 양도제한의 법리는 취득시효완성으로 인한 소유권이전등기청구권의 양도에도 적용된다.
⑤ 2인이 동업하는 조합의 조합원 1인이 다른 조합원의 동의 없이 한 조합채권의 양도행위는 무효이다.

해설 | ④ (×) 매매로 인한 소유권이전등기청구권의 양도는 특별한 사정이 없는 이상 양도가 제한되고 양도에 채무자의 승낙이나 동의를 요한다고 할 것이므로 통상의 채권양도와 달리 양도인의 채무자에 대한 통지만으로는 채무자에 대한 대항력이 생기지 않으며 반드시 채무자의 동의나 승낙을 받아야 대항력이 생긴다. 그러나 취득시효완성으로 인한 소유권이전등기청구권은 채권자와 채무자 사이에 아무런 계약관계나 신뢰관계가 없고, 그에 따라 채권자가 채무자에게 반대급부로 부담하여야 하는 의무도 없다. 따라서 취득시효완성으로 인한 소유권이전등기청구권의 양도의 경우에는 매매로 인한 소유권이전등기청구권에 관한 양도제한의 법리가 적용되지 않는다(대판 2018.7.12. 2015다36167).

정답 | ④

02 〈노무사 2020〉

지명채권의 양도에 관한 설명으로 옳지 않은 것은? (다툼이 있으면 판례에 따름)

① 장래의 채권도 그 권리의 특정이 가능하고 가까운 장래에 발생할 것임이 상당 정도 기대되는 경우에는 채권양도의 대상이 될 수 있다.
② 채권의 양도를 승낙함에 있어서는 이의를 보류할 수 있고 양도금지의 특약이 있는 채권양도를 승낙하면서 조건을 붙일 수도 있다.
③ 채권양도에 대한 채무자의 승낙은 양도인 또는 양수인에 대하여 할 수 있다.
④ 채권이 이중으로 양도된 경우 양수인 상호간의 우열은 통지 또는 승낙에 붙여진 확정일자의 선후에 의하여 결정된다.

⑤ 채권양도 없이 채무자에게 채권양도를 통지한 경우 선의인 채무자는 양수인에게 대항할 수 있는 사유로 양도인에게 대항할 수 있다.

해설 | ④ (×) 채권이 이중으로 양도된 경우의 양수인 상호간의 우열은 통지 또는 승낙에 붙여진 확정일자의 선후에 의하여 결정할 것이 아니라 채권양도에 대한 채무자의 인식, 즉 확정일자 있는 양도통지가 채무자에게 도달한 일시 또는 확정일자 있는 승낙의 일시의 선후에 의하여 결정하여야 할 것이다(대판 전합 1994.4.26. 93다24223).

정답 | ④

제2절 채무인수

1 면책적 채무인수

Ⅰ. 면책적 채무인수 일반론

1. 의의

채무인수는 채무의 동일성을 유지하면서 채무가 채무자로부터 제3자(인수인)에게 이전되는 것으로 계약에 의하여 이루어진다. 민법이 정하는 채무인수는 면책적 채무인수이다.

2. 성질

채권자·인수인 간의 계약 또는 3면계약에 의한 경우는 채권행위(인수인의 의무부담행위)와 준물권행위(채권자의 채권처분행위)가 결합된 것이다. 그러나 채무자·인수인 간의 계약에 의한 경우는 그 계약은 채권행위이고(대판 2015.5.29. 2012다84370), 채권자의 승낙이 준물권행위라고 보아야 할 것이다.

Ⅱ. 면책적 채무인수의 요건

1. 채무에 관한 요건

(1) 채무의 유효성

채무인수는 유효한 채무의 존재를 전제로 한다. 그러나 불완전채무(자연채무·책임 없는 채무)·장래의 채무 등도 인수될 수 있다.

(2) 채무의 이전성

채무는 성질상 이전할 수 있는 것이므로 원칙적으로 채무의 이전성이 인정된다. 따라서 조건부 채무 또는 장래의 채무도 채무인수의 대상이 될 수 있다. 그러나 채권양도와 마찬가지로 ⅰ) 채무의 성질에 의한 제한, ⅱ) 당사자의 의사표시에 의한 제한이 가능하다(단 특약으로써 선의의 인수인에게 대항하지 못한다는 것이 통설이다).

2. 당사자에 관한 요건

(1) 채권자와 인수인 사이의 계약

> 제453조(채권자와의 계약에 의한 채무인수) ① 제3자는 채권자와의 계약으로 채무를 인수하여 채무자의 채무를 면하게 할 수 있다. 그러나 채무의 성질이 인수를 허용하지 아니하는 때에는 그러하지 아니하다. ② 이해관계 없는 제3자는 채무자의 의사에 반하여 채무를 인수하지 못한다.

(2) 채무자와 인수인 사이의 계약

> 제454조(채무자와의 계약에 의한 채무인수) ① 제3자가 채무자와의 계약으로 채무를 인수한 경우에는 채권자의 승낙에 의하여 그 효력이 생긴다. ② 채권자의 승낙 또는 거절의 상대방은 채무자나 제3자이다.

1) 효력발생요건(채권자의 승낙)

㈎ 채무자와 인수인 사이의 계약으로 채무인수를 할 수 있으나, 이때에는 채권자의 승낙이 있어야 그 효력이 발생한다. 채무자나 인수인은 상당한 기간을 정하여 승낙 여부의 확답을 최고할 수 있으며, 그 기간내에 확답을 '발송'하지 않으면 승낙을 거절한 것으로 본다(제455조).

㈏ 따라서 채권자의 거절이 있는 경우에는 채권자가 이를 번복하여 다시 승낙을 하더라도 채무인수로서의 효력은 발생하지 않고 확정적으로 무효로 된다(대판 1998.11.24. 98다33765).

2) 승낙(거절)의 상대방 및 방법

㈎ 면책적 채무인수에 대한 채권자의 승낙 또는 거절의 의사표시는 채무자 또는 인수인에게 행하면 되고, 승낙은 명시적인 방법뿐만 아니라 묵시적인 방법으로도 할 수 있다.

㈏ 특히 채권자가 직접 채무인수인에 대하여 인수채무금의 지급을 청구하였다면 그 지급청구로써 묵시적으로 채무인수를 승낙한 것으로 보아야 한다(대판 1989.11.14. 88다카29962).

3) 승낙(거절)의 철회 및 취소

채권자가 승낙한 후에는 채무자나 인수인은 채무인수계약을 철회하거나 변경할 수 없다(제456조). 그러나 승낙 당시 채무자나 인수인의 취소권한이 유보되어 있거나 채권자가 승낙한 때에는 인수계약을 취소할 수 있다(대판 1962.5.17. 62다161).

Ⅲ. 면책적 채무인수의 효과

1. 채무의 이전

(1) 채무자의 교체

면책적 채무인수가 있다고 하더라도 채무 자체가 소멸되는 것이 아니라 채무의 동일성이 유지된 상태에서 채무를 부담하는 의무의 귀속주체가 변경될 뿐이므로 인수채무가 5년의 상사시효의 적용을 받던 채무라면 그 인수채무는 역시 상사시효의 적용을 받는다(대판 1999.7.9. 99다12376).

(2) 이전의 시기

> 제457조(채무인수의 소급효) 채권자의 채무인수에 대한 승낙은 다른 의사표시가 없으면 채무를 인수한 때에 소급하여 그 효력이 생긴다. 그러나 제3자의 권리를 침해하지 못한다.

면책적 채무인수 시효중단사유인 채무의 승인에 해당하는 바, 면책적 채무인수가 있는 경우, 인수채무의 소멸시효기간은 채무인수일로부터 새로이 진행 된다(대판 1999.7.9. 99다12376).

2. 항변권의 이전

㈎ 인수인은 전채무자가 채권자에게 가지고 있던 항변사유, 즉 계약의 불성립·취소·채무의 일부면제·동시이행의 항변권 등 채무의 성립·존속 또는 이행을 저지·배척하는 모든 사유를 주장할 수 있다(제458조).

㈏ 그러나 계약 자체의 취소권·해제권은 계약 당사자만이 가지는 권리이므로 인수인은 주장할 수 없다. 또한 인수인이 전채무자에 대하여 가지고 있는 항변사유, 즉 상계로써 채권자에게 대항하지 못한다(대판 1966.11.29. 66다1861).

3. 담보의 이전

(1) 약정담보물권의 경우

1) 제3자가 담보를 제공한 경우

> 제459조(채무인수와 보증, 담보의 소멸) 전채무자의 채무에 대한 보증이나 제3자가 제공한 담보는 채무인수로 인하여 소멸한다. 그러나 보증인이나 제3자가 채무인수에 동의한 경우에는 그러하지 아니하다.

제3자가 제공한 담보는 채무인수에 동의하지 않는 한 소멸한다. 채무인수에 대한 동의는 기존의 담보와 동일한 내용을 갖는 것이고 다른 원인으로 부담하는 채무까지 담보한다는 것은 아니다(대판 2000.12.26. 2000다56204).

2) 채무자가 담보를 제공한 경우

면책적 채무인수로 인하여 종래의 채무가 소멸하는 것이 아니므로, 채무인수로 종래의 채무가 소멸하였으니 저당권의 부종성으로 인하여 당연히 저당권도 소멸한다는 법리는 성립하지 않는다(대판 1996.10.11. 96다27476). 따라서 채무자가 설정한 담보권은 소멸하지 않는다.

(2) 법정담보물권의 경우

유치권·법정질권·법정저당권 등의 법정담보권은 특정채무의 보전을 위하여 법률상 당연히 성립하는 것이므로 채무인수로 영향을 받지 않는다.

2 채무인수와 유사한 제도

Ⅰ. 병존적 채무인수

1. 병존적 채무인수의 의의

병존적 또는 중첩적 채무인수는 종래의 채무자의 채무를 면제시키지 아니하고 인수인이 채무자와 병존적으로 새로이 동일한 채무를 부담하는 계약이다.

2. 병존적 채무인수의 성립

(1) 채권자와 인수인 사이의 계약

㈎ 채권자·채무자·인수인 사이의 계약에 의한 병존적 채무인수를 인정하는 데에는 아무 문제가 없으며, 채권자와 인수인 사이의 계약에 의해서도 병존적 채무인수는 성립된다.

㈏ 또한 병존적 채무인수는 채무자의 채무에 대한 담보로서의 기능을 한다는 점에서 면책적 인수계약과 달리 채무자의 의사에 반해서도 유효하게 성립할 수 있다(대판 1988.11.22. 87다카1836).

(2) 채무자와 인수인 사이의 계약

1) 제3자 권리취득의 약정

채무자와 인수인의 계약으로 체결되는 병존적 채무인수는 채권자로 하여금 인수인에 대하여 새로운 권리를 취득하게 하는 것으로 제3자를 위한 계약이다.

> **판례정리** **병존적 채무인수에 해당하는 경우**
>
> ① 부동산매도인과 매수인 사이에 중도금 및 잔금을 매수인이 매도인의 채권자에게 직접 지급하기로 약정한 경우에는 3자를 위한 계약이며, 매수인이 제3자인 채권자의 채무를 인수하는 병존적 채무인수에 해당한다(대판 1997.10.24. 97다28698).
>
> ② 금전소비대차계약으로 인한 채무에 관하여 제3자가 채무자를 위하여 어음이나 수표를 발행하는 것은 특별한 사정이 없는 한 동일한 채무를 병존적으로 인수한 것으로 본다(대판 1998.3.13. 97다52493).

2) 면책적 채무인수의 구별

채무인수가 면책적인가 중첩적인가 하는 것은 채무인수계약에 나타난 당사자 의사의 해석에 관한 문제이고, 채무인수에 있어서 면책적 인수인지, 중첩적 인수인지가 분명하지 아니한 때에는 이를 중첩적으로 인수한 것으로 볼 것이다(대판 2002.9.24. 2002다36228).

3. 병존적 채무인수의 효과

(1) 채무자의 추가

병존적 채무인수의 경우 종래의 채무자가 채무를 면하지 않으며, 인수인은 채무자의 채무와 동일한 내용의 채무를 부담한다. 그러므로 면책적 채무인수와 달리 기존의 담보는 소멸하지 않는다.

(2) 인수인과의 관계

판례는 이원적 기준설에 의한다. 즉 원칙적으로 주관적 공동관계가 있는 연대채무관계로 보며, 인수인이 채무자의 부탁을 받지 아니하여 주관적 공동관계가 없는 경우에는 부진정연대관계로 본다(대판 2009.8.20. 2009다32409).

II. 이행인수

1. 이행인수의 의의

이행인수는 인수인이 채무자에 대해 채무자의 채무를 이행할 것을 약정하는 채무자·인수인 사이의 계약을 말한다.

2. 이행인수의 성립

㈎ 이행인수는 채무자와 인수인 사이의 계약으로 성립하며, 부동산매매계약과 함께 부동산의 매수인이 매매목적물에 관한 근저당권의 피담보채무, 가압류채무 등을 넘겨받으면서 그 채무액을 매매대금에서 공제하기로 하는 계약은 이행인수라고 할 수 있다(대판 2004.7.9. 2004다13083).

㈏ 또한 부동산의 매수인이 매매목적물에 관한 임대차보증금 반환채무 등을 인수하는 한편 그 채무액을 매매대금에서 공제하기로 약정한 경우, 그 인수는 특별한 사정이 없는 이상 매도인을 면책시키는 면책적 채무인수가 아니라 이행인수로 보아야 한다. 즉 면책적 채무인수로 보기 위해서는 이에 대한 채권자 즉 임차인의 승낙이 있어야 한다. 이 경우 임차인이 채무자인 임대인을 면책시키는 것은 그의 채권을 처분하는 행위에 해당한다(대판 2015.5.29. 2012다84370).

3. 이행인수의 효과

(1) 인수인의 지위

1) 사실관계의 정리

甲은 乙에게 1억 원을 대여하고 乙의 X 토지에 저당권을 설정받았다. 그 후 乙은 자신의 X 토지를 丙에게 매도하였으며, 丙은 X 토지에 설정된 저당권의 피담보채무 1억 원을 공제한 3억 원만을 지급하기로 하였다. 저당권이 설정된 부동산의 매수인 丙의 지위가 문제된다.

2) 법률관계의 정리

① 채권자·채무자(매도인)와의 관계

㈎ 이행인수인은 채무자의 채무를 채권자에게 변제하는 등으로 채무자를 면책시킬 의무를 '채무자에 대하여 부담'하지만 채권자에 대한 관계에서 직접 이행의무를 부담하게 되는 것은 아니다(대판 2016.10.27. 2015다239744). 따라서 이를 이행하지 않은 경우에는 채무자에 대한 채무불이행책임을 부담한다.

> **판례정리 | 이행인수계약의 불이행에 따른 손해배상의 범위**
> 이행인수계약의 불이행으로 인한 손해배상의 범위는 원칙적으로 채무자가 채무의 내용에 따른 이행을 하지 않음으로써 생긴 통상의 손해를 한도로 한다. 매수인이 인수하기로 한 근저당권의 피담보채무를 변제하지 않아 원리금이 늘어났다면 그 원리금이 매수인의 이행인수계약 불이행으로 인한 통상의 손해액이 된다(대판 2021.11.25. 2020다294516).

㈏ 丙은 甲에게는 의무를 부담하지 않으므로 乙에게 공제된 금액을 지급하면 지급의무를 다한 것이 된다. 따라서 丙이 乙로부터 현실로 인수한 채무를 지급하지 않아도 乙은 丙의 소유권이전등기청구권의 행사에 대하여 거절할 수 없다(대판 2002.5.10. 2000다18578).

② 乙의 변제에 따른 동시이행관계

㈎ 乙이 丙의 인수채무불이행으로 말미암아 또는 임의로 인수채무를 대신 변제하였다면 이는 丙이 부담하여야할 채무를 乙이 대신 변제한 것이므로 乙은 丙에게 손해배상청구권 또는 구상권을 행사할 수 있다.

㈏ 이 경우 손해배상채무 또는 구상채무는 인수채무의 변형으로서 매매대금지급채무에 갈음한 것의 변형이므로 丙의 손해배상채무 또는 구상채무와 乙의 소유권이전등기 의무는 대가적 의미가 있어 이행상 견련관계에 있다고 인정되므로 동시이행의 관계에 있다(대판 1993.2.12. 92다23193).

(2) 채권자의 지위

1) 채무자에 대한 권리

면책적 채무인수와 달리 이행인수에 의하여 채무자는 면책되는 것은 아니므로 채권자는 여전히 채무자에게 이행을 청구할 수 있다.

2) 인수인에 대한 권리

㈎ 채권자가 이행인수인에게 직접 채권을 취득하는 것은 아니므로 이행인수인에 대하여 채무의 이행을 청구할 권리를 가지지 않으나 이행인수인이 채무를 이행하지 않은 경우 채무자는 이행인수인에게 채권자에게 이행을 청구하라는 청구를 할 수 있고 채권자는 이러한 채무자의 이행청구권을 대위하여 이행인수인에게 청구할 수 있다(대판 2009.6.11. 2008다75072).

㈏ 한편 소멸시효 중단사유인 채무의 승인은 시효이익을 받을 당사자나 대리인만 할 수 있으므로 이행인수인이 채권자에 대하여 채무자의 채무를 승인하더라도 다른 특별한 사정이 없는 한 시효중단 사유가 되는 채무승인의 효력은 발생하지 않는다(대판 2016.10.27. 2015다239744).

Ⅲ. 계약인수

1. 계약인수의 의의

계약인수는 계약당사자 중 일방이 포괄적으로 당사자의 지위를 제3자에게 이전하면서 자신은 계약관계로부터 탈퇴하고, 그 제3자가 당사자의 지위를 승계하는 것을 목적으로 하는 계약이다. 민법상 명문의 규정이 없으나 계약자유의 원칙상 당연히 인정된다(대판 1982.10.26. 82다카508).

2. 계약인수의 성립

계약인수는 통상적으로 원 계약당사자와 인수인 사이의 3면계약에 의해 행하여지는 것이 보통이지만, 원 계약당사자의 일방과 인수인이 인수계약을 하고 원 계약의 상대방이 이에 동의 내지 승낙하는 방법으로도 할 수 있다(대판 2020.12.10. 2020다245958).

3. 계약인수의 효과

양도대상이 되는 계약으로부터 발생된 채권·채무가 이전되는 것은 물론이고, 그 계약의 내용에 따라 장래 발생하게 될 채권·채무도 양수인을 주체로 하여 발생한다. 계약인수의 경우에는 채무인수와 달리 그 계약관계로부터 생기는 취소권·해제권 등의 권리·의무도 포괄적으로 이전된다.

> **판례정리 계약인수의 효과(개별적인 대항요건을 구비하여야 하는지 여부)**
> 계약인수는 개별 채권과 채무의 이전을 목적으로 하는 것이 아니라 다수의 채권과 채무를 포함한 계약당사자로서의 지위의 포괄적 이전을 목적으로 하는 것으로서 계약당사자 3인의 관여에 의해 비로소 효력을 발생하므로 **채무자 보호를 위해 개별 채권양도에서 요구되는 대항요건은 계약인수에서는 별도로 요구되지 않는다**(대판 2020.12.10. 2020다245958).

연습문제

01 〈노무사 2019〉

채무인수에 관한 설명으로 옳은 것은? (다툼이 있으면 판례에 따름)

① 채권자와 인수인의 계약에 의한 중첩적 채무인수는 채무자의 의사에 반하여 할 수 없다.
② 채무자와 인수인의 계약에 의한 면책적 채무인수는 채권자의 승낙이 없더라도 유효하다.
③ 면책적 채무인수로 인하여 종래의 채무가 소멸하는 것은 아니므로 특별한 사정이 없는 한 종래의 채무를 담보하는 저당권도 당연히 소멸하지는 않는다.
④ 채무인수가 면책적 인수인지, 중첩적 인수인지 분명하지 않은 때에는 이를 면책적 채무인수로 본다.
⑤ 부동산 매수인이 매매목적물에 설정된 저당권의 피담보채무를 인수하는 한편 그 채무액을 매매대금에서 공제하기로 약정한 경우, 특별한 사정이 없는 한 이는 매도인을 면책시키는 채무인수로 본다.

해설 | ③ (○) 면책적 채무인수라 함은 채무의 동일성을 유지하면서 이를 종래의 채무자로부터 제3자인 인수인에게 이전하는 것을 목적으로 하는 계약을 말하는바, 채무인수로 인하여 인수인은 종래의 채무자와 지위를 교체하여 새로이 당사자로서 채무관계에 들어서서 종래의 채무자와 동일한 채무를 부담하고 동시에 종래의 채무자는 채무관계에서 탈퇴하여 면책되는 것일 뿐 종래의 채무가 소멸하는 것이 아니므로, 채무인수로 종래의 채무가 소멸하였으니 저당권의 부종성으로 인하여 당연히 소멸한 채무를 담보하는 저당권도 소멸한다는 법리는 성립하지 않는다(대판 1996.10.11. 96다27476).

정답 | ③

02 〈노무사 2013〉

채무인수·이행인수에 관한 설명으로 옳지 않은 것은? (다툼이 있는 경우는 판례에 의함)

① 채무자와 인수인 사이에 이루어진 병존적 채무인수 약정은 일종의 제3자를 위한 계약이다.
② 채무인수가 면책적인지 병존적인지 불분명한 때에는 병존적으로 채무를 인수한 것으로 본다.
③ 채권자는 채무자로부터 이행을 인수한 인수인에게 직접 채무의 이행을 청구할 수 있다.
④ 금전채무를 면책적으로 인수한 자는 채권자에 대한 자신의 반대채권으로 인수채무를 상계할 수 있다.
⑤ 채권자의 채무인수에 대한 승낙은 다른 의사표시가 없으면 인수한 때로의 소급하여 효력이 생긴다.

해설 | ③ (×) 채권자가 이행인수인에게 직접 채권을 취득하는 것은 아니므로 이행인수인에 대하여 채무의 이행을 청구할 권리를 가지지 않는다.

정답 | ③

CHAPTER 06

채권의 소멸

| PART 01 | **PART 02 채권총론** | PART 03 |

　채권의 소멸이란 채권이 절대적·객관적으로 존재하지 않게 되는 것을 말하며, 채권소멸의 원인이 발생하였을 때에는 그때부터 채권은 법률상 당연히 소멸한다. 일단 소멸된 채권은 당사자의 계약에 의하더라도 부활될 수 없다. 민법은 채권의 본래적 소멸원인인 변제 이외에 대물변제(계약), 공탁(계약), 상계(단독행위), 경개(계약), 면제(단독행위), 그리고 혼동(사건)을 채권의 일반적 소멸원인으로 규정하고 있다. 또한 채권도 일종의 권리이므로, 소멸시효의 완성, 권리존속기간의 만료 등 권리일반의 소멸원인에 의해서 소멸하는 것은 당연하다. 이 외에 채권의 고유한 소멸원인으로 채권이 채무자의 귀책사유 없는 급부불능에 의하여 소멸하는 경우를 들 수 있다. 이하에서 살펴보기로 한다.

제1절　변 제

1 변제 일반론

Ⅰ. 변제의 의의
　변제는 채무자 또는 제3자의 채무내용에 좇은 급부행위의 사실상 실현으로 충족되는 법률요건으로서, 채권의 소멸이라는 법률효과를 발생시킨다. 급부가 당해 채무의 내용에 좇아 실현될 때에 비로소 변제로 되며 채무는 소멸하게 된다.

Ⅱ. 변제의 성질
　변제는 법률행위가 아닌 사실행위에 해당하므로 변제의사와 행위능력을 요하지 않는다. 또한 변제 그 자체는 법률행위가 아니므로 행위제한능력, 착오, 사기·강박을 이유로 이를 취소할 수 없다.

2 변제의 제공

Ⅰ. 변제제공의 의의

변제제공은 채무자가 자기 편에서 해야 할 일을 다 하는 것을 의미한다. 특히 채권자의 협력이 있으면 변제가 실현될 수 있는 것이어야 하므로 채무의 내용에 좇은 것이어야 한다. 변제제공의 방법으로 민법은 현실제공과 구두제공의 두 가지를 규정하고 있다.

Ⅱ. 변제제공의 방법

> 제460조(변제제공의 방법) 변제는 채무내용에 좇은 현실제공으로 이를 하여야 한다. 그러나 채권자가 미리 변제받기를 거절하거나 채무의 이행에 채권자의 행위를 요하는 경우에는 변제준비의 완료를 통지하고 수령을 최고하면 된다.

1. 원칙 - 현실제공

(1) 금전지급채무

1) 즉시수령의 상태

금전채무의 경우 현실제공은 특별한 사정이 없는 한 채권자가 급부를 즉시 수령할 수 있는 상태에 있어야 한다. 따라서 채무자가 채무내용에 좇은 급부를 제공하면서도 채권자가 그 급부를 즉시 수령하기 어려운 장애요인을 형성·유지한 경우에는 현실제공이 있다고 할 수 없다(대판 2012.10.11. 2011다17403).

2) 전액지급의 원칙

채무액의 일부제공은 채권자의 승낙이 없는 한 채무의 내용에 좇은 제공으로 되지 않는다. 다만, 제공된 금전이 근소하게 부족할 경우에는 이를 이유로 변제제공을 무효로 하는 것은 신의칙에 반하므로 변제제공의 효과가 발생한다(대판 1988.3.22. 86다카909).

3) 통화지급의 원칙

금전채무의 변제는 통화로 하는 것이 원칙이나(제376조), 금융기관이 발행한 자기앞수표를 교부하는 방법에 의한 이행도 적법한 변제의 제공으로 본다.

(2) 등기이전채무

1) 원 칙

부동산매도인의 등기절차의무이행에는 상대방의 행위를 요하므로 현실의 제공을 할 수 있는 정도로 등기절차에 필요한 일체의 서류준비를 완료하고 그 뜻을 통지하여 그 수령을 최고하면 된다. 물론 등기이전을 해줄 수 있는 준비 또는 태세를 갖추고 있었다는 사정만으로는 이행제공으로 볼 수 없다(대판 2008.4.24. 2008다3053, 3060).

2) 예외

상대방이 비협조적인 태도를 취하는 경우, 즉 매수인이 계약의 이행에 비협조적인 태도를 취하면서 잔대금의 지급을 미루는 등 소유권이전등기서류를 수령할 준비를 하지 않는 경우에는 매도인으로서도 그에 상응한 이행의 준비를 하면 족하다(대판 1992.11.10. 92다36373).

2. 예외 - 구두제공

(1) 구두제공이 필요한 경우

채권자가 미리 변제받기를 거절한 경우나 채무의 이행에 채권자의 행위를 요하는 경우에는 구두제공이 필요하다. 구두의 제공이 되기 위해서는 채무자가 변제의 준비를 마친 후 이를 통지하고 수령을 최고하여야 한다. 채무자의 구두제공으로 채권자는 수령지체에 빠지게 된다.

(2) 명백한 이행거절의 경우

매수인이 잔대금지급의무를 이행하고 소유권이전등기를 넘겨받을 의사가 없음을 미리 표시한 것으로 볼 수 있는 객관적인 명백한 사정이 있는 경우 매수인이 이를 번복할 가능성이 있다고 볼 만한 다른 특별한 사정이 없는 한, 이러한 경우까지 매도인에게 구두제공의 방법으로라도 자기의 반대채무를 이행제공할 것을 요구할 것은 아니다(대판 1995.4.28. 94다16083).

Ⅲ. 변제제공의 효과

1. 채무불이행책임의 면제

변제의 제공은 그 때로부터 채무불이행의 책임을 면하게 한다(제461조). 변제의 제공에 의하여 변제가 되는 것은 아니므로 채무가 소멸하는 것은 아니다.

2. 동시이행항변권의 상실

쌍무계약에 있어서 당사자 일방의 변제제공으로 상대방은 동시이행의 항변권을 상실한다. 이때 변제의 제공은 계속되어야 한다(대판 1972.3.28. 72다163).

3 변제 당사자

Ⅰ. 변제자

1. 채무자

채무자는 변제를 하여야 할 의무를 지고 있을 뿐만 아니라 변제를 할 수 있는 권한을 가지고 있다. 채무를 이행함에 있어 채무의 성질상 채무자 본인의 행위에 의해서만 가능한 것이 아닌 이상 대리인 또는 이행보조자를 통하여 변제할 수도 있다(대판 2001.6.15. 99다13515).

2. 제3자

> 제469조(제3자의 변제) ① 채무의 변제는 제3자도 할 수 있다. 그러나 채무의 성질 또는 당사자의 의사표시로 제3자의 변제를 허용하지 아니하는 때에는 그러하지 아니하다. ② 이해관계 없는 제3자는 채무자의 의사에 반하여 변제하지 못한다.

(1) 원 칙

급부의 성질상 제3자에 의한 변제가 인정되는 경우, 원칙적으로 제3자는 채무자의 본래 채무를 변제할 수 있다. 제3자 변제가 유효한 때에는 채권은 소멸한다.

(2) 예 외

1) 제3자 변제가 제한되는 경우

채무의 성질이 제3자의 변제를 허용하지 않는 경우, 당사자의 의사표시로 제3자의 변제를 허용하지 않는 경우, 이해관계 없는 제3자의 변제로서 채무자의 의사에 반하는 경우에는 제3자의 변제가 제한된다. 특히 제3자 변제금지의 특약이 있는 경우에는 이해관계 있는 제3자라도 변제할 수 없다.

2) 법률상 이해관계자의 변제

㈎ 법률상 이해관계를 가진 자란 변제할 정당한 이익을 가지는 자로서, '변제하지 않으면 집행을 받게 될 지위에 있는 자'와 '변제하지 않으면 채무자에 대한 자기의 권리를 상실하게 되는 자'가 이에 해당한다(대판 1980.4.22. 79다1980).

㈏ 따라서 사실상의 이해관계를 가진 것에 불과한 자는 채무자의 의사에 반하여 변제할 수 없고 설령 변제가 행하여진 경우에 이는 무효이다.

II. 수령자

1. 채권자(수령권한 있는 자)

채권자(그의 대리인 또는 보조자)가 변제수령자인 것이 원칙이나, 채권자 이외의 변제수령권자로서는 채권자로부터 추심위임을 받은 대리인 및 법률상 또는 법원의 선임에 의하여 수령권한을 부여받은 자를 들 수 있다.

2. 표현수령권자에 대한 변제

(1) 채권의 준점유자

> 제470조(채권의 준점유자에 대한 변제) 채권의 준점유자에 대한 변제는 변제자가 선의이며 과실 없는 때에 한하여 효력이 있다.

1) 요 건

① 채권의 준점유자에 대한 변제

채권의 준점유자란 거래의 관념상 진정한 채권자라고 믿게 할 외관을 갖춘 자로서 실질적으로 변제를 수령할 권한이 없는 자를 의미한다. 따라서 변제수령의 권한이 있는 자에 대하여는 제470조의 법리가 적용될 수 없다.

> **[판례정리] 채권의 준점유자에 해당하는지가 문제되는 경우**
> ① 채권의 준점유자에는 스스로 채권자 본인이라고 하면서 채권을 행사하는 자는 물론이고 채권자의 대리인이라고 하면서 채권을 행사하는 자도 포함된다(대판 2004.4.23. 2004다5389).
> ② 인지판결이 확정되기 전의 정당한 상속인이 채무자에 대하여 소를 제기하고 승소판결까지 받았다면, 그러한 표현상속인에 대한 채무자의 변제는 채권의 준점유자에 대한 변제로서 적법하다(대판 1995.1.24. 93다32200).

② 변제자의 선의·무과실의 변제

㈎ 선의란 준점유자에게 변제수령의 권한이 없음을 알지 못하는 소극적 의미가 아니라 적극적으로 수령권한이 있다고 믿는 것을 의미한다(통설). 변제자의 선의·무과실의 증명책임은 변제자 자신이 부담한다(대판 1999.4.27. 98다61593).

㈏ 효력규정인 강행법규에 위반되는 계약을 체결한 자가 변제를 한 경우에, 법률적 검토를 제대로 하지 않은 과실에 기인한 것이다(대판 2004.6.11. 2003다1601).

2) 효 과

채권의 준점유자에 대한 변제가 유효하게 행해진 경우에는 채권은 소멸하고 이러한 효과는 확정적·절대적이므로 변제자는 표현수령권자에게 반환을 청구할 수 없으며 채권자는 변제자에게 이행청구나 손해배상청구를 할 수 없다. 다만 채권자는 표현수령권자에 대해 부당이득반환청구 또는 불법행위에 기한 손해배상청구를 할 수 있을 뿐이다(대판 1980.9.30. 78다1292).

(2) 영수증의 소지자

영수증소지자가 무권한자인 경우에도 채무자가 선의이며 과실 없이 변제를 한 때에는 유효한 변제가 된다(제471조). 이 경우 영수증은 수령증을 작성할 권한 있는 자에 의해 작성된 진정한 것이어야 한다.

3. 권한 없는 자에 대한 변제

변제수령권자는 원칙적으로 채권자이며, 변제수령권한이 없는 자의 변제는 원칙적으로 효력이 없으나 무효인 변제에 의하여 '채권자가 사실상의 이익을 받은 경우'에는 그 한도에서 변제가 유효하고 채권은 소멸한다(제472조).

> **판례정리 | 채권자가 사실상 이익을 받은 경우의 의미**
> '채권자가 이익을 받은' 경우에는 변제의 수령자가 진정한 채권자에게 채무자의 변제로 받은 급부를 전달한 경우는 물론이고, 그렇지 않더라도 무권한자의 변제수령을 채권자가 사후에 추인한 때와 같이 무권한자의 변제수령을 채권자의 이익으로 돌릴만한 실질적 관련성이 있는 경우도 포함된다(대판 2012.10.25. 2010다32214).

4 변제의 내용

Ⅰ. 변제 목적물의 인도

1. 특정물의 현상인도

제462조(특정물의 현상인도) 특정물의 인도가 채권의 목적인 때에는 채무자는 이행기의 현상대로 그 물건을 인도하여야 한다.

2. 불특정물의 인도

제463조(변제로서의 타인의 물건의 인도) 채무의 변제로 타인의 물건을 인도한 채무자는 다시 유효한 변제를 하지 아니하면 그 물건의 반환을 청구하지 못한다.

제464조(양도능력 없는 소유자의 물건인도) 양도할 능력 없는 소유자가 채무의 변제로 물건을 인도한 경우에는 그 변제가 취소된 때에도 다시 유효한 변제를 하지 아니하면 그 물건의 반환을 청구하지 못한다.

제465조(채권자의 선의소비, 양도와 구상권) ① 전2조의 경우에 채권자가 변제로 받은 물건을 선의로 소비하거나 타인에게 양도한 때에는 그 변제는 효력이 있다. ② 전항의 경우에 채권자가 제3자로부터 배상의 청구를 받은 때에는 채무자에 대하여 구상권을 행사할 수 있다.

Ⅱ. 변제의 시기와 장소

1. 변제의 시기

㈎ 변제의 시기는 원칙적으로 이행기이다. 그러나 채무자가 기한의 이익을 상실한 경우(제388조)에는 채권자는 변제기가 도래하기 이전에도 변제를 청구할 수 있다.

㈏ 한편 채무자는 기한의 이익을 포기하면서(제153조 2항) 변제기 이전이라도 변제할 수 있으나, 기한의 이익이 채권자를 위해서도 있다면 채무자는 변제기 이전의 변제로 인하여 채권자가 입게 될 손해를 배상하여야 한다(제468조 단서).

2. 변제의 장소

㈎ 변제의 장소는 1차적으로 당사자의 의사표시 또는 채무의 성질에 의해 결정된다.

특히 특정물의 인도를 목적으로 하는 채무에 있어서는 채권성립 당시 그 물건이 있던 장소가 변제의 장소로 된다(제467조 1항).

㈏ 특정물인도 이외의 급부를 목적으로 하는 채무, 종류채무에 있어서는 채권자의 현주소가 변제의 장소이다. 그러나 영업에 관한 채무의 변제는 채권자의 현영업소에서 하여야 한다(제467조 2항). '현영업소'는 변제 당시를 기준으로 그 채무와 관련된 채권자의 영업소로서 주된 영업소(본점)에 한정되는 것이 아니라 채권추심업무를 실제로 담당하는 영업소까지 포함된다(대결 2022.5.3. 2021마6868).

Ⅲ. 변제의 비용과 증거

1. 변제의 비용

> 제473조(변제비용의 부담) 변제비용은 다른 의사표시가 없으면 채무자의 부담으로 한다. 그러나 채권자의 주소이전 기타의 행위로 인하여 변제비용이 증가된 때에는 그 증가액은 채권자의 부담으로 한다.

변제의 비용은 '채무자'가 부담한다. 한편 계약의 비용은 특약이 없는 한 당사자 채무자가 아닌 '쌍방이 균분'하여 부담한다.

2. 변제의 증거

(1) 영수증 교부청구권

변제자는 변제를 받은 자에게 영수증을 청구할 수 있다(제474조). 영수증이 증거서류라는 점에서 '변제와 영수증의 교부는 동시이행의 관계'에 있다.

(2) 채권증서반환청구권

㈎ 채권의 성립을 증명하는 서면인 채권증서가 있는 경우에 변제자가 채무 전부를 변제하였다면 그 채권증서의 반환을 청구할 수 있다(제475조).

㈏ 그러나 채무의 일부를 변제한 자는 채권증서의 반환을 청구할 수 없고, 일부변제가 있었다는 뜻을 기재해줄 것을 채권자에게 청구할 수 있을 뿐이다. 채권증서의 반환은 영수증과 달리 변제와 동시이행의 관계가 아니다.

> **판례정리 채권증서의 반환과 채권소멸의 추정**
> 채권증서반환청구권은 채무 전부를 변제하는 등 채권이 소멸한 경우에 인정되므로, 채권자가 채무자로부터 채권증서를 교부받은 후 이를 다시 채무자에게 반환하였다면 특별한 사정이 없는 한 그 채권은 변제 등의 사유로 소멸하였다고 추정할 수 있다(대판 2011.11.24. 2011다74550).

5 변제의 효과

Ⅰ. 변제의 충당

1. 의의·방법

㈎ 변제로서 제공한 급부가 그 채무의 전부를 소멸시키는 데 충분하지 않을 때 그 급부를 가지고 어느 채무 또는 어느 급부의 변제에 먼저 충당할 것인가를 정하는 문제이다.

㈏ 변제충당의 순서는 일차적으로 당사자 사이의 자유로운 합의에 의하여 정할 수 있으나, 당사자 사이의 계약이 없는 경우에는 당사자 일방의 지정에 의하여, 당사자 일방의 지정도 없는 경우에는 법정충당에 의하여 결정된다.

2. 합의충당

(1) 합의충당의 우선 적용

변제충당에 관한 민법 제476조 내지 제479조의 규정은 임의규정이므로 변제자(채무자)와 변제수령자(채권자)는 약정에 의하여 위 각 규정을 배제하고 제공된 급부를 어느 채무에 어떤 방법으로 충당할 것인가를 결정할 수 있고, 변제자와 변제수령자 사이의 계약에 의해 충당방법이 우선하여 적용된다(대판 1999.11.26. 98다27517).

> **[판례정리] 경락대금배당 시 충당합의의 제한**
> 담보권의 실행 등을 위한 경매에 있어서 배당금이 동일 담보권자가 가지는 수개의 피담보채권의 전부를 소멸시키기에 부족한 경우, 합의에 의한 변제충당은 물론 지정에 의한 변제충당은 허용될 수 없다. 이 경우에는 법정변제충당의 방법에 따라 충당을 하여야 한다(대판 2000.12.8. 2000다51339).

(2) 변제충당에 관한 약정

변제가 채권자에 대한 모든 채무를 소멸시키기에 부족한 경우 채권자가 적당하다고 인정하는 순서와 방법에 의하여 충당하기로 한 것이라면, 채권자가 위 약정에 터잡아 스스로 적당하다고 인정하는 순서와 방법에 좇아 변제충당을 한 이상 채무자에 대한 '의사표시와 관계없이' 그 충당의 효력이 있다(대판 2015.6.11. 2012다10386).

(3) 기존충당방법의 배제

변제자(채무자)와 변제수령자(채권자)는 변제로 소멸한 채무에 관한 보증인 등 이해관계 있는 제3자의 이익을 해하지 않는 이상 이미 급부를 마친 뒤에도 기존의 충당방법을 배제하고 제공된 급부를 어느 채무에 어떤 방법으로 '다시 충당할 것인가를 약정'할 수 있다(대판 2013.9.12. 2012다118044).

3. 지정충당

> **제476조(지정변제충당)** ① 채무자가 동일한 채권자에 대하여 같은 종류를 목적으로 한 수개의 채무를 부담한 경우에 변제의 제공이 그 채무 전부를 소멸하게 하지 못하는 때에는 변제자는 그 당시 어느 채무를 지정하여 그 변제에 충당할 수 있다. ② 변제자가 전항의 지정을 하지 아니할 때에는 변제받는 자는 그 당시 어느 채무를 지정하여 변제에 충당할 수 있다. 그러나 변제자가 그 충당에 대하여 즉시 이의를 한 때에는 그러하지 아니하다. ③ 전2항의 변제충당은 상대방에 대한 의사표시로써 한다.

(1) 변제자에 의한 충당

제1순위의 충당지정권자는 변제자이다. 이 경우 변제수령자의 동의는 필요하지 않으며 또한 수령자는 이의를 제기할 수 없다.

(2) 수령자에 의한 충당

변제자가 변제 시에 변제의 충당을 하지 않을 때에는 그 다음 순위자로서 변제수령자가 변제자에 대한 의사표시로서 변제의 충당을 할 수 있다. 변제수령자의 지정충당에 대해 변제자가 즉시 이의를 제기한 때에는 그 충당은 효력을 잃고, 변제는 법정충당에 의해 결정된다.

(3) 지정충당 시의 제한

원본 이외의 이자 및 비용채무의 전부를 소멸시키기에 충분하지 않은 급부를 한 경우에는, 비용 → 이자(지연손해금) → 원본의 순서로 충당해야 한다(제479조 1항). 일방 당사자의 의사에 의해서는 그 순서를 변경할 수 없다(대판 2005.8.19. 2003다22042).

4. 법정충당

> **제477조(법정변제충당)** 당사자가 변제에 충당할 채무를 지정하지 아니한 때에는 다음 각호의 규정에 의한다.
> 1. 채무 중에 이행기가 도래한 것과 도래하지 아니한 것이 있으면 이행기가 도래한 채무의 변제에 충당한다.
> 2. 채무 전부의 이행기가 도래하였거나 도래하지 아니한 때에는 채무자에게 변제이익이 많은 채무의 변제에 충당한다.
> 3. 채무자에게 변제이익이 같으면 이행기가 먼저 도래한 채무나 먼저 도래할 채무의 변제에 충당한다.
> 4. 전2호의 사항이 같은 때에는 그 채무액에 비례하여 각 채무의 변제에 충당한다.

(1) 법정충당의 순서

1) 이행기도래의 선후

채무 중에 이행기가 도래한 것과 도래하지 않은 것이 있으면 먼저 이행기가 도래한 채무의 변제에 충당한다.

2) 변제이익의 다과

변제 당시를 기준으로 채무의 전부의 이행기가 도래하였거나 또는 도래하지 않은 때에는 먼저 채무자에게 변제이익이 많은 채무의 변제에 충당한다. 채무자에 대해 변제이익이 같으면 이행기가 먼저 도래한 채무나 또는 먼저 도래할 채무의 변제에 충당한다.

> **판례정리 변제이익 다과에 대한 판례의 정리**
> ① 보증인이 있는 채무와 보증인이 없는 채무 사이에 변제이익의 점에서는 차이가 없다고 보아야 하므로(대판 1999.8.24. 99다26481), 보증기간 중의 채무와 보증기간 종료 후의 채무 사이에서는 변제이익의 점에서 차이가 없고, 마찬가지로 변제자가 채무자인 경우 물상보증인이 제공한 물적담보가 있는 채무와 그러한 담보가 없는 채무 사이에도 변제이익의 점에서 차이가 없다(대판 2021.1.28. 2019다207141).
> ② 변제이익의 다과는 변제자를 기준으로 판단하므로 제3자가 발행 또는 배서한 약속어음이 교부된 채무와 다른 채무 사이에는 변제이익의 점에서 차이가 없다. 그러나 '자신이 발행 또는 배서'한 어음이 교부된 채무는 다른 채무보다 변제이익이 많다(대판 1999.8.24. 99다22281).
> ③ 여러 명의 연대채무자 또는 연대보증인에 대하여 원금이나 지연손해금에 채무자들이 공동으로 부담하는 부분과 공동으로 부담하지 않는 부분이 생긴 경우에 어느 채무자가 채무 일부를 변제한 때에는 그 변제자가 부담하는 채무 중 공동으로 부담하지 않는 부분의 채무 변제에 우선 충당되고 그 다음 공동 부담 부분의 채무 변제에 충당된다(대판 2013.3.14. 2012다85281).

3) 채무액의 비례충당

이상의 기준에 의해 변제충당의 선후가 정해지지 않을 경우, 각 채무는 그 채무액에 비례하여 충당한다.

(2) 법정충당의 증명

채무자가 특정한 채무의 변제조로 금원 등을 지급한 사실을 주장하고 채권자는 이를 수령한 사실을 인정하고서 다만 타 채무의 변제에 충당하였다고 주장하는 경우, '채권자'는 타채권이 존재하는 사실과 타 채권에 대한 변제충당의 합의가 있었다거나 타 채권이 법정충당의 우선순위에 있다는 사실을 주장 및 증명하여야 한다(대판 2014.1.23. 2011다108095).

Ⅱ. 변제자대위

1. 변제자대위의 의의

변제에 의한 대위는 채무자 또는 제3자와 함께 채무를 부담하는 자 등이 채무자를 위해 변제한 경우에, 채무자에 대해 구상할 수 있는 범위에서 채권자의 '채권 및 그 담보에 관한 권리'를 행사할 수 있는 제도이다. 구상권과 변제자대위권은 원본, 변제기, 이자, 지연손해금의 유무 등에 있어서 내용이 다른 별개의 권리이다(대판 2015.11.12. 2013다214970).

2. 변제자대위의 요건

(1) 구상권의 발생

변제·대물변제·공탁·상계 등 자기의 출재로 면책행위를 하였을 것이 필요하다. 이에 변제자가 채무자에게 구상권을 가져야 한다. 불가분채무자·연대채무자·보증인·물상보증인은 개별규정에 의하여 구상권이 인정된다. 따라서 채무자에 대한 구상권이 없는 경우에는 채권자를 대위하여 채권자의 채권 및 담보에 관한 권리를 행사할 수 없다(대판 2014.4.30. 2013다80429, 80436).

> **판례정리 — 면책적 채무인수와 구상권의 발생 여부(부정)**
> 구상권 취득의 요건인 '채무의 변제'라 함은 채무의 내용인 급부가 실현되고 이로써 채권이 그 목적을 달성하여 소멸하는 것을 의미하므로, 기존 채무가 동일성을 유지하면서 인수당시의 상태로 종래의 채무자로부터 인수인에게 이전할 뿐 기존 채무를 소멸시키는 효력이 없는 면책적 채무인수는 설령 이로 인하여 기존 채무자가 채무를 면한다고 하더라도 이를 가리켜 채무가 변제된 경우에 해당한다고 할 수 없다(대판 2019.2.14. 2017다274703).

(2) 법정대위의 경우

제481조(변제자의 법정대위) 변제할 정당한 이익이 있는 자는 변제로 당연히 채권자를 대위한다.

변제할 정당한 이익을 가지는 자에는 불가분채무자·연대채무자·보증인·연대보증인·물상보증인, 담보물의 제3취득자가 포함된다. 이행인수인도 채무를 이행하지 아니하는 경우에는 채무자에 대하여 채무불이행의 책임을 지므로 변제할 정당한 이익이 있다(대결 2012.7.16. 2009마461).

(3) 임의대위의 경우

(가) 변제할 정당한 이익이 없는 자라 하더라도 채무자를 위해 변제한 자는 변제와 동시에 채권자의 승낙을 얻어 채권자를 대위할 수 있다(제480조 1항).

(나) 임의대위에서는 대위변제자가 제3자에게 대항하기 위하여 확정일자 있는 증서에 의한 대위의 통지나 승낙이 필요하고, 제3자라 함은 변제대위의 목적인 그 채권 자체에 관하여 대위변제자와 양립할 수 없는 법률상 지위에 있는 자만을 의미한다(대판 1996.2.23. 94다21160).

3. 변제자대위의 효과

(1) 대위자와 채무자 사이의 효과

1) 원채권과 담보권의 법정·당연대위

제482조(변제자대위의 효과, 대위자간의 관계) ① 전2조의 규정에 의하여 채권자를 대위한 자는 자기의 권리에 의하여 구상할 수 있는 범위에서 채권 및 그 담보에 관한 권리를 행사할 수 있다.

㈎ 변제대위자가 채무자에 대해 행사할 수 있는 채권의 범위에는 원채권에 기초한 이행청구권·손해배상청구권 이외에 채권자대위권·채권자취소권 및 담보에 관한 권리로서 물적담보권 이외에 보증인·연대보증인에 대한 인적담보권도 포함된다(대판 2000.1.21. 97다1013).

㈏ 그러나 대위하여 행사할 수 있는 권리는 구상권 확보를 목적으로 하는 권리로 한정되므로 계약당사자로서의 지위를 이전받는 것은 아니므로 계약의 해제권이나 해지권 등은 대위의 대상이 될 수 없다(대판 2017.7.18. 2015다206973).

> **[판례정리] 우선회수특약의 대위 내지 이전 여부**
> 변제로 채권자를 대위하는 사람이 구상권 범위에서 행사할 수 있는 '채권 및 그 담보에 관한 권리'에는 채권자와 채무자 사이에 채무의 이행을 확보하기 위한 특약이 있는 경우에 특약에 기하여 채권자가 가지는 권리도 포함되나, 채권자와 일부 대위변제자 사이의 약정에 지나지 아니하는 '우선회수특약'이 '채권 및 그 담보에 관한 권리'에 포함된다고 보기는 어렵다. 이러한 사정들을 고려하면, '우선회수특약'에 따른 권리까지 당연히 대위하거나 이전받게 된다고 볼 수는 없다(대판 2017.7.18. 2015다206973).

2) 일부변제 시 채권자와의 우열관계

제483조(일부의 대위) ① 채권의 일부에 대하여 대위변제가 있는 때에는 대위자는 그 변제한 가액에 비례하여 채권자와 함께 그 권리를 행사한다.

① 일부대위자의 권리행사

본조에서 규정하고 있는 '함께'는 공동으로 행사한다는 것을 의미하므로 대위권리가 가분적이라 하더라도 일부대위자 단독으로 권리를 행사할 수 없고, 담보권의 경우에도 단독으로 경매를 신청할 수 없다.

② 채권자와의 우열관계

채권자는 대위변제자에게 일부 대위변제에 따른 저당권의 일부이행의 부기등기를 경료해주어야 할 의무가 있으나, 이 경우 '채권자는 일부대위변제자에 대하여 우선변제권'을 가지고 있다(대판 2009.11.26. 2009다57545, 57552).

③ 일부대위자 간의 관계

수인이 시기를 달리하여 채권의 일부씩을 대위변제하고 근저당권 일부 이전의 부기등기를 각 경료한 경우 그들은 변제한 가액에 비례하여 근저당권을 준공유하고 있다고 보아야 하고, 그 근저당권을 실행하여 배당함에 있어서는 다른 특별한 사정이 없는 한 '각 변제채권액에 비례'하여 안분배당하여야 한다(대판 2001.1.19. 2000다37319).

(2) 법정대위자 상호간의 효과

1) 보증인과 담보물의 제3취득자의 관계

> **제482조(변제자대위의 효과, 대위자간의 관계)** ② 전항의 권리행사는 다음 각 호의 규정에 의하여야 한다.
> 1. 보증인은 미리 전세권이나 저당권의 등기에 그 대위를 부기하지 아니하면 전세물이나 저당물에 권리를 취득한 제3자에 대하여 채권자를 대위하지 못한다.
> 2. 제3취득자는 보증인에 대하여 채권자를 대위하지 못한다.

① 보증인이 변제한 경우

㈎ 보증인이 변제한 경우, 그 보증인은 전세물이나 저당물에 대한 권리를 취득한 제3자에 대하여 채권자를 대위한다. 다만, 이를 위해서 보증인은 미리 전세권이나 저당권의 등기에 그 대위를 부기하여야 한다. 여기서 '미리'라는 뜻은 보증인이 변제한 후에 제3취득자가 권리를 취득하기 전에 대위의 부기등기를 하면 되는 것으로 해석된다(판례).

> **[판례정리] 보증인과 저당물의 제3취득자 상호간의 대위관계**
> 보증인이 채무를 변제한 후 저당권 등의 등기에 관하여 대위의 부기등기를 하지 않고 있는 동안 제3취득자가 목적부동산에 대하여 권리를 취득한 경우 보증인은 제3취득자에 대하여 채권자를 대위할 수 없다. 그러나 제3취득자가 목적부동산에 대하여 권리를 취득한 후 채무를 변제한 보증인은 대위의 부기등기를 하지 않고도 대위할 수 있다고 보아야 한다(대판 2020.10.15. 2019다222041).

㈏ 다만 저당부동산에 대하여 후순위 근저당권을 취득한 제3자는 민법 제364조에서 정한 저당권소멸청구권을 행사할 수 있는 제3취득자에 해당하지 아니하므로, 보증인은 미리 저당권의 등기에 그 대위를 부기하지 않고서도 저당물에 후순위 근저당권을 취득한 제3자에 대하여 채권자를 대위할 수 있다(대판 2013.2.15. 2012다48855).

② 제3취득자가 변제한 경우

제3취득자는 등기부를 열람하여 담보권이 존재하는 것을 알고 취득한 것이므로 변제자대위와 관련해서는 제3취득자보다는 보증인을 보호할 필요가 있기 때문에 제3취득자 역시 변제할 수 있으나 보증인에 대하여 채권자를 대위하지는 못한다.

> **[판례정리] 물상보증인과 채무자 소유 부동산의 제3취득자와의 관계**
> 물상보증인이 채무를 변제하거나 담보권의 실행으로 소유권을 잃은 때에는 보증채무를 이행한 보증인과 마찬가지로 채무자로부터 담보부동산을 취득한 제3자에 대하여 구상권의 범위 내에서 출재한 전액에 관하여 채권자를 대위할 수 있는 반면, 당초 채무 전액에 대한 담보권의 부담을 각오하고 채무자로부터 담보부동산을 취득한 제3자는 채무를 변제하거나 담보권의 실행으로 소유권을 잃더라도 물상보증인에 대하여 채권자를 대위할 수 없다(대판 2014.12.18. 2011다50233 전원합의체).

2) 물상보증인과 보증인의 관계

> 제482조(변제자대위의 효과, 대위자간의 관계) ② 전항의 권리행사는 다음 각 호의 규정에 의하여야 한다.
> 5. 자기의 재산을 타인의 채무의 담보로 제공한 자와 보증인간에는 그 인원수에 비례하여 채권자를 대위한다. 그러나 자기의 재산을 타인의 채무의 담보로 제공한 자가 수인인 때에는 보증인의 부담부분을 제외하고 그 잔액에 대하여 각 재산의 가액에 비례하여 대위한다. 이 경우에 그 재산이 부동산인 때에는 제1호의 규정을 준용한다.

㈎ 본조의 대위는 보증인과 물상보증 중 어느 1인에 의하여 주채무 전액이 상환되었을 것을 전제로 한다(대판 2010.6.10. 2007다61113, 61120). 그리고 채권자의 우선수익권에 대한 보증인의 변제자대위도 인원수에 비례하여 채권자를 대위할 수 있다(대판 2022.5.12. 2017다278187).

㈏ 예를 들면 1억 2,000만 원의 채무에 관하여 甲·乙이 보증인이 되고, 丙·丁은 물상보증인으로서 각각 8,000만 원·4,000만 원의 재산을 담보로 제공하였다면, 보증인 甲·乙의 부담부분인 6,000만 원(1억 2천만 원을 인원수로 나누면 1인당 3,000만 원이므로)을 뺀 잔액 6,000만 원에 관하여 丙에게 4,000만 원·丁에게 2,000만 원에 관하여서만 대위하게 된다.

3) 제3취득자 상호간의 관계

> 제482조(변제자대위의 효과, 대위자간의 관계) ② 전항의 권리행사는 다음 각 호의 규정에 의하여야 한다.
> 3. 제3취득자 중의 1인은 각 부동산의 가액에 비례하여 다른 제3취득자에 대하여 채권자를 대위한다.

수개의 부동산에 담보권이 설정되어 제3취득자가 여러 명인 경우 그 중 1인이 변제한 때에는 다른 제3취득자에 대해 각 부동산의 가액에 비례하여 채권자를 대위한다. 이 때에 제3취득자들 간의 대위에는 부기등기가 필요 없다.

4) 물상보증인 상호간의 관계

물상보증인 상호간의 대위에 있어서도 변제한 물상보증인은 각 담보재산의 가액에 비례하여 다른 물상보증인에 대해 채권자를 대위한다(제482조 2항 4호).

(3) 채권자와 대위자 사이의 효과

1) 채권자의 채권증서 및 담보물의 교부의무

> 제484조(대위변제와 채권증서, 담보물) ① 채권 전부의 대위변제를 받은 채권자는 그 채권에 관한 증서 및 점유한 담보물을 대위자에게 교부하여야 한다. ② 채권의 일부에 대한 대위변제가 있는 때에는 채권자는 채권증서에 그 대위를 기입하고 자기가 점유한 담보물의 보존에 관하여 대위자의 감독을 받아야 한다.

2) 법정대위자를 위한 채권자의 담보보존의무

> **제485조(채권자의 담보상실, 감소행위와 법정대위자의 면책)** 제481조의 규정에 의하여 대위할 자가 있는 경우에 채권자의 고의나 과실로 담보가 상실되거나 감소된 때에는 대위할 자는 그 상실 또는 감소로 인하여 상환을 받을 수 없는 한도에서 그 책임을 면한다.

채권자는 담보보존의무를 부담하며, 본조는 임의규정이다(대판 1987.4.14. 86다카529). 담보보존의무를 부담하는 채권자에는 당초의 채권자뿐만 아니라 장래 대위로 인하여 채권자로 되는 자도 포함된다(대판 2012.6.14. 2010다11651).

> **[판례정리] 채권자의 담보권 성실행사의무의 인정 여부**
> 채권자가 자신의 채권이나 담보권을 행사하지 않거나 포기하였다고 하여 이를 불법행위에 해당한다고 할 수는 없는 것이고, 채권자가 자신의 채권이나 담보권을 성실히 행사하여야 할 의무를 부담한다고는 할 수 없다(대판 2001.12.24. 2001다42677). 그러나 **채권자가 제3자에 대하여 자신의 담보권을 성실하게 보존·행사하여야 할 의무를 부담하는 특별한 사정이 인정되는 경우에는 채권자의 담보권의 포기 행위가 불법행위에 해당할 수 있다**(대판 2022.12.29. 2017다261882).

제2절 대물변제

> **제466조(대물변제)** 채무자가 채권자의 승낙을 얻어 본래의 채무이행에 갈음하여 다른 급여를 한 때에는 변제와 같은 효력이 있다.

Ⅰ. 대물변제 일반론

채무자가 다른 내용의 급부를 '본래급부에 갈음'하여 제공하고, 채권자가 그 급부를 본래의 급부에 갈음하는 것으로 승낙하면서 이를 수령하는 경우에는 변제와 같은 효력이 생긴다. 대물변제는 본래의 채무에 갈음하여 다른 급여를 현실적으로 하는 때에 성립되는 '요물계약'이다.

Ⅱ. 대물변제의 요건

1. 채권의 존재 및 채권자의 승낙

대물변제는 본래의 채무를 소멸시키기 위해 대물급부를 실행한다는 점에서 기존의 채권이 존재하여야 한다. 대물변제가 유효하게 성립하기 위하여는 채권자의 승낙이 있어야 한다.

2. 갈음하는 급부의 현실적인 이행

대물변제가 채무소멸의 효력을 발생하려면 채무자가 본래의 이행에 갈음하여 행하는 다른 급여가 현실적인 것이어야 하며 그 경우 다른 급여가 부동산소유권의 이전인 때에는 그 부동산에 관한 물권변동의 효력이 발생하는 등기를 경료하여야 한다(대판 2003.5.16. 2001다27470).

Ⅲ. 대물변제의 효력

대물변제는 변제와 같은 효력이 있다. 따라서 본래의 채권과 그 채권을 담보하는 담보권은 소멸한다.

연습문제

01 〈노무사 2015〉

변제에 관한 설명으로 옳은 것은? (다툼이 있으면 판례에 따름)

① 변제충당에 관한 민법 제476조 내지 제479조의 규정은 강행규정이다.
② 채무자가 채무전부를 변제한 때에 인정되는 채권증서반환청구권은 변제와 동시이행관계에 있다.
③ 사실상의 이해관계를 가진 자는 변제할 정당한 이익이 있으므로 변제로 당연히 채권자를 대위한다.
④ 민법 제470조의 채권의 준점유자에는 채권자의 대리인이라고 하면서 채권을 행사하는 경우도 포함된다.
⑤ 착오로 변제기 이전에 변제한 자에 대하여 채권자는 그로 인하여 얻은 이익을 반환할 필요가 없다.

해설 | ④ (○) 채권의 준점유자에는 스스로 채권자 본인이라고 하면서 채권을 행사하는 자는 물론이고 채권자의 대리인이라고 하면서 채권을 행사하는 자도 포함된다(대판 2004.4.23. 2004다5389).

정답 | ④

02 〈노무사 2010〉

甲은 乙로부터 차용한 5,000만 원의 채무를 담보하기 위하여 자기 소유의 A토지(시가 6,000만 원 상당)에 저당권을 설정하여 주었고, 丙은 甲의 乙에 대한 그 채무를 보증하였다. 그 후 A토지의 소유권이 丁에게 이전되었는데, 甲이 무자력이 되어 乙에 대한 채무를 변제하지 못하자 丁은 甲의 채무 5,000만 원 전액을 乙에게 변제하였으며, 현재 A토지의 가액은 8,000만 원이다. 이 경우 제3취득자 丁이 보증인 丙에 대하여 대위할 수 있는 금액의 범위는?

① 0원
② 2,500만 원
③ 5,000만 원
④ 6,000만 원
⑤ 8,000만 원

해설 | 제3취득자가 변제한 경우 제3취득자의 보증인에 대한 대위(부정) : 제3취득자는 등기부를 열람하여 담보권 존재 사실을 알고 즉 담보의 부담을 각오하고 부동산을 취득한 자이므로 보증인에 대하여 채권자를 대위하지 못한다(제482조 제2항 제2호). 따라서 대위금액은 0원이다.

정답 | ①

제3절 (변제)공탁

Ⅰ. 공탁 일반론

1. 의 의

공탁은 채권자가 변제를 받지 아니하거나 받을 수 없는 경우에 변제자가 채권자를 위하여 변제의 목적물을 공탁소에 임치함으로써 채무를 면하는 제도이다.

2. 성 질

(1) 공법상 임치관계

판례에 의하면, 공탁은 국가기관인 공탁소를 중심으로 공탁법의 규정에 따라 그 절차가 실현되기 때문에 '공법관계'이며, 그러한 관계가 형성될 때에 비로소 민법상의 채무는 그 목적을 달성하고 소멸되는 것이라고 한다.

(2) 약정에 의한 공탁

공탁은 반드시 법령에 근거하여야 하고 당사자가 임의로 할 수 없는 것이므로, 금전채권의 채무자가 공탁의 방법에 의한 채무의 지급을 약속하더라도 채권자가 채무자에게 이러한 약정에 기하여 공탁할 것을 청구하는 것은 허용되지 않는다(대판 2014.11.13. 2012다52526).

Ⅱ. 공탁의 요건

1. 공탁의 원인

> **제487조(변제공탁의 요건, 효과)** 채권자가 변제를 받지 아니하거나 받을 수 없는 때에는 변제자는 채권자를 위하여 변제의 목적물을 공탁하여 그 채무를 면할 수 있다. 변제자가 과실 없이 채권자를 알 수 없는 경우에도 같다.

(1) 채권자가 수령을 거절하거나 받을 수 없을 때

변제자가 변제를 제공함에도 불구하고 채권자가 그것을 수령하지 않을 때에는 채권자의 귀책사유의 유무에 관계없이 변제자는 변제의 목적물을 공탁하여 채무를 면할 수 있다.

(2) 변제자가 과실 없이 채권자를 알 수 없을 때

객관적으로 채권자 또는 변제수령자가 존재하지만 변제자가 선량한 관리자의 주의를 다하여도 누가 진정한 채권자인지를 알 수 없는 경우, 변제자는 공탁을 함으로써 채무를 면할 수 있다(대판 2005.5.26. 2003다12311).

2. 공탁의 당사자

공탁관계는 제3자를 위해 행해지는 공법상의 임치관계이므로 공탁소와 공탁자가 그 당사자가 된다. 공탁을 하는 자는 변제자이므로 채무자 외에 제3자도 공탁할 수 있으며, 채무이행지의 공탁소에 공탁하면 된다(제488조 1항).

> **[판례정리] 공탁자의 착오공탁과 공탁물출급청구권과의 관계**
> 공탁자가 착오로 공탁한 때 또는 공탁의 원인이 소멸한 때에는 공탁자가 공탁물을 회수할 수 있을 뿐 **피공탁자의 공탁물출급청구권은 존재하지 않으므로**, 이러한 경우 공탁자가 공탁물을 회수하기 전에 위 공탁물출급청구권에 대한 전부명령을 받아 **공탁물을 수령한 자는 법률상 원인 없이 공탁물을 수령한 것이 되어 공탁자에 대하여 부당이득반환의무를 부담한다**(대판 2008.9.25. 2008다34668).

3. 공탁의 목적물

동산이든 부동산이든 공탁의 목적물이 될 수 있으나 공탁을 통하여 부동산의 등기에 관한 의무를 면할 수 없다. 한편 변제의 목적물이 공탁에 적당하지 않거나, 멸실·훼손 또는 부패할 염려가 있거나, 보관에 과다한 비용이 소요되는 경우, 변제자는 법원의 허가를 얻어 그 물건을 경매하거나 시가로 방매하여 그 대금을 공탁할 수 있다(제490조). 이를 자조매각이라고 한다.

4. 공탁의 내용

(1) 일부를 공탁한 경우

1) 원 칙

변제목적물은 원칙적으로 그 전부를 공탁해야 하므로 일부를 공탁한 경우에는 그 부분에 관해서도 공탁의 효력이 생기지 않는다(대판 2009.10.29. 2008다51359).

2) 예 외

공탁액의 부족이 극히 경미하여 채권자가 공탁금을 아무 유보 없이 수령하였을 때에는 채권 전액에 대한 변제공탁의 효력이 인정된다. 그 경우 유보의 의사표시는 반드시 명시적으로 하여야 하는 것은 아니고 '묵시적'으로도 할 수 있다(대판 1982.11.9. 82누197 전원합의체).

(2) 조건부 공탁의 경우

1) 원 칙

조건부 공탁과 관련하여 본래의 채권에 부착되어 있지 않은 조건을 붙여서 행한 공탁은 채권자가 승낙하지 않는 한 공탁 자체가 무효이다(대판 1991.4.12. 90다9872).

2) 예 외

채무자가 채권자에 대해 동시이행의 항변권을 가지는 때에는 채권자의 반대급부 제공을 공탁물수령의 조건으로 할 수 있다.

5. 공탁의 목적

변제공탁의 목적은 채무자의 채무이며, 현존하는 확정채무여야 한다. 이는 장래의 채무나 불확정채무는 원칙적으로 변제공탁의 목적이 되지 못한다는 것일 뿐, 채무자에 대한 각 채권자의 채권이 동일한 채권이어야 한다는 의미는 아니다(대판 2014.12.24. 2014다207245).

Ⅲ. 공탁의 효과

1. 채무의 소멸

공탁에 의하여 변제가 있었던 것처럼 채무는 소멸한다. 변제의 효과가 발생하는 시기는 공탁관의 수탁처분과 공탁물보관자의 공탁물수령이 있는 때이다. 즉, 채권자에 대한 공탁통지나 채권자의 수익의 의사표시 또는 채권자의 공탁물출급청구권의 행사가 있는 때에 공탁의 효력이 생기는 것이 아니다(대결 1972.5.15. 72마401).

2. 공탁물 회수

(1) 원 칙

> **제489조(공탁물의 회수)** ① 채권자가 공탁을 승인하거나 공탁소에 대하여 공탁물을 받기를 통고하거나 공탁유효의 판결이 확정되기까지는 변제자는 공탁물을 회수할 수 있다. 이 경우에는 공탁하지 아니한 것으로 본다.

공탁자가 공탁물 회수권의 행사에 의하여 공탁물을 회수한 경우에는 공탁하지 아니한 것으로 보아 채권소멸의 효력은 소급하여 없어진다. 이러한 공탁물회수에는 공탁자에 의하여 이루어진 경우뿐만 아니라, 제3자가 공탁자에게 대하여 가지는 별도 채권의 집행권원으로써 공탁자의 공탁물 회수청구권에 대하여 압류 및 추심명령을 받아 그 집행으로 공탁물을 회수한 경우도 포함된다(대판 2014.5.29. 2013다212295).

(2) 예 외

> 제489조(공탁물의 회수) ② 전항의 규정은 질권 또는 저당권이 공탁으로 인하여 소멸한 때에는 적용하지 아니한다.

제4절 상 계

1 상계 일반론

상계는 채권자와 채무자가 서로 동종의 채권·채무를 가지는 경우에 그 채권과 채무를 대등액에서 소멸시키는 일방적 의사표시이다. 여기서 상계자의 채권을 '자동채권'이라 하고, 상대방의 채권, 즉 피상계자의 채권을 '수동채권'이라고 한다.

2 상계의 요건

Ⅰ. 상계의 적상

> 제492조 [상계의 요건] ① 쌍방이 서로 같은 종류를 목적으로 한 채무를 부담한 경우에 그 쌍방의 채무의 이행기가 도래한 때에는 각 채무자는 대등액에 관하여 상계할 수 있다. 그러나 채무의 성질이 상계를 허용하지 아니할 때에는 그러하지 아니하다. ② 전항의 규정은 당사자가 다른 의사를 표시한 경우에는 적용하지 아니한다. 그러나 그 의사표시로써 선의의 제3자에게 대항하지 못한다.

1. 채권이 대립하고 있을 것

(1) 자동채권의 유효한 존재

1) 자동채권의 범위

㈎ (원칙) 자동채권은 상계자 자신이 피상계자에 대하여 가지는 채권임이 원칙이다. 즉, 법률의 규정 등 특별한 사정이 없는 한 자동채권으로 될 수 있는 채권은 상계자가 상대방에 대하여 가지는 채권이어야 하고 제3자가 상대방에 대하여 가지는 채권으로는 상계할 수 없다.

㈏ (예외) 그러나, 예외적으로 연대채무·보증채무의 경우에는 타인이 피상계자에 대하여 가지는 채권으로도 상계할 수 있다. 또한 채권양도의 경우에는 제3자에 대한 상계자 자신의 채권으로써 상계할 수 있다.

2) 자동채권의 확정

자동채권은 구체적으로 확정되어야 한다. 따라서 이혼한 부부 사이에서 자의 양육비채권이 가정법원의 심판에 의하여 청구권의 내용과 그 범위가 구체적으로 확정된 후의 양육비채권 중 이미 이행기에 도달한 양육비채권은 완전한 재산권으로서 양도 또는 상계의 '자동채권'으로 하는 것도 가능하다(대판 2006.7.4. 2006므751).

(2) 수동채권의 유효한 존재

수동채권이 존재하여야 한다. 특히 소송비용상환청구권은 소송에서 패소하였다는 사실을 요건으로 발생하는 실체적 권리이긴 하나 그 성질은 사법상의 청구권이므로 상계의 수동채권으로 될 수 있다(대판 1994.5.13. 94다9856). 한편, 수동채권은 피상계자가 상계자에게 가지고 있는 채권을 의미한다. 다음 판례를 살펴보자.

> **판례정리 │ 피상계자가 제3자에게 가지고 있는 채권을 수동채권으로 하는 상계 가부**
>
> 수동채권은 피상계자(채권자)가 상계자(채무자)에 대하여 가지는 채권이어야 하므로 **피상계자가 제3자에 대하여 가지는 채권을 수동채권으로 하는 상계는 허용될 수 없다**(대판 2011.4.28. 2010다101394).
>
> ⇒ 따라서 유치권이 인정되는 아파트를 경락·취득한 자가 아파트 일부를 점유·사용하고 있는 유치권자에 대한 임료 상당의 부당이득금 반환채권을 자동채권으로 하고 유치권자의 종전 소유자에 대한 유익비 상환채권을 수동채권으로 하여 상계할 수 없다.

2. 쌍방채권이 동종목적일 것

㈎ 상계는 서로 대립되는 채권이 동종의 목적을 가질 것을 필요로 하므로(제492조 1항 본문) 금전채권 상호간에 행해진다. 상계를 할 수 있는 것은 같은 종류의 목적을 가지는 채권이면 되고, 두 채권의 채권액이 동일하거나 이행지가 동일하여야 하는 것은 아니다(제494조).

㈏ 자동채권이 국가가 가지는 확정된 벌금채권이라 하더라도 국가는 이를 자동채권으로 하여 사인의 국가에 대한 채권과 대등액에서 상계할 수 있다(대판 2004.4.27. 2003다37891).

3. 채권의 변제기가 도래할 것

㈎ 채무의 이행기가 도래한 때라 함은 채권자가 채무자에게 이행의 청구를 할 수 있는 시기가 도래하였음을 의미하고 채무자가 이행지체에 빠지는 시기를 말하는 것 아니다(대판 2021.5.7. 2018다25946).

㈏ 수동채권의 변제기가 아직 도래하지 않은 경우 그 채무자 즉 자동채권의 채권자는 기한의 이익을 포기하고 변제기 전이라도 변제할 수 있으므로 상계할 수 있다. 즉, 수동채권의 변제기가 도래할 필요는 없으나 자동채권의 변제기는 반드시 도래하여야 한다.

4. 상계가 성질상 허용될 것

(1) 수동채권에 항변권이 붙어 있는 경우

상계가 성질상 허용되어야 하는 바, 자동채권과 수동채권에 상대방의 항변권이 부착된 경우에도 상계가 허용되는지가 문제되나 수동채권에 항변권이 붙어 있는 경우 상계자(채무자)는 그 항변권을 포기할 수 있으므로, 이를 포기하여 상계할 수 있다.

(2) 자동채권에 항변권이 붙어 있는 경우

1) 원 칙

항변권이 붙어 있는 채권을 자동채권으로 하여 타의 채무와의 상계를 허용한다면 상계자 일방의 의사표시에 의하여 상대방의 항변권 행사의 기회를 상실케 하는 결과가 되므로 이와 같은 상계는 성질상 허용될 수 없다(대판 2002.8.23. 2002다25242).

2) 예 외

상계의 대상이 될 수 있는 자동채권과 수동채권이 동시이행관계에 있다고 하더라도 서로 현실적으로 이행하여야 할 필요가 없는 경우라면 상계가 허용된다(대판 2006.7.28. 2004다54633).

> **판례정리 | 보증인이 사전구상권을 자동채권으로 하는 상계의 허용 여부**
> 항변권이 붙어 있는 채권을 자동채권으로 하여 다른 채무(수동채권)와의 상계를 허용한다면 상대방의 항변권 행사의 기회를 상실시키는 결과가 되므로 그러한 상계는 허용될 수 없고, 특히 수탁보증인이 주채무자에 대하여 가지는 민법 제442조의 사전구상권에는 민법 제443조의 담보제공청구권이 항변권으로 부착되어 있는 만큼 이를 자동채권으로 하는 상계는 허용될 수 없다(대판 2001.11.13. 2001다55222).

5. 상계의 적상이 현존할 것

> **제495조(소멸시효완성된 채권에 의한 상계)** 소멸시효가 완성된 채권이 그 완성 전에 상계할 수 있었던 것이면 그 채권자는 상계할 수 있다.

상계적상은 상계자가 상계의 의사표시를 행하는 당시에 현존해야 한다. 그러나 상계적상의 현존에 대한 예외로서, 자동채권이 시효에 의해 소멸하더라도 시효완성 전에 상계할 수 있었던 것이면 그 채권자는 상계할 수 있다. 즉, 상계적상의 요건은 갖추고 있어야 하는 바, 다음의 판례를 살펴보자.

> **판례정리 | 제495조의 적용요건과 적용범위**
> ① 민법 제495조는 "소멸시효가 완성된 채권이 그 완성 전에 상계할 수 있었던 것이면 그 채권자는 상계할 수 있다."라고 규정하고 있다. 이는 '자동채권의 소멸시효 완성 전에 양 채권이 상계적상에 이르렀을 것'을 요건으로 한다. 따라서 임대차 존속 중 임대인의 구상금채권의 소멸시효가 완성된 경우, 임대인이 이미 소멸시효가 완성된 구상금채권을 자동채권으로

삼아 임차인의 유익비상환채권과 상계할 수 없다(대판 2021.2.10. 2017다258787).

② 매도인이나 수급인의 담보책임을 기초로 한 손해배상채권의 제척기간이 지난 경우에도 **제척기간이 지나기 전 상대방의 채권과 상계할 수 있었던 경우에는 민법 제495조를 유추적용해서 위 손해배상채권을 자동채권으로 해서 상대방의 채권과 상계할 수 있다**(대판 2019.3.14. 2018다255648).

II. 상계의 금지

1. 당사자의 의사표시에 의한 금지

당사자는 상계를 반대하는 의사표시를 함으로써 이를 금지할 수 있으나, 상계금지의 의사표시는 선의의 제3자에게 대항하지 못한다(제492조 2항).

2. 수동채권으로 하는 상계의 금지

(1) 고의의 불법행위로 인한 손해배상채권

1) '고의'의 불법행위

① 가해자의 상계 가능성

제496조(불법행위채권을 수동채권으로 하는 상계의 금지) 채무가 고의의 불법행위로 인한 것인 때에는 그 채무자는 상계로 채권자에게 대항하지 못한다.

㈎ 손해배상채무가 '고의'의 불법행위로 인한 것인 때에는 그 채무자(가해자)는 상계로 채권자(피해자)에게 대항하지 못한다. 또한 자동채권과 수동채권이 싸움과 같은 동일한 사안에서 고의의 불법행위로 생긴 경우에도 상계가 허용되지 않는다(대판 1994.2.25. 93다38444).

㈏ 제496조는 채무자의 상계권을 금지하는 규정이므로 고의의 불법행위에 인한 손해배상채권에 대한 상계금지를 중과실의 불법행위에 의한 손해배상채권에까지 유추 또는 확대적용하여야 할 필요가 없다(대판 1994.8.12. 93다52808). 즉 가해자의 손해배상채무가 중과실에 의하여 발생한 경우에는 상계가 허용된다.

② 피해자의 상계 가능성

고의에 의한 불법행위로 발생된 손해배상채권이라 하더라도 피해자가 이를 자동채권으로 하여 상계하는 것은 상관없다(대판 2016.8.29. 2016다211156).

2) 금지채권의 범위

고의의 불법행위로 인한 손해배상채무뿐만 아니라 고의의 부당이득반환채무 나아가 채무불이행으로 인한 고의의 손해배상채무도 수동채권으로 상계가 허용되지 않는지가 문제된다.

> **판례정리** 제496조가 유추적용되어 상계가 허용되지 않는 경우
> ① 부당이득의 원인이 고의의 불법행위에 기인함으로써 불법행위로 인한 손해배상채권과 부당이득반환채권이 모두 성립하여 양 채권이 경합하는 경우 부당이득의 원인이 고의의 불법행위였다는 점은 불법행위로 인한 손해배상채권을 청구하는 경우와 다를 바 없으므로 민법 제496조가 유추적용함이 상당하다(대판 2002.1.25. 2001다52506).
> ② 사용자책임을 부담하는 경우: 사용자의 손해배상책임은 피용자의 배상책임에 대한 대체적 책임이고, 사용자의 과실은 피용자의 선임·감독에 관련된 것으로 해석되는 점에 비추어 볼 때, 피용자의 고의의 불법행위로 인하여 사용자책임이 성립하는 경우에는 사용자는 자신의 고의의 불법행위가 아니라는 이유로 민법 제496조의 적용을 면할 수는 없다(대판 2006.10.26. 2004다63019).
> ③ 고의의 채무불이행으로 인한 손해배상채권에는 적용되지 않는다. 다만 고의에 의한 행위가 불법행위를 구성함과 동시에 채무불이행을 구성하여 불법행위로 인한 손해배상채권과 채무불이행으로 인한 손해배상채권이 경합하는 경우에는 이 규정을 유추적용할 필요가 있다(대판 2017.2.15. 2014다19776, 19783).

(2) 압류가 허용되지 않은 압류금지채권

1) 원 칙

제497조(압류금지채권을 수동채권으로 하는 상계의 금지) 채권이 압류하지 못할 것인 때에는 그 채무자는 상계로 채권자에게 대항하지 못한다.

2) 예 외

㈎ 사용자는 근로자의 임금채권에 대하여 전차금채권을 가지고 상계하지 못할 뿐만 아니라, 임금은 통화로 직접 근로자에게 그 전액을 지급하여야 하므로, 채무불이행 또는 불법행위를 원인으로 하는 손해배상채권을 가지고 상계할 수 없다(대판 1989.11.24. 88다카25038).

㈏ 그러나 계산의 착오 등으로 임금을 초과 지급한 경우, 그리고 사용자가 근로자에게 이미 퇴직금 명목의 금원을 지급하였으나 그것이 퇴직금 지급으로서의 효력이 없어 사용자가 같은 금원 상당의 부당이득반환채권을 갖게 된 경우에 이를 자동채권으로 하여 근로자의 퇴직금채권과 상계할 수 있다(대판 2010.5.20. 2007다90760 전원합의체).

(3) 지급금지명령을 받은 채권(압류된 채권)

1) 지급금지명령을 받은 이후에 자동채권을 취득한 경우

제498조(지급금지채권을 수동채권으로 하는 상계의 금지) 지급을 금지하는 명령을 받은 제3채무자는 그 후에 취득한 채권에 의한 상계로 그 명령을 신청한 채권자에게 대항하지 못한다.

① 원칙(대항 불가)

압류명령 즉 지급금지의 명령을 받은 제3채무자는 '그 후에' 채무자(제3채무자의 채권

자)에 대하여 취득한 반대채권을 자동채권으로 하여 지급금지된 채권(압류된 채권)과 상계하더라도 그 명령을 신청한 채권자(제3채무자의 채권자의 채권자)에게 대항하지 못한다.

② 예외(대항 가능)

'자동채권 발생의 기초가 되는 원인은 수동채권이 압류되기 전에 이미 성립하여 존재'하고 있었으므로, 그 자동채권은 민법 제498조 소정의 지급을 금지하는 명령을 받은 제3채무자가 그 후에 취득한 채권에 해당하지 아니하여 예외적으로 상계가 가능하다(대판 2001.3.27. 2000다43819).

2) 지급금지명령을 받기 이전에 자동채권을 취득한 경우

㈎ 제3채무자가 지급금지명령이 있기 전에 이미 채무자에 대하여 채권을 가지고 있었다면 그 채권으로써 유효한 상계를 할 수 있다(제498조의 반대해석).

㈏ 이에 대하여 판례는 상계로 압류채권자에게 대항하기 위해서는 압류의 효력 발생 당시에 대립하는 양 채권이 상계적상에 있거나, 그 당시 반대채권(자동채권)의 변제기가 도래하지 아니한 경우에는 그것이 피압류채권(수동채권)의 변제기와 동시에 또는 그보다 먼저 도래하여야 한다고 하였다(대판 2012.2.16. 2011다45521 전원합의체).

3) 전세권저당권자의 물상대위와 전세권설정자의 상계

㈎ (쟁점) 전세권이 기간만료로 소멸하면 전세권에 설정된 저당권도 당연히 소멸되는바, 이 경우 전세권저당권자가 전세금반환채권에 대하여 압류 및 추심명령 또는 전부명령을 받은 경우, 채무자인 전세권설정자가 전세권자에 대한 반대채권에 의한 상계로써 전세권저당권자에게 대항할 수 있는지 여부가 제498조와 관련하여 문제된다.

㈏ (판례) 전세금반환채권은 전세권이 성립하였을 때부터 이미 발생이 예정되어 있다고 볼 수 있으므로, '전세권저당권이 설정된 때'에 이미 전세권설정자가 전세권자에 대하여 반대채권을 가지고 있고 반대채권의 변제기가 장래 발생할 전세금반환채권의 변제기와 '동시에 또는 그보다 먼저 도래'하는 경우와 같이 전세권설정자에게 합리적 기대 이익을 인정할 수 있는 경우에는 특별한 사정이 없는 한 전세권설정자는 반대채권을 자동채권으로 하여 전세금반환채권과 상계함으로써 전세권저당권자에게 대항할 수 있다(대판 2014.10.27. 2013다91672).

㈐ (검토) 저당권은 등기부에 공시되는 물권이므로 전세권저당권이 설정(등기)된 이후에는 전세권저당권자의 물권을 우선시키는 것이 타당하다. 그렇지 않을 경우 물권보다 채권이 우위에 있게 되는 결과가 되기 때문이다. 그러므로 양자의 이익을 조화롭게 해석한, 즉 상계의 합리적 기대가능성을 저당권이 설정되기 전까지 한정한 판례는 타당하다.

Ⅲ. 상계의 남용

상계의 요건을 갖추어도 상계권의 남용에 해당하는 경우에는 상계가 허용되지 않으며, 이 경우 권리남용에서 요구되는 주관적 요건(가해의사 내지 가해목적)은 필요로 하지 않는다(판례).

> **판례 정리** **착오송금에 따른 수취은행의 상계가 권리남용에 해당하는 경우**
> 송금의뢰인이 착오송금임을 이유로 거래은행을 통하여 혹은 수취은행에 직접 송금액의 반환을 요청하고, 수취인도 송금의뢰인의 착오송금에 의하여 수취인의 계좌에 금원이 입금된 사실을 인정하여 수취은행에 그 반환을 승낙하고 있는 경우, **수취은행이 수취인에 대한 대출채권 등을 자동채권으로 하여 수취인의 계좌에 착오로 입금된 금원 상당의 예금채권과 상계하는 것은** 수취은행이 선의인 상태에서 수취인의 예금채권을 담보로 대출을 하여 그 자동채권을 취득한 것이라거나 그 예금채권이 이미 제3자에 의하여 압류되었다는 등의 특별한 사정이 없는 한, 송금의뢰인에 대한 관계에서 **신의칙에 반하거나 상계에 관한 권리를 남용하는 것이다**(대판 2022.7.14. 2020다212958).

3 상계의 방법

제493조(상계의 방법, 효과) ① 상계는 상대방에 대한 의사표시로 한다. 이 의사표시에는 조건 또는 기한을 붙이지 못한다.

Ⅰ. 상계의사표시의 자유

(가) 상계는 상계적상에 있는 채권을 가진 채권자가 별도로 의사표시를 하여야 한다. 비록 상계의 의사표시가 묵시적으로도 가능하다 하더라도, 다른 의사와 구분되는 별도의 상계 의사를 확인하지 않은 채 이를 인정할 수는 없다(대판 2009.10.29. 2008다51359).

(나) 더욱이 채권자가 채무자에 대하여 상계의 의사표시를 통하여 상계권을 행사할 것인가의 여부는 채권자의 권리일 뿐이므로, 채권자가 상계의 의사표시를 행사하지 아니한다는 사실만으로 제3자에 대하여 불법행위를 구성한다고 할 수 없다(대판 2002.2.26. 2001다74353).

Ⅱ. 조건부 상계의 금지

상계는 변제기가 도래한 채권을 가진 당사자 일방의 상대방에 대한 의사표시로 하는 단독행위이므로, 조건과 친하지 않은 법률행위이다. 그러므로 조건이나 기한을 붙일 수 없다.

4 상계의 효과

Ⅰ. 대등액의 소멸

상계에 의하여 당사자 쌍방의 채권은 그 대등액에 관하여 소멸한다(제492조 2항). 채권액이 동등하지 않을 경우, 다액인 측의 잔액부분에 해당하는 채권은 잔존한다.

> **판례정리 상계충당의 허용 여부**
> 변제충당에 관한 제476조 내지 제479조의 규정이 상계에 준용되는 바(제499조), 이 경우 상계에 의한 양 채권의 차액 계산 또는 상계충당은 상계적상의 시점을 기준으로 한다. 따라서 그 시점 이전에 수동채권의 변제기가 이미 도래하여 지체가 발생한 경우에는 상계적상 시점까지의 수동채권의 지연손해금을 계산한 다음 자동채권으로 그 지연손해금을 먼저 소각하고 잔액을 가지고 원본을 소각하여야 한다(대판 2021.5.7. 2018다25946).

Ⅱ. 상계의 소급효

1. 상계적상시로 소급

상계의 의사표시에 의하여 각 채무는 상계할 수 있었던 때로 소급하여 소멸하므로(제493조 2항), 상계적상이 생긴 이후에는 이자가 발생하지 않으며 이행지체도 일어나지 않는다.

2. 상계적상시의 판단

㈎ 상계적상의 시점을 판단함에 있어 자동채권의 변제기는 반드시 도래하여야 하며, 상계시 자동채권의 변제기는 도래하였으나, 수동채권의 변제기가 도래하지 아니한 경우에는 자동채권의 변제기가 도래한 시점에 상계적상이 생기고 그때 채무가 소멸한다.

㈏ 양 채권의 변제기가 모두 도래한 경우에는 동시에 도달한 시점이 바로 상계적상 시점이며 자동채권이 양도된 경우에는 변제기가 도래하였다 하더라도 대항요건을 갖추지 않는 한 채무자에게 대항할 수 없으므로 대항요건의 구비시가 상계적상 시점이다.

> **판례정리 채권양도와 상계적상시점의 판단**
> 채권양수인이 양수채권을 자동채권으로 하여 그 채무자가 채권양수인에 대해 가지고 있던 기존 채권과 상계한 경우, 채권양수인은 채권양도의 대항요건이 갖추어진 때 비로소 자동채권을 행사할 수 있으므로 채권양도 전에 이미 양 채권의 변제기가 도래하였다고 하더라도 상계의 효력은 변제기로 소급하는 것이 아니라 채권양도의 대항요건이 갖추어진 시점으로 소급한다(대판 2022.6.30. 2022다200089).

연습문제

01 〈노무사 2018〉

상계에 관한 설명으로 옳지 않은 것은? (다툼이 있으면 판례에 따름)

① 채무의 이행지가 서로 다른 채권은 상계할 수 없다.
② 지급을 금지하는 명령을 받은 제3채무자는 그 후에 취득한 채권에 의한 상계로 그 명령을 신청한 채권자에게 대항하지 못한다.
③ 채권이 압류하지 못할 것인 때에는 그 채무자는 상계로 채권자에게 대항하지 못한다.
④ 소멸시효가 완성된 채권이 그 완성 전에 상계할 수 있었던 것이면 채권자는 상계할 수 있다.
⑤ 쌍방의 채무가 상계적상에 있었으나 상계 의사표시를 않는 동안에 일방의 채무가 변제로 소멸한 후에는 상계할 수 없다.

해설 | ① (×) 각 채무의 이행지가 다른 경우에도 상계할 수 있다. 그러나 상계하는 당사자는 상대방에게 상계로 인한 손해를 배상하여야 한다(제494조).

정답 | ①

02 〈노무사 2014〉

상계에 관한 설명으로 옳은 것은? (다툼이 있으면 판례에 의함)

① 상계의 의사표시에는 조건이나 기한을 붙일 수 있다.
② 항변권이 붙어 있는 채권을 자동채권으로 하여 상계할 수 있다.
③ 채권이 압류하지 못할 것인 때에는 그 채무자는 상계로 채권자에게 대항하지 못한다.
④ 소멸시효가 완성된 채권이 그 완성 전에 상계할 수 있었던 때에도 채권자는 시효완성 후에는 상계할 수 없다.
⑤ 채무가 고의의 불법행위로 인한 것인 때에도 그 채무자는 상계로 채권자에게 대항할 수 있다.

해설 | ③ (○) 수동채권이 압류될 수 없는 경우 채무자는 상계로 채권자에게 대항하지 못한다(제497조). 다시 말하면 압류금지채권을 수동채권으로 하여 상계하지 못한다.

정답 | ③

제5절 기타 채권의 소멸원인

1 경 개

> 제500조(경개의 요건, 효과) 당사자가 채무의 중요한 부분을 변경하는 계약을 한 때에는 구채무는 경개로 인하여 소멸한다.

I. 경개의 의의

㈎ 경개계약은 구채무를 소멸시키고 신채무를 성립시키는 채권자와 채무자 간의 계약이다. 즉 경개계약은 처분행위이며, 구채무의 소멸은 신채무의 성립에 의존한다.

㈏ 따라서 경개로 인한 신채무가 원인의 불법 또는 당사자가 알지 못한 사유로 인하여 성립하지 아니하거나 취소된 때에는 구채무는 소멸하지 않는 것이며, 특히 경개계약에 조건이 붙어 있는 이른바 조건부 경개의 경우에는 구채무의 소멸과 신채무의 성립 자체가 그 조건의 성취 여부에 달려 있다(대판 2007.11.15. 2005다31316).

> **판례정리 경개와 채권양도와의 구별**
> 경개로 볼 것인가 채권양도로 볼 것인가는 일차적으로 당사자의 의사에 따라 결정되고 만약 당사자의 의사가 명백하지 않을 때에는 의사해석의 문제이나, 특별한 사정이 없는 한 동일성을 상실함으로써 채권자가 담보를 잃고 채무자가 항변권을 잃게 되는 것과 같이 스스로 불이익을 초래하는 의사를 표시하였다고는 볼 수 없으므로 **일반적으로 채권양도**로 보아야 한다(대판 2016.6.9. 2014다64752).

II. 경개의 당사자

1. 채무내용의 변경

채무내용을 다른 급부로 변경하는 경개에서는 원래 채권자와 채무자가 계약 당사자로 된다.

2. 채무자의 변경

채무자를 변경하는 경개에 있어서는 채권자와 신채무자가 계약 당사자이다. 그러나 구채무자의 의사에 반하여 채무자변경의 경개를 하지는 못한다(제501조 단서).

3. 채권자의 변경

㈎ 채권자의 변경에 의한 경개는 신·구채권자와 채무자가 3면계약으로 해야 한다. 채권자의 변경에 의한 경개에서는 확정일자 있는 증서로 체결되지 않으면 이로써 제3자에게 대항하지 못한다(제502조).

㈏ 채무자가 신채권자에게 이의를 유보하지 아니하고 채권자변경에 의한 경개를 승

낙한 경우에는 제451조 제1항의 규정이 준용된다(제503조).

Ⅲ. 경개의 요건

1. 소멸할 채무·신채무의 존재

경개에 의하여 소멸할 채무가 존재하지 않으면 경개는 처음부터 성립할 수 없다. 경개로 인한 신채무가 원인의 불법 또는 당사자가 알지 못한 사유로 인하여 성립되지 아니하거나 취소된 때에는 구채무는 소멸되지 않는다(제504조).

2. 채권·채무의 중요부분 변경

(가) 채무의 중요한 부분이란 채무의 동일성을 구성하는 부분을 의미하는 것으로 발생원인·채권의 목적·채권자·채무자가 이에 속한다.

(나) 채권자 또는 채무자와 같은 채권관계의 중요부분을 변경하더라도 채무의 동일성을 유지할 수 있는 채권양도 및 채무인수제도가 인정되기 때문에, 채무의 중요부분을 변경한 경우에도 당사자의 경개의사가 명백하지 않으면 경개라고 해석할 수 없다.

Ⅳ. 경개의 효과

1. 구채무의 소멸

(가) 경개에 의하여 구채무는 소멸한다. 구채무의 소멸과 함께 구채무에 붙어 있던 담보권·보증채무·위약금 등 기타 종된 권리도 소멸한다.

(나) 그러나 당사자 간의 합의에 의해 구채무의 목적의 한도에서 그 채무의 담보로 제공된 질권 또는 저당권을 신채무에 이전할 수 있다(제505조 본문). 다만, 제3자가 제공한 담보는 그의 승낙을 얻어야 한다(제505조 단서).

2. 신채무의 성립

경개에 의해 신채무가 성립하며 구채무에 부착되어 있던 항변권은 신채무에 부수되지 않는다. 그러나 채권자의 변경으로 인한 경개의 경우에는 채무자는 이의를 유보함으로써 구채권자에 관한 항변사유를 가지고 신채권자에게 대항할 수 있다(제503조, 제451조 1항).

3. 경개계약의 해제

경개계약은 처분행위로서 신채권이 성립되면 그 효과는 완결되고 경개계약 자체의 이행의 문제는 발생할 여지가 없다(대판 1980.11.11. 80다2050). 따라서 신채무의 불이행은 경개계약의 불이행이 아니므로 이를 이유로 경개계약을 해제할 수 없다. 그러나 합의해제나 경개계약 당시 해제권을 유보한 경우에는 경개계약을 해제하여 구채무를 부활시킬 수 있다(대판 2003.2.11. 2002다62333).

2 면 제

> 제506조(면제의 요건, 효과) 채권자가 채무자에게 채무를 면제하는 의사를 표시한 때에는 채권은 소멸한다. 그러나 면제로써 정당한 이익을 가진 제3자에게 대항하지 못한다.

Ⅰ. 면제의 의의

면제는 채무자에 대한 채권자의 일방적 의사표시로 채무를 소멸시키는 채권의 소멸행위이다. 면제에 의해 채권이 소멸된다는 점에서 면제는 채권자의 처분행위로서의 법적 성질을 갖는다.

Ⅱ. 면제의 요건

1. 처분권한의 존재

면제는 처분행위이므로 채권의 처분권한을 가지는 자만이 행할 수 있다. 따라서 채권의 추심을 위임받은 자가 면제를 하여도 무효이며, 대리인의 경우 처분권한이 수여되어야 한다.

2. 면제의 의사표시

㈎ 채권자의 면제행위는 채무자에 대한 일방적 의사표시로 행해지는데, 이에 조건을 붙이는 것이 허용된다. 상대방에게 불이익을 줄 염려가 없기 때문이다.

㈏ 채무의 면제는 반드시 명시적인 의사표시만에 의하여야 하는 것은 아니고 채권자의 어떠한 행위 내지 의사표시의 해석에 의하여 그것이 채무의 면제라고 볼 수 있는 경우에도 이를 인정하여야 할 것이다(대판 2008.5.15. 2008다3671).

Ⅲ. 면제의 효과

㈎ 채권은 소멸한다. 일부면제도 유효하므로 그 범위 내에서 채권은 소멸한다. 채권이 전부 소멸한 때에는 이에 수반하는 담보물권·보증채무 등의 종된 권리도 소멸한다(부종성).

㈏ 그러나 채권이 제3자의 권리의 목적이 되어 있는 때에는 물론이고, 제3자가 그 채권에 관하여 정당한 이익을 갖는 경우에는 면제로서 그 제3자에게 대항하지 못한다.

3 혼 동

제507조(혼동의 요건, 효과) 채권과 채무가 동일한 주체에 귀속한 때에는 채권은 소멸한다. 그러나 그 채권이 제3자의 권리의 목적인 때에는 그러하지 아니하다.

Ⅰ. 혼동의 의의

혼동은 채권과 채무가 동일인에게 귀속하게 되어 채권을 소멸케 하는 원인을 말한다. 혼동의 법적 성질은 '사건'이다.

Ⅱ. 혼동의 효과

1. 원 칙

혼동에 의하여 채권은 소멸하는 것이 원칙이다. 예컨대 금전소비대차계약상의 채권자가 채무자를 상속하는 경우에 그 반환채권은 소멸하게 된다.

2. 예 외

(가) 채권을 존속시킬 법률상의 이익이 있는 경우, 예컨대 제3자 권리의 목적이 된 때 혼동이 있더라도 채권은 소멸하지 않는다. 또한 상속인이 한정승인을 한 때에는 피상속인에 대한 상속인의 권리·의무가 소멸하지 않으므로(제1031조), 채권은 혼동으로 소멸하지 않는다.

(나) 판례는 자동차 운행 중 사고로 인하여 자동차손해배상 보장법 제3조에 따라 손해배상채권·채무가 상속으로 동일인에게 귀속하는 경우에는 가해자가 피해자의 상속인이 되는 등 특별한 경우를 제외하고는 피해자의 보험자에 대한 직접청구권의 전제가 되는 위 법 제3조에 의한 피해자의 운행자에 대한 손해배상청구권은 상속에 의한 혼동에 의하여 소멸되지 않는다고 하였다(대판 1995.5.12. 93다48373).

PART 03
채권각론

CHAPTER 01

채권의 발생원인

| PART 01 | PART 02 | **PART 03 채권각론** |

Ⅰ. 법률행위

　법률관계의 변동은 법률의 규정 또는 법률행위를 통해서 발생하며, 이 중 법률행위란 일정한 법률효과의 발생을 목적으로 하면서 당사자의 의사표시를 불가결의 구성요로 하는 법률요건을 말한다. 여기서 특히 중요한 것이 계약이다.

Ⅱ. 법률규정

1. 사무관리

　사무관리는 법률상 의무 없이 타인을 위하여 그의 사무를 처리하는 행위이다(제734조).

2. 부당이득

　부당이득(제741조)은 법률상 원인 없이 부당하게 재산적 이득을 얻고, 이로 말미암아 타인에게 손실을 준 자에 대하여 그 이득을 반환하게 할 의무를 부담시키는 제도이다.

3. 불법행위

　불법행위(제750조)는 가해자의 고의 또는 과실 있는 위법한 행위로 인하여 타인에게 손해가 발생한 경우, 가해자로 하여금 피해자에게 손해를 배상할 의무를 부담시키는 제도이다.

CHAPTER 02

계약총론

| PART 01 | PART 02 | **PART 03 채권각론** |

제1절 계약 일반론

I. 계약의 의의

계약은 계약 당사자 사이의 서로 대립하는 의사표시가 내용상 합치함으로써 이루어지는 법률행위로서 권리와 의무에 변동을 가져오는 법률요건이다.

> **판례정리 · 사적자치와 계약자유의 원칙**
> 건축주가 상가를 건축하여 점포별로 업종을 정하여 분양한 경우 점포의 수분양자나 그의 지위를 양수한 자 또는 점포를 임차한 자는 특별한 사정이 없는 한 상가의 점포 입점자들에 대한 관계에서 상호 묵시적으로 분양계약에서 약정한 업종 제한 등의 의무를 수인하기로 동의하였다고 봄이 타당하므로, 영업상 이익을 침해당할 처지에 있는 자는 동종업종의 영업금지를 청구할 권리가 있다(대판 2012.11.29. 2011다79258).

II. 계약의 종류

1. 전형계약·비전형계약

민법전에 규정되어 있는 15종의 계약을 전형계약 내지 유명계약이라고 한다. 민법전에 규정되어 있지 않은 그 밖의 계약을 비전형계약 또는 무명계약이라고 한다.

2. 낙성계약·요물계약

당사자의 합의만으로 계약이 성립하는 경우를 낙성계약이라고 하는 반면에 합의 외에 물건의 인도 또는 기타의 급부를 성립요건으로 하는 계약을 요물계약이라 한다.

3. 쌍무계약·편무계약

쌍무계약은 일방의 급부가 상대방의 반대급부와 성립, 이행 및 존속에서 견련성을 가진 계약을 말한다. 반면 편무계약은 당사자의 일방만이 채무를 부담하거나 쌍방이 채무를 부담하더라도 그 채무가 상호 법적 견련성을 갖지는 않는 계약을 말한다.

4. 유상계약·무상계약

유상계약이란 계약 당사자가 자신의 채무를 변제하는 것이 경제적으로 동일한 가치를 가지는 출연을 의미하는 계약을 말한다. 반면 무상계약은 일방만이 급부를 하든지 혹은 쌍방이 급부를 하더라도 그 급부 사이에 주관적 등가성을 갖는 의존관계가 없는 계약을 말한다(대판 2001.11.30. 2001다5425).

5. 일시적·계속적 계약

임대차계약, 고용계약, 위임계약 등에서와 같이 계약으로부터 생기는 채권·채무의 내용을 이루는 급부가 일정 기간 계속하여 행하여지게 되는 경우가 계속적 계약이며, 매매와 같이 시간적 계속성이 필요하지 않은 경우가 일시적 계약이다.

6. 매매예약과 본계약

(가) 예약이란 장래 일정한 내용을 가지는 본계약이 체결될 것을 미리 약정하는 채권계약이다. 즉, 예약도 계약이다. 장차 성립할 본계약의 내용을 확정하거나 확정할 수 있는 의사표시와 함께 일방 또는 쌍방에게 예약완결권을 주는 의사표시가 있으면 예약이 성립한다.

(나) 일방 또는 쌍방예약인지, 편무 또는 쌍무예약인지는 당사자의 의사표시를 해석함으로써 확정되겠지만, 민법은 매매에 관하여 일방예약으로 추정하는 규정을 두고 있다(제567조).

제2절 계약의 성립

1 계약성립과 의사표시

Ⅰ. 의사표시의 합치

계약이 성립하기 위하여는 당사자 사이에 의사의 합치가 있을 것이 요구되나 사이에 의사의 합치는 당해 계약의 내용을 이루는 모든 사항에 관하여 있어야 하는 것은 아니나 그 본질적 사항에 관하여 의사의 합치가 있거나 적어도 장래 구체적으로 특정할 수 있는 기준과 방법 등에 관한 합의는 있어야 한다(대판 2017.5.30. 2015다34437).

Ⅱ. 의사표시의 불합의

1. 의식적인 불합의

의사표시의 불일치를 당사자가 인식한 경우를 말한다. 당사자 사이에 계약의 각 항목에 관하여 별도로 합의하기로 하는 특약이 존재하는 경우에는 불합의된 부분이 경미하더라도 그 계약은 성립하지 않는다.

2. 무의식적 불합의

계약 당사자 쌍방 또는 일방이 의사표시의 불일치를 인식하지 못한 경우로서 위와 마찬가지로 계약은 성립하지 않는다. 따라서 착오의 문제는 더 이상 따질 필요가 없다.

3. 착오의 의사표시

당사자들의 의사표시가 객관적으로 그 의미가 합치하는 경우에는 표의자가 주관적으로 착오있는 의사표시를 하였더라도 그 계약은 유효하게 성립한다. 다만, 착오에 빠진 표의자는 일정한 경우에 그 의사표시를 취소할 수 있을 뿐이다(제109조 1항).

2 민법상 계약의 성립

Ⅰ. 청약·승낙에 의한 계약의 성립

1. 청약

(1) 청약의 의의

청약은 상대방의 승낙과 결합하여 일정한 내용의 계약을 성립시킬 것을 목적으로 하는 의사표시이다. 따라서 청약은 법률요건인 법률행위가 아니므로 채권자대위권의 목적이 될 수 없다.

(2) 청약의 내용

청약의 의사표시는 '상대방의 수령을 요하는 의사표시'로서 상대방의 승낙만 있으면 계약을 성립시키겠다는 확정적 의사표시이어야 한다. 따라서 청약은 계약의 내용을 결정할 수 있을 정도의 사항을 포함시키는 것이 필요하다(대판 2003.4.11. 2001다53059).

(3) 청약의 유인

청약의 유인은 타인으로 하여금 청약을 하게 하려는 것으로 의사표시가 되지 못한다. 따라서 피유인자가 그에 대응하여 의사표시를 하더라도 이는 청약에 해당하여 곧바로 계약은 성립하지 않고 유인한 자가 다시 승낙의 의사표시를 함으로써 비로소 계약이 성립한다(대판 2007.6.1. 2005다 5812).

(4) 청약의 효력

1) 청약의 효력발생

제527조(계약의 청약의 구속력) 계약의 청약은 이를 철회하지 못한다.

㈎ 청약은 특정인에게 그 의사표시가 도달된 때 효력이 발생하고 불특정인에 대해서는 그 의사표시가 알려진 상태에 있는 때부터 효력이 발생한다. 청약의 의사표시가 도달하기 전에 청약자가 사망한 경우에도 원칙적으로 청약의 효력에는 영향이 없다(제111조 2항).

(ㄴ) 청약의 의사표시가 상대방에게 도달하면 아직 승낙이 없어 계약이 성립하지 않았더라도, 청약자는 이를 임의로 철회할 수 없다. 따라서 명예퇴직의 신청이 근로계약에 대한 합의해지의 청약에 해당하는 경우, 이에 대한 사용자의 승낙으로 근로계약이 합의해지되기 전에는 근로자가 임의로 그 청약의 의사표시를 철회할 수 있다.

2) 청약의 승낙적격

> 제528조(승낙기간을 정한 계약의 청약) ① 승낙의 기간을 정한 계약의 청약은 청약자가 그 기간 내에 승낙의 통지를 받지 못한 때에는 그 효력을 잃는다.

2. 승 낙

(1) 승낙의 의의

승낙이란 청약에 대응하여 계약을 성립시킬 목적으로 청약자에게 하는 수령자의 의사표시이다. 청약이 불특정다수인에 대하여 가능한 것과 달리 불특정다수인에 대한 승낙이란 있을 수 없다. 청약수령자는 승낙이나 거절의 의사표시를 해야 할 의무를 부담하지 않는다.

(2) 승낙의 효력

1) 승낙기간의 정함이 있는 경우

> 제528조(승낙기간을 정한 계약의 청약) ② 승낙의 통지가 전항의 기간 후에 도달한 경우에 보통 그 기간 내에 도달할 수 있는 발송인 때에는 청약자는 지체없이 상대방에게 그 연착의 통지를 하여야 한다. 그러나 그 도달 전에 지연의 통지를 발송한 때에는 그러하지 아니하다.
> ③ 청약자가 전항의 통지를 하지 아니한 때에는 승낙의 통지는 연착되지 아니한 것으로 본다.

승낙기간이 있는 경우에는 승낙의 통지가 그 기간 내에 도달하여야 한다. 그러나 승낙의 통지가 기간 후에 도착하였더라도 통상적인 경우라면 그 기간 내에 도달할 수 있었을 경우에는 청약자는 지체없이 상대방에게 그 연착을 통지함으로써 계약이 성립되지 않았음을 알려야 한다. 따라서 청약자가 연착의 통지를 하지 않으면 연착하지 않은 것으로 보고, 계약이 성립된 것으로 본다.

2) 승낙기간이 정함이 없는 경우

> 제529조(승낙기간을 정하지 아니한 계약의 청약) 승낙의 기간을 정하지 아니한 계약의 청약은 청약자가 상당한 기간 내에 승낙의 통지를 받지 못한 때에는 그 효력을 잃는다.

3) 연착 또는 변경된 승낙의 효력

> 제534조(변경을 가한 승낙) 승낙자가 청약에 대하여 조건을 붙이거나 변경을 가하여 승낙한 때에는 그 청약의 거절과 동시에 새로 청약한 것으로 본다.

이미 정해진 승낙기간 혹은 상당한 기간 이후에 도달한 승낙의 의사표시(연착된 승낙)

는 새로운 청약으로서의 효력을 가질 수 있다. 또한 승낙자가 청약에 대해 조건을 붙이거나 변경을 가하여 승낙한 경우에는 청약 자체에 대해서는 거절한 것이지만, 승낙자가 새롭게 청약한 것으로 본다(대판 2008.2.1. 2006다20542).

4) 격지자 간 계약성립(발신주의)

> 제531조(격지자 간의 계약성립시기) 격지자 간의 계약은 승낙의 통지를 발송한 때에 성립한다.

Ⅱ. 의사실현에 의한 계약의 성립

> 제532조(의사실현에 의한 계약성립) 청약자의 의사표시나 관습에 의하여 승낙의 통지가 필요하지 아니한 경우에는 계약은 승낙의 의사표시로 인정되는 사실이 있는 때에 성립한다.

청약자의 의사표시나 관습에 의해서 승낙의 통지가 필요하지 않은 경우에는 승낙의 의사표시로 인정되는 사실의 존재(예컨대 호텔예약 주문을 받고 특정의 객실을 청소하는 행위)만으로 계약이 성립한다. 승낙이라는 의사표시가 없음에도 계약이 성립되는 것이다.

Ⅲ. 교차청약에 의한 계약의 성립

> 제533조(교차청약) 당사자 간에 동일한 내용의 청약이 상호 교차된 경우에는 양 청약이 상대방에게 도달한 때에 계약이 성립한다.

당사자 사이에 동일한 내용의 청약이 서로 교차한 경우, 계약의 성립시기는 양 청약이 모두 각각의 상대방에게 '도달'한 때이다.

3 약관법상 계약의 성립

Ⅰ. 약관의 의의

약관이란 계약의 일방 당사자가 특정 종류의 계약을 불특정 다수의 상대방과 계속 반복하여 체결할 것을 예정하고, 이에 대비하여 미리 작성하여 둔 계약조항이다.

Ⅱ. 약관의 규제

1. 약관규제법의 필요성

약관규제법은 경제적으로 우월한 지위에 있는 사업자와 경제적 약자의 지위에 있는 소비자 사이에서 발생하는 불공정한 거래를 예방·규제함으로써 약자인 소비자를 보호하기 위한 법이다.

2. 약관법에 의한 통제

(1) 편입통제

약관의 내용이 상대방에게 효력을 미치기 위해서는 약관을 이용하는 사업자(작성자)가 약관을 명시 또는 설명하고, 상대방이 그 약관에 따라 계약을 체결하는 데 동의한 경우에만 계약내용으로 편입된다. 이 경우 명시·설명의 대상이 되는 것은 고객의 이해관계에 중대한 영향을 미치는 사항, 즉 계약의 중요한 내용에 한정된다(대판 2004.4.27. 2003다7302). 만약 이를 위반한 경우 사업자는 계약의 내용으로 주장할 수 없다.

(2) 해석통제

약관은 그 약관이 적용되는 구체적 사안을 고려하여 신의성실의 원칙에 맞게 해석되어야 한다(동법 제5조 1항). 약관의 내용이 불명확하여 다의적인 경우에는 작성자가 그 불명확성으로 인한 불이익을 부담한다(동법 제5조 2항). 자유로운 사적자치를 존중한 규정이다. 당사자의 개별적 합의내용이 효력을 갖는 한, 약관규정은 적용되지 않는다(동법 제4조).

(3) 내용통제

고객에 대하여 부당하게 과중한 손해배상액을 예정하는 경우(동법 제8조), 계약의 해제권·해지권을 고객에 대하여 부당하게 배제 또는 제한하거나 반대로 사업자에 대해서는 부당하게 폭넓게 인정하는 경우 등(동법 제9조), 고객의 항변권·상계권을 제한하거나 기한의 이익을 박탈하는 경우 등(동법 제11조), 그리고 고객에게 소의 제기를 금지하거나 상당한 이유 없이 증명책임을 부담시키는 경우(동법 제14조)에는 해당 약관조항은 무효이다.

4 계약체결상의 과실책임

> 제535조(계약체결상의 과실) ① 목적이 불능한 계약을 체결할 때에 그 불능을 알았거나 알 수 있었을 자는 상대방이 그 계약의 유효를 믿었음으로 인하여 받은 손해를 배상하여야 한다. 그러나 그 배상액은 계약이 유효함으로 인하여 생길 이익액을 넘지 못한다. ② 전항의 규정은 상대방이 그 불능을 알았거나 알 수 있었을 경우에는 적용하지 아니한다.

I. 의 의

계약체결상 과실책임이란 계약체결을 위한 준비단계 또는 계약의 성립과정에서 당사자의 일방이 그에게 책임 있는 사유로 상대방에게 손해를 끼친 경우에 이를 배상해야 할 책임을 말한다.

Ⅱ. 요 건

1. 목적의 원시적 불능

계약의 목적이 원시적·객관적·전부불능의 경우에 인정된다. 따라서 이외의 사항에 대하여 유추적용하여서는 안 된다.

2. 의무자의 고의·과실

계약체결을 위한 행위가 있어야 하며, 계약의 성립은 그 요건이 아니며 계약체결을 위한 교섭행위가 있으면 족하다. 이러한 교섭행위시 배상의무자에게 고의 또는 과실이 있어야 한다.

3. 상대방의 선의·무과실

상대방이 손해를 입어야 하며, 또한 불능원인에 대하여 선의·무과실이어야 한다.

Ⅲ. 효 과

본조에 따라 그 계약의 유효를 믿었음으로 인하여 받은 손해를 배상하여야 하며, 그 배상액은 계약이 유효함으로 인하여 생길 이익액을 넘지 못한다고 하여 계약체결상의 과실의 배상범위를 신뢰이익에 한정한다.

연습문제

01 〈노무사 2016〉

청약과 승낙에 관한 설명으로 옳은 것은?

① 청약과 승낙의 의사표시는 특정인에 대해서만 가능하다.
② 승낙자가 청약에 변경을 가하지 않고 조건만을 붙여 승낙한 경우에는 계약이 성립된다.
③ 청약자가 청약이 상대방에게 도달하기 전에는 임의로 이를 철회할 수 있다.
④ 당사자 간에 동일한 내용의 청약이 상호교차된 경우에는 양 청약의 통지가 상대방에게 발송된 때에 계약이 성립한다.
⑤ 승낙의 기간을 정한 청약은 승낙자가 그 기간 내에 승낙의 통지를 발송하지 아니한 때에는 그 효력을 잃는다.

해설 | ③ (○) 청약의 의사표시가 도달하기 전에는 이를 철회할 수 있으나 상대방에게 도달하면 아직 승낙이 없어 계약이 성립하지 않았더라도, 청약자는 이를 임의로 철회할 수 없다. 이를 청약의 구속력이라 한다.

제527조(계약의 청약의 구속력) 계약의 청약은 이를 철회하지 못한다.

정답 | ③

02 〈노무사 2023〉

계약의 성립에 관한 설명으로 옳지 않은 것은? (다툼이 있으면 판례에 따름)

① 청약자가 청약의 의사표시를 발송한 후 상대방에게 도달 전에 사망한 경우, 그 청약은 효력을 상실한다.
② 명예퇴직의 신청이 근로계약에 대한 합의해지의 청약에 해당하는 경우, 이에 대한 사용자의 승낙으로 근로계약이 합의해지되기 전에는 근로자가 임의로 그 청약의 의사표시를 철회할 수 있다.
③ 승낙기간을 정하지 않은 청약은 청약자가 상당한 기간 내에 승낙의 통지를 받지 못한 때에는 그 효력을 잃는다.
④ 당사자 사이에 동일한 내용의 청약이 상호 교차된 경우에는 양 청약이 상대방에게 도달한 때에 계약이 성립한다.
⑤ 매도인이 매수인에게 매매계약의 합의해제를 청약한 경우, 매수인이 그 청약에 대하여 조건을 가하여 승낙한 때에는 그 합의해제의 청약은 거절된 것으로 본다.

해설 | ① (×) 청약의 의사표시가 도달하기 전에 청약자가 사망한 경우에도 원칙적으로 청약의 효력에는 영향이 없다(제111조 2항).

정답 | ①

제3절 계약의 효력

쌍무계약은 계약 당사자의 채무가 법적으로 상호 견련되어 있는 계약, 즉 일방의 급부가 상대방의 반대급부와 성립, 이행 및 존속에서 견련성(give and take 또는 i give, if you give)을 가지는 계약을 말한다. 따라서 급부와 반대급부는 그 성립에서부터 상호 견련관계에 있고, 법적으로도 이 견련성은 보장될 필요가 있다. 따라서 ⅰ) 성립상의 견련성은 일방의 채무가 불능·불법 등의 이유로 성립하지 아니할 때에는 그 대가인 상대방의 채무도 성립하지 않는다. ⅱ) 이행상의 견련관계는 상대방이 이행할 때까지 자기의 채무이행을 거절할 수 있는 관계이며, 이를 규율하는 것이 민법 제536조의 동시이행의 항변권이다. ⅲ) 존속상의 견련관계란 일방 당사자의 급부가 더 이상 존속하지 않게 되면 타방 당사자에 대해서도 그 급부를 청구할 수 없는 관계를 의미하는데, 이를 규율하는 것이 위험부담의 문제이다. 그리고 계약당사자 구속의 예외에 관한 제3자를 위한 계약을 규정하고 있다. 이하에서 차례대로 살펴보도록 한다.

1 동시이행의 항변권

제536조(동시이행의 항변권) ① 쌍무계약의 당사자 일방은 상대방이 그 채무이행을 제공할 때까지 자기의 채무이행을 거절할 수 있다. 그러나 상대방의 채무가 변제기에 있지 아니하는 때에는 그러하지 아니하다. ② 당사자 일방이 상대방에게 먼저 이행하여야 할 경우에 상대방의 이행이 곤란할 현저한 사유가 있는 때에는 전항 본문과 같다.

Ⅰ. 의 의

㈎ 동시이행항변권이란 쌍무계약상 상대방이 이행을 제공할 때까지 자기의 채무이행을 거절할 수 있는 권리, 즉 채무자의 이행거절권능으로서 연기적 항변권에 해당한다. 그러므로 채무불이행 또는 불법행위에 있어서 위법성 조각사유에 해당한다.

㈏ 유의할 것은 상대방의 청구권 그 자체를 부인하는 것이 아니므로, 동시이행항변권에 관한 제536조는 임의규정이라는 점이다. 그러므로 당사자 사이의 약정으로 동시이행항변권을 배제하거나 포기할 수 있다.

Ⅱ. 요 건

1. 대가관계 있는 쌍방채무가 존재할 것

(1) 쌍방채무의 대가관계

1) 주관적 상호의존관계

동일한 쌍무계약이 유효하게 체결되면 당사자 쌍방은 대가적 의미가 있는 채무를 서로 부담해야 한다. 반드시 양 채무가 객관적, 경제적으로 동등한 의미를 가져야 하는 것은 아니며, 양 당사자에게 주관적으로 상호의존관계에 있으면 된다(대판 2007.3.29. 2005다35851).

2) 주된 급부의무 상호간

㈎ 이는 '주된 급부의무 상호간'에 인정되며 특약이 있는 경우를 제외하고는 부수의무 상호간 또는 부수의무와 주된 급부의무와의 사이에서는 원칙적으로 동시이행관계가 인정되지 않는다.

㈏ 민법 등 특별법에서 '명문의 규정으로 인정'되는 경우로는 ⅰ) 계약해제로 인한 원상회복(제549조, 특히 판례가 선의매도인의 제571조의 해제권 행사에 따른 쌍방의 원상회복의무도 동시이행의 관계를 인정하고 있다), ⅱ) 매매에 있어 목적물인도의무와 대금지급의무(제538조 2항), ⅲ) 매도인의 담보책임(제583조), ⅳ) 수급인의 하자보수의무와 도급인의 보수지급의무(제667조), ⅴ) 전세권의 소멸(제667조), ⅵ) 부담부 증여에서 당사자의 쌍방의 의무(제561조), ⅶ) 가등기담보법상 청산금지급의무와 등기이전·인도의무(가담법 제4조 3항), ⅷ) 주택임대차의 목적물반환의무와 보증금반환의무(주임보법 제3조 4항) 등이 있다.

그러나 위임의 경우 무상계약이 원칙이므로 보수특약을 한 경우, 특약이 없는 한 후급이 원칙이다(제686조 2항). 그러므로 동시이행의 관계가 아니다.

(2) 동시이행관계의 유지

㈎ 동시이행의 항변권은 쌍무계약의 당사자 사이에 인정되는 것이 원칙이나, '채권양도·채무인수' 등으로 당사자가 변경된 때에도 채무의 동일성이 유지되는 한 항변권은 존속한다.

㈏ 또한 금전채권에 대한 압류·추심명령이 있는 경우, 추심채무자가 제3채무자에 대하여 가지는 동시이행항변권이 상실되지 않는다(대판 2001.3.9. 2000다73490).

㈐ 나아가 채무자가 목적 부동산을 제3자에게 양도하여 그 소유권이전등기의무가 이행불능이 되었다 하더라도 채무자는 상대방에 대하여 채무의 이행불능으로 인한 손해배상채무를 부담하며 상대방의 대금지급의무와 여전히 동시이행관계에 있다(대판 2014.4.30. 2010다11323).

(3) 동시이행관계의 확장

1) 견련관계의 확장근거

당사자가 부담하는 각 채무가 쌍무계약에 있어 고유의 대가관계가 있는 채무가 아니라고 하더라도 구체적인 계약관계에서 각 당사자가 부담하는 채무에 관한 약정내용에 따라 그것이 대가적 의미가 있어 이행상 견련관계를 인정하여야 할 사정이 있는 경우에는 동시이행항변권을 인정할 수 있다고 한다(대판 2007.6.14. 2007다3285). 그리고 이는 '불안의 항변권'의 경우에도 마찬가지로 적용된다(대판 2022.5.13. 2019다215791).

2) 동시이행관계의 인정

① 매매계약의 무효 또는 취소된 경우

매매계약의 무효이거나 취소에 따라 당사자 쌍방이 부담하는 부당이득반환의무는 서로 동시이행의 관계에 있다(대판 2001.7.10. 2001다3764).

② 매매목적물에 제한물권 설정된 경우

매매 목적부동산에 제3자 명의의 가압류등기가 되어 있는 경우 특별한 사정이 없는 한 매도인의 소유권이전등기의무와 아울러 위 가압류등기의 말소의무도 매수인의 대금지급의무와 동시이행관계에 있다(대판 2000.11.28. 2000다8533).

③ 미등기매매와 중간생략등기의 경우

중간생략등기의 합의가 있다고 하여 최초의 매도인이 자신이 당사자가 된 매매계약상의 매수인인 중간자에 대하여 갖고 있는 매매대금청구권의 행사가 제한되는 것은 아니므로 최초의 매도인이 최종 매수인의 소유권이전등기청구에 대하여 인상된 매매대금의 범위에서 동시이행의 항변권을 행사할 수 있다(대판 2005.4.29. 2003다66431).

④ 임대차의 존속기간이 만료된 경우

임대인의 임차보증금반환의무와 임차인의 목적물인도의무는 서로 동시이행관계에 있으므로 임대인이 보증금의 지급을 하지 않고 있는 동안 임차인의 목적물에 대한 점유는 동시이행의 항변권에 기한 것이어서 불법점유라고 볼 수 없다(대판 2002.7.28. 2001다68839).

⑤ 부가가치세의 부담을 약정한 경우

부동산 매매계약에 있어 매수인이 부가가치세를 부담하기로 약정한 경우, 부가가치세를 매매대금과 별도로 지급하기로 했다는 등의 특별한 사정이 없는 한 부가가치세를 포함한 매매대금 전부와 부동산의 소유권이전등기의무가 동시이행의 관계에 있다(대판 2006.2.24. 2005다58656).

3) 동시이행관계의 부정

① 별개로 채무부담약정을 한 경우

공사도급계약상 도급인의 지체상금채권(손해배상예정)과 수급인의 공사대금채권(도급계약)은 특별한 사정이 없는 한 동시이행의 관계가 아니다(대판 2015.8.27. 2013다81224, 81231).

② 채권증서반환청구와 변제의 경우

채무자가 채무 전부를 변제한 때에는 채권자에게 채권증서의 반환을 청구할 수 있으며, 제3자가 변제를 하는 경우에는 제3자도 채권증서의 반환을 구할 수 있으나, 이러한 채권증서 반환청구권은 채권 전부를 변제한 경우에 인정되는 것이고, '영수증 교부의무와는 달리' 변제와 동시이행관계에 있지 않다(대판 2005.8.19. 2003다22042).

③ 근저당권실행을 위한 경매의 무효

근저당권실행을 위한 경매가 무효인 경우 채권자(근저당권자)가 낙찰자에 대하여 부담하는 배당금반환채무와 낙찰자가 채무자에 대하여 부담하는 소유권이전등기말소의무는 서로 이행의 상대방을 달리하는 것으로서 위 두 채무는 동시에 이행되어야 할 관계에 있지 않다(대판 2006.9.22. 2006다24049).

④ 미등기매매에서 매매계약의 해제

부동산에 관한 매매계약을 체결한 후 매수인으로부터 그 부동산을 다시 매수한 제3자의 처분금지가처분신청으로 매매목적부동산에 관하여 가처분등기가 이루어진 상태에서 매도인과 매수인 사이의 매매계약이 해제된 경우, 제3자의 가처분등기의 말소와 매도인의 대금반환의무는 동시이행의 관계에 있다고 할 수 없다(대판 2009.7.9. 2009다18526).

2. 쌍방채무의 변제기가 함께 도래할 것

(1) 원 칙

채무자가 채권자인 상대방보다 먼저 이행할 의무인 선이행의무를 부담하는 경우에는 동시이행의 항변권을 가지지 않는다(제536조 1항 단서). 따라서 채무담보의 목적으로 경료된 채권자 명의의 소유권이전등기나 그 청구권보전의 가등기의 말소를 구하려면 '먼저 채무를 변제'하여야 하고 피담보채무의 변제와 교환적으로 말소를 구할 수는 없다(대판 1984.9.11. 84다카781).

(2) 예 외

1) 쌍방채무 변제기의 동시도래

㈎ 어느 의무가 선이행의무라고 하더라도 이행기가 지난 때에는 이행기가 지난 후에도 여전히 선이행하기로 약정하는 등의 특별한 사정이 없는 한 그 의무를 포함하여 매도인과 매수인 쌍방의 의무는 동시이행관계에 놓이게 된다(대판 2021.7.29. 2017다3222, 3239).

㈏ 따라서 선이행의무자가 그 이행을 지체하는 동안에 상대방의 채무가 이행기에 달하게 되면, 선이행의무를 부담하는 채무자도 동시이행항변권을 행사할 수 있다. 이 경우 쌍방의 채무는 기한의 정함이 없는 채무에 해당한다(대판 1991.3.27. 90다19930).

2) 선이행의무자의 불안의 항변

㈎ 일방 당사자가 선이행의무를 부담하더라도 타방 당사자의 채무의 이행이 곤란할 정도의 현저한 사유가 존재하는 경우에는 동시이행항변권을 갖는다.

㈏ 불안의 항변권을 발생시키는 사유는 선이행의무를 이행케 하는 것이 공평과 신의칙에 반하게 되는 경우를 말하고(대판 2021.10.28. 2017다224302), 반드시 신용불안이나 재산상태 악화와 같이 객관적·일반적 사정만으로 제한하지 않는다(대판 2012.3.29. 2011다93025).

㈐ 또한 상대방의 채무가 아직 이행기에 이르지 않았지만 이행기에 이행될 것인지 여부가 현저히 불확실하게 된 경우에도 선이행채무를 지고 있는 당사자에게 상대방의 이행이 확실하게 될 때까지 선이행의무의 이행을 거절할 수 있다(대판 2022.5.13. 2019다215791).

3. 상대방에 대하여만 이행을 청구할 것

㈎ (동시이행항변권을 소멸시키기 위한 이행제공의 정도) 자기채무의 이행제공 없이 상대방에 대하여만 이행을 청구하는 경우 상대방은 동시이행항변권을 행사할 수 있다. 이러한 이행제공의 정도에 대하여 쌍무계약의 당사자 일방이 먼저 한 번 현실의 제공을 하고, 상대방을 수령지체에 빠지게 하였다 하더라도 그 이행의 제공이 계속되지 않는 경우에는 과거에 이행의 제공이 있었다는 사실만으로 상대방이 가지는 동시이행의 항

변권이 소멸하는 것은 아니다. 따라서 매매계약에서 매도인은 등기서류 등을 준비하여 두고 매수인에게 그 뜻을 통지하고 수령하여 갈 것을 최고하면 이행제공을 다한 것이 된다(대판 1993.8.24. 92다56490).

㈐ (이행을 청구하는 자의 이행제공이 불완전한 경우) 이행을 청구하는 자가 이행의 제공을 하였으나 불완전하다면, 이행부분에 비례하여 동시이행항변권을 행사할 수 있다. 그러나 불완전한 부분이 경미한 경우 동시이행항변권이 인정될 수 없다. 판례도 임대인이 목적물에 대한 수선의무를 불이행하여 임차인이 목적물을 전혀 사용할 수 없을 경우에는 임차인은 차임 전부의 지급을 거절할 수 있으나, 수선의무불이행으로 인하여 부분적으로 지장이 있는 상태에서 그 사용수익이 가능할 경우에는 그 지장이 있는 한도 내에서만 차임의 지급을 거절할 수 있을 뿐 그 전부의 지급을 거절할 수는 없다고 하였다(대판 1989.6.13. 88다카13332).

Ⅲ. 효 과

1. 행사효

(1) 항변권자의 원용

동시이행항변권은 상대방의 청구를 일시적으로 저지시킬 수 있는 연기적 항변권이므로 이를 소송상 관철하려면, 항변권자가 이를 원용하여야 한다. 그러한 원용이 없는 한, 법원이 항변권의 존재를 고려할 것은 아니다(대판 2006.2.23. 2005다53187).

(2) 상환이행의 판결

㈎ 쌍무계약의 성질상 일방이 소송으로 이행을 청구하는 경우에 피고(채무자)가 동시이행항변권을 원용하면, 법원은 피고(채무자)가 원고(채권자)의 채무이행과 상환으로 이행할 것을 명하는 상환이행판결을 내려야 한다(대판 1990.11.27. 90다카25222).

㈏ 상환이행판결에 따른 강제집행시 원고의 반대급부의 이행 또는 이행의 제공은 집행문 부여의 요건이 아니라 집행개시의 요건이다(민집법 제41조). 이 경우 동시이행판결을 하는 법원으로서는 반대의무의 내용을 명확하게 특정하여야 한다(대판 2021.7.8. 2020다290804).

2. 존재효

(1) 이행지체의 저지

동시이행관계에 있는 경우 상대방채무의 이행제공이 있을 때까지는 그 채무를 이행하지 않아도 이행지체의 책임을 지지 않는다. 이는 이행지체의 책임이 없다고 주장하는 자가 동시이행의 항변권을 행사하여야만 발생하는 것은 아니다(대판 2001.7.10. 2001다3764).

(2) 상계행사의 저지

상대방이 동시이행항변권을 가지는 경우에 그 항변권이 붙어 있는 채권을 자동채권으로 하는 상계는 금지된다. 따라서, 매도인 甲이 매수인 乙에게 대여금채무를 부담하고 있는데, 매도인 甲이 동시이행관계에 있는 목적물인도의무의 이행을 제공하지 않은 상태에서 乙에게 가지고 있는 매매대금채권을 乙에 대하여 부담하는 대여금채무와 상계하는 것은 허용되지 않는다. 그러나 상계의 대상이 될 수 있는 자동채권과 수동채권이 동시이행관계에 있다 하더라도 서로 현실적으로 이행하여야 할 필요가 없는 경우라면, 상계를 허용하는 것이 동시이행관계에 있는 채권·채무관계를 간명하게 해소할 수 있으므로 특별한 사정이 없는 한 상계가 허용된다(대판 2006.7.28. 2004다54633).

2 위험부담

Ⅰ. 위험부담 일반론

1. 위험의 의의·유형

㈎ 위험이란 채무자와 채권자의 책임 없는 사유로 채무의 내용이 실현될 수 없게 됨으로써 발생된 불이익을 의미한다. 쌍무계약관계에서 위험에는 급부위험과 반대급부위험이 있다.

㈏ 먼저 ⅰ) 급부위험이란 재산권이전이라는 급부가 당사자의 귀책사유 없이 불가능하게 된 경우 그 목적물에 대한 재산권을 이전받지 못하는데 따른 불이익을 말한다. ⅱ) 반면에 반대급부위험(즉, 대가위험)이란 급부를 실현하지 못하게 된 채무자가 반대급부인 대가를 받지 못하는 불이익 또는 채권자가 급부를 받지 못함에도 불구하고 반대급부를 실현해야 하는 불이익을 말한다.

2. 위험부담의 문제

㈎ 쌍무계약에서 당사자 일방의 채무가 그에게 책임 없는 사유로 불능으로 소멸하는 경우 그의 반대급부청구권, 즉, 채권자의 반대급부의무가 소멸하느냐 아니면 존속하느냐 하는 문제가 발생하는데 이것이 위험부담의 문제이다.

㈏ 이에 관한 제537조와 제538조의 규정은 임의규정에 해당하므로 당사자의 특약으로 달리 정할 수 있다(대판 1995.3.28. 94다44132).

Ⅱ. 채무자 위험부담주의

> **제537조(채무자위험부담주의)** 쌍무계약의 당사자 일방의 채무가 당사자 쌍방의 책임 없는 사유로 이행할 수 없게 된 때에는 채무자는 상대방의 이행을 청구하지 못한다.

1. 요 건

(1) 쌍무계약에서 급부의 후발적 불능

원시적 불능의 경우에는 계약이 무효이므로 위험부담의 문제가 발생하지 않는다. 후발적 불능인 한 전부불능과 일부불능을 불문하고 또한 사실상의 불능뿐만 아니라 거래관념상의 기대불가능에 의해서도 가능하다.

(2) 쌍방의 귀책사유 없는 후발적 불능

귀책사유가 없기 때문에 채무불이행의 문제는 처음부터 발생하지 않는다. 그리고 채무자가 채무불이행으로 인한 손해배상책임을 부담하므로 위험부담은 문제되지 않는다.

2. 효 과

(1) 반대급부청구권의 소멸

계약이 유효하게 체결된 이후에 양 당사자의 책임 없는 사유로 급부가 불능이 된 경우에 채무자는 채권자에 대한 반대급부청구권을 상실하게 된다. 즉, 채무자는 채권자에 대한 채무를 면하는 대신 채권자에 대하여 가지는 반대급부청구권도 소멸한다. 만약 이미 이행한 급부는 법률상 원인 없는 급부가 되어 부당이득 법리에 따라 반환을 청구할 수 있다(대판 2021.5.27. 2017다254228).

> **[판례정리] 비교 - 계약 당시 이미 불능인 경우의 법률관계**
> 계약 당시에 이미 채무의 이행이 불가능했다면 특별한 사정이 없는 한 채권자가 이행을 구하는 것은 허용되지 않고, 이미 이행한 급부는 법률상 원인 없는 급부가 되어 부당이득의 법리에 따라 반환청구할 수 있으며, 나아가 민법 제535조에서 정한 계약체결상의 과실책임을 추궁하는 등으로 권리를 구제받을 수 있다. 채무의 이행이 불가능한 경우에는 채무를 이행하는 행위가 법률로 금지되어 그 행위의 실현이 법률상 불가능한 경우도 포함된다(대판 2017.10.12. 2016다9643).

(2) 대상청구권의 인정 여부

민법은 대상청구권에 관한 명문규정이 없으나, 판례는 쌍무계약의 균형을 유지하는 데 필요한 경우에는 이를 인정하고 있다. 또한 대상청구권을 행사하기 위하여 채무자에게 귀책사유 있음을 요하지 않는다.

Ⅲ. 채권자 위험부담주의

> **제538조(채권자귀책사유로 인한 이행불능)** ① 쌍무계약의 당사자 일방의 채무가 채권자의 책임 있는 사유로 이행할 수 없게 된 때에는 채무자는 상대방의 이행을 청구할 수 있다. 채권자의 수령지체 중에 당사자 쌍방의 책임 없는 사유로 이행할 수 없게 된 때에도 같다. ② 전항의 경우에 채무자는 자기의 채무를 면함으로써 이익을 얻은 때에는 이를 채권자에게 상환하여야 한다.

1. 요 건

(1) 채권자의 귀책사유 있는 불능

채권자의 책임 있는 사유라고 함은 채권자의 어떤 작위나 부작위가 채무자의 이행의 실현을 방해하고 그 작위나 부작위는 채권자가 이를 피할 수 있었다는 점에서 신의칙상 비난받을 수 있는 경우를 의미한다(대판 2011.1.27. 2010다25698).

(2) 채권자의 수령지체 중 불능

㈎ 채권자지체 중에 채무자의 급부가 양 당사자의 책임 없는 사유로 불능이 된 때에도 채권자가 그 불이익을 감수하여야 한다. 따라서 채권자는 반대급부의무를 면할 수 없다.

㈏ 특히 채권자지체 중에 채무자의 경과실로 인해 급부가 불능이 된 때에도 이는 '쌍방의 귀책사유 없이 불능이 된 때에 해당'한다(통설).

2. 효 과

(1) 채권자의 반대급부의무

㈎ 채권자의 귀책사유에 의하여 또는 채권자의 수령지체 중에 급부가 불능이 된 경우에 채무자는 채권자에 대하여 반대급부청구권을 상실하지 않는다. 즉, 채무자는 자신의 급부의무를 면하지만 반대급부청구권을 상실하지 않는다.

㈏ 수령지체 중에 당사자 쌍방의 책임 없는 사유로 이행할 수 없게 된 때에 해당하기 위해서는 현실 제공이나 구두 제공이 필요하다(대판 2004.3.12. 2001다79013).

(2) 채무자의 이익상환의무

채무자는 자기의 채무를 면함으로써 얻은 이익을 채권자에게 상환하여야 한다(제538조 2항). 따라서 사용자의 위장폐업 등 귀책사유로 인하여 해고된 근로자가 해고기간 중에 다른 직장에서 근무하여 지급받은 임금은 민법 제538조 제2항에 규정된 자기의 채무를 면함으로써 얻은 이익에 해당하므로, 공제할 수 있다. 하지만 근로자가 지급받을 수 있는 휴업수당 범위 내의 금액은 중간수입으로 공제할 수 없고, 초과하는 금액만을 중간수입으로 공제하여야 한다(대판 1991.6.28. 90다카25277).

3 제3자를 위한 계약

Ⅰ. 제3자를 위한 계약의 의의

제3자를 위한 계약은 당사자가 자기들 명의로 체결한 계약으로 제3자로 하여금 직접 계약당사자의 일방에 대하여 권리를 취득하게 하는 것을 목적으로 하는 계약이다. 계약상의 효과인 이행청구권을 취득한 제3자는 계약 당사자가 아니다.

<3자를 위한 계약에 있어 3면 관계>

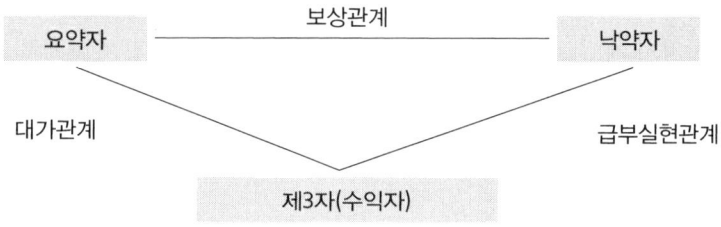

Ⅱ. 제3자를 위한 계약의 요건

1. 유효한 기본계약

요약자와 낙약자 사이의 관계를 보상관계라고 하는 바, 요약자와 낙약자 사이에 유효한 계약이 성립하고 있어야 하며 조건부로도 체결될 수 있다(대판 2006.5.25. 2003다45267).

2. 제3자 수익약정

(1) 제3자의 현존·특정 여부

제3자는 계약체결 당시 현존하고 있어야 하는 것은 아니다(대판 1997.10.10. 97다7264). 따라서 태아 및 '설립 중의 법인'도 제3자가 될 수 있다(대판 1960.7.21. 4292민상773).

> **판례정리 태아를 피보험자로 하는 상해보험계약의 효력**
> 상해보험계약을 체결할 때 약관 또는 보험자와 보험계약자의 개별 약정으로 태아를 상해보험의 피보험자로 할 수 있다. 보험계약자나 피보험자에게 불리하지 않으므로 상법 제663조에 반하지 아니하고 민법 제103조의 공서양속에도 반하지 않는다(대판 2019.3.28. 2016다211224).

(2) 수익약정의 존재와 내용

1) 수익약정의 존재

㉮ 제3자에게 직접 권리를 취득하게 하는 약정이 있어야 한다. 제3자에게 직접 채권을 취득시키려는 약정이 있었는가, 아니면 채무자로 하여금 단지 제3자에게 이행할 의무만을 부담하게 한 것인가의 구별은 계약해석의 문제이다(대판 1997.10.24. 97다28698).

> **판례정리 제3자 권리취득약정의 판단**
> 채무자와 인수인의 계약으로 체결되는 병존적 채무인수는 채권자로 하여금 인수인에 대하여 새로운 권리를 취득하게 하는 것으로 제3자를 위한 계약의 하나이다(대판 1997.10.24. 97다28698).

㈏ 제3자를 위한 계약에는 채권계약뿐만 아니라 물권적 합의 내지 처분계약도 포함된다. 따라서 제3자가 수익의 의사표시와 함께 인도를 받거나 등기를 함으로써 권리를 취득한다.

2) 수익약정의 내용

계약의 당사자가 제3자에 대하여 가진 채권에 관하여 그 채무를 면제하는 계약도 제3자를 위한 계약에 준하는 것으로서 유효하다(대판 2004.9.3. 2002다37405). 또한 낙약자가 제3자에 대하여 갖는 채권을 소멸시키기로 한 약정도 제3자를 위한 처분행위로서 유효하다(대판 1980.9.24. 78다709).

Ⅲ. 제3자를 위한 계약의 효과

1. 제3자의 지위

> 제539조(제3자를 위한 계약) ① 계약에 의하여 당사자 일방이 제3자에게 이행할 것을 약정한 때에는 그 제3자는 채무자에게 직접 그 이행을 청구할 수 있다. ② 전항의 경우에 제3자의 권리는 그 제3자가 채무자에 대하여 계약의 이익을 받을 의사를 표시한 때에 생긴다.

(1) 수익의 의사표시와 권리의 취득

1) 수익의 의사표시

수익의 의사표시는 낙약자에 대하여 하여야 한다(대판 2006.5.25. 2003다45267). 수익자의 수익의 의사표시는 그 계약의 성립요건이나 효력발생요건이 아니라 수익자가 낙약자에 대하여 채권을 취득하기 위한 요건이다(대판 2013.9.13. 2011다56033).

2) 귀속권리의 확정

① 원 칙

㈎ 제3자가 수익의 의사표시를 하여 제3자에게 권리가 귀속된 후에는 요약자와 낙약자는 계약 당사자임에도 불구하고 이를 변경·소멸시키지 못한다(제541조). 만일 계약 당사자가 제3자의 권리를 임의로 변경·소멸시킨 경우 제3자에 대하여 효력이 없다(대판 2022.1.14. 2021다271183).

㈏ 그러므로 계약의 당사자는 제3자의 권리가 발생한 후에는 합의해제를 할 수 없고, 설사 합의해제를 하더라도 그로써 이미 제3자가 취득한 권리에는 아무런 영향을 미치지 못한다(대판 2002.1.25. 2001다30285).

② 예 외

요약자와 낙약자의 합의에 의하여 제3자의 권리를 변경·소멸시킬 수 있음을 미리 유보하였거나, 제3자의 동의가 있는 경우에는 가능하다(대판 2007.5.31. 2007다13312).

(2) 보상관계에 대한 제3자의 지위

1) 보상관계의 무효·취소

㈎ 보상관계에 있어서 의사표시의 흠결·사기·강박의 유무에 대해서는 계약 당사자인 요약자 및 낙약자를 기준으로 판단하여야 한다.

> **판례정리 | 보상관계의 실효에 따른 제3자의 부당이득반환의무**
>
> 제3자를 위한 계약관계에서 낙약자와 요약자 사이의 법률관계(이른바 기본관계)를 이루는 계약이 무효이거나 해제된 경우 그 계약관계의 청산은 계약의 당사자인 낙약자와 요약자 사이에 이루어져야 하므로, 특별한 사정이 없는 한 낙약자가 이미 제3자에게 급부한 것이 있더라도 낙약자는 계약해제 등에 기한 원상회복 또는 부당이득을 원인으로 제3자를 상대로 그 반환을 구할 수 없다(대판 2010.8.19. 2010다31860, 31877).

㈏ 제3자의 권리는 계약에서 직접 발생하는 것이므로 의사표시의 흠결에 따른 선의의 제3자에 해당하지 않는다(통설).

2) 보상관계의 법정해제

㈎ 요약자는 낙약자의 채무불이행을 이유로 법정해제권을 행사할 수 있다. 제3자가 수익의 의사표시를 행한 후 요약자가 낙약자의 채무불이행을 이유로 계약을 해제할 경우 제3자의 동의는 필요하지 않다(대판 1970.2.24. 69다1410, 1411). 다만 주의할 점이 낙약자와 요약자 사이의 기본계약(보상관계)이 해제된 경우 해제의 제3자에는 해당될 수 있다. 다음 판례를 살펴보자.

> **판례정리 | 수익자가 해제의 제3자에 해당하는지 여부**
>
> 계약해제의 소급효가 제한되는 제3자는 일반적으로 그 해제된 계약으로부터 생긴 법률효과를 기초로 하여 해제 전에 새로운 이해관계를 가졌을 뿐만 아니라 등기, 인도 등으로 권리를 취득한 사람을 말한다. 나아가 제3자를 위한 계약에서도 낙약자와 요약자 사이의 법률관계(기본관계)에 기초하여 수익자가 요약자와 원인관계(대가관계)를 맺음으로써 해제 전에 새로운 이해관계를 갖고 그에 따라 등기, 인도 등을 마쳐 권리를 취득하였다면, 수익자는 민법 제548조 제1항 단서에서 말하는 계약해제의 소급효가 제한되는 제3자에 해당한다고 봄이 타당하다(대판 2021.8.19. 2018다244976).

㈏ 계약이 해제된 경우 수익의 의사표시를 한 제3자도 낙약자에게 손해배상청구를 할 수 있으나, 원상회복은 청구할 수 없다. 즉, 제3자를 위한 계약의 당사자가 아닌 수익자는 계약의 해제권이나 해제를 원인으로 한 원상회복청구권이 있다고 볼 수 없다(대판 1994.8.12. 92다41559).

> **판례정리** **수익의 의사표시 후 보상관계의 법정해제와 제3자의 손해배상청구**
> 제3자를 위한 계약에 있어서 수익의 의사표시를 한 수익자는 낙약자에게 직접 그 이행을 청구할 수 있을 뿐만 아니라 요약자가 계약을 해제한 경우에는 낙약자에게 자기가 입은 손해의 배상을 청구할 수 있다(대판 1994.8.12. 92다41559).
> ⇒ 수익의 의사표시후에는 제3자가 권리를 취득하므로 이를 임의로 소멸하는 합의해제는 할 수 없으나 정당한 법적 대응인 법정해제는 가능하다.

2. 요약자의 지위

(1) 채권자의 청구권

요약자는 제3자를 위한 계약의 당사자로서 원칙적으로 제3자의 권리와는 별도로 낙약자에 대하여 제3자에게 급부를 이행할 것을 요구할 수 있는 권리를 가진다. 이때 낙약자가 요약자의 이행청구에 응하지 아니하면 특별한 사정이 없는 한 요약자는 낙약자에 대하여 제3자에게 급부를 이행할 것을 소송으로써 구할 이익이 있다(대판 2022.1.27. 2018다259565).

(2) 낙약자와의 관계

낙약자는 요약자와 수익자 사이의 법률관계에 기한 항변으로 수익자에게 대항하지 못하고, 요약자도 대가관계의 부존재나 효력의 상실을 이유로 자신이 기본관계에 기하여 낙약자에게 부담하는 채무의 이행을 거부할 수 없다(대판 2003.12.11. 2003다49771).

3. 낙약자의 지위

(1) 낙약자의 항변권

낙약자는 요약자와의 기본계약에서 발생되는 항변사유를 제3자에게 주장할 수 있다(제542조). 제3자를 위한 계약이 쌍무계약인 경우 제3자에 대한 낙약자의 급부의무와 요약자의 낙약자에 대한 반대급부의무는 동시이행의 관계에 있다(대판 1962.11.15. 62다638).

(2) 낙약자의 최고권

> **제540조(채무자의 제3자에 대한 최고권)** 전조의 경우에 채무자는 상당한 기간을 정하여 계약의 이익의 향수 여부의 확답을 제3자에게 최고할 수 있다. 채무자가 그 기간 내에 확답을 받지 못한 때에는 제3자가 계약의 이익을 받을 것을 거절한 것으로 본다.

연습문제

01 〈노무사 2013〉

다음 중 동시이행관계에 있지 않은 것은? (다툼이 있는 경우 판례에 의함)

① 대여금채무의 변제와 영수증 교부의무
② 대여금채무의 변제와 채권증서의 반환의무
③ 계약해제로 인한 당사자 쌍방의 원상회복의무
④ 매매계약의 취소로 인한 당사자 쌍방의 원상회복의무
⑤ 교환계약의 무효로 인한 당사자 쌍방의 원상회복의무

해설 | 채무자가 채무 전부를 변제한 때에는 채권자에게 채권증서의 반환을 청구할 수 있으며, 제3자가 변제를 하는 경우에는 제3자도 채권증서의 반환을 구할 수 있으나(제475조 참조), 이러한 채권증서반환청구권은 채권 전부를 변제한 경우에 인정되는 것이고, 영수증교부의무와는 달리 변제와 동시이행관계에 있지 않다(대판 2005.8.19. 2003다22042).

정답 | ②

02 〈노무사 2007〉

乙은 甲이 가지고 있던 경주마 A를 매수하는 계약을 甲과 체결하였다. 그러나 A를 인도받기 전에 당사자 쌍방의 책임 없는 사유로 A가 죽었다. 이 경우 법률관계에 대한 설명 중 옳은 것은?

① 甲은 인도의무를 면하고 乙은 대금지급의무를 부담한다.
② 甲은 인도의무를 면하고 乙은 대금지급의무를 면한다.
③ 甲은 인도의무를 부담하고 乙도 대금지급의무를 부담한다.
④ 甲은 인도의무를 부담하지만 乙은 대금지급의무를 면한다.
⑤ 乙은 경주마를 인도받지 못하게 된 데에 대한 손해배상청구만을 할 수 있다.

해설 | ② (○) 당사자 쌍방의 귀책사유 없는 경우에는 채무자 위험부담주의의 원칙이 적용된다(제537조). 따라서 채무자의 반대급부청구권이 소멸한다. 따라서 채무자는 자기의 채무를 면함과 동시에 채권자에게 반대채무의 이행을 청구할 수 없다. 그러므로 채무자 甲은 경주마 인도의무를 면하나, 채권자 乙에게 대금지급을 청구하지도 못한다.

정답 | ②

03 〈노무사 2006〉

乙은 甲소유의 자전거를 구입하면서 자전거를 甲이 丙에게 직접 인도하고 매매대금은 자전거의 인도 다음 날 지불하기로 약정하였다. 다음 설명 중 옳은 것은? (다툼이 있는 경우에는 판례에 의함)

① 丙이 甲에게 수익의 의사표시를 하여야 丙을 위한 甲과 乙 사이의 관계가 성립한다.
② 丙의 권리가 확정된 후에도 甲과 乙은 이를 변경할 수 있다.
③ 甲의 귀책사유로 인하여 채무불이행이 발생하면 丙은 계약을 해제하고 손해배상을 청구할 수 있다.
④ 甲은 丙이 이행을 청구하는 경우에 乙과 丙 사이의 법률관계에 기한 항변으로 丙에게 대항하지 못한다.
⑤ 丙이 미성년자인 경우, 丙은 법정대리인의 동의를 얻어 수익의 의사표시를 명시적으로 하여야 한다.

해설 | ④ (○) 제3자를 위한 계약의 체결원인이 된 요약자와 제3자(수익자) 사이의 법률관계(이른바 대가관계)의 효력은 제3자를 위한 계약 자체는 물론 그에 기한 요약자와 낙약자 사이의 법률관계(이른바 기본관계)의 성립이나 효력에 영향을 미치지 아니하므로 낙약자는 요약자와 수익자 사이의 법률관계에 기한 항변으로 수익자에게 대항하지 못하고, 요약자도 대가관계의 부존재나 효력의 상실을 이유로 자신이 기본관계에 기하여 낙약자에게 부담하는 채무의 이행을 거부할 수 없다(대판 2003.12.11. 2003다49771).

정답 | ④

제4절 계약의 실효(해제와 해지)

1 계약의 해제

I. 해제 및 해제권

㈎ 계약의 해제란 유효하게 성립하고 있는 계약의 효력을 당사자 일방의 의사표시에 의하여, 그 계약이 처음부터 있지 않았던 것과 같은 상태에 복귀시키는 것을 말한다. 해제권은 당사자의 일방적 의사표시에 의하여 상대방의 승낙 없이 법률관계를 변동시키는 형성권에 해당된다.

㈏ 이하에서는 민법에서 규정하고 있는 법정해제권과 구별되는 제도들을 우선적으로 살펴보고 민법상 법정해제권의 발생사유와 그 효과를 중심으로 살펴보기로 한다.

Ⅱ. 유사제도의 구별

1. 합의해제

(1) 합의해제의 인정 여부

합의해제 또는 해제계약이란 기존의 계약 당사자들이 계약해소에 관하여 합의한 것으로서, 계약자유의 원칙상 당연히 인정된다. 또한 매매계약을 합의해제한 후 그 합의해제를 무효화시키고 해제된 매매계약을 부활시키는 약정 역시 당사자 사이에서는 가능하다(대판 2006.4.13. 2003다45700).

(2) 합의해제의 성립요건

㈎ 계약이 합의해제되기 위하여는 계약의 청약과 승낙이라는 서로 대립하는 의사표시가 합치되어야 하며, 이와 같은 합의가 성립하기 위하여는 쌍방 당사자의 표시행위에 나타난 의사의 내용이 객관적으로 일치하여야 된다(대판 1998.8.21. 98다17602). 따라서 단순히 이행을 방치하였다는 사정만으로는 묵시적으로 합의해제되었다고 할 수 없다(대판 2004.6.11. 2004다11506).

㈏ 매매계약 당사자 중 매도인이 매수인에게 매매계약을 합의해제할 것을 청약하였다고 할지라도, 매수인이 그 청약에 대하여 조건을 붙이거나 변경을 가하여 승낙한 때에는 민법 제534조의 규정에 비추어 보면 그 청약의 거절과 동시에 새로 청약한 것으로 보게 되는 것이고, 그로 인하여 종전의 매도인의 청약은 실효된다(대판 2009.2.12. 2008다71926).

> **판례정리** **묵시적 합의해제의 인정 여부**
> ① 불법행위로 인한 가해자에 대한 치료비 배상책임에 대한 합의가 성립되어 그에 따른 합의금이 지급된 후 피해자가 그 합의에 불만을 품고 이를 해제할 목적으로 위 합의금을 반환하자 가해자가 이의없이 수령하였다면 그 합의는 해제되었다(대판 1979.7.24. 79다643).
> ② 당사자 일방이 계약해제를 주장하면서 이미 지급받은 계약금과 중도금의 반환으로 이를 공탁하고 상대방이 아무런 이의 없이 그 공탁금을 수령한 경우에는 특단의 사정이 없는 한 합의해제된 것으로 본다(대판 1979.10.10. 79다1457).

(3) 합의해제의 법률효과

1) 계약의 소급적 실효

매매계약이 합의해제된 경우에도 매수인에게 이전되었던 소유권은 당연히 매도인에게 복귀하는 것이므로 합의해제에 따른 매도인의 원상회복청구권은 소유권에 기한 물권적 청구권이라고 할 것이고 이는 소멸시효의 대상이 되지 아니한다(대판 1982.7.27. 80다2968).

2) 제3자 보호의 인정

제548조 제1항 단서는 합의해제의 경우에도 적용되므로, 합의해제로써 제3자의 권리를 해하지 못한다(대판 2004.7.8. 2002다73203).

3) 손해배상의무의 부정

계약의 합의해제가 성립할 때 당사자 일방이 상대방에게 손해배상을 하기로 특약하거나 손해배상청구를 유보하는 의사표시를 하는 등의 다른 사정이 없는 한 채무불이행으로 인한 손해배상을 청구할 수 없다(대판 1989.4.25. 86다카1147). 그와 같은 손해배상의 특약이 있었다거나 손해배상청구를 유보하였다는 점은 이를 주장하는 당사자가 증명할 책임이 있다(대판 2021.5.7. 2017다220416).

4) 법정이자부가의 부정

당사자 사이에 약정이 없는 이상 합의해제로 인하여 반환할 금전에 그 받은 날로부터의 이자를 가하여야 할 의무가 있는 것은 아니다(대판 1996.7.30. 95다16011).

2. 자동해제

(1) 계약금 배액 배상약정과 자동해제조항

당사자가 계약을 맺으면서 해제의 의사표시 없이도 계약이 자동적으로 해제되는 것으로 약정하는 수가 있는데, 이와 관련하여 판례는 '매도인이 위약시에는 계약금의 배액을 배상하고 매수인이 위약시에는 지급한 계약금을 매도인이 취득하고 계약은 자동적으로 해제된다는 조항은 위약 당사자가 상대방에 대하여 계약금을 포기하거나 그 배액을 배상하여 계약을 해제할 수 있다는 해제권 유보조항이라 할 것이고 최고나 통지없이 해제할 수 있다는 특약이라고 볼 수 없다'고 하였다(대판 1982.4.27. 80다851).

(2) 중도금지급채무 불이행과 자동해제조항

중도금지급의무는 선이행의무에 해당하는 바, 이에 대하여 판례는 '매매계약에 있어서 매수인이 중도금을 약정한 일자에 지급하지 아니하면 그 계약을 무효로 한다고 하는 특약이 있는 경우 매수인이 약정한대로 중도금을 지급하지 아니하면 그 '불이행 자체'로써 계약은 그 일자에 '자동적으로 해제'된 것이라고 보아야 한다'고 하였다(대판 1991.8.13. 91다13717).

(3) 잔대금지급채무 불이행과 자동해제조항

1) 원 칙

부동산매매계약에서 매수인이 잔대금지급기일까지 그 대금을 지급하지 못하면 그 계약이 자동적으로 해제된다는 취지의 약정이 있더라도 매도인이 잔대금지급기일에 소유권이전등기에 필요한 서류를 준비하여 매수인에게 알리는 등 이행의 제공을 함으로써 매수인으로 하여금 이행지체에 빠지게 하였을 때에 비로소 자동적으로 매매계약이 해제된다고 보아야 하고, 매수인이 그 약정기한을 도과하였더라도 이행지체에 빠진 것이 아니라면 대금미지급으로 계약이 자동해제된다고는 볼 수 없다(대판 1998.6.12. 98다505).

2) 예외

다만 매수인이 수회에 걸친 채무불이행에 대하여 책임을 느끼고 잔금 지급기일의 연기를 요청하면서 새로운 약정기일까지는 반드시 계약을 이행할 것을 확약하고 불이행 시에는 매매계약이 자동적으로 해제되는 것을 감수하겠다는 내용의 약정을 하였다고 볼 특별한 사정이 있다면, 매수인이 잔금 지급기일까지 잔금을 지급하지 않음으로써 그 매매계약은 자동적으로 실효된다(대판 2022.11.30. 2022다255614).

III. 법정해제권의 발생

1. 법정해제권의 발생요건

법정해제는 채무불이행을 전제로 하며, 계약관계를 해제할 수 있는 채무불이행이 있다고 하기 위해서는 계약의 목적달성에 필요불가결한 급부에 대한 불이행이 있어야 한다. 따라서 부수적 채무불이행만으로는 그 요건이 갖추어졌다고 볼 수 없다(대판 1994.12.22. 93다2766).

> **판례정리 | 법정해제권 발생의 배제약정의 유효성**
> 계약서에 명문으로 위약시의 법정해제권의 포기 또는 배제를 규정하지 않은 이상, 계약 당사자 중 어느 일방에 대한 약정해제권의 유보 또는 위약벌에 대한 특약의 유무 등은 **채무불이행으로 인한 법정해제권의 성립에 아무런 영향을 미칠 수 없다**(대판 1990.3.27. 89다카14110).

2. 법정해제권의 발생원인

(1) 이행지체로 인한 해제권

> 제544조(이행지체와 해제) 당사자 일방이 그 채무를 이행하지 아니하는 때에는 상대방은 상당한 기간을 정하여 그 이행을 최고하고 그 기간 내에 이행하지 아니한 때에는 계약을 해제할 수 있다. 그러나 채무자가 미리 이행하지 아니할 의사를 표시한 경우에는 최고를 요하지 아니한다.

1) 채무자에게 이행지체가 존재할 것

㈎ 법정해제권은 채무자의 이행지체 때문에 발생하는 것인 바, 채무의 이행기가 도래하여야 한다. 따라서 이행기가 도래하기 전에는 이행지체란 있을 수 없다(대판 2021.7.8. 2020다290804).

㈏ 특히 동시이행관계에 있는 쌍무계약에 있어서 계약을 해제하려고 하는 자는 자기 채무의 이행을 제공하여 상대방으로 하여금 이행지체에 빠지게 할 수 있다(대판 2008.4.24. 2008다3053).

2) 상당기간을 정한 이행의 최고할 것

① 상당한 기간

상당한 기간이란 채무자의 이행에 필요한 유예기간이다. 그러나 최고기간이 상당하지 않은 경우에도 원칙적으로 최고로서의 효력이 인정되나, 상당기간이 경과된 후에 해제권이 발생한다(대판 1979.9.25. 79다1135).

② 이행의 최고

㈎ 이행을 최고한다는 것은 채권자가 채무자에 대하여 채무의 이행을 촉구하는 것을 뜻하며, 해제권의 발생을 위한 중복적인 최고는 필요하지 않다. 다만, 채무자가 계약을 이행하지 아니할 의사를 명백히 표시한 경우에 채권자는 이행의 최고 없이 계약을 해제하거나 채무자를 상대로 손해배상을 청구할 수 있다(대판 2007.9.20. 2005다63337). 그러나 당사자 일방이 이행거절의 의사표시를 철회한 경우에는 상당한 기간을 정하여 이행을 최고한 후가 아니면 계약을 해제할 수 없다(대판 2003.2.26. 2000다40995).

㈏ 채무를 이행하는 데 과다한 내용을 가진 '과다최고'의 경우에는 채무의 동일성이 인정되는 한 본래 급부의 범위 내에서 최고의 효력이 인정된다(대판 2004.7.9. 2004다13083). 그러나 채권자가 과다청구한 금액을 제공하지 않으면 수령하지 않을 것이라는 의사가 분명한 경우에는 그 최고는 부적법하고 이에 의한 해제는 효력이 없다(대판 1999.12.10. 99다31407).

㈐ 이와 반대로 채무를 이행하는 데 부족한 내용을 가진 '과소최고'의 경우에는 최고에서 표시된 범위에서만 인정되고. 특히 채권자가 단지 언제까지 이행하여야 한다는 최고만 하였다고 하더라도 계약해제를 위한 최고로서의 효력이 있다(대판 2002.4.26. 2000다50497).

3) 기간 내 채무자의 이행제공이 없을 것

채무자가 최고된 유예기간 내에 이행의 제공을 하지 않아야 한다. 쌍무계약의 일방 당사자가 이행기에 한 번 이행제공을 하여서 상대방을 이행지체에 빠지게 하였다면, 해제권 행사를 위한 계속적인 이행의 제공은 필요 없다(대판 1996.11.26. 96다35590, 35606).

4) 해제권의 발생요건을 경감하는 특약

채무자의 이행지체가 있으면 최고 없이도 채권자에게 해제권이 발생한다는 특약은 일반적으로 유효하다.

(2) 정기행위에서의 해제권

> 제545조(정기행위와 해제) 계약의 성질 또는 당사자의 의사표시에 의하여 일정한 시일 또는 일정한 기간 내에 이행하지 아니하면 계약의 목적을 달성할 수 없을 경우에 당사자 일방이 그 시기에 이행하지 아니한 때에는 상대방은 전조의 최고를 하지 아니하고 계약을 해제할 수 있다.

정기행위란 계약의 성질에 의하여 또는 당사자의 의사표시에 의하여 일정한 일시 또는 기간 내에 이행하지 않으면 그 목적을 달성할 수 없는 계약을 말한다. 이행기가 도과되면 계약의 목적은 달성될 수 없으므로, 채권자에게는 '최고 없이' 해제권이 발생한다.

(3) 이행불능에 인한 해제권

> 제546조(이행불능과 해제) 채무자의 책임 있는 사유로 이행이 불능하게 된 때에는 채권자는 계약을 해제할 수 있다.

㈎ 이행불능은 단순히 절대적·물리적 불능인 경우가 아니라 경험법칙상 또는 거래관념상 채무자의 이행실현이 기대될 수 없는 경우를 말한다(대판 2004.1.24. 2000다22850)(이행불능의 구체적인 유형은 채무불이행을 참고).

㈏ 이행불능의 경우 이행기를 기다릴 것도 없이 계약의 해제가 가능하고, 또한 이행지체 중에 불능이 되더라도 채권자의 이행여부와 관계없이 해제권이 발생한다. 나아가 매도인의 소유권이전등기의무가 이행불능이 되어 이를 이유로 매매계약을 해제함에는 상대방의 잔대금지급의무가 매도인의 소유권이전등기의무와 동시이행관계에 있다고 하더라도 그 이행의 제공은 필요하지 않다(대판 2003.1.24. 2000다22850).

Ⅳ. 해제권의 행사방법

1. 해제권행사의 자유

> 제543조(해지, 해제권) ① 계약 또는 법률의 규정에 의하여 당사자의 일방이나 쌍방이 해지 또는 해제의 권리가 있는 때에는 그 해지 또는 해제는 상대방에 대한 의사표시로 한다.

해제권의 행사 여부는 해제권자의 자유이다. 또한 해제권자가 해제권을 행사하기 전에 채무자가 채무의 내용에 좇은 이행의 제공을 한 때에는 이를 수령하여야 하며, 이를 거절하면 채권자지체에 빠진다.

> **판례정리 재판상 해제권의 행사와 소 취하에 따른 실효의 문제**
> 해제의 의사표시는 재판상의 행위에 의해서도 할 수 있는 바, 해제의 의사표시를 소 제기에 의하는 경우 제척기간 내에 소장 부본이 상대방에게 송달되어야 하며, 소 제기로 해제권을 행사한 경우에 그 후 소를 취하하더라도 해제권의 행사에는 영향이 없다(대판 1982.5.11. 80다916).

2. 해제권행사의 제한

(1) 조건부가의 제한

1) 원 칙

해제의 의사표시는 당사자 일방에 의해 채권관계를 해소시키는 형성권의 행사이므로 원칙적으로 조건을 붙이지 못한다.

2) 예외

조건을 붙일 수 없는 경우라도 상대방에게 결정권이 유보되어 있는 경우에는 예외적으로 조건을 붙일 수 있는 바, 최고를 하면서 일정한 기간 내에 이행하지 않으면 해제의 의사표시가 없더라도 계약의 효력이 상실되는 것으로 보겠다는 정지조건부 해제의 의사표시는 유효하다(대판 1992.12.22. 92다28549).

(2) 불가분성의 제한

> 제547조(해지, 해제권의 불가분성) ① 당사자의 일방 또는 쌍방이 수인인 경우에는 계약의 해지나 해제는 그 전원으로부터 또는 전원에 대하여 하여야 한다. ② 전항의 경우에 해지나 해제의 권리가 당사자 1인에 대하여 소멸한 때에는 다른 당사자에 대하여도 소멸한다.

만약 매매계약의 일방 당사자가 사망하였고 그에게 수인의 상속인이 있는 경우에 그 상속인들이 위 계약을 해제하려면, 상속인들 전원이 해제의 의사표시를 하여야 한다(대판 2013.11.28. 2013다22812). 그러나 본조는 강행규정이 아니므로 당사자의 특약으로 이를 배제할 수 있다(대판 1994.11.18. 93다46209).

(3) 신의칙에 의한 제한

채권자가 채무자에게 지급하여야 할 채무의 이행을 최고한 것을 부적법한 이행의 최고라고 할 수는 없다고 할지라도 채무자가 최고기간 또는 상당한 기간 내에 이행하지 아니한 데에 정당한 사유가 있다고 여겨질 경우에는 신의칙상 그 최고기간 또는 상당한 기간 내에 이행 또는 이행의 제공이 없다는 이유로 해제권을 행사하는 것이 제한될 수 있다(대판 2013.6.27. 2013다14880).

V. 해제권 행사의 효과

1. 해제의 소급효

(1) 직접적 효과설

해제권이 행사되면 그 직접적인 효과로서 계약 자체가 소급하여 소멸한다. 그 결과 계약상의 채권 및 채무도 처음부터 존재하지 않았던 것이 된다.

> **판례정리 | 해제권 행사에 따른 법률관계**
>
> 일방 당사자의 계약위반을 이유로 한 상대방의 계약해제의사표시에 의하여 **계약이 해제되었음에도 상대방이 계약이 존속함을 전제로 계약의무의 이행을 구하는 경우 계약을 위반한 당사자도 계약이 상대방의 해제로써 소멸되었음을 들어 이행을 거절할 수 있다**(대판 2001.6.29. 2001다21441).

(2) 물권적 효과설

판례는 물권행위의 독자성과 무인성을 인정하고 있지 않는 점과 제548조 제1항 단서가 거래안전을 위한 특별규정이란 점을 생각할 때 계약이 해제되면 '그 계약의 이행으로 변동이 생겼던 물권은 당연히 그 계약이 없었던 원상태로 복귀'한다고 하였다(대판 1977.5.24. 75다1394).

2. 원상회복의무

> 제548조(해제의 효과, 원상회복의무) ① 당사자 일방이 계약을 해제한 때에는 각 당사자는 그 상대방에 대하여 원상회복의 의무가 있다. 그러나 제3자의 권리를 해하지 못한다. ② 전항의 경우에 반환할 금전에는 그 받은 날로부터 이자를 가하여야 한다.

(1) 원상회복의무의 성질

해제에서의 원상회복의무는 그 본질상 부당이득반환의무와 동일하므로 기한의 정함이 없는 채무에 해당한다(대판 2008.2.14. 2006다37892).

> **판례정리 원상회복의무에 과실상계가 적용되는지 여부**
> 과실상계는 본래 채무불이행 또는 불법행위로 인한 손해배상책임에 대하여 인정되는 것이고, 매매계약이 해제되어 소급적으로 효력을 잃은 결과 매매당사자에게 당해 계약에 기한 급부가 없었던 것과 동일한 재산상태를 회복시키기 위한 원상회복의무의 이행으로서 이미 지급한 매매대금 기타의 급부의 반환을 구하는 경우에는 적용되지 아니한다(대판 2014.3.13. 2013다34143).

(2) 원상회복의무의 범위

계약해제의 효과로서 원상회복의무를 규정한 민법 제548조는 부당이득에 관한 특별 규정의 성격을 가진 것이므로, 그 이익 반환의 범위는 이익의 현존 여부나 선의·악의에 불문하고 특단의 사유가 없는 한 받은 이익의 전부이다(대판 2013.12.12. 2013다14675). 계약의 해제로 인하여 각 당사자가 부담하는 원상회복의무는 동시이행의 관계에 있다(대판 1996.7.26. 95다25138, 25145).

(3) 원상회복의무의 내용

1) 원물반환의 원칙

① 법정이자의 부가

㈎ 당사자 일방이 계약을 해제한 때에는 각 당사자는 상대방에 대하여 원상회복의무가 있고, 이 경우 반환할 금전에는 받은 날로부터 이자를 가산하여 지급하여야 한다. 이 경우 당사자 사이에 그 이자에 관하여 특별한 약정이 있으면 그 약정이율이 우선 적용되고 약정이율이 없으면 연 5%의 민사 법정이율이 적용된다(상사 법정이율은 연 6%).

(나) 여기서 가산되는 이자는 지연손해금이 아니므로 부동산 매매계약이 해제된 경우 매도인의 매매대금반환의무와 매수인의 소유권이전등기말소등기의무가 동시이행관계에 있는지 여부와는 관계없이 민법 소정의 법정이율인 연 5푼의 비율에 의한 법정이자를 부가하여 지급하여야 한다(대판 2000.6.9. 2000다9123).

> **판례정리 해제시 발생하는 원상회복의무에 대한 지연손해금의 문제**
> 원상회복의무가 이행지체에 빠진 이후의 기간에 대해서는 부당이득반환의무로서의 이자가 아니라 반환채무에 대한 지연손해금이 발생하므로 거기에는 지연손해금률이 적용되어야 한다. 그 지연손해금률에 관하여도 당사자 사이에 별도의 약정이 있으면 그에 따라야 할 것이고, 설사 그것이 법정이율보다 낮다 하더라도 마찬가지이다(대판 2013.4.26. 2011다50509).

② 사용이익의 반환

(가) 매매계약 해제에 따라 당사자 일방이 목적물을 이용한 경우에는 사용이익을 상대방에게 반환하여야 한다. 여기에서 사용이익의 반환의무는 부당이득 반환의무에 해당하므로, 특별한 사정이 없는 한 매수인이 점유·사용한 기간 동안 그 재산으로부터 통상 수익할 수 있을 것으로 예상되는 이익, 임료 상당액을 매수인이 반환하여야 할 사용이익으로 보아야 한다(대판 2021.7.8. 2020다290804).

(나) 그러나 매수인의 영업수완 등 노력으로 인한 운용이익은 매수인이 반환하여야 할 사용이익의 범위에서 공제하여야 한다(대판 2006.9.8. 2006다26328, 26335). 또한 반환되어야 할 물건을 사용함에 따라 감가 내지 소모가 되는 요인이 발생하였다고 하더라도 그것을 훼손으로 볼 수 없는 한 반환되어야 하는 사용이익에 포함되어 있으므로 별도로 그 감가비 상당액을 원상회복으로 반환하여야 할 의무는 없다(대판 2000.2.25. 97다30066).

2) 가액반환의 예외

원물이 수령자에 의하여 멸실·훼손·소비되어 반환이 불가능한 경우 예외적으로 그 가격을 반환하여야 한다(대판 1990.3.9. 88다카31866). 이때에 반환할 금액은 특별한 사정이 없는 한 그 처분 당시의 목적물의 대가 또는 그 시가 상당액과 처분으로 얻은 이익에 대하여 그 이득일부터의 법정이자를 가산한 금액이다(대판 2013.12.12. 2013다14675).

3. 제3자의 보호

(1) 제3자의 의미

1) 계약체결 후 해제 전

제548조 제1항 단서에서 해제의 영향을 받지 않는 제3자라 함은 해제된 계약으로부터 발생된 법률효과를 기초로 하여 해제권의 행사가 있기 전에 새로운 이해관계를 가졌을 뿐만 아니라 등기·인도 등 완전한 권리를 취득한 자로서 선·악을 불문한다(대판 2003.1.24. 2000다22850).

2) 해제 후 원상회복 전

계약해제로 인한 원상회복등기 등이 이루어지기 이전에 계약의 해제를 주장하는 자와 양립되지 아니하는 법률관계를 가지게 되었고 계약해제사실을 몰랐던(선의) 제3자에 대하여는 계약해제를 주장할 수 없다(대판 1985.4.9. 84다카130).

(2) 제3자의 범위

1) 인정되는 경우

① 목적물을 가압류한 가압류채권자

해제된 계약에 의하여 채무자의 책임재산이 된 계약의 목적물을 가압류한 가압류채권자는 제3자에 포함된다(대판 2000.1.14. 99다40937).

② 대항력을 취득한 주택의 임차인

임대인의 임대권원이 되는 계약이 해제되기 전에 임대인으로부터 주택을 임차받아 주택의 인도와 주민등록을 마침으로써 주택임대차보호법상의 대항요건을 갖춘 임차인은, 등기된 임차권자와 마찬가지로 제3자에 해당한다(대판 2008.4.10. 2007다38908, 38915).

③ 이전등기청구권의 가등기권자

매수인과 매매예약을 체결한 후 그에 기한 소유권이전청구권 보전을 위한 가등기를 마친 사람도 위 조항 단서에서 말하는 제3자에 포함된다(대판 2014.12.11. 2013다14569).

2) 부정되는 경우

① 계약상 채권을 양수한 자

계약상의 채권을 양수한 자는 여기서 말하는 제3자에 해당하지 않으므로, 채무자로부터 이행받은 급부를 원상회복할 의무가 있다(대판 2003.1.24. 2000다22850).

② 가압류채권자(전부채권자)

해제에 의해 소멸되는 채권의 가압류채권자(또는 전부채권자) 역시 위의 제3자에 포함되지 않는다(대판 2000.4.11. 99다51685).

③ 토지위의 건물을 매수한 자

토지와 관련된 계약에서 매수인이 건물을 신축하고 이를 제3자에게 매수한 경우 신축건물의 매수인은 매매계약을 기초로 하여 권리를 취득한 자가 아니므로 제3자에 해당하지 않는다(대판 1991.5.28. 90다카16761).

④ 소유자로 대장에 등재된 자

미등기 무허가건물에 관한 매매계약이 해제되기 전 해당 무허가건물을 다시 매수하고 무허가건물관리대장에 소유자로 등재된 자는 제3자에 해당하지 않는다(대판 2014.2.13. 2011다64782).

4. 손해배상책임

> 제551조(해지, 해제와 손해배상) 계약의 해지 또는 해제는 손해배상의 청구에 영향을 미치지 아니한다.

(1) 손해배상의 요건과 범위

1) 요 건

해제권자의 손해배상청구는 채무불이행으로 인한 손해배상이므로 상대방에게 귀책사유, 즉 고의 또는 과실이 존재하여야 한다(제390조).

2) 범 위

① 이행이익배상의 원칙

채무불이행을 이유로 계약을 해제하거나 해지하고 손해배상을 청구하는 경우에, 채권자는 채무가 이행되었더라면 얻었을 이익을 얻지 못하는 손해를 입은 것이므로 계약의 이행으로 얻을 이익, 즉 이행이익의 배상을 구하는 것이 원칙이다(대판 2017.2.15. 2015다235766).

② 신뢰이익배상의 예외

예외적으로 그 계약이 이행되리라고 믿고 채권자가 지출한 비용 즉 신뢰이익의 배상을 구할 수도 있으나 이 경우에도 이행이익의 범위를 초과할 수는 없다(대판 2017.2.15. 2015다235766).

(2) 특약에 의한 배상액예정

특약에 의하여 본래의 급부에 갈음하는 손해배상액의 예정을 한 경우에는, 비록 해제권이 행사되더라도 예정액에 대한 특약은 효력을 잃지 않으므로 이에 따라 배상하면 된다.

VI. 해제권의 소멸과 실효

1. 해제권의 소멸

(1) 해제권 행사의 최고

> 제552조(해제권행사 여부의 최고권) ① 해제권의 행사의 기간을 정하지 아니한 때에는 상대방은 상당한 기간을 정하여 해제권행사 여부의 확답을 해제권자에게 최고할 수 있다. ② 전항의 기간 내에 해제의 통지를 받지 못한 때에는 해제권은 소멸한다.

본조에 의하여 해제권이 소멸하더라도 이 때문에 그 후 새로운 사유에 의하여 발생한 해제권까지 행사할 수 없게 되는 것은 아니다(대판 2005.12.8. 2003다41463).

(2) 계약목적물의 변경

> 제553조(훼손 등으로 인한 해제권의 소멸) 해제권자의 고의나 과실로 인하여 계약의 목적물이 현저히 훼손되거나 이를 반환할 수 없게 된 때 또는 가공이나 개조로 인하여 다른 종류의 물건으로 변경된 때에는 해제권은 소멸한다.

2. 해제권의 실효

해제권은 형성권이므로 제척기간의 적용을 받으며 행사기간을 지정하지 않은 경우 일반적으로 10년의 제척기간에 걸린다. 그러나 판례는 해제권에도 실효의 원칙이 적용된다고 한다(대판 1994.11.25. 94다12234).

2 계약의 해지

Ⅰ. 해지와 해지권

해지라 함은 계속적 채권관계에 있어서 계약의 효력을 장래에 향하여 소멸케 하는 일방적 행위를 말한다. 한편 해지권이란 계약의 당사자가 일방적 의사표시로 현존하는 계속적 계약관계를 장래에 향하여 종료케 하는 권리를 말하며, 그 성질은 형성권이다.

Ⅱ. 해지권의 발생

해지권은 해제권과 달리 일반적인 규정을 두고 있지 않으며, 각 계약의 유형에 따라 특별규정을 두고 있다.

Ⅲ. 해지권의 행사

1. 일방적 의사표시

해지권은 형성권이므로, 그 행사는 상대방에 대한 일방적 의사표시로 하게 된다(제543조 1항). 그리고 해제권과 마찬가지로 상대방의 승낙이 없으면 철회할 수 없고(제543조 2항), 원칙적으로 조건과 기한을 붙이지 못한다.

2. 해지의 불가분성

㈎ 해지권의 행사는 전원으로부터 전원에 대하여 하여야 한다(제547조 1항). 따라서 여러 사람이 공동임대인으로서 임대차계약을 체결한 경우에는 특별한 사정이 없는 한 공동임대인 전원의 해지의 의사표시에 따라 임대차계약 전부를 해지하여야 한다(대판 2015.10.29. 2012다5537).

㈏ 그리고 해지권이 당사자 1인에 대하여 소멸한 때에는 다른 당사자에 대하여도 소멸한다(제547조 2항).

Ⅳ. 해지의 효과

해지는 해지 이전의 계약관계에 대하여는 영향을 미치지 않고, 계약은 장래에 향하여 그 효력을 잃는다(제550조). 또한 계약의 해지는 손해배상의 청구에 영향을 미치지 않는다(제551조).

Ⅴ. 합의해지

1. 요 건

당사자들의 합의해지가 가능하며, 계약의 합의해지는 명시적인 경우뿐만 아니라 묵시적으로도 이루어질 수 있는 것이므로 계약 후 당사자 쌍방의 계약실현의사의 결여 또는 포기가 쌍방 당사자의 표시행위에 나타난 의사의 내용에 의하여 객관적으로 일치하는 경우에는, 그 계약은 계약을 실현하지 아니할 당사자 쌍방의 의사가 일치됨으로써 묵시적으로 해지되었다고 할 것이다(대판 2003.1.24. 2000다5336, 5343).

2. 효 과

합의해지의 경우 계약 당사자 쌍방이 합의에 의하여 계속적 계약의 효력을 해지시점 이후부터 장래를 향하여 소멸하게 하는 것을 내용으로 하는 계약이므로 법정이자를 부가하는 민법 제548조 제2항의 규정은 적용되지 않는다(대판 2003.1.24. 2000다5336, 5343).

> **판례정리 | 계약의 합의해지와 손해배상의 문제**
>
> 계약이 합의에 따라 해제되거나 해지된 경우에는 특별한 사정이 없는 한 채무불이행으로 인한 손해배상을 청구할 수 없으나, 상대방에게 손해배상을 하기로 특약하거나 손해배상 청구를 유보하는 의사표시가 있으면 그러한 특약이나 의사에 따라 손해배상을 하여야 한다. 그와 같은 손해배상의 특약이 있었다거나 손해배상 청구를 유보하였다는 점은 이를 주장하는 당사자가 증명할 책임이 있다(대판 2021.3.25. 2020다285048).

연습문제

01 〈노무사 2018〉

부동산 매매계약의 합의해제(해제계약)에 관한 설명으로 옳은 것은? (다툼이 있으면 판례에 따름)

① 합의해제는 당사자 쌍방의 묵시적 합의로 성립할 수 없다.

② 합의해제시에 손해배상에 관한 특약 등을 하지 않았더라도 매도인은 채무불이행으로 인한 손해배상을 청구할 수 있다.

③ 합의해제의 소급효는 해제 전에 매매목적물에 대하여 저당권을 취득한 제3자에게 영향을 미친다.

④ 합의해제에 따른 매도인의 원상회복청구권은 소유권에 기한 물권적 청구권으로서 소멸시효의 대상이 되지 않는다.
⑤ 다른 약정이 없으면 합의해제로 인하여 반환할 금전에 그 받은 날로부터 이자를 가산하여야 할 의무가 있다.

해설 | ④ (○) 매매계약이 합의해제된 경우에도 매수인에게 이전되었던 소유권은 당연히 매도인에게 복귀하는 것이므로 합의해제에 따른 매도인의 원상회복청구권은 소유권에 기한 물권적 청구권이라고 할 것이고, 이는 소멸시효의 대상이 되지 아니한다(대판 1982.7.27. 80다2968).

정답 | ④

02 〈노무사 2019〉

계약해제에 관한 설명으로 옳지 않은 것은? (다툼이 있으면 판례에 따름)

① 약정해제권 행사의 경우, 특별한 사정이 없는 한 그 해제의 효과로서 손해배상청구는 할 수 없다.
② 해제로 인해 소멸되는 계약상의 채권을 계약해제 이전에 양수한 자는 계약해제의 효과를 규정한 민법 제548조 제1항 단서에 의해 보호받는 제3자에 해당하지 않는다.
③ 이행지체로 계약이 해제된 경우, 원상회복의무의 이행으로 반환할 금전에는 그 받은 날로부터 이자를 가하여야 한다.
④ 이행거절로 인한 계약해제의 경우, 해제자는 상대방의 최고 및 동시이행관계에 있는 자기 채무의 이행을 제공할 필요가 없다.
⑤ 계약해제에 따른 원상회복으로 매매대금의 반환을 구하는 경우, 해제자가 해제원인의 일부를 제공하였다면 과실상계가 적용된다.

해설 | ⑤ (×) 과실상계는 본래 채무불이행 또는 불법행위로 인한 손해배상책임에 대하여 인정되는 것이고, 매매계약이 해제되어 소급적으로 효력을 잃은 결과 매매당사자에게 당해 계약에 기한 급부가 없었던 것과 동일한 재산상태를 회복시키기 위한 원상회복의무의 이행으로서 이미 지급한 매매대금 기타의 급부의 반환을 구하는 경우에는 적용되지 아니한다(대판 2014.3.13. 2013다34143).

정답 | ⑤

03 〈노무사 2023〉

민법 제548조 제1항 단서의 계약해제의 소급효로부터 보호받는 제3자에 해당하지 않는 자는? (다툼이 있으면 판례에 따름)

① X토지에 대한 매매계약이 해제되기 전에 매수인으로부터 X토지를 매수하여 소유권을 취득한 자
② X토지에 대한 매매계약이 해제되기 전에 매수인의 X토지에 저당권을 취득한 자
③ X토지에 대한 매매계약의 해제로 X토지의 소유권을 상실하게 된 매수인으로부터 해제 이전에 X토지를 임차하여 임차권등기를 마친 자
④ X토지에 대한 매매계약이 해제되기 전에 매수인과 매매예약 체결 후 그에 기한 소유권이전등기청구권 보전을 위한 가등기를 마친 자
⑤ X토지에 대한 매매계약이 해제되기 전에 매수인으로부터 X토지에 대한 소유권이전등기청구권을 양도받은 자

해설 | ⑤ (×) 계약상의 채권을 양수한 자는 여기서 말하는 제3자에 해당하지 않으므로, 채무자로부터 이행받은 급부를 원상회복할 의무가 있다(대판 2003.1.24. 2000다22850).

정답 | ⑤

CHAPTER 03

계약각론

| PART 01 | PART 02 | **PART 03 채권각론** |

민법은 15종의 계약을 규정하고 있으며, 이를 전형계약이라고 한다. 각종의 계약들을 목적과 내용에 따라 분류할 경우 ⅰ) 재산권의 이전을 목적으로 하는 계약에 증여, 매매, 교환이 있다. 다음으로 ⅱ) 물건을 빌려 쓰는 것을 목적으로 하는 계약에 소비대차, 사용대차, 임대차가 있다. ⅲ) 노무의 제공을 목적으로 하는 계약에 고용, 도급, 여행계약, 현상광고, 위임, 임치가 있다. 그 외 ⅳ) 조합, 종신정기금, 화해가 있다. 이하에서 살펴보자.

제1절 증 여

Ⅰ. 증여 일반론

1. 증여의 의의

> 제554조(증여의 의의) 증여는 당사자 일방이 무상으로 재산을 상대방에 수여하는 의사를 표시하고 상대방이 이를 승낙함으로써 그 효력이 생긴다.

증여는 당사자 일방이 무상으로 재산을 상대방에게 수여하는 의사를 표시하고 상대방이 이를 승낙함으로써 성립하는 계약이다. 기부채납이 이에 해당한다(대판 2022.4.28. 2019다272053).

2. 증여의 성질

증여계약은 수증자의 급부의무 없이 성립하는 것이므로 그 대가는 존재하지 않는다(그러므로 제104조 불공정 법률행위가 적용되지 않는다). 따라서 수증자가 의무를 부담하거나 기타 부담을 진다고 하더라도 대가의 의미를 지니지 않는 경우에는 역시 무상성이 인정된다.

Ⅱ. 증여의 효력

1. 증여자의 재산이전

증여자는 약정한 재산권을 수증자에게 이전할 채무를 부담하고 수증자는 이에 대응하는 채권을 취득한다. 증여자는 동산의 경우에는 인도, 부동산의 경우에는 인도 및 등기, 채권의 경우에는 대항요건을 갖추어 주어야 한다.

2. 증여자의 담보책임

> 제559조(증여자의 담보책임) ① 증여자는 증여의 목적인 물건 또는 권리의 하자나 흠결에 대하여 책임을 지지 아니한다. 그러나 증여자가 그 하자나 흠결을 알고 수증자에게 고지하지 아니한 때에는 그러하지 아니하다. ② 상대부담 있는 증여에 대하여는 증여자는 그 부담의 한도에서 매도인과 같은 담보의 책임이 있다.

증여는 무상계약이기 때문에, 원칙적으로 증여자는 담보책임을 지지 않는다. 그러나 증여자가 그 하자나 흠결을 알고도 수증자에게 고지하지 아니하거나, 부담부증여의 경우에 담보책임을 부담한다.

3. 증여의 특수한 해제

(1) 서면에 의하지 않은 증여의 해제

> 제555조(서면에 의하지 아니한 증여와 해제) 증여의 의사가 서면으로 표시되지 아니한 경우에는 각 당사자는 이를 해제할 수 있다.

1) 해제의 법적성질

본조의 해제는 제543조 이하에서 규정한 본래 의미의 해제와는 달리 일종의 특수한 철회이기 때문에 형성권의 제척기간의 적용을 받지 않는다(대판 2009.9.24. 2009다37831).

2) 서면에 의한 증여

서면에 의한 증여는 제555조에 의하여 해제할 수 없으며, 서면의 문언 자체는 증여계약서로 되어 있지 않더라도 그 서면의 작성에 이르게 된 경위를 아울러 고려할 때 그 서면이 바로 증여의사를 표시한 서면이라고 인정되면 이를 민법 제555조에서 말하는 서면에 해당한다고 보아야 한다(대판 2003.4.11. 2003다1755). 서면의 작성시기는 제한이 없다(대판 1989.5.9. 88다카2271).

(2) 수증자의 망은행위로 인한 해제

> 제556조(수증자의 행위와 증여의 해제) ① 수증자가 증여자에 대하여 다음 각호의 사유가 있는 때에는 증여자는 그 증여를 해제할 수 있다.
> 1. 증여자 또는 그 배우자나 직계혈족에 대한 범죄행위가 있는 때
> 2. 증여자에 대하여 부양의무 있는 경우에 이를 이행하지 아니하는 때

1) 해제권의 발생

㈎ (1호의 경우) 본조는 '서면에 의한 증여'라도 증여를 해제할 수 있는 특칙이다. 본조 제1호에서 규정하는 '범죄행위'는 신뢰관계를 중대하게 침해하여 수증자에게 증여의 효과를 그대로 유지시키는 것이 사회통념상 허용되지 아니할 정도의 범죄를 저지르는 것을 말하며, 반드시 수증자가 그 범죄행위로 형사처벌을 받을 필요는 없다(대판 2022. 3.11. 2017다207475, 207482).

㈏ (2호의 경우) 본조 제2호에서 규정하는 부양의무에는 직계혈족 및 그 배우자 또는 생계를 같이하는 친족간의 부양의무를 가리킨다. 따라서 친족간이 아닌 당사자 사이의 약정에 의한 부양의무는 여기에 해당하지 않는다(대판 1996.1.26. 95다43358).

2) 해제권의 소멸

본조의 해제권은 해제원인이 있음을 안 날로부터 6월을 경과하거나 증여자가 수증자에 대하여 용서의 의사를 표시한 때에 소멸한다(제556조 2항).

(3) 증여자의 재산악화로 인한 해제

> 제557조(증여자의 재산상태변경과 증여의 해제) 증여계약 후에 증여자의 재산상태가 현저히 변경되고 그 이행으로 인하여 생계에 중대한 영향을 미칠 경우에는 증여자는 증여를 해제할 수 있다.

(4) 이행에 따른 해제효과의 봉쇄

서면에 의하지 않은 증여(제555조), 망은행위가 있는 증여(제556조) 및 증여자의 재산상태의 변화가 있는 증여(제557조)에 있어서도 이미 이행한 부분에 대해서는 해제할 수 없다(제558조).

> **판례정리 '이미 이행한 부분'의 의미**
> 물권변동에 관하여 형식주의를 채택하고 있는 현행민법의 해석으로서는 부동산 증여에 있어서 이행이 되었다고 함은 그 부동산의 인도만으로써는 부족하고 이에 대한 소유권이전등기절차까지 마친 것을 의미한다(대판 1977.12.27. 77다834).

Ⅲ. 특수한 증여

1. 부담부 증여

㈎ 부담부 증여란 수증자가 증여를 받는 동시에 일정한 채무를 부담하는 것을 부관으로 하는 증여를 말하며, 상대부담 있는 증여라고도 한다. 상대부담 있는 증여에 대해서는 증여자는 그 부담의 한도에서 매도인과 같은 담보의 책임이 있다(제561조).

㈏ 특히 친족간이 아닌 약정에 의한 부양의무는 제556조 제1항 제2호에 해당하지 아니하므로 부담부 증여에는 제556조 제2항이나 제558조가 적용되지 않는다(대판 1996.1.26. 95다43358). 따라서 서면증여라도 해제할 수 있고, 해제원인 있음을 안날로부터 6월이 경과한 경우라도 해제할 수 있으며, 이미 이행한 부분에 대해서도 해제의 소급효가 인정된다.

㈐ 또한 부담부증여가 서면으로 표시되지 않은 경우 각 당사자는 원칙적으로 제555조에 따라 부담부증여계약을 해제할 수 있다. 그러나, 부담부증여계약에서 증여자의 증여 이행이 완료되지 않았더라도 수증자가 부담의 이행을 완료한 경우에는, 그러한 부담이 의례적·명목적인 것에 그치거나 그 이행에 특별한 노력과 비용이 필요하지 않는 등 실질적으로는 부담 없는 증여가 이루어지는 것과 마찬가지라고 볼 만한 특별한 사정이 없는 한, 각 당사자가 서면에 의하지 않은 증여임을 이유로 증여계약의 전부 또는 일부를 해제할 수는 없다(대판 2022.9.29. 2021다299976, 299983).

2. 정기증여

> **제560조(정기증여와 사망으로 인한 실효)** 정기의 급여를 목적으로 한 증여는 증여자 또는 수증자의 사망으로 인하여 그 효력을 잃는다.

3. 사인증여

㈎ 사인증여란 증여자의 사망으로써 비로소 효력이 발생하는 계약이다. 이에 대해서는 단독행위적 성질에 관한 규정을 제외한 유증의 규정이 준용된다(제562조). 따라서 유증의 방식에 관한 민법 제1065조 내지 제1072조는 그것이 단독행위임을 전제로 하는 것이어서 계약인 사인증여에는 적용되지 아니한다(대판 2001.9.14. 2000다66430, 66447).

㈏ 최근 판례는 사인증여는 증여자의 사망으로 인하여 효력이 발생하는 무상행위로 실제적 기능이 유증과 다르지 않으므로, 특별한 사정이 없는 한 유증의 철회에 관한 민법 제1108조 제1항은 사인증여에도 준용된다고 하였다(대판 2022.7.28. 2017다245330).

> **판례정리 | 포괄적 사인증여에 대한 민법 제1078조의 준용 여부**
> 민법 제1078조(포괄적 유증을 받는 자는 상속인과 동일한 권리·의무가 있다)는 **포괄적 사인증여에 준용되지 아니한다고 해석함이 상당하다**(대판 1996.4.12. 94다37714, 37721).

> **연습문제**

01 〈노무사 2016〉

증여에 관한 설명으로 옳지 않은 것은? (다툼이 있는 경우 판례에 따름)

① 서면에 의하지 않은 증여의 경우, 수증자는 이를 해제할 수 있다.
② 증여자의 손자에 대하여 수증자가 범죄행위를 한 경우, 증여자는 증여를 해제할 수 있다.
③ 부담부 증여의 수증자가 그 부담을 이행하지 않은 경우, 증여자는 증여를 해제할 수 있으나 이미 이행한 부분은 수증자에게 반환받지 못한다.
④ 증여의 목적이 물건의 하자나 흠결에 대하여 알면서 이를 수증자에게 고지하지 않은 증여자는 그에 대한 담보책임을 진다.
⑤ 수증자가 사망한 경우, 정기의 급여를 목적으로 하는 증여는 그 효력을 잃는다.

해설 | ③ (×) 상대부담 있는 증여에 대하여는 민법 제561조에 의하여 쌍무계약에 관한 규정이 준용되어 부담의무 있는 상대방이 자신의 의무를 이행하지 아니할 때에는 비록 증여계약이 이미 이행되어 있다 하더라도 증여자는 계약을 해제할 수 있고, 그 경우 민법 제555조와 제558조는 적용되지 아니한다(대판 1997.7.8. 97다2177). 따라서 서면증여라도 해제할 수 있고, 해제원인 있음을 안 날로부터 6월이 경과한 경우라도 해제할 수 있으며, 이미 이행한 부분에 대해서도 해제의 소급효가 인정된다.

정답 | ③

제2절 매 매

1 매매계약 일반론

Ⅰ. 매매의 의의

> **제563조(매매의 의의)** 매매는 당사자 일방이 재산권을 상대방에게 이전할 것을 약정하고 상대방이 그 대금을 지급할 것을 약정함으로써 그 효력이 생긴다.

매매는 매도인이 재산권을 상대방에게 이전할 것을 약정하고, 매수인은 이에 대하여 그 대금을 지급할 것을 약정함으로써 성립하는 계약이다.

Ⅱ. 매매의 성질

매매계약의 성립으로 매도인의 재산권이전의무와 매수인의 대금지급의무는 서로 대가적 관계에 있으므로 쌍무계약이며 유상계약이다. 매매에 관한 규정은 성질에 반하지 않는 한 매매 이외의 유상계약에 준용한다(제567조).

2 매매의 성립요소

Ⅰ. 매매의 합의

㈎ 매매는 당사자 일방이 재산권을 상대방에게 이전할 것을 약정하고 상대방이 그 대금을 지급할 것을 약정함으로써 성립하고 그에 따른 효력이 생긴다.

㈏ 이 경우, 매매목적물과 대금은 반드시 계약 체결 당시에 구체적으로 특정할 필요는 없고, 이를 나중에라도 구체적으로 특정할 수 있는 방법과 기준이 정해져 있으면 충분하다. 다만, 매매계약의 당사자인 매도인과 매수인이 누구인지는 구체적으로 특정되어 있어야만 매매계약이 성립할 수 있다(대판 2021.1.14. 2018다223054).

Ⅱ. 매매의 예약

제564조(매매의 일방예약) ① 매매의 일방예약은 상대방이 매매를 완결할 의사를 표시하는 때에 매매의 효력이 생긴다. ② 전항의 의사표시의 기간을 정하지 아니한 때에는 예약자는 상당한 기간을 정하여 매매완결 여부의 확답을 상대방에게 최고할 수 있다. ③ 예약자가 전항의 기간 내에 확답을 받지 못한 때에는 예약은 그 효력을 잃는다.

1. 매매의 일방예약

(1) 의 의

매매계약의 예약은 장차 본계약을 체결할 것을 약속하는 계약이다. 당사자 사이에 다른 약정이나 관습이 없는 한 매매의 예약은 일방예약으로 추정된다.

(2) 성 립

매매의 일방예약은 상대방이 매매를 완결할 의사표시를 한 때에 매매의 효력이 생기는 것이므로 적어도 매매의 일방예약이 성립하려면 그 예약에 기해 체결될 본계약의 요소가 되는 매매목적물·이전방법, 매매가액·지급방법 등의 내용이 확정되어 있거나 적어도 확정될 수 있어야 한다(대판 1993.5.27. 93다4908).

2. 매매예약완결권

(1) 의 의

매매예약 완결의 의사표시를 하여 매매의 효력을 생기게 하는 권리인 매매예약의 완결권은 일종의 '형성권'으로서 반드시 재판상 행사하여야 하는 것은 아니며 재판 외로도 행사할 수 있다(대판 1992.7.28. 91다44766). 또한 재산권에 해당하므로 양도할 수도 있다.

(2) 행 사

1) 행사기간

매매예약의 완결권의 행사기간과 관련하여, 당사자 사이에 행사기간을 약정한 때에는 그 기간 내에, 약정이 없는 때에는 예약이 성립한 때로부터 10년 내에 이를 행사하여야 하고, 그 기간을 지난 때에는 예약 완결권은 제척기간의 경과로 인하여 소멸한다. 한편 당사자 사이에 약정하는 예약완결권의 행사기간에 특별한 제한은 없다(대판 2017.1.25. 2016다42077).

2) 행사시기

제척기간 진행의 기산점은 원칙적으로 권리가 발생한 때이고, 당사자 사이에 매매예약 완결권을 행사할 수 있는 시기를 약정한 경우에도 그 제척기간은 당초 권리의 발생일로부터 10년간의 기간이 경과되면 만료되는 것이지 그 기간을 넘어서 그 약정에 따라 권리를 행사할 수 있는 때로부터 10년이 되는 날까지로 연장된다고 볼 수 없다(대판 2003.1.10. 2000다26425).

(3) 효 과

1) 예약완결권의 최고

예약자는 상당한 기간을 정하여 매매완결 여부의 확답을 상대방에게 최고할 수 있다. 예약자가 이에 관한 확답을 받지 못한 경우 예약은 효력을 상실한다(제564조).

2) 예약완결권의 가등기

㈎ (담보목적을 위한 수인의 가등기권자가 존재) 수인의 채권자가 각기 채권을 담보하기 위하여 채무자와 채무자 소유의 부동산에 관하여 수인의 채권자를 공동매수인으로 하는 1개의 매매예약을 체결하고 그에 따라 수인의 채권자 공동명의로 그 부동산에 가등기를 마친 경우, 수인의 채권자가 공동으로 매매예약완결권을 가지는 관계인지 아니면 채권자 각자의 지분별로 별개의 독립적인 매매예약완결권을 가지는 관계'인지는 일률적으로 결정하여야 할 것이 아니라 매매예약의 내용에 따라야 한다(대판 2012.2.16. 2010다82530 전원합의체).

(4) 소 멸

매매예약이 성립한 이후 상대방의 매매예약 완결의 의사표시 전에 목적물이 멸실 기타의 사유로 이전할 수 없게 되어 예약 완결권의 행사가 이행불능이 된 경우에는 예약완결권을 행사할 수 없고, 이행불능 이후에 상대방이 매매예약 완결의 의사표시를 하여도 매매의 효력이 생기지 아니한다(대판 2015.8.27. 2013다28247).

Ⅲ. 계약금 계약

1. 계약금의 의의

계약금이란 계약을 체결할 때에 당사자 일방이 상대방에 대하여 교부하는 금전 기타의 유가물을 말한다. 계약금계약의 체결시기는 문제되지 않으며, 계약금지급을 약정하는 합의를 계약금계약이라고 하며, 이는 요물계약이면서 계약에 부수하여 행해지는 종된 계약이다.

> **[판례정리] 계약금이 지급되지 않은 경우**
> 계약금계약은 금전 기타 유가물의 교부를 요건으로 하는 요물계약이므로 교부자가 계약금의 잔금이나 전부를 약정대로 지급하지 않으면 상대방은 계약금약정을 해제할 수 있으나, 교부자가 계약금의 잔금 또는 전부를 지급하지 아니하는 한 계약금계약은 성립하지 아니하므로 당사자가 임의로 주계약을 해제할 수는 없다(대판 2008.3.13. 2007다73611).

2. 계약금의 기능

(1) 증약금

수수된 계약금이 과다한 경우 계약이 체결되었음을 증명하는 증약금의 성질을 가진다. 즉 계약금은 언제나 증약금의 성질을 가진다.

(2) 위약금

1) 위약금 특약이 있는 경우

당사자 일방이 위약한 경우에 있어서 그 계약금을 위약금으로 한다는 특약이 있을 때에 한하여 손해배상액 예정의 성질을 함께 갖는다(대판 1989.12.12. 89다카10811).

> **[판례정리] 계약금 몰취약정의 효력**
> '대금불입 불이행시 계약은 자동무효가 되고 이미 불입된 금액은 일체 반환하지 않는다'는 매매계약에 기하여 계약금이 지급된 경우, 그 계약금은 해약금으로서의 성질과 손해배상예정액으로서의 성질을 겸하므로 계약금이 손해배상예정액으로서 과다하다면 감액부분은 반환되어야 한다(대판 1996.10.25. 95다33726).

2) 위약금 특약이 없는 경우

위약금특약(내지 손해배상액 예정의 합의)이 없는 한 계약이 당사자 일방의 귀책사유로 인하여 해제되더라도 상대방은 계약불이행으로 입은 실제 손해만을 배상받을 수 있을 뿐, 계약금이 위약금으로서 상대방에게 당연히 귀속되는 것은 아니다(대판 2010.4.29. 2007다24930).

(3) 해약금

계약금은 계약금은 당사자 사이에 특약이 없는 한, 그 명칭 여하를 불문하고 해약금으로 추정한다. 제565조는 임의규정이므로 당사자 사이에 해약금에 의한 계약해제를 배제하는 특약이 있는 경우에는 해제권은 발생하지 않는다(대판 2008.7.10. 2005다41153). 이하에서 자세하게 살펴보기로 한다.

> **[판례정리] 가계약금에 관하여 해약금 약정이 있었다고 인정하기 위한 요건**
> 가계약금에 관하여 해약금 약정이 있었다고 인정하기 위해서는 계약이 이루어지게 된 동기 및 경위, 당사자가 계약에 의하여 달성하려고 하는 목적과 진정한 의사, 거래의 관행 등에 비추어 정식으로 계약을 체결하기 전까지 교부자는 이를 포기하고, 수령자는 그 배액을 상환하여 계약을 체결하지 않기로 약정하였음이 명백하게 인정되어야 한다(대판 2022.9.29. 2022다247187).

3. 해제권의 유보

제565조(해약금) ① 매매의 당사자 일방이 계약 당시에 금전 기타 물건을 계약금, 보증금 등의 명목으로 상대방에게 교부한 때에는 당사자간에 다른 약정이 없는 한 당사자의 일방이 이행에 착수할 때까지 교부자는 이를 포기하고 수령자는 그 배액을 상환하여 매매계약을 해제할 수 있다.

(1) 해제권 행사의 요건

1) 양 당사자의 해제권 행사가 있을 것

㈎ 양 당사자 가운데 일방이 이행에 착수할 때까지 교부자는 이를 포기하고, 수령자는 그 배액을 상환하여 계약을 해제할 수 있다.

㈏ '교부자'가 해제권을 행사하는 경우 당연히 계약금포기의 효력이 생기며 별도로 포기의 의사표시를 요하지는 않는다. 그러나 '수령자'는 단순히 의사표시를 하는 것만으로는 해제될 수 없고, 반드시 그 의사표시와 동시에 배액을 상환하거나 적어도 그 이행의 제공이 있음을 요한다(대판 1992.7.28. 91다33612). 상대방이 이를 수령하지 않는다 하더라도 공탁까지 할 필요는 없다(대판 1992.5.12. 91다2151).

> **[판례정리] 배액상환시 기준이 되는 금원의 판단**
> 해약금의 기준이 되는 금원은 '실제 교부받은 계약금'이 아니라 '약정 계약금'이라고 봄이 타당하므로, 매도인이 계약금의 일부로서 지급받은 금원의 배액을 상환하는 것으로는 매매계약을 해제할 수 없다(대판 2015.4.23. 2014다231378).

2) 양 당사자 이행에 착수하기 전일 것

① 이행착수의 의미

이행의 착수란 객관적으로 외부에서 인식할 수 있는 정도로 채무의 이행행위의 '일부'를 하거나 또는 이행을 하기 위하여 필요한 '전제'행위를 하는 경우를 말하는 것으로서 당사자 일방이라는 것은 쌍방 중 어느 일방을 지칭하는 것으로서 상대방이 전혀 착수한 바 없다 하더라도 해제하려는 자신이 이행에 착수한 이상 그 당사자나 상대방이 계약금의 배액상환 또는 포기로서 해제권을 행사 할 수 없다(대판 1994.11.11. 94다17659).

② 이행착수의 시기

양 당사자 사이에 이행의 착수와 관련하여 이행기의 약정이 있다 하더라도 당사자가 채무의 이행기 전에는 착수하지 아니하기로 하는 특약을 하는 등 특별한 사정이 없는 한 그 이행기 전에 이행에 착수할 수도 있다(대판 2002.11.26. 2002다46492).

> **판례 정리** 이행착수의 해당하는지가 문제되는 경우
> ① 매수인이 매도인의 동의 아래에 매매계약의 계약금 및 중도금을 지급하기 위하여 은행도약속어음을 교부하였다면 매수인은 이행에 착수하였다(대판 2002.11.26. 2002다46492). 매매계약 당시 매수인이 중도금 일부의 지급에 갈음하여 매도인에게 제3자에 대한 대여금채권을 양도한 경우 매수인은 매매계약과 함께 채무의 일부 이행에 착수하였다(대판 2006.11.24. 2005다39594).
> ② 계약금만 수수한 상태에서 당사자가 토지거래허가신청을 하고 이에 따라 관할관청으로부터 그 허가를 받았다 하더라도, 그러한 사정만으로는 아직 이행의 착수가 있다고 볼 수 없어 매도인으로서는 민법 제565조에 의하여 계약금의 배액을 상환하여 매매계약을 해제할 수 있다 (대판 2009.4.23. 2008다62427).

(2) 해제권 행사의 효과

당사자가 이행에 착수하기 전에만 행사할 수 있으므로 원상회복의 문제는 발생할 여지가 없다. 또한 이는 계약금계약이라는 특약에 의한 것이기 때문에 채무불이행을 이유로 손해배상을 청구할 수도 없다(제565조 2항).

Ⅳ. 비용의 부담

> 제566조(매매계약의 비용의 부담) 매매계약에 관한 비용은 당사자 쌍방이 균분하여 부담한다.

계약비용이란 계약을 체결하는 데 일반적으로 소요되는 비용이다. 부동산매매에 있어서의 등기비용과 같이 이행 또는 변제비용은 계약비용에 포함되지 않으므로, 이러한 변제비용은 채무자가 지급하여야 한다.

3 매매의 법률효과

Ⅰ. 매도인의 이행의무(재산권이전의무)

1. 재산권이전의무의 내용

매도인은 매수인에게 재산권을 이전할 의무를 부담한다(제568조 1항). 따라서 매도인은 매수인에 대하여 재산권이전에 필요한 급부를 '종국적으로 이행'하여야 한다. 매도

인이 주된 채무를 이행하지 않은 경우 이행지체 또는 이행불능이 될 수 있다.

2. 타인권리매매의 유효성

타인의 재산권을 매각한 경우 매도인은 이를 취득하여 매수인에게 이전하여야 한다(제569조). 즉 양도계약의 목적물이 타인의 권리에 속하는 경우에 있어서도 계약당사자 사이에서는 유효하고(대판 1993.9.10. 93다20283), 다만 제570조의 담보책임이 문제될 뿐이다.

Ⅱ. 매수인의 이행의무(대금지급의무)

1. 동시이행관계의 형성

매수인은 매도인의 재산권이전과 목적물의 인도에 대한 반대급부로서 대금지급의무를 부담한다(제568조 1항). 특약이 없는 한 대금지급의무는 매도인의 재산권이전의무와 동시이행의 관계에 있다(제568조 2항)(대판 2002.3.29. 2000다577).

2. 이행기 및 지급장소

매도인의 의무이행에 대한 기한의 약정이 있는 때에는 매수인의 대금지급에 대해서도 동일한 기한이 있는 것으로 추정된다(제585조). 특약이나 관습이 없는 한 매매목적물의 인도와 동시에 대금을 지급해야 하는 경우에는 목적물의 인도장소에서 대금을 지급해야 한다(제586조).

3. 과실수취권과의 관계

> **제587조(과실의 귀속, 대금의 이자)** 매매계약 있은 후에도 인도하지 아니한 목적물로부터 생긴 과실은 매도인에게 속한다. 매수인은 목적물의 인도를 받은 날로부터 대금의 이자를 지급하여야 한다. 그러나 대금의 지급에 대하여 기한이 있는 때에는 그러하지 아니하다.

민법 제587조에 의하면 매매계약이 있은 후에도 인도하지 아니한 목적물로부터 생긴 과실은 매도인에게 속하나 매수인이 이미 대금을 지급한 경우 매도인이 목적물을 인도하지 않고 있다 하더라도 매도인이 매매대금과 과실을 이중으로 취득할 수는 없으므로, 원칙적으로 과실은 매수인에게 귀속된다(대판 1993.11.9. 93다28928).

4. 매수인의 지급거절권

> **제588조(권리주장자가 있는 경우와 대금지급거절권)** 매매의 목적물에 대하여 권리를 주장하는 자가 있는 경우에 매수인이 매수한 권리의 전부나 일부를 잃을 염려가 있는 때에는 매수인은 그 위험의 한도에서 대금의 전부나 일부의 지급을 거절할 수 있다. 그러나 매도인이 상당한 담보를 제공한 때에는 그러하지 아니하다.

㈎ 본조를 추탈위험의 항변권이라고 하며, 동시이행항변권의 특별규정이다. 특히 제3자가 주장하는 권리에는 소유권을 비롯하여 저당권 등 담보권도 포함된다.

(나) 다만 매도인이 상당한 담보를 제공한 때에는 대금의 지급을 거절하지 못한다. 또한 매수인에게 위와 같은 대금지급거절권이 있는 경우에, 매도인은 매수인에 대하여 대금의 공탁을 청구할 수 있다(제589조).

4 매도인의 담보책임

Ⅰ. 담보책임 일반론

1. 담보책임의 의의·본질

매매계약의 목적물인 권리 또는 물건에 하자 내지 결함이 있는 경우 매도인(채무자)의 과책 유무에 관계없이 매도인이 부담하는 책임을 담보책임이라고 한다(무과실책임).

2. '다른 제도'와의 관계

(1) 채무불이행과의 관계

판례는 채무불이행책임과의 경합을 인정하면서 매매목적물의 하자로 인한 확대손해에 대하여 매도인에게 배상책임을 지우기 위해서는 '하자 없는 목적물을 인도하지 못한 의무위반 사실' 외에 그러한 '의무위반에 대하여 매도인에게 귀책사유'가 있어야 한다고 하였다(대판 2003.7.22. 2002다35676).

(2) 제조물책임과의 관계

제조물책임이란 제조물에 통상적으로 기대되는 '안전성'을 결여한 결함(제조상의 결함·설계상의 결함·표시상의 결함)으로 인하여 생명, 신체나 제조물 그 자체 외에 다른 재산에 손해가 발생한 경우에 제조업자 등에게 지우는 손해배상책임이고, 제조물에 상품적 합성이 결여되어 '제조물 그 자체에 발생한 손해'는 제조물책임이론의 적용대상이 아니다(대판 2000.7.28. 98다35525). 즉 제조물 자체에 발생한 손해는 하자담보책임으로 그 배상을 구하여야 한다.

3. 면제·배제특약의 효력

(가) 민법상 담보책임에 관한 규정은 강행규정으로 볼 수 없으므로 당사자 사이에서 민법이 정한 담보책임을 배제·경감 혹은 가중하는 특약을 체결하는 것은 무방하다.

(나) 다만 하자의 존재를 매도인 자신이 알고 있었음에도 불구하고 이를 매수인에게 통지하지 않았거나 매도인이 제3자에게 권리를 설정 또는 양도함으로써 매수인에게 담보책임을 지게 되는 경우, 매도인은 면책특약에도 불구하고 그 책임을 면할 수 없다(제584조).

Ⅱ. 담보책임의 유형

1. 권리의 전부가 타인에게 속하는 경우

(1) 담보책임의 요건

1) 타인권리의 매매

> 제569조(타인의 권리의 매매) 매매의 목적이 된 권리가 타인에게 속한 경우에는 매도인은 그 권리를 취득하여 매수인에게 이전하여야 한다.

㈎ 예컨대 甲의 X토지에 대하여 乙이 아무런 권리도 없이 등기서류를 위조하여 乙 자신의 명의로 등기를 함으로써 甲의 토지를 자신의 토지인 것처럼 丙에게 매각을 한 경우를 말한다.

㈏ 이 경우 제569조에서 매매의 목적이 된 권리가 타인에 속한 경우에는 매도인은 그 권리를 취득하여 매수인에게 이전하여야 한다고 규정하고 있는 바, 이는 타인권리 매매의 유효성을 전제로 하고 있다(판례).

> **[판례정리] 타인 권리 매매의 유효 여부**
> 매매의 목적이 된 권리가 매도인이 아닌 타인에게 속한 경우에도 매도인은 매매계약을 체결할 수 있고, 이때 매도인은 그 권리를 취득하여 매수인에게 이전하여야 할 의무를 부담한다. 이와 같은 법리는 매매의 목적이 된 권리가 매도인과 타인의 공유라고 해도 마찬가지이다(대판 2021.6.24. 2021다220666).

2) 권리의 이전불능

① 이전불능의 의미

타인의 권리도 매매의 목적으로 할 수 있으나, 매도인이 타인의 권리를 취득해서 이전할 수 없는 경우에 매도인은 담보책임을 부담한다. 권리를 이전할 수 없다함은 채무불이행에서와 같은 정도로 객관적 불능에 한정하는 엄격한 개념이 아니라 사회통념상 이행장애가 있으면 충분한 개념이다(대판 1982.12.28. 80다2750).

② 이전불능의 시기

이미 매수인 명의의 소유권이전등기가 경료된 경우 이행불능이 성립하는 시기는 '진정한 소유자'가 매수인을 상대로 제기한 소송에서 매수인이 패소한 때이다(대판 1993.4.9. 92다25946). 즉 이 경우 매도인의 매수인에 대한 소유권이전등기의무가 이행불능이 되는 것이다.

(2) 담보책임의 내용

> 제570조(동전 - 매도인의 담보책임) 전조의 경우에 매도인이 그 권리를 취득하여 매수인에게 이전할 수 없는 때에는 매수인은 계약을 해제할 수 있다. 그러나 매수인이 계약 당시 그 권리가 매도인에게 속하지 아니함을 안 때에는 손해배상을 청구하지 못한다.

1) 매수인의 법정해제권의 발생

매도인은 제569조에 따라 해당권리를 취득하여 매수인에게 이전하여야 할 의무가 있으므로 매수인은 선·악을 불문하고 해제권을 행사할 수 있다.

2) 선의 매수인의 손해배상청구

① 선의의 판단시기

선의의 매수인은 손해배상을 청구할 수 있다. 이 경우 매도인의 무과실책임이라는 점에서 과실상계는 적용되지 않으나 매수인의 과실이 있는 경우 손해의 공평하고 타당한 분배 또는 신의칙에 따라 감액할 수 있다(대판 1971.12.21. 71다218).

② 손해배상의 범위

매매의 목적이 된 권리가 타인에게 속한 경우 선의의 매수인은 매도인이 계약을 완전히 이행한 것과 동일한 경제적 이익에 대해 그 배상을 청구할 수 있으므로, 그 손해에는 매수인이 입은 손해뿐만 아니라 얻을 수 있었던 이익의 상실도 포함된다(대판 1967.5.18. 66다2618 전원합의체).

3) 매수인의 권리행사와 제척기간

해제권 및 손해배상청구권은 선택적 또는 양자를 함께 행사할 수 있다. 그리고 위 권리의 행사에 대해서는 제척기간이 정해져 있지 않다.

4) 선의의 매도인에 대한 보호

> **제571조(동전 – 선의의 매도인의 담보책임)** ① 매도인이 계약 당시에 매매의 목적이 된 권리가 자기에게 속하지 아니함을 알지 못한 경우에 그 권리를 취득하여 매수인에게 이전할 수 없는 때에는 매도인은 손해를 배상하고 계약을 해제할 수 있다. ② 전항의 경우에 매수인이 계약 당시 그 권리가 매도인에게 속하지 아니함을 안 때에는 매도인은 매수인에 대하여 그 권리를 이전할 수 없음을 통지하고 계약을 해제할 수 있다.

본조는 선의 매도인을 보호하기 위한 특칙으로써 선의의 매도인이 매매의 목적인 권리의 전부를 이전할 수 없는 경우에 적용될 뿐 매매의 목적인 권리의 일부를 이전할 수 없는 경우에는 적용될 수 없다(대판 2004.12.9. 2002다33557).

2. 권리의 일부가 타인에게 속하는 경우

(1) 담보책임의 요건

1) 일부의 타인권리매매

예컨대 甲이 乙에게 X토지를 1억 원에 매도하였는데, X토지의 일부가 丙에게 속하는 경우 또는 甲과 乙이 공유하는 X토지를 乙이 丙에게 매매한 경우 등이 이에 속한다.

> **판례정리** **제572조의 유추적용**
> 제572조의 규정은 단일한 권리의 일부가 타인에 속하는 경우에만 한정하여 적용되는 것이 아니라, 수개의 권리를 일괄하여 매매의 목적으로 정한 경우에도 그 가운데 이전할 수 없게 된 권리부분이 차지하는 비율에 따른 대금산출이 불가능한 경우 등 특별한 사정이 없는 한 역시 적용된다(대판 1989.11.14. 88다카13547).

2) 타인권리의 이전불능

매매의 목적인 권리의 일부가 타인에게 속하기 때문에 매도인이 그 부분의 권리를 매수인에게 이전할 수 없는 경우에 매도인은 담보책임을 부담한다(제572조).

(2) 담보책임의 내용

> 제572조(권리의 일부가 타인에게 속한 경우와 매도인의 담보책임) ① 매매의 목적이 된 권리의 일부가 타인에게 속함으로 인하여 매도인이 그 권리를 취득하여 매수인에게 이전할 수 없는 때에는 매수인은 그 부분의 비율로 대금의 감액을 청구할 수 있다. ② 전항의 경우에 잔존한 부분만이면 매수인이 이를 매수하지 아니하였을 때에는 선의의 매수인은 계약 전부를 해제할 수 있다. ③ 선의의 매수인은 감액청구 또는 계약해제 외에 손해배상을 청구할 수 있다.

1) 대금감액청구권

매수인은 선·악에 관계없이 권리가 타인에게 속하는 비율만큼 대금감액을 청구할 수 있다.

2) 계약의 해제권

잔존한 부분만이라면 이를 매수하지 아니하였을 선의의 매수인은 계약의 전부를 해제할 수 있다. 한편 제571조는 전부타인 권리매매의 경우에만 적용되고 일부타인 권리매매의 경우에는 적용되지 않으므로 매수인은 손해를 배상하고 계약을 해제할 수 없다.

3) 손해배상청구권

선의 매수인은 대금감액청구 또는 계약해제 외에 손해배상도 청구할 수 있다. 이 경우에 매도인이 매수인에 대하여 배상하여야 할 손해액은 원칙적으로 매도인이 매매의 목적이 된 권리의 일부를 취득하여 매수인에게 이전할 수 없게 된 때의 이행불능이 된 권리의 시가, 즉 '이행이익 상당액'이라고 할 것이다(대판 1993.1.19. 92다37727).

4) 제척기간의 제한

㈎ 매수인의 권리는 매수인이 선의이면 사실을 안 날로부터 1년, 악의인 경우에는 계약한 날로부터 1년 내에 행사하여야 한다(제573조). 이는 제척기간으로서 재판상 또는 재판 외에서도 행사할 수 있다.

㈏ 여기서 매수인이 사실을 안 날이라 함은 단순히 권리의 일부가 타인에게 속한 사

실을 안 날이 아니라 그 때문에 매도인이 이를 취득하여 매수인에게 이전할 수 없음을 확실하게 안 날을 말한다(대판 1997.6.13. 96다15596).

3. 수량부족 또는 일부멸실이 있는 경우

(1) 담보책임의 요건

1) 수량지정매매에서 수량의 부족

㈎ 甲이 乙 소유의 X토지를 2,000㎡로 알고 1㎡당 100,000만 원으로 계산하여 2억 원에 매수하였는데, 측량결과 1,500㎡인 경우에 이를 수량지정매매라고 한다.

㈏ 수량을 지정한 매매란 매수인이 일정한 면적이 있는 것으로 믿고 매도인도 그 면적이 있는 것을 명시적 또는 묵시적으로 표시하고, 나아가 당사자들이 면적을 가격결정요소 중 가장 중요한 요소로 파악하고 그 객관적인 수치를 기준으로 가격을 정하여 매매계약을 체결한 경우를 말한다(대판 2001.4.10. 2001다12256).

> **판례정리 수량지정매매가 문제되는 경우**
> 토지를 매매할 때 목적물을 공부상 평수에 따라 특정하고 단위면적당 가액을 결정하여 단위면적당 가액에 공부상 면적을 곱하는 방법으로 대금을 결정하였더라도 이러한 사정만으로 곧바로 이를 '수량을 지정한 매매'라고 할 수는 없다(대판 1998.6.26. 98다13914).

2) 매매목적물의 원시적 일부불능

목적물의 일부가 계약 당시에 이미 멸실된 경우에 한정된다(대판 1996.12.10. 94다56098). 즉, 급부실현이 원시적으로 '일부'불능인 경우에 한해 제574조가 적용된다.

(2) 담보책임의 내용

㈎ 선의의 매수인에 한해서만 권리가 인정된다. 즉, 선의의 매수인은 부족한 수량 또는 멸실한 비율만큼 '대금감액을 청구'할 수 있으며, 잔존한 부분만으로는 이를 매수하지 아니하였을 때에는 '계약의 전부를 해제'할 수 있다. 또한 선의의 매수인은 '손해배상'도 청구할 수 있다.

㈏ 위의 권리는 악의의 매수인에게는 담보책임이 인정되지 않으므로, '선의의 매수인'이 수량부족 또는 일부멸실의 사실을 안 때로부터 1년의 제척기간에 걸린다(제574조, 제573조).

4. 제한물권에 의하여 제한을 받는 경우

(1) 담보책임의 요건

목적물이 지상권·지역권·전세권·질권 또는 유치권의 목적이 되어 있거나, 목적부동산을 위하여 존재해야 할 지역권이 설정되어 있지 않은 때, 또는 목적부동산 위에 등기된 임차권이나 주택임대차보호법에 의하여 대항력을 가지는 임차권, 채권적 전세 또는 상가건물임대차보호법에 의해 대항력을 갖춘 임차권이 있어야 한다(제575조).

(2) 담보책임의 내용

제한물권으로 인하여 매수인이 계약의 목적을 달성할 수 없는 경우에는 선의의 매수인이 계약을 해제할 수 있으며, 아울러 손해배상을 청구할 수도 있다(제575조 1항). 손해배상청구권과 해제권은 매수인이 그 사실을 안 날로부터 1년 이내에 행사하여야 한다(제575조 3항).

5. 저당권실행으로 소유권을 상실한 경우

> 제576조(저당권, 전세권의 행사와 매도인의 담보책임) ① 매매의 목적이 된 부동산에 설정된 저당권 또는 전세권의 행사로 인하여 매수인이 그 소유권을 취득할 수 없거나 취득한 소유권을 잃은 때에는 매수인은 계약을 해제할 수 있다. ② 전항의 경우에 매수인의 출재로 그 소유권을 보존한 때에는 매도인에 대하여 그 상환을 청구할 수 있다. ③ 전2항의 경우에 매수인이 손해를 받은 때에는 그 배상을 청구할 수 있다.

(1) 담보책임의 요건

매매의 목적이 된 부동산에 설정된 '저당권 또는 전세권의 실행'에 의한 소유권의 상실을 피하기 위하여 매수인이 자신의 출재로 소유권을 보존한 경우이어야 한다.

> **판례정리** 제576조의 확대 적용이 문제되는 경우
> ① 가등기의 목적이 된 부동산을 매수한 사람이 그 뒤 가등기에 기한 본등기가 경료됨으로써 그 부동산의 소유권을 상실한 경우 매매의 목적 부동산에 설정된 저당권의 행사로 인하여 매수인이 취득한 소유권을 상실한 경우와 유사하므로, 이와 같은 경우 민법 제576조의 규정이 준용된다(대판 1992.10.27. 92다21784).
> ② 가압류 목적이 된 부동산을 매수한 사람이 그 후 가압류에 기한 강제집행으로 부동산소유권을 상실하게 되었다면 이는 매매의 목적 부동산에 설정된 저당권 또는 전세권의 행사로 인하여 매수인이 취득한 소유권을 상실한 경우와 유사하므로, 이와 같은 경우 매도인의 담보책임에 관한 민법 제576조의 규정이 준용된다(대판 2011.5.13. 2011다1941).

(2) 담보책임의 내용

매수인의 선·악은 문제되지 않는다(대판 1996.4.12. 95다55245). 따라서 매수인이 소유권을 취득할 수 없거나 또는 소유권을 상실한 경우 계약을 해제할 수 있고, 출재로 소유권을 보존한 매수인은 매도인에게 그 상환을 청구할 수 있다. 또한 손해를 입은 경우 매수인은 신뢰이익 상당 손해배상을 청구할 수 있다(대판 1992.10.27. 92다21784). 제척기간의 제한은 없다.

6. 물건하자에 대한 매도인의 담보책임

(1) 담보책임의 성질

판례는 다음과 같이 숨은 하자로부터 발생한 손해에 대한 담보책임에 대하여 불완전이행책임으로 보았다.

> **판례정리 | 물건의 숨은하자로부터 발생한 담보책임의 법적성질**
> 양도목적물의 숨은 하자로부터 손해가 발생한 경우에 양도인이 양수인에 대하여 부담하는 하자담보책임은 그 본질이 불완전이행책임으로서 본계약내용의 이행과 직접 관련된 책임이다(대판 1992.4.14. 91다17146, 17153).

(2) 담보책임의 요건

1) 유효한 매매계약이 존재할 것

매도인과 매수인 사이에 유효한 계약이 존재하여야 한다. 이에 따라 매수인이 인도받은 목적물에 하자가 있어야 하며, 매수인은 선의·무과실이어야 한다.

2) 매매목적물에 하자가 있을 것

① 하자의 의미

㈎ 하자란 채무자의 급부가 현실적으로 있는 상태와 마땅히 있어야 할 상태가 불일치하는 것을 말한다. 여기에는 권리의 하자와 물건의 하자가 있다. 매매목적물이 거래통념상 기대되는 객관적 성질·성능을 결여하거나 당사자가 예정 또는 보증한 성질을 결여한 경우에 매도인은 매수인에 대하여 그 하자로 인한 담보책임을 부담한다(대판 2000.1.18. 98다18506).

㈏ 따라서 매도인이 공급한 기계가 매도인이 카탈로그와 검사성적서에 의하여 보증된 일정한 품질과 성능을 갖추지 못한 경우에는 그 기계에 하자가 있다고 한다(대판 2002.4.12. 2000다17834).

> **판례정리 | 법률상 장애의 하자는 물건의 하자**
> 매매의 목적이 된 물건에 법률적 장애가 발생한 경우 판례는 물건의 하자로 본다. 즉, 건축을 목적으로 매매된 토지에 대하여 건축허가를 받을 수 없어 건축이 불가능한 경우, 위와 같은 법률적 제한 내지 장애 역시 매매목적물의 하자에 해당한다(대판 2000.1.18. 98다18506).
> ⇒ 따라서 목적물 자체에는 문제가 없음에도 불구하고 물건의 하자로 보기 때문에 제580조의 담보책임이 문제되고 제578조 경매에 의한 담보책임은 문제되지 않는다.

② 하자의 판단

하자의 존부는 '매매계약성립시를 기준'으로 판단한다(대판 2000.1.18. 98다18506). 즉, 계약성립 당시를 기준으로 판단하므로 계약성립 후에 하자가 발생한 경우에는 하자에 해당하지 않는다.

(3) 담보책임의 내용

1) 특정물매매의 경우

목적물의 하자가 계약의 목적을 달성할 수 없을 정도로 중대한 것이 아닌 경우에는 매수인은 손해배상만을 청구할 수 있다. 그러므로 목적물의 하자로 계약의 목적을 달성할 수 없을 때에는 계약을 해제할 수 있다(제580조 1항).

2) 종류물매매의 경우

① 해제·손해배상청구

하자가 계약목적을 달성할 수 없을 정도로 중대한 것이 아닌 때에는 손해배상만을 청구할 수 있다. 그러나 목적물의 하자로 계약의 목적을 달성할 수 없을 때에는 매수인은 계약을 해제할 수 있다(제581조 1항).

② 완전물의 급부청구

매수인은 계약의 해제 또는 손해배상을 청구하지 않고 하자 없는 물건의 급부를 청구할 수도 있다(제581조 2항). 그러나 매매목적물의 하자가 경미하여 수선 등의 방법으로도 계약의 목적을 달성하는 데 별다른 지장이 없는 반면 큰 불이익이 매도인에게 발생되는 경우 완전물급부청구권의 행사를 제한함이 타당하다(대판 2014.5.16. 2012다72582).

3) 제척기간의 제한

매수인은 하자를 안 날부터 6개월 내에 계약해제권 및 손해배상청구권을 행사하여야 한다(제582조). 매수인의 권리행사 기간은 재판상 또는 재판 외에서의 권리행사에 관한 기간이다(대판 2003.6.27. 2003다20190).

> **판례 정리 | 제척기간과 소멸시효와의 중복적용 여부**
> 하자담보에 기한 매수인의 손해배상청구권은 권리의 내용·성질 및 취지에 비추어 민법 제162조 제1항의 채권 소멸시효의 규정이 적용되고, 민법 제582조의 제척기간 규정으로 인하여 소멸시효 규정의 적용이 배제된다고 볼 수 없으며, 매수인이 매매 목적물을 인도받은 때부터 소멸시효가 진행한다고 해석함이 타당하다(부동산의 경우 등기시에 인도받은 것으로 본다)(대판 2011.10.13. 2011다10266).

7. 채권매매계약에서 매도인의 담보책임

(1) 담보책임의 요건

채권매매에서 하자라 함은 채무자의 자력이 없거나 부족한 것을 말한다. 이에 민법은 매도인이 매매의 목적이 된 채권과 관련해서 '채무자의 자력을 담보하는 특약'을 한 경우에만 담보책임을 부담하도록 하고 있다. 나아가 채권매도인의 담보책임을 추궁하기 위해서는 채권이 완전·유효한 채권이어야 한다.

(2) 담보책임의 내용

> **제579조(채권매매와 매도인의 담보책임)** ① 채권의 매도인이 채무자의 자력을 담보한 때에는 매매계약 당시의 자력을 담보한 것으로 추정한다. ② 변제기에 도달하지 아니한 채권의 매도인이 채무자의 자력을 담보한 때에는 변제기의 자력을 담보한 것으로 추정한다.

8. 경매에서 목적물의 하자와 담보책임

(1) 담보책임의 요건

1) 경매의 유효

경매절차 자체가 유효하여야 하므로, 무효인 저당권설정등기에 기하여 경매절차가 이루어진 경우와 같이 경매가 무효이므로 부당이득으로 해결하는 것은 별론으로 하고 담보책임이 문제되지 않는다. 또한 이때의 경매는 공경매에 한하며, 사경매는 이에 포함되지 않는다(대판 2016.8.24. 2014다80839).

2) 권리의 하자

경매에 있어 적용되는 담보책임은 권리의 하자에 대하여만 적용되고 물건의 하자에 대해서는 적용되지 않는다. 따라서 경매목적물에 대하여 법률상의 제한이 있다 하더라도 이는 물건의 하자에 해당하고 권리의 하자는 아니므로 제580조의 담보책임이 문제된다.

(2) 담보책임의 내용

1) 채무자 또는 채권자의 선의

① 채무자의 1차적 책임

채무자에게 자력이 있는 경우에는 경락인은 채무자(매도인)에게 경매에 의한 매매계약의 해제 또는 대금감액청구를 할 수 있다(제578조 1항).

② 채권자의 2차적 책임

채무자에게 자력이 없는 경우 채권자가 2차적 책임을 부담하는 바, 경락인은 경락대금의 배당을 받은 채권자에 대하여 그 대금 전부나 일부의 반환을 청구할 수 있다(제578조 2항).

2) 채무자 또는 채권자의 악의

채무자가 권리의 흠결을 알고도 고지하지 않았거나 채권자가 이를 알고 경매를 신청하였다면, 경락인은 그 흠결을 안 채무자나 채권자에 대하여 해제, 대금감액 등 권리 외에 '손해배상을 청구'할 수 있다(제578조 3항).

5 환매와 재매매예약

Ⅰ. 환 매

1. 의 의

> 제590조(환매의 의의) ① 매도인이 매매계약과 동시에 환매할 권리를 보류한 때에는 그 영수한 대금 및 매수인이 부담한 매매비용을 반환하고 그 목적물을 환매할 수 있다. ② 전항의 환매대금에 관하여 특별한 약정이 있으면 그 약정에 의한다.

2. 성 립

(1) 환매기간

제591조(환매기간) ① 환매기간은 부동산은 5년, 동산은 3년을 넘지 못한다. 약정기간이 이를 넘는 때에는 부동산은 5년, 동산은 3년으로 단축한다. ② 환매기간을 정한 때에는 다시 이를 연장하지 못한다. ③ 환매기간을 정하지 아니한 때에는 그 기간은 부동산은 5년, 동산은 3년으로 한다.

(2) 환매등기

제592조(환매등기) 매매의 목적물이 부동산인 경우에 매매등기와 동시에 환매권의 보류를 등기한 때에는 제3자에 대하여 그 효력이 있다.

3. 실 행

매도인의 채권자가 매도인을 대위하여 환매하고자 하는 때에는 매수인은 법원이 선정한 감정인의 평가액에서 매도인이 반환할 금액을 공제한 잔액으로 매도인의 채무를 변제하고 잉여액이 있으면 이를 매도인에게 지급하여 환매권을 소멸시킬 수 있다. 환매권은 양도성이 있고 또 일신전속권도 아니므로, 매도인의 채권자는 환매권을 대위행사할 수 있다(제593조).

4. 효 과

환매의 의사표시로 매매계약은 해제되므로 매매계약을 해제한 경우와 같은 효과가 발생한다. 그러나 공유자의 1인이 환매할 권리를 보류하고 그 지분을 매도한 후 그 목적물의 분할이나 경매가 있는 때에는 매도인은 매수인이 받은 또는 받을 부분이나 대금에 대하여 환매권을 행사할 수 있다. 그러나 매도인에게 통지하지 아니한 매수인은 그 분할이나 경매로써 매도인에게 대항하지 못한다(제595조).

II. 재매매예약

재매매의 예약이라 함은 매도인이 어떤 물건 또는 권리를 매수인에게 매각한 후 다시 그 물건을 매수인으로부터 매수할 것을 예약하는 것을 말한다. 재매매의 예약도 예약이므로 특약이 없는 한 일방예약에 관한 제564조가 적용된다.

연습문제

01 〈노무사 2016〉

계약금에 관한 설명으로 옳지 않은 것은? (다툼이 있는 경우 판례에 따름)

① 계약금은 해약금으로 추정한다.
② 해약금에 의하여 해제하는 경우에는 손해배상청구가 인정되지 아니한다.
③ 당사자의 약정에 따라 계약금이 해약금과 손해배상의 예정을 겸하는 경우, 그것이 부당히 과다한 때에는 법원은 이를 적당히 감액할 수 있다.
④ 계약금의 일부만 지급된 경우, 해약금의 기준이 되는 금원은 실제 교부받은 계약금이 아니라 약정 계약금이다.
⑤ 계약금의 수령자는 배액을 제공하고 해제할 수 있으며, 제공된 금액을 상대방이 수령하지 않으면 공탁할 의무를 부담한다.

해설 | ⑤ (×) 계약금의 수령자는 그 배액을 상환하여 해제하여야 한다. 따라서 단순히 해제의 의사표시만으로는 해제하지 못하며, 그 밖에 배액을 제공하여야 한다(대판 1966.6.21. 66다699, 700). 제공하기만 하면 되고, 상대방이 이를 수령하지 않는다고 해서 공탁까지 할 필요는 없다(대판 1981.10.27. 80다2784).

정답 | ⑤

02 〈노무사 2023〉

매매계약에 관한 설명으로 옳은 것은? (다툼이 있으면 판례에 따름)

① 매매목적물과 대금은 반드시 계약 체결 당시에 구체적으로 특정할 필요는 없고, 이를 나중에라도 구체적으로 특정할 수 있는 방법과 기준이 정해져 있으면 매매계약은 성립한다.
② 매도인이 매수인에게 현존하는 타인 소유의 물건을 매도하기로 약정한 경우, 그 매매계약은 원시적 불능에 해당하여 효력이 없다.
③ 매매예약완결권은 당사자 사이에 다른 약정이 없는 한 10년 내에 이를 행사하지 않으면 시효로 소멸한다.
④ 매도인과 매수인이 해제권을 유보하기 위해 계약금을 교부하기로 합의한 후 매수인이 약정한 계약금의 일부만 지급한 경우, 매도인은 실제 지급받은 금원의 배액을 상환하고 매매계약을 해제할 수 있다.
⑤ 매매계약에 관한 비용은 다른 약정이 없으면 매수인이 부담한다.

해설 | ① (○) 매매목적물과 대금은 반드시 계약 체결 당시에 구체적으로 특정할 필요는 없고, 이를 나중에라도 구체적으로 특정할 수 있는 방법과 기준이 정해져 있으면 충분하

다. 다만, 매매계약의 당사자인 매도인과 매수인이 누구인지는 구체적으로 특정되어 있어야만 매매계약이 성립할 수 있다(대판 2021.1.14. 2018다223054).

정답 | ①

제3절 교 환

Ⅰ. 교환계약의 의의

제596조(교환의 의의) 교환은 당사자 쌍방이 금전 이외의 재산권을 상호 이전할 것을 약정함으로써 그 효력이 생긴다.

교환이란 당사자 쌍방이 금전 이외의 재산권을 서로 이전할 것을 약정함으로써 성립하는 계약이다. 그러나 일방 당사자가 반대급부로서 재산권의 양도와 더불어 금전을 보충적으로 지급할 것을 약정하더라도 교환계약은 성립한다. 따라서 교환계약은 쌍무·유상계약이며, 낙성·불요식의 계약이다.

> **판례정리** **목적물의 시가를 묵비하거나 허위로 고지한 경우 불법행위가 성립 여부**
> 일방 당사자가 자기가 소유하는 목적물의 시가를 묵비하여 상대방에게 고지하지 아니하거나, 혹은 허위로 시가보다 높은 가액을 시가라고 고지하였다 하더라도, 이는 상대방의 의사결정에 불법적인 간섭을 한 것이라고 볼 수 없으므로 불법행위가 성립한다고 볼 수 없다(대판 2002.9.4. 2000다54).

Ⅱ. 교환계약의 효과

보충금지급의 특약이 있는 경우에는 그 보충금에 관하여는 매매대금에 관한 규정이 준용된다(제597조). 보충금을 지급하는 당사자도 그 급부하는 금전 이외의 물건에 대하여는 매도인의 담보책임규정이 준용된다.

> **판례정리** **교환계약에서의 동시이행의 문제**
> 교환계약의 당사자 일방이 교환목적물의 차액의 지급에 갈음하여 상대방으로부터 인수한 대출원리금지급의무와 상대방의 소유권이전등기의무가 모두 각각의 이행기에 이행되지 않은 채 계약이 해제되지 않은 상태에서 이행기가 도과하였다면, 쌍무계약인 교환계약에 기한 위 대출원리금지급의무와 소유권이전등기의무는 동시이행의 관계에 있다(대판 1998.7.24. 98다13877).

제4절 소비대차

Ⅰ. 소비대차계약 일반론

> 제598조(소비대차의 의의) 소비대차는 당사자 일방이 금전 기타 대체물의 소유권을 상대방에게 이전할 것을 약정하고 상대방은 그와 같은 종류, 품질 및 수량으로 반환할 것을 약정함으로써 그 효력이 생긴다.

1. 의 의

소비대차는 당사자 일방(대주)이 금전 기타 대체물의 소유권을 상대방에게 이전할 것을 약정하고 상대방(차주)은 그와 같은 종류, 품질 및 수량으로 반환할 것을 약정함으로써 그 효력이 생기는 계약이다.

2. 성 질

㈎ 소비대차는 낙성·불요식계약이다. 무이자 소비대차의 경우 편무·무상계약이나, 법률의 규정 또는 특약으로 이자의 지급이 약정된 경우에는 쌍무·유상계약이다. 이자부 소비대차의 경우에는 매매에 관한 규정이 준용된다.

㈏ 차주가 현실로 금전 등을 수수하거나 현실의 수수가 있는 것과 같은 경제적 이득을 취득하여야만 성립하는 것은 아니다. 반대로 당사자 일방이 상대방에게 현실로 금전 기타 대체물의 소유권을 이전하였다고 하더라도 상대방이 같은 종류, 품질 및 수량으로 반환할 것을 약정한 경우가 아니라면 이들 사이의 법률행위를 소비대차라 할 수 없다(대판 2018.12.27. 2015다73098).

Ⅱ. 소비대차계약의 효과

1. 대주의 의무

(1) 목적물이전의무

대주는 차주가 목적물을 이용할 수 있도록 하기 위하여 목적물의 소유권을 차주에게 이전하여야 한다. 차주의 명시적 동의를 전제로 대주가 금전 대신에 약속어음·국채·예금통장과 인장 등 유가증권 기타의 물건을 인도하는 경우에는, 유가증권 기타 물건을 인도할 당시의 가액을 가지고 차용액으로 한다(제606조). 이는 강행규정이며, 차주에게 불리한 경우에는 그 효력이 없다.

(2) 대주의 담보책임

이자 있는 소비대차의 목적물에 하자가 있는 경우 또는 대주가 그 하자를 알고도 차주에게 고지하지 않은 경우에는 제580조 내지 제582조의 규정을 준용하며, 이자 없는 소비대차의 경우에는 차주는 하자 있는 물건의 가액으로 반환할 수 있다(제602조).

2. 차주의 의무

(1) 목적물반환의무

1) 원 칙

차주는 원칙적으로 '대주로부터 받은 것과 동종·동질·동량의 물건을 반환'하여야 한다(제603조). 특히 반환시기를 약정하지 않은 경우, 차주는 언제든지 반환할 수 있지만, 대주는 상당한 기간을 정하여 반환을 최고하여야 한다(제603조 2항).

2) 예 외

차용물의 반환에 관하여 차주가 차용물에 갈음하여 다른 재산권을 이전할 것을 예약한 경우에는 그 재산의 예약 당시의 가액이 차용액 및 이에 붙인 이자의 합산액을 넘지 못하며(제607조), 이는 강행규정이며, 당사자의 약정으로서 차주에 불리한 경우, '그 부분은 무효'이다(제608조).

(2) 이자지급의무

이자 있는 소비대차는 차주가 목적물의 인도를 받은 때로부터 이자를 계산하여야 하며 차주가 그 책임 있는 사유로 수령을 지체할 때에는 대주가 이행을 제공한 때로부터 이자를 계산하여야 한다(제600조).

Ⅲ. 소비대차계약의 실효

1. 파산과 소비대차의 실효

제599조(파산과 소비대차의 실효) 대주가 목적물을 차주에게 인도하기 전에 당사자 일방이 파산선고를 받은 때에는 소비대차는 그 효력을 잃는다.

2. 무이자 소비대차의 해제권

제601조(무이자 소비대차와 해제권) 이자 없는 소비대차의 당사자는 목적물의 인도 전에는 언제든지 계약을 해제할 수 있다. 그러나 상대방에게 생긴 손해가 있는 때에는 이를 배상하여야 한다.

Ⅳ. 준소비대차계약

1. 의 의

제605조(준소비대차) 당사자 쌍방이 소비대차에 의하지 아니하고 금전 기타의 대체물을 지급할 의무가 있는 경우에 당사자가 그 목적물을 소비대차의 목적으로 할 것을 약정한 때에는 소비대차의 효력이 생긴다.

준소비대차계약이라 함은 당사자 쌍방이 소비대차에 의하지 아니하고 성립한 금전 기타의 대체물을 지급할 의무가 있는 경우에 당사자가 그 목적물을 소비대차의 목적으로 할 것을 약정한 경우(매매계약에 의하여 생긴 대금채무를 매도인과 매수인이 소비대차로 한다는 합의를 한 경우)를 말한다.

2. 성 립

준소비대차계약의 당사자는 기초가 되는 기존채무의 당사자이어야 하며(대판 2002.12.6. 2001다2846), 기존 채무의 존재를 전제로 하므로, 기존 채무가 처음부터 존재하지 않거나 무효·취소된 때에는 준소비대차도 무효로 되어 신채무는 소급하여 소멸한다(대판 2007.1.11. 2005다47175). 즉 신채무와 기존채무의 소멸이 서로 조건을 이루고 있다.

3. 효 과

기존채무와 준소비대차로 새로 성립하는 신채무는 '내용적으로 동일'하므로 기존채권·채무에 붙어 있던 동시이행의 항변권이나 담보·보증, 가압류는 원칙적으로 신채무에 존속한다.

제5절 사용대차

I. 사용대차계약의 의의

> 제609조(사용대차의 의의) 사용대차는 당사자 일방이 상대방에게 무상으로 사용, 수익하게 하기 위하여 목적물을 인도할 것을 약정하고 상대방은 이를 사용, 수익한 후 그 물건을 반환할 것을 약정함으로써 그 효력이 생긴다.

㈎ 사용대차라 함은 당사자 일방(대주)이 상대방(차주)에게 무상으로 사용·수익케 하기 위하여 목적물을 인도할 것을 약정하고, 상대방은 이를 사용·수익한 후 그 물건을 반환할 것을 약정함으로써 성립하는 계약이다.

㈏ 사용대차는 임대차와 마찬가지로 낙성·불요식계약이나, 임대차와는 달리 대가지급의무가 없으므로 편무계약이다. 그리고 차주가 목적물을 사용·수익하는 데 계약 당사자 사이에는 서로 대가적인 의미가 있는 재산상의 출연관계는 존재하지 않으므로 무상계약이다.

II. 사용대차계약의 효과

1. 대주의 의무

대주는 목적물을 인도한 후에는 단순히 차주의 사용·수익을 인용할 소극적 의무만 부담한다. 담보책임에 관하여는 소비대차의 규정을 준용한다.

2. 차주의 의무

(1) 차용물의 사용·수익의무

차주는 계약 또는 그 목적물의 성질에 의하여 정하여진 용법으로 이를 사용·수익하여야 하며, 대주의 승낙이 없으면 제3자에게 차용물을 사용·수익하게 하지 못한다. 차주가 이를 위반하면 대주는 계약을 해지할 수 있다(제610조).

(2) 차용물의 보관반환의무

차주는 선량한 관리자의 주의를 가지고 차용물을 보관할 의무를 부담하며, 차용물의 통상의 필요비를 부담한다(제611조). 차주가 차용물을 반환하는 때에는 이를 원상에 회복하여야 한다(제615조). 만약 수인이 공동하여 물건을 차용한 때에는 연대하여 그 의무를 부담한다(제616조).

III. 사용대차계약의 종료

1. 기간의 만료

차주는 약정시기에 차용물을 반환하여야 하며(제613조 1항), 시기의 약정이 없는 경우에는 차주는 계약 또는 목적물의 성질에 의한 사용·수익이 종료한 때에 반환하여야 한다. 그러나 사용·수익에 족한 기간이 경과한 때에는 대주는 언제든지 계약을 해지할 수 있다(제613조 2항).

2. 계약의 해지

차주가 사망하거나 파산선고를 받은 때에는 대주는 계약을 해지할 수 있다(제614조). 또한 차주가 대주의 승낙이 없이 제3자에게 차용물을 사용·수익하게 한 경우 대주는 계약을 해지할 수 있다(제610조). 그러나 차주는 다른 특약이 없는 한 언제든지 해지할 수 있다.

3. 계약의 해제

대주가 차주에게 목적물을 인도하기 전이라면 당사자는 언제든지 해제할 수 있다. 그러나 해제로 말미암아 상대방에게 손해가 생긴 때에는 해제한 당사자는 그 손해를 배상하여야 한다(제612조·제601조).

제6절　임대차

1 임대차계약 일반론

Ⅰ. 임대차계약의 의의 및 법적성질

> 제618조(임대차의 의의) 임대차는 당사자 일방이 상대방에게 목적물을 사용, 수익하게 할 것을 약정하고 상대방이 이에 대하여 차임을 지급할 것을 약정함으로써 그 효력이 생긴다.

임대차는 당사자 일방이 상대방에게 목적물을 사용·수익하게 할 것을 약정하고, 상대방이 이에 대한 대가로서 차임을 지급할 것을 약정함으로써 그 효력이 생기는 계약이다.

Ⅱ. 부동산임차인보호를 위한 법리

1. 임차권의 물권화

임대차계약에 의하여 임차인이 취득하는 임차권은 채권이므로, 목적물의 양도에 의하여 임대인이 바뀌면 새로운 임대인이 구 임대인의 임대차관계를 당연히 승계하지 않는다. 따라서 임차인은 부동산의 양수인에 대하여 임차권을 가지고 대항할 수 없다('매매에 의한 양도는 임대차를 깬다'). 이러한 불안한 지위에 있는 임차인을 보호할 필요성이 있는 바, 이를 두고 '부동산임차권의 물권화'라고 한다.

2. 임차권의 대항력

임차인의 보증금 회수를 위하여 임차인이 임대인에 대하여 임대차등기절차에 협력할 것을 청구할 수 있다(제621조). 그러나 임대인에 등기절차에 협력할 것을 청구할 수 있는 채권적 청구권에 불과하므로 임차인 보호에 미흡하다.

2 임대차계약의 성립

Ⅰ. 임대차의 성립요소

1. 임대목적물에 대한 처분권한의 유무

㈎ 임대차는 원칙적으로 당사자의 합의에 의하여 성립하므로 임대인이 임대차 목적물에 대한 소유권 기타 이를 임대할 권한이 없다고 하더라도 임대차계약은 유효하게 성립한다.

㈏ 임대차는 목적물의 소유권을 상대방에게 이전하는 것이 아니므로, 임대인이 임대물에 대한 소유권이나 또는 그것을 처분할 권한을 가지고 있어야 할 필요는 없다(대판 1991.3.27. 88다카30702).

2. 타인소유물건에 대한 임대차의 효력

임대차계약상의 임대인의 의무는 목적물을 사용수익하게 할 의무로서, 목적물에 대한 소유권 있음을 성립요건으로 하고 있지 아니하여 임대인이 소유권을 상실하였다는 이유만으로 그 의무가 불능하게 된 것이라고 단정할 수 없다(대판 1994.5.10. 93다37977).

II. 임대차의 존속기간

1. 기간의 약정이 있는 임대차

(1) 원 칙

계약으로 임대차의 존속기간을 정하는 경우 민법은 최단기간도 또 최장기간도 제한하고 있지 않다. 종전 민법은 제651조에서 건물의 경우 20년을 넘지 못한다는 규정을 두었으나, 이에 대하여 헌법재판소가 계약의 자유를 침해한다고 하였다. 이에 따라 제651조는 삭제되었다.

(2) 예 외

처분할 능력이나 권한이 없는 자가 한 임대차 역시 유효하나, 이에 대하여 민법은 최장기간을 제한하고 있다(제619조). 즉 ⅰ) 식목, 채염 또는 석조, 석회조, 연와조 및 이와 유사한 건축을 목적으로 한 토지의 임대차는 10년, ⅱ) 기타 토지의 임대차는 5년, ⅲ) 건물 기타 공작물의 임대차는 3년, ⅳ) 동산의 임대차는 6월의 기간을 넘지 못한다.

2. 기간의 약정이 없는 임대차

> 제635조(기간의 약정 없는 임대차의 해지통고) ① 임대차기간의 약정이 없는 때에는 당사자는 언제든지 계약해지의 통고를 할 수 있다. ② 상대방이 전항의 통고를 받은 날로부터 다음 각호의 기간이 경과하면 해지의 효력이 생긴다. 1. 토지, 건물 기타 공작물에 대하여는 임대인이 해지를 통고한 경우에는 6월, 임차인이 해지를 통고한 경우에는 1월 2. 동산에 대하여는 5일

판례는 당사자들이 자유로운 의사에 따라 임대차기간을 영구로 정한 약정은 이를 무효로 볼 만한 특별한 사정이 없는 한 계약자유의 원칙에 의하여 허용된다고 하였다. 위와 같은 임대차기간의 보장은 임대인에게는 의무가 되나 임차인에게는 권리의 성격을 갖는 것이므로 임차인으로서는 언제라도 그 권리를 포기할 수 있고, 그렇게 되면 임대차계약은 임차인에게 기간의 정함이 없는 임대차가 된다(대판 2023.6.1. 2023다209045).

3. 임대차 존속기간의 갱신

(1) 계약에 의한 갱신(약정갱신)

㈎ 당사자가 계약으로 정한 임대차의 존속기간은 계약자유의 원칙상 갱신할 수 있으며, 갱신된 임대차의 존속기간은 제한이 없으며, 갱신의 횟수 역시 제한이 없다.

(ㄴ) 그러나 토지임대차의 경우, 즉 건물 기타의 공작물의 소유 또는 식목·채염·목축을 목적으로 하는 토지임대차에서 그 기간이 만료된 경우에 건물, 수목 기타의 지상시설이 현존하는 때에는 임차인은 계약의 갱신을 청구할 수 있다(제643조, 제283조 1항).

(2) 법률에 의한 갱신(묵시갱신)

(가) 임대차기간이 만료한 후에도 임차인이 임차물의 사용·수익을 계속하는 경우에, 임대인이 상당한 기간내에 이의를 제기하지 않은 때에는 전임대차와 동일한 조건으로 다시 임대차한 것으로 본다(제639조 1항). 이를 묵시의 갱신이라고도 한다.

(나) 한편 전임대차에 대하여 제3자가 제공한 담보, 예컨대 질권, 저당권 혹은 보증 등은 그 전임대차의 기간의 만료로 소멸한다(제639조 2항). 따라서 당사자가 제공한 담보는 소멸되지 않고 여전히 갱신 후에도 효력을 갖는다.

> **판례정리 당사자들의 합의에 따른 임대차 기간연장**
> 민법 제639조 제1항의 묵시의 갱신은 임차인의 신뢰를 보호하기 위하여 인정되는 것이고, 이 경우 같은 조 제2항에 의하여 제3자가 제공한 담보는 소멸한다고 규정한 것은 담보를 제공한 자의 예상하지 못한 불이익을 방지하기 위한 것이라 할 것이므로, **민법 제639조 제2항은 당사자들의 합의에 따른 임대차 기간연장의 경우에는 적용되지 않는다**(대판 2005.4.14. 2004다63293).

③ 임대차계약의 효과

Ⅰ. 임대인과 임차인의 의무

1. 임대인의 의무

> 제623조(임대인의 의무) 임대인은 목적물을 임차인에게 인도하고 계약존속 중 그 사용, 수익에 필요한 상태를 유지하게 할 의무를 부담한다.

(1) 목적물의 인도의무

임차인이 임대물의 사용·수익을 위하여 점유를 필요로 하는 경우 임대인은 목적물을 인도하여야 한다.

(2) 사용·수익상태 유지

1) 사용·수익상태 유지의무의 내용

임대차계약에 있어서 임대인은 임대차 목적물을, 계약 존속 중 그 사용·수익에 필요한 상태를 유지하게 할 의무를 부담한다.

> **판례 정리** **임대인의 목적물에 대한 유지·관리 의무의 내용과 위반시 효과**
> ① 임차인이 계약에 의하여 정하여진 목적에 따라 사용·수익하는 데 하자가 있는 목적물인 경우 임대인은 하자를 제거한 다음 임차인에게 하자 없는 목적물을 인도할 의무가 있다. 임대인의 임차목적물의 사용·수익상태 유지의무는 임대인 자신에게 귀책사유가 있어 하자가 발생한 경우는 물론, 자신에게 귀책사유가 없이 하자가 발생한 경우에도 면해지지 아니한다(대판 2021.4.29. 2021다202309).
> ② 건물을 타인에게 임대한 소유자가 건물을 적합하게 유지·관리할 의무를 위반하여 임대목적물에 필요한 안전성을 갖추지 못한 설치·보존상의 하자가 생기고 그 하자로 인하여 임차인에게 손해를 입힌 경우, 건물의 소유자 겸 임대인은 임차인에게 공작물책임과 수선의무 위반에 따른 채무불이행 책임을 진다(대판 2017.8.29. 2017다227103).

2) 사용·수익상태 유지의무의 면제

(가) 임대인의 수선의무는 특약에 의하여 이를 면제하거나 임차인의 부담으로 돌릴 수 있으나, 그러한 특약에서 수선의무의 범위를 명시하고 있는 등의 특별한 사정이 없는 한 통상 생길 수 있는 파손의 수선 등 소규모의 수선에 한한다(대판 1994.12.9. 94다34692, 34708).

(나) 따라서 대파손의 수리, 건물의 주요 구성부분에 대한 대수선, 기본적 설비부분의 교체 등과 같은 대규모의 수선은 이에 포함되지 아니하고 여전히 임대인이 그 수선의무를 부담한다고 해석함이 상당하다(대판 2008.3.27. 2007다91336).

(3) 임대인의 부수의무

임대인은 임차인에게 임대목적물을 사용·수익하게 하는 데 그치는 것이므로, 임대인은 임차인에 대하여 보호의무를 부담하지 않는다(대판 1999.7.9. 99다10004).

2. 임차인의 의무

(1) 차임을 지급할 의무

1) 차임지급의무의 내용

① 임대차계약의 본질적 요소

임차인은 임차물을 사용·수익하는 대가로서 임대인에게 차임을 지급할 의무를 부담하며, 이는 임대차계약의 성립요소이며, 임대차계약의 본질적 요소에 해당한다.

> **판례 정리** **차임채권의 소멸시효의 기산점**
> 임대차 존속 중 차임을 연체하더라도 이는 임대차 종료 후 목적물 인도 시에 임대차보증금에서 일괄 공제하는 방식에 의하여 정산하기로 약정한 경우와 같은 특별한 사정이 없는 한 차임채권의 소멸시효는 임대차계약에서 정한 지급기일부터 진행한다(대판 2016.11.25. 2016다211309).

② 공동임차인의 차임지급의무

여럿이 공동으로 목적물을 임차한 때에는 임대인의 보호를 위해 임차인이 연대하여 의무를 부담한다(제654조, 제616조). 공동임대인의 보증반환의무가 불가분채무인 것과 비교된다.

2) 차임지급연체와 해지

① 2기의 차임연체

㈎ 건물 기타 공작물의 임대차에서는 임차인의 차임연체액이 2기의 차임액에 달하는 때에는 임대인은 계약을 해지할 수 있다(제640조).

㈏ 차임지급의 연체는 연속될 것을 요하지 않으며, 임대인 지위가 양수인에게 승계된 경우 이미 발생한 연체차임채권은 따로 채권양도의 요건을 갖추지 않는 한 승계되지 않고, 양수인이 연체차임채권을 양수받지 않은 이상 승계 이후의 연체차임액이 2기 이상의 차임액에 달하여야만 비로소 임대차계약을 해지할 수 있다(대판 2008.10.9. 2008다3022).

② 편면적 강행규정

제640조는 강행규정이므로 이에 위반하는 약정으로서 임차인에게 불리한 것은 무효이다(제652조). 따라서 차임의 1회 연체가 있으면 임대차가 종료한다는 약관조항은 무효이다.

3) 차임과 보증금의 충당

차임과 보증금은 별개이며 연체차임을 보증금에서 충당할 자유는 임대인에게 있다. 따라서 특별한 사정이 없는 한 임대차계약이 종료되었다 하더라도 목적물이 명도되지 않았다면 임차인은 보증금이 있음을 이유로 연체차임의 지급을 거절할 수 없다(대판 2007.8.23. 2007다21856).

4) 차임의 증가와 감액

① 임차인의 차임감액청구권

㈎ 임차물의 일부(전부멸실의 경우에는 적용되지 않는다)가 임차인의 과실 없이 멸실 기타의 사유로 인하여 사용·수익할 수 없게 된 경우, 차임이 당연히 감액되는 것이 아니라 임차인은 그 부분의 비율에 대하여 차임의 감액을 청구할 수 있다(제627조 1항).

㈏ 감액청구권은 형성권이므로 임대인의 승낙을 요하지 않는다. 본조는 강행규정이며 이에 위반하는 약정으로서 임차인에게 불리한 것은 무효이다(제652조).

② 사정변경과 증감청구권

㈎ 임대물에 대한 공과부담의 증감 기타 경제사정의 변동으로 인하여 약정한 차임이 상당하지 아니하게 된 때에는 당사자는 장래에 대한 차임의 증감을 청구할 수 있다(제

628조). 그러나 일시사용을 위한 임대차 또는 전대차의 경우에는 적용되지 않는다(제653조). 이는 임대인과 임차인 모두에게 인정되나 편면적 강행규정으로써 임차인에게 불리한 것은 그 효력이 없다(제652조).

⑷ 따라서 차임을 감액하지 않는다는 특약은 언제나 무효이다. 그러나 일정기간 동안 차임을 증액하지 않는다는 특약은 임차인에게 유리하므로 원칙적으로 유효하며, 그 특약을 그대로 유지시키는 것이 신의칙에 반한다고 인정될 정도의 사정변경이 있는 예외적인 경우 형평의 원칙상 임대인에게 차임증액청구를 인정할 수 있다(대판 1996.11.12. 96다34061).

(2) 임차물의 보관의무

임차인은 임대차관계의 종료로 임차물을 임대인에게 반환할 때까지 선량한 관리자의 주의로 임차물을 보관할 의무가 있다(대판 2017.5.18. 2012다86895, 86901 전원합의체).

(3) 임차인의 통지의무

임차물이 수리를 요하거나 임차물에 대하여 권리를 주장하는 자가 있을 때에는 임차인은 지체없이 이를 임대인에게 통지하여야 한다. 다만, 임대인이 이미 이를 알고 있을 때에는 통지할 필요가 없다(제634조).

(4) 임차인의 인용의무

제624조(임대인의 보존행위, 인용의무) 임대인이 임대물의 보존에 필요한 행위를 하는 때에는 임차인은 이를 거절하지 못한다.

(5) 임차물의 반환의무

1) 임차인의 원상회복의무

임대차가 종료하면 임차인은 목적물을 원상회복하여 반환하여야 한다(제654조, 제615조). 만약 임차인이 임차목적물을 수리하거나 변경한 때에는 원칙적으로 수리·변경 부분을 철거하여 임대 당시의 상태로 사용할 수 있도록 해야 한다(대판 2019.8.30. 2017다268142).

2) 임차인의 선관주의의무

㈎ 임차인은 임대차관계의 종료로 임차물을 임대인에게 반환할 때까지 선량한 관리자의 주의로 임차물을 보관할 의무가 있다. 임차인의 임대차 목적물 반환의무가 이행불능이 된 경우 임차인이 그 이행불능으로 인한 손해배상책임을 면하려면 그 이행불능이 임차인의 귀책사유로 말미암은 것이 아님을 증명할 책임이 있다(대판 2017.5.18. 2012다86895, 86901 전원합의체).

> **판례정리** 임차인의 목적물반환의무의 이행불능과 선관주의의무의 부담
> ① '임대차 목적물'이 원인 불명의 화재로 인하여 소멸됨으로써 임차인의 목적물 반환의무가 이행불능이 된 경우에, 귀책사유에 관한 증명책임이 누구에게 있는지와 관련하여, 임대차 목적물이 화재 등으로 인하여 소멸됨으로써 임차인의 목적물 반환의무가 이행불능이 된 경우에, '임차인'은 그 이행불능이 자기가 책임질 수 없는 사유로 인한 것이라는 증명을 다하지 못하면 그 목적물 반환의무의 이행불능으로 인한 손해를 배상할 책임을 지며, 그 화재 등의 구체적인 발생 원인이 밝혀지지 아니한 때에도 마찬가지이다(대판 1994.10.14. 94다38182).
> ② '임차 외 건물 부분'까지 불에 타 그로 인해 임대인에게 재산상 손해가 발생한 경우에, 임대인은 임차인이 보존·관리의무를 위반하여 화재가 발생한 원인을 제공하는 등 화재 발생과 관련된 임차인의 계약상 의무위반이 있었음을 증명하여야 한다(대판 2017.5.18. 2012다86895, 86901 전원합의체).

㈏ 그러나 그 이행불능이 임대차목적물을 임차인이 사용·수익하기에 필요한 상태로 유지하여야 할 '임대인의 의무 위반에 원인이 있음이 밝혀진 경우'까지 임차인이 별도로 목적물보존의무를 다하였음을 주장·증명하여야만 그 책임을 면할 수 있는 것은 아니다(대판 2009.5.28. 2009다13170).

Ⅱ. 임차인보호를 위한 권리

1. 임차물의 사용·수익권(임차권)

임차인의 가장 본질적인 권리인 임차권이란 임차인이 목적물을 사용·수익할 수 있는 권리를 말한다. 임차인은 계약 또는 그 목적물의 성질에 의하여 정하여진 용법으로 임차물을 사용·수익하여야 하며, 임대인의 승낙 없이 임차물을 타인에게 용익하게 할 수 없다.

2. '건물소유목적'의 토지임차권

㈎ 토지의 임차권을 등기하지 아니한 임차인도 지상건물을 등기한 때에는 제3자에 대하여 토지임대차의 효력이 생긴다(제622조 1항). 물론 건물이 토지임대차기간만료 전에 멸실 또는 후폐한 때에는 토지임차인을 보호할 필요가 없으므로 임대차는 효력을 잃는다(제622조 2항).

㈏ 그러나 임차인이 그 지상건물을 등기하기 전에 제3자가 그 토지에 관하여 물권취득의 등기를 하면 임차인이 그 지상건물을 등기하더라도 그 제3자에 대하여 토지임대차의 효력이 생기지 아니한다(대판 2003.2.28. 2000다65802).

3. 토지임차인의 지상물매수청구권

> 제643조(임차인의 갱신청구권, 매수청구권) 건물 기타 공작물의 소유 또는 식목, 채염, 목축을 목적으로 한 토지임대차의 기간이 만료한 경우에 건물, 수목 기타 지상시설이 현존한 때에는 제283조(지상권자의 갱신청구권, 매수청구권)의 규정을 준용한다.

(1) 매수청구의 요건

㉮ 건물 기타 공작물의 소유 또는 식목, 채염, 목축을 목적으로 한 '토지임대차의 기간만료 또는 기간의 정함이 없는 경우에는 임대인의 해지통고'로 종료한 경우에 건물·수목 기타 지상시설이 현존한 때에는 그 매수를 청구할 수 있다. 다만 임차인은 지상물의 매수를 청구하기 전에 계약의 갱신을 청구하여야 하며, 임대인이 그 갱신을 원하지 아니할 때에 한해 지상물의 매수를 청구할 수 있다.

㉯ 그러나 임차인의 채무불이행으로 임대차계약이 해지되는 경우에는, 임차인이 계약갱신을 청구할 수 없으므로 지상물매수청구도 할 수 없다(대판 2003.4.22. 2003다7685).

> **판례정리 │ 지상물매수청구권의 포기특약의 유효 여부**
> 지상물매수청구권에 관한 약정으로서 임차인에게 불리한 것은 효력이 없으므로, 건물의 소유를 목적으로 한 토지임차인이 임대인과 사이에 임대차기간만료시에 지상건물을 철거하기로 약정하였더라도, 특별한 사정이 인정되지 아니하는 한 위 약정은 임차인의 지상물매수청구권을 배제하기로 하는 약정으로서 임차인에게 불리한 것이므로 효력이 없다(대판 1995.7.11. 94다34265 전원합의체).

(2) 매수청구의 주체

지상물매수청구권자는 지상물의 소유자에 한하며(대판 1993.7.27. 93다6386), 지상물매수청구의 상대방은 원칙적으로 임차권 소멸 당시의 토지 소유자인 임대인이다. 따라서 토지 소유자가 아닌 제3자가 토지를 임대한 경우에 임대인은 특별한 사정이 없는 한 지상물매수청구권의 상대방이 될 수 없다(대판 2022.4.14. 2020다254228, 254235).

(3) 매수청구의 대상

1) 현존하는 지상물

㉮ 매수대상은 원칙적으로 토지 위의 지상물로서 반드시 임대차계약 당시의 기존건물이거나 임대인의 동의를 얻어 신축한 것에 한정된다고 할 수는 없다(대판 1993.11.12. 93다34589).

㉯ 지상건물의 객관적인 가치나 임대인에 대한 효용 여부가 지상물매수청구권의 행사요건은 아니다(대판 2002.5.31. 2001다42080). 다만 임차인이 자신의 특수한 용도나 사업을 위하여 설치한 물건이나 시설은 이에 해당하지 않는다(대판 2002.11.13. 2002다46003, 46027, 46010).

㉰ 또한 건물소유를 목적으로 하는 토지임대차에 있어서 임차인소유 건물이 임대인이 임대한 토지 외에 임차인 또는 제3자 소유의 토지 위에 걸쳐서 건립되어 있는 경우에는, 임차지에 있는 건물부분 중 구분소유의 객체가 될 수 있는 부분에 한하여 임차인에게 매수청구권이 허용된다(대판 1996.3.21. 93다42634 전원합의체).

2) 무허가의 지상물

특별한 사정이 없는 한 행정관청의 허가를 받은 적법한 건물이 아니더라도 임차인의 지상물매수청구권의 대상이 될 수 있다(대판 2013.11.28. 2013다48364). 즉 미등기의 건물 역시 지상물매수청구권의 대상이 될 수 있다.

(4) 매수청구의 시기

임차인이 그 지상의 현존하는 건물에 대하여 가지는 매수청구권은 그 행사에 특정의 방식을 요하지 않는 것으로서 그 행사시기에 대하여도 제한이 없고(대판 2002.5.31. 2001다42080) 기간의 약정이 없는 토지임대차를 '임대인이 해지'하는 경우에는 계약갱신을 거절한 것으로 볼 수 있으므로 곧바로 지상물매수청구를 할 수 있다(대판 1995.7.11. 94다34265 전원합의체).

(5) 매수청구의 효과

1) 매매계약의 성립

지상물매수청구권은 형성권이며, 재판상 또는 재판외 행사가 가능하다. 따라서 임차인이 지상물매수청구권을 행사하면 임대인은 이를 거절하지 못하며 임대인과 임차인 사이에 지상물에 대한 매매가 성립한다.

2) 매수가격의 산정

매수가격은 매수청구권 행사 당시 건물이 현존하는 대로의 상태에서 평가된 시가를 말하므로 이를 산정함에 있어 영업을 하면서 얻은 수익은 고려하지 않는다(대판 2002.11.13. 2002다46003).

> **판례정리 - 지상물에 근저당권이 설정된 경우와 매수가격의 산정**
>
> 민법 제643조 소정의 매수청구권은 매수청구의 대상이 되는 건물에 근저당권이 설정되어 있는 경우에도 인정되나 이 경우에 그 건물의 매수가격에서 **근저당권의 채권최고액이나 피담보채무액을 공제한 금액을 매수가격으로 정할 것은 아니다**(대판 2008.5.29. 2007다4356).

3) 동시이행의 관계

토지임차인의 매수청구권 행사로 지상건물에 대하여 시가에 의한 매매 유사의 법률관계가 성립된 경우에는 임차인의 건물명도 및 그 소유권이전등기의무와 토지임대인의 건물대금지급의무는 서로 대가관계에 있는 채무가 되므로 동시이행의 관계에 있다(대판 1998.5.8. 98다2389).

4. 건물임차인의 부속물매수청구권

> **제646조(임차인의 부속물매수청구권)** ① 건물 기타 공작물의 임차인이 그 사용의 편익을 위하여 임대인의 동의를 얻어 이에 부속한 물건이 있는 때에는 임대차의 종료시에 임대인에 대하여 그 부속물의 매수를 청구할 수 있다. ② 임대인으로부터 매수한 부속물에 대하여도 전항과 같다.

(1) 매수청구의 요건

㈎ '건물 기타 공작물의 임차인'이 그 사용의 편익을 위하여 임대인의 동의를 얻어 이에 부속한 물건이 있는 때에는 '임내차의 종료시'에 임대인에 대하여 그 부속물의 매수를 청구할 수 있다(제646조 1항). 단, 임대차계약이 임차인의 채무불이행으로 인하여 해지된 경우에는 임차인에게는 부속물매수청구권이 인정되지 않는다(대판 1990.1.23. 88다카7245, 7252). 또한 일시사용을 위한 임대차의 경우에도 인정되지 않는다(제653조).

㈏ 건물임차인의 부속물매수청구권은 투하자본을 회수하기 위하여 민법이 인정한 정책적 권리이며, 강행규정이므로 이 청구권을 배제하는 특약으로서 임차인에게 불리한 것은 효력이 없다.

(2) 매수청구의 대상

1) 사용의 편익에 제공된 독립한 물건으로 부속물일 것

㈎ 부속물은 임차인의 소유에 속하고 그 건물의 구성부분을 이루지 않는 독립한 물건이어야 하며 사용의 편익에 제공되어야 한다.

㈏ 기존건물과 분리되어 독립한 소유권의 객체가 될 수 없는 즉, 독립성이 없는 구성부분 또는 증축부분이나 임대인의 소유로 한 부속물은 매수청구의 대상이 아닌 유익비상환청구의 대상이 될 뿐이다(대판 1982.1.19. 81다1001).

2) 임대인의 동의 또는 임대인으로부터 매수하였을 것

임차인이 그 사용의 편익을 위하여 임대인의 동의를 얻어 부속한 물건이거나 임대인으로부터 매수한 부속물에 대해서도 인정된다.

(3) 매수청구의 주체

청구권자는 현재의 건물의 임차인이며, 상대방은 원칙적으로 건물의 임대인이다. 따라서 종전 임차인의 지위를 승계한 현 임차인으로서는 임차기간 만료로 임대차가 종료됨에 있어 임대인에 대하여 부속물매수청구권을 행사할 수 있다(대판 1995.6.30. 95다12927).

(4) 매수청구의 효과

1) 매매계약의 성립

형성권으로서 재판상 또는 재판외에서도 행사할 수 있다(대판 2002.5.31. 2001다42080). 따라서 임차인의 매수청구의 의사표시가 있으면 임대인과 부속물에 대한 매매계약이 성립한다.

2) 동시이행의 관계

임대인의 부속물매매대금의무와 임차인의 부속물인도·임차목적물의 반환의무는 동시이행의 관계에 있다(대판 1981.11.10. 81다378).

3) 유치권행사의 부정

부속물매매대금이 지급되지 않은 경우 부속물매매대금은 임차물 자체에 대하여 생긴 채권이 아니므로 이를 가지고 임차목적물에 대하여 유치권은 행사할 수 없다(대판 1977.12.13. 77다115).

5. 필요비·유익비의 상환청구권

> 제626조(임차인의 상환청구권) ① 임차인이 임차물의 보존에 관한 필요비를 지출한 때에는 임대인에 대하여 그 상환을 청구할 수 있다. ② 임차인이 유익비를 지출한 경우에는 임대인은 임대차종료시에 그 가액의 증가가 현존한때에 한하여 임차인의 지출한 금액이나 그 증가액을 상환하여야 한다. 이 경우에 법원은 임대인의 청구에 의하여 상당한 상환기간을 허여할 수 있다.

(1) 비용상환청구권의 발생

1) 필요비 상환청구권

임차인은 선·악을 불문하고 임차물의 보존 및 관리에 필수적인 비용, 즉 필요비를 지출한 때에는, 임차인은 '즉시' 그 전액의 상환을 청구할 수 있다. 이는 아래 6월의 제척기간과는 별도로 지출한 때부터 소멸시효가 진행한다(기한의 정함이 없는 채무).

2) 유익비 상환청구권

임차인은 선·악을 불문하고 임차물의 객관적 가치를 증가시키는 유익비를 지출한 경우에 임대인은 임대차종료시에, 그 가액의 증가가 현존한 때에 한하여 임차인이 지출한 금액 또는 그 증가액 중 하나를 스스로 선택하여 상환하여야 한다. 지출한 금액이나 이로 인한 증가액은 임차인이 주장·증명하여야 한다(대판 1962.10.18. 62다437).

(2) 비용상환청구권의 행사

임차인의 비용상환청구권은 임대인이 임차물을 반환받은 날로부터 6개월 내에 행사하여야 하며, 이 기간은 제척기간이다(제654조, 제617조). 임차인은 비용상환청구권에 대하여 유치권을 가진다.

(3) 비용상환청구권의 포기

임차인의 비용상환청구권은 임의규정이므로 당사자 사이에 이와 달리 정할 수 있다. 즉 비용상환청구권의 포기특약은 유효하다(대판 1995.6.30. 95다12927).

Ⅲ. 임차권 양도 및 임차물 전대

1. 민법의 태도

> 제629조(임차권의 양도, 전대의 제한) ① 임차인은 임대인의 동의 없이 그 권리를 양도하거나 임차물을 전대하지 못한다. ② 임차인이 전항의 규정에 위반한 때에는 임대인은 계약을 해지할 수 있다.

임차권의 양도라 함은 임차권을 그 동일성을 유지하면서 이전하는 계약을 말한다(예를 들면 임차인 乙이 임대인 甲의 동의 없이 임차권을 丙에게 양도하는 계약을 체결하는 것이다). 반면 임차물의 전대라 함은 임차인이 스스로 임대인(전대인)이 되어서 임차물을 다시 제3자(전차인)로 하여금 사용·수익하게 하는 계약을 말한다.

2. 임차권의 양도

(1) 동의 없는 임차권의 양도

1) 임차인과 양수인 사이의 법률관계

임대인의 동의가 없더라도 임차인과 양수인 사이의 임차권양도로 인하여 양수인은 임차권을 취득한다. 그러나 양수인이 취득한 권리는 임차인에 대한 상대적 권리에 지나지 않는다. 따라서 양수인에게 완전한 임차권을 양도하기 위해서는 임차인은 임대인의 동의를 얻어야 한다.

2) 임대인과 임차인 사이의 법률관계

임차권의 무단양도가 있으면 임대인은 임대차계약을 해지할 수 있다(제629조 2항). 임대인이 계약을 해지할지의 여부는 그의 자유이므로 임대인이 임차인과의 임대차계약을 해지하지 않는 한 여전히 임차인에게 차임청구권을 가지므로 그 한도에서는 손해도 발생하지 않으므로 양수인에게 차임에 갈음하는 손해배상청구나 부당이득반환청구를 할 수 없다(대판 2008.2.28. 2006다10323).

3) 임대인과 양수인 사이의 법률관계

임대인의 동의가 없는 한 양수인은 임대인에 대하여 임차권의 취득을 주장할 수 없다. 따라서 양수인이 목적물을 점유·사용하는 것은 임대인에게는 불법점유가 된다. 이 경우 임대인이 임대차계약을 해지할 수 있으나 다음과 같은 예외가 있다.

> **판례정리 무단양도와 임대인의 해지권 제한법리로써 소위 배신행위이론**
> 당사자간의 신뢰관계를 파괴하는 임대인에 대한 배신행위가 아니라고 인정되는 특별한 사정이 있는 때에는 임대인은 자신의 동의 없이 임차권이 이전되었다는 것만을 이유로 민법 제629조 제2항에 따라서 임대차계약을 해지할 수 없고, 그와 같은 특별한 사정이 있는 때에 한하여 경락인은 임대인의 동의가 없더라도 임차권의 이전을 임대인에게 대항할 수 있다고 봄이 상당한바, 위와 같은 특별한 사정이 있는 점은 **경락인이 주장·입증**하여야 한다(대판 1993.4.13. 92다24950).

(2) 동의 있는 임차권의 양도

임대인의 동의가 있는 경우에는 임차인은 임대차관계에서 이탈한다. 그러나 임대인의 동의 전에 발생한 임차인의 채무는 특약이 없는 한 양수인에게 승계되지 않는다(대판 1989.4.25. 88다카4253).

3. 임차물의 전대

(1) 동의 없는 임차물의 전대

임차인이 전대를 하더라도 임대인과 임차인 사이의 임대차관계는 그대로 존속한다. 따라서 임대인은 여전히 임차인에 대하여 차임을 청구할 수 있으며, 임차인은 목적물의 보관에 대하여 선량한 관리자의 주의의무를 다해야 한다. 물론 임대인은 무단전대를 이유로 임차인에 대하여 임대차계약을 해지할 수 있다.

(2) 동의 있는 임차물의 전대

> 제630조(전대의 효과) ① 임차인이 임대인의 동의를 얻어 임차물을 전대한 때에는 전차인은 직접 임대인에 대하여 의무를 부담한다. 이 경우에 전차인은 전대인에 대한 차임의 지급으로써 임대인에게 대항하지 못한다. ② 전항의 규정은 임대인의 임차인에 대한 권리행사에 영향을 미치지 아니한다.

1) 전차인의 의무

㈎ 임대인과 전차인 사이에는 직접적인 계약관계는 발생하지 않지만 임대인을 보호하기 위하여 제630조 제1항에서 전차인은 임대인에게 직접 의무를 부담한다고 규정하고 있다.

㈏ 다만, 이 경우 전차인은 전대차계약으로 전대인에 대하여 부담하는 의무 이상으로 임대인에게 의무를 지지 않고 동시에 임대차계약으로 임차인이 임대인에 대하여 부담하는 의무 이상으로 임대인에게 의무를 지지 않는다(대판 2018.7.11. 2018다200518).

2) 전차인의 권리

㈎ 임대차 및 전대차의 기간이 동시에 만료되었으나 건물·수목 기타의 지상시설이 현존하는 때에는 전차인은 임대인에 대하여 앞의 전대차와 동일한 조건으로 임대할 것을 청구할 수 있으며(제644조 1항), 임대인이 임대할 것을 원하지 않을 때에는 전차인은 지상시설의 매수를 청구할 수 있다(제644조 2항). 토지임차인이 '토지임대인의 승낙에 의하여 적법하게 그 토지를 전대한 경우에만 인정'되는 권리이다(대판 1993.7.27. 93다6386).

㈏ 건물 기타 공작물의 임차인이 적법하게 전대한 경우에 전차인이 그 사용의 편익을 위하여 임대인의 동의를 얻어 이에 부속한 물건이 있는 때에는 전대차의 종료시에 임대인에 대하여 그 부속물의 매수를 청구할 수 있다(제647조 1항).

3) 전차인의 보호

㈎ 임대차계약이 해지의 통고로 종료되더라도, 그 임대물이 임대인의 동의를 얻어 적법하게 전대되었을 때에는 임대인은 전차인에게 그 사유를 통지하지 아니하면 해지로써 전차인에게 대항할 수 없다(제638조 1항).

(나) 그러나 임차인의 차임연체액이 2기에 달하여 임대인이 해지한 경우에는 전차인에게 통지할 필요 없고, 임차인에게 해지의 의사표시가 도달하는 즉시 임대차관계는 해지로 종료된다(대판 2012.10.11. 2012다55860).

4 보증금과 권리금

Ⅰ. 보증금

1. 보증금의 의의

(가) 보증금이란 임차인의 채무 등을 담보하기 위하여 임차인 또는 제3자가 임대인에게 지급하는 금전 기타의 유가물을 말한다.

(나) 보증금은 전세권과는 달리 임대차계약의 성립요소가 아니므로 보증금계약은 임대차계약과는 별개의 계약으로 성립하나, 임대차계약에 종된 계약이다. 보증금에 대하여는 민법에 규정이 없고 주택임대차보호법과 상가건물임대차보호법에서 규정하고 있다.

2. 보증금의 효력

(1) 임차인의 채무담보

부동산 임대차에서 수수된 보증금은 차임채무, 목적물의 멸실·훼손 등으로 인한 손해배상채무 등 임대차계약 종료 후 목적물을 임대인에게 명도할 때까지 발생하는 임차인의 모든 채무를 담보하는 것으로서 이와 같은 피담보채무 상당액은 임대차관계의 종료 후 목적물이 반환될 때에 특별한 사정이 없는 한 별도의 의사표시 없이 보증금에서 당연히 공제된다(대판 2005.9.28. 2005다8323, 8330).

> **[판례정리] 보증금으로 담보되는 임차인의 채무의 범위**
> ① 임대인이 임차인을 상대로 차임연체로 인한 임대차계약의 해지를 원인으로 임대차목적물인 부동산의 인도 및 연체차임의 지급을 구하는 소송비용은 임대차관계에서 발생하는 임차인의 채무에 해당하므로 이를 반환할 임대차보증금에서 당연히 공제할 수 있다(대판 2012.9.27. 2012다49490).
> ② 보증금이 수수된 임대차계약에서 차임채권이 양도되었다고 하더라도, 임차인은 임대차계약이 종료되어 목적물을 반환할 때까지 연체한 차임 상당액을 보증금에서 공제할 것을 주장할 수 있다(대판 2015.3.26. 2013다77225).

(2) 임차목적물의 유치

임차보증금반환청구권은 임대차목적물에 관하여 생긴 채권이 아니므로 그 채권을 가지고 임대차목적물에 대한 유치권을 행사할 수 없다(대판 1976.5.11. 75다1305).

3. 보증금의 반환

임대인의 보증금반환의무는 목적물을 반환받을 때까지 생긴 연체차임 등 임차인의 모든 채무를 공제한 나머지 금액에 관하여만 비로소 이행기에 도달하여 임차인의 목적물반환의무와 서로 동시이행의 관계에 있다(대판 1987.6.23. 87다카98).

> **판례정리 | 동시이행관계에 따른 법률효과**
> ① 임대차계약 종료 이후에도 임차인이 동시이행의 항변권을 행사하여 건물을 계속 점유해온 것이라면 임차인의 위 건물에 대한 점유는 불법점유라고 할 수 없으므로(대판 1990.12.21. 90다카24076), 임차인은 이에 대한 손해배상의무가 없다(대판 1998.5.29. 98다6497).
> ② 임차인이 동시이행의 항변권에 기인하여 목적물을 사용·수익한 경우에는 임차인이 목적물의 사용으로 인하여 얻은 실질적 이득은, 이로 인하여 임대인에게 손해를 끼치는 한에 있어서는 부당이득으로서 이를 임대인에게 반환할 의무가 있다(대판 1981.2.10. 80다1495).

Ⅱ. 권리금

1. 권리금계약의 성립

㈎ 권리금은 임대차계약의 내용을 이루는 것은 아니고 권리금 자체는 영업시설·비품 등 유형물이나 거래처·신용·영업상의 노하우 혹은 점포 위치에 따른 영업상의 이점 등 무형의 재산적 가치의 양도 또는 일정기간 동안의 이용대가이다(대판 2008.4.10. 2007다76986).

㈏ 즉 권리금은 권리금계약에 의해 지급되며, 임대차계약과 대부분 함께 체결되지만, 별개의 계약이다(대판 2013.5.9. 2012다115120). 따라서 임차권계약과 분리하여 권리금계약만을 취소할 수 있다.

2. 권리금의 법률효과

(1) 권리금반환청구 여부

임대인은 권리금반환의무를 부담하지 않는다(대판 2002.7.26. 2002다25013). 다만, 임대인이 일정한 기간 이상으로 그 임대차를 존속시켜 그 가치를 이용케 하기로 약정하였음에도, 임대인의 사정으로 중도 해지됨으로써 약정기간 동안 이용케 해주지 못하였다는 등의 특별한 사정이 있을 때에만 임대인은 그 권리금 전부 또는 일부의 반환의무를 진다(대판 2002.7.26. 2002다25013).

> **판례정리 | 모든 권리금을 인정한다는 조항의 의미**
> 임대인이 임대차계약서의 단서 조항에 권리금액의 기재 없이 단지 '모든 권리금을 인정함'이라는 기재를 하였다고 하여 임대차 종료시 임차인에게 권리금을 반환하겠다고 약정하였다고 볼 수는 없다. 단지 임차인이 나중에 임차권을 승계한 자로부터 권리금을 수수하는

> 것을 임대인이 용인하고, 나아가 임차인의 권리금 회수 기회를 박탈 또는 방해하는 경우 임대인이 임차인에게 직접 권리금 지급을 책임지겠다는 취지로 해석해야 할 것이다(대판 2000.4.11. 2000다4517, 4524).

(2) 유치권의 행사 여부

임대인과 임차인 사이에 건물명도시 권리금을 반환하기로 하는 약정이 있었다 하더라도 그와 같은 권리금반환청구권은 건물에 관하여 생긴 채권이라 할 수 없으므로 그와 같은 채권을 가지고 건물에 대한 유치권을 행사할 수 없다(대판 1994.10.14. 93다62119).

5 임대차계약의 종료

Ⅰ. 임대차 존속기간의 만료

임대차는 그 기간의 만료로써 종료한다(이에 대하여는 임대차의 존속기간과 관련하여 이미 설명하였다. 특히 제635조의 해지통고).

Ⅱ. 이행불능에 따른 종료

임대인의 방해행위로 임차인의 임대차목적물에 대한 임차권에 기한 사용·수익이 사회통념상 불가능하게 됨으로써 임대인의 귀책사유에 의하여 임대인으로서의 의무가 이행불능되면 임대차계약이 종료된다.

Ⅲ. 임대차계약의 즉시해지

여기에는 ⅰ) 임대인이 임차인의 의사에 반하여 보존행위를 하는 때(제625조), ⅱ) 임차물의 일부가 임차인의 과실 없이 멸실한 경우에 그 잔존부분만으로는 임차의 목적을 달성할 수 없을 때(제627조 2항), ⅲ) 임차인이 임대인의 동의 없이 제3자에게 임차권을 양도하거나 임차물을 전대한 때(제629조 2항), ⅳ) 2기의 차임이 연체된 경우(제640조·제641조), ⅴ) 임차인의 목적에 위반하여 사용한 때(제654조·제617조) 등이 있다.

> **판례정리 | 임대인의 지위양도에 따른 임차인의 즉시해지**
> 임대인의 지위의 양도는 임대인의 의무의 이전을 수반하는 것으로서 임대인과 신소유자와의 계약만으로써 그 지위를 양도할 수 있다. 이 경우에 임차인이 원하지 아니하면 임대차의 승계를 임차인에게 강요할 수 없으므로, 임차인 스스로 임대차를 종료시킬 수 있어야 한다는 공평의 원칙 및 신의성실의 원칙에 따라 임차인이 곧 이의를 제기함으로써 승계되는 임대차관계의 구속을 면할 수 있고, 임대인과의 임대차관계도 해지할 수 있다(대결 1998.9.2. 98마100).

6 주택임대차보호법

Ⅰ. 주택임대차보호법의 취지와 적용범위

주택임대차보호법(이하 주임보법 또는 동법이라 함)은 '국민의 주거생활의 안정을 도모' 하기 위함이므로 주거용 건물에 적용된다. 그러나 일시사용을 위한 임대차인 것이 명백한 경우에는 적용되지 않는다(동법 제11조).

Ⅱ. 대항력 있는 주택임대차의 법률관계

1. 임대차 존속 중의 대항력

> 제3조(대항력 등) ① 임대차는 그 등기가 없는 경우에도 임차인이 주택의 인도와 주민등록을 마친 때에는 그 다음 날부터 제삼자에 대하여 효력이 생긴다. 이 경우 전입신고를 한 때에 주민등록이 된 것으로 본다.

주택의 인도 및 주민등록이라는 대항요건은 대항력의 취득시에만 일시적으로 구비하면 충분한 것이 아니고 대항력의 유지를 위하여 '민사집행법상 배당요구의 종기까지 계속 존속'하고 있어야 한다(대판 2008.3.13. 2007다54023).

2. 임대차 종료 후의 대항력

임대차 종료 후 보증금을 반환받지 못한 임차인이 법원에 임차권등기명령을 신청하여 임차권등기를 경료하면 등기와 동시에 대항력(및 우선변제권)을 취득한다(동법 제3조의3).

Ⅲ. 주택임대차보호법상 대항력의 내용

대항력 있는 임차인은 소유권을 새로 취득한 양수인에 대하여 대항할 수 있으므로 임차목적을 계속 사용할 수 있다. 임차주택의 양수인 기타 임대할 권리를 승계한 자는 임대인의 '지위'를 승계한 것으로 본다(동법 제3조 4항).

Ⅳ. 주택임대차보호법상 임차권 존속기간

1. 최단 존속기간 보장

> 제4조(임대차기간 등) ① 기간을 정하지 아니하거나 2년 미만으로 정한 임대차는 그 기간을 2년으로 본다. 다만, 임차인은 2년 미만으로 정한 기간이 유효함을 주장할 수 있다. ② 임대차기간이 끝난 경우에도 임차인이 보증금을 반환받을 때까지는 임대차관계가 존속되는 것으로 본다.

2. 임대차 기간의 갱신

제6조(계약의 갱신) ① 임대인이 임대차기간이 끝나기 6개월 전부터 2개월 전까지의 기간에 임차인에게 갱신거절의 통지를 하지 아니하거나 계약조건을 변경하지 아니하면 갱신하지 아니한다는 뜻의 통지를 하지 아니한 경우에는 그 기간이 끝난 때에 전 임대차와 동일한 조건으로 다시 임대차한 것으로 본다. 임차인이 임대차기간이 끝나기 2개월 전까지 통지하지 아니한 경우에도 또한 같다. ② 제1항의 경우 임대차의 존속기간은 2년으로 본다.

묵시적 갱신이 된 경우 임차인은 언제든지 임대인에게 계약해지의 통지를 할 수 있고, 임대인이 그 통지를 받은 날로부터 3월이 경과하면 그 효력이 생긴다(동법 제6조의2).

V. 보증금반환채권의 확보(우선변제권)

1. 보증금에 대한 우선변제권

제3조의2(보증금의 회수) ① 임차인(제3조제2항 및 제3항의 법인을 포함한다. 이하 같다)이 임차주택에 대하여 보증금반환청구소송의 확정판결이나 그 밖에 이에 준하는 집행권원에 따라서 경매를 신청하는 경우에는 집행개시요건에 관한 「민사집행법」 제41조에도 불구하고 반대의무의 이행이나 이행의 제공을 집행개시의 요건으로 하지 아니한다. ② 제3조제1항·제2항 또는 제3항의 대항요건과 임대차계약증서(제3조제2항 및 제3항의 경우에는 법인과 임대인 사이의 임대차계약증서를 말한다)상의 확정일자를 갖춘 임차인은 「민사집행법」에 따른 경매 또는 「국세징수법」에 따른 공매를 할 때에 임차주택(대지를 포함한다)의 환가대금에서 후순위권리자나 그 밖의 채권자보다 우선하여 보증금을 변제받을 권리가 있다. ③ 임차인은 임차주택을 양수인에게 인도하지 아니하면 제2항에 따른 보증금을 받을 수 없다.

2. 소액임차인의 최우선변제권

제8조(보증금 중 일정액의 보호) ① 임차인은 보증금 중 일정액을 다른 담보물권자보다 우선하여 변제받을 권리가 있다. 이 경우 임차인은 주택에 대한 경매신청의 등기 전에 제3조제1항의 요건을 갖추어야 한다. ③ 제1항에 따라 우선변제를 받을 임차인 및 보증금 중 일정액의 범위와 기준은 제8조의2에 따른 주택임대차위원회의 심의를 거쳐 대통령령으로 정한다. 다만, 보증금 중 일정액의 범위와 기준은 주택가액(대지의 가액을 포함한다)의 2분의 1을 넘지 못한다.

VI. 주택임대차보호법상 임차권의 승계

제9조(주택 임차권의 승계) ① 임차인이 상속인 없이 사망한 경우에는 그 주택에서 가정공동생활을 하던 사실상의 혼인 관계에 있는 자가 임차인의 권리와 의무를 승계한다. ② 임차인이 사망한 때에 사망 당시 상속인이 그 주택에서 가정공동생활을 하고 있지 아니한 경우에는 그 주택에서 가정공동생활을 하던 사실상의 혼인 관계에 있는 자와 2촌 이내의 친족이 공동으로 임차인의 권리와 의무를 승계한다.

7 상가건물임대차보호법

Ⅰ. 취지와 적용범위

상가건물임대차보호법은 국민 경제생활의 안정을 보장함을 목적으로 한다(제1조). 상가건물 임대차보호법이 적용되는 상가건물 임대차는 사업자등록 대상이 되는 건물로서 임대차 목적물인 건물을 영리를 목적으로 하는 영업용으로 사용하는 임대차를 가리킨다.

Ⅱ. 대항력의 취득

⑺ 목적물인 상가건물을 인도받고 부가가치세법 제8조, 소득세법 또는 법인세법에 의한 '사업자등록을 신청한 때에는 그 다음 날'부터 대항력을 갖추게 된다(동법 제3조 1항). 임대차가 종료된 후 보증금을 반환받지 못한 임차인은 임차건물의 소재지를 관할하는 지방법원·지방법원지원 또는 시·군법원에 임차권등기명령을 신청할 수 있다(동법 제6조 1항).

⑻ 임차권등기명령의 집행에 의한 임차권등기가 경료되면 임차인은 제3조 제1항의 규정에 의한 대항력 및 제5조 제2항의 규정에 의한 우선변제권을 취득한다. 임차권등기 이후에는 제3조 제1항의 대항요건을 상실하더라도 이미 취득한 대항력 또는 우선변제권을 상실하지 않는다(제6조 5항).

Ⅲ. 대항력의 내용

임차건물의 양수인(그 밖에 임대할 권리를 승계한 자를 포함한다)은 임대인의 지위를 승계한 것으로 본다(동법 제3조 2항). 상가건물의 임차인이 제3자에 대한 대항력을 취득한 다음 임차건물의 양도 등으로 소유자가 변동된 경우 양수인 등 새로운 소유자가 임대인의 지위를 당연히 승계한다.

Ⅳ. 임차권의 존속

1. 존속기간의 보장

> 제9조(임대차기간 등) ① 기간을 정하지 아니하거나 기간을 1년 미만으로 정한 임대차는 그 기간을 1년으로 본다. 다만, 임차인은 1년 미만으로 정한 기간이 유효함을 주장할 수 있다. ② 임대차가 종료한 경우에도 임차인이 보증금을 돌려받을 때까지는 임대차 관계는 존속하는 것으로 본다.

2. 임대차의 갱신

(1) 계약의 갱신요구권

임대인은 임차인이 임대차기간이 만료되기 전 6월부터 1월까지 사이에 요구한 계약갱신에 대하여 정당한 사유가 없는 한 이를 거절하지 못한다(동법 제10조 1항). 이러한 임차인의 계약갱신요구권은 최초의 임대차기간을 포함하여 누적 갱신된 전체 임대차기간이 10년을 초과하지 않는 범위 내에서만 행사할 수 있다(동법 제10조 2항).

(2) 묵시갱신(법정갱신)

> 제10조(계약갱신 요구 등) ④ 임대인이 제1항의 기간 이내에 임차인에게 갱신 거절의 통지 또는 조건 변경의 통지를 하지 아니한 경우에는 그 기간이 만료된 때에 전 임대차와 동일한 조건으로 다시 임대차한 것으로 본다. 이 경우에 임대차의 존속기간은 1년으로 본다. ⑤ 제4항의 경우 임차인은 언제든지 임대인에게 계약해지의 통고를 할 수 있고, 임대인이 통고를 받은 날부터 3개월이 지나면 효력이 발생한다.

V. 임차권의 소멸

1. 경 매

임차건물에 대하여 민사집행법에 의한 경매가 개시되어 그 상가건물이 매각되면 그 목적물의 임차권은 소멸한다. 하지만 그 보증금이 전액 변제되지 않은 경우 대항력을 갖춘 임차권은 소멸하지 않고 존속한다(동법 제8조).

2. 해 지

(1) 차임연체로 인한 해지

> 제10조의8(차임연체와 해지) 임차인의 차임연체액이 3기의 차임액에 달하는 때에는 임대인은 계약을 해지할 수 있다.

(2) 경제변동으로 인한 해지

> 제11조의2(폐업으로 인한 임차인의 해지권) ① 임차인은 「감염병의 예방 및 관리에 관한 법률」 제49조제1항 제2호에 따른 집합 제한 또는 금지 조치(같은 항 제2호의2에 따라 운영시간을 제한한 조치를 포함한다)를 총 3개월 이상 받음으로써 발생한 경제사정의 중대한 변동으로 폐업한 경우에는 임대차계약을 해지할 수 있다. ② 제1항에 따른 해지는 임대인이 계약해지의 통고를 받은 날부터 3개월이 지나면 효력이 발생한다.

Ⅵ. 보증금의 확보

1. 보증금에 대한 우선변제

> 제5조(보증금의 회수) ① 임차인이 임차건물에 대하여 보증금반환청구소송의 확정판결, 그 밖에 이에 준하는 집행권원에 의하여 경매를 신청하는 경우에는 「민사집행법」 제41조에도 불구하고 반대의무의 이행이나 이행의 제공을 집행개시의 요건으로 하지 아니한다. ② 제3조제1항의 대항요건을 갖추고 관할 세무서장으로부터 임대차계약서상의 확정일자를 받은 임차인은 「민사집행법」에 따른 경매 또는 「국세징수법」에 따른 공매 시 임차건물(임대인 소유의 대지를 포함한다)의 환가대금에서 후순위권리자나 그 밖의 채권자보다 우선하여 보증금을 변제받을 권리가 있다. ③ 임차인은 임차건물을 양수인에게 인도하지 아니하면 제2항에 따른 보증금을 받을 수 없다.

2. 소액임차인의 최우선변제권

> 제14조(보증금 중 일정액의 보호) ① 임차인은 보증금 중 일정액을 다른 담보물권자보다 우선하여 변제받을 권리가 있다. 이 경우 임차인은 건물에 대한 경매신청의 등기 전에 제3조 제1항의 요건을 갖추어야 한다.

Ⅶ. 권리금의 확보

1. 권리금 회수의 보장

㈎ 임대인은 '임차인의 계약갱신 요구를 거절할 수 있는 사유가 있는 경우'를 제외하고는 임대차기간이 끝나는 3개월 전부터 임대차 종료시까지 권리금계약에 따라 임차인이 주선한 신규임차인이 되려는 자로부터 권리금을 지급받는 것을 방해하여서는 안 된다(동법 제10조의4 1항).

㈏ 다만 ⅰ) 임차인이 주선한 신규임차인이 되려는 자가 보증금 또는 차임을 지급할 자력이 없는 경우, ⅱ) 임차인이 주선한 신규임차인이 되려는 자가 임차인으로서의 의무를 위반할 우려가 있거나 그 밖에 임대차를 유지하기 어려운 상당한 사유가 있는 경우, ⅲ) 임대차 목적물인 상가건물을 1년 6개월 이상 영리목적으로 사용하지 아니한 경우, ⅳ) 임대인이 선택한 신규임차인이 임차인과 권리금 계약을 체결하고 권리금을 지급한 경우 임대차계약의 체결을 거절할 수 있다(동법 제10조의4 2항).

2. 임대인 위반시 효과

임대인이 이를 위반하여 임차인에게 손해를 발생하게 한 때에는 그 손해를 배상하여야 하며, 이 경우 손해배상액은 신규임차인이 지급하기로 한 권리금과 임대차 종료 당시의 권리금 중 낮은 금액을 넘지 못한다(동법 제10조의4 3항). 이러한 임차인의 손해배상청구권은 임대차가 종료한 날로부터 3년 이내에 행사하지 아니하면 시효의 완성으로 소멸한다(동법 제10조의4 4항).

> **판례 정리** 임대인의 권리금 회수방해와 임차인의 손해배상청구
> 임차인의 임차목적물 반환의무는 임대차계약의 종료에 의하여 발생하나, 임대인의 권리금 회수 방해로 인한 손해배상의무는 상가건물 임대차보호법에서 정한 권리금 회수기회 보호의무 위반을 원인으로 하고 있으므로 양 채무는 별개의 원인에 기하여 발생한 것일 뿐 아니라 공평의 관점에서 보더라도 그 사이에 이행상 견련관계를 인정하기 어렵다(대판 2019.7.10. 2018다242727).

연습문제

01 〈노무사 2018〉

임대차에 관한 설명으로 옳은 것은? (다툼이 있으면 판례에 따름)

① 토지임차인이 지상물만을 타인에게 양도하더라도 임대차가 종료하면 그 임차인이 매수청구권을 행사할 수 있다.

② 건물임차인이 임대인의 동의 없이 건물의 소부분을 전대한 경우, 임대인은 임대차계약을 해지할 수 있다.

③ 임차인의 채무불이행으로 임대차계약이 해지된 경우, 임차인은 부속물매수청구권을 행사할 수 있다.

④ 임대인은 보증금반환채권에 대한 전부명령이 송달된 후에 발생한 연체차임을 보증금에서 공제할 수 없다.

⑤ 건물소유를 위한 토지임대차의 경우, 임차인의 차임연체액이 2기의 차임액에 이른 때에는 임대인은 계약을 해지할 수 있다.

해설 | ⑤ (○) 건물 기타 공작물의 임대차에는 임차인의 차임연체액이 2기의 차임액에 달하는 때에는 임대인은 계약을 해지할 수 있고(제640조), 건물 기타 공작물의 소유 또는 식목, 채염, 목축을 목적으로 한 토지임대차의 경우에도 전조의 규정을 준용한다(제641조).

정답 | ⑤

02 〈노무사 2010〉

甲은 자기 소유의 건물에 대해 乙과 임대차계약을 체결하였고, 乙은 甲의 동의 없이 자신의 임차권을 丙에게 양도하였다. 이에 대한 설명으로 옳지 않은 것은? (다툼이 있는 경우에는 판례에 의함)

① 乙의 무단 양도를 이유로 甲이 임대차계약을 해지하지 않는 한 甲은 乙에 대하여 여전히 차임청구권을 가진다.
② 乙의 무단 양도를 이유로 甲이 임대차계약을 해지하지 않는 한 甲은 丙에게 불법점유를 이유로 차임상당 손해배상청구나 부당이득 반환청구를 할 수 없다.
③ 乙이 임차권의 존속기간, 임대차의 동의 여부 등 임차권양도의 중요한 요소를 이루는 사항을 丙에게 알려주지 않았다면, 乙의 임차권양도행위는 기망행위에 해당할 수 있다.
④ 丙은 甲에게 임차권을 주장할 수 없으며, 나아가 乙과 丙 사이에도 임차권양도의 효력이 생기지 않는다.
⑤ 乙과 丙이 부부로서 임차건물에 동거하면서 함께 사업을 경영하는 특수한 관계에 있다면, 甲에게 해지권이 인정되지 않을 수 있다.

해설 | ④ (×) 임대인의 동의를 받지 아니하고 임차권을 양도한 계약도 이로써 임대인에게 대항할 수 없을 뿐 임차인과 양수인 사이에는 유효한 것이고 이 경우 임차인은 양수인을 위하여 임대인의 동의를 받아 줄 의무가 있다(대판 1986.2.25. 85다카1812).

정답 | ④

03 〈노무사 2023〉

건물 소유를 목적으로 X토지에 관하여 임대인 甲과 임차인 乙 사이에 적법한 임대차계약이 체결되었다. 이에 관한 설명으로 옳지 않은 것은? (다툼이 있으면 판례에 따름)

① 甲과 乙 사이에 체결된 임대차계약에 임대차기간에 관한 약정이 없는 때에는 甲은 언제든지 계약해지의 통고를 할 수 있다.
② 乙이 甲의 동의없이 X토지를 전대한 경우, 甲은 원칙적으로 乙과의 임대차 계약을 해지할 수 있다.
③ X토지의 일부가 乙의 과실없이 멸실되어 사용·수익할 수 없게 된 경우, 乙은 그 부분의 비율에 의한 차임의 감액을 청구할 수 있다.
④ 토지임차인에게 인정되는 지상물매수청구권은 乙이 X토지 위에 甲의 동의를 얻어 신축한 건물에 한해 인정된다.
⑤ 甲이 변제기를 경과한 최후 2년의 차임채권에 의하여 그 지상에 있는 乙 소유의 건물을 압류한 때에는 저당권과 동일한 효력이 있다.

해설 | ④ (×) 매수대상은 원칙적으로 토지 위의 지상물로서 반드시 임대차계약 당시의 기존건물이거나 임대인의 동의를 얻어 신축한 것에 한정된다고 할 수는 없다(대판 1993.11.12. 93다34589).

정답 | ④

제7절 고용

I. 고용계약의 의의

제655조(고용의 의의) 고용은 당사자 일방이 상대방에 대하여 노무를 제공할 것을 약정하고 상대방이 이에 대하여 보수를 지급할 것을 약정함으로써 그 효력이 생긴다.

당사자 일방(노무자)이 상대방에 대하여 노무 내지 노동력을 제공할 것을 약정하고, 상대방(사용자)이 이에 대하여 보수를 지급할 것을 약정함으로써 성립하는 계약이다.

II. 고용계약의 효과

1. 노무자의 의무

노무자의 가장 중요한 의무는 노무제공의무이며(제657조), 이 외에 ⅰ) 복종의무, ⅱ) 선관주의의무, ⅲ) 성실의무(충실의무) 등을 부담한다.

2. 사용자의 의무

사용자는 노무자의 노무제공에 따른 보수를 지급하여야 하며, 이는 후급이 원칙이다(제656조). 그리고 원활한 노무제공을 위하여 보호의무를 부담한다.

III. 고용계약의 종료

고용계약은 ⅰ) 해지의 통고(제660조, 제662조, 제659조), ⅱ) 근로계약의 해지(제658조, 제661조, 제663조), ⅲ) 당사자의 사망 등으로 종료된다.

제8절 도 급

1 도급계약의 의의

> 제664조(도급의 의의) 도급은 당사자 일방이 어느 일을 완성할 것을 약정하고 상대방이 그 일의 결과에 대하여 보수를 지급할 것을 약정함으로써 그 효력이 생긴다.

도급은 당사자의 일방(수급인)이 어떤 일을 완성할 것을 약정하고, 상대방(도급인)이 그 일의 결과에 대하여 보수를 지급할 것을 약정함으로써 성립하는 계약이다(결과채무).

> **판례정리 건물신축도급계약의 법적 성질**
> 건물신축도급계약은 당사자의 일방이 상대방의 주문에 따라 자기 소유의 재료를 사용하여 만든 물건을 공급할 것을 약정하고 이에 대하여 상대방이 대가를 지급하기로 약정하는 이른바 제작물공급계약에 해당하며 그 적용 법률은 계약에 의하여 제작 공급하여야 할 물건이 특정의 주문자의 수요를 만족시키기 위한 부대체물인 경우에는 당해 물건의 공급과 함께 그 제작이 계약의 주목적이 되어 도급의 성질을 띠는 것이다(대판 1996.6.28. 94다42976).

2 도급계약의 효과

Ⅰ. 수급인의 의무

1. 일을 완성할 의무

(1) 도급인의 지시·감독

㉮ 수급인은 적당한 시기에 일에 착수하여 계약에서 정한 내용의 일을 완성할 의무가 있다. 이 경우 도급인은 그가 원하는 결과를 얻기 위해서 필요한 한도 내에서 수급인에게 적당한 지시나 감독을 할 수 있다.

> **판례정리 도급인의 지시·감독과 보호의무(노무도급의 문제)**
> 건축공사의 일부분을 하도급받은 자가 구체적인 지휘·감독권을 유보한 채, 재료와 설비는 자신이 공급하면서 시공 부분만을 시공기술자에게 재하도급하는 경우와 같은 노무도급의 경우, 그 노무도급의 도급인과 수급인은 실질적으로 사용자와 피용자의 관계에 있다(대판 1997.4.25. 96다53086).

㉯ 또한 수급인의 원활한 공사진행을 위하여 도급인이 미리 공사대금을 지급하는 경우가 있는데, 이를 선급금이라고 한다.

> **판례 정리 | 도급계약에서 선급금이 지급된 경우의 법률관계**
> 공사도급계약에서 수수되는 이른바 선급금은 수급인으로 하여금 공사를 원활하게 진행할 수 있도록 하기 위하여 도급인이 장차 지급할 공사대금을 수급인에게 미리 지급하여 주는 것으로서, 특별한 사정이 없는 한 별도의 상계 의사표시 없이도 그 때까지의 기성고에 해당하는 공사대금 중 미지급액은 선급금으로 충당된다(대판 2010.5.13. 2007다31211).

(2) 이행보조자의 사용

공사도급계약에 있어서 반드시 수급인 자신이 직접 일을 완성하여야 하는 것은 아니고, 채무자인 수급인의 의사관여 아래 이행보조자를 사용하더라도 공사도급계약에서 정한 대로 공사를 이행하는 한 계약을 불이행하였다고 볼 수 없다(대판 2002.4.12. 2001다82545, 82552).

2. 완성물의 인도의무

(1) 인도와 도급인의 검수

제작물공급계약의 경우 목적물의 인도는 단순한 점유의 이전만을 의미하는 것이 아니라 도급인이 목적물을 검사한 후 그 목적물이 계약내용대로 완성되었음을 명시적 또는 묵시적으로 시인하는 것, 즉 검수까지를 포함하는 것이다(대판 2006.10.13. 2004다21862).

(2) 완성물의 소유권 귀속

1) 원 칙

수급인이 자기의 재료와 노력으로 건물을 건축하였을 경우 특별한 의사표시가 없는 한 그 소유권은 수급인에게 귀속된다(대판 2011.8.25. 2009다67443).

2) 예 외

도급계약에 있어서는 수급인이 자기의 노력과 재료를 들여 건물을 완성하더라도 도급인과 수급인 사이에, 도급인명의로 건축허가를 받아 소유권보존등기를 하기로 하는 등 완성된 건물의 소유권을 도급인에게 귀속시키기로 합의한 것으로 보여질 경우에는 그 건물의 소유권은 도급인에게 원시적으로 귀속된다(대판 1996.9.20. 96다24804).

3. 수급인의 담보책임

> **제667조(수급인의 담보책임)** ① 완성된 목적물 또는 완성 전의 성취된 부분에 하자가 있는 때에는 도급인은 수급인에 대하여 상당한 기간을 정하여 그 하자의 보수를 청구할 수 있다. 그러나 하자가 중요하지 아니한 경우에 그 보수에 과다한 비용을 요할 때에는 그러하지 아니하다. ② 도급인은 하자의 보수에 갈음하여 또는 보수와 함께 손해배상을 청구할 수 있다.

(1) 담보책임의 성질

수급인의 하자담보책임은 수급인의 귀책사유는 요구되지 않는 법이 특별히 인정한 무과실책임이다(대판 1999.7.13. 99다12888).

(2) 담보책임의 요건

1) 완성물 또는 성취된 부분의 하자가 존재할 것

일의 완성에 하자가 있어야 한다. 일의 대상이 되는 목적물이라 함은 완성된 목적물 또는 완성 전의 성취된 부분을 말한다.

2) 하자가 도급인의 재료나 지시에 따르지 않을 것

목적물의 하자가 도급인이 제공한 재료의 성질 혹은 도급인의 지시에 기인하는 경우에는 담보책임을 원용할 수 없다(제669조 본문). 다만, 재료 및 지시가 부적당함을 알고도 수급인이 도급인에게 고지하지 아니한 때에는 담보책임을 진다(제669조 단서).

3) 당사자 사이에 담보책임의 면책특약이 없을 것

당사자 사이에 면책특약이 없어야 한다. 다만, 면책특약이 있더라도 수급인이 알면서 고지하지 아니한 사실에 대해서는 그 특약은 무효이다(제672조). 나아가 담보책임기간을 단축하는 약정을 한 경우에도, 수급인이 알고 고지하지 아니한 사실에 대하여는 담보책임이 제한되지 않는다(대판 1999.9.21. 99다19032).

(3) 담보책임의 내용

1) 하자보수청구권

① 하자보수청구권의 내용

완성된 목적물 또는 완성 전의 성취된 부분에 하자가 있는 경우에, 도급인은 수급인에 대하여 상당한 기간을 정하여 그 하자의 보수를 청구할 수 있다. 그러나 하자가 중요하지 않고 그 보수에 과다한 비용을 요하는 경우에는 도급인은 하자의 보수를 청구하지 못하지만 하자로 입은 손해의 배상은 청구할 수 있다(대판 1998.3.13. 97다54376).

② 보수지급의무와의 관계

㈎ 도급인은 하자의 보수가 끝날 때까지 동시이행의 항변에 기인하여 수급인에 대한 보수의 지급을 거절할 수 있다(대판 1990.5.22. 90다카230).

㈏ 특히 기성고에 따라 공사대금을 분할하여 지급하기로 약정한 경우 특별한 사정이 없는 한 하자보수의무와 동시이행관계에 있는 공사대금지급채무는 당해 하자가 발생한 부분의 기성공사대금에 한정되는 것은 아니다(대판 2001.9.18. 2001다9304).

2) 손해배상청구권

① 손해배상청구권의 내용

도급인은 하자보수에 갈음하여 또는 하자보수와 함께 손해배상을 청구할 수 있다.

즉 과다 비용이 들어도 하자가 중요한 경우에는 그 보수에 갈음하는, 실제로 보수에 필요한 비용이 손해배상에 포함된다. 특히 하자가 중요한 경우 하자보수비는 목적물의 완성시가 아니라 하자보수청구시 또는 손해배상청구시를 기준으로 산정한다(대판 1998.3.13. 95다30345).

② 보수지급의무와의 관계

도급인이 수급인에 대하여 하자보수와 함께 청구할 수 있는 손해배상채권과 수급인의 공사대금채권은 서로 동시이행관계에 있는 점 등에 비추어 보면, 하자 확대손해로 인한 수급인의 손해배상채무와 도급인의 공사대금채무도 동시이행관계에 있다(대판 2005.11.10. 2004다37676).

③ 채무불이행책임과의 관계

판례는 경합을 인정한다(대판 2020.6.11. 2020다201156). 즉, 수급인이 도급계약에 따른 의무를 제대로 이행하지 못함으로 말미암아 도급인의 신체 또는 재산에 손해가 발생한 경우 수급인에게 귀책사유가 없었다는 점을 스스로 입증하지 못하는 한 도급인에게 그 손해를 배상할 의무가 있다(대판 2005.11.10. 2004다37676).

3) 계약의 해제권

> **제668조(동전 – 도급인의 해제권)** 도급인이 완성된 목적물의 하자로 인하여 계약의 목적을 달성할 수 없는 때에는 계약을 해제할 수 있다. 그러나 건물 기타 토지의 공작물에 대하여는 그러하지 아니하다.

완성 목적물의 하자로 계약의 목적을 달성할 수 없다면 도급계약을 해제할 수 있으나, 건물 기타 토지의 공작물에 관하여는 중대한 하자가 있더라도 해제할 수 없다. 이는 강행규정이다.

4) 제척기간의 제한

㈎ 도급인은 목적물인도 후 또는 일을 종료한 후 1년 내에 담보책임을 물어야 한다(제670조 1항·2항). 그러나 목적물이 토지의 공작물인 경우에는 보통의 공작물의 인도가 있은 후 5년, 공작물이 석조, 석회조, 연와조, 금속 기타 이와 유사한 재료로 조성된 경우에는 10년이다. 지반공사에 관하여는 어느 경우에나 인도가 있은 때부터 5년이다(제671조 1항).

㈏ 수급인의 하자담보책임에 관한 기간은 제척기간으로서 재판상 또는 재판외의 권리행사기간이며 재판상 청구를 위한 출소기간이 아니다(대판 2000.6.9. 2000다15371).

> **판례정리** 제척기간과 소멸시효기간의 중복적용
> 도급인의 손해배상청구권에 대하여는 민법 제162조 제1항의 채권 소멸시효의 규정이 적용되고, 민법 제670조 또는 제671조의 제척기간 규정으로 인하여 소멸시효 규정의 적용이 배제된다고 볼 수 없다(대판 2012.11.15. 2011다56491).

Ⅱ. 도급인의 의무

1. 보수지급의무의 내용

> 제665조(보수의 지급시기) ① 보수는 그 완성된 목적물의 인도와 동시에 지급하여야 한다. 그러나 목적물의 인도를 요하지 아니하는 경우에는 그 일을 완성한 후 지체 없이 지급하여야 한다.

도급인은 수급인에게 보수를 지급하여야 할 의무를 부담하여, 이러한 수급인의 보수청구권의 지급시기는 특약이 없으면 관습에 의하며, 특약이나 관습이 없으면 '공사를 마친 때'로 보아야 한다(대판 2017.4.7. 2016다35451). 도급계약에 따른 수급인의 공사에 관한 채권은 제163조 제3호에 따라 3년의 소멸시효에 걸린다(대판 2010.11.25. 2010다56685).

2. 보수지급의무의 확보

(1) 동시이행항변권

목적물의 인도와 보수지급은 원칙적으로 동시이행의 관계에 있다. 따라서 수급인은 공사대금을 받을 때까지 건물의 인도를 거부할 수 있는 권능이 있다.

> **판례정리 | 불안의 항변권에 따른 수급인의 일을 완성할 의무의 거절**
> 일반적으로 건축공사도급계약에서 공사대금의 지급의무와 공사의 완공의무가 반드시 동시이행관계에 있는 것은 아니다. 하지만 수급인이 공사를 완공하더라도 **도급인이 공사대금의 지급채무를 이행하기 곤란한 현저한 사유가 있는 경우** 수급인은 그러한 사유가 해소될 때까지 자신의 공사완공의무를 거절할 수 있다(대판 2005.11.25. 2003다60136).

(2) 수급인의 유치권

주택건물의 신축공사를 한 수급인이 그 건물을 점유하고 있고 또 그 건물에 관하여 생긴 공사금 채권이 있다면, 수급인은 그 채권을 변제받을 때까지 건물을 유치할 권리가 있다.

(3) 저당권설정청구권

> 제666조(수급인의 목적부동산에 대한 저당권설정청구권) 부동산공사의 수급인은 전조의 보수에 관한 채권을 담보하기 위하여 그 부동산을 목적으로 한 저당권의 설정을 청구할 수 있다.

본조의 저당권설정청구권은 수급의 보수채권확보를 위한 특칙이며, 채권적 청구권이다. 공사에 부수되는 채권에 해당하므로 소멸시효기간 역시 3년이다(대판 2016.10.27. 2014다211978).

3 도급계약의 종료

Ⅰ. 도급인의 해제

1. 도급인의 자유로운 해제권

수급인이 일을 완성하기 전에는 도급인은 언제든지 손해를 배상하고 일방적으로 계약을 해제할 수 있다(제673조).

> **판례정리 | 손익상계(긍정) 및 과실상계(부정)**
> 수급인에게 그 동안 어떠한 과실이 있었다거나 그 약정도급금액이 과다하다 할지라도 과실상계나 손해배상예정액의 감액을 주장할 수는 없다. 그러나 위 해제의 경우에도 그 해제로 인하여 수급인이 재료를 다른데 사용 또는 처분하여 얻을 수 있는 대가 상당액은 당연히 손해액을 산정함에 있어서 공제되어야 한다(대판 2002.5.10. 2000다37296).

2. 채무불이행에 따른 해제권

㈎ 판례는 제673조가 아닌 채무불이행에 의한 해제와 관련하여 미완성 부분에 대하여서만 실효된다고 하여 '장래효를 인정'하고 있다.

> **판례정리 | 미완성 공작물에 대한 해제의 효과**
> 건축공사도급계약이 수급인의 채무불이행을 이유로 해제된 경우에 해제될 당시 공사가 상당한 정도로 진척되어 이를 원상회복하는 것이 중대한 사회적·경제적 손실을 초래하고 완성된 부분이 도급인에게 이익이 되는 경우에 도급계약은 미완성부분에 대하여만 실효되고 수급인은 해제한 상태 그대로 건물을 도급인에게 인도하며, 도급인은 특별한 사정이 없는 한 인도받은 미완성 건물에 대한 보수를 지급하여야 하는 권리의무관계가 성립한다(대판 2017.1.12. 2014다11574, 11581).

㈏ 도급인이 수급인의 채무불이행을 이유로 도급계약 해제의 의사표시를 하였으나 실제로는 채무불이행의 요건을 갖추지 못한 것으로 밝혀진 경우, 위 의사표시에 민법 제673조에 따른 임의해제의 의사가 포함되어 있다고 볼 수 없다(대판 2022.10.14. 2022다246757).

Ⅱ. 수급인의 해제

도급인이 파산선고를 받은 때에는 수급인 또는 파산관재인은 계약을 해제할 수 있다. 이 경우에 수급인은 일의 완성된 부분에 대한 보수 및 보수에 포함되지 않은 비용에 대하여 파산재단의 배당에 가입할 수 있다(제674조 1항).

4 여행계약의 내용

Ⅰ. 여행계약의 의의

> 제674조의2(여행계약의 의의) 여행계약은 당사자 한쪽이 상대방에게 운송, 숙박, 관광 또는 그 밖의 여행 관련 용역을 결합하여 제공하기로 약정하고 상대방이 그 대금을 지급하기로 약정함으로써 효력이 생긴다.

여행계약은 당사자 한 쪽이 상대방에게 운송, 숙박, 관광 또는 그 밖의 여행 관련 용역을 결합하여 제공하기로 약정하고 상대방이 그 대금을 지급하기로 약정함으로써 성립한다.

Ⅱ. 여행계약의 효력

1. 여행자의 사전해제권

> 제674조의3(여행 개시 전의 계약 해제) 여행자는 여행을 시작하기 전에는 언제든지 계약을 해제할 수 있다. 다만, 여행자는 상대방에게 발생한 손해를 배상하여야 한다.

본조는 강행규정이므로 여행자에게 불리한 약정은 효력이 없다. 즉 여행자에게만 사전해제권을 인정하고 있으므로, 여행주최자에게는 사전해제권이 인정되지 않는다.

2. 여행계약의 해지권

> 제674조의4(부득이한 사유로 인한 계약 해지) ① 부득이한 사유가 있는 경우에는 각 당사자는 계약을 해지할 수 있다. 다만, 그 사유가 당사자 한쪽의 과실로 인하여 생긴 경우에는 상대방에게 손해를 배상하여야 한다. ② 제1항에 따라 계약이 해지된 경우에도 계약상 귀환운송 의무가 있는 여행주최자는 여행자를 귀환운송할 의무가 있다. ③ 제1항의 해지로 인하여 발생하는 추가 비용은 그 해지 사유가 어느 당사자의 사정에 속하는 경우에는 그 당사자가 부담하고, 누구의 사정에도 속하지 아니하는 경우에는 각 당사자가 절반씩 부담한다.

본조의 부득이한 사유에는 당사자의 사망과 같은 가정사정, 질병, 천재지변 등을 말하는데, 그 사유가 당사자의 귀책사유에 의한 것이라도 상관없다.

3. 여행대금의 지급시기

> 제674조의5(대금의 지급시기) 여행자는 약정한 시기에 대금을 지급하여야 하며, 그 시기의 약정이 없으면 관습에 따르고, 관습이 없으면 여행의 종료 후 지체 없이 지급하여야 한다.

4. 여행주최자의 담보책임

(1) 담보책임의 성질

여행계약 역시 유상계약으로서, 등가성을 유지할 필요가 있다. 따라서 여행계약에서의 담보책임 역시 당사자의 귀책사유를 묻지 않는 법정의 무과실책임이다. 또한 여행주최자의 담보책임은 강행규정이므로 이를 위반하는 약정으로서 여행자에게 불리한 것은 효력이 없다(제674조의9).

(2) 담보책임의 내용

1) 하자시정청구권

> 제674조의6(여행주최자의 담보책임) ① 여행에 하자가 있는 경우에는 여행자는 여행주최자에게 하자의 시정 또는 대금의 감액을 청구할 수 있다. 다만, 그 시정에 지나치게 많은 비용이 들거나 그 밖에 시정을 합리적으로 기대할 수 없는 경우에는 시정을 청구할 수 없다. ② 제1항의 시정 청구는 상당한 기간을 정하여 하여야 한다. 다만, 즉시 시정할 필요가 있는 경우에는 그러하지 아니하다.

2) 손해배상청구권

> 제674조의6(여행주최자의 담보책임) ③ 여행자는 시정 청구, 감액 청구를 갈음하여 손해배상을 청구하거나 시정 청구, 감액 청구와 함께 손해배상을 청구할 수 있다.

3) 여행자의 해지권

> 제674조의7(여행주최자의 담보책임과 여행자의 해지권) ① 여행자는 여행에 중대한 하자가 있는 경우에 그 시정이 이루어지지 아니하거나 계약의 내용에 따른 이행을 기대할 수 없는 경우에는 계약을 해지할 수 있다. ② 계약이 해지된 경우에는 여행주최자는 대금청구권을 상실한다. 다만, 여행자가 실행된 여행으로 이익을 얻은 경우에는 그 이익을 여행주최자에게 상환하여야 한다. ③ 여행주최자는 계약의 해지로 인하여 필요하게 된 조치를 할 의무를 지며, 계약상 귀환운송 의무가 있으면 여행자를 귀환운송하여야 한다. 이 경우 상당한 이유가 있는 때에는 여행주최자는 여행자에게 그 비용의 일부를 청구할 수 있다.

(2) 담보책임의 기간

> 제674조의8(담보책임의 존속기간) 제674조의6과 제674조의7에 따른 권리는 여행 기간 중에도 행사할 수 있으며, 계약에서 정한 여행 종료일부터 6개월 내에 행사하여야 한다.

연습문제

01 〈노무사 2018〉

甲은 자신의 토지에 X건물을 신축하기로 하는 계약을 수급인 乙과 체결하면서 甲명의로 건축허가를 받아 소유권보존등기를 하기로 하는 등 완공된 X건물의 소유권을 甲에게 귀속시키기로 합의하였다. 乙은 X건물을 신축하여 완공하였지만 공사대금을 받지 못하고 있다. 이에 관한 설명으로 옳은 것은? (다툼이 있으면 판례에 따름)

① X건물의 소유권은 乙에게 원시적으로 귀속된다.
② X건물에 대한 乙의 하자담보책임은 무과실책임이다.
③ 乙의 甲에 대한 공사대금채권의 소멸시효는 10년이다.
④ 乙의 甲에 대한 공사대금채권을 담보하기 위하여 X건물을 목적으로 한 저당권 설정을 청구할 수 없다.
⑤ X건물의 하자로 인하여 계약의 목적을 달성할 수 없는 경우, 甲은 특별한 사정이 없는 한 계약을 해제할 수 있다.

해설 | ② (○) 도급은 유상계약이므로 매도인의 담보책임에 관한 규정이 준용될 것이지만, 재료의 하자는 물론 일의 하자로도 완성된 일의 하자가 생길 수 있다는 도급의 특성을 고려하여, 수급인의 책임에 관하여 특별규정을 두고 있다(제667조~제672조). 수급인의 하자담보책임은 무과실책임으로 이해된다.

정답 | ②

02 〈노무사 2020〉

수급인의 하자담보책임에 관한 설명으로 옳지 않은 것은? (다툼이 있으면 판례에 따름)

① 신축된 건물에 하자가 있는 경우 도급인은 수급인의 하자담보책임에 기하여 계약을 해제할 수 없다.
② 수급인의 하자담보책임에 관한 제척기간은 재판상 또는 재판 외의 권리행사 기간이다.
③ 완성된 목적물의 하자가 중요하지 아니하면서 동시에 보수에 과다한 비용을 요하는 경우 도급인은 수급인에게 하자의 보수에 갈음하는 손해배상을 청구할 수 있다.
④ 완성된 액젓저장탱크에 균열이 발생하여 보관 중이던 액젓의 변질로 인한 손해배상은 하자보수에 갈음하는 손해배상과는 별개의 권원에 의하여 경합적으로 인정된다.
⑤ 수급인의 하자담보책임을 면제하는 약정이 있더라도 수급인이 알면서 고지하지 아니한 사실에 대하여는 그 책임이 면제되지 않는다.

해설 | ③ (×) 도급계약에 있어서 완성된 목적물에 하자가 있을 경우에 도급인은 수급인에게 그 하자의 보수나 하자의 보수에 갈음한 손해배상을 청구할 수 있으나, 다만 하자가 중요하지 아니하면서 동시에 보수에 과다한 비용을 요할 때에는 하자의 보수나 하자의 보수에 갈음하는 손해배상을 청구할 수는 없고 하자로 인하여 입은 손해의 배상만을 청구할 수 있다고 할 것이다(대판 1998.3.13. 97다54376).

정답 | ③

제9절 현상광고

Ⅰ. 현상광고계약의 의의

제675조(현상광고의 의의) 현상광고는 광고자가 어느 행위를 한 자에게 일정한 보수를 지급할 의사를 표시하고 이에 응한 자가 그 광고에 정한 행위를 완료함으로써 그 효력이 생긴다.

광고자가 어떤 행위를 한 자에게 일정한 보수를 지급할 의사를 표시하고, 이에 응한 자가 그 광고에서 정한 지정행위를 완료함으로써 성립하는 계약이다. 현상광고는 지정행위의 완료를 승낙으로 하여 성립하는 계약이므로 '요물계약'이다.

Ⅱ. 현상광고계약의 성립

1. 광고자의 광고행위

㈎ 광고란 어떤 지정된 행위를 한 자에게 일정한 보수를 지급한다는 내용을 불특정 다수인에게 하는 의사표시를 말한다.

㈏ 광고에 그 지정한 행위의 완료기간을 정한 때에는 그 기간 만료 전에 광고를 철회하지 못하나, 광고에 행위의 완료기간을 정하지 아니한 때에는 그 행위를 완료한 자 있기 전에는 그 광고와 동일한 방법으로 광고를 철회할 수 있다(제679조).

2. 응모자의 지정행위

광고에서는 상대방이 하여야 할 행위가 무엇인지를 지정하여야 한다. 지정되는 행위의 종류는 제한이 없으며, 행위의 결과가 누구의 이익으로 되는가도 상관없다. 상대방은 광고에 표시된 지정행위를 하여야 보수를 청구할 수 있다.

Ⅲ. 현상광고계약의 효과

1. 광고자의 보수지급의무

광고 있음을 알지 못하고 지정행위를 한 자나, 광고 전에 이미 지정행위를 한 자도 보수청구권을 취득한다(제677조).

2. 완료자가 수인인 경우

광고에 정한 행위를 완료한 자가 수인인 경우에는 먼저 그 행위를 완료한 자가 보수를 받을 권리가 있으며, 수인이 동시에 완료한 경우에는 각각 균등한 비율로 보수를 받을 권리가 있다(제676조).

3. 우수현상광고의 경우

우수현상광고라 함은 광고에서 지정한 행위를 완료한 자 중에 가장 우수한 자에게만 보수를 지급하기로 하는 특수한 현상광고를 말한다. 응모자가 판정 있음을 알든 모르든 당연히 보수청구권을 취득하며, 판정의 효력은 소급효가 없고, 광고자 및 모든 응모자를 구속하며, 누구도 이의를 하지 못한다. 수인의 행위가 동등하다고 판정되면, 보수가 가분이면 균등하게, 불가분이면 추첨으로 보수를 받을 자를 결정한다(제678조).

제10절 위 임

Ⅰ. 위임계약 일반론

1. 의 의

> 제680조(위임의 의의) 위임은 당사자 일방이 상대방에 대하여 사무의 처리를 위탁하고 상대방이 이를 승낙함으로써 그 효력이 생긴다.

위임은 당사자의 일방(위임인)이 상대방(수임인)에 대하여 사무의 처리를 위탁하고 상대방이 이를 승낙함으로써 성립하는 계약이다.

2. 성 질

위임계약은 낙성계약, 불요식계약이며, 무상을 원칙으로 한다. 다만, 수임인은 특약이 있는 경우에만 유상계약으로써 보수를 청구할 수 있다.

Ⅱ. 위임계약의 효과

1. 수임인의 의무

(1) 위임사무처리의무

1) 선량한 관리자로서의 위임사무처리

> 제681조(수임인의 선관의무) 수임인은 위임의 본지에 따라 선량한 관리자의 주의로써 위임사무를 처리하여야 한다.

위임에서의 사무는 법률상 또는 사실상의 모든 행위를 포함한다. 특히 사무의 처리에 관하여 위임인의 지시가 있는 경우에는 수임인은 이에 따라야 한다. 그러나 지시에 따르는 것이 위임의 취지에 적합하지 않거나 또는 위임인에게 불이익한 경우에는, 수임인은 그 사실을 위임인에게 통지하고 지시의 변경을 구해야 한다(대판 2003.1.10. 2000다61671).

> **판례정리** **공인중개사의 선관주의의무**
> 공인중개사는 자기가 조사·확인하여 설명할 의무가 없는 사항이라도 중개의뢰인이 계약을 맺을지를 결정하는 데 중요한 것이라면 그에 관해 그릇된 정보를 제공해서는 안 되고, 그 정보가 진실인 것처럼 그대로 전달하여 중개의뢰인이 이를 믿고 계약을 체결하도록 했다면 선량한 관리자의 주의로 신의를 지켜 성실하게 중개해야 할 의무를 위반한 것이 된다(대판 2022.6.30. 2022다212594).

2) 복수임인에 의한 사무처리의 금지

제682조(복임권의 제한) ① 수임인은 위임인의 승낙이나 부득이한 사유 없이 제3자로 하여금 자기에 갈음하여 위임사무를 처리하게 하지 못한다.

(2) 그 외 부수적 의무

1) 처리상황 보고의무

제683조(수임인의 보고의무) 수임인은 위임인의 청구가 있는 때에는 위임사무의 처리상황을 보고하고 위임이 종료한 때에는 지체 없이 그 전말을 보고하여야 한다.

2) 취득물의 인도의무

제684조(수임인의 취득물 등의 인도, 이전의무) ① 수임인은 위임사무의 처리로 인하여 받은 금전 기타의 물건 및 그 수취한 과실을 위임인에게 인도하여야 한다.

㉮ 수임인은 취득물을 위임인에게 인도하여야 하며, 인도시기는 특약에 의하고, 특약이 없으면 위임인의 청구 혹은 '위임이 종료한 때'에 인도하면 된다(대판 2007.2.8. 2004다64432).

㉯ 수임인이 위임사무를 처리함에 있어 받은 물건으로 위임인에게 인도한 목적물은 그것이 대체물이더라도 '당사자간에 있어서는 특정된 물건'과 같은 것으로 보아야 한다(대판 1967.12.16. 67다1525).

3) 취득권리 이전의무

제684조(수임인의 취득물 등의 인도, 이전의무) ② 수임인이 위임인을 위하여 자기의 명의로 취득한 권리는 위임인에게 이전하여야 한다.

수임인은 취득한 권리를 위임인에게 이전하여야 하며, 그 이전 시기는 당사자 간에 특약이 있거나 위임의 본뜻에 반하는 경우 등과 같은 특별한 사정이 없는 한 위임계약이 종료된 때이다. 따라서 위임사무로 수임인 명의로 취득한 권리에 관한 위임인의 이전청구권의 소멸시효는 위임계약이 종료된 때부터 진행하게 된다(대판 2022.9.7. 2022다 217117).

4) 금전소비의 책임

제685조(수임인의 금전소비의 책임) 수임인이 위임인에게 인도할 금전 또는 위임인의 이익을 위하여 사용할 금전을 자기를 위하여 소비한 때에는 소비한 날 이후의 이자를 지급하여야 하며 그 외에 손해가 있으면 배상하여야 한다.

2. 위임인의 의무

(1) 보수지급의무

제686조(수임인의 보수청구권) ① 수임인은 특별한 약정이 없으면 위임인에 대하여 보수를 청구하지 못한다. ② 수임인이 보수를 받을 경우에는 위임사무를 완료한 후가 아니면 이를 청구하지 못한다. 그러나 기간으로 보수를 정한 때에는 그 기간이 경과한 후에 이를 청구할 수 있다. ③ 수임인이 위임사무를 처리하는 중에 수임인의 책임 없는 사유로 인하여 위임이 종료된 때에는 수임인은 이미 처리한 사무의 비율에 따른 보수를 청구할 수 있다.

판례는 무보수로 한다는 등 특별한 사정이 없는 한 응분의 보수를 지급할 묵시적 약정이 있다고 볼 수 있다(대판 1993.11.12. 93다36882).

> **[판례정리] 변호사의 소송위임사무에 관한 약정 보수액의 감액 여부**
> 위임사무를 완료한 변호사는 원칙적으로 약정 보수액 전부를 청구할 수 있다. 다만 의뢰인과의 평소 관계, 사건 수임 경위, 사건처리 경과와 난이도, 노력의 정도, 소송물 가액, 의뢰인이 승소로 인하여 얻게 된 구체적 이익, 그 밖에 변론에 나타난 여러 사정을 고려하여, 약정 보수액이 부당하게 과다하여 신의성실의 원칙이나 형평의 관념에 반한다고 볼 만한 특별한 사정이 있는 경우에는 예외적으로 적당하다고 인정되는 범위 내의 보수액만을 청구할 수 있다(대판 2018.5.17. 2016다35833 전원합의체).

(2) 비용선급의무

제687조(수임인의 비용선급청구권) 위임사무의 처리에 비용을 요하는 때에는 위임인은 수임인의 청구에 의하여 이를 선급하여야 한다.

(3) 비용상환의무

제688조(수임인의 비용상환청구권 등) ① 수임인이 위임사무의 처리에 관하여 필요비를 지출한 때에는 위임인에 대하여 지출한 날 이후의 이자를 청구할 수 있다.

(4) 채무대변제의무

제688조(수임인의 비용상환청구권 등) ② 수임인이 위임사무의 처리에 필요한 채무를 부담한 때에는 위임인에게 자기에 갈음하여 이를 변제하게 할 수 있고 그 채무가 변제기에 있지 아니한 때에는 상당한 담보를 제공하게 할 수 있다.

수임인의 대변제청구권은 금전채권임에도 불구하고 채권자대위권을 행사함에 있어 채무자의 무자력을 요하지 않는다(대판 2002.1.25. 2001다52506).

> **판례 정리 | 수임인의 보고 등 조치위반과 대변제청구권의 행사 범위**
>
> 수임인이 위임사무 처리와 관련하여 선관주의의무를 다하여 자기의 이름으로 위임인을 위해 필요한 계약을 체결하였다고 하더라도, 이후 그에 따른 채무를 이행하지도 않고 위임인에 대하여 필요한 보고 등의 조치도 취하지 않으면서 방치하여 두거나 계약 상대방의 소제기에 제대로 대응하지 않음으로써 수임인 자신이 계약 상대방에 대하여 부담하여야 할 채무액이 확대된 경우에는, 그 범위가 확대된 부분까지도 당연히 '위임사무의 처리에 필요한 채무'로서 '위임인에게 대신 변제하게 할 수 있는 채무'의 범위에 포함된다고 보기는 어렵다(대판 2018.11.29. 2016다48808).

(5) 손해배상의무

> 제688조(수임인의 비용상환청구권 등) ③ 수임인이 위임사무의 처리를 위하여 과실 없이 손해를 받은 때에는 위임인에 대하여 그 배상을 청구할 수 있다.

Ⅲ. 위임계약의 종료

1. 종료의 원인

(1) 위임계약의 해지

㈎ 위임에서는 기간의 정함이 있는지의 여부와 관계없이 각 당사자는 언제든지 위임계약을 해지할 수 있다(제689조 1항). 이 경우 원칙적으로 손해배상의무는 없지만 상대방이 불리한 시기에 해지한 때에는 그로 말미암아 생기는 손해를 배상하여야 한다. 다만, 그 시기에 해지하는 것이 부득이한 사유에 의한 것일 때에는 배상책임을 부담하지 않는다(제689조 2항).

㈏ 따라서 손해배상책임의 발생 유무 및 불리한 시기의 유무와 상관없이 해지 자체는 유효하다. 물론 위임인이 임의해지한 경우 수임인은 이미 처리한 사무의 비율에 따른 보수를 청구할 수 있다(제686조 3항 참조).

(2) 위임의 당연종료

> 제690조(사망, 파산 등과 위임의 종료) 위임은 당사자 한쪽의 사망이나 파산으로 종료된다. 수임인이 성년후견개시심판을 받은 경우에도 이와 같다.

유의할 것은 수임인의 성년후견개시심판이 종료사유이며, 위임인이 성년후견개시의 심판을 받은 때에는 위임관계가 종료하지 않는다는 점이다.

2. 종료시 특칙

(1) 수임인의 긴급처리의무

위임관계가 종료되어도 급박한 사정이 있는 경우 수임인, 그의 상속인 또는 법정대리인은 위임인, 그의 상속인이나 또는 법정대리인이 위임사무를 처리할 수 있을 때까지 그 사무의 처리를 계속하여야 하며, 위임관계의 종료 후 계속되는 위임관계는 종료 전의 위임과 동일한 효력을 갖는다(제691조).

(2) 위임종료의 대항요건

위임종료사유는 이를 상대방에게 통지하거나 또는 상대방이 안 때가 아니면 이로써 상대방에게 대항하지 못한다(제692조). 여기서 '대항하지 못한다' 함은 위임종료의 효과를 상대방에게 주장할 수 없다는 의미이다.

연습문제

01 〈노무사 2019〉

甲은 자기 소유 부동산을 매매하는 사무를 乙에게 위임하였다. 이에 관한 설명으로 옳지 않은 것은? (다툼이 있으면 판례에 따름)

① 乙은 甲의 승낙이나 부득이한 사유 없이 제3자로 하여금 위임사무를 대신 처리하도록 할 수 없다.

② 乙은 甲의 청구가 있는 때에는 위임사무의 처리상황을 보고하고 위임이 종료한 때에는 지체 없이 그 전말을 보고하여야 한다.

③ 乙이 위임을 해지하여 甲이 손해를 입었더라도 乙은 손해배상의무를 부담하지 않는 것이 원칙이다.

④ 위임사무처리에 비용을 요하는 경우, 乙은 위임사무를 완료한 후가 아니면 그 비용을 청구할 수 없다.

⑤ 甲 또는 乙은 원칙적으로 언제든지 위임계약을 해지할 수 있다.

해설 | ④ (×) 민법 제687조

> 제687조(수임인의 비용선급청구권) 위임사무의 처리에 비용을 요하는 때에는 위임인은 수임인의 청구에 의하여 이를 선급하여야 한다.

정답 | ④

02 〈노무사 2014〉

위임에 관한 설명으로 옳지 않은 것은?

① 당사자 일방이 부득이한 사유 없이 상대방의 불리한 시기에 위임계약을 해지한 때에는 그 손해를 배상하여야 한다.

② 수임인이 성년후견개시의 심판을 받은 경우에 위임은 종료한다.

③ 수임인이 위임사무의 처리로 인하여 받은 금전 기타의 물건에서 생긴 과실은 수임인에게 귀속한다.

④ 수임인이 위임인을 위하여 자기의 명의로 취득한 권리는 위임인에게 이전하여야 한다.

⑤ 위임사무의 처리에 비용을 요하는 때에는 위임인은 수임인의 청구가 있으면 이를 미리 지급하여야 한다.

해설 | ③ (×) 수임인은 위임사무의 처리로 인하여 받은 금전 기타의 물건 및 그가 수취한 과실을 위임인에게 인도하여야 한다(제684조 제1항).

정답 | ③

제11절 임 치

Ⅰ. 임치계약의 의의

제693조(임치의 의의) 임치는 당사자 일방이 상대방에 대하여 금전이나 유가증권 기타 물건의 보관을 위탁하고 상대방이 이를 승낙함으로써 효력이 생긴다.

당사자의 일방(임치인)이 상대방에 대하여 금전이나 유가증권 기타의 물건의 보관을 위탁하고, 상대방(수치인)이 이를 승낙함으로써 성립하는 계약이다.

Ⅱ. 임치계약의 효과

1. 수치인의 의무

(1) 임치물 보관의무

㈎ 보수 없이 임치를 받은 자는 임치물을 자기재산과 동일한 주의로 보관하여야 한다(제695조). 그리고 수치인은 임치인의 동의 없이 임치물을 사용하지 못한다(제694조).

㈏ 보관과 관련하여 수치인은 임치물에 대한 권리를 주장하는 제3자가 수치인에 대하여 소를 제기하거나 압류한 때에는 수치인은 지체 없이 임치인에게 이를 통지하여야 한다(제696조).

(2) 임치물 반환의무

임치물은 그 보관한 장소에서 반환하여야 한다(제700조). 수치인이 받은 물건이나 금전 또는 유가증권 그 자체이다. 즉, 임치물의 동종·동질·동량의 것이 아니다. 임치물이 대체물인 경우에도 같다(대판 1976.11.9. 76다1932).

(3) 위임규정의 준용

취득물인도의무·취득권리이전의무·금전소비의 책임 등 일정한 수임인의 의무는 수치인에게도 준용된다(제701조).

2. 임치인의 의무

(1) 위임규정의 준용

임치인은 비용선급의무·필요비상환의무·채무대변제 및 담보제공의 의무 등을 부담한다(제701조). 또한 특약이 있는 때에 보수지급의무가 있다(대판 1968.4.16. 68다285).

(2) 손해배상의무

임치인은 임치물의 성질 또는 하자로 인하여 생긴 손해를 수치인에게 배상하여야 하나 수치인이 그 성질 또는 하자를 안 때에는 그러하지 아니하다(제697조).

Ⅲ. 임치계약의 종료

㈎ 임치인은 임치기간의 약정의 유무에 불구하고 언제든지 해지할 수 있다. 그러나 수치인은 기간의 약정이 없는 경우는 언제든지 해지할 수 있으나, 기간의 약정이 있는 경우는 부득이한 사유가 없이는 기간 만료 전에 계약을 해지하지 못한다(제698조).

㈏ 임치계약 해지에 따른 임치물 반환청구권은 특별한 사정이 없는 한 임치계약이 성립하여 임치물이 수치인에게 인도된 때부터 진행하는 것이지, 임치인이 임치계약을 해지한 때부터 진행한다고 볼 수 없다(대판 2022.8.19. 2020다220140).

Ⅳ. 예금계약의 문제

1. 의 의

예금계약은 예금자가 예금의 의사를 표시하면서 금융기관에 금전을 제공하고 금융기관이 그 의사에 따라 그 금전을 받아서 확인을 하면 그로써 성립하는 계약으로, 소비임치에 해당한다.

2. 성 립

예금계약은 예금자가 예금의 의사를 표시하면서 금전을 제공하고, 금융기관이 그의 의사에 따라 금전을 받아 확인하는 때에 성립하는 요물계약이다(대판 2005.12.23. 2003다30159). 실질적으로 입금이 되었는지 묻지 않는다.

> **판례정리 예금계약의 당사자(수취인과 수취은행)**
> 예금거래기본약관에 따라 송금의뢰인이 수취인의 예금계좌에 자금이체를 하여 예금원장에 입금의 기록이 된 때에는 특별한 사정이 없는 한 송금의뢰인과 수취인 사이에 자금이체의 원인인 법률관계가 존재하는지 여부에 관계없이 **수취인과 수취은행 사이에는 이체금액 상당의 예금계약이 성립하고, 수취인이 수취은행에 대하여 위 입금액 상당의 예금채권을 취득한다.** 설령 송금의뢰인과 수취인 사이에 자금이체의 원인인 법률관계가 없더라도, **송금의뢰인은 수취인에 대하여 이체금액 상당의 부당이득반환청구권을 가지게 될 뿐이고, 수취인과의 적법한 대출거래약정에 따라 대출채권의 만족을 얻은 수취은행에 대하여는 부당이득반환청구권을 취득한다고 할 수 없다**(대판 2022.6.30. 2016다237974).

3. 효력

수치인이 목적물의 소유권을 취득하고 동종·동량의 것을 반환한다는 점에서 소비대차와 같으므로, 소비대차의 규정이 준용된다(제702조).

제12절 조 합

1 조합계약 일반론

Ⅰ. 조합계약의 의의

조합계약이란 2인 이상이 상호출자하여 공동사업을 경영할 것을 약정하는 상호간의 법률행위를 말한다. 특히 조합관계는 조합원 상호간의 채권관계일 뿐, 조합원 이외의 제3자에 대한 관계에 있어서는 조합이라는 독립된 주체로서의 단체적 존재는 인정되지 않는다.

Ⅱ. 조합계약의 특성

1. 쌍무계약의 적용 여부

(1) 동시이행의 문제

어느 조합원이 출자의무를 이행하는 것과 다른 조합원의 출자의무가 서로 대가적 견련관계에 서는 것은 아니다. 각 조합원은 다른 조합원의 출자의무이행과 관련 없이 공동목적을 수행하기 위하여 그의 출자의무를 다하여야 한다.

(2) 위험부담의 문제

위험부담규정은 조합에는 적용되지 않는다. 불가항력으로 급부불능이 된 경우에도 그 조합원의 채무는 소멸되지만, 그로 인하여 다른 조합원은 여전히 출자의무를 부담한다.

(3) 해제·해지의 문제

조합계약에는 임의탈퇴·제명·해산청구 등에 관한 별도의 규정이 있으므로 조합에는 해제·해지의 일반규정이 적용되지 않는다. 따라서 계약해제에 관한 계약법의 총칙규정에 의하여 조합계약을 해제하고 상대편에게 원상회복의무를 부담시킬 수는 없다(대판 1994.5.13. 94다7157).

2. 조합계약의 하자 여부

판례는 조합이 사업을 개시하고 제3자와의 사이에 거래관계가 이루어지고 난 다음에는 조합계약체결 당시의 의사표시의 하자를 이유로 취소하여 조합성립 전으로 환원시킬 수 없다고 하여 '소급효를 제한'하고 있다(대판 1972.4.25. 71다1833).

2 조합계약의 성립

> 제703조(조합의 의의) ① 조합은 2인 이상이 상호 출자하여 공동사업을 경영할 것을 약정함으로써 그 효력이 생긴다. ② 전항의 출자는 금전 기타 재산 또는 노무로 할 수 있다.

Ⅰ. 공동사업을 경영할 목적

1. 공동의 사업

조합계약이란 2인 이상이 상호출자하여 공동사업을 경영할 것을 약정하는 상호간의 법률행위를 말한다. 이러한 조합계약은 2인 이상이 상호 출자하여 특정한 사업을 공동으로 경영할 것을 약정하는 때에 성립하므로 '공동의 목적달성'이라는 정도만으로는 조합의 성립요건이 구비되지 않는다(대판 2010.2.11. 2009다79729).

2. 공동의 경영

사업은 반드시 공동으로 경영하여야 하며 당사자 중의 일부만이 이익을 분배받고 다른 자는 전혀 이익분배를 받지 않는 경우 조합관계(동업관계)라고 할 수 없다(대판 2000.7.7. 98다44666).

Ⅱ. 조합원 전원의 출자의무

1. 출자의 유형

출자의 목적은 제한이 없으므로 금전에 한정되지 않고, 물건·물권·무체재산권 및 노무·신용 등도 그 목적이 될 수 있다.

2. 출자의 이행

> 제705조(금전출자지체의 책임) 금전을 출자의 목적으로 한 조합원이 출자시기를 지체한 때에는 연체이자를 지급하는 외에 손해를 배상하여야 한다.

모든 조합원은 출자의무를 부담하므로, 출자의무를 부담하지 않는 자가 있는 조합원 사이의 조합계약은 무효이다.

3 조합계약의 효과

Ⅰ. 조합의 업무집행

1. 조합내부의 관계(대내관계)

> 제706조(사무집행의 방법) ① 조합계약으로 업무집행자를 정하지 아니한 경우에는 조합원의 3분의 2 이상의 찬성으로써 이를 선임한다. ② 조합의 업무집행은 조합원의 과반수로써 결정한다. 업무집행자 수인인 때에는 그 과반수로써 결정한다. ③ 조합의 통상사무는 전항의 규정에 불구하고 각 조합원 또는 각 업무집행자가 전행할 수 있다. 그러나 그 사무의 완료 전에 다른 조합원 또는 다른 업무집행자의 이의가 있는 때에는 즉시 중지하여야 한다.

(1) 원칙(업무집행자를 두지 않은 경우)

㈎ 각 조합원이 업무집행에 참여할 수 있으며, 조합원 사이에서 의견이 대립하는 때에는 조합원의 과반수로써 결정한다. 조합의 통상사무는 각 조합원이 전행할 수 있지만 그 사무의 완료 전에 다른 조합원의 이의가 있으면 전행하지 못하며, 곧 집행하던 일을 중지해야 한다(제706조 3항). 조합의 업무집행방법에 관한 민법규정은 임의규정이라고 할 것이다(대판 2002.1.25. 99다62838).

㈏ 각 조합원은 언제든지 조합의 업무 및 재산상태를 검사할 수 있다(제710조). 이에 따라 각 조합원은 장부 그 밖의 서류를 열람하여 조합의 업무와 재산의 유무를 검사할 수 있으므로, 조합원의 검사권에는 업무와 재산상태를 검사하기 위하여 필요한 범위에서 장부 그 밖의 서류의 열람·등사를 청구할 권한이 포함된다(대판 2021.1.14. 2020다222580).

(2) 예외(업무집행자를 두고 있는 경우)

㈎ 조합원은 언제든지 조합원 3분의 2 이상의 찬성으로 업무집행자를 선임할 수 있다. 업무집행자가 여럿인 때에는 그 과반수로써 결정한다. 조합의 통상사무는 각 업무집행자가 전행할 수 있다. 다만, 사무의 완료 전에 다른 업무집행자의 이의가 있으면, 즉시 중지해야 한다.

(바) 조합재산의 처분·변경은 업무집행자가 없는 경우에는 조합원의 과반수로 결정하고, 업무집행자가 수인 있는 경우에는 그 업무집행자의 과반수로써 결정하며, 업무집행자가 1인만 있는 경우에는 그 업무집행자가 단독으로 결정한다(대판 2010.4.29. 2007다18911).

2. 제3자와의 관계(대외관계)

(1) 원 칙

조합은 조합원 간의 법률관계를 나타낼 뿐이므로 대외적으로 제3자에게 조합의 이름으로 법률행위를 할 수는 없다. 즉, 조합은 사단이나 재단과 달리 독립된 권리주체가 아니므로 조합의 이름으로 소송당사자가 될 수 없다(대판 2001.2.23. 2000다68924).

(2) 예 외

> 제709조(업무집행자의 대리권추정) 조합의 업무를 집행하는 조합원은 그 업무집행의 대리권 있는 것으로 추정한다.

본조는 임의규정이므로 조합원 전원의 동의를 요하도록 하는 등 그 내용을 달리 정할 수도 있다(대판 2002.1.25. 99다62838). 조합대리의 경우 대리의 조합원 전원을 표시하여야 하는 것은 아니고, 조합명칭을 사용하는 등 상대방이 알 수 있을 정도로 조합을 표시하는 것으로 충분하다(대판 2009.1.30. 2008다79340).

Ⅱ. 조합의 재산관계

1. 조합재산의 합유관계

> 제704조(조합재산의 합유) 조합원의 출자 기타 조합재산은 조합원의 합유로 한다.

(1) 조합재산의 특수성

1) 원 칙

조합은 독자적인 권리능력이 없기 때문에 조합원 전원에게 공동으로 귀속되는 바, 전 조합원에게 합유적으로 귀속되는 조합재산을 합유재산이라고 한다. 따라서 피해를 입은 조합원으로서는 조합관계를 벗어난 개인의 지위에서 그 손해의 배상을 구할 수는 없다(대판 1997.11.28. 95다35302).

> **판례정리 채권에 대한 조합원의 준합유**
> 조합이 해산된 경우에도 청산절차를 거쳐 조합재산을 조합원에게 분배하지 아니하는 한 조합재산은 계속하여 조합원의 합유이고 청산이 종료할 때까지 조합은 존속하는바, 일부 조합원이 다른 조합원들의 동의를 얻지 아니한 채 조합재산인 채권을 타인에게 양도한 행위는 무효라고 할 것이다(대판 1992.10.9. 92다28075).

2) 예 외

개별 조합원으로 하여금 지분비율에 따라 조합에게 직접 권리를 취득하게 하는 약정을 하는 경우 채무자에 대하여 가지는 채권이 조합원 각자에게 지분비율에 따라 구분하여 귀속될 수도 있고, 위와 같은 약정은 '명시적으로는 물론 묵시적'으로도 이루어질 수 있다(대판 2012.5.17. 2009다105406 전원합의체).

(2) 합유물의 처분·분할

조합이 존속하는 동안에는 각 합유자는 합유물의 분할을 청구할 수 없다(제273조 2항). 각 조합원은 전체로서의 조합재산에 대한 분할청구뿐만 아니라 개개 합유물의 분할도 청구할 수 없다.

(3) 합유지분 처분금지

조합원 전원의 동의가 없는 한 합유지분을 처분할 수 없다(제273조 1항). 그러나 합유자 전원의 동의가 있으면 합유지분의 처분이 가능하다(대판 1970.12.29. 69다22).

2. 조합원 재산과의 구별

(1) 합유지분에 대한 압류

> 제714조(지분에 대한 압류의 효력) 조합원의 지분에 대한 압류는 그 조합원의 장래의 이익배당 및 지분의 반환을 받을 권리에 대하여 효력이 있다.

(2) 조합채무자의 상계금지

> 제715조(조합채무자의 상계의 금지) 조합의 채무자는 그 채무와 조합원에 대한 채권으로 상계하지 못한다.

조합으로부터 채무를 지고 있는 자가 조합원 중의 1인에 대하여 개인적으로 채권을 가지고 조합과의 잔대금 채무를 서로 대등액에서 상계할 수 없다(대판 1998.3.13. 97다6919).

3. 조합채무에 대한 책임

(1) 조합과 개인책임의 병존

조합채무에 대하여 조합채권자는 조합재산뿐만 아니라, 조합원의 개인재산에 대해서도 강제집행할 수 있다. 즉, 두 책임은 병존한다. 따라서 각 조합원은 조합의 채권자로 하여금 조합재산으로부터 먼저 변제받을 것을 항변할 수 없다.

(2) 조합재산에 의한 책임

㈎ 채권자가 조합재산에 대하여 강제집행을 하기 위해서는 조합원 전원에 대하여 채권전액을 가지고 이행의 소를 제기하여야 한다.

㈏ 따라서 조합원 중 1인에 대한 채권으로서 그 조합원 개인을 가압류채무자 또는 집행채무자로 한 가압류명령 등으로 조합재산 내지 조합의 채권에 대하여 가압류 등 강

제집행을 할 수 없다(대판 2015.10.29. 2012다21560).

(3) 개인재산에 대한 책임

1) 분할채무의 원칙

> 제712조(조합원에 대한 채권자의 권리행사) 조합채권자는 그 채권발생 당시에 조합원의 손실부담의 비율을 알지 못한 때에는 각 조합원에게 균분하여 그 권리를 행사할 수 있다.
>
> 제713조(무자력조합원의 채무와 타조합원의 변제책임) 조합원 중에 변제할 자력 없는 자가 있는 때에는 그 변제할 수 없는 부분은 다른 조합원이 균분하여 변제할 책임이 있다.

2) 연대채무의 예외

조합채무가 조합원 전원을 위하여 상행위가 되는 행위로 인하여 부담하게 된 것이라면 상법 제57조 제1항을 적용하여 조합원들의 연대책임을 부담한다. 따라서 조합원 중 1인이 조합채무를 면책시킨 경우 그 조합원은 다른 조합원에 대하여 민법 제425조 제1항에 따라 구상권을 행사할 수 있다. 이러한 구상권은 조합의 해산이나 청산 시에 손실을 부담하는 것과 별개의 문제이므로 반드시 잔여재산분배 절차에서 행사해야 하는 것은 아니다(대판 2022.5.26. 2022다211416).

4. 조합재산과 손익분배

(1) 이익분배의 원칙

조합계약에서 출자의무의 이행과 이익분배를 직접 연계시키는 특약을 두지 않는 한 조합원이 출자의무의 불이행을 이유로 조합은 이익분배 자체를 거부할 수는 없다. 그러나 조합은 조합원에 대한 출자금채권과 그 연체이자채권, 그 밖의 손해배상채권으로 조합원의 이익분배청구권과 상계할 수는 있다(대판 2006.8.25. 2005다16959).

> **판례정리 출자의무와 이익분배를 직접 연계시키는 특약의 효과**
> 공동수급체의 구성원들 사이에 '출자의무와 이익분배를 직접 연계시키는 특약'을 하는 것도 계약자유의 원칙상 허용된다. 따라서 금전을 출자하기로 한 구성원이 출자를 지연하는 경우 그 구성원이 지급받을 이익분배금에서 출자금과 그 연체이자를 '공제'하기로 하는 약정을 할 수도 있다. 이러한 '공제'는 특별한 약정이 없는 한 당사자 쌍방의 채권이 서로 상계적상에 있는지 여부와 관계없이 가능하고 별도의 의사표시도 필요하지 않다(대판 2018.1.24. 2015다69990).

(2) 손익분배의 비율

> 제711조(손익분배의 비율) ① 당사자가 손익분배의 비율을 정하지 아니한 때에는 각 조합원의 출자가액에 비례하여 이를 정한다. ② 이익 또는 손실에 대하여 분배의 비율을 정한 때에는 그 비율은 이익과 손실에 공통된 것으로 추정한다.

4 조합관계의 탈퇴

Ⅰ. 탈퇴의 사유

1. 임의탈퇴

> **제716조(임의탈퇴)** ① 조합계약으로 조합의 존속기간을 정하지 아니하거나 조합원의 종신까지 존속할 것을 정한 때에는 각 조합원은 언제든지 탈퇴할 수 있다. 그러나 부득이한 사유 없이 조합의 불리한 시기에 탈퇴하지 못한다. ② 조합의 존속기간을 정한 때에도 조합원은 부득이한 사유가 있으면 탈퇴할 수 있다.

탈퇴의 의사표시는 '조합원 전원에 대한 의사표시'로 하여야 하며, 조합계약에서 탈퇴의사의 방법을 정하는 것도 가능하다(대판 1997.9.9. 96다16896). 또한 조합원의 조합탈퇴권은 행사상의 일신전속적 권리가 아니므로 채권자대위권의 목적이 될 수 있다(판례).

2. 강제탈퇴

(1) 조합원의 사망

조합원의 사망으로 그 조합에서 탈퇴되며(제717조), 조합원지위는 상속되지 않는다. 그러나 조합계약으로 그 지위의 상속을 허용하는 경우에는 승계될 수 있다(대판 1987.6.23. 86다카2951).

(2) 조합원의 파산

㈎ 조합원이 파산하는 경우, 그 조합에서 탈퇴된다(제717조). 따라서 조합원 중에 파산자가 발생하더라도 조합에서 탈퇴하지 않기로 약정한다면 이는 원칙적으로는 허용되지 않는다.

㈏ 그러나 파산한 조합원이 조합에 잔류하는 것이 파산한 조합원의 채권자들에게 불리하지 아니한 때에는 파산한 조합원의 채권자들의 동의를 얻어 잔류할 것을 선택한 경우까지 조합원들 사이의 탈퇴금지의 약정이 무효라고 할 것은 아니다(대판 2004.9.13. 2003다26020).

(3) 조합원의 제명

민법상 조합에서 조합원의 제명은 정당한 사유가 있는 때에 한하여 다른 조합원의 일치로써 결정한다(제718조 1항). 여기에서 정당한 사유가 있는 때란 특정 조합원이 동업계약에서 정한 의무를 이행하지 않거나 조합업무를 집행하면서 부정행위를 한 경우와 같이 특정 조합원에게 명백한 귀책사유가 있는 경우는 물론이고, 이에 이르지 않더라도 특정 조합원으로 말미암아 조합원들 사이에 반목·불화로 대립이 발생하고 신뢰관계가 근본적으로 훼손되어 특정 조합원이 계속 조합원의 지위를 유지하도록 한다면 조합의 원만한 공동운영을 기대할 수 없는 경우도 포함한다(대판 2021.10.28. 2017다200702).

(4) 성년후견개시

조합원이 성년후견개시심판의 선고를 받으면 탈퇴된다(제717조). 조합의 업무를 수행할 수 없기 때문이다.

Ⅱ. 탈퇴의 효과

> 제719조(탈퇴조합원의 지분의 계산) ① 탈퇴한 조합원과 다른 조합원 간의 계산은 탈퇴 당시의 조합재산상태에 의하여 한다. ② 탈퇴한 조합원의 지분은 그 출자의 종류 여하에 불구하고 금전으로 반환할 수 있다. ③ 탈퇴 당시에 완결되지 아니한 사항에 대하여는 완결 후에 계산할 수 있다.

(가) 2인으로 구성된 조합에서 한 사람이 탈퇴하면 조합관계는 종료되나 특별한 사정이 없는 한 조합은 해산이나 청산이 되지 않고, 다만 조합원의 합유에 속한 조합재산은 남은 조합원의 단독소유에 속하여 탈퇴 조합원과 남은 조합원 사이에는 탈퇴로 인한 계산을 해야 한다(대판 2021.7.29. 2019다207851).

(나) 탈퇴한 조합원은 탈퇴 당시의 조합재산을 계산한 결과 조합의 재산상태가 적자가 아닌 경우에 지분을 환급받을 수 있다. 따라서 탈퇴 조합원의 지분을 계산할 때 지분을 계산하는 방법에 관해서 별도 약정이 있다는 등 특별한 사정이 없는 한 지분의 환급을 주장하는 사람에게 조합재산의 상태를 증명할 책임이 있다(대판 2021.7.29. 2019다207851).

5 조합계약의 종료

Ⅰ. 조합의 해산

1. 해산사유의 발생

조합계약에서 정한 해산사유가 발생한 경우, 조합에서 약정된 존속기간이 만료한 경우, 조합의 공동사업이 성취되었거나 그 성취가 불가능하게 된 경우에는 조합원의 해산청구가 없어도 조합은 해산되며(대판 1998.12.8. 97다31472), 해산에 의하여 조합의 청산절차가 개시된다.

2. 동업계약의 해지

조합을 존속시킬 수 없는 부득이한 사유가 있는 경우 각 조합원은 조합의 해산을 청구할 수 있다(제720조).

Ⅱ. 조합의 청산

1. 조합청산의 법적 성질

원칙적으로 모든 조합원이 청산인이 되고, 공동으로 청산사무를 집행한다(제721조). 그러나 청산인을 선임하는 경우 조합원의 과반수로써 결정하며, 조합원 중에서 청산인을 정한 때 다른 조합원의 일치가 아니면 청산인인 조합원을 해임하지 못한다(제721조 2항). 법인의 청산절차와 달리 조합의 청산절차에 관한 규정은 '임의규정'이다(대판 1998.12.8. 97다31472).

2. 잔여재산분배의 청구

(1) 원 칙

원칙적으로 청산절차가 종료되지 아니한 상태에서 잔여재산의 분배를 청구할 수는 없다. 따라서 조합에 합유적으로 귀속된 채권의 추심이나 채무의 변제 등 사무가 완료되지 아니한 상황에서 청산절차를 거치지 아니하고 바로 잔여재산의 분배를 구할 수는 없다(대판 2005.12.8. 2004다30682).

(2) 예 외

조합의 잔무로서 처리할 일이 없고 잔여재산의 분배만이 남은 경우 각 조합원 자신의 잔여재산분배비율의 범위내에서 그 분배비율을 초과하여 잔여재산을 보유하고 있는 조합원에게 잔여재산의 분배를 청구할 수 있다(대판 2002.3.29. 2002다427).

> **[판례정리] 출자의무 불이행과 잔여재산분배의 청구**
>
> 조합의 일부 조합원이 당초 약정한 출자의무를 이행하고 있지 않은 상태에서 조합의 해산사유가 발생하여 해산이 이루어진 경우 그 잔여업무가 남아 있지 않고 다만 잔여재산의 분배 절차만이 남아 있을 때에는 조합원 사이에 별도의 약정이 없는 이상, 그 이행되지 아니한 출자금 채권을 추심하거나 청산절차를 거치지 않고도 각 조합원은 자신이 실제로 출자한 가액 비율의 범위 내에서 그 출자가액 비율을 초과하여 잔여재산을 보유하고 있는 조합원에 대하여 잔여재산의 분배 절차를 진행할 수 있다. 이때 잔여재산은 특별한 사정이 없는 한 각 조합원이 실제로 출자한 가액에 비례하여 이를 분배하여야 할 것인데, 일부 이행되지 아니한 출자금이 있더라도 이를 고려하지 않고 잔여재산의 범위를 확정한 다음 각 조합원이 실제로 출자한 가액에 비례하여 이를 분배함이 타당하다. 그리고 이러한 기준에 따라 잔여재산분배 절차를 진행하는 이상 다른 조합원들은 출자의무를 이행하지 아니한 조합원에게 더 이상 출자의무의 이행을 청구할 수 없다(대판 2022.2.17. 2016다278579, 278586).

연습문제

01 ⟨노무사 2015⟩

민법상 조합에 관한 설명으로 옳지 않은 것은? (다툼이 있으면 판례에 따름)

① 조합원의 지분에 대한 압류는 그 조합원의 장래의 이익배당 및 지분의 반환을 받을 권리에 대하여 효력이 있다.
② 탈퇴한 조합원의 지분은 그 출자의 종류 여하에 불구하고 금전으로 반환할 수 있다.
③ 민법상 조합의 채권은 조합원 전원에게 합유적으로 귀속하는 것이어서 특별한 사정이 없는 한, 조합원 중 1인에 대한 채권으로써 그 조합원 개인을 집행채무자로 하여 조합의 채권에 대하여 강제집행을 할 수 없다.
④ 조합의 채무자는 그가 조합에 대하여 부담하는 채무와 조합원에 대한 채권을 상계할 수 있다.
⑤ 금전을 출자의 목적으로 한 조합원이 출자시기를 지체한 때에는 연체이자를 지급하는 외에 손해를 배상하여야 한다.

해설 | ④ (×) 조합으로부터 채무를 지고 있는 자가 조합원 중의 1인에 대하여 개인적으로 채권을 가지고 조합과의 잔대금 채무를 서로 대등액에서 상계할 수 없다(제715조).

정답 | ④

02 ⟨노무사 2021⟩

민법상 조합에 관한 설명으로 옳지 않은 것은? (다툼이 있으면 판례에 따름)

① 수인이 공동사업을 경영할 목적 없이 전매차익만을 얻기 위해 상호 협력한 경우, 특별한 사정이 없는 한 이들 사이의 법률관계는 조합에 해당하지 않는다.
② 조합채무자가 조합원들 중의 1인에 대하여 개인 채권을 가지고 있는 경우, 그 채권과 조합에 대한 채무를 서로 대등액에서 상계할 수 없다.
③ 조합계약에서 출자의무의 이행과 이익분배를 직접 연결시키는 특약을 두지 않는 경우, 조합은 출자의무를 이행하지 않은 조합원의 이익분배 자체를 거부할 수 없다.
④ 조합원의 지분에 대한 압류는 그 조합원의 장래의 이익배당 및 지분의 반환을 받을 권리에 대하여 효력이 있다.
⑤ 2인 조합에서 조합원 1인이 탈퇴하면 조합관계는 종료되고, 원칙적으로 조합은 즉시 해산된다.

해설 | ⑤ (×) 2인 조합에서 조합원 1인이 탈퇴하면 조합관계는 종료되지만 특별한 사정이 없는 한 조합이 해산되지 아니하고, 조합원의 합유에 속하였던 재산은 남은 조합원의 단독소유에 속하게 되어 기존의 공동사업은 청산절차를 거치지 않고 잔존자가 계속 유지할 수 있다(대판 2006.3.9. 2004다49693).

정답 | ⑤

제13절 종신정기금

Ⅰ. 종신정기금계약의 의의

제725조(종신정기금계약의 의의) 종신정기금계약은 당사자 일방이 자기, 상대방 또는 제3자의 종신까지 정기로 금전 기타의 물건을 상대방 또는 제3자에게 지급할 것을 약정함으로써 그 효력이 생긴다.

종신정기금은 당사자의 일방(정기금채무자)이 자기나 상대방 또는 제3자의 종신(사망할 때)까지 정기로 금전 기타의 물건을 상대방 또는 제3자에게 지급할 것을 약정함으로써 성립하는 계약이다. 특히 종신정기금계약은 제3자를 위한 계약으로 체결될 수 있다.

Ⅱ. 종신정기금계약의 효과

㈎ 종신정기금채권이 그 급부의 표준으로 되어 있는 기간의 중도에서 소멸한 때에는, 종신정기금은 일수로 계산한다(제726조).

㈏ 종신정기금계약은 특정인이 사망하면 소멸하나, 사망이 정기금채무자의 책임 있는 사유로 인한 때에는 법원은 정기금채권자 또는 그 상속인의 청구에 의하여 상당한 기간 채권의 존속을 선고할 수 있다(제729조 1항).

제14절 화 해

Ⅰ. 화해계약의 의의

제731조(화해의 의의) 화해는 당사자가 상호 양보하여 당사자간의 분쟁을 종지할 것을 약정함으로써 그 효력이 생긴다.

당사자가 서로 양보하여 그들 사이의 분쟁을 종지할 것을 약정함으로써 성립하는 계약이며, 쌍무·유상·낙성·불요식계약이다.

Ⅱ. 화해계약의 성립

1. 당사자 사이의 분쟁

당사자 사이에 분쟁이 있어야 한다. 분쟁의 의미에 관해서는 법률관계의 존부·범위·모습 등에 관하여 '당사자의 주장이 일치하지 않는 것'을 말한다.

2. 양 당사자의 양보

㈎ 분쟁의 당사자가 서로 양보해야 한다. 당사자의 상호양보라 함은 당사자 쌍방이 서로 불이익을 부담한다는 것을 뜻한다. 양보는 일종의 처분행위이다.

㈏ 이는 묵시적으로도 이루어질 수 있으나, 당사자들이 분쟁을 인식하지 못한 상태에서 일방 당사자가 이행해야 할 채무액에 관하여 협의하였다거나 일방 당사자의 채무이행에 대해 상대방 당사자가 이의를 제기하지 않았다는 사정만으로는 묵시적 화해계약이 성립하였다고 보기 어렵다(대판 2021.9.9. 2016다203933).

3. 당사자의 처분능력

분쟁의 대상이 된 법률관계의 당사자가 처분능력이나 처분권한을 가지고 있어야 한다. 따라서 당사자가 자유로이 처분할 수 없는 법률관계는 화해의 목적이 될 수 없다.

Ⅲ. 화해계약의 효과

1. 법률관계의 확정적 효력

당사자 사이에서 다투어졌던 법률관계는 확정되고, 당사자는 화해계약의 내용에 따라 의무를 이행하고, 권리를 승인하여야만 한다.

2. 법률관계의 창설적 효력

화해에 의하여 화해 전의 법률관계는 소멸하고, 화해계약상의 법률관계가 새롭게 발생한다. 따라서 일방이 양보한 권리는 소멸하고, 상대방이 그 권리를 그대로 취득하게 된다(제732조).

3. 착오를 이유로 하는 취소

제733조(화해의 효력과 착오) 화해계약은 착오를 이유로 하여 취소하지 못한다. 그러나 화해당사자의 자격 또는 화해의 목적인 분쟁 이외의 사항에 착오가 있는 때에는 그러하지 아니하다.

(1) 원 칙

착오를 이유로 화해의 의사표시를 취소할 수는 없다. 즉 분쟁의 대상인 법률관계 자체에 관한 착오의 경우에는 취소할 수 없다. 그러나 화해계약이 사기로 인하여 이루어진 경우에는 화해의 목적인 분쟁에 관한 사항에 착오가 있는 때에도 민법 제110조에 따라 이를 취소할 수 있다(대판 2008.9.11. 2008다15278).

(2) 예 외

화해당사자의 자격 또는 화해의 목적인 분쟁 이외의 사항에 착오가 있는 때에는 화해의 의사표시를 취소할 수 있다. 이 경우 화해계약의 의사표시에 있어 중요부분에 관한 착오의 존재 및 이것이 당사자의 자격이나 목적인 분쟁 이외의 사항에 관한 것이라는 점은 착오를 이유로 화해계약의 취소를 주장하는 자가 그 증명책임을 부담한다(대판 2004.8.20. 2002다20353).

연습문제

01 〈노무사 2019〉
화해계약에 관한 설명으로 옳지 않은 것은? (다툼이 있으면 판례에 따름)

① 화해당사자의 자격에 관할 착오가 있는 경우에는 이를 이유로 취소하지 못한다.
② 화해계약은 특별한 사정이 없는 한, 당사자 일방이 양보한 권리가 소멸되고 상대방이 화해로 인하여 그 권리를 취득하는 효력이 있다.
③ 채권자와 채무자 간의 잔존채무액의 계산행위는 특별한 사정이 없는 한 화해계약이 아니다.
④ 화해계약이 사기로 인해 이루어진 경우에는 화해의 목적인 분쟁에 관한 사항에 착오가 있더라도 사기에 의한 의사표시를 이유로 이를 취소할 수 있다.
⑤ 성질상 당사자가 임의로 처분할 수 없는 법률관계는 화해계약의 대상이 될 수 없다.

해설 | ① (×) 민법 제733조

> 제733조 (화해의 효력과 착오) 화해계약은 착오를 이유로 하여 취소하지 못한다. 그러나 화해당사자의 자격 또는 화해의 목적인 분쟁 이외의 사항에 착오가 있는 때에는 그러하지 아니하다.

정답 | ①

CHAPTER 04

사무관리

| PART 01 | PART 02 | **PART 03 채권각론** |

1 사무관리 일반론

I. 의의

　민법 제734조는 '의무 없이 타인을 위하여 사무를 관리하는 자는 그 사무의 성질에 좇아 가장 본인에게 이익되는 방법으로 관리해야 한다'고 규정하고 있는 바, 이를 사무관리라고 한다.

II. 성질

　관리자와 본인 사이에는 관리행위에 대한 부탁이나 위임이 없었기 때문에 법률의 규정에 의하여 발생하는 법정채권관계이다.

2 사무관리의 요건

> **제734조(사무관리의 내용)** ① 의무 없이 타인을 위하여 사무를 관리하는 자는 그 사무의 성질에 좇아 가장 본인에게 이익 되는 방법으로 이를 관리하여야 한다. ② 관리자가 본인의 의사를 알거나 알 수 있는 때에는 그 의사에 적합하도록 관리하여야 한다.

I. 타인사무에 대한 관리의사가 있을 것

1. 타인사무의 존재

(1) 사무의 관리

　㈎ 사무의 내용은 사실행위에 한정되지 않고 법률행위도 포함한다. 다만 단순한 부작위는 사무로 되지 않는다. 한편 사무의 관리에는 재산의 보존행위뿐만 아니라 재산의 관리행위 또는 처분행위 등도 포함된다.

　㈏ 다만, 국가의 사무인 경우, 사인이 처리한 국가의 사무가 사인이 국가를 대신하여 처리할 수 있는 성질의 것으로서, 사무 처리의 긴급성 등 국가의 사무에 대한 사인의 개입이 정당화되는 경우에 한하여 사무관리가 성립한다(대판 2014.12.11. 2012다15602).

(2) 타인의 사무

사무는 자기를 위한 것이 아니라 타인(본인)을 위한 것이어야 한다. 타인소유의 부동산을 처분하는 행위와 같이 그 사무 자체는 특정인과 관계없는 것이더라도 타인을 위한다는 관리인의 주관적 의사에 의해 행해졌다면, 이 경우에는 사무의 타인성이 인정될 수 있다.

2. 관리의사의 존재

㈎ 타인을 위하여 사무를 관리한다는 것은 관리의 사실상 이익을 타인에게 귀속시키려는 의사가 존재한다는 것을 의미한다. 만약 그 사무가 타인의 사무가 아니라거나 또는 사무를 처리한 자에게 타인을 위하여 처리한다는 관리의사가 없는 경우에는 사무관리가 성립할 수 없다(대판 1995.9.15. 94다59943).

㈏ 타인을 위하여 사무를 처리하는 의사는 관리자 자신의 이익을 위한 의사와 병존할 수 있고, 반드시 외부적으로 표시될 필요가 없으며, 사무를 관리할 당시에 확정되어 있을 필요도 없는 것이다(대판 2010.2.11. 2009다71558).

II. 법률상 또는 계약상 의무가 부존재할 것

관리자가 본인에 대해 사무를 처리할 계약상 의무를 부담하거나 법률의 규정에 의한 의무를 지고 있는 경우에는 사무관리가 성립하지 않는다.

> **[판례정리] 법률상 또는 계약상 의무가 존재하지 않지만 사무관리가 성립하는 경우**
> A조합이 B조합의 해산 후 별도의 절차에 따라 새로 설립되었으나 B조합과 조합업무 위임계약 및 조합업무대행 수수료 지급약정을 체결한 甲이 실제로 A조합의 업무를 상당부분 대행해 왔고, A조합도 그 법률적 효과와 경제적 이익을 누려왔다면, 적어도 A조합과 새로운 조합업무 위임계약이 체결될 것을 기대하고 보수를 지급받을 목적으로 법률상 의무 없이 A조합의 사무를 처리해 온 것임을 인정할 수 있으므로, A조합과 甲사이에 사무관리에 의한 법정채권관계가 성립하였다(대판 2010.6.10. 2009다98669).

III. 본인의 의사 또는 이익에 합치할 것

사무관리의 개시가 본인의 (주관적)의사나 (객관적)이익에 명백히 반하는 경우에는 사무관리가 성립하지 않는다(제734조 1항·2항).

3 사무관리의 효과

Ⅰ. 관리자의 의무

1. 선관주의의무

㈎ 관리자는 본인의 사무처리에 대하여 선량한 관리자의 주의의무를 부담하며, 이를 위반한 경우에는 손해배상의무를 지게 된다.

> **판례 사무관리자의 주의의무와 손해배상책임**
> 정리
> 피고가 원고를 대신하여 손님이 주문할 음식의 조리를 위한 준비로 가스레인지를 점화하여 원고의 사무를 개시한 이상 가스레인지의 사용이 필요없게 된 경우, 스스로 가스레인지의 불을 끄거나 레스토랑의 종업원으로 하여금 그 불을 <u>끄도록 조치하는 등 원고에게 가장 이익되는 방법으로 이를 관리하여야 함에도</u> 이를 위반하였으므로, 피고는 사무관리자로서 이로 인하여 발생한 이 사건 손해에 대하여 본인인 원고가 입은 손해를 배상할 책임이 있다(대판 1995.9.29. 94다13008).

㈏ 또한 관리자는 본인의 의사를 알았거나 알 수 있었을 때에는 그 의사에 적합하게 관리해야 하며(제734조 2항), 그 이외의 경우에는 사무의 성질에 좇아 본인에게 가장 이익이 되는 방법으로 관리하여야 한다(제734조 1항).

2. 손해배상의무

(1) 원 칙

관리자가 본인의 의사나 이익에 반하여 사무를 관리한 경우에는 그 관리행위 자체에 과실이 없더라도 이로 인하여 발생한 손해를 배상할 책임이 있다(제734조 3항).

(2) 예 외

1) 공익사무관리

> 제734조(사무관리의 내용) ③ 관리자가 전2항의 규정에 위반하여 사무를 관리한 경우에는 과실 없는 때에도 이로 인한 손해를 배상할 책임이 있다. 그러나 그 관리행위가 공공의 이익에 적합한 때에는 중대한 과실이 없으면 배상할 책임이 없다.

2) 긴급사무관리

> 제735조(긴급사무관리) 관리자가 타인의 생명, 신체, 명예 또는 재산에 대한 급박한 위해를 면하게 하기 위하여 그 사무를 관리한 때에는 고의나 중대한 과실이 없으면 이로 인한 손해를 배상할 책임이 없다.

3. 관리계속의무

㈎ 관리자가 관리를 개시한 때에는 본인, 그 상속인 또는 법정대리인이 그 사무를 관리하는 때까지 관리를 계속하여야 한다. 그러나 관리의 계속이 본인의 의사에 반하거

나 본인에게 불리함이 명백한 때에는 관리를 중단해야 한다(제737조).

㈑ 다만, 본인의 반대의사에도 불구하고 관리를 계속하는 것이 선량한 풍속이나 사회질서에 적합한 경우에는 관리를 계속해야 한다(제734조 3항 단서, 제735조).

4. 기타 관련의무

(1) 관리개시통지 및 보고의무

관리자가 관리를 개시한 때에는 지체없이 본인에게 통지해야 한다. 다만 본인이 이미 이를 알고 있을 때에는 통지할 필요가 없다(제736조).

(2) 취득물 등의 인도·이전의무

관리자는 사무관리에 의해 받은 금전 기타의 물건을 본인에게 인도해야 하며, 본인을 위해 자기의 이름으로 취득한 권리 역시 본인에게 이전해야 한다(제738조).

(3) 금전소비에 대한 배상의무

관리자가 본인에게 인도해야 할 금전 또는 본인을 위하여 사용해야 할 금전을 자신의 이익을 위하여 소비한 때에는 소비한 날 이후의 이자를 지급해야 하며, 그 밖에 손해가 있으면 배상하여야 한다(제738조).

Ⅱ. 본인의 의무

1. 비용상환의무

> 제739조(관리자의 비용상환청구권) ① 관리자가 본인을 위하여 필요비 또는 유익비를 지출한 때에는 본인에 대하여 그 상환을 청구할 수 있다. ② 관리자가 본인을 위하여 필요 또는 유익한 채무를 부담한 때에는 제688조 제2항의 규정을 준용한다. ③ 관리자가 본인의 의사에 반하여 관리한 때에는 본인의 현존이익의 한도에서 전2항의 규정을 준용한다.

판례정리 — 비용상환청구에 관한 판례

① 채권자가 자신의 채권을 보전하기 위하여 채무자가 다른 상속인과 공동으로 상속받은 부동산에 관하여 공동상속등기를 대위신청하여 그 등기가 행하여지는 것과 같이 채권자에 의한 채무자 권리의 대위행사의 직접적인 내용이 제3자(다른 상속인)의 법적 지위를 보전·유지하는 것이 되는 경우, 채권자는 자신의 채무자가 아닌 제3자(다른 상속인)에 대하여도 다른 특별한 사정이 없는 한 사무관리에 기하여 그 등기에 소요된 비용의 상환을 청구할 수 있다(대판 2013.8.22. 2013다30882).

② 제3자가 유효하게 채무자가 부담하는 채무를 변제한 경우에 계약관계가 없으면 특별한 사정이 없는 한 민법 제734조 제1항에서 정한 사무관리가 성립하여 사무관리비용의 상환청구권에 따라 구상권을 취득한다(대판 2022.3.17. 2021다276539).

2. 손해보상의무

제740조(관리자의 무과실손해보상청구권) 관리자가 사무관리를 함에 있어서 과실 없이 손해를 받은 때에는 본인의 현존이익의 한도에서 그 손해의 보상을 청구할 수 있다.

3. 보수지급의무

본인은 관리자에 대해 보수지급의무를 부담하지 않는다. 다만 예외적으로 특별법 등에서 인정하고 있는데, ⅰ) 유실물을 습득하여 경찰서에 제출한 자, ⅱ) 표류물 또는 침몰품을 습득하여 구청장·시장·군수에게 인도한 자, ⅲ) 해난에 조우한 선박 또는 적하를 구조한 자와 같은 특수한 사무관리자에 대해서는 보수청구권이 인정된다.

> **[판례정리] 사무관리로 인하여 이익을 얻은 제3자에 대한 부당이득반환청구 가부**
>
> 계약상 급부가 계약 상대방뿐 아니라 제3자에게 이익이 된 경우에 급부를 한 계약당사자는 계약 상대방에 대하여 계약상 반대급부를 청구할 수 있는 이외에 제3자에 대하여 직접 부당이득반환청구를 할 수는 없다고 보아야 하고, 이러한 법리는 급부가 사무관리에 의하여 이루어진 경우에도 마찬가지이다. 따라서 의무 없이 타인을 위하여 사무를 관리한 자는 타인에 대하여 민법상 사무관리 규정에 따라 비용상환 등을 청구할 수 있는 외에 사무관리에 의하여 **결과적으로 사실상 이익을 얻은 다른 제3자에 대하여 직접 부당이득반환을 청구할 수는 없다**(대판 2013.6.27. 2011다17106).

연습문제

01 〈노무사 2015〉

사무관리에 관한 설명으로 옳지 않은 것은? (다툼이 있으면 판례에 따름)

① 관리자가 본인의 의사에 반하는 관리행위로 인하여 필요비 또는 유익비를 지출한 때에는 본인의 현존이익의 한도에서 그 상환을 청구할 수 있다.

② 관리자가 사무관리를 함에 있어서 과실 없이 손해를 받은 때에는 본인의 현존이익의 한도에서 그 손해의 보상을 청구할 수 있다.

③ 사무를 처리한 자에게 타인을 위하여 처리한다는 관리의사가 없는 경우에도 사무관리가 성립될 수 있다.

④ 관리자가 관리를 개시한 때에는 지체없이 본인에게 통지하여야 하지만, 본인이 이미 이를 안 때에는 그러하지 아니하다.

⑤ 관리자가 타인의 생명, 신체, 명예 또는 재산에 대한 급박한 위해를 면하게 하기 위하여 그 사무를 관리한 때에는 고의나 중대한 과실이 없으면 이로 인한 손해를 배상할 책임이 없다.

해설 | ③ (×) 사무관리가 성립하기 위하여는 우선 그 사무가 타인의 사무이고, 타인을 위하여 사무를 처리하는 의사가 있어야 함은 물론 나아가 그 사무의 처리가 본인에게 불리하거나 본인의 의사에 반한다는 것이 명백하지 않을 것을 요한다. 만약 그 사무가 타인의 사무가 아니라거나 또는 사무를 처리한 자에게 타인을 위하여 처리한다는 관리의사가 없는 경우에는 사무관리가 성립할 수 없다.

정답 | ③

부당이득

| PART 01 | PART 02 | **PART 03 채권각론** |

1 부당이득 일반론

Ⅰ. 부당이득의 의의·기능

민법은 법률상 원인 없이 타인의 재화나 노무로부터 이익을 얻은 자에 대해 그 이득을 부당이득으로 원래의 권리자에게 반환하도록 규정하고 있다(제741조). 이는 이득자의 재산상 이득이 법률상 원인을 결여하는 경우에 공평·정의의 이념에 근거하여 이득자에게 반환의무를 부담시키는 것이다(대판 2012.1.12. 2011다74246).

Ⅱ. 다른 청구권과의 관계

㈎ (별개 청구권 및 별개 소송물) 부당이득반환청구권과 불법행위로 인한 손해배상청구권은 서로 실체법상 별개의 청구권으로서 소송법적으로도 소송물을 달리하므로, 채권자가 우연히 손해배상청구의 소를 먼저 제기하는 바람에 과실상계 또는 공평의 원칙에 기한 책임제한 등의 법리에 따라 그 승소액이 제한되었다고 하여 그로써 제한된 금액에 대한 부당이득반환청구권의 행사가 허용되지 않는 것은 아니다(대판 2013.9.13. 2013다45457).

㈏ (청구권의 경합 - 선택행사) 법률행위가 사기에 의한 것으로서 취소되는 경우에 그 법률행위가 동시에 불법행위를 구성하는 때에는 취소의 효과로 생기는 부당이득반환청구권과 불법행위로 인한 손해배상청구권은 경합하여 병존하는 것이므로, 채권자는 어느 것이라도 선택하여 행사할 수 있지만 중첩적으로 행사할 수는 없다(대판 1993.4.27. 92다56087).

2 부당이득의 요건

제741조(부당이득의 내용) 법률상 원인 없이 타인의 재산 또는 노무로 인하여 이익을 얻고 이로 인하여 타인에게 손해를 가한 자는 그 이익을 반환하여야 한다.

Ⅰ. 실질적 이득의 취득

1. 이득의 취득

(1) 이득의 의미

부당이득반환에 있어서 이득이라 함은 '실질적인 이익'을 가리키는 것이므로 법률상 원인 없이 건물을 점유하고 있더라도 이를 사용·수익하지 못하였다면 실질적인 이익을 얻었다고 볼 수 없다(대판 1986.3.25. 85다422).

(2) 취득의 방법

이득의 취득하는, 즉 수익의 방법에는 제한이 없으나 이득을 사실상 지배할 수 있는 상태에까지 이르러 실질적인 이득자가 되었다고 볼 만한 사정이 인정되어야 한다(대판 2010.9.8. 2010다37325). 즉 이득자에게 실질적으로 이득이 귀속된 바 없다면 반환의무를 부담시킬 수 없다.

2. 이득의 종류

이득에는 적극적인 재산상의 증가뿐만 아니라 소극적으로 당연히 발생하였어야 할 재산의 감소를 면하는 것(채무의 면제)도 포함되며, 채권도 물권과 같이 재산의 하나이므로 그 취득도 당연히 이득이 된다(대판 1996.11.22. 96다34009). 또한 현재 취득한 이익뿐만 아니라 민사소송법 제251조에 따라 장래 취득할 이익도 미리 청구할 소의 이익이 있다면 소송상 청구할 수 있다(대판 1975.4.22. 74다1184 전원합의체).

3. 판례의 검토

㈎ (법정지상권이 성립된 건물매수인의 토지점유와 부당이득) 장차 법정지상권을 취득할 지위에 있다 할지라도, 그 대지의 점거사용으로 얻은 실질적 이득은 이로 인하여 대지소유자에게 손해를 끼치는 한에 있어서는 부당이득으로서 이를 대지소유자에게 반환할 의무가 있다(대판 1988.10.24. 87다카1604).

㈏ (사실상 지배상태가 존재하지 않은 경우와 부당이득) 甲의 대리인 乙이, 토지의 소유자인 丙에게서 매도에 관한 대리권을 위임받지 않았음에도 대리인이라고 사칭한 丁으로부터 토지를 매수하기로 하는 매매계약을 체결하였고 이에 기하여 甲이 丙 명의의 계좌로 매매대금을 송금하였는데, 丙에게서 미리 통장과 도장을 교부받아 소지하고 있던 丁이 위 돈을 송금당일 전액 인출한 경우 丙이 위 돈을 송금 받아 실질적으로 이익의 귀속자가 되었다고 보기 어렵다 할 것이므로 丙의 부당이득반환의무는 인정되지 않는다(대판 2010.9.8. 2010다37325).

㈐ (타인 토지상에 무단식재한 나무의 처분과 부당이득) 일반적으로 타인의 토지를 법률상 권원 없이 점유·사용함으로 인하여 수익자가 얻는 이득은 특별한 사정이 없는 한 그 토지의 임료 상당액이라 할 것이고, 구체적인 점유·사용의 일환으로 수익자가 토지에 나무를 식재한 후 이를 처분하였다고 하더라도 그 처분대금 중에는 수익자의 노력과 비용이 포함되어 있을 뿐만 아니라, 이를 제외한 나머지 대금 상당액이 임료 상당의 부당이득과 서로 별개의 이득이라고 보기는 어렵다고 할 것이므로, 수익자가 임료 상당액과는 별도로 그 처분대금을 부당이득으로 반환해야 하는 것은 아니라고 할 것이다(대판 2006.12.22. 2006다56367).

Ⅱ. 손실(손해)의 발생

1. 손실의 의미

㈎ 손실에는 기존의 재산이 감소한 경우뿐만 아니라 당연히 증가하였을 이익이 상실된 경우도 포함되며, 사회통념상 손실자가 당해 재산으로부터 통상 수익할 수 있을 것으로 예상되는 이익 상당액이다(대판 2008.1.18. 2005다34711).

㈏ 그러나 불법점유라는 사실이 발생하지 않았더라도 부동산의 소유자 또는 용익권자에게 임료 상당 이익이나 기타 소득이 발생할 여지가 없는 특별한 사정이 있는 때에는 손해배상이나 부당이득반환을 청구할 수 없다(대판 2008.1.17. 2006다586).

2. 손실의 판단

타인 소유의 토지 위에 권한없이 건물을 소유하고 있는 자는 그 자체로써 특별한 사정이 없는 한, 법률상 원인 없이 타인의 재산으로 인하여 '토지의 차임에 상당하는 이익을 얻고 이로 인하여 타인에게 동액 상당의 손해'를 주고 있다고 보아야 한다(대판 1998.5.8. 98다2389).

Ⅲ. 인과관계의 존재

이익과 손실 사이에 인과관계가 있어야 한다. 이는 이익과 손실 사이에 사회관념상의 연결이 인정되면 그것으로 족하다고 한다(대판 1966.10.4. 66다1441).

Ⅳ. 법률상 원인의 결여

1. 법률상 원인결여의 의미

수익자에게 이득을 취득하여 보유하도록 허용하는 법률상 원인이 없어야 한다. 이는 수익자에게 이득을 취득할 또는 보유할 권한이 없는 것을 말한다. 따라서 계약당사자 사이에서 그 계약의 이행으로 급부된 것은 그 급부의 원인관계가 적법하게 실효되지 아니하는 한 부당이득이 될 수 없다(대판 2005.4.15. 2004다49976).

2. 법률상 원인결여의 판단

(1) 계약 상대방의 지시로 인한 제3자에 대한 급부

계약의 일방 당사자가 계약 상대방의 지시 등으로 급부과정을 단축하여 계약 상대방과 또 다른 계약관계를 맺고 있는 제3자에게 직접 급부한 경우, 그 급부로써 급부를 한 계약 당사자의 상대방에 대한 급부가 이루어질 뿐 아니라 그 상대방의 제3자에 대한 급부로도 이루어지는 것이므로 계약의 일방 당사자는 제3자를 상대로 법률상 원인없이 급부를 수령하였다는 이유로 부당이득반환청구를 할 수 없다(대판 2003.12.26. 2001다46730).

(2) 계약상 급부가 제3자에게 귀속된 경우(전용물소권)

전용물소권은 '계약상의 급부가 계약의 상대방뿐만 아니라 제3자의 이익이 된 경우에 급부자가 그 제3자를 상대로 부당이득의 반환을 청구할 수 있는가'의 문제로서 이에 대하여 판례는 계약에 따른 어떤 급부가 그 계약의 상대방 아닌 제3자의 이익으로 된 경우 제3자에 대하여 직접 부당이득반환청구를 할 수 없다고 본다(대판 2005.4.15. 2004다49976).

(3) '횡령 또는 편취금전'을 변제받은 자의 부당이득

㈎ 채무자가 횡령한 금전으로 자신의 채권자에 대한 채무를 변제하는 경우 채권자가 그 변제를 수령함에 있어 악의 또는 중대한 과실이 있는 경우에는 채권자의 금전취득은 피해자에 대한 관계에 있어서 법률상 원인을 결여한 것으로 봄이 상당하나, 채권자가 그 변제를 수령함에 있어 단순히 과실이 있는 경우에는 그 변제는 유효하고 채권자의 금전 취득이 피해자에 대한 관계에 있어서 법률상 원인을 결여한 것이라고 할 수 없다(대판 2008.3.13. 2006다53733, 53740).

㈏ 이러한 법리는 자신의 채권자의 다른 채권자의 채무를 대신 변제하는 경우에도 마찬가지로 적용되며, 횡령한 금전을 타인에게 증여한 경우에도 마찬가지로 적용된다(대판 2012.1.12. 2011다74246).

(4) 그 외 '법률상 원인의 결여'가 문제되는 경우

1) 공유물의 배타적 점유와 부당이득

공유자 중의 일부가 그 전부를 배타적으로 점유·사용하고 있다면, 다른 공유자들 중 지분은 있으나 사용·수익은 전혀 하지 않고 있는 자에 대하여는 그 자의 지분에 상응하는 부당이득을 하고 있다(대판 2002.10.11. 2000다17803).

2) 편취판결론 인해 집행완료 된 이득

부정한 방법으로 실체의 권리관계와 다른 내용의 확정판결을 취득하여 그 판결에 기하여 강제집행으로 취득한 채권을 법률상 원인 없는 이득이라고 하여 반환을 구하는 것은 허용될 수 없다. 따라서 피해자가 판결에서 손해배상액 산정의 기초로 인정된 기대여명보다 일찍 사망한 경우, 특별한 사정이 없는 한 손해배상금 중 일부가 부당이득에 해당하는 것은 아니다(대판 2009.5.28. 2007다20440).

3) 잘못된 절차에 따라 배당된 이득

후순위저당채권자가 경매대금을 선순위저당채권자에 우선하여 배당을 받음으로써 선순위저당권자가 당연히 받을 수 있는 배당을 받지 못한 경우에는 전자는 후자에 대해 부당이득반환의 책임이 있다(대판 2002.10.22. 2000다59678).

4) 취소할 수 있는 처분에 따른 세금

조세의 과오납이 부당이득이 되기 위하여는 과세처분의 하자가 중대하고 명백하여 당연무효이어야 하고, 과세처분의 하자가 단지 취소할 수 있는 정도에 불과할 때에는 과세관청이 이를 스스로 취소하거나 항고소송절차에 의하여 취소되지 않는 한 그로 인한 조세의 납부가 부당이득이 된다고 할 수 없다(대판 1994.11.11. 94다28000).

5) 국립대가 학생들에게 받은 기성회비

국립대학이 기성회를 통하여 영조물 이용관계에서의 사용료를 학생이나 학부모로부터 납부받은 것이므로 수업료와 함께 기성회비를 납부받은 것을 가지고 국립대학 기성회가 '법률상 원인 없이' 타인의 재산으로 인하여 이익을 얻은 경우에 해당한다고 볼 수는 없다(대판 2015.6.25. 2014다5531 전원합의체).

6) 임용이나 승진무효에 따른 근로대가

㈎ 임용행위가 당연무효이거나 취소된 공무원의 공무원 임용 시부터 퇴직 시까지의 사실상의 근로는 법률상 원인 없이 제공된 것으로서, 임용결격공무원 등은 이 사건 근로를 제공하는 손해를 입었다 할 것이므로, 국가 및 지방자치단체는 부당이득으로 반환할 의무가 있다(대판 2017.5.11. 2012다200486).

㈏ 승진발령이 무효임에도 근로자가 승진발령이 유효함을 전제로 승진된 직급에 따라 계속 근무하여 온 경우, 승진 후 제공된 근로의 가치가 승진 전과 견주어 실질적 차이가 없음에도 단지 직급의 상승만을 이유로 임금이 상승한 부분이 있다면, 승진이 무효인 이상 그 이득은 근로자에게 법률상 원인 없이 지급된 것으로서 부당이득으로 사용자에게 반환되어야 한다(대판 2022. 8.19. 2017다292718).

3 부당이득의 효과

Ⅰ. 부당이득반환청구권의 발생

1. 부당이득반환의 성질

부당이득반환청구권은 법정채권이기 때문에 채권 성립시부터 10년의 소멸시효에 걸린다. 한편 이득자의 부당이득반환의무는 이행기한의 정함이 없는 채무로서 채무자는 이행청구를 받은 때로부터 지체책임을 진다(대판 2010.1.28. 2009다24187, 24194).

2. 부당이득반환의 대상

> 제747조(원물반환 불능한 경우와 가액반환, 전득자의 책임) ① 수익자가 그 받은 목적물을 반환할 수 없는 때에는 그 가액을 반환하여야 한다. ② 수익자가 그 이익을 반환할 수 없는 경우에는 수익자로부터 무상으로 그 이익의 목적물을 양수한 악의의 제3자는 전항의 규정에 의하여 반환할 책임이 있다.

이득의 내용이 물건인 때에는 그 받은 물건 자체를 반환하여야 함이 원칙이다. 원물의 반환이 불가능한 경우에는 그 가액을 반환하여야 한다. 그 가액은 특별한 사정이 없는 한 그 처분 당시의 대가이다(대판 1995.5.12. 94다25551).

3. 부당이득반환의 범위

(1) 선의수익자의 경우

> 제748조(수익자의 반환범위) ① 선의의 수익자는 그 받은 이익이 현존한 한도에서 전조의 책임이 있다.

선의의 수익자는 그 받은 이익이 현존하는 한도에서 반환책임을 부담하며, 이익의 현존이 추정되는 경우에는 반환의무자가 현존이익 없음을 주장·증명하여야 한다.

> **판례정리 이익현존의 추정과 증명책임**
> 부당이득으로 취득한 것이 금전상의 이득인 때에는 그 금전은 이를 취득한 자가 소비하였는가의 여부를 불문하고 현존하는 것으로 추정되고, 그 취득한 것이 성질상 계속적으로 반복하여 거래되는 물품으로서 곧바로 판매되어 환가될 수 있는 금전과 유사한 대체물인 경우에도 마찬가지다(대판 2009.5.28. 2007다20440, 20457).

(2) 악의수익자의 경우

1) 악의의 의미 및 증명

> 제749조(수익자의 악의인정) ① 수익자가 이익을 받은 후 법률상 원인 없음을 안 때에는 그때부터 악의의 수익자로서 이익반환의 책임이 있다. ② 선의의 수익자가 패소한 때에는 그 소를 제기한 때부터 악의의 수익자로 본다.

여기서 '악의'라고 함은, 자신의 이익 보유가 법률상 원인 없는 것임을 인식하는 것을 말하며, 부당이득반환의무의 발생요건에 해당하는 사실이 있음을 인식하는 것만으로는 부족하며, 무효라는 사정까지 인식하여야 한다. 그리고 이러한 악의의 수익자라는 점에 대하여는 이를 주장하는 측에서 입증책임을 진다(대판 2010.1.28. 2009다24187, 24194).

2) 받은이익의 전부 반환

> 제748조(수익자의 반환범위) ② 악의의 수익자는 그 받은 이익에 이자를 붙여 반환하고 손해가 있으면 이를 배상하여야 한다.

악의의 수익자는 그가 받은 이익에 이자를 붙여 반환하여야 하며, 위 이자의 이행지체로 인한 지연손해금도 지급하여야 한다(대판 2003.11.14. 2001다61869).

(3) 무상전득자의 경우

수익자가 그 이익을 반환할 수 없는 경우에 수익자로부터 무상으로 그 이익의 목적물을 양수한 악의의 제3자는 그 목적물 또는 가액을 반환할 책임이 있다(제747조 2항).

Ⅱ. 부당이득반환청구권의 배제

1. 악의의 비채변제

> 제742조(비채변제) 채무 없음을 알고 이를 변제한 때에는 그 반환을 청구하지 못한다.

(1) 원 칙

비채변제란 변제하는 자가 함은 채무가 없음에도 불구하고 채무가 있는 것으로 잘못 알고 변제한 경우를 말한다. 변제자가 변제 당시에 채무없음을 알면서 변제한 때에는 그 급부의 반환을 청구할 수 없다.

(2) 예 외

1) 자유로운 의사에 반하여 이루어진 비채변제

㈎ 채무 없음을 알고 있다 하더라도 그 변제가 자유로운 의사에 반하여 이루어진 것으로 볼 수 있는 사정이 있는 때에는 반환청구권을 상실하지 않는다(대판 2010.7.15. 2008다39786).

㈏ 마찬가지로 강제집행에 의한 채권의 만족은 변제자의 의사에 기하지 아니하고 행하여지는 것으로서 비채변제가 성립되지 아니한다(대판 2018.11.29. 2017다286577).

2) 채무 없음을 알지 못한 선의의 비채변제

채무 없음을 알지 못한 경우 그 과실 유무를 불문하고 반환을 구할 수 있으며, 이 경우 반환을 청구하는 자는 채무가 존재하지 아니한 사실만 주장·증명하면 족하고, 채무 없음을 알지 못하였다는 사실까지는 증명할 필요가 없다. 즉 채무 없음을 알았다는 사실은 반환의무를 면하려는 변제수령자가 증명해야 한다(대판 1998.11.13. 97다58453).

2. 기한 전의 변제

> 제743조(기한 전의 변제) 변제기에 있지 아니한 채무를 변제한 때에는 그 반환을 청구하지 못한다. 그러나 채무자가 착오로 인하여 변제한 때에는 채권자는 이로 인하여 얻은 이익을 반환하여야 한다.

변제기 이전이라도 채무가 존재하고, 변제기 전임을 알고 변제하는 것은 기한의 이익을 포기하는 것으로 볼 수 있다(대판 1991.8.13. 91다6856).

> **[판례정리] 중간퇴직처리가 무효인 경우 지급된 퇴직금의 법정이자 상당액**
> 사용자가 근로자에 대하여 중간퇴직처리를 하면서 퇴직금을 지급하였으나 그 퇴직처리가 무효로 된 경우 이는 착오로 인하여 변제기에 있지 아니한 채무를 변제한 경우에 해당한다고 할 수 없으므로, 이미 지급한 퇴직금에 대한 지급일 다음날부터 최종퇴직시까지의 연 5푼의 비율에 의한 법정이자 상당액은 부당이득에 해당하지 않는다(대판 2005.2.25. 2004다34790).

3. 도의관념에 적합한 비채변제

> **제744조(도의관념에 적합한 비채변제)** 채무 없는 자가 착오로 인하여 변제한 경우에 그 변제가 도의관념에 적합한 때에는 그 반환을 청구하지 못한다.

공무원의 경우 고의 또는 중과실이 없는 한 손해배상책임을 부담하지 않는다. 따라서 경과실이 있는 공무원이 피해자에 대하여 손해를 배상하였다면 비록 채무를 부담하지 않는 공무원의 변제이지만 이는 '도의관념에 적합한 비채변제'에 해당하여 피해자는 공무원에 대하여 이를 반환할 의무가 없다(대판 2014.8.20. 2012다54478). 즉 피해자에 대한 관계에서는 국가 또는 지방자치단체만이 손해배상의무를 부담한다.

4. 타인채무의 변제

> **제745조(타인의 채무의 변제)** ① 채무자 아닌 자가 착오로 인하여 타인의 채무를 변제한 경우에 채권자가 선의로 증서를 훼멸하거나 담보를 포기하거나 시효로 인하여 그 채권을 잃은 때에는 변제자는 그 반환을 청구하지 못한다. ② 전항의 경우에 변제자는 채무자에 대하여 구상권을 행사할 수 있다.

5. 불법원인급여

> **제746조(불법원인급여)** 불법의 원인으로 인하여 재산을 급여하거나 노무를 제공한 때에는 그 이익의 반환을 청구하지 못한다. 그러나 그 불법원인이 수익자에게만 있는 때에는 그러하지 아니하다.

(1) 의 의

민법 제103조는 적극적으로 선량한 풍속 기타 사회질서에 반하는 법률행위를 무효로 규정하고 있고, 제746조는 소극적으로 불법원인에 의하여 급여된 것의 반환청구를 인정하지 않고 있는 바, 제746조는 제103조와 표리관계를 이루는 것으로서 사법의 이상을 표현하고 있다.

(2) 요 건

1) 급부의 불법성

제746조에서 의미하는 불법은 선량한 풍속 기타 사회질서에 반하는 행위와 동일한 개념이다(대판 2010.5.27. 2009다12580). 이때 급부자가 불법을 인식했는지의 여부는 문제되지 않는다.

2) 원인의 불법성

㈎ 불법원인급여는 급부내용 자체가 불법일 뿐만 아니라, 급부 자체에는 불법성이 없더라도 그것이 불법한 원인관계에 대한 대가이거나 불법행위를 조건으로 하는 급부인 때에는 불법원인급여가 된다.

㈏ 따라서 윤락행위를 할 자를 고용·모집하면서 성매매의 유인·강요의 수단으로 이용되는 선불금 등 명목으로 제공한 금품이나 그 밖의 재산상 이익 등은 성매매의 직접적 대가로서 제공한 경제적 이익뿐만 아니라 성매매를 전제하고 지급하였거나 '성매매와 관련성이 있는 경제적 이익이면 모두 불법원인급여에 해당'하여 그 반환을 청구할 수 없다(대판 2013.6.14. 2011다65174).

3) 급부의 종국성

급부는 자발적인 의사에 의하여 이루어져야 한다. 특히 불법원인급여에서 급부는 재산상 가치가 있는 종국적인 것이어야 하고, 그것이 종속적인 것에 불과하여 수령자가 그 이익을 향수하려면 경매신청 등 별도의 조치를 취해야 하는 것은 이에 해당하지 않는다(대판 1994.12.22. 93다55234).

> **판례정리 | 급부의 종국성이 문제되는 경우**
> 도박자금으로 금전을 대여함으로 인하여 발생한 채권을 담보하기 위한 근저당권설정등기가 경료되었을 뿐이라면 수령자가 그 이익을 향수하기 위해 경매신청을 하는 등 별도의 조치를 취하여야 하는 경우에는, 그 불법원인급여로 인한 이익이 종국적인 것이 아니므로 등기설정자는 무효인 근저당권설정등기의 말소를 구할 수 있다(대판 1995.8.11. 94다54108).

(3) 효 과

1) 부당이득반환청구권의 경우

① 원 칙

불법원인급여에 해당하는 경우 그 대가의 반환을 청구할 수 없다. 나아가 ⅰ) 반환약정에 기하여 그 반환을 청구하는 것, ⅱ) 임치를 전제로 반환을 청구하는 것, ⅲ) 송금위탁계약에 기한 것으로 그 해제를 전제로 반환을 구하는 것 등 모두 허용하지 않는다.

> **판례정리** 불법원인급여물의 반환약정이 예외적으로 유효한 경우
> 불법원인급여 후 급부를 이행받은 자가 급부의 원인행위와 별도의 약정으로 급부 그 자체 또는 그에 갈음한 대가물의 반환을 특약하는 것은 그 반환약정 자체가 사회질서에 반하여 무효가 되지 않는 한 유효하다. 여기서 반환약정이 사회질서에 반하여 무효라는 점은 수익자가 이를 입증하여야 한다(대판 2010.5.27. 2009다12580).

② 예 외

제746조 단서에 따르면 불법원인이 수익자에게만 있는 경우 급여자는 급여한 것의 반환을 청구할 수 있다. 또한 급부자와 수익자 모두에게 불법성이 인정되더라도 수익자의 불법성이 급부자의 그것보다 현저히 큰 경우에는 급여자의 반환청구가 허용된다. '불법성 비교론'이라고 한다.

2) 소유권에 기한 반환청구권

불법의 원인으로 급여를 한 사람이 그 원인행위가 무효라고 주장하고 그 결과 급여물의 소유권이 자기에게 있다는 주장으로 소유권에 기한 반환청구를 하는 것은 허용할 수 없다(대판1979.11.13. 79다483 전원합의체).

3) (불법행위) 손해배상청구권

불법의 원인으로 재산을 급여한 사람은 특별한 사정이 없는 한 상대방의 불법행위를 이유로 그 재산의 급여로 말미암아 발생한 자신의 손해를 배상할 것을 주장할 수 없다고 할 것이다. 이를 인정한다면 급여자는 결국 자신이 행한 급부 자체 또는 그 경제적 동일물을 환수하는 것과 다름없는 결과가 되어, 민법 제746조에서 실정법적으로 구체화된 법이념에 반하게 되는 것이다(대판 2013.8.22. 2013다35412).

연습문제

01 〈노무사 2019〉

부당이득에 관한 설명으로 옳은 것은? (다툼이 있으면 판례에 따름)

① 채무자가 채무 없음을 알고 임의로 변제한 경우, 그 반환을 청구할 수 있다.
② 선의의 수익자가 패소한 때에는 패소 시부터 악의의 수익자로 본다.
③ 불법원인급여로 인해 반환을 청구하지 못하는 이익은 종국적인 것임을 요하지 않는다.
④ 제한능력을 이유로 법률행위를 취소하는 경우, 악의의 제한능력자는 그 행위로 인하여 받은 이익 전부를 상환하여야 한다.
⑤ 수익자가 법률상 원인 없이 이득한 재산을 처분함으로 인하여 원물반환이 불가능한 경우, 반환하여야 할 가액은 특별한 사정이 없는 한 그 처분 당시의 대가이다.

해설 | ⑤ (○) 일반적으로 수익자가 법률상 원인 없이 이득한 재산을 처분함으로 인하여 원물반환이 불가능한 경우에 있어서 반환하여야 할 가액은 특별한 사정이 없는 한 그 처분 당시의 대가이다(대판 1995.5.12. 94다25551).

정답 | ⑤

02 〈노무사 2020〉

부당이득반환청구권에 관한 설명으로 옳지 않은 것은? (다툼이 있으면 판례에 따름)

① 부당이득반환청구권의 요건인 수익자의 이득은 실질적으로 귀속된 이득을 의미한다.
② 법률상 원인 없이 이득을 얻은 자는 있지만 그로 인해 손해를 입은 자가 없다면 부당이득반환청구권은 성립하지 않는다.
③ 수인이 공동으로 법률상 원인 없이 타인의 재산을 사용한 경우 발생하는 부당이득반환채무는 특별한 사정이 없는 한 부진정연대관계에 있다.
④ 부당이득이 금전상 이득인 경우 이를 취득한 자가 소비하였는지 여부를 불문하고 그 이득은 현존하는 것으로 추정된다.
⑤ 선의의 수익자가 부당이득반환청구소송에서 패소한 때에는 그 소가 제기된 때부터 악의의 수익자로 간주된다.

해설 | ③ (×) 여러 사람이 공동으로 법률상 원인 없이 타인의 재산을 사용한 경우의 부당이득 반환채무는 특별한 사정이 없는 한 불가분적 이득의 반환으로서 불가분채무이고, 불가분채무는 각 채무자가 채무 전부를 이행할 의무가 있으며, 1인의 채무이행으로 다른 채무자도 그 의무를 면하게 된다(대판 2001.12.11. 2000다13948).

정답 | ③

03 〈노무사 2023〉

부당이득에 관한 설명으로 옳은 것은? (다툼이 있으면 판례에 따름)

① 법률상 원인 없는 이득이 있다면 그 이득으로 인해 타인에게 손해가 발생한 것이 아니더라도 그 타인은 부당이득반환청구를 할 수 있다.
② 변제기에 있지 아니한 채무를 착오 없이 변제한 때에는 그 변제한 것의 반환을 청구할 수 있다.
③ 「부동산 실권리자명의 등기에 관한 법률」에 위반되어 무효인 명의신탁약정에 기하여 타인 명의로 등기를 마쳐준 것은 당연히 불법원인급여에 해당한다.
④ 선의의 수익자가 패소한 때에는 그 소가 확정된 때로부터 악의의 수익자로 본다.

⑤ 제한행위능력을 이유로 법률행위를 취소한 경우 제한능력자는 선의·악의를 묻지 않고 그 행위로 인하여 받은 이익이 현존하는 한도에서 상환할 책임이 있다.

해설 | ⑤ (○) 제한능력자는 '선의·악의를 불문'하고 취소된 행위에 의하여 받은 이익이 '현존하는 한도 내에서 반환'할 책임이 있다(제141조). 만약 그 취득한 것이 금전상의 이득인 때에는 '금전의 소비 여부를 불문'하고 현존하는 것으로 추정된다. 따라서 현존이익 없음을 제한능력자 측에서 증명하여야 한다(대판 2005.4.15. 2003다60297).

정답 | ⑤

CHAPTER 06

불법행위

| PART 01 | PART 02 | **PART 03 채권각론** |

제1절　불법행위 일반론

불법행위란 고의 또는 과실로 위법하게 타인에게 손해를 가하는 행위를 말한다. 불법행위가 있으면 가해자는 피해자에게 가해행위로 인한 손해를 배상해야 하며, 법률행위가 아닌 법률의 규정에 의하여 채권관계가 성립되므로 법정채권관계이며, 손해배상청구권의 법률요건이다.

제2절　불법행위의 성립

1 일반불법행위의 성립

> 제750조(불법행위의 내용) 고의 또는 과실로 인한 위법행위로 타인에게 손해를 가한 자는 그 손해를 배상할 책임이 있다.

Ⅰ. 가해행위의 위법성

1. 위법성의 의미

⑺ 위법성은 전체 법질서에 반하는 모든 행위를 의미하여, 이는 행위와 결과를 모두 고려하여 판단한다. 나아가 행위 전체를 일체로만 판단하여야 하는 것은 아니고 문제되는 행위마다 개별적·상대적으로 판단하여야 한다(대판 2003.6.27. 2001다734).

> **[판례정리] 일조방해행위에 대한 위법성의 판단**
> 인근에서 건물이나 구조물 등이 신축됨으로 인하여 일조방해가 발생한 경우 모든 사정을 종합적으로 고려하여 사회통념상 일반적으로 해당 토지 소유자의 수인한도를 넘게 되면 그 건축행위는 정당한 권리행사의 범위를 벗어나 사법상 위법한 가해행위로 평가된다. 구체적인 경우에 있어서는 어떠한 건물 신축이 건축 당시의 공법적 규제에 형식적으로 적합하다고 하더라도 현실적인 일조방해의 정도가 현저하게 커서 사회통념상 수인한도를 넘은 경우에는 위법행위로 평가될 수 있다(대판 2014.2.27. 2009다40462).

(나) 위법하다면 행위가 작위인지 부작위인지는 불문하나, 부작위로 인한 불법행위가 성립하려면 가해자에게 작위의무가 존재하여야 한다(예를 들면 신의성실의 원칙상 고지의무, 사용자의 안전배려의무 등).

> **판례정리 부작위로 인한 불법행위가 성립하기 위한 요건**
> 부작위로 인한 불법행위가 성립하려면 작위의무가 전제되어야 하지만, 작위의무가 객관적으로 인정되는 이상 의무자가 의무의 존재를 인식하지 못하였더라도 불법행위 성립에는 영향이 없다(대판 2012.4.26. 2010다8709).

2. 위법성조각사유

민법은 불법행위와 관련하여 제761조에서 정당방위와 긴급피난을 위법성조각사유로 규정하고 있으며, 점유권과 관련하여 제209조에서 점유자의 자력구제권을 규정하고 있다.

Ⅱ. 가해자의 고의·과실

1. 고 의

불법행위에 있어서의 고의란 일정한 결과(타인에 대한 위법한 침해)가 발생하리라는 것을 알면서 감히 이를 행하는 심리상태를 말하는 것으로서, 그것이 위법한 것으로 평가된다는 것까지 인식하는 것을 필요로 하는 것은 아니다(대판 2002.7.12. 2001다46440).

2. 과 실

불법행위에 의한 손해배상의무의 전제가 되는 과실의 유무와 그 과실의 경중에 관한 표준은 그 개인에게 관한 구체적인 사정에 의하여 결정하는 것이 아니다(대판 1967.7.18. 66다1938). 즉, 이른바 추상적 과실만이 문제된다(대판 2001.1.19. 2000다12532).

Ⅲ. 가해자의 책임능력

1. 의 미

책임능력이란 자기 행위의 책임을 인식할 수 있는 능력이며, 법률행위의 의사능력에 대비되는 불법행위능력으로서 고의·과실의 전제가 된다. 가해자측에서 책임을 면하려면 책임무능력의 사실을 증명하여야 한다.

2. 유 형

(1) 미성년자

미성년자가 타인에게 손해를 가한 경우에 그 행위의 책임을 변식할 지능이 없는 때에는 배상의 책임이 없다(제753조).

(2) 심신상실자

심신상실 중에 타인에게 손해를 가한 자는 배상의 책임이 없다. 그러나 고의 또는 과실로 인하여 심신상실을 초래한 때에는 그러하지 아니하다(제754조).

Ⅳ. 손해의 현실적 발생

1. 손해의 의미

불법행위로 인한 재산상 손해는 위법한 가해행위로 인하여 발생한 재산상 불이익, 즉 그 위법행위가 없었더라면 존재하였을 재산상태와 그 위법행위가 가해진 현재의 재산상태의 차이를 말한다(대판 2012.12.13. 2011다25695).

2. 손해의 분류

판례는 손해3분설에 따라 재산적 손해와 비재산적 손해인 '정신적 손해'로 구분하고, 재산적 손해를 다시 기존의 이익이 상실되는 '적극적 손해'의 형태와 장차 얻을 수 있을 이익을 얻지 못하는 '소극적 손해'의 형태로 구분한다(대판 2002.9.10. 2002다3458).

Ⅴ. 인과관계의 존재

1. 인과관계의 의미

손해배상책임이 성립하기 위하여는 가해행위와 손해의 발생과의 사이에는 상당인과관계가 있어야 한다.

2. 인과관계의 증명

⑺ 타인의 권리침해가 있더라도 손해가 발생했다는 증명이 없으면, 손해배상청구를 할 수 없다. 따라서 손해의 발생 및 인과관계의 입증책임은 원고(피해자)에게 있다.

⑷ 특히 타인의 불법행위가 계속되는 중 공동불법행위자의 과실에 의한 행위가 이루어졌다면, 특별한 사정이 없는 한 그 과실에 의한 행위와 그 이전에 타인의 불법행위로 발생한 손해 사이에 상당인과관계가 있다고 보기는 어렵다(대판 2022.9.7. 2022다237098).

2 특수불법행위의 성립

Ⅰ. 친권자의 감독책임

> 제755조(감독자의 책임) ① 다른 자에게 손해를 가한 사람이 제753조 또는 제754조에 따라 책임이 없는 경우에는 그를 감독할 법정의무가 있는 자가 그 손해를 배상할 책임이 있다. 다만, 감독의무를 게을리하지 아니한 경우에는 그러하지 아니하다. ② 감독의무자를 갈음하여 제753조 또는 제754조에 따라 책임이 없는 사람을 감독하는 자도 제1항의 책임이 있다.

1. 의 의

'다른 자에게 손해를 가한 사람이 제753조 또는 제754조에 따라 책임이 없는 경우에는 그를 감독할 법정의무가 있는 자' 또는 '감독의무자를 갈음하여 제753조 또는 제754조에 따라 책임이 없는 사람을 감독하는 자'는 그들이 제3자에게 가한 손해를 배상할 책임이 있으며(제755조 1항 본문), 다만 감독자가 감독의무를 게을리하지 아니한 때에는 면책된다(제755조 1항 단서). 이를 감독자책임이라고 한다.

2. 내 용

감독자의 과실은 직접적인 가해행위를 한 제753조 또는 제754조에 따라 책임이 없는 사람에 대한 감독의무를 게을리한 데 있는 것이므로, 민법 제755조 제1항에 의하여 책임능력 없는 미성년자를 감독할 법정의 의무있는 자가 지는 손해배상책임은, 그 미성년자에게 책임이 없음을 전제로 하여 이를 보충하는 책임이다(대판 1994.2.8. 93다13605 전원합의체).

> **판례정리 책임능력 있는 미성년자의 불법행위에 대한 감독자책임의 인정 여부**
> ① 미성년자가 책임능력이 있어 그 스스로 불법행위책임을 지는 경우에는, 그 손해가 당해 미성년자의 감독의무자의 의무위반과 상당인과관계가 있으면 감독의무자는 일반불법행위자로서 손해배상책임이 있다 할 것이므로, 이 경우에 그러한 감독의무 위반사실 및 손해배상과의 상당인과관계의 존재는 이를 주장하는 자가 입증하여야 할 것이다(대판 1994.2.8. 93다13605 전원합의체).
> ② 이혼으로 인하여 부모 중 1명이 친권자 및 양육자로 지정된 경우 지정되지 않은 '비양육친'에게는 이혼 후에도 자녀의 양육비용을 분담할 의무가 있지만, 이것만으로 비양육친이 일반적, 일상적으로 자녀를 지도하고 조언하는 등 감독할 의무를 진다고 할 수 없다. 이처럼 비양육친이 미성년자의 부모라는 사정만으로 미성년 자녀에 대하여 감독의무를 부담한다고 볼 수 없다(대판 2022.4.14. 2020다240021).

Ⅱ. 사용자의 배상책임

> **제756조(사용자의 배상책임)** ① 타인을 사용하여 어느 사무에 종사하게 한 자는 피용자가 그 사무집행에 관하여 제3자에게 가한 손해를 배상할 책임이 있다. 그러나 사용자가 피용자의 선임 및 그 사무감독에 상당한 주의를 한 때 또는 상당한 주의를 하여도 손해가 있을 경우에는 그러하지 아니하다. ② 사용자에 갈음하여 그 사무를 감독하는 자도 전항의 책임이 있다. ③ 전2항의 경우에 사용자 또는 감독자는 피용자에 대하여 구상권을 행사할 수 있다.

1. 사용자책임의 법적성질

㈎ 사용자가 그의 사무 또는 영업에 피용자를 사용하여 사업을 수행하던 중에 그 피용자가 제3자에게 손해를 발생시킨 때에는 피해자에 대해서 손해배상책임을 부담한다.

㈐ 사용자는 그의 활동영역의 확대에 상응하여 얻게 되는 이익으로써 상대적으로 타인에게 가해질 손해를 부담하는 것이 공평의 이상에 합치하므로 사용자는 업무집행과 관련된 피용자의 불법행위에 대하여 '대체적인 책임'을 부담해야 한다(대판 1985.8.13. 84다카979).

2. 사용자책임의 성립요건

(1) 피용자의 불법행위의 성립

사용자책임의 본질에 관하여 피해자의 피용자에 대한 배상청구권을 보장하기 위한 '대위책임'이라는 것이 판례의 태도이며 이에 따르면 피용자의 가해행위는 반드시 제750조의 요건을 충족하여야 한다(대판 1992.2.23. 91다43657).

(2) 지휘·감독 등의 사용관계

1) 사용관계의 의미

민법 제756조의 사용자와 피용자의 관계는 반드시 유효한 고용관계가 있는 경우에 한하는 것이 아니고, 사실상 어떤 사람이 다른 사람을 위하여 그 지휘·감독 아래 그 의사에 따라 사무를 집행하는 관계가 있으면 인정된다. 실질적인 지휘·감독 관계는 실제로 지휘·감독하고 있느냐의 여부에 의하여 결정되는 것이 아니라 객관적으로 지휘·감독을 하여야 할 관계에 있느냐의 여부에 따라 결정된다(대판 2022.2.11. 2021다283834).

2) 사용관계의 판단

① 동업관계와 사용자책임

동업관계라 하더라도 업무집행에 관하여 지휘·감독 밑에서 집행하는 관계가 있으면 사용관계는 인정된다(대판 2006.3.10. 2005다65562).

② 위임관계와 사용자책임

㈎ 위임의 경우에도 위임인과 수임인 사이에 지휘·감독관계가 있고 수임인의 불법행위가 외형상 객관적으로 위임인의 사무집행에 관련된 경우에는 위임인은 수임인의 불법행위에 대하여 사용자책임을 진다(대판 1998.4.28. 96다25500).

㈏ 마찬가지로, 타인에게 위탁하여 계속적으로 사무를 처리하여 온 경우 객관적으로 보아 그 타인의 행위가 위탁자의 지휘·감독의 범위 내에 속한다고 보이는 경우 그 타인은 민법 제756조에 규정한 피용자에 해당한다(대판 2022.2.11. 2021다283834).

③ 명의대여와 사용자책임

명의대여자에 대해서도 사용자책임을 인정한다. 명의대여자가 실제적으로 명의차용자를 지휘·감독하였느냐의 여부에 관계없이 객관적·규범적으로 보아 사용자가 그 불법행위자를 지휘·감독해야 할 지위에 있었느냐의 여부를 기준으로 결정하여야 한다(대판 2002.4.26. 2002다4894).

④ 도급관계와 사용자책임

도급인이 수급인에 대하여 특정한 행위를 구체적으로 지시·감독하거나 특정한 사업을 도급시키는 '노무도급'의 경우 사용관계가 인정될 수 있다(대판 2005.11.10. 2004다37676).

⑤ 파견근로와 사용자책임

파견사업주와 파견근로자 사이에는 민법 제756조의 사용관계가 인정되어 파견사업주는 파견근로자의 파견업무에 관련한 불법행위에 대하여 파견근로자의 사용자로서의 책임을 부담한다(대판 2003.10.9. 2001다24655).

⑥ 지입회사의 사용자책임

지입차량의 차주 또는 그가 고용한 운전자의 과실로 타인에게 손해를 가한 경우에는 지입회사는 명의대여자로서 사용자책임을 부담한다고 할 것이다(대판 2000.10.13. 2000다20069).

(3) 가해행위의 사무집행관련성

1) 사무집행관련성의 의미

사무집행과 관련되는가를 판단하는 데 있어서 외형이론이 적용된다. 즉, 피용자의 불법행위가 외형상 객관적으로 사용자의 사업활동 내지 사무집행행위 또는 그와 관련된 것이라고 보일 때에는 '행위자의 주관적 사정을 고려함이 없이' 이를 사무집행에 관하여 한 행위로 볼 것이다.

2) 사무집행관련성의 판단

① 인정된 경우

회사의 생산현장 청소 등의 업무로서 파지와 고철의 수집·정리를 담당하던 피용자가 고철을 수집하러 온 피해자에게 농약을 음료수로 오인하고 건네주어 피해자가 이를 마시고 사망한 경우에, 이는 회사의 사무집행에 관하여 가한 손해에 해당한다(대판 1997.10.10. 97다16572).

② 부정된 경우

국립대학의 교수인 피고의 성희롱행위는 그 직무범위 내에 속하지 아니함은 물론, 외관상으로 보더라도 그의 직무권한 내의 행위와 밀접하여 직무권한 내의 행위로 보여지는 경우로 볼 수 없다(대판 1998.2.10. 95다39533).

3) 상대방의 선의·무중과실

거래상대방이 피용자의 행위가 사무집행에 해당하지 않음을 알았거나(악의) 또는 중과실로 알지 못한 경우에는 사용자책임이 성립하지 않는다(대판 2005.2.25. 2003다361331).

(4) 선임·감독상 주의의무 결여

사용자가 피용자의 선임·감독에 상당한 주의를 한 때, 또는 상당한 주의를 하였더라도 손해가 발생하였을 때에는 면책되며, 이는 사용자측에서 증명하여야 한다.

3. 사용자책임의 법률효과

(1) 부진정연대책임

1) 사용자의 손해배상책임

사용자는 피용자의 가해행위로 인하여 생긴 손해를 직접 피해자에게 배상할 의무를 부담한다. 또한 사용자에 갈음하여 그 사무를 감독하는 자도 사용자책임을 부담한다.

2) 피용자의 손해배상책임

피용자 자신은 제750조에 따라 직접 피해자에게 불법행위책임에 따른 손해배상책임을 부담하며 위의 사용자책임과는 부진정연대채무에 해당한다(대판 2000.3.14. 99다67376).

(2) 사용자의 구상권

1) 구상권의 발생

통설과 판례는 사용자가 피용자가 전부 부담해야 할 배상액을 피해자와의 대외적 관계에서 부진정연대채무로서 책임을 지는 데에 불과하므로 그 금액을 피용자에게 구상할 수 있다고 한다.

2) 구상권의 제한

일반적으로 사용자가 피용자의 업무수행과 관련하여 행하여진 불법행위로 인하여 직접 손해를 입었거나 피해자인 제3자에게 사용자로서의 손해배상책임을 부담한 결과로 손해를 입게 된 경우에 손해의 공평한 분담이라는 견지에서 신의칙상 상당하다고 인정되는 한도 내에서만 피용자에 대하여 손해배상을 청구하거나 구상권을 행사할 수 있다(대판 2017.4.27. 2016다271226).

Ⅲ. 도급인의 배상책임

1. 원 칙

도급인은 수급인이 그 일에 관하여 제3자에게 가한 손해를 배상할 책임이 없다(제757조 본문). 따라서 도급인의 책임에 관한 민법규정은 민법 제756조의 적용이 없음을 원칙으로 한다.

2. 예 외

(1) 도급인의 중과실

도급 또는 지시에 관하여 도급인에게 중대한 과실이 있으면 도급인은 제3자에 대하여 책임을 부담한다고 규정한다(제757조 단서). 이때 도급인은 수급인이 제3자에게 가한 손해에 대하여 공동으로 또는 단독으로 손해배상책임을 진다.

(2) 노무도급의 경우

도급인이 수급인에 대해서 작업에 관한 실질적인 지휘·감독을 하는 경우에는 사용자책임을 지게 된다(대판 2005.11.10. 2004다37676). 그러나 단지 공사의 진행이 설계대로 행해지는 것만을 확인하는 감리감독의 경우에는 성립하지 않는다(대판 1983.11.22. 83다카1153).

Ⅳ. 동물점유자의 배상책임

동물이 타인에게 손해를 가한 경우에 그 동물의 점유자 및 이에 갈음하여 보관한 자가 배상책임을 지는 것을 말한다. 동물점유자의 책임은 점유자의 보관의무해태(과실)를 책임원인으로 하나, 점유자가 과실의 부존재에 대해 입증책임을 지므로 중간책임이다(제759조).

Ⅴ. 공동불법행위자의 배상책임

> 제760조(공동불법행위자의 책임) ① 수인이 공동의 불법행위로 타인에게 손해를 가한 때에는 연대하여 그 손해를 배상할 책임이 있다. ② 공동 아닌 수인의 행위 중 어느 자의 행위가 그 손해를 가한 것인지를 알 수 없는 때에도 전항과 같다. ③ 교사자나 방조자는 공동행위자로 본다.

1. 공동불법행위의 성립요건

(1) 수인의 공동의 불법행위

1) 객관적 행위공동성

㈎ 수인이 공동의 불법행위로 타인에게 손해를 가한 경우를 특히 협의의 공동불법행위라고 하며, 가해행위자 상호간에 일반불법행위의 성립요건 외에 '관련공동성'이 있어야 한다.

㈏ '관련공동성'과 관련하여 공동불법행위가 성립하려면 행위자 사이에 공모는 물론 의사의 공통이나 행위공동의 인식이 필요한 것은 아니다(대판 2016.4.12. 2013다31137).

2) 행위공동성의 판단

㈎ 에이즈바이러스 감염이라는 치명적인 건강침해를 입게 한 대한적십자사의 과실과 수혈로 인한 에이즈 바이러스 감염위험 등의 설명의무를 다하지 아니한 의사들의 과실 사이에는 행위의 관련공동성이 없으므로 공동불법행위가 성립한다고 할 수 없다(대판 1998.2.13. 96다7854).

㈏ 교통사고로 인하여 상해를 입은 피해자가 치료를 받던 중 의사의 과실 등으로 인

한 의료사고로 증상이 악화되거나 새로운 증상이 생겨 사망에 이르는 등 손해가 확대된 경우, 특별한 사정이 없는 한 공동불법행위가 성립한다(대판 1994.11.25. 94다35671).

(2) 가해자 불명의 공동행위

1) 원 칙

㈎ 공동 아닌 수인의 행위 중 어느 자의 행위가 손해를 야기한 것인지 알 수 없는 때에는 공동불법행위로 추정된다.

㈏ 판례는 다수의 의사가 의료행위에 관여한 경우 그 중 누구의 과실에 의하여 의료사고가 발생한 것인지 분명하게 특정할 수 없는 때에는 일련의 의료행위에 관여한 의사들 모두에 대하여 민법 제760조 제2항에 따라 공동불법행위책임을 물을 수 있다고 봄이 상당하다고 하였다(대판 2005.9.30. 2004다52576).

2) 예 외

개별 행위자가 자기의 행위와 손해 발생 사이에 인과관계가 존재하지 아니함을 증명하면 면책되고, 손해의 일부가 자신의 행위에서 비롯된 것이 아님을 증명하면 배상책임이 그 범위로 감축된다(대판 2008.4.10. 2007다76306).

(3) 교사·방조자의 불법행위

㈎ 교사자나 방조자는 공동불법행위자로 간주된다. 여기서 방조라 함은 불법행위를 용이하게 하는 직접·간접의 모든 행위를 가리키는 것으로서 부작위로 인하여 불법행위자의 실행행위를 용이하게 하는 경우도 포함된다. 이러한 작위의무는 법적인 의무이어야 하므로 단순한 도덕상 또는 종교상 의무는 포함되지 않는다(대판 2012.4.26. 2010다8709).

㈏ 불법행위의 방조는 과실에 의한 방조도 가능하다고 할 것이며, 방조자에게 공동불법행위자로서의 책임을 지우기 위하여는 방조행위와 피방조자의 불법행위 사이에 상당인과관계가 있어야 한다(대판 2014.3.27. 2013다91597).

2. 공동불법행위의 법률효과

(1) 책임의 성질

민법 제760조는 '연대하여'라고 규정하고 있으나, 판례는 피해자의 채권만족을 위하여 공동불법행위로 인한 손해배상책임은 부진정연대채무관계에 있는 것으로 본다(대판 1997.10.10. 97다28391).

(2) 책임의 범위

1) 피해자의 손해전액의 부담

공동불법행위책임은 가해자 각 개인의 행위에 대하여 개별적으로 그로 인한 손해를 구하는 것이 아니라, 가해자 각자가 그 금액의 전부에 대한 책임을 부담하는 것이며, 가해자 1인이 다른 가해자에 비하여 불법행위에 가담한 정도가 경미하더라도 피해자에 대한 관계에서 그 가해자의 책임범위를 제한하여 손해배상액이 정하여 지는 것이 아니다(대판 2001.9.7. 99다70365).

2) 공동불법행위와 과실상계

① 전체적으로 판단하는 경우

㈎ 피해자의 과실을 공동불법행위자 각인에 대한 과실로 개별적으로 평가할 것이 아니고 전원에 대한 과실로 전체적으로 평가하여야 한다(대판 2011.7.28. 2010다76368). 이는 공동불법행위자 중에 고의로 불법행위를 행한 자가 있는 경우에는 피해자에게 과실이 없는 것으로 보아야 한다거나 모든 불법행위자가 과실상계의 주장을 할 수 없게 된다는 의미는 아니다(대판 2020.2.27. 2019다223747).

㈏ 따라서 공동불법행위자 중의 일부에게 피해자의 부주의를 이용하여 고의로 불법행위를 저지른 사유가 있는 경우, 그러한 자가 바로 그 피해자의 부주의를 이유로 자신의 책임을 감하여 달라고 주장하는 것은 허용될 수 없으나 그러한 사유가 없는 다른 불법행위자까지도 과실상계의 주장을 할 수 없다고 해석할 것은 아니다(대판 2009.8.20. 2008다51120).

② 개별적으로 판단하는 경우

㈎ 피해자가 공동불법행위자들을 모두 피고로 삼아 한꺼번에 손해배상청구의 소를 제기한 경우와 달리 공동불법행위자별로 별개의 소를 제기하여 소송을 진행하는 경우에는 과실상계비율과 손해액도 서로 달리 인정될 수 있다(대판 2001.2.9. 2000다60227).

㈏ 또한 공동불법행위자의 관계는 아니지만 부진정연대채무 관계가 인정되는 경우 과실상계를 할 때 반드시 채권자의 과실을 채무자 전원에 대하여 전체적으로 평가하여야 하는 것은 아니다(대판 2022.7.28. 2017다16747, 16754).

(3) 구상권의 행사

공동불법행위자가 구상권을 갖기 위하여는 반드시 피해자의 손해 전부를 배상하여야 할 필요는 없으나, 자기의 부담부분을 초과하여 배상을 하여야 한다(대판 2006.2.9. 2005다28426). 위 구상권의 소멸시효는 구상권자가 공동면책행위를 한 때로부터 기산하여야 할 것이고, 그 기간도 일반채권과 같이 10년으로 보아야 한다(대판 1996.3.26. 96다3791).

Ⅵ. 공작물의 점유자·소유자의 배상책임

> 제758조(공작물 등의 점유자, 소유자의 책임) ① 공작물의 설치 또는 보존의 하자로 인하여 타인에게 손해를 가한 때에는 공작물점유자가 손해를 배상할 책임이 있다. 그러나 점유자가 손해의 방지에 필요한 주의를 해태하지 아니한 때에는 그 소유자가 손해를 배상할 책임이 있다. ③ 제2항의 경우에 점유자 또는 소유자는 그 손해의 원인에 대한 책임 있는 자에 대하여 구상권을 행사할 수 있다.

1. 공작물책임의 성립요건

(1) 공작물의 설치·보존상 하자

하자란 공작물이 그 용도에 따라 통상 갖추어야 할 안전성을 갖추지 못한 상태를 말하며, 피해자의 행위와 경합하여 손해가 발생하더라도 공작물의 설치·보존상의 하자가 공동원인의 하나가 되는 이상 그 손해는 공작물의 설치·보존상의 하자에 의하여 발생한 것이다. 하자의 존재에 관해서는 피해자가 증명책임을 진다.

(2) 손해 및 하자의 인관관계

하자의 존재에 관해서는 피해자가 증명책임을 진다. 그리고 하자와 손해 사이에는 인과관계가 존재하여야 한다. 그러나 공작물에 하자가 있다는 것이 인정되면 인과관계는 추정된다.

2. 공작물책임의 법률효과

(1) 점유자의 책임

간접점유자가 있는 경우에는 직접점유자가 1차적인 책임을 지고, 다음에 간접점유자가 책임을 진다(대판 1981.7.28. 81다209). 점유자가 상당한 주의를 하였더라도 손해가 생겼으리라고 생각되는 경우에 점유자는 면책된다. 면책사유의 증명책임은 점유자에게 있다.

(2) 소유자의 책임

점유자가 면책된 경우에는 소유자가 책임을 진다. 소유자의 책임에 있어서는 면책이 인정되지 않는다. 만약 공작물의 보존에 점유자인 임차인에게 과실이 있더라도 이는 과실상계의 사유가 될 뿐이라고 한다(대판 2008.7.24. 2008다21082).

Ⅶ. 제3자 채권침해에 따른 불법행위책임

1. 제3자 채권침해의 의의

제3자에 의한 채권침해라 함은 채권자가 채무자에 대하여 가지는 채권의 실현이 계약 당사자가 아닌 제3자에 의하여 불가능해지거나 방해받는 것을 말한다.

2. 제3자 채권침해의 성립

㈎ 제3자의 행위가 채권자에 대하여 불법행위를 구성한다고 하기 위하여는 계약자유의 원칙 내지 자유경쟁의 원리가 적용되는 채권관계에서는 단순히 채무자 재산의 감소행위에 관여하였다는 것만으로는 부족하다(대판 2001.5.8. 99다38699).

㈏ 제3자가 채무자에 대한 '채권자의 존재 및 그 채권의 침해사실을 알면서 채무자와 적극 공모'하였다거나 채권행사를 방해할 의도로 기망·협박 등 사회상규에 반하는

부정한 수단을 사용하였다는 등 채권침해의 고의·과실 및 위법성이 인정되어야 한다 (대판 2007.9.6. 2005다25021).

3. 제3자 채권침해의 효과

제3자에 의한 채권침해가 위와 같은 요건을 충족하면, 피해자인 채권자는 제3자에게 손해배상을 청구할 수 있다(제750조).

연습문제

01 〈노무사 2010〉

甲은 乙이 운전하던 택시의 승객인데, 교차로에서 乙, 丙, 丁이 운전하는 차량의 3중 충돌 사고로 부상을 입었으며, 조사결과 乙에게 10%, 丙에게 50%, 丁에게 40%의 과실이 있음이 인정되었다. 이에 대한 설명으로 옳지 않은 것은? (다툼이 있는 경우에는 판례에 의함)

① 甲은 丙에게 손해의 전액에 대한 배상을 청구할 수 있다.
② 丙이 甲에게 손해의 전액을 배상한 경우 丙은 자신의 부담부분을 넘는 배상액을 乙과 丁에게 구상할 수 있다.
③ 甲이 乙에게 손해배상채무를 면제해 준 이후 손해의 전액을 배상한 丙이 乙에게 구상권을 행사할 때, 乙은 자기의 채무가 면제되었음을 이유로 丙에게 대항할 수 있다.
④ 丙이 甲에게 손해의 전액을 배상하고 乙과 丁에게 구상하는 경우, 乙과 丁은 원칙적으로 각자의 부담부분에 따라 구상의무를 부담한다.
⑤ 丙이 甲에게 손해의 전액을 배상한 경우, 甲의 丁에 대한 손해배상청구권이 시효로 소멸한 경우에도 丙은 丁에게 구상권을 행사할 수 있다.

해설 | ③ (×) 공동불법행위로 인한 손해배상책임은 부진정연대채무관계에 있는 것이므로 그 중의 한 채무자에 대한 채무면제에는 민법 제419조가 적용되지 아니하여 다른 채무자에게는 그 효력이 미치지 아니하며(대판 1997.10.10. 97다28391), 공동불법행위자 1인의 구상권행사에 대하여 다른 공동불법행위자는 자기의 채무가 면제되었음을 이유로 그 구상을 거절할 수 없다(대판 1971.2.9. 70다2508).

정답 | ③

02 〈노무사 2017〉

사용자책임에 관한 설명으로 옳지 않은 것은? (다툼이 있으면 판례에 따름)

① 사용자책임이 성립하려면 사용자가 피용자를 실질적으로 지휘·감독하는 관계에 있어야 한다.
② 특별한 사정이 없다면 퇴직 이후 피용자의 행위에 대하여 종전의 사용자에게 사용자책임을 물을 수 없다.
③ 도급인이 수급인에 대하여 특정한 행위를 지휘한 경우 도급인에게는 사용자로서의 배상책임이 없다.
④ 피용자의 불법행위가 외형상 객관적으로 사용자의 사무집행행위로 보일 경우 행위자의 주관적 사정을 고려함이 없이 이를 사무집행에 관하여 한 행위로 본다.
⑤ 사용자책임의 경우에도 피해자에게 과실이 있으면 과실상계를 할 수 있다.

해설 | ③ (×) 도급인이 수급인에 대하여 특정한 행위를 지휘하거나 특정한 사업을 도급시키는 경우와 같은 이른바 노무도급의 경우에는, 비록 도급인이라고 하더라도 사용자로서의 배상책임이 있다(대판 2005.11.10. 2004다37676).

정답 | ③

03 〈노무사 2023〉

불법행위에 관한 설명으로 옳지 않은 것은? (다툼이 있으면 판례에 따름)

① 과실로 불법행위를 방조한 자에 대해서는 공동불법행위가 인정될 수 없다.
② 고의로 심신상실을 초래한 자는 타인에게 심신상실 중에 가한 손해를 배상할 책임이 있다.
③ 사용자가 근로계약에 수반되는 보호의무를 위반함으로써 피용자가 손해를 입은 경우, 사용자는 이를 배상할 책임이 있다.
④ 고의로 불법행위를 한 가해자는 피해자의 손해배상채권을 피해자에 대한 자신의 다른 채권으로 상계할 수 없다.
⑤ 미성년자가 성폭력을 당한 경우에 이로 인한 손해배상청구권의 소멸시효는 그가 성년이 될 때까지는 진행되지 아니한다.

해설 | ① (×) 불법행위의 방조는 '과실에 의한 방조'도 가능하다고 할 것이며, 방조자에게 공동불법행위자로서의 책임을 지우기 위하여는 방조행위와 피방조자의 불법행위 사이에 상당인과관계가 있어야 한다(대판 2014.3.27. 2013다91597).

정답 | ①

제3절 불법행위의 효과

1 손해배상청구권의 발생

Ⅰ. 채무불이행의 준용

불법행위가 성립하면 그 효과로서 손해배상책임이 발생하는데, 이에는 제393조(손해배상의 범위)·제394조(손해배상의 방법)·제396조(과실상계)·제399조(손해배상자의 대위)의 규정 등 채무불이행에 의한 손해배상책임규정이 준용된다. 다만 제398조(배상액의 예정)는 준용되지 않는다.

Ⅱ. 손해배상의 당사자

1. 피해자(자연인·법인)

(가) 불법행위가 성립하면 가해자는 손해배상책임을 부담하며, 피해자는 손해배상청구권을 가진다. 피해자라면 자연인·법인을 불문하고 불법행위에 의하여 손해를 청구할 수 있다.

(나) 특히 법인의 경우, 인격권으로서 명예권에 기초하여 가해자에 대하여 현재 이루어지고 있는 침해행위를 배제하거나 장래에 생길 침해를 예방하기 위하여 침해행위의 금지를 구할 수도 있다(대판 2013.3.28. 2010다60950).

2. 배상청구권자의 확대

(가) 이외에도 직접적인 피해자가 아니더라도 생명침해 등으로 정신적 고통을 받은 제3자(부모, 사실혼의 배우자, 형제자매)도 위자료를 청구할 수 있다.

(나) 이와 같은 제3자의 위자료청구권은 피해자가 가해자로부터 합의금을 수령하고 나머지 손해배상청구권을 포기하는 약정을 하더라도 제3자의 포기의 의사가 없는 한 효력을 잃지 않는다(대판 1999.6.22. 99다704).

Ⅲ. 배상청구권의 성질

(가) 불법행위로 인한 손해배상청구권은 다른 채권과 마찬가지로 양도성이 인정되며, 상속 또한 부정되지 않는다.

(나) 특히 즉사한 피해자에게도 일단 손해배상청구권이 발생한 것으로 보고(대판 1973.9.25. 73다1100), 피해자가 이를 포기하거나 면제했다고 볼 수 있는 특별한 사정이 없는 한 원칙적으로 상속된다고 한다(대판 1967.5.23. 66다1025).

2 손해배상청구권의 내용

Ⅰ. 손해배상의 방법

1. 금전배상의 원칙

손해배상의 방법은 당사자의 합의 등 특별한 사정이 없는 한 원칙적으로 금전배상을 원칙으로 한다(제763조, 제394조). 일시금으로 지급되는 것이 피해자 구제에 유리하나, 언제나 일시에 지급되어야 하는 것은 아니며, 정기금으로 지급하도록 법원이 명령할 수 있다.

2. 명예훼손의 특칙

> 제764조(명예훼손의 경우의 특칙) 타인의 명예를 훼손한 자에 대하여는 법원은 피해자의 청구에 의하여 손해배상에 갈음하거나 손해배상과 함께 명예회복에 적당한 처분을 명할 수 있다.

명예훼손의 특칙은 자연인뿐만 아니라 법인(및 비법인사단)에도 적용된다(대판 1997.10.24. 96다17851).

Ⅱ. 손해배상의 범위

불법행위로 인한 손해배상 역시 채무불이행과 마찬가지로 통상손해와 특별손해로 구별하여 배상범위를 정하고 있으나, 불법행위의 경우 이를 구체적으로 분류하고 있다. 즉 적극적 손해·소극적 손해·정신적 손해 3가지로 분류한다. 피해자는 각각의 손해를 증명하여야 한다.

Ⅲ. 손해배상의 산정

1. 손해배상액의 산정시기

(1) 원 칙

㈎ 불법행위로 인한 재산상 손해는 그 위법행위가 없었더라면 존재하였을 재산상태와 그 위법행위가 가해진 현재의 재산상태의 차이를 말하는 것이므로, 그 손해액은 원칙적으로 불법행위시를 기준으로 산정하여야 한다(대판 2010.4.29. 2009다91828).

㈏ 즉 불법행위로 인한 손해배상청구권(기한 없는 채무)은 불법행위시에 발생하고 그 이행기가 도래한다(대판 1994.2.25. 93다38444).

(2) 예 외

위법행위 시점과 손해 발생 시점 사이에 시간적 간격이 있는 경우에는 손해가 발생한 때에 성립한다(대판 2020.7.9. 2017다56455). 특히 불법행위시와 변론종결시 사이에 장기간의 세월이 경과되어 통화가치 등에 상당한 변동이 생긴 때에는 예외적으로 '사실심 변론종결 시'를 기준으로 산정한다(대판 2012.3.29. 2011다38325).

2. 손해배상액의 산정방법

(1) 일실이익의 산정

일실이익의 산정은 원칙적으로 그 불법행위로 인하여 손해가 발생할 당시에 그 피해자가 종사하고 있었던 직업으로부터 수익하고 있는 금액을 기준으로 산정하나(대판 1989.12.26. 88다카6761 전원합의체), 피해자에 대한 사고 당시 실제수입을 확정할 수 있는 객관적인 자료가 현출되어 합리적이고 객관성 있는 기대수입을 산정할 수 있다면, 사고 당시의 실제수입을 기초로 일실수입을 산정한다(대판 2006.3.9. 2005다16904).

> **판례정리 | 일실수입 산정의 기초가 되는 가동연한**
> 일반육체노동을 하는 사람 또는 육체노동을 주로 생계활동으로 하는 사람의 가동연한을 경험칙상 만 60세로 보아야 한다는 견해는 더 이상 유지하기 어렵게 되었다(대판 2019.2.21. 2018다248909 전원합의체). 이제는 특별한 사정이 없는 한 만 60세를 넘어 만 65세까지도 가동할 수 있다고 보는 것이 경험칙에 합당하다(대판 2021.3.11. 2018다285106).

(2) 물적손해의 산정

물건이 훼손된 경우 수리가 가능하다면 훼손 당시의 수리비가 손해액이며, 수리로 인하여 훼손 전보다 물건의 교환가치가 증가하였다면 그 수리비에서 교환가치 증가분을 공제하여야 한다. 물론 수리에 필요한 상당기간 중의 사용불능에 의한 휴업손해에 대하여도 배상을 청구할 수 있다(대판 2004.3.18. 2001다82507 전원합의체).

(3) 위자료액의 산정

1) 특별손해로써 위자료

㈎ 위자료란 불법행위 또는 기타의 불법원인에 의해서 피해자가 입은 고통 등의 정신적 손해를 금전으로 배상해주는 손해배상금을 말한다. 위자료의 액수는 법원이 제반 사정을 참작하여 직권으로 자유재량에 의하여 결정한다(대판 2014.1.16. 2011다108057).

㈏ 이는 특별한 사정으로 인한 손해이므로 가해자가 그러한 사정을 '알았거나 알 수 있었을 경우에 한하여' 그 손해에 대한 위자료를 청구할 수 있다(대판 2004.4.28. 2004다4386).

2) 위자료의 보완적 기능

재산상 손해액의 확정이 가능함에도 불구하고 편의한 방법으로 위자료의 명목 아래 사실상 손해의 전보를 꾀하는 것은 허용될 수 없다(대판 2014.1.16. 2011다108057).

Ⅳ. 손해배상의 조정

1. 과실상계

(1) 요 건

채무불이행에서 인정되는 과실상계에 관한 제396조는 불법행위에도 준용되는 바(제763조), 불법행위에 있어서 가해자의 과실은 의무위반이란 강력한 과실인 데 반하여 과실상계상의 피해자의 과실은 사회통념상 요구되는 약한 부주의를 가리킨다(대판 2005.7.8. 2005다8125).

> **판례정리 피해자측의 과실이론**
> 차량사고에 있어 운전자의 과실을 피해자측의 과실로 보아 피해자인 동승자에 대하여 과실상계를 하기 위해서는, 그 차량운전자가 동승자와 <u>신분상 또는 생활관계상 일체를 이루고 있어</u> 운전자의 과실을 동승자에 대한 과실상계사유로 삼는 것이 공평의 원칙에 합치한다는 구체적인 사정이 전제가 되어야 한다. 따라서 다방종업원이 차배달을 목적으로 다방주인이 운전하는 차량에 동승하였다가 사고를 당한 경우, 운전자인 다방주인의 과실을 피해자측 과실로 인정할 수 없다(대판 1998.8.21. 98다23232).

(2) 효 과

피해자에게 과실이 있으면 법원은 배상액을 정함에 있어서 이를 반드시 참작하여야 한다(대판 1967.12.5. 67다2367). 즉, 법원은 직권으로 이를 심리판단해야 한다. 다만, 피해자의 과실을 어느 정도 반영할 것인가는 법원의 재량사항이다(대판 2008.3.27. 2008다1576).

2. 손익상계

㈎ 불법행위의 피해자 또는 상속인이 불법행위로 불이익을 받음과 동시에 그로 인하여 이득을 얻은 경우에는 그러한 이득 상당액은 배상액에서 공제되는데 이러한 손익상계에서 공제되는 이득은 배상원인과 상당인과관계를 가지는 것에 한정된다(대판 2011.4.28. 2009다98652).

㈏ 불법행위로 인한 손해배상액을 산정함에 있어서는 과실상계를 한 다음 손익상계를 하여야 한다(대판 2008.5.15. 2007다37721).

3. 경감청구

> **제765조(배상액의 경감청구)** ① 본장의 규정에 의한 배상의무자는 그 손해가 고의 또는 중대한 과실에 의한 것이 아니고 그 배상으로 인하여 배상자의 생계에 중대한 영향을 미치게 될 경우에는 법원에 그 배상액의 경감을 청구할 수 있다. ② 법원은 전항의 청구가 있는 때에는 채권자 및 채무자의 경제상태와 손해의 원인 등을 참작하여 배상액을 경감할 수 있다.

V. 손해배상자 대위

불법행위에 의하여 훼손되거나 소재불명으로 된 물건에 관하여 불법행위자가 '전액의 배상'을 한 경우에는, 그 물건에 관한 권리는 손해배상자에게 이전한다(제763조).

3 손해배상청구권의 시효

> 제766조(손해배상청구권의 소멸시효) ① 불법행위로 인한 손해배상의 청구권은 피해자나 그 법정대리인이 그 손해 및 가해자를 안 날로부터 3년간 이를 행사하지 아니하면 시효로 인하여 소멸한다. ② 불법행위를 한 날로부터 10년을 경과한 때에도 전항과 같다. ③ 미성년자가 성폭력, 성추행, 성희롱, 그 밖의 성적 침해를 당한 경우에는 해당 미성년자가 성년이 될 때까지 손해배상청구권의 소멸시효가 진행되지 아니한다.

I. 제766조 제1항

1. 내용

㈎ 불법행위로 인한 손해배상청구권은 피해자나 그 법정대리인이 그 손해 및 가해자를 안 날로부터 3년간 이를 행사하지 아니하면 시효로 소멸한다. 여기서 안 날이라 함은 손해의 발생, 위법한 가해행위의 존재, 가해행위와 손해의 발생과의 사이에 상당인과관계가 있다는 사실 등 불법행위의 요건사실에 대하여 현실적이고도 구체적으로 인식하였을 때를 의미하며, 피해자나 그 법정대리인이 그 손해 및 가해자를 안 시기에 대해서는 소멸시효의 완성을 주장하는 자가 증명하여야 한다(대판 2013.7.12. 2006다17539).

㈏ 따라서 단순한 추정 또는 의문만으로는 알았다고 보기에 부족하다(대판 2011.11.10. 2011다54686). 그러나 손해의 발생사실을 알면 되는 것이고, 그 손해의 정도나 액수를 구체적으로 알아야 하는 것은 아니다(대판 2008.4.24. 2006다30440).

2. 검토

(1) 미성년자의 경우

불법행위의 피해자가 미성년자인 경우에는 그 법정대리인이 손해 및 가해자를 알아야 민법 제766조 제1항의 소멸시효가 진행한다고 할 것이다(대판 2010.2.11. 2009다79897). 다만, 제766조 제3항에 따라 미성년자가 성적 침해를 당한 경우에는 법정대리인이 설령 알았다 하더라도 미성년자가 성년자가 될 때까지는 소멸시효가 진행하지 않는다.

(2) (비)법인인 경우

불법행위로 인한 손해배상청구권의 단기소멸시효의 기산점은 '손해 및 가해자를 안 날'부터 진행되며, 법인의 경우에 손해 및 가해자를 안 날은 통상 대표자가 이를 안 날을 뜻한다. 그러나 법인의 대표자가 법인에 대하여 불법행위를 한 경우에는, 법인의 이익을 정당하게 보전할 권한을 가진 다른 대표자, 임원 또는 사원이나 직원 등이 손해배상청구권을 행사할 수 있을 정도로 이를 안 때에 비로소 단기소멸시효가 진행한다(대판 2015.1.15. 2013다50435).

(3) 확대손해의 경우

일반적으로 상해의 피해자는 상해를 입었을 때 그 손해를 알았다고 보아야 할 것이지만, 그 후 후유증 등으로 불법행위 당시에는 전혀 예견할 수 없었던 새로운 손해가 발생하였다거나 예상외로 손해가 확대된 경우에는 그러한 사유가 판명된 때에 새로이 발생하거나 확대된 손해를 알았다고 보아야 한다. 이와 같이 새로이 발생하거나 확대된 손해 부분에 대해서는 그러한 사유가 판명된 때부터 제766조 제1항에서 정한 소멸시효기간이 진행된다(대판 2021.7.29. 2016다11257).

Ⅱ. 제766조 제2항

㈎ 불법행위로 인한 손해배상청구권은 피해자나 그 법정대리인이 불법행위를 한 날로부터 10년이 경과한 때에는 시효로 소멸한다.

㈏ 불법행위를 한 날이라 함은 가해행위로 인하여 단지 관념적이고 부동적인 상태에서 잠재적으로만 존재하고 있었다고 하여야 할 손해가 현실화 되었다고 볼 수 있는 때, 즉 '객관적·구체적으로 손해가 발생'한 때이다(대판 2012.8.30. 2010다54566). 그 발생시기에 대한 증명책임은 소멸시효의 이익을 주장하는 자에게 있다(대판 2021.8.19. 2019다297137).

Ⅲ. 제766조 제3항

개정 민법은 '미성년자가 성폭력, 성추행, 성희롱, 그 밖의 성적 침해를 당한 경우에는 해당 미성년자가 성년이 될 때까지 손해배상청구권의 소멸시효가 진행되지 아니한다'고 하여 미성년자인 피해자가 성년이 된 후 스스로 가해자에게 손해배상을 청구할 수 있도록 보장함으로써 성적 침해를 당한 미성년자에 대한 보호를 강화하고 있다.

연습문제

01 〈노무사 2007〉

손해배상에 관한 다음 설명 중 옳은 것은? (다툼이 있는 경우 판례에 의함)

① 명예훼손의 경우 법원은 손해배상과 함께 또는 손해배상에 갈음하여 신문지상에 사죄광고를 명할 수 있다.

② 채무불이행으로 채권자의 가족이 정신적 고통을 당한 경우 그 가족의 위자료청구권은 인정된다.

③ 교통사고로 태아가 사망한 경우 태아의 손해배상청구권은 부모에게 상속된다.

④ 불법행위로 인한 손해배상청구에서 피해자 자신의 부주의만이 과실상계의 사유가 된다.

⑤ 불법행위로 재산권을 침해당한 경우 그 재산적 손해 외에 위자료청구가 허용될 수 있다.

해설 | ⑤ (○) 일반적으로 타인의 불법행위 등에 의하여 재산권이 침해된 경우에는 그 재산적 손해의 배상에 의하여 정신적 고통도 회복된다고 보아야 할 것이므로, 재산적 손해의 배상에 의하여 회복할 수 없는 정신적 손해가 발생하였다면, 이는 특별한 사정으로 인한 손해로서 가해자가 그러한 사정을 알았거나 알 수 있었을 경우에 한하여 그 손해에 대한 위자료를 청구할 수 있다(대판 전합 2004.3.18. 2001다82507).

정답 | ⑤

[제3판]
공인노무사 원포인트 민법

인쇄일 1쇄 2023년 12월 20일
발행일 1쇄 2023년 12월 30일

저 자	김중연
발행인	이종은
발행처	새흐름
	서울특별시 마포구 독막로 295 삼부골든타워 212호
	등록 2014. 1. 21, 제2014-000041호(윤)
전 화	(02) 713-3069
F A X	(02) 713-0403
홈페이지	www.sehr.co.kr
ISBN	979-11-6293-448-7(93360)
정 가	28,000원

* 본서의 무단복제행위를 금합니다.
* 저자와 협의하여 인지첨부를 생략합니다.